叢書・ウニベルシタス　812

救済の解釈学

ベンヤミン，ショーレム，レヴィナス

スーザン・A．ハンデルマン
合田正人／田中亜美 訳

法政大学出版局

Susan A. Handelman
FRAGMENTS OF REDEMPTION
Jewish Thought and Literary Theory
in Benjamin, Scholem, and Levinas

Japanese translation rights arranged with
Indiana University Press, through
The English Agency (Japan) Ltd., Tokyo.

神秘の理念

——歴史を裁判として呈示すること。この裁判では、人間は口のきけない自然の弁護士として、約束されたメシアがいまだ現れないことについて告訴した。被告がいないのだが、法廷は将来のために証人の証言を聴く決断をした。そこで現れたのは、それを感じた詩人であり、それを見た彫刻家であり、それを耳にした音楽家であり、それを認識している哲学者であった。彼らはみなメシアの到来について証言しているにもかかわらず、彼らの証言はこのように食い違っている。法廷には不決定を容認するだけの勇気はない。そこで、限りなく新しい告訴と新しい証人が続くことになる。迫害と苦難がある。判事の椅子は、迫害者たる人間と証人の言うことに、同等の不信感をもって耳を傾ける存命者によって占められている。陪審員たちの席はその息子たちによって引き継がれた。その座席から追い払われるのではないかと恐れながら、彼らは成長した。最後に、陪審員全員が飛び立ち、迫害者と証人たちだけが残った。

（ヴァルター・ベンヤミン）

——絶望のさなかでも責任をもって実践されうる哲学のありようはただひとつしかない。それは万事を救済という観点から眺められたときのように観照する企てである。知見には、救済によって世界に差し込む光以外の光はない。その他のものはすべて再構築であり、単なる技術である。いずれメシアが出現したときには、その光のなかで、この世界はみすぼらしくぶざまな姿をさらけだすことになるだろうが、それと同様の仕方で、この世界が転位され、異化されて、隠れていた割れ目や裂け目が露呈されるような遠近法を作り出さねばならない。恣意や強引さに陥ることなく、もっぱら対象との接触からこのような遠近法を獲得すること、これだけが思考の使命である。それはすべてのなかでも最も容易なことである。なぜなら、状況そのものが否応なしにそうした知見を呼び求めているからであり、更に言えば、完璧な否定性は、ひとたび正面から直視されるなら、その反対物を鏡像として描き出すからだ。しかし、それはまたまったく不可能なことでもある。なぜなら、それは、たとえほんのわずかでも実存の縄張りから離れた立場を想定しているが、他方、われわれが熟知しているように、ありうべきいかなる知見も、現に存在するものからもぎ取られたのでなければ、効力がないのみならず、まさしくそうした理由ゆえに、何とかそこから逃げ出したいと思っているのと同じぶざまさやみすぼらしさによってみずからも腐食されているからである。思想が、無条件なもののために、みずからの条件を情熱的に否認しようとすればするほど、無意識的に——それゆえによりいっそう取り返しのつかない仕方で——この世界の虜になってしまう。思想は、可能事のためには、みずからの不可能性をも最後には理解しなければならない。けれども、思想に課せられたこうした要請と較べるなら、救済そのものが現実性をもっているかどうかといった問いはほとんど取るに足らない。

（テオドーア・アドルノ）

目次

結論　書物に先立って、書物を超えて 622

謝辞

多くの人々や制度の支援と寛大さゆえにこの仕事は可能になった。ブラウン大学によって管理されたハーヴァード財団研究基金は、一九八二年から八三年にかけて、この企画に私が着手することを可能にしてくれた。メリーランド大学の一般研究委員会は一九八二年と一九八五年の夏ならびに一九八七年の春学期に、補助金を通じて私がこの企画を継続することを可能にしてくれた。本書の出版については、カレッジ・パークのメリーランド大学芸術－人文学部門の学部長室（ロバート・グリフィス教授には特にお礼を申し上げる）から、そしてまた、同大学に置かれたジョゼフ・メイエルホフ、レベッカ・メイエルホフ主宰のユダヤ教研究センターを介して、リタウアー・ユダヤ出版基金から助成金を頂戴した。メイエルホフ・センターはまた、一九八七年の夏、私をサミュエル・アイヴリー特別研究員として迎え、支援してくれた。

私はまた、本書の執筆にかけた長い年月のあいだに、個人的に知遇を得た数多くの学者たちとの会話から計り知れないほどの恩恵を蒙った。今から一五年前、レヴィナスを読んでみたいとの気持ちを初めて私に抱かせたのは、ジェフリー・ハートマンだった。氏は——他の数限りない学者たちが証言できるように——文学研究の分野では最も寛大で最も面倒見のよい上級研究者である。ウォーレン・ゼヴ・ハーヴェイからも、私の仕事の最初の段階で、励ましと導きの言葉を頂戴した。アネッテ・アロノヴィッツには、レヴィナスの九つのタルムード講義の見事な翻訳を、その出版に先立って利用する許可をいただいた。彼女からはまた、活力と熱意を、そしてまた、レヴィナスの哲学的著作の理解という困難な課題を果たすにあたっての支援を賜った。ロバート・ギッブズは、レヴィナスに関する進行中の大部の仕事を私に送ってくれたが、私の見るところ、氏の仕事はこの主題について書かれたもののなかでは最良の研究のひとつであろう。リチャード・コーエンは彼自身の書いた数多くの論文を私に与えてくれたとともに、レヴィナスとローゼンツヴァイクの関係についてもっと深く思考するよう私を触発してくれた。最後にお礼を申し上げねばならないのはマーク・ペデレイア氏で、氏には、所在不明の参考文献を探り出し、原稿の校正をするに際して、知的な支援と不可欠な援助を頂戴した。これ以外にも私に示唆を与えたひとやもの、私が恩恵を蒙ったひとやものは無数に存在するが、それらは原註と文献目録で列挙しておいた。

本書第7章の元となった原稿は、「パロディーの戯れと予言的理性——解釈をめぐる二つの解釈」という題で『今日の詩学』（*Poetics Today* 9: 2, 1988）に掲載されたが、デューク大学出版局の許可を得て、その新版を本書に収めることができた。第7章と第8章の一部は『宗教と文学』（*Religion and Literature* 22: 2, 1990）に掲載された。再録の許可はノートルダム大学の『宗教と文学』編集部から頂戴した。私はまた、ゲルショム・ショーレムの序を付されて出版され、ゲイリー・スミスとアンドレ・ルフェーヴルによって英訳された『ヴァルター・ベンヤミンとゲルショム・ショーレム往復書簡一九三二―一九四〇』（*The Correspondence of Walter Benjamin and Gershom Sholem*, 1932–1940）から多くの引用をした〔独語版訳、法政大学出版局刊、一九九〇年〕。同書はランダムハウス社の一部門であるパンテオン・ブックスから出版されているが、英訳とその序文の版権所有者はショッケン書店（一九八九年）にあり、同書の部分的な使用の許可はショッケン書店から与えられた。ベンヤミンをめぐるショーレムの回想録『ヴァルター・ベンヤミン——ある友情の物語』（*Walter Benjamin: The Story of a Friendship*）からも多くの引用がなされているが、使用の許可はユダヤ出版協会から頂戴した。『困難な自由』（*Difficile liberté*）に収められたレヴィナスのタルムード講義からの長大な引用についての許可はパリのアルバン・ミシェル書店から与えられた。すべてに感謝申し上げたい。

本の献呈を意味するヘブライ語の名詞はハクダシャーで、この名詞は、「聖別する、捧げる、聖化する、任じる」を意味する動詞ヒクディッシュから派生した。私は本書をラビ・メナヘム・シュネールサンに献呈したい。師がユダヤ民族全体と世界の浄化のために生涯を通じて身を捧げ、献身したことに敬意を表して。

凡例

本書での参照指示、巻末原註、文献目録については近代言語連盟（ＭＬＡ）が推奨する要領に従っている。本文のなかで引用された著述は、私が使用した探求道具一覧に即している。この一覧は「参考文献」という名のもと、本書の巻末にアルファベット順でまとめてある。本文それ自体のなかでも、括弧で括って出典が指示されている。その場合、本文中の括弧で括っての出典指示は、ある著者についてその著者の作品が本書でひとつしか用いられていない場合には、著者の姓と引用箇所のページだけを示した。たとえば、（Aarsleff 99）のように。ある著者について、二つ以上の作品が参考文献として挙げられている場合には、括弧で括っての指示は、著者の姓とページ数に加えて、書物もしくは論文（あるいはそれらの縮約版）の題名を示している。たとえば、（Rosenzweig, "The New Thinking" 204–205）のように。少しでも読み易くなるように、また、無駄を省くために、当該文中もしくは先立つ段落で著者の姓と作品の題名がすでに分かっている場合には、文の最後に置かれた括弧のなかの指示ではそれらを再び記すことはせず、ページ数だけを記載した。たとえば、（204–205）のように。

各章の註は、本文では提供することのできない情報や評価や註解のために、あるいはまた、本文で挙げられたもの以外の周辺的な参考文献を挙げるために用いられた。

更に無駄を省くために、私は、ここで主に取り上げた三人の著者の主著で、本書で何度も引用されたものについては、その題名を略記した。これらの作品の完全な題名や詳細な文献学的情報については、本書巻末の「参考文献」をご覧いただきたい。

一九八二年に本書を書き始めたとき、レヴィナスが著した何冊かのユダヤ教論考のうち、ごく少数の論文だけが英語に訳されていたにすぎない。他方、レヴィナスの哲学的主著〔の英訳〕はすでに入手可能だったのだが。私が原稿を書き上げた頃には、彼の重要なユダヤ教論考と講義の英訳が印刷中だった。アネッテ・アロノヴィッツの『エマニュエル・レヴィナスによるタルムード九読解』(*Nine Talmudic Readings by Emmanuel Levinas*)と、シーン・ハンドによる『困難な自由』の翻訳をご覧いただきたい。彼の哲学的著作については、私は、すでに出版されていたその英訳を用いた。彼のユダヤ教論考に関しては、私は、特別に断った場合を除くと、自分自身でフランス語から訳出した。

略記号

ベンヤミンの著作

GS	*Gesammelte Schriften*
Illum	*Illuminations*
OGTD	*The Origin of German Tragic Drama*
Refl	*Reflections*

エマニュエル・レヴィナスの著作

ADV	*L'au-delà du verset*
DL	*Difficile liberté*
DSS	*Du sacré au saint*
EE	*Existence and Esistents*
OTB	*Otherwise Than Being*
QLT	*Quatre lectures talmudiques*
TI	*Totality and Infinity*

ゲルショム・ショーレムの著作

Corr	*The Correspondance of Walter Benjamin and Gershom Scholem, 1932–1940*
JJC	*On Jews and Judaism in Crisis*
KS	*On the Kabbalah and Its Symbolism*
Mess Idea	*The Messianic Idea in Judaism*
MT	*Major Trends in Jewish Mysticism*
SF	*Walter Benjamin: The Story of a Friendship*

序文

——どんな批評も実演のあとに続く。演劇批評家は、いかに彼が賢明であろうとも、実演の前にはほとんど言うべきことをもたない。なぜなら、彼の批評は、実演に先立ってみずからの賢明さがいかなるものであるかをではなく、実演が彼のうちに喚起するものを証示することになっているからだ。同様に、知識に先立つ知識理論もまったく無意味である。なぜなら、知ることとはいずれも——実際にある事柄がいつ知られたかとは無関係に——唯一無二の行為であり、それ固有の方法を有しているからだ。

（ローゼンツヴァイク「新しい思考」二〇四—二〇五頁）

——中断されつつも、みずからの亀裂を埋める言説、それが書物である。ただし、書物はそれ固有の運命を有している。書物は、書物によっては包摂されない世界に属している。とはいえ、書かれ印刷されることによって、序文を冠されあらかじめ語られることによって、書物はこの世界を承認する。書物同士は中断し合い、他の書物に訴え、最後には、語られたこととは異なる語ることのうちで解釈し合う。

（レヴィナス『存在するとは別の仕方で』一七一頁）

序文は読者が出会う最初のものであるが、それはしばしば著者が最後に書くものである。最初の草稿が苦労して書き上げられ、何を残し何を削るかをめぐるすべての問いが解決され、その他の課題もすべて果たされたあとなのに、「この書物は誰に宛てられたものか、何のために書かれたものか」という批判的問いに説明をもたらしたいという著者の欲求によって、仕事の終了が延期される。この問いがその時点での書物の内容全体よりも優位に立ち、それを方向づけるということは、たとえ時間的順序としては序文が最後に書かれたかもしれないにしても、序文がまさにテクストの冒頭に置かれているという事実によって表される。

　このアナクロニズム〔時間的順序の逆転〕には多くの学ぶべきことが含まれている。そこにレヴィナスは、言語の本質に関する彼の最も根本的な主張のひとつを見出している。すなわち、何らかの個別的内容を意味するに先立って、言語はつねに誰かに対して、誰かのためにあるものなのだ。他者とのこの第一義的関係の本性は、論理学、存在論、認識論、政治学につねに先立つ倫理学の構造であって、レヴィナスの哲学的営為の主たる関心はそれに向けられている。レヴィナスに多大な影響を与えたローゼンツヴァイクは、批評は実演に後続すると主張したとき、同様のことを書き表していた。知るにいたるという現実の経験、それに先立つ知識理論はまったく存在せず、だから、知るという現実の行為はいずれも唯一無二で、それ固有の方法を有しているのだ。

　これらの考えは、序文で画定される読者や目的や方法をめぐる諸問題を提起するとともにそれらに答えるものでもある。私は本書をいくつかの理由で、幾人かの読者のために書いた。ある意味では、私は自分自身のために書いた。なぜなら、私はヴァルター・ベンヤミン（一八九二―一九四〇）、ゲルショム・ショーレム（一八九七―一九八二）、エマニュエル・レヴィナス（一九〇六―一九九五）のことをもっと理解したいと思ったからである。私がこれら三人の人物を選んだのは、彼らがいずれも、私と同様に、ユダヤ的世界と近代世界を仲介することに従事したユダヤ人だからである。もっと詳しく言うと、これら三人の各々は言語や歴史に関する現代思想に、文芸批評から宗教研究にいたる多様な分野での解釈に、哲学に、社会諸科学に並外れた影響を及ぼした。

そういう次第で、本書は、一九八二年に私が出版した『誰がモーセを殺したか』〔邦訳法政大学出版局〕の続編でもある。これは現代文学理論と神学的解釈との諸関係に対する私の関心の成果だった。この仕事のなかで私は、聖書釈義の諸伝承における解釈の歴史的土台を検討し、それぞれに固有な聖書解釈をめぐるユダヤ教徒とキリスト教徒との早期の分裂を概観し、近代文学理論における解釈学的確執の再現を跡づけた。この書物に私は『近代文学理論におけるラビ的解釈の出現』という副題を付けたが、それは、古代におけるラビ的釈義の諸様態と、近代文学批評の最新の諸潮流、なかでも、フロイト、デリダ、ハロルド・ブルームなど世俗的なユダヤ人思想家によって実践されているものとのあいだに、私が顕著な類縁性を見出したからである。

前著の評判は満足のいくものだったし、また、書評家たち、専門家たる読者たち、同書を読んだあとで私に手紙をくれた者たちによって次々と提起された数多くの問いによって刺激されもした。私はまた、自分が企てていた類の学際的議論を求めている読者が、それまでの予想を超えて多数存在することを発見した。本書では、私はこれら多様な読者をもれなく意識し続けるよう努めた。すなわち、ポストモダン的言語理論やカルチュラル・スタディーズには通暁しているが、ユダヤ教史や神学に関してはほとんど素養のない学者たち、宗教研究の分野で活躍する学者で、神学と解釈学に関しては十分な修練を積んでいるが、文学史や文学理論については素人の者たち、大学と連繋したラビ学院やキリスト教神学校の学生や教師たちで、自分たちの仕事を人文科学における最近の成果と連結しようとしている者たち、読書や意味や意義の本性について現代の文学理論が練り上げた数々の方途に関心を抱くようになったラビや牧師や建築家や法学者や科学史家や哲学者や心理学者たち、そして、近代思想と関連づけつつユダヤ教の伝統を理解する方途を探っている現代のユダヤ教徒たち。

もし私がひとりの特定の読者やひとつの専門家集団にのみ宛てて書くことを選んでいたなら、本書はもっと小さな書物になっていただろう。言うまでもないことだが、知識水準も様々な複数の読者たちに向けて書くことは簡単な仕事ではない。ある読者にとっては言わずもがなであるような情報も、他の読者にとっては紹介と説明を要する。読者たちは様々な素養を背景としているから、ある箇所は秘教的なもの、またある箇所は初歩的なものと彼らに映るのは疑いない。専門家ならざる者たちに手掛かりを与えるために、私は時に、異常なまでに複雑で入り組んだ数々の論点を単純化せざるをえなかった。哲学者であれば、ことレヴィナスに関しては、現代現象学や分析哲学の学術的論点の光で照らして、もっと詳細な読解を期待したことだろう。ただ、私の目標は、レヴィナスの仕事に通じていない広範な読者たちにレヴィナスの思想の根本を説明し、現代文学理論へのひとつの批判として彼の洞察のいくつかを援用し、レヴィナスの哲学的著述を彼の明白にユダヤ教的な著述と結びつけることである。私からのお願いだが、ある読者の必要に私が応えようと努めているときには、ぜひともその点は大目に見ていただきたい。

別の水準の話をすると、多様な読者と多様な分野とのこのような混合は、ここで研究することを私が選んだ三人の著述家たちの仕事の核心にも含まれており、それは私が彼らの各々に魅力を感じる主たる理由のひとつでもある。彼らはいずれも複数の領野の境界線上で生き、書いた。ベンヤミンは単に「ドイツ文学者」ではないし、ショーレムも単に「イスラエルの歴史家」ではない。レヴィナスも単に「フランスの哲学者」ではない。ベンヤミンは高度に哲学的な形式の批評を書いたが、それは、ワイマール共和国の衰退、マルクス主義の果敢な挑戦、ナチズムの台頭といった圧力を受けて、次第に「歴史化されたもの」と化していった。ショーレムは宗教の歴史家であり、ドイツからパレスティナへの移民であり、ヘブライ大学でユダヤ神秘主義学術研究という近代的分野を創出した人物である。彼はまた生涯にわたるベンヤミンの親友で、言語、註解、哲学、歴史、政治、近代ユダヤ教について意見を共有したり、それについて議論を戦わせたりした。レヴィナスはロシア生まれのユダヤ人で、青年期にフライブルクとストラスブールで哲学を学び、のちにはフランス国民となり、パリのユダヤ人学校の校長を務めるとともに哲学の教授となった。

いずれの人物も二〇世紀の最も破滅的な事件に捕らわれてしまった。ナチスに支配されたヨーロッパから逃れるいかなる道も見つけられなかったとき、ベンヤミンは自殺した。レヴィナスはフランス人戦争捕虜の収容所で戦中を生き延びたが、在ロシアの彼の親族全員を失ってしまった。ショーレムは一九二三年という早い時点でパレスティナに移住していたためナチスから逃れることができたが、ホロコーストによって近親者たちを失い、パレスティナの地ではアラブとユダヤとの悲惨な終わりなき抗争に苦しんだ。

ヨーロッパ人としてと同時にユダヤ人として、これらの著述家一人ひとりが蒙った知的で歴史的で、そして私的な確執は、批評、註解、歴史、哲学に関する彼らの尋常ならざる仕事を、——言語と解釈、メシアニズムと唯物論、ユダヤ教と世俗的思想をめぐる省察を生み出すきっかけとなった。ベンヤミンが本当はマルクス主義の理論家であったのか、それとも審美家であったのか、それともユダヤ教に帰依する神秘家であったのかについては、今も激しい論争が進行中である。カバラ（ユダヤ神秘主義の伝承のひとつ）に関するショーレムの仕事はツェラーンからボルヘスやハロルド・ブルームにいたる数え切れないほど多くの世俗的作家や批評家に霊感を与え続け、近代ユダヤ教学に革命を引き起こした。レヴィナスは現象学をフランスに紹介した人物として、欧州大陸の哲学者たちには有名で、かつ彼らから高く評価されている。のみならず、彼はまた、ユダヤ教とユダヤ人の生活についても広く著述を残し、東方イスラエル同盟のためのユダヤ人教師を育成し、タルムードを講じ、在フランスのユダヤ人たちの文化的営みのなかでは偉人のひとりであった。ただ、現代の文学理論家たちがフランス哲学と現象学の伝統に多大な関心を抱いているにもかかわらず、また、レヴィナスによるフッサールとハイデガーへの批判に自分は多くを負うているとデリダ自身が認めているとはいえ、レヴィナスへの言及はあまり頻繁には見られない。

これらの思想家たち各々の著述は文学理論における現下の論争に影響を与えたし、それについて言うべき多くのことを有し続けている。私が本書を書き進めた決して短くはない歳月のなかで、文学理論の焦点は言語的意味の抽象的本性をめぐる論争から、言語と文学的テクストが政治的・文化的文脈をいかに触発し、それによっていかに触発されるかという論点へと移っていった。すなわち、言語をめぐる問いと歴史や権力をめぐる問いが分かち難く絡み合っている仕方がこれまで以上に認知されるにいたったのである。ショーレム、ベンヤミン、レヴィナスはこれらの論点すべてと深く係わっていた。彼らの仕事のかなりの部分では、歴史、歴史主義、歴史的方法——そしてまた、歴史と歴史を創造しそれを物語る言語との関係が最重要の主題だった。それぞれやり方は異なるとはいえ、彼らはいずれも、一九世紀の学術的で「科学的な」歴史の方法ならびに啓蒙の遺産に対する深甚な不満を感じながら著述活動を展開した。

ベンヤミンは爆発的なものたるメシア的時間という考えを表明し、それを革命的マルクス主義に結びつけた。ドイツの大学で教壇に立つ可能性を奪われたがために、彼は文学批評の慣習的で講壇的な形式を放棄した。ドイツは荒廃していて、そのうえ、彼自身ついには国外逃亡を余儀なくされたので、筆で生計を立てねばならなかった。安価な売春宿から売春宿へと移りゆく不安定な生活であった。彼は新聞のための書評やラジオ放送の脚本や注文を受けて、輝かしく非凡なエセーを書くと同時に、長期間を要する独創的な大企画に携わり続けた。——それはパリのパサージュについての文化史を書くという企画で、この文化史は近代の起源を論じるものだったが、ベンヤミンの死亡時にはまだ完成されておらず断片的なものにとどまっていた(1)。

ショーレムは、ユダヤ神秘主義に関する学術的で文献学的で歴史学的な研究を厳密に実践しようと企て、多数の書物やエセーを出版したが、それらは存命中から広く絶賛された。カバラの言語学に関する彼の思弁の多くはベンヤミンから着想を得ている。ベンヤミンはというと、後年「弁証法的唯物論」へと転向したとはいえ、ショーレムに持続的な影響を及ぼしたがゆえに「マルクス主義者のラビ」と呼ばれた。とはいえ、ショーレムとベンヤミンは政治的問題に関しては激しく対立するにいたる。ショーレムは頑強な反マルクス主義者で、文化的な意味でのシオニズムを熱烈に支持し、パレスティナでの現実のシオニズム政治によってメシア的で黙示録的思想が汚されないよう尽力した。学術的な歴史叙述に際して彼が採る批判的で冷静なやり方はというと、彼によって明るみに出された神秘主義的テクスト群が有する爆発力を貯えるダムのごときものであると言ってもほぼまちがいないが、彼はしばしばこうしたダムと自分を直観的に同一視している。と同時に、彼とベンヤミンとの関係は彼の歴史哲学に強く影響を及ぼした。

レヴィナスの見地によると、(政治的なものにせよ神学的なものにせよ)黙示録的恍惚、神秘的融合、非合理的なものの誘惑は単に危険であるのみならず、まさに西欧哲学の根幹に見出されるような利己主義および暴力と結託してもいた。そうであるなら、彼の課題はこのような暴力を明らかにし、ホロコーストとその恐怖に続く時代を生きるユダヤ人と非ユダヤ人双方にとっての哲学である「倫理的形而上学」を作り上げることであろう。ベンヤミンやショーレムと同様、レヴィナスもまた、啓蒙ならびに近代文化によってユダヤ教の伝承や信仰との絆を歪められてしまった近代ユダヤ人たちの問題を解決しようと努めもした。彼らと同様、レヴィナスは、啓蒙以前の信仰への退行も、西欧思想とその挑戦を単に棄却することも何ら解決にはなりえないと主張した。

しかし、レヴィナスは更にこのような文化を審判に付そうともした。ユダヤ人と非ユダヤ人の双方と係わる容赦ない審判に。とはいえ彼は、理性と普遍主義に関する啓蒙的ヴィジョンを完全に放棄することもなかった。その代わり、レヴィナスは、自律的で帝国主義的でも、奴隷的で無思慮でもないような「第二の」型の理性を明確に語ろうと努力した。自己と他者との接合としての倫理は、哲学的伝統において呈示された数々の理性ほどには杓子定規ならざる「合理性」を構築しているが――、とはいえ、ここにいう合理性とは減弱された合理性ではなく、より充実した合理性なのである（*ADV* 176）。

一方のショーレムが、それまで学会筋では不評であったユダヤ神秘主義文献のコーパスを初めて敬うべきものにし、そうすることで、ユダヤ思想とユダヤ史のイメージを変えたのに対して、レヴィナスは、それまで「すげない」ものとして非難されてきたパリサイ的遵法主義の発想、偉大さ、その哲学的深遠さを擁護している。ラビたちの哲学的で倫理的な合理主義のなかに、彼は「理性に先立つ理性」ならびに、歴史を裁き、変容し、贖うところの力を見出す。レヴィナスにとっては、ユダヤ神秘主義ではなくタルムードの古典的文書との刷新された関係こそ、近代ユダヤ教と近代哲学双方の再生のために必要なものだったのだ。彼の見方では、古典的なユダヤ教文献への純然たる歴史的アプローチは、ユダヤ人の現代生活にとっては本質的に無意味である。近代のユダヤ知識人は、哲学とユダヤ教、大学とタルムードの双方を必要としているのである。

ショーレムの仕事がよく知られており、また取っ付きやすいものであるのに対して、ベンヤミンとレヴィナスははるかに難しく、専門家にとってさえも謎めいた著述家である。ベンヤミンの仕事は論理的厳密さや体系的哲学の整合性を有してはいない。にもかかわらず、それは非常に哲学的である。レヴィナスの仕事はヘーゲル、ハイデガー、フッサールについての専門的知識を自家薬籠中のものとしてはいるが、それもまた純粋に論理的な意味では体系的なものではない。私は専門家に向けてだけ書くことを選ばなかったし、私が検討するテクストの多くは難解である。そこで私としては、私自身の解釈や分析や比較を付け加えるに先立って、特別にスペースを取って若干の背景や基礎的事項を概観し、かつ説明しようとした。

このことは私の方法に関する問いへとつながっていく。「知ることはいずれも——実際にある事柄がいつ知られたかとは無関係に——唯一無二の行為であり、それ固有の方法を有している」とローゼンツヴァイクは書いているが、もしそのとおりであるなら、本書もそれ固有の方法を展開させているはずだ。実際、私の方法はローゼンツヴァイクが書いたのとほぼ同様に、実演に付き従うものとして展開されている。私は何らかの文学理論をここで取り上げた一連のテクストに「適用」したりは決してしなかったし、文学批評をしてユダヤ研究、哲学、歴史に高みから「指図」させることもしなかった。歴史上実際に経験されたベンヤミンとショーレムとの個人的関係それ自体が、本書の第一部で文学批評、神学、哲学との相互関係を論じる際の仕方にとっての一種の枠組みを提供してくれた。ショーレムとベンヤミンは互いに対話の相手で、彼らは時に親密で、時にまったく疎遠だった。時に同盟者で、時に敵対者だった。時に互いに支え合い、時に互いに失望し合った。ショーレムは一九一八年の日記に次のように書いている。

最近私はまたヴァルターとてもうまくやっていけるようになった。おそらくそれは、自分の内面的問題に関して私が彼に暗黙のうちに抵抗できるその起点となるような場所を見つけたからだろう。それだと万事がうまくいく。あれらの場面は、最終的な分析からすると、ヴァルターが彼のためのものならざる私の条件のひとつの界域を一瞥する瞬間以外のものではない。結局、彼のほうもそんなことを私に明かしてくれはしなかった。だから、われわれの共同体はまさに、一方が他方の沈黙を言葉を解さずに理解し、それを尊重することをその本質としているのだ。(*SF* 71)

しかし、時が経つにつれて、ショーレムはこの沈黙をしだいに尊重しなくなる。そして彼は、ベンヤミンの後期の仕事が歩んだ小道を攻撃的に批判することで二人の関係に大きなわだかまりを作り出すとともに、自分の真の天分と使命を放棄したとして彼を糾弾した。

本書の第一部では、私はベンヤミンとショーレムを論じたが、その際、言語、救済、メシアニズム、政治、歴史についての彼らの考えを一貫して併置し、織り交ぜ、交互に取り上げるとともに、一方を他方の光に照らして読解した。二人の男のあいだの関係は、批評、神学、政治のあいだの複雑な関係を具現し、また象っていた。ベンヤミン－ショーレムの関係はたとえば、文化的唯物論者が神学から学びえたことならびに、神学者や歴史家が文学批評から学びえたことを——、更にはこのような係わりに伴う若干のストレスとひずみをも示している。

本書の第二部は全面的にレヴィナスに費やされているが、そこでの論点と方法は、哲学者にして神学者であり、「ギリシャ人」にして「ヘブライ人」であるというレヴィナス自身の二重の身分によって練り上げられた。もっとも、レヴィナス自身は、こうした混合とそれに伴う緊張関係や諸問題にはしばしば困惑を示し、神学的出発点や何らかの宗派的方向づけをまったくもたないような哲学を書くと主張している。そうではあるが、私はやはり、哲学に向けたレヴィナスの関心とユダヤ教に向けた彼の関心が混ざり合うその仕方に興味を抱いている。それゆえ、私はレヴィナスの哲学的論考とユダヤ教論考を一緒に検討した。ここでもまた、「一方を他方の光に照らして」読解したのである。レヴィナスは倫理の優位ということにこだわっているが、このこだわりに触発されて、私は、現代の文学理論で進行中の事柄を再検討し、大いに再評価するという考えを私に吹き込むとともに、この重要な論点が私の前作にいかに欠けていたかを実感することにもなった。

　この研究のもっと大きな枠組みは何かというと、それはレヴィナス、ベンヤミン、ショーレムのようなユダヤ人と一般的な意味でのモダニズム、ポストモダニズムとの関係である。彼らの仕事と人生は、これまでわれわれが容認してきたよりもはるかに深い聖俗の混交を示すとともに、批評と神学がまたしてもどれほど力強く互いを捲き込みうるかを示している。何よりも、もしこれらの分野に従事する者たちが、ひとつの書物が提起するこれらの難問――「その仕事は誰に向けて、何の目的でなされたのか」――を進んで再考しようとする場合にはそうであろう。

　ウィンストン・チャーチルという並外れて多作の著述家はかつて、本を書くことは「冒険に似ている」とコメントした。「まず第一に、それは玩具であり娯楽である。次いで、それは女主人となり、次いで男の主人となり、次いで暴君となる。最後の局面はというと、あなたがこうした主人や暴君の奴隷であることをもう少しで受け入れようとしているときに、あなたは怪物を殺し、それを民衆に引き渡す」。そこで私も怪物たちを読者に引き渡すことにしたい。

第一部　ゲルショム・ショーレムとヴァルター・ベンヤミン

序論　ある友情の物語
──ドイツ人とユダヤ人

──もしドイツ－ユダヤの伝承が現存していないなら、われわれはわれわれ自身のためにそうした伝承を発見しなければならなかっただろう。

（ハーバマス『ドイツ観念論』四二頁）

一九四一年に、ゲルショム・ショーレムは、やがて現代ユダヤ教研究の古典のひとつとなることを約束された著書『ユダヤ神秘主義の主潮流』を出版したが、これはカバラというユダヤ神秘主義の伝承をめぐる二〇年にわたる彼の探究の成果だった。その題辞で、ショーレムはこの書物を、「形而上学者の洞察力と批評家の解釈力と学者の博識を兼備した天与の創造的精神の持ち主にして、自由への道なかばスペインのポル・ボウで逝ったわが生涯の友人、ヴァルター・ベンヤミン（一八九二─一九四〇）の思い出に」献じている。一九二三年にドイツからパレスティナに移住したとき、ショーレムはまた彼自身の自由への道を切り拓いたのだが、ただ、彼は自分と同じことをするよう友人を説得することはできなかった。ベンヤミンはやがてナチス支配下のヨーロッパに捕らわれ、ピレネー山脈を超えての逃亡を虚しく試みたあとで、フランスとスペインの国境地帯で、絶望と窮乏のなかで死んでしまった。最悪の事態を覚悟して自殺を図ったのである。ところが、その翌日、国境は再び開放され、ベンヤミンのグループの他の者たちは出国を許可された。ベンヤミンはというと、国境の町ポル・ボウ近郊のどこかに埋葬された。誰も彼の墓の正確な場所を知る者はいない。(1)

死ぬまでに、ベンヤミンは何冊かの書物と、新聞や文芸誌に掲載された数多くの論考を発表していた。彼はまた社会学研究所（別名フランクフルト批判理論学派として知られている）の一員で、その俸給は彼の生活の資となった。知的エリートたちの小さなサークルのなかでは彼は有名だったが、「ドイツ文学最高の批評家」になりたいという、一九三〇年にショーレムに打ち明けられた彼の野心（*Briefe* II: 505）は成就されることはなかった。数多くの仕事が生前には出版されずじまいだったし、彼はまた大学人としてのいかなる職にも就くことはなかった。彼の第二の博士論文（ドイツの大学で教鞭を執るためには二本の博士論文が必要だった）である『ドイツ悲劇の根源』（一九二四）〔ハンデルマンはドイツ語の Trauerspiel に tragic drama と mourning play という二つの訳語を充てている。それを尊重して、訳文では前者は「悲劇」、後者は「哀悼劇」と訳し分け、またハンデルマンがドイツ語の Trauerspiel をそのまま使用している場合は「哀悼劇」とした。その間の事情は本書二一九頁を参照〕は審査員たちによって却下された。この論文は理解不能である、と彼らは訴えている。

ショーレムともうひとりの親しい研究者にして友人のテオドーア・W・アドルノ――社会学研究所の指導的メンバーのひとり(2)――の努力によって、ベンヤミンの数々の論考や文書は蒐集され始め、一九五五年に出版された。続く数十年で、ベンヤミンの野心は死後に実現されることになった。一九六〇年代に新左翼が台頭した時期のドイツでは、ベンヤミンの著作のペーパーバック版が鉄道駅の売店に置かれていた。一九七〇年代と八〇年代には、彼の仕事をめぐる分析は、アメリカでも、最も重要な文芸批評と文学理論の雑誌でその数を増やしていった。今日では、ベンヤミンは彼の時代の最も卓越した批評家として真に認知されている。

ショーレムについて言うと、ベンヤミンの死後も彼はユダヤ神秘主義に関する膨大な調査を継続し、今日の最も偉大なユダヤ教学者のひとりとして評価されるにいたった。彼はユダヤ神秘主義についてのアカデミックな研究を確立し、ユダヤ思想の活き活きとした相貌としてのカバラを正当化しようと努めた。そうすることで彼は、「ユダヤ教科学」（*Wissenschaft des Judentums*）に従事した先人たちが練成したユダヤ教研究ならびにユダヤ教のイメージを根底的に変化させることをめざした。ショーレムが主張するところでは、「ユダヤ教科学」に従事した者たちはユダヤ教から神秘主義的要素を切除しようと努めたのだが、彼らの行き過ぎた合理主義はカバラの秘教的伝承に対する偏見を彼らに抱かせることになったのだ。ユダヤ人たちを人間の普遍的兄弟性を通じてヨーロッパ文化に参画させる純粋に合理的な宗教として、ユダヤ教を定義しようとした彼らの護教論的企てと、ショーレムの眼に映ったものを彼は激しく非難している。[3]

ショーレムはカバラがユダヤ教の中心を占めていることを強調している。のみならず彼は、ユダヤ教のまさに核心に存する神秘主義思想の復活と変容をカバラのうちに見出したと主張してさえいる。彼の考えでは、この神秘主義思想こそユダヤ教の活力の秘められた源だったのだ。思考のこの路線は、一七世紀の著名な「贋メシア」サバタイ・ツヴィをめぐる壮大な研究へと、そしてまた、サバタイ主義（ある種のカバラ思想の異教的で矛盾に満ちた拡張）が、ユダヤ教徒の生活と近代ユダヤ教の形成にとって、それまで考えられていたより以上に大きな役割を演じたという論争的な主張へと彼を導いていった。

ショーレムは一九一五年に初めてベンヤミンとベルリンで出会った。そのときショーレムは一七歳で、ベンヤミンは五歳年長だった。一九一五年から一九二三年のショーレムのパレスティナ行まで、彼らは実に多くの時間を一緒に過ごした。一九一八年から一九一九年にかけて、ショーレムはスイスでベンヤミンと合流した。ベンヤミンはそこで博士論文を書いていたのである。両名ともに頑なに第一次世界大戦に反対したが、医師の診断で兵役を免除されていた。ショーレムのベンヤミンとの友情は、ショーレムが一九二三年にパレスティナに移住して以降、不自然なものとなった。二人は熱心に手紙のやり取りを続け、自作の新しい仕事ができるとそれを複写して相手に送ってはそれについて論議を交わした。とはいえ、この移住以降、二人は一九二七年と三八年にパリでわずかに二度会ったにすぎない。特にショーレムは神経質でベンヤミンとの会話をすべて日記に記録していた。パレスティナに住むようになってから、ショーレムは、ベンヤミンが彼に送ったエセーや書評や絵葉書やメモやほぼ三百通の手紙をすべて保存した私的な「記録保管所《アーカイヴ》」をその地に設けて維持した。これらの手紙は自分にとって最も貴重な財産である、とショーレムは書いている（*Corr* 5）。亡くなる約一〇年前、ショーレムは、自分が蓄積したすべての資料を駆使して、ベンヤミンと自分との友情に関する思い出、それも一冊の書物に相当するような長大な思い出を書き表した。『ヴァルター・ベンヤミン――ある友情の物語』（一九七五）である。彼が言うところでは、総じて彼らの友情は「自分の人生にとって最も重要なもの」（*From Berlin* 70）だったし、「考えるということが真に何を意味するかを自分はベンヤミンという生きた模範をとおして経験した」（*JJC* 174）。一方のベンヤミンは、ある書簡のなかで、「まちがいなく私はあなた以外のどこでも生きたユダヤ教とは出会わなかった」（*SF* 161）と書いている。

とはいえ、ショーレムが旅立ったあと、ベンヤミンの思考は新たな方位へと向かった。ヨーロッパの状況は悪化の一途を辿り、ドイツはというと壊滅的なインフレと過度の政治的緊張に苦しむなか、ベンヤミンは「史的唯物論」への関心を募らせていった。とりわけ、一九二四年にカプリ島で出会ったソヴィエトの革命家アーシャ・ラツィスと恋に落ち、一九二六年から二七年にかけて彼女をモスクワに訪問し、ジョルジ・ルカーチの『歴史と階級意識』を読み、一九二九年に出会ったベルト・ブレヒトとの友情が次第に育っていく。こうした展開は有害なものであるとショーレムは考え、ベンヤミンを諫めることで、また、パレスティナに来てヘブライ語を勉強するよう彼に勧めることで、自分の友人に対するマルクス主義のいや増す影響と闘った。彼は、当時エルサレムの新生ヘブライ大学学長であったユダ・マグネスとベンヤミンとの面談をセットすることに成功しさえした。ベンヤミンによって打ち明けられた、ユダヤ教のテクスト研究に身を捧げたいとの気持ちを真に受けたマグネスは、パレスティナでヘブライ語を学ぶという目的で使われるべき給費を彼に送っている。ところが、ベンヤミンはこの給費をヨーロッパで使ってしまい、エルサレムにやって来ることは決してなかった。

ブレヒトからの影響があるとはいえ、また、一九三〇年代に彼の「マルクス主義的局面」が頂点に達したとはいえ、ベンヤミンの著述は数多の神学的観念で充満していた。パリのパサージュをめぐる仕事をベンヤミンは一九二七年から死にいたるまで継続するのだが、未完に終わったこの主著（*Das Passagen-Werk*）の草稿のなかで、彼は書いている。「私の思考は、吸い取り紙がインクと係わるのと同様の仕方で神学と係わっている。吸い取り紙にはインクが染みついている。ただ、吸い取り紙だけから判断するなら、それまでに書かれたものは何も残らないだろう」（"Theory of Knowledge" [N 7a, 7]）[4]、と。神学的観念と唯物論的観念とは容易ならざる、というかほとんど不可能な仕方で併置されるのだが、日記のなかでブレヒトは、「反神秘主義的姿勢とは裏腹な」ベンヤミンの「神秘主義」、ベンヤミンの恒久的ユダヤ教について不平をもらしている（*SF* 176）。とはいえ、一九四〇年にベンヤミンの自殺のことを耳にしたブレヒトは、これはヒトラーがドイツ文学に引き起こした最初の損失であると意見を述べている。

言うまでもないことだが、ショーレムはブレヒトからの影響を強く嫌悪していて、一九三一年にパレスティナから送られた格別に厳しい二通の書簡のなかで、彼は、ベンヤミンが標榜している弁証法的唯物論というレッテルは「自己欺瞞」で、共産党でさえそれを反革命的なものもしくはブルジョア的なものとして排除するだろう、とベンヤミンに書き送っている。ショーレムは、「あなたの真の思考過程と自己申告された思考過程とはどうしようもなく相容れないし、両者のあいだには関係は存在しない」と批判し、ベンヤミンにおける神学と唯物論との連結を「不当な連合」として描いている（*SF* 228）。ショーレムが主張するところでは、ベンヤミンの真の洞察は、言語をめぐる初期の形而上学から生まれ、神学的過程を通じて獲得された。経済的唯物論と弁証法的形而上学とを結合しようとの試みにベンヤミンがこだわる場合には、ショーレムはこう警告した。「あなたは宗教と政治とのまさに混同の最後のではないが、最も不可解な犠牲者となるだろう。あなたよりも見事に両者の真の関係を明るみに出せる者は誰もいないと考えられていたというのに」（*SF* 130）。

　これに対してベンヤミンは返事を書いて自分の立場の曖昧さを認めるとともに、自分の仕事が無謬のものとみなされたり、それが共産党に受け入れられることをめぐる一切の幻想を禁じている。共産党については、ベンヤミンはそれに入党することに決して同意しなかった（もっとも、彼の兄で博士号の持ち主であるゲオルクは共産党に入党し、ベルリンで貧民とともに働いたのだが）。「分かった、僕は極端に走りつつある。ひとりの漂流者がいて、彼は、すでに折れたマストの天辺によじ登ることで、難破船に乗ったまま漂っている。ただ、彼には救助を求める信号をそこから送る機会がある」（*SF* 233）。

　ユダヤ教をめぐる問題はショーレムとベンヤミンの関係の核心に係わるものだった。特に、二人が最も親密だった一九一五年から二三年にかけての時期はそうだった。本書の第一部では、私は、ベンヤミンとショーレムを読むに際して、一方を他方の光に照らして読むことを提案する。二人の関係が彼ら各々の言語哲学と歴史哲学にどのような影響を及ぼしたかを私は研究したいのだが、この研究は、現代の文学論争のなかでの神学と文学批評との関係を理解するべく努めるという、より規模の大きい企図の一環を成している。ユダヤ神秘主義における言語の意味をめぐるショーレムの理論は、初期ベンヤミンの美学的で形而上学的な理論からどの程度影響されえたのだろうか。このことは、ユダヤ教研究の分野でのショーレムの仕事の評価と受容にとって、そしてまた、現代ユダヤ教研究と文学批評との関係にとってどのような意味をもつのだろうか。(5) 更には、言語と歴史についての世俗的で唯物論的な理論はどのようにして神学と係わるのだろうか。ベンヤミンはその最後の仕事のなかで次のような見事な寓話を通じてこうした状況を描出している。

チェスの試合で相手がどんな手を指してきても、その一局をものにする応手でそれにこたえるように自動人形が作られたという話がある。トルコ風の衣装を身にまとい、水煙管を口にくわえた人形が、大きなテーブルに置かれた盤を前にして席に着いていた。複数の鏡を組み合わせたシステムによって、どの方向から見ても、このテーブルは透明であるかのように錯覚させた。本当は、テーブルのなかにチェスの名人であるせむしの小人が潜んでいて、その小人が紐で人形の手を操っていた。ところで、この装置に対応するものを、哲学において思い描くことができる。「史的唯物論」と呼ばれるこの人形は、いつでも勝つことになっている。この人形は誰とでも楽々と渡り合えるのだ。ただし、今日では周知のように小さくて醜くなっていて、しかも、そうでなくてもひとの目に姿を曝してはならない神学を、この人形がうまく操れるならば、であるが。(*Illum* 253)

脱構築的批評家、マルクス主義理論家、文化的唯物論者たちは、この姿を現さないせむしの小人〔神学」とはいささか折り合いが悪く、そのいずれもがベンヤミンをみずからの陣営に取り込もうと努めている。彼らはショーレムをベンヤミンの仕事に有害な影響を与えた者、彼の仕事をイデオロギー的に誤読した者とみなしている。これに対してショーレムは、ベンヤミンの本当の天分と真の思考様態は言語の形而上学者であることだと応酬した。ベンヤミンは世俗的世界のうちで啓示と救済の本性を探究した秘教的神学者なのである、と。

別の関連で言うと、ボルヘスからハロルド・ブルームにいたる他の作家や批評家たちは、ショーレムは自分の仲間であり、また、文学言語と文学テクストに関する予言的理論家であると主張している。ブルームはこう断言してさえいる。今日、強固なユダヤ教文化を代表しているのはフロイト、カフカ、ショーレムという三人の人物だけであり、また、現代のユダヤ知識人にとっては、この三人組は「すでに、精神性の現下の伝承のなかでは、たとえばレオ・ベック、フランツ・ローゼンツヴァイク、マルティン・ブーバーなどよりも偉大な人物である。……なぜなら、前者のグループのほうが文化的達成という点では後者のグループをはるかに凌いでいるからだ」（"Masks" 14）。この文化的達成のうちに、ブルームは更に、ユダヤのポストモダン的精神性の種子を、「ユダヤ教のなおも隠された形式、それゆえ必然的にわれわれにはいまだ現れざるユダヤ教の形式への予期」(16) を見出している。

以上のことを述べたのはほかでもない、ベンヤミンとショーレムのあいだで、近代思想のかくも多くの可能性が紡ぎ出されているということを言うためである。審美主義から言語哲学、テクスト批評、アナーキズム、マルクス主義、神秘主義、ラディカル文化批評、修正歴史主義にいたるかくも多くの可能性が。彼らはいずれも、われわれが言語、解釈、歴史、聖なるテクストを考えるその仕方に深く影響を及ぼした。ここでは、言語哲学と歴史哲学、神秘主義と唯物論、ユダヤ教と近代のユダヤ的アイデンティティーをめぐる問題系が分かち難く絡み合っている。ここにはまた、文学批評の本性、テクストの意味、歴史ならびにイデオロギーと言語との関係に関する現下の論議に含まれているすべての批判的要素が揃っている。

進歩のカタストロフ

あるときベンヤミンは、「主著はジャンルを確立するか、それを廃棄するかのどちらかだが、完璧な作品は両方のことを同時に成し遂げるだろう」（*OGTD* 45）と指摘したことがある。ある意味では、カバラに関するショーレムの仕事はまさにこれを成し遂げた。それは正統派と異端、「確立することと廃棄すること」とのあいだに引かれたしばしば微妙な境界線をめぐっての長大な言説なのだから。ベンヤミンと同様、ショーレムはみずからの思考を「弁証法的」と特徴づけている。もっとも、両名はそれぞれまったく異なる仕方で弁証法という語彙を用いているのだが。ショーレムのいう弁証法は、創造的な力と破壊的な力とのあいだの闘争、逆説的にも確立すると同時に破壊するような闘争を内包している。他方のベンヤミンはというと、彼のいう「史的唯物論」のなかで「静止せる弁証法」なるものを展開しているのだが、そこでは、ぶつかり合う像《イメージ》と像が強烈な衝撃と認知の瞬間に結晶化されるのだ。

過去が現在に光を投げかけるのではないし、現在が過去に光を投げかけるのでもない。むしろ像とは、そこで〈かつて〉と〈今〉が閃光のごときもののなかで星座＝布置（constellation）を成すにいたるところのものである。言い換えるなら、像は静止せる弁証法なのだ。なぜなら、現在と過去との関係が純粋に時間的なもの、連続的な関係であるのに対して、〈かつて〉と〈今〉との関係は弁証法的——発展ではなく像であり、前方への跳躍――であるからだ。――弁証法的な像だけが真正の（すなわち、廃れたものならざる）像であり、それらの像のなかにたまたま見出される場所が言語なのである。（"Theory of Knowledge" [N 2a, 3]）

別の水準で言うなら、これらの思想家たちの弁証法的態度は、以前に到来したこと、伝えられたことへの両価的《アンビヴァレント》な態度から生まれたのだ。このような両価性はもちろん近代的態度に特徴的なもので、われわれは「モダン」をめぐる最も優れた研究をベンヤミンに負うている。この研究は特にパサージュ論のなかで展開されているのだが、そこで彼はモダニティーの「先史」を把握しようと努めていた。

ベンヤミンとショーレムは共に、宗教的現象、文学的現象、歴史的現象の起源など起源の問題と深く係わっていたが、この関心は歴史的過去への彼らの混乱した関係を反映していた。伝承の権威が崩壊したとき、何が残るのだろうか。かかる断絶の暴力、噴出しては破壊するこのカタストロフ的な闇の力にどのようにして対抗するのか。瓦礫の只中でどのようにして生きるのか。彼らの歴史哲学はいずれも単に学術的なものではない。彼らは共に、「救済し」贖う歴史と集中的に係わっている。掻き消された声を聞き、これらの失われた像や叫びのなかに含まれたラディカルな潜在力を掘り当てようとしながら。ベンヤミンは書いている。

……歴史（学）は単なる学問ではなく思い出すことのひとつの形式（*eine Form des Eingedenkens*）である。学問が「確立」したものを、思い出すことは変容することができる。思い出すことは不完全なもの（幸福）を完全な何かたらしめ、完全なものを不完全な何かたらしめる。これは神学である。けれども、思い出すことのなかで、われわれは、歴史をまったく非神学的ならざるものとみなすことをわれわれに禁じるような経験（*Er-*

fahrung）を発見する。たとえわれわれが、文字どおり神学的な概念に即してあえて歴史を書こうなどとはほとんど試みないとしても。（"Theory of Knowledge"［N 8, 1］）

進歩の概念はカタストロフの観念に基礎づけられるべきである。ものごとが「ただ進行するということ」がカタストロフである。将来のある瞬間に差し迫った何かではなく、つねに与えられているような何かなのだ。（［N 9a, 1］）

「進歩」という自由主義的想念に対する批判、記憶の苦労と記憶の力、神学とのねじ曲げられた関係、聖なるものと世俗的なものとの厄介なつながり——これらの主題は、第一次世界大戦時に成人したドイツのユダヤ人としてのベンヤミンとショーレムの経験を反映しているのだが、この時期、ユダヤ人解放の約束は消えかかり、過激なナショナリズムがヨーロッパをカタストロフへと導こうとしていた。ベンヤミンもショーレムも第一次世界大戦に反対の立場を採ったが、これはいかにも評判の悪い立場で、彼らの友人や親族たち、更にはフロイト、ブーバー、ヘルマン・コーエンといった傑出した知識人たちでさえこぞって「愛国主義的」合意を形成していた。戦争に反対したため、ショーレムは一九一五年に放校になっている。

彼らが生まれた家庭はいずれも裕福な同化ユダヤ人のブルジョア家庭だった。ショーレムの父親は印刷業に従事し、ベンヤミンの父親は古物商だった。こうした家庭は、中世的ゲットーでのわずらわしい制約と屈辱からのユダヤ人解放の恩恵に浴したドイツ・ユダヤ人のかなりの部分に典型的な家庭であった。フランス革命後にゲットーが瓦解し、ユダヤ人たちが解放されたとき、ユダヤ人社会は、ユダヤ人の生活のどの側面にも影響を及ぼすような動乱と変動を経験した[6]。

とはいえ、一七九一年にフランスがユダヤ人に同等の公民権を与えたとき、クレルモン・トネール伯爵は国民議会での有名な演説で、「個人としてのユダヤ人にはすべてを与えるが、民族としてのユダヤ人には何も与えない」と宣言した。西欧社会のなかへのユダヤ人の参画はユダヤ人の弁別的特徴の放棄を要求しているように見えた。ユダヤ人たちが非ユダヤ人の世界に同等の存在として加わるようにとの誘いはきわめて苦しいディレンマを提起している。あるユダヤ人たちはみずから進んで、ユダヤ人としての弁別的アイデンティティーを全面的に捨てようとしたが、他のユダヤ人たちは自分たちの遺産をそう簡単に放棄することはできなかった。解放は政治的にはユダヤ人たちを解放したが、多くの者たち、とりわけ知識人たちの内的苦悩と引き裂かれたアイデンティティーを解消することはなかった。ユダヤ的アイデンティティーという想念が全面的に疑問に付された。ユダヤ人であることは何を意味するのか、そしてまた、どうすればユダヤ人にとどまることを正当化できるのか。ひとりの人間が二つの世界でどうやって生きるのか。啓蒙の世紀が宗教に果敢に挑戦したあとでもなお、どうすれば、普遍的理性の時代においてユダヤ人であることは擁護されうるのか。神的啓示の絶対性や「天から授けられたトーラー」の権威をもはや信じなくなったときに、どうすればユダヤ人でありうるのか。

このようなディレンマに対しては様々な答えがもたらされた。たとえばある者はキリスト教に改宗することで問題を解決できたし、またある者は、まずもってフランス人ないしドイツ人として自己同定することができた。ユダヤ教を取り巻くヨーロッパの文化的諸価値の語彙を用いて、ユダヤ教を正当化しようと企てた者もいた。ユダヤ教を民族性としてではなく宗教として定義し直す者、逆に、宗教としてではなく民族性として定義し直す者、あるいはまた、批判的で科学的な研究の対象たりうる歴史的伝統として定義し直す者もいた。また、ショーレムの兄ヴェルナーやベンヤミンの兄ゲオルクのように、マルクス主義者になることで「ユダヤ人問題」を解決しようと試みた者もいた。（ヴェルナー・ショーレムは共産党選出の最年少国会議員だった。一九三三年国会炎上の夜に彼は逮捕された。一九三三年四月末に再び逮捕され、今度は釈放されることはなかった。彼はブーヘンヴァルトの強制収容所で死んだ。ゲオルク・ベンヤミンも一九四二年にマウトハウゼンの強制収容所で死んだ。）ショーレムのようにシオニストになる者もいれば、ショーレムの父親のようにドイツのナショナリストと化す者、文化的ユダヤ人、社会主義者、イディッシュ主義者と化す者もいた。完全に姿を消した者もいた。いずれの場合にも、ユダヤ人の世界は砕け散り、いまだ修復されてはいない。一九二一年、ベンヤミンとショーレムの友情が頂点に達した頃だが、ヤーコプ・ヴァッサーマンは次のようにみずからの苦悩を表現している。

> 背教は、自尊心をもつ者にとっては、原則的に問題外だった。密かな同化が実を結ぶのは、同化に向いた者たち、つまりは最も弱き個人たちにおいてのみである。古いやり方にこだわるのは麻痺である。では何が残るのか。自己破壊か。漠たる生活、不安と悲惨か。……このことについては考えないほうがよい。それでもなお私はドイツ人であり、私はユダヤ人である。一方であるのと同程度に、また、一方であるのと同じく完全に他方でもある。一方は他方から切り離されえない。(Qtd. in Gay 150)

数世代のあいだに、ユダヤ人家庭はしばしば急速な変容を蒙ることがある。ユダヤ人居住可能地域の制限が除去されると、多くのユダヤ人は貧しい地方から都市に移動し、ちょっとした商売を始め、安楽な中流階級の生活を手に入れた。その際、ユダヤの宗教的慣習の多くも背後に捨て置かれたが、ユダヤ人であるという意識は残った。彼らは改宗によってこの意識を全面的に回避しようと試みさえしたものの、反ユダヤ主義の台頭によって、とりわけ一八八〇年代、一八九〇年代に解放の約束が消えかかったとき、再びユダヤ的アイデンティティーの痛みを思い起こすこととなった。

ショーレムの家庭は典型的なパタンに従った。ショーレムが生まれる頃までは、この家庭では宗教的慣習はほとんど無視されていたが、ただ、「ユダヤ人であること」の漠たる感覚だけは維持された。こうした家庭の子息であったショーレム、カフカ、ベンヤミン、フロイトやその他の子供たちに多大な嫌悪感を引き起こしたのは、このような「自己欺瞞」だった。カフカの有名な『父親への手紙』は、その結果として両親と子供のあいだに生じた確執についての古典的言明である。他の多くの者たちと同様、ショーレムとベンヤミンは父親の中流階級的安逸を拒否し、父親の商売とはまったく係わろうとはせず、別様に——芸術家、批評家、作家、共産主義者、社会主義者、シオニストとして——生きる方途を探した。ドイツの偉大なユダヤ人哲学者フランツ・ローゼンツヴァイクのように、若干の者たちはそれでもなお、彼らの両親によって放棄されたユダヤの宗教思想と戒律を再発見し、そこへと戻っていった。

自分の息子がシオニズムとユダヤ教に激しく執着しているのを目の当たりにして、ショーレムの父親は「おまえはゲットーに戻りたいのか」と息子を難詰した。一九一七年、父親は、当時二〇歳であった息子にわずかな金を渡し、息子に家から出ていくよう命じた書簡を書き留めで出すことで、最終的に問題を解決した（*JJC* 6, 15）。ベンヤミンの父親は息子の勉強に何年も耐えていたが、息子がまったく生計を立てられないことに失望して、ベンヤミンが三二歳のときに金銭的支援を停止した。

ただショーレムにとっては、自分の父親の同化主義的でブルジョア的な教養への反抗はまた別の何かでもあった。それはすなわち、「ドイツ人とユダヤ人の」全面的融合を廃棄することでもあったのだ。ヤーコプ・ヴァッサーマンとはちがって、ショーレムは自身のユダヤ性を自身のドイツ性から分離したことを何ら後悔しはしなかった。青年たるショーレムにとってのシオニズムは第一に政治的なものであったわけではなく、それは「道徳的決断であり、情動的な決断であり、誠実さの追求に与えられた答えであった。誠実さはある状態への欲望のうちで表明されるのではなく、当時のユダヤ的生存そのものがそうであったような虚偽への反抗を通じて表明される」(*JJC* 2)。人生の最後にいたるまで、ショーレムは、現代の政治的シオニズムと黙示録的でユダヤ教メシアニズム的な夢を同一視するのを断固として拒否することで、また、政治と神学を混同していると厳しく譴責することで、宗教と政治との分離を懸命に維持しようとした。

ショーレムにとっては、ドイツ人とユダヤ人との「ロマンス」は「忌まわしく悲劇的な錯覚」(*JJC* 190)で、この錯覚は、両者のあいだの「ロマンス」が一方的で相互的ならざるものであるという事態によってより悪化させられた。モーリッツ・ゴルトシュタインが一九一二年に書いたように、「われわれユダヤ人はある民族の知的特性を管理するのだが、この民族はそのように管理する権利と能力をわれわれには認めまいとする。……ドイツとわれわれとの関係はひとつの片思いである」(qtd. in Arendt 30)。ショーレムは、ドイツ人とユダヤ人との対話のごときものがかつて実在したということさえ否定してしまう。彼の見地では、ドイツのユダヤ人たちの黄金時代とみなされたものや、輝かしい世紀末ウィーンとワイマール共和国を産み出した二つの文化の実り豊かな混交は、詐欺であった。ドイツ人とユダヤ人との議論は「いつもユダヤ人の自己否認——表明されるにせよされないにせよ——に、共同体としてのユダヤ人の漸進的原子化に立脚している。……彼らがユダヤ人として諦めねばならないことではなく、ユダヤ人としてもたらさねばならないことをめぐってユダヤ人たちに語りかけた者は「誰もいない」」(62–63)。

ショーレムの主張によると、このドイツ人とユダヤ人との「対話」のなかで、ユダヤ人たちは実際には独白していたにすぎない。更に彼は、自分たちの伝統を清算、自分自身と自分の民族性を否定し、自分たちの歴史的意識を断絶させようとするユダヤ人自身の熱意と彼がみなすものにも告発を向けている。これこそドイツ人がユダヤ人に要求したことである。いとも迅速かつ簡単にこの要求が満たされた場合にも、ドイツ人の猜疑と侮蔑は発生する。これほどたやすく放棄されたとすれば、遺産が何のためにあるのか分からなくなってしまうからだ。

だから、同化はディレンマに何ら解決をもたらさない。同化はユダヤ人と非ユダヤ人との緊張関係を緩和することはなく、それを別の場所に移し替えるだけである。ショーレムはその帰結を「ユダヤ人の二重の混乱」として描いている。ユダヤ人たちは、それまで彼らに押しつけられていた屈辱的な社会条件によって調子を狂わされたが、同化するためにゲットーを出ると今度は、不穏当と二枚舌の咎で再び調子を狂わされたのである（*JJC* 77）。最悪の混乱はおそらく、ユダヤ人たちがほかならぬみずからの条件の承認を拒絶することであって、ショーレムが言うところでは、その帰結として、彼の青年期にあたる一八九〇年から一九二〇年にかけて、ドイツ人とユダヤ人との恐るべき情緒的混同が生じたのだった。

そうではあるが、ショーレムにとってはこのような緊張関係は「弁証法的」なものだった。かかる否定性からこそ創造的な力が解き放たれたのであって、ユダヤ人のこの創造性は、ドイツのブルジョア文化がその頂点に達したまさにその時点で、たまたまドイツ人の創造性と合致したにすぎない。ドイツ人に服従しながらも、ユダヤ性の核のごときものは残るのだ。

ユダヤ人の意識が「ユダヤ的な」すべてのものから完璧に疎遠になったとしても、彼らのうち多くの者には、ユダヤ人にせよドイツ人にせよ、——自分以外のすべてのひとによって！——本質的にユダヤ的なものと感じられる何かが明らかに存在している。そしてこのことは、カール・マルクス、ラサールからカール・クラウス、グスタフ・マーラー、ゲオルク・ジンメルにいたる著名な精神の持ち主たちの銀河全体にもあてはまる。(*JJC* 82)

では、この定義不能な「ユダヤ性」とは何だったのか。どうすれば、ほとんどユダヤ的背景をもたない者たち、伝統的意味ではユダヤ的とは言えない関心の持ち主たち、実際にヨーロッパの世俗的文化へのすばらしい貢献で知られている者たちをもやはり「ユダヤ的」と呼ぶことができたのか。こうしたユダヤ人たちとモダニティーとの関係はどのようなものだろうか。

言うまでもないことだが、この問いは際限のない論議の対象となってきた。『フロイト・ユダヤ人・他のドイツ人たち』(*Freud, Jews, and Other Germans*)のなかで、ピーター・ゲイは、ユダヤ人を典型的なモダニストとみなす考えをことごとく貶価しようと努めている。マルクス、フロイト、アインシュタインのようなユダヤ人たち——彼ら以外にも大勢いるが——は文化的精鋭に大きな影響を与えはしたものの、モダニズムはいかなる意味でも「ユダヤ的運動」ではない。モダニズムはドイツロマン主義、ボードレールのパリ、フランス印象派、そして数多くの非ユダヤ人たちの仕事に根ざしている(21)。のみならず、多くのユダヤ人たちはまったく反動的で反モダンであった。「ドイツのユダヤ人たちはまさにドイツ文化の織物に織り込まれ、ドイツは隅から隅までユダヤ人たちを自分の色に染めてしまった」(102)。

ゲイは作家がユダヤ的であるための仕方を三つだけ承認している。すなわち、それは読者の選択、言語の選択、主題の選択によってなのである。モダニストの原型たらんとしたユダヤ人作家たちのほとんどは非ユダヤ人の読者に向けて、(ヘブライ語やイディッシュ語でではなく)ヨーロッパの言語で、しかも特にユダヤ的な主題に関してではなく書いた。ただ、ゲイが提起した三つの選択には、次のような三つの基準を対置することができるかもしれない。これらの基準については、ドイツのユダヤ人作家が直面した「三つの不可能性」として、カフカがマックス・ブロート宛の手紙で註解を加えているのだが、「書かないことの不可能性、ドイツ語を書くことの不可能性、別様に書くことの不可能性」(*Letters* 288–89) の三つである。

それゆえ、ドイツ語を完璧に操れるにもかかわらず、カフカによると、ユダヤ人によるこの言語の使用は、「誰か他のひとの所有物を、自分を憐れみつつ傲慢にも黙ってわが物にすることであり、……ただの一度の違反の証拠もないにもかかわらず、[それは] 誰か他のひとの所有物にとどまる」(288)。にもかかわらず、この世代のユダヤ人たちは、ユダヤの伝承をすでに喪失してしまい、そのために利用できる言語としては、ドイツ語以外の言語をまったくもたない。だから、カフカは「第四の不可能性」として「書くことの不可能性」を付け加えたいとの誘惑にかられたのだ。[7] あとで見るように、カフカの仕事はベンヤミンにとってもショーレムにとっても大変興味を引くもので、両名はいずれもカフカのうちに、自分自身の企図を表現してくれる一種の象徴を見出していた。ベンヤミンが共産主義に次第に深く加担していったことが原因で、二人の関係がきわめて緊張したものになった時期、カフカという主題は二人のあいだでの手紙のやり取りに新たに生気を吹き込んでくれた。一九三四年の七月にベンヤミンがショーレムに宛てて書いているように、「これ [カフカ] 以上にわれわれの文通にふさわしい主題を私は知らない」(*Corr* 120) のだし、夏と秋の書簡では、彼らは、カフカにおける革命、法、註解、ニヒリズム、救済、メシアニズムについて議論している。これらの書簡に、もうひとつ一九三八年の手紙のやり取りを加えるべきだろうが、それらは文通全体のなかでのハイライトであり、また、これまでに書かれたカフカ批評のなかでも最も輝かしいもののひとつとなっている。アンソン・ラビンバッハが適切にも次のように言っているとおりなのだ。

まさに秘教的な輝きと難解さを有したカフカの議論は、ユダヤ教の「伝承」をめぐる、内的メシアニズムの論争であり、また、追放とカタストロフのなかでの註解の意味をめぐる論争だった。プラハでの人々の関係をとおして表現されると、それはシオニストと追放された「学生」とのあいだの議論となるのだが、前者は、ニヒリズム的衝動と異端者、神秘主義者への賞賛の念を抱きながらも註解者たちの伝承を完全には放棄することがなく、後者の学生によるメシア的註解はその起源となるテクスト、聖典をすでに喪失してしまっている。
(*Corr* xxxii)

いずれにしても、問題は、ユダヤの伝承、宗教、文化などの要素が明確かつ公然と姿を現していないという理由だけで、それらが近代ユダヤのアイデンティティーと著述に重大な影響を与えたという事実をそう簡単に否定することはできないということだ。ユダヤのアイデンティティーは、啓蒙の時代とユダヤ人解放の余波のなかで問題提起的なものと化したのだが、それゆえ、ユダヤ性はもはや、かつてそうであったように、——ユダヤ教の伝承が呈示する媒介変数の内部で——、儀礼的戒律の実践やユダヤ教の聖なる文書への帰依を通じては表明されえなくなった。実際、ユダヤ人たちは今や非ユダヤ人たちに向けて、ドイツ語やフランス語やその他の言語で書くようになったし、その主題もそれまでとはちがって「ユダヤ教」特有のものではなくなった。とはいえそれは、これらのユダヤ人たちのユダヤ性をめぐる問題が彼らと彼らの仕事を危機に陥れるという意味ではない。まさにユダヤ性が問題であるがゆえに、彼らによるユダヤ性の表現は以前よりもはるかにためらいがちで、間接的で、遠回しで、ねじれている。そしてしばしば「不可能」であるのだ。カフカの場合がそうだったし、ベンヤミンの場合がそうだった。このような婉曲性が、ベンヤミンは「本当に」ユダヤ神秘主義者だったのか、それとも、世俗的なマルクス主義唯物論者だったのかという激しい学術的論議を引き起こすことになった。(8) 同じく、ショーレムは、デイヴィッド・ビアール、エリエゼル・シュヴァイド、バルフ・クルツヴァイルが立証しているように、批判的歴史文献学の体裁を整えつつも、隠された近代ユダヤ教神学を遠回しに書いているのか、それとも、ジョウジフ・ダンが強調したように、客観的な歴史的真理を冷淡なまでにまっすぐに探求する者でしかなかったのか――ユダヤの博物学者であって神学者ではなかったのではないかという論議も引き起こされた。実際には、ベンヤミンとショーレムはそれぞれの仕方で、真理における、秘匿され、看過された不分明な詳細を追求した。ショーレムにとっては、追求の対象は、故意に不分明なままのユダヤ教神秘主義のテクストで、それらは学術的な批判的文献学の媒介ならびに研究を要請していた。ベンヤミンにとっては、それは、時間の瓦礫のなかに埋められ、文化的諸対象のなかに、産業社会のまさに破片のなかに遠回しに描かれた、歴史についての不分明な「弁証法的イメージ」だった。ミヒャエル・イェニングズが書いているように、ベンヤミンによるパサージュ論は社会的経験の断片に執着し、また、歴史的文脈から切り離され、合成によって新たな「星座＝布置」へと按配された文化的諸対象に焦点を合わせているのだが、このパサージュ論の構造は、

ベンヤミンの批評理論における二つの大きな主題を反映している。ひとつは、救済を暗示する真理は、近代世界では、外から隠された断片的な形式で現前しているという確信であり、もうひとつは、この真理は、文化的

諸対象からその神話的で非人間化された性質を一掃するところの破壊的過程によってのみ明かされうるという確信である。(12)

同様に、ベンヤミンやカフカのような人物のユダヤ性はしばしば、断片的で密教的な形式のもとに存在していて、その「不可能性」をとおしてただ否定的にのみ明かされるものだった。しかし、彼らの偉大さは、これらの作家がまさにこうした不可能性を起点として生き、書いたということであって、その際、彼らはみずからの絶望と奇妙なユートピア的希望を結びつけたのだ。散逸した断片と引用文のコラージュや併置というベンヤミンの歴史的方法論は、唯物論と神学とのあいだの不可能な緊張を起点として生きるその仕方にほかならなかった。しかし、これはアーヴィング・ウォールファースが書いていることだが、ベンヤミンの思想における不整合は「回避可能な内的矛盾なのか、それとも回避不能な外的矛盾に対応しているのか」("Re-fusing Theology" 10) それが中心的な問題である。こうした不整合は、高度に特異体質的で結局は失敗に終わる個人的な旅を意味しているのか、それとも、それは「ベンヤミンが当時の革命の客観的な可能性とみなしたものの主観的相関物として意図された」(11) ものなのだろうか。

ショーレムにとっては、神学とマルクス主義を融合させようとするベンヤミンの企ては不可避のものではまったくなく、「ドイツとユダヤの」共存という安住の地を求めることとまったく同様に、誤った目的に向けての努力であった。にもかかわらず、ショーレムはこう考え続けた。すなわち、ベンヤミンの唯物論的時期においてさえも、彼の「洞察は本質的な点においてはつねに形而上学者のそれであり、たしかに、この形而上学者は探求の弁証法を発展させはしたが、それはやはり、唯物弁証法とはかけ離れた領域のひとつである。彼の洞察は世俗的なものの領域にひとり取り残された神学者の洞察である。しかし、この洞察がそのようなものとして十全に姿を現すことはもはやないのだ」（*JJC* 187）。
最終的には、ショーレムはベンヤミンを、ドイツの文化と伝統の一部を成しているとの幻想に屈服しなかった稀有な人物のひとり、それゆえ、最高水準の作家として位置付けている。

こうした稀有な人物にはフロイト、カフカ、ベンヤミンなどが属していた……。彼らは、自分をドイツの読者たちから隔てている距離を十全に自覚しつつものを書いた。彼らはいわゆるユダヤ系ドイツ人作家のなかでも最も傑出した人々で、彼らの著述のなかには、ユダヤ的事象は、たとえ皆無ではないにしても、ごく稀にしか姿を現さないのだが、彼らの著述と同様、彼らの人生も、この距離を、距離のパトスと潜在的創造力を証示している。

彼らは思い違いをしていたのではない。彼らは自分たちがドイツの作家であるのを知っていたが、——ドイツ人ではなかった。異邦人であり、更には流浪者であるという経験ならびに明確な自覚を、彼らは決して手放すことはない……。ドイツの言語とその知的世界と自分がどれほど密接に結ばれているかを知りつつも、彼らは決して、わが家にいるという錯覚に陥ることはなかった……。（*JJC* 191）

第1章　言語と救済

――われわれの時代のように、伝承がもはや次世代のために残されることがありえず、伝承が押し黙ってしまうような時代が存在する。したがって、私たちは言語の大いなる危機のなかにいるのだ。かつては言語のなかに住まっていた神秘の究極の頂点を、われわれはもはや摑むことができない。言語を話すことができるという事実は、カバラ学者たちの意見では、言語のなかに現存する名前に由来する。言語の価値と真価がいずれどのようなものと化すのか――言語から神は撤退することになるだろう――、この問いは、世界の内在性のなかで、消滅した創造の言葉のこだまを聞くことができるとまだ信じている者たちによって提起されねばならない。われわれの時代にあっては、ひとり詩人だけがおそらくこの問いへの答えを有している。なぜなら、詩人たちは、ほとんどの神秘家たちが言語に関して抱いている懐疑を共有していない。しかるに、詩人たちはカバラの師たちとひとつ絆を有している。たとえ詩人たちが、カバラの神学的定式をなおも誇張されたものとみなしているとしても。この絆とは、言語は絶対的なものであるという彼らの信念であり、この絶対的なものはいわば恒常的に弁証法によってこじ開けられる。それは言語の神秘への彼らの信念であり、言語は聴取可能なものにならねばならないのだ。

（ショーレム『神の名とカバラの言語理論』一九四頁）

――わが文学的企てにおいて私を導いている確信は……、各々の真理が言語のうちにその宮殿を、その祖先の場所を有しており、この宮殿は最も古い言葉《ロゴス》によって建築されているということであり、また、このようにして創設された真理に較べると、諸科学の洞察は、それらが言語の領域をあちこちさまよわせる限りで、劣ったものであり続けるということだ……。諸科学の洞察は、その語彙の無責任な恣意性を産み出すような言語の記号としての性格についての確信のうちをさまようのである。

（ベンヤミン『書簡集』第一巻、三二九頁）

批判的言語

ベンヤミンとショーレムが友情を育んだその時期の顕著な特徴は、ユダヤ人社会ならびに非ユダヤ人社会に浸透した伝承の危機が、言語の危機として公式化されたことである。ジョージ・スタイナーは、第一次世界大戦の大破局が精神の尋常ならざる危機に導いたと述べた。ドイツではそれに続く一〇年間、この大破局は、ブロッホ、シュペングラー、バルト、ローゼンツヴァイク、ハイデガー、そしてヒトラーのユートピア的で黙示録的で「暴力的な」仕事を産み出した。「これらの作家たちの切迫した雄弁はあたかも言葉の広々とした家を建設しようと努めているかのようである。それも、ドイツ文化と帝国主義的覇権の家が崩壊したところで……。言語そのものが新たなものにされねばならない。破壊された過去の執拗な残滓が言語から一掃されねばならないのだ」（“Heidegger” 32, 34）。

戦争に先立つ一〇年間においても、言語を純粋化しようとする衝動は同じく激しかった。たとえばアラン・ジャニクとスティーヴン・トゥールミンは共著『ヴィトゲンシュタインのウィーン』のなかで、どうして言語の危機が、一八九〇年から一九三〇年代にかけてウィーン文化の経験した根底的な変化の鍵を握る要因となったのかを鮮やかに描いてみせた。言語批判は、建築、非具象的絵画、十二音階の音楽、ヴィトゲンシュタインの哲学、フロイトの精神分析、ジャーナリズム、急進的な政治のなかで発生したようなモダニズムのまさに発展にとって中心的なものだった。言語へのこの強迫症的関心はひとつには、ハプスブルク家の統べる社会の全体的腐敗と関係していたのだが、そこでは、「政治言語から建築設計の原理にいたる、すべての確立された表現手段は、その意図された「メッセージ」との関係を断ち、みずからに固有の機能を実践する能力を奪われたのだった」(30)。

一八六〇年代と一八七〇年代の自由主義的理想と政治改革の企てにもかかわらず、一八九〇年代に入る頃には、抑圧的政治が復活し、ウィーンでは反ユダヤ主義がはびこりつつあった(1)。裕福な中流ユダヤ人家庭に生まれたカール・クラウスは、ピーター・デメスによって適切にも、「H・L・メンケン、ゼーレン・キルケゴール、悪魔的なウッディー・アレン」(xxxv)との係わりで描写されているが、その彼は有名な風刺新聞『炬火』のなかで、ウィーンのことを「世界の破壊のための実験場」と呼んでいた(Janik 67)。クラウスは、不誠実で偽善的な社会の堕落を純化し、社会的論議の誠実さを復活させるための方途として、言語批判を要求している。彼の及ぼした影響は、アーノルト・シェーンベルク、モダニストの建築家アドルフ・ロース、ヴィトゲンシュタインのような実に多様な人物によって認知されている。

クラウスに関する一九三一年の試論のなかで、ベンヤミンは(そのときすでに、いわゆるマルクス主義的段階のうちに深く入り込んでいたのだが)、クラウスにおける創造についての基準ならびに創造の概念は神学的であると書いている。しかし、「それを何ら強制によることなくオーストリアの民衆のコスモポリタン的信条と一致させるような変容が生じた。彼らは創造を教会へと作り替えたのだ。霧のなかお香が時に香る以外は何ひとつ儀式を思い起こさせるものの残っていないような教会へと」(*Refl* 244)。事実、クラウスはカトリックに改宗した——何の情熱もなく、わずか一二年間だけのことであったとしても。その代わり、クラウスの情熱は、彼が恋に落ちたカトリック貴族の女性、シドニー・ナダニーに向けられた。ただし重要なのは、クラウスの著述のなかには、それと識別できるようなユダヤ的内容が欠如しているかに見えるにもかかわらず、ベンヤミンが、まさにクラウスの言語観のうちにユダヤ性の中核を見出していることである。

> 必然的に、また例外なく、クラウスにとってはすべて——言語と事実——が正義の圏内で生じるということに気づくまで、この男のことは何ひとつ理解できない。……クラウスについては、彼は、「ユダヤ性から自由への道を旅した」とはいえ、「自分自身のうちのユダヤ性を抹消」しなければならなかったと言われてきた。クラウスにとってもまた、正義と言語は依然として互いを基礎づけ合っているという事実ほど、この見地に強く反駁するものはない。言語——たとえそれがドイツ語であれ——における神的正義のイメージを崇めるためには、心底からのユダヤ的転回が必要であって、それによって彼は悪魔の魔法を解こうと努めた。なぜなら、それこそがこの熱狂者の最後の公式の活動だったのだから。すなわち彼は法体系を告発したのである。(254–55)

ベンヤミンはクラウスの仕事をユダヤ的な「名の神聖化の舞台」(265)として描き、試論の結論部では、クラウスの破壊的で浄化的な作品の末尾に登場してもまったくおかしくない登場人物を、タルムードにおける儚い天使たちのひとりに比している。これらの天使は「タルムードによると、各瞬間に無数の群れとなって新たに創造され、ひとたび神の前で声を上げると押し黙り、無のなかに消え去っていく。嘆きながらか、懲らしめながらか、喜びながらか?」(273)。他のユダヤ教への言及の多くと同様、ベンヤミンはタルムードの天使たちの情報をショーレムから得たのだが、黙示録的でぞっとするような「歴史の天使」のイメージは、彼自身の一種の寓意的な表徴として、ベンヤミン自身の最後の仕事に取り憑いていた。ピーター・デメスが指摘しているように、クラウスについてのベンヤミンの註解は、ベンヤミンの言語の形而上学に対する両面的な批判でもある(xxxviii)。

ベンヤミンとショーレムは言語哲学への強い関心を共有しており、言語哲学は彼らが交わした議論や手紙の多くのなかでの焦点だった。一九一九年五月、ベンヤミンとともになおもスイスに滞在していたとき、ショーレムは大学での目標を根本的に変更し、数学の代わりにユダヤ神秘主義を卒業論文の対象として研究した。彼は博士論文をカバラの言語理論について書いた(SF 83)。しかし一九二〇年頃には、当時ミュンヘンでカバラ草稿の研究に没頭していた彼は、「これほど野心的ではない主題」(92)が必要だとの決心をした。一九七〇年、七〇歳台になって初めて、ショーレムは、エラノス会議での講演——のちに「神の名とカバラの言語理論」として公刊された——でこの論点を徹底的に論じたのだった。

ショーレムは、スイスでのベンヤミンとの共同滞在のあいだに、カバラのテクストについて初めて様々な発見をしたが、彼はそれらをベンヤミンと共有している。ベンヤミンの思い出のなかで、ショーレムは、第一次世界大戦中および戦後を共に過ごしたとき、ユダヤ教はベンヤミンの関心を大いに占めており、ショーレム自身に導かれてベンヤミンはユダヤ教関連のものを大いに読んだ、と書いている。フランツ・ローゼンツヴァイクの仕事と同様、カバラを論じたモリトーの四巻本がベンヤミンにとっては格別に重要だった。ローゼンツヴァイクの『救済の星』ならびにカバラの著作をとおして、彼は、ユダヤの真正なる神学的思考が、言語という媒質(medium)と深く結びついていることを発見するのだが、それは、彼自身の仕事のきわめて顕著な特徴を成すにいたる（*JJC* 192）。一九二九年、ショーレムがパレスティナに出発してから六カ月後、ベンヤミンは「今も生きている書物」という題の書評を書いて、二〇世紀においてドイツ語で書かれた最も重要な学術書を四冊挙げているが、そのなかにはローゼンツヴァイクの『救済の星』とルカーチのマルクス主義的古典『歴史と階級意識』が含まれていた。他の一冊は芸術史についての著作で、もう一冊は鉄骨建築に関する著述である（*GS* III: 169–71）。このような混交のうちには、ベンヤミンの発想源となったものの多種多様さが凝縮されており、彼はそれらを一緒にしようと努めたのだった。すなわち、ユダヤ教神学とマルクス主義と美学と近代の都市‐産業型生活の粗暴な文化的現実を、である。

ショーレムにとっても同様、カバラは単にもうひとつの言語理論であっただけではなく、ユダヤ教の伝統の内部での啓示の概念の尋常ならざる出来《しゅったい》であった。ショーレムによるカバラの全面的読解は、ユダヤ教を神秘主義的に刷新し、伝統を根底的に解釈し直し、一種のアナーキーな生命力を高揚させるものとしてカバラを捉えていたのだが、こうした読解がカバラ的伝統のうちに、ショーレムと同世代のドイツ・ユダヤ系知識人がもつ価値と驚くほど類似した価値を見出していたのは言うまでもない。ミカエル・レヴィはこのことを、ユダヤ教メシアニズムの数々の伝統と、ユダヤ系ドイツの知識人たちの世俗的で革命的でアナーキーなユートピア思想とのあいだの「選択的親和性」と名づけている。「それら二つは同じ土壌に根ざしており、それら二つは同じ精神的雰囲気のなかで発展した——ドイツ知識人層の反資本主義的ロマン主義の伝統のなかで。このことが、ランダウアー、ブロッホ、ベンヤミン、ショーレム、ルカーチ、トーラー、ブーバー、ローゼンツヴァイクなどの人物をひとつに集わせたのだった」（“Jewish Messianism” 110）。たしかに、レヴィは見事な分析を呈示しているが、ユダヤ教メシアニズムのショーレムによる「アナーキーな」解釈についてはカバラの本質そのものとして無批判的に受け入れている。しかるに、ショーレムの見地は議論の余地のないものであり続けたわけではなく、ここでの私の目的は、ショーレムによるカバラ読解がいかに正しく、また、いかに不正確であるかを定めることではない。重要なのはむしろ、ショーレムにおけるまさに解釈の方法それ自体の背後に存している数々の仮定である。なぜなら、同時代の作家や批評家たちに大いに影響を及ぼしたのは、〔カバラそのものではなく〕カバラについてのショーレムの解釈であるからだ。

ベンヤミンとショーレムの関係、彼らが互いに及ぼした引力と斥力、彼らの議論と持続的な論争はそれ自体が、宗教的、政治的、文学的研究にとっての一種の模範的自由討議である。言語と政治に関するベンヤミン独自の見解はショーレムの神学的洞察から刺激を受けて、ショーレムの歴史的で言語学的なカバラ解釈はベンヤミンの哲学的省察から刺激を受けていた。二人の男は共に、神学的なものと世俗的なものを尋常ならざる仕方で、異常なまでにぎこちなく、必ずしも成功するとは限らない仕方で混ぜ合わせた。一九三〇年代後半には、彼らの初期の観念論は、幻滅をもたらす数々の痛苦な経験によって緩和されていた。ベンヤミンにとっては、自分の仕事を出版する口の欠如であり、十分な金銭的援助を得るいかなる手段もないことであり、スターリン主義ロシアでの共産主義の堕落であり、一九三九年に結ばれたヒトラー－スターリンの不可侵条約であった。ショーレムにとっては、パレスティナでのアラブ人暴動であり、国家と平和のためにどのように交渉するかをめぐって生じたシオニズム運動内部の分裂であった[2]。一九三九年六月三〇日に書かれた、ベンヤミン宛の最後の書簡のなかの一通で、ショーレムは、ユダヤ人とアラブ人との内戦の脅威が迫っているとの理由で、ベンヤミンにパレスティナ来訪を思い止まらせている。彼は状況への落胆を口にしている。彼は「軽減されざる落胆と麻痺」について書いている。「軽減されざる落胆と麻痺が、当地の状況に直面して、ここ数カ月私を捕らえて放しません。……ユダヤ教の未来は闇に包まれています。……闇のなかでは、私はどうやって黙っているかだけを知っています」(*Corr* 255)。ショーレムとベンヤミンそれぞれの知的、政治的係累をめぐる深刻な緊張関係があったにもかかわらず、一九四〇年一月ショーレムに宛てて書かれた手紙のなかで、ベンヤミンはこう力強く語っている。いかにして、「時代精神によって整えられた手筈」が二人に共通な土壌の庇護へと導いたかを。それも、この庇護が二五年前よりもおそらく強固なものと化すほどに。時代精神は、

砂漠の眺望のなかに目印を立ててくれるのですが、われわれのような古参の遊牧民がそれを見逃すことはありえません。たとえわれわれが対話できないのが悲しいことであるとしても。かつてときどきわれわれは白熱した議論にふけったものですが、状況がどうあれこのような議論を私から奪うことはまったくできないとの感情を、私は今もなお抱いています。お互いを精神的に抱きしめ合う時が来ても、われわれのあいだには小さな隙間があるほうがきっとふさわしいのでしょう。(262–63)

しかし、ベンヤミンはこの九カ月後に死んでしまう。われわれに託されたのは彼らの和解の記録ではなく、このうえもなく激しく、また輝かしい彼らの論争であり対話である。

結局のところ、ベンヤミンがショーレムやブレヒトとのあいだで維持した友情や、ベンヤミンによるルカーチ、ローゼンツヴァイク読解を「影響」として描くのは不適切であろう。ドイツの美学理論、ボードレール、シュルレアリストたち、カフカ、その他の限りない作家や思想を、ベンヤミンは吸収した。ショーレムは、ユダヤ教の源泉からの〔ベンヤミンへの〕影響を増進させることに強い関心を抱いていたので、彼が描くベンヤミンの肖像は用心して読まれねばならない。アーサー・コーエンはショーレムによるベン

ヤミンの回想録を次のように特徴づけているが、それはおそらく正しいのだろう。「この回想録は、四〇年前に死んだ友人への決定的な影響を維持しようとするショーレムの欲望に発するもので、……それは、ショーレムがユダヤ的なものとしてあらかじめ主張したものを、ドイツおよびドイツ文化のものとして主張する者たちとの長きにわたる彼の戦闘に含まれたもうひとつの長引く闘いだったのだ」（"Short Life" 35）。二人が一緒にスイスにいたとき、彼らが互いに相手に対して抱いた両面的な感情は、ショーレムとベンヤミンの未成年の息子シュテファンとが交わした手紙（文字を書いたのはベンヤミンの妻ドラである）のうちに姿を変えて現れることになる。「シュテファン」はかつてこう書いていた。「親愛なるゲーアハルトおじさん、あなたが書いたことはまちがっています。あなたは僕のパパについてほとんど何も知らないと僕は思います。彼について何かを知っているひとは本当に数少ないのです」（*SF* 68）。これは、それが誰であれ、ベンヤミンについて書こうとする者にとっての有益な警告である。

ベンヤミンはショーレムに一度、弁解をするに際して、「もし私がいつか自分固有の哲学をもつなら……、それはとにかくユダヤ教の哲学となるだろう」（*SF* 32）とはっきり言っていた。けれども、ショーレムは彼の日記のある箇所にこう書いてもいた。「「とにかく、何とかして」（*irgendwie*）という語はある視点がいまだ形成中であることの徴しである。ベンヤミンほどこの語を頻繁に用いる者を私はまったく知らない」（31）。ベンヤミンの哲学はつねに「形成中」のもので、彼のマルクス主義者の友人たちは、ショーレムが神学に対してそうしたのと同様に、ベンヤミンが弁証法的唯物論を異端的でかつ特異な仕方で使用したことに不満を抱き批判的であった。一九三〇年代、社会学研究所から給料を貰うことで財政的に援助されていたにもかかわらず、同研究所のメンバーたちと彼との関係は緊張をはらんだもので、その紀要へのベンヤミンの幾度かの寄稿は、彼の正統的ならざるマルクス主義的分析が理由で、厳しい批判の的となった[3]。

結局のところ、影響という主題に関して最良のコメントを残したのはベンヤミン自身である。曰く、「怠惰な者だけが真に「影響」される。それに対して、本当に学んだ者は遅かれ早かれ、自分に役立つ他人の仕事の一部をわが物にすることになる。それをひとつの技法として自分の仕事へと同化するために」(GS IV: 502)。

知識としての言語の哲学的探求

ベンヤミンの初期の言語理論は、「言語それ自体と人間の言語について」(一九一六)、「翻訳家の使命」(一九二一)といった初期の試論や、一九二四年から二五年にかけて執筆された『ドイツ悲劇の根源』への「認識批判的序文」のなかで語り尽くされている。これらはショーレムに最も影響を及ぼし、彼を最も刺激した論考に含まれている。回想録のなかで、ショーレムは、ユダヤ人と言語との特殊な関係をめぐって、また、この特殊な関係は、数千年にわたるユダヤ人の聖なるテクストとの係わりに由来するものなのかどうかをめぐってベンヤミンと交わした激しい議論を描いている(*SF* 106)。

第一に、ベンヤミンとショーレムの仕事における言語、意味、歴史のあいだの諸関係は、同時代の「生の哲学」(*Lebensphilosophie*)に対してそれらが挑んだ論戦という文脈のなかで理解されねばならない。「生の哲学」と言ったが、ここでは何よりも、両名がかつて共にそれに属し、後年それを斥けるにいたったドイツの青年運動に影響を与えたものとして、「生の哲学」が捉えられている。ベンヤミンとショーレムは共に、ブーバーの体験神秘主義的神学(*Erlebnismystik* theology)をも含む、直接的な純粋経験へのいかなる崇拝にも強固に反対している。こうした崇拝は、言語に媒介された真理に対する、直観的で脱自的な体験（*Erlebnis*）の優位を宣言するものなのである。

「血と地」という民族主義的で親ファシスト的なイデオロギーを支持したとして、また、第一次世界大戦へのドイツの参戦を熱狂的に支持したとして、ベンヤミンはブーバーと青年運動を激しく批判していた。ベンヤミンの「この男［ブーバー］に対する長年にわたる拭い去りえない不信感」（*Corr* 187）は生涯を通じて消えることがなかった。ショーレム自身のブーバーとの論争ならびに、ハシディズムの典拠をめぐるブーバーの解釈に対する彼の後年の批判は、ベンヤミンによるそれをまさに受け継いだものである。あとで見るように、レヴィナスは、ブーバーへのこのような非難をベンヤミンやショーレムと共有していた。ベンヤミンやショーレムと同様、レヴィナスも、直接的経験への欲望に対しては否定的な態度を採り、時間を介しての啓示という媒介ないし媒質としての言語に対しては肯定的な態度を採った。レヴィナスにとっては、第二次世界大戦はこの種の情緒的で直観的な神秘主義の危険を示したもので、彼の標的はハイデガーだった。(4) 個人的主観性への不信感は、ショーレムが、歴史的博学と批判的‐文献学的方法という、距離と媒質を重んじる方法を採用した理由のひとつであるが、ただ、彼はこの方法をロマン主義的で弁証法的な歴史哲学と結びつけたのだった。ベンヤミンはというと、翻訳についての試論のなかの有名な一節にあるように、芸術の意味を「個人的経験」と同一視することを拒んだ。すなわち、「どの詩も読者に向けられたものではなく、どの絵も鑑賞者に向けられたものではなく、どの交響曲も聴衆に向けられたものではない」（"Task" 69）。

とはいえ、主観性に対するベンヤミンの姿勢は、バルトやフーコーのようなポスト構造主義者のいう「作者の死」と混同されるべきでもない。芸術作品の中核を成す「志向様式」を定義しようとするベンヤミンの企ては、伝統的な「主観／客観の二律背反」を超えた知識と経験の領域を彼が哲学的に探求したことに由来している。一九一七年、ショーレムが賞賛した「来るべき哲学のプログラム」という題の試論のなかで、ベンヤミンは、哲学を基礎づけ、正当化しようとするカントの試みについて肯定的な言葉を記している。その一方で、ある現実や知識についての啓蒙的概念を「下位の現実、それもおそらくは最も下位の現実」に基礎づけ、諸科学、物理学や数学の経験には基礎づけられざる経験ないし純粋な経験的意識を看過したとして、カントを批判している（"Program" 41）。将来の哲学は「より高次の経験概念」（43）、「より深遠で、形而上学的により充実した経験」（44）の「認識論的基礎づけに着手」する必要があるだろう。個人的エゴが諸感覚を受容するところで生じる主客の関係たる知識の包括的観念を、ベンヤミンは「神話学」として描いている。知識と経験ならびにそれらと主客との関係を考え直すことは「認識論の純化」を要請しており、「認識論の純化」は形而上学と宗教的経験を論理的に可能ならしめるだろう（45）。

しかし、こうしたことはいかにしてなされるべきなのだろうか。ベンヤミンが主張するところでは、「数学的－機械的な路線で一方的に方向づけられた」カントの経験概念の変容と矯正は、カントの存命中にハーマンが試みたように、知識を言語と関係づけることでのみ達成される。「どんな哲学的知識も言語によってのみ表現される」という決定的事実がカントによって看過されたのだが、こうした言語学的性質によってのみ哲学は科学や数学に対する優位を主張することができる。そして、このことは「神学」へと導いていくと言えるかもしれない。「知識の言語学的本性への省察を通じて得られた知識の概念は、カントが体系化することに十全には成功しなかった諸領域を包括するような経験概念をそれに対応するものとして産み出すだろう。宗教の領域はこうした領域の最初に挙げられるべきである」（49）。

言い換えるなら、カント的なものではなく、また、啓蒙的合理主義や直観的恍惚によっては定義されない「肯定的客観性」はどこに見出されうるものだったのだろうか。「歴史」のなかにだろうか、「言語」のなかにだろうか、「認識論」のなかにだろうか、「神学」のなかにだろうか、それとも、これらのもののあいだの何らかの新たな関係のなかにだろうか。こうした追求がやがてベンヤミンを導いて雑多な領域を探査させることになる。シュルレアリスムから、ハシッシュの効果、一九世紀の都市パリの建造物パサージュ、カフカ、児童文学、ブレヒトの「生まの思考」、タルムードにいう天使たち、「機械的複製時代の芸術作品」などに及ぶ雑多の領域を、であるが、彼はまた、これらの領域を新たな「星座＝布置」において関連づけることにもなるのだ。

その初期の試論のなかで、ベンヤミンは何よりも、言語は単に伝達のための規約的道具や恣意的な記号体系ではないと強調している（ソシュールならびに近年の記号論やポスト構造主義的文学理論に抗して）。言語の主たる機能は情報を分け与えることではない。言語はむしろ知識のより高度な様式なのである。言語についてのこの高い評価の先駆はドイツロマン主義と哲学――ハーマン、マウトナー、フンボルト――ならびに、マラルメのようなフランスロマン主義の詩人や批評家たちに求められるのだが、ベンヤミンはこれらの人物すべてを猛烈に研究した。彼とショーレムは一緒にフンボルト、カント、マウトナーを読んだ。この計画は決して実現することはなかったのだが、ベンヤミンは言語哲学をめぐるフンボルトの数々の著述のアンソロジーを編む計画を立てていた[5]（*SF* 139）。しかし、言語についてのこの高い評価は、神の創造的で啓示的な〈言葉〉ならびにトーラーの無限の意味を信じるユダヤ教の伝承にも深く根ざしていた。ベンヤミンはこのようにユダヤ教的源泉と哲学的源泉と文学的源泉を混和したのだが、そうなると、問いは「まさにいかなる種類の真理と知識を言語はもたらすのか」となる。言語は言語についての知識だけをもたらすのだろうか、それとも、言語の深さのうちに隠された何かについての知識をもたらすのだろうか、それとも、超越的で救済的な〈他者〉もしくは非人間的で怪物的な〈他者〉についての知識をもたらすのだろうか。それとも、これらすべてを一挙にもたらすのだろうか。ここにいう真理と知識は純粋な形式なのだろうか、それとも何らかの具体的な内容なのだろうか。もし形式であるなら、それはいかにして特化されるべきなのか。教義的にか。詩的にか。哲学的にか。神学的にか。歴史的にか。言うまでもないが、これらの問いは近代の文学理論ならびにそれと同時代の神学的省察の言説のなかでも依然として難題であり続けている。

ただ、ベンヤミンの著述についてのより詳細な議論に着手するに先立って、ほかでもないベンヤミン自身の言語的様式〔文体〕と彼の思考との連関について、若干の前提的指摘が必要である。ベンヤミンを読む経験は、会話のなかでベンヤミンの話を聞くことをめぐるショーレムの叙述にしばしば酷似している。話すとき、ベンヤミンは座ったままであったりじっとしていたりすることができず、あちこち歩き回った。「ある程度時間が経つと、彼は私の前で立ち止まり、最も大きな声で問題についての自分の意見を言い放ったりした。あるいはまた、自分からいくつもの視点を呈示することもあった。あたかも実験を指揮しているかのように」(SF 8)。

ベンヤミンの試論はまた、しばしば迂回やねじれや留保や曖昧な言及に満ちており、それらから相異なるいくつもの立場をもっともらしく引き出すことができる。これは、相矛盾した立場もしくは立場の断片を併置し、それらを一緒に織り上げる彼の手法全体に特徴的なことであろう。ただ、それでもなお解《ほど》けている糸は多くあって、そのため、議論のパタンやデザインは現れては消え、ひとつの読解から別の読解へと移っていく。マックス・リヒナーに宛てた一九三一年三月の書簡のなかで、ベンヤミンは――おそらくは反語的に――みずからの思考のこの特徴についてこう書いていた。「私はこう言ってよければ神学的な意味で、すなわち、トーラーの一節一節に含まれた四九の意味の水準に係わるタルムードの掟に即して以外の仕方では探求することも思考することも決してできなかったのです」(*Briefe* II: 524)。しかし、一九三二年にベンヤミンがショーレムに宛てて書いているように、そこにはまた外的な理由——金銭的にも私的関係においても不安定な彼の生活——が働いてもいた。「ここ一〇年間私の思考が忘れ果てていた文学的形式の表現は、こうした不測の事態ゆえに私の思考を絶えず脅かしている解体の危機に立ち向かうための予防策にして解毒剤であるものによって全面的に条件づけられています」(*Corr* 14)。「真の奇跡は、私がまだ作品への集中力を維持できるということです」(18)。

初期の試論は、ベンヤミンの他の仕事の多くと同様、強力な圧縮、アフォリズム的密度、啓示のごとき断言、隠れた意味といった効果を発揮していた。ショーレムはこうした特徴を見事に描いている。「彼の文は実にしばしば啓示の言葉としての権威あるあり方を有していて……、それは引用と解釈に役立っている。こうした言葉のなかで啓発的なものはまったき謎と絡み合っている……。それらは、奥義に通じてはいるが、かろうじて姿を偽った者が書いた聖なる筆記から取られたもので、この種の文にふさわしいように、同時に合理的でありかつ神秘的である」(*JJC* 198–99)。

これらの文体的特徴は秘教的なものに単にそれ自体を目的として訴えるのではなく、二者択一的な認識論と経験概念を求めるベンヤミン初期の探求を反映している。ベンヤミン読解という問題を描くためにまさに利用されうるような一節のなかで、ベンヤミンは、「定立と反定立とのあいだの別の関係が綜合以外にも可能である」し、それは「この別の関係のなかでの二つの概念の非綜合」(“Program” 47)であることになろう、と書いている。ドイツ哲学の数々の大「体系」——カントの認識論やヘーゲルの観念論、歴史主義——を批判した一九—二〇世紀の他の多くの思想家たちと同様、ベンヤミンは文芸批評や註解のうちに、様々に変化する真理を探索する様相としての断片やコラージュやアフォリズムを見出したのだが、これらの様相は、あらゆる知識の言語的密度を具現している。彼の後年の著述のなかでは、彼はこうした初期の文学的・哲学的傾向を徹底化し、「ショック効果」を引き起こすために、イデオロギーのまどろみから読者を覚醒させるために、コラージュの方法を歴史記述に適用している。同じ一九三一年、リヒナーに宛てた手紙のなかで、ベンヤミンが説明したところでは、彼がブレヒトと連帯しているのは、「私が唯物論的「世界観」の「信者」であるからではなく、むしろ、真理がそこでつねに最も濃密に凝縮したものとして現れるような主題へと、自分の思考を方向づけるべく努力しているからです」(*Briefe* II: 523)。

ミヒャエル・イェニングズは、「ベンヤミンの試論の多くはもっぱら実験としてのみ理解される」と鋭敏にも指摘するとともに、「彼の仕事に内在する緊張」を抹消して、「彼をひとつの知的原因や批判的方向に仕える者たらしめ」(8) ようとする、彼の解釈者たちの多くに見られる傾向に警告を発している。このような理由からして、ベンヤミンの「議論」を分かり易く言い換えたり、――ベンヤミンを「翻訳」しようと努めることは望みのない、ほとんど不可能な営みである。だから、ここでベンヤミンを論じるに際して、私は通常よりもはるかに長く彼の文章を引用しなければならないだろう。実際、パサージュ論での彼の理想は、「引用符なしに引用の技法を最高の水準にまで高める」ような引用のモンタージュにあった("Theory of Knowledge" [1, 10])。その結果として、ベンヤミンはまさに自分が書くのと同じ様相で、彼のものを読み、彼について書くことを、そしてまた、彼が引き出そうと努めた意味の「星座＝布置」を把握してそれを言語化することを読み手に強いることになる。

ベンヤミンの散文の捉え難さは、翻訳についての試論のなかで彼自身が呈示した鍵概念と関連している。すなわち、最良の翻訳は「翻訳不能で」あるものを、純粋言語を追求するのであって、この「純粋言語」

は情報や内容の伝達を超えたものなのである。この純粋言語は捉えどころがなく、秘匿され、かすかに明滅する。おそらくこれは、ユダヤ教の秘教的テクストへの関心と専門的知識を有したショーレムがベンヤミンの難解な論述に大いに共感した理由のひとつである。ショーレムはベンヤミンを秘教的思想家として読んでいる。それも、ショーレム自身が謎めいたカバラのテクストの根気強い解読に一生を費やしたその仕方に酷似した仕方で。

とりわけカバラのユダヤ教的解釈のなかに含まれた二つのカテゴリーが彼の論述では中心的な位置を占めている。啓示、トーラーならびに聖典全般の理念、そして他方にはメシアの理念と救済がある。ベンヤミンの思考を司る規制的理念としてのこれらの理念の意味はいくら重視しても重視しすぎということはない。……のちに彼が史的唯物論に方向転換したとき、啓示と救済というこれら二つのカテゴリーのうち、後者だけがはっきり言明され続け、前者はそうではなくなった。もっとも、このことは、偉大で権威的なテクストについて註解するという彼の根本的方法と密接に結びついていたのだが。彼の思想が変容していくなかで、啓示の概念は消失してしまった。――というよりもむしろ、語られざるものにとどまることで、この概念は真に秘教的な知識と化したのではないかと私はにらんでいる。(*JJC* 193–94)

何人かの評論家たちは、ショーレムの回想録『ある友情の物語』の没人格性を批判していた。この回想録は、ショーレムがカバラについて書く仕方と、彼がベンヤミンを解釈する仕方とのあいだに連繫を作り出すことに失敗しているというのである。カバラを探求するショーレムの流儀が「没人格的」であるのと同じ意味で、ベンヤミンについての彼の書物は「没人格的」であって、彼らによると、それは草稿、日付、会合、会話の記録、日記の抜粋などの過度に詳細な伝記的集積にすぎないのだ。ショーレムが実感していたように、ほかならぬ「公的・秘教的」伝統という観念のうちには、深い逆説がはらまれている。結局、どうすれば「伝達不可能なものを伝達」できるというのか。彼が看取していたことだが、これと同様のアイロニーが、没人格的な批判的－文献学的技法を通じて文学の意味を把握しようとする講壇的歴史家の企てに影を投げかけている。ただ、まさにこのような隔たりこそが、人格的直接性、情緒、同一化をめざす企てにはできないような仕方で、秘教的著述への接近を許容するのである。

ベンヤミンのなかにも、真理の土台としては主観的で人格的な直接性を信じないという態度がある。彼自身の著述も、初期の高度に抽象的な試論から、モダニズムに属する文化的諸対象の研究や引用のコラージュにいたるまで、没人格性の雰囲気を有している。ただ、プルースト、ボードレール、カフカ、クラウスなどを論じた後期の見事な試論のなかでも、――彼はこれら他者たちの仮面をとおして自分自身のことを内密に――つまりアレゴリー的に、表徴的に――語っているように見える。また、あとで見るように、特に『ドイツ悲劇の根源』で呈示されたベンヤミンのアレゴリー理論は、彼の仕事を解明する鍵のひとつであり、また、現代の文学批評に彼が遺した最大の遺産のひとつであって、それはポール・ド・マンやフレドリック・ジェイムソンに深い影響を及ぼした。

とはいえ、ベンヤミンのいうアレゴリーは、脱構築的アポリアというド・マン的意味での「読解のアレゴリー」ではなかった。ベンヤミンの実験的方法は相矛盾するものを衝突するに任せ、その結果生じる火花や閃光のうちにと同様に、断片の強力な圧縮や結晶化、断片同士の関係の「再配置」をとおして、天啓を探ろうとした。ベンヤミンのいう「とにかく、何とかして」は積極的な行為にして探求、「不可能性」を扱う仕方であって、これは、同時に懐疑論的で確証的でユートピア的であるような仕方である。ベンヤミンにおける表現の圧縮とアフォリズムの光輝は、地平をまさに超えたより広範な隠れたものの全体——「とにかく、何とかして」——を喚起し、仄めかすが、彼の試論は「体系」の首尾一貫性に意図的に抵抗するとともに、諸断片のいかなる有機的な集め直しをも拒んでいる。

ショーレムは、極小のものへのベンヤミンの嗜好を指摘していた。「創造するに際して、もしくは発見するに際して、小さな尺度、最小の尺度での完成は彼の最も強い衝動のひとつだった」。ベンヤミンの著述の編集者たちを悩ませた問題のひとつは、彼の手書き原稿の文字が極度に詰んでいることだった。ショーレムは書いている。「通常のノート一ページに百行書くのは彼の見果てぬ野望だった。一九二七年の八月、彼は私をパリのクリュニー博物館に連れていった。そこにはユダヤ教の祭具が置かれていたのだが、彼は有頂天になって私に二つの小麦粒を見せた。そこに、われらが同族の魂はシェマ・イスラエルの祈り全文を書き込んでいたのだ」（*JJC* 176–77）。

おそらくベンヤミンが求めていたのは「完成」であるよりもむしろ、圧縮そのものから生まれるまさに力量であり、力であり、変容であった。なぜなら、圧縮されることで通常のものが異常なものと化すからだ。（たとえばフロイトは夢という営みの機構のうちにこの力量を認めていた。）これはまた、神は拡張によってではなく凝縮（ツィムツム）によって世界を創造したというカバラの考えと酷似してもいる。世界から神の現存を「一掃すること」が、有限で物質的な世界のための「場所」を創造するためには不可欠である。ベンヤミンの圧縮されたアフォリズム的文体は、「モナド」としての歴史的イメージというベンヤミン後期の観念の片割れである。モナドもまた圧縮のひとつの形式であることはもちろんである。より大きな「有機的」全体もしくはヘーゲル的「全体性」について、そのいかなるものも虚偽で神話的でイデオロギー的なものとみなして、ベンヤミンはそれに抵抗している以上、モナドないしミニチュア、断片ないし細部は、まさに断片そのもののなかで何らかの「全体」を得るためのひとつの様相と化した。より大きな全体としては手に入らず、いかなる拡張の力によっても手に入らないものが、圧縮されたもの、ミニチュアのなかでは手に入るのである。

「翻訳家の使命」

パリで一九二七年に会ったとき、ショーレムは、エルサレムの新設ヘブライ大学の初代学長ユダ・マグネスとベンヤミンとの会談を設定した。ベンヤミンはマグネスと、ヘブライ文学の批評家となるために、エルサレムへ行ってヘブライ語を学ぶ可能性について話し合うとともに、プルーストやボードレールの翻訳家としての自分の仕事は、ユダヤ的アイデンティティーをより明確に自覚させるような哲学的で神学的な省察に自分を導いたと指摘している（*SF* 137–38)。「翻訳家の使命」は、ボードレールの『パリ情景』のベンヤミン自身による独訳への序文だが、そのなかで彼はこう書いている。

もしすべての思考がそれを求めて努力するところの真理の言語、究極的真理の平穏で沈黙してさえいる貯蔵庫が存在するなら、その場合には、真理の言語――真なる言語でありかつ、その予言と叙述が、哲学者の希求することのできる唯一の完成であるような言語であるもの――は、翻訳のなかに圧縮された仕方で隠されている。(*Illum* 77)

ベンヤミンは、ローゼンツヴァイクやブーバーと同様、真摯で活動的な翻訳家であり、また、ローゼンツヴァイクと同様、翻訳を言語のユートピア的で救済的な要素と結びつけていた。一九一六年の試論「言語について」においてすでに、ベンヤミンは、人間の言語と事物の言語のあいだの関係は「翻訳」にほかならず、「翻訳」は自然をその無言から救い出すと書いていた。一九二三年の試論「翻訳家の使命」では、こうしたユートピア的要素が更に強調されるにいたっている。ローゼンツヴァイクにとって翻訳が救済をもたらすのは、それが人間と人間のあいだ、異なる言語のあいだの伝達を可能にし、そこに橋を架けるからだったのだが、それに対して、ベンヤミンにとって、翻訳の究極の目的は人間のあいだでの伝達可能性ではなく、結局は伝達不能であるような究極の意味を有した「純粋言語」である。すなわち、すべての特殊な意味が消滅したあとにも残るひとつの領域であって、それは内容であるよりも純粋な形式なのである[6]。

ベンヤミンの註釈者たちは、「純粋言語」という彼の観念を追って、フランス象徴詩の伝統から、「虚無」をめぐるマラルメの完璧なテクストにいたる多様な源泉にいたっている。ドイツ哲学のなかでは、特にフンボルト、ハーマンのような源泉に。みずからの履歴書のなかで、ベンヤミンは、言語哲学への自分の関心はフンボルトを読むことで始まり、マラルメによって継続されたと指摘していた。ショーレムはベンヤミンにこう書いていた。ベンヤミンが弁証法的唯物論を彼の思想に統合しようとする企てを拒んで、言語の形而上学における彼本来の基盤に立ち戻るなら、彼は「批判思想の歴史のなかでも最も重要な人物、ハーマンとフンボルトのこのうえもなく豊かで、このうえもなく純正な途切れることなき伝統の正当な継承者」（*SF* 228）となりえただろう、と。実際、ベンヤミンが試論「言語について」で引用しているのは（*Refl* 321）、「言語は理性と啓示の母であり、そのアルファにしてオメガである」というハーマンの有名な言葉であって、何らかのカバラの典拠ではない。

他の解釈者たちは、ショーレムならびに彼との議論からベンヤミンが吸収したかもしれないカバラの思想とベンヤミンとの関係を程度の差はあれ強調している。チャールズ・ローゼンは最も強くそれを主張している。ベンヤミンは「神秘主義的著作、とりわけ一七世紀のそれのうちに自分に見合った多くのものを見出した。にもかかわらず、カバラのうちに彼が見出したわずかなことは、彼がすでに求めていたものにほかならなかった」("Ruins of Walter Benjamin" 158)。ただし、こうした批評家たちのほとんどはというと、ショーレムによるカバラの説明を、ショーレム自身のイデオロギーや哲学には媒介されざる「事象そのもの」とみなしている(7)。デイヴィッド・ビアールとミヒャエル・イェニングズは明敏にも、その反対も同様にありうるということを指摘している。ベンヤミンが現実にショーレムの言語哲学に影響を与えた、というのである。とはいえ彼らは、ベンヤミンの言語理論とショーレムのカバラ言語学の解釈と啓示・伝統の観念とのあいだの関係をめぐる広範な分析に着手することはなかった。

一九三七年、ショーレムは、みずからのカバラ研究の動機について、担当の編集者ツァルマン・ショッケンに宛てて一通の注目するべき手紙を書いている。

一九一六年から一九一八年までの三年間は私の人生全体にとって決定的な時期でしたが、それももうはるか昔のことです。多くの刺激的な思想が、私の研究分野についてのこのうえもなく合理主義的な懐疑論へと同様に、宗教とニヒリズムのあいだに引かれた細い境界線を歩むところの神秘主義的主張の直観的肯定へと私を導きました。

後年私は「カフカのうちに」、この細い境界線の最も完璧で、誰よりも優れた表現を「見出しました」。この表現は近代精神におけるカバラ的世界感情の世俗的言明であって、それはカフカの著作を宗教的規範の光輪で包むように私には思えます。(Qtd. in Biale, *Scholem* 75)

ショーレムが手紙で言及した、一九一六年から一九一八年までのこの決定的な三年間は、ショーレムが最も頻繁にベンヤミンと交わった三年間でもあった。なぜこの三年間が決定的であったかというと、ショーレムは一九一五年にはすでにカバラに関心を抱いていたにもかかわらず、数学からカバラの哲学へと博士論文での研究分野を変更する決心を、スイスでベンヤミンと過ごしたあと、一九一九年にいたるまでしなかったからだ。(8)

みずからのユダヤ的アイデンティティーを再発見することで、ショーレムは、青年運動、宗教的正統派、ブルジョア的形式でのシオニズムなど多様な可能性に参加しては、それに不満を抱くことになった。皮肉にも、ベンヤミンとの連帯は、他の数々のユダヤ的選択のなかでも最も「明白」ならざる選択だった。一九一六年、最初の出会いからほどなくして、ショーレムは、プラトンと数学の哲学をめぐるベンヤミンとの来るべき議論を期待感とともに日記に記している。

> ある事柄を長期間考え続けているときには、このように啓発的で尊い連れ合いの呈示する展望によって高めてもらうしかない。私はこの主題に関しては……他の誰とも話し合うことができない。私はまた自分のシオニズム的利害についてシオニストたちと論議することもできない。……その代わりに、私はシオニストでも数学者でもないベンヤミンのもとに赴く。彼は、他の者たちのほとんどがもはや答えられない点に関して感受性を有している。(*SF* 19)

彼らが互いに引かれ合ったひとつの原因は相互の「アナーキズム」にあるのだが、この「アナーキズム」は、権威ある伝統的典拠すべてへの、とはいわないまでも、少なくともそれらの現代の堕落した「具体的表現」へのショーレムの失望を更に強めることになった。「私たちの考え方では、宗教的アナーキズムが、政治への依然として最も実際的な賢明な応答だった」（*SF* 84）。ビアールが指摘しているように、ショーレムは非常に早くに人生の根本的選択をなし、鍵概念を展開し、それらを追求することで生涯を過ごした思想家だった。ビアールは適切にも、「アナーキズム」がショーレムにとって何を意味したかについての自分の考えを詳述している。それはすべての権威のニヒリズム的否認ではなく、むしろ、いかなる中心的権威も欠如しているとの信念なのである。すなわち、究極の権威としてあるひとつの教義や伝統を肯定する代わりに、ショーレムはその仕事のなかで、複数の相争う権威と伝統を措定しており、それらの歴史的で弁証法的な全体がユダヤ教を規定しているのである。付け加えておくと、この見地も純粋言語というベンヤミンの観念のうちに根ざしている。純粋言語とは相争う諸言語の全体であって——ユートピア的で、おそらくは到達不能で、「固有の内容をもたない」が、各々の「意図・志向」であるような言語である。

別の意味では、ベンヤミンのいう「純粋言語」は、ショーレムによる失われた秘教的伝承の追求に類似した一種の「失われた聖典」でもあった。「神の名とカバラの言語理論」（一九七二）という試論のなかで、ショーレムは遂に、この論点を探索するという初期の目的を達成している。そこで彼が強調したのは、啓示された真理と、ユダヤ教が忘れてしまった言語との絆の重要性であった。啓示と言語のカバラ的概念をめぐるショーレムの著述すべての中心にあるのも、翻訳についての試論でベンヤミンによって呈示された鍵となる観念であった。言語の最高の層は「伝達を超えて」おり、純粋言語は「もはや何も意味したり表現したりすることはなく」、究極の創造的〈言葉〉はすべての情報と意味を抹消してしまう。

「純粋言語」というこの萌芽的観念が翻訳という論点に関する試論の焦点であるということはまったく

偶然ではない。ベンヤミンやショーレムのような思想家にとっては、翻訳という問いそれ自体が高度な意味を担っていた、哲学的にも政治的にも個人的にも。翻訳はまた、解放や同化の問題、ドイツ文化とユダヤ文化の関係とも密接に結びついていた。モーゼス・メンデルスゾーンは啓蒙時代の最初の偉大なユダヤ系ドイツ人の哲学者であるが、一八世紀後半に彼が、ユダヤ教合理主義はドイツ文化と相容れるとの信念に即してヘブライ語聖書をドイツ語に翻訳したとき、この哲学者は大きな一歩を踏み出したのだった。ブーバーとローゼンツヴァイクも両名共に卓越した翻訳家で、長年にわたって、原文の固有語法により忠実なヘブライ語聖書の新ドイツ語訳のために力を合わせた(9)。聖書の翻訳は、啓示の本性、テクストの「本当の」意味、解釈者の権威と力量、信仰共同体の構成についての信念と連動した爆発的な帰結をつねに有してきた。たとえばルネサンスにおいては、教会の権威によって許可を得ていない英語聖書の翻訳者たちは翻訳の代償として命を奪われた。

ブーバーとローゼンツヴァイクによる聖書の翻訳、ブーバーによるハシディズム物語の翻訳、カバラをめぐるショーレムの仕事、言語についてのベンヤミンの省察、これらのもののなかでは、翻訳は、次のような困難でかつ鋭い神学的問いと絡み合っていた。すなわち、神の言葉はどのようにして語るのか、それはどのようにして聴取されるのか。神の声は直接的なものなのか、それとも間接的なものなのか。どのような意味で、この声は命令的ないし命法的なものなのか、それは抽象的なものなのか具体的なものなのか。霊的な「言葉」はどのようにして人間的言語の物質性と結びつくのか。啓示は無媒介的なものなのか媒介されたものなのか。その時制は過去なのか現在なのか。啓示はいかにして「伝達可能」なのか。どこからそれはもはや伝達可能ではなくなるのか。神の言葉と人間の言語の複数性との関係はどのようなものなのか。翻訳は瓦礫と化したバベルの塔を修復し、神の言葉からの疎外を克服し、救済をもたらすのだろうか。

しかし、翻訳のなかで何が失われるはずなのだろうか。何が維持されるはずなのだろうか。テクストの「本当の」理解はいかなるものだろうか。始原の言語とその諸解釈の歴史との関係はいかなるものだろうか。

聖書と係わるにせよボードレールと係わるにせよ、翻訳家は不可避的に、一種の文学理論家であるとともに聖典の釈義者であることを避けられず、翻訳は文芸批評のひとつの形態であるとともに伝承の伝達であることを避けられない。なぜなら、世俗的テクストの翻訳家でさえ、言語が意味する仕方、「著者の意図」もしくはテクスト「元来の」意味を成しているものをめぐる批判的問いと、そしてまた、言語学的多様性と意味の歴史的変容の問題、相異なる言語のあいだの、形式と内容、構造と観念とのあいだの関係をめぐる問題と係わらざるをえないからだ(10)。

ベンヤミンとショーレム双方にとって、これらの問いは言語哲学と歴史哲学を結びつけるものだった。別の意味では、彼らは各々、自分なりの言語哲学を歴史哲学へと「翻訳した」のだ。なぜなら、「翻訳」は親密ではあるが相互模倣的ではない二つの対象のあいだの関係を含意しており、この関係は原型的領域からもうひとつの領域への何らかの移動をつねに含意しているからだ。たとえばベンヤミンが神学を唯物論へ、唯物論を神学へ「翻訳し」、ショーレムがカバラを歴史的文献学へと翻訳したように。要するに、ベンヤミンの初期の抽象的で神学的な試論は、彼の後年の唯物論的仕事から究極的に分離されたもの、もしくはそれによって否認されたものとして考えられるべきではない。ショーレムについても、数学と言語哲学を学ぶドイツの熱心な青年であったショーレムは、ヘブライ大学教授にして書誌学者にして歴史家であるショーレムと全面的に切り離されるべきではない。

翻訳についてのベンヤミンの試論は独特な難しさと捉えどころのなさを有していて、相矛盾したいくつもの仕方で読まれてきた。これは言語の究極的で霊的な全体性の神学的肯定であるとの読解から、これは言語がどんな安定的意味をも禁じる差異の断片的戯れ以外のものであることの否定であるとの読解や、これは歴史的意味の「受容理論」にとっての萌芽的な源泉であるとの読解にいたるまで。「翻訳家の使命」をめぐる論争の鍵を握る問いはまさに、「純粋言語」ということでベンヤミンが何を考えているかという問いである。彼は神的根源語（*ursprach*）、人間的言語と意味すべての土台にして目標のことを考えているのだろうか、それとも、この「純粋さ」は純粋な空虚の純粋さなのだろうか、すべての具体的意味の消滅を要請する絶対的意味の言語すべてに伴うこの深淵では、純粋言語に固有なこだまが反響しているのだろうか。

この節の冒頭に置かれた「翻訳家の使命」からの長い引用文では、「もし真理の言語が存在するなら」という文で「もし」という語句が用いられているが、この語句は、「純粋言語」なるものは単に発見的なもの、ひとつの仮説であるか、それとも、「接近することはできるが到達することはできないユートピア的絶対者」であるとの主張をなすようひとを導くこともできた（Biale, *Scholem* 107）。その一方でポール・ド・マンは、ベンヤミンのいう「純粋言語」についてのいかなるユートピア的神学－政治的解釈にも反対して、ベンヤミンにとって、純粋言語は、「すべての言語に住みついた永続的な分裂として以外のものとしては実在しない」（*Resistance to Theory* 92）という独特な主張をなしている。ポール・ド・マンのような精緻な読者でさえ、「翻訳家の使命」についての自分自身の解釈についてこう述べている。「このテクストに立ち戻るたびに、いくらかは分かったつもりでもう一度読むのだが、またしても私はこのテクストを理解することができない」（103）。ド・マンの解釈についてどのように考えるかはともかく、ベンヤミンのほとんどすべての読者はド・マンの当惑を共有できるだろう。
翻訳をめぐるベンヤミンの試論のなかでは、「断片」は、テクストの原語とその翻訳との関係を示すための、そしてまた、互いに補い合い、真理の「純粋言語」を含んだ諸言語の全体を示すための鍵を握る表徴と化している。

一緒に貼り合わせられるべき壺の断片は、最も小さな破片においてもぴったりくっつくのでなければならないが、だからといって、それらは互いに似ている必要はない。翻訳も同様に、原本の意味［*Sinn*］を集める代わりに、原本における意図・志向の仕方［*Art des Meinens*］を忠実に細部にいたるまで具現し、そうすることで、原文と翻訳双方がより大きな言語の断片として認知されるようにする。数々の断片が壺の一部であるのと同様に。("Task" 78)

ベンヤミンにとっては、原本の「意図・志向の仕方」は作品の「客観的」内容とも、それが受容者にもたらすかもしれない「主観的」効果とも同一視されるべきではない。翻訳は、ベンヤミンが原本の「後世」ないし「ポスト歴史」（*Nachgeschichte*）と呼ぶものの一部を成す（それゆえ「受容理論」を先取りしている）とはいえ、これはいかなる個人の私的経験とも混同されてはならない。原本の「翻訳可能性」のひとつの相貌たる芸術作品の「後世」という言葉に含まれた「生・生活」（life）の定義は、「魂」や肉体的「感覚」のような概念によって定義される「生・生活」ではない。それは有機的で「自然な」生・生活ではなく、「自然によってよりもむしろ歴史によって規定される」生・生活である。「哲学者の務めは、自然な生・生活のすべてを、それよりも包括的な歴史の生・生活によって理解することにある」（71）。

これらの基準によると、原本の内容もしくは「情報」を伝えることを第一にめざした翻訳は悪しき翻訳である。もっと大きな論点がそこに含まれていることは言うまでもない。なぜなら、「生・生活」の目的は、生の哲学（*Lebensphilosophie*）におけるように、直接的な「自然の表現」ではなく、もっと高度な何か、「その意味性の表象」であるからだ。このことは複数の言語をとおして、それらのなかで、それらによって、それらのためになされる。「したがって、翻訳は究極的には、複数の言語のあいだの中心的な相互関係を……、胚珠的で凝縮された形式のもとに表現するという目的に仕える」（72）。「胚珠的」とはすなわち一種の圧縮的表現である。

言い換えるなら、言語同士の類縁性ならびに翻訳の目的は、原本を模倣した翻訳の内容ではまったくなく、それよりも高度な何かであり、すべての言語にとってのより高度な目的である。作品の後世と連続的刷新としての歴史的過程ならびに、作品の意味や言語における不断の変化と変容、それらも実はこの「彼方」の徴しである。このような「諸言語の超歴史的類縁性は、ひとつの全体としての各言語の基礎であるようなまさに意図・志向のなかに存しているのだが――、ただ、ひとつの意図・志向は、ひとつの言語それだけで到達可能なものではなく、互いに補い合うような複数の意図・志向の全体、すなわち純粋言語によってのみ実現される」（74）。語の「指示対象」（referent）はその「意図・志向の仕方」と同じものではない。チャールズ・ローゼンが説明するところでは、「意図・志向の仕方」ということで、ベンヤミンは作品の明示的意味（connotations）より以上の何かを表している。各々の語は明示的意味よりもむしろ「意味性の界域を有していて……、それは、限界にまで、極限にまで追っていくと」、ひとつの与えられた言語によって「司られた文明と歴史の全体を映し出すことになろう」。「意味性の界域の全体は、最も隔たった関係性の構造として客観的に表象された場合に、ベンヤミンのいう意味での〈理念〉となる」（"Ruins"

159)。しかし、良き翻訳でさえ、語の究極的意味の直接的で無媒介的で最終的な把握ではありえない。もっとも、その「ゴール」は紛れもなく、すべての言語的創造の最終的で結論的で決定的な段階、すなわち、このより高度な純粋言語、すべての言語を完璧に和解させ、それらを成就させるところの界域であるのだが。ベンヤミンが主張するところでは、最終的には到達不能であるとはいえ、翻訳のなかには、純粋言語という「彼方」をめざす要素が存していて、そのとき、翻訳は原本の主題を単に運ぶことの「彼方」にまで赴くのである。

ベンヤミンは逆説的にも付け加えているのだが、こうした要素は原本における「翻訳不能なもの」である。すなわち、その内容、情報、主題が剝ぎ落とされたあとに残るものである。その場合、翻訳は、原本たる詩とは異なる言語への関係と言語に対する務めを有する。翻訳のなかには、原本のなかに存在するような内容と言語との親密な統一はまったく存在しない。「なぜなら翻訳は、原本に固有な言語より以上に高揚させられた言語を意味しており、原本の内容とは適合しないままにとどまる。それは原本を乗り越え、原本とは疎遠である」。（内容の剝奪ならびに原本に対する翻訳の疎遠さは、ドイツ悲劇をめぐる書物におけるアレゴリーに関する仕事のなかで、ベンヤミンが強調するところの構造でもある。「剝奪」は極小化と圧縮への彼の関心とも結びついている。）そうなると、翻訳家の使命は詩人の使命とはまったく異なり、むしろ批評家の使命のほうに近くなる。その使命は、「ひとつの真の言語へと多くの言語を統合するような全体性としての言語」（"Task" 76, 77）に向けられているのだ。

しかし、純粋言語は到達不能である。あるいはまた沈黙している。それに、純粋言語は、翻訳家が原本の内容もしくは意味を伝達することの彼方にまで進むときにのみ把握されうるのだから、いかにして、純粋言語は実際に伝達されうるというのか。原本への「忠実さ」は、このような伝達の代わりに、原本に純粋言語の光を当てることで「言語的補完を希求すること」へと向かうことを意味している。この意味では、原本への忠実さは意味からの自由へと転じられるのだが、かかる自由ないし解放は、「伝達を超えたものとして存続する何らかの究極的で決定的な要素、至近距離にありながらも無限に隔たり、隠されてはいるが識別可能で、断片化されてはいるが力強いもの」(79) へと向かう運動にほかならない。ベンヤミンに特徴的なことなので銘記されたいが、この引用文の最後では、相反するものが併置されている。忠誠と自由とのこの逆転された関係を描くためにベンヤミンが用いる輝かしい隠喩は、円（すなわち意味ないし内容）とただ一点でかすかに接する接線《タンジェント》の隠喩である。「接線が更に無限へとその直線軌道を辿る際の法則を規定しているのは、接点によるよりもむしろこの接触によってである」(80)。

ただ、ベンヤミンはこうも主張している。純粋言語の核もしくは種子は単にユートピア的切望の到達不能な対象であるだけではなく、すべての言語とその歴史的進化――翻訳もまたかかる進化を含んでいる――のうちに「能動的力」(79) として見出される、と。なぜなら、良き翻訳はまた、みずからの言語をそれとは疎遠な原本によって触発されるがままにし、それによって、みずから純粋言語に向けて拡大・深化させられるからだ。

しかし、試論の結論でベンヤミンが指摘しているように、かくも広く開かれた言語のなかでは、無限へと向かう軌道のなかでは、翻訳家は接点で文字どおり消失してしまう。おそらくそこでは「意味が深淵から深淵へと転落し、ついには言語の底無しの深みへと失われようとして」いて、翻訳家は沈黙のなかに閉じ込められる。彼が付言しているところでは、聖典――そこではすべての文字が「真の言語」であり、啓示と言語が何ら緊張なしに全面的に一体化している――においてのみ、底無しの深みへのこの転落は「停止させられる」(halted)。ベンヤミンのいう *Halten*〔停止する〕をどう訳すかにもよるが、キャロル・ジェイコブズはそれをheld, retained〔制止され、保留される〕と訳している。聖典では、原本たる聖なるテクストがそれ自身の翻訳を行間に含んでいる。そして、このことはすべての偉大なテクストにある程度はあてはまる、とベンヤミンは結論づけ、「聖なるテクストの行間翻訳があらゆる翻訳の原型もしくは理想である」(82)という文で試論を締め括っている。

「純粋言語」

しかし、ここで新たに喚起された〈聖なる言葉〉は、ベンヤミンが徹底的に議論してきた「純粋言語」といかにして係わるのだろうか。「初めに言葉ありき」という〈言葉〉をベンヤミンはギリシャ語で引用しているが(78)(おそらくドイツ語へのその異邦性ないし「他者性」を維持するために)、この〈言葉〉は「純粋言語」と「同一のもの」なのだろうか。それにしても、どうしてそうでありえるのだろうか。そもそも、「純粋言語とは、みずからはもはや何も志向せず、何も表現することはなく、表現をもたない創造的な〈言葉〉として、あらゆる言語のもとに志向されるもので、そこでは遂に、あらゆる伝達、あらゆる意味、あらゆる意図・志向がことごとく消滅するべく定められたひとつの層に達する」(80)のだから。

言語の純粋層は一種の超越的他者性として呈示されるが、その一方で、この層はあらゆる意味と意義と一般的共同性を消滅させる。純粋な言葉は空虚な深淵なのか、それとも創造的充溢なのか。神的なものなのか、それとも徹底的に世俗的なものなのか。聖なるものの贖いの〈言葉〉なのか、それとも仮借ない反人間性についてのニヒリズムの言葉なのか。この「深淵」は言語それ自体に内在した自己批判の非人間的な空虚なのだろうか、それとも神的充溢としての「深さ」なのだろうか。この深淵は神のカタストロフィックな撤退なのだろうか、それとも神の豊かで情け深い現前に伴う隠れた次元なのだろうか。これは、「宗教とニヒリズムのあいだに引かれた細い境界線を歩むところの神秘主義的主張の直観的肯定」についてショッケンに宛てて書き送ったとき、ショーレムが言わんとしていた曖昧さにほかならないのだろうか。

言語の深淵に降ろされる神の錨が存在しないところで、ベンヤミンは偽装された神学的言語解釈を呈示しているのだろうか、それとも内在的〔言語〕批判を呈示しているのだろうか。ベンヤミンの仕事すべてについてこう問うことができるとはいえ、二者択一的様相で問いを表現する限り、いかなる答えも見出されないと私は思う。ベンヤミンに特徴的な仕方で、うわべは正反対と見える立場は一緒に押し出され、この推進力がある弁証法的関係を産み出すのだが、この関係は相反する項のいかなる和解的綜合のうちでも完成されることがなく——、ベンヤミンはのちにそれを「静止状態の弁証法」(dialectics at a standstill)と呼ぶことになる。一九三四年にベンヤミンがショーレムに宛てていささか憤慨して書いているように、彼の著述から何らかの「信条《クレド》」を引き出そうなどと企てるべきではない。「あなたがよく知っているように、私は——おそらくごく少数のちょっとした例外を除くと——自分の数々の確信に即していつも書いてきました。ただ、本当に尋常ならざる場合を除いては、また、それは口頭でしか決して起こりえなかったことなのですが、私は、自分の確信がその多様性を通じて表現しているような矛盾を含んだ動的全体を表現しようと企てたことは一度もありません」(*Corr* 108–109)。

錬金術的で密教的な言語

それだけではない。翻訳についての試論での「純粋言語」の本性をめぐる問いは、言語的意味に関するいる。ジェラルド・ブランズが指摘しているように、「言語的記号のヤヌス的性格」が存在するのである。

ひとつの記号は、記号論的体系のなかでのその位置を定める形式的原理から、その意味する力を引き出す。しかし、と同時に記号は、体系を超越し、諸事物の世界との統一を基礎に意味を告知するところの古来の力を独力で要請する。(*Modern Poetry* 234)

ブランズは意味のこれら二つの相貌を、文学的言語についての二つの基礎的概念と関係づけているが、これら二つの概念は古の昔から相互に交替し、衝突し、浸透し合ってきた。すなわち、「錬金術的」概念と「密教的《オルフィック》」概念である。密教的態度は、通常の社会的で伝達的な言説からの偏差によって、文学的言語の本質を定義する。それは言語を世界から引き離して、言語それ自体を純粋な形式の界域へと連れ込む。すなわち、音楽にも似た間－言語的構造連関から全面的に成る世界へと。内容――もしくは通常の世間的で実践的な伝達との係わり――が少なければ少ないほど、言語はより「純粋」で本質的なものとなり、言語が引き起こす理解もより「高度」なものとなる。言語はそれ自体が超越と化し、それ自体が自動詞的世界と化す。一九世紀には、密教的態度の範例的表現がフランス象徴主義の伝統のなかに、とりわけ詩的言語をめぐるマラルメの考えのうちに見出された。詩的言語とは、あらゆる外的意味や人間的表現から離脱した始原の純粋な空虚(*le Néant*)へと回帰せんとする浄化的な言葉であって、この〈虚無〉(Nothing)が最高の美を成すのである。

錬金術的態度も密教的態度も共に、言語についての最も古い思弁のうちに見出される。文芸批評における錬金術的態度の現代の代表者たちは、ニュー・クリティシズムから構造主義、記号論《セミオティック》、脱構築にいたる非常に多様なフォルマリズム全般にわたって存在する。それとは対照的に、密教的態度《オルフィック》（音楽家オルフェウスという古代神話上の人物にちなんでこの名はつけられた）は、言葉と世界との理想的統一に基礎を置く創造力として詩的な語りを称揚するのだが、この理想的統一は、人間的で自然的な世界を——神の創造的世界に似たものとして——確立するとともに、そうすることで、すべての意味と知識を可能ならしめる。ハイデガーと現象学的伝統がその最近の代表者であろうか。

　錬金術的言語が世界から離脱し、芸術作品のために「世界を空虚ならしめる」のに対して、密教的言語は世界へと向かい、人間的意味の世界を基礎づけ、それを確立するのだが、これら二つの様相はいずれも言語の優位を主張している（*Modern Poetry* 1–2）。錬金術的伝統のなかでは、言葉はそれ自体で実在するものと化し、みずから超越的な世界を構成する。それに対して、密教的伝統のなかでは、言葉は、言葉と世界がそこではひとつであったような最初の条件を希求する。すなわち、いずれの伝統も、「現実」をそれぞれ別様に定義しているとはいえ、言葉と現実との何らかの始原的同一性をめざしているのだ。人間的世界と無機的自然は、より高度な現実への障害もしくはそこからの転落とみなされるか、あるいはまた、そのまさに母型もしくは終着点とみなされる。ブランズが書いていることだが、たとえばコールリッジのロマン主義のなかでは、言葉は力の場であって、私たちはそれを「直観的知識」の行為もしくはその瞬間に把握する。

　このような「直観的知識」のなかでは、「現実」と媒介的な出逢いが生じるのだが、この出逢いは「無媒介的現前」の力と活力のすべてを伴っている。……語の機能は明白である。語の機能は心と世界を媒介することであるが、それは単に両者を相関関係に置くためではなく、両者のあいだに無媒介的関係を作り出すためである。そうするに際して、語は更にそれ自体が現実と化すかに見える。語が事物へと高められるのである……。(55)

この点もあとで見ることになるだろうが、ベンヤミンはこの魔術的な「言語の無媒介的媒介性」に関心をそそられていて、その仕事の全体を通じてそれを理解し、それを活用しようと努めた。しかもベンヤミンは、みずから自分を描いて「ヤヌスのように顔が二つある」としているが、この二つの顔をもって、言語についてのこれら二つの考え方双方を織り交ぜている。他の数多くの二〇世紀の文芸批評家たちとはちがって、彼は一方を他方のために犠牲にしたり、論争的に両者を対立させることもなかった。言語についての初期のどちらかといえば「観念論的な」省察から後期の政治的で「唯物史観的な」著述にいたるまで、彼の仕事の全体を通じて、これら二つの考え方は共に、複雑でかつしばしば特異極まりない仕方で使用されている。彼の仕事全体を貫くひとつの恒常的原則、それは、言語は通常の伝達的機能には還元されえないということである。初期の試論のなかで彼は、意図・志向もなく、押し黙り、表現もない究極の意味を有した「純粋言語」の観念に訴え、すべての言語の本質としての〈名前〉の理論を構築した。すべての言語の本質といったが、それは神的な表現世界と人間的な表現世界と自然的な表現世界を結びつけたものである。

翻訳をめぐる試論でのベンヤミン自身の言語は間接的な意味で神学的なものであったが、そこには純粋言語を保証する神への言及は見られないし、純粋言語が最終的に暴露されることの確実性への言及も見られないという点を指摘しておくのは重要である。「純粋言語」は、束の間の微光をとおして得られた希望に満ちた仮定もしくは半ばユートピア的なヴィジョンとして、すなわち、ほとんど「メシア的な」何かとして機能するように思われる。世俗化されたメシアニズムもしくはメシア的世俗性は、初期の著述から最後の作品「歴史哲学についてのテーゼ」のまさに最後の段落にいたるまで、ベンヤミンにおいて鍵を握るもうひとつの主題である。この作品は政治的革命とユダヤ的追憶を併存させたもので、「そこを通ってメシアが入ってくるかもしれない狭き門」として「各瞬間」を描くことで締め括られていた（*Illum* 264）。

このような「メシアニズム」は、現在の歴史のカタストロフを超えたところで、またその背後で「別の」歴史を暴き出し、たとえそのゴールが不可視で実現不能なものだとしても、やはり行為を要請するような救済をめざす。それは、ベンヤミンによる政治と神学と文芸批評との連結にとってのひとつの重要な源泉だった。ショーレムに宛てた一九二六年五月二九日の手紙のなかで、ベンヤミンは彼の新たな政治的方向を擁護するとともに、こう書いていた。「私は自分の「初期の」アナーキズムを恥じてはいません。……私はアナーキズムという方法を役に立たないものとみなし、コミュニズムというゴールを無意味で実在せざるものとみなしています。しかし、これはコミュニストの活動の価値をいささかも減じるものではありません。なぜなら、この活動はコミュニズムというゴールを矯正するものであるし、意味深い政治的ゴールは実在せざるものだからです」。彼が主張したところでは、ユダヤ教と政治は互いに役に立つことができるのである（*Briefe* I: 426）。

この特にユダヤ教色の濃いメシアニズムは、歴史による攻撃、歴史による〈存在〉の断絶を含んでいるのだが、おそらくはそれゆえに、ベンヤミンは、言語を完全に「実体化してしまう」危険を免れたのだった。この危険には、「錬金術的」伝統と「密教的」伝統の双方が曝されており、二〇世紀の文学理論の多くもその犠牲となった。すなわち、言語をそれ自体において、またそれ自体で「外部」なき存在ないし宇宙たらしめるという危険である。ブランズが指摘していることだが、このような実体化はある神学的基体を有している。「言語は、中心がいたるところにあり、円周がどこにもない円環という神の定義の正しさを訴える……。［この］神的円環は……みずからの権利で超越的なものとなった。地平に掛かる虹のごときものと化したのであって、われわれはおそらく、それを超えて現実的なものを探しに行く必要はないし、また、そのようなことは可能ではない」(98)。結局のところ、〈言語〉はほかならぬ文学の存在と化したのである。

言うまでもないだろうが、近代における宗教的信仰の喪失は、言葉と物、言語と現実との神による連結の喪失を意味していた。ロシア・フォルマリズムとフランス構造主義に関する著書のタイトルを通じて、フレドリック・ジェイムソンがニーチェを意識しつつ主張しているように、われわれは「言語という監獄」に捕らえられてしまうのである。「構造」「体系」「言語体《ラング》」は、神が占めていたかもしれない場所を奪う影のような虚構である。たとえばニュー・クリティシズムでは、テクストそれ自体が自律、自己包摂、内在的意味というこの神的力を授けられている。この論議の展開に即するなら、作品の意味とその歴史的背景、著者の意図や伝記、読者の応答等々と混同するべきではない。言語は空虚化され形式化される。

同じことを別様に説明するなら、大文字の〈言語〉(Language)が神の場所を奪ったのである。あるいはまた、〈言語〉が、ケネス・バークであれば「神としての語」(God-term)と呼ぶであろうもの、説明原理にして根拠にして自己再帰的実体であるものと化したのである。もっと言うなら、聖書は一九世紀の歴史的・批判的学問によって脱聖化されたのだが、それと併行して文学は、マシュー・アーノルドのような批評家の努力を通じて、宗教の代替物となり「聖化」されていった。[11] 言語は「自律的なもの」と化したのだが、自分自身の存在の根拠を産み出すものとしての、自分自身の起源の創造としての自律性はというと、それは、全面的に自己を包摂し、自己と関係し、自律的であるという古典的な神の属性である。起源の自律性を取り戻そうとするこの衝動はモダニズムの情熱《パトス》の一部である。レヴィナスならこう主張するだろうが、自律的な存在論に、究極的で自存的な〈存在〉としての神に基礎を有した神学は暴力的で偶像崇拝的である。ローゼンツヴァイクと同様、レヴィナスはこの種の論議において、「存在するとは別の仕方で」(otherwise than Being) という特殊ユダヤ教的な意味での神、著しく非存在論的な、人間同士の倫理的関係を介した「過ぎ越し」(passing, *se passer*)(「存在へと到来すること」や「現出すること」ではなく、自己を過ぎ越すこと) としての神に着想を得ているのだが、この関係は、内在的歴史の暴力からの「メシア的」救済によって方向づけられるとともに、かかる救済へと方向づけられた関係である。それゆえ歴史は、それが自律的〈存在〉の圏内への全面的封鎖を免れることができる限りで、「メシア的」なのである。

レヴィナスが挑んだ論争は直接的にはハイデガーとヘーゲルを標的としている、彼らはベンヤミンもまた激しく嫌悪していた人物である。ベンヤミンの「メシアニズム」は多くの点でレヴィナスやローゼンツヴァイクのそれとまったく異なるが、彼はユダヤ教の鍵概念を二人と共有している。すなわち、破壊と運命と暴力という循環的で神話的なパタンを打ち破る可能性が歴史のなかにはらまれているというのである。言葉を換えて私の意見を述べておくと、このような「メシアニズム」は、「純粋言語」の象徴主義的で没歴史的な世界にベンヤミンが吸収されることを阻止した要因のひとつである。

かつてチャールズ・ローゼンが主張したように、ベンヤミンにおける執筆と表現の技法——そこでは文や引用の不連続な配列が「ショック」効果と相異なる文脈の共鳴を産み出す——はその大部分がマラルメやフランス象徴主義に由来している。マラルメが詩のために定義したことを、ベンヤミンは文献学に適用したのだ。「マラルメが語を扱うように、ベンヤミンは観念を扱う。彼は諸観念を名づけ、それを併置し、それらを互いに隔たったものとして映し出させる。……ベンヤミンによる数々の配列は観照のための素材であって、それらは読者を強いて、諸観念の共鳴から意味を引き出させる」(“Ruins” 163, 165)。これは文献学に生じた変化だったのだが、ただショーレムは彼自身の仕事のなかではそれを実行することはなかったようだ。ベンヤミンにとってもショーレムにとっても、文献学は、実証主義的歴史主義に対する彼らの批判ならびに、相異なる種類の歴史的話法の彼らによる構築と結びついていた。ただベンヤミンは、ショーレムとはちがって、文献学それ自体のなかに神話的諸要素をも看取していた。彼は書いている。「文献学とは、細部から細部へと進んでいくようなテクスト検証であって、それは実に魔術的に読者をテクストに固定してしまう」――ここにいう魔術は祓われる必要があるが、その祓いは文献学的努力そのものを含んでいる。すなわち、この努力が維持されるとともに乗り越えられることを含んでいるのだ(*Aesthetics* 136–37)。

しかしながら、ベンヤミンを批判するマルクス主義者たちにとっては、彼の方法は「十分に弁証法的」ではなかった。アドルノがパサージュ論をめぐってベンヤミンに書き送っているように、彼の方法は「全体的社会過程」を通じて媒介されていないというのだ。「あなたの弁証法にはひとつ欠けているものがあります。媒質です。……あなたの研究は魔術と実証主義の交叉点に位置づけられます。この地点は魔法をかけられているのです。理論だけが魔法を解くことができる。あなたの決然として健全な思弁的理論のみが」(*Aesthetics* 128–29)。アドルノがベンヤミンに対してなした反論は、ニュー・クリティシズムとして知られている文芸批評の現代的ジャンルに対してしばしばなされる非難と類似している。すなわち、その「唯物論」ならびにそこでの経験的明証の呈示は非弁証法的で非整合的だというのである。ベンヤミンは新しい歴史家を予告した先駆者のひとりとみなされうる存在だったが、その実践者たちのほとんどとはちがって、彼は言語記号の恣意性という前提を受け入れることはなかった。言い換えるなら、ベンヤミンのパサージュ論は新しい歴史主義者の仕事に似てはいるが、ポスト構造主義的言語理論ならびに、唯物論と観念論との硬直した論争的対立の負荷を課せられてはいないのだ(12)。

ドイツ悲劇をめぐる研究のなかでベンヤミンが書いていることだが、真理は〈理念《イデア》〉の領域に属しているのであって、「知識」の領域に属しているのではない。すなわち、修得し、所有することのできる通常の世俗的で伝達的で道具的な意味の領域に属しているのではない。これまたチャールズ・ローゼンが指摘していることだが、真理と芸術作品の「自律性」というベンヤミンの考え、そしてまた、ゲーテ論のなかで彼が作品の「真理内容」と「物質的内容」との関係と呼んだものは、聖なるテクストの自律性を象っている。とはいえ、ベンヤミンはまた、芸術作品が「真理内容」の超越を啓示するのは、歴史を通じて――その意味の伝承ないし「後世」、その「物質的内容」を通じて――でしかないという意味で、「自律性」なるものを解してもいた("Ruins" 137)(13)。歴史とは、作品のなかで本質的ならざるものを剥奪する過程であるとともに、廃墟のなかで作品の哲学的観念を啓示する過程でもある。と同時に、作品の歴史はこれらの廃墟および時間――それをとおして作品は組織される――の遺物を維持する。ベンヤミンはこれら二つの側面がいずれも忍耐強い留意を必要とすることを理解していた。そこで彼は、作品における真理内容の研究を「批判」(criticism)と名づけてそれを哲学的なものとみなし、一方、文献学の方法を用いる物質的真理の研究を「註解」(commentary)と名づけた。ベンヤミンは文献学を「非弁証法的に」使用しているとのアドルノの指摘に対して自己弁護するに際して、彼はみずからのゲーテ論ならびにこれら二つの語彙に言及している(*Aesthetics* 137)。

言い換えるなら、象徴主義から影響を受けたにもかかわらず、ベンヤミンにとっては、「真理内容」、哲学的〈理念〉、純粋言語、芸術作品の自律性は〈言語〉のために〈歴史〉を放棄することを意味してはいなかったし、それは、ベンヤミンを脱構築する読者たちが要請しているのとはちがって、歴史を「純粋言語」へと解消しようとする願望を表しているのでもない。ローゼンはハロルド・ブルームの次のような主張に反対するためにベンヤミンを引き合いに出している。つまり、ブルームによると、詩はまず第一に文学言語の領域の内部で他の詩と係わっているのだが、それよりもむしろ、「個々の作品が組み込まれているのは言語の総体のうちにである」。すなわち、日常言語をも含む文化的文脈全体のうちに個々の作品は組み込まれているのだが、――ここにいう全体は、作品を生み出した過去の文化的全体をも超えたもので、「作品は時間をとおして動くものだから、過去のみならず将来とも係わる力能をそれは明かしているのである」("Ruins" 171–72)。

私なりに付け加えておくと、将来と係わる力能は、ベンヤミンの批評のユダヤ－メシアニズム的な側面のもうひとつの特徴である。後年の仕事のなかでベンヤミンは、過去を救出し、現在を革命的に変化させ、神話と運命の領域をこじ開けるような回顧的力能を「史的唯物論」に授けている。このような力能なしには、一方の極端である抽象的で空虚で没歴史的な純粋言語と、他方の極端である救出不能で惰性的な文献学の物質的内容もしくは歴史的人為物もしくは彼が「歴史のがらくた」と呼んだものとのあいだには停滞が生まれることになるだろう。ベンヤミン自身認めていたことだが、このとき、これら二つの領域はいずれも神話の領域に戻りかねない状態に陥る。このような危険は、ポスト構造主義的言語理論と新歴史主義における物質的な文化対象とのあいだにも存在している、と付け加えることもできるだろう。言語、歴史、権力、イデオロギーなどの語彙を「実体化」から救出するために、多くの新歴史主義者たちは、揺らぎ、ネットワーク、交渉といった比喩に訴えて、これらの力のあいだの、連続的に変動する諸関係を描こうとしている。ただ、合切袋から取り出されたようなこれらの語彙は問題の解決にはほとんど役立たなかった。

最後にローゼンの言葉を使うなら、「過去の断片的ドキュメントの骨の折れる研究」としての文献学がベンヤミンのなかでは「記憶を変化させる活動、翻訳という活動」（170）と化すのである。

「希望が一杯だ、しかしわれわれのための希望ではない」

こうした背景とベンヤミンの仕事の軌道が明らかになったわけだが、脱構築的批評家による彼の試論「翻訳家の使命」の解釈についてはなおも若干のコメントが必要である。ポール・ド・マンと同様、キャロル・ジェイコブズが主張するところでは、ベンヤミンの試論は反語的で、ひとを欺き、道を踏み誤らせるもので――、その主題はまさに「翻訳の怪異性」であり、言語の底無しの深淵への転落であって、和解的調和のいかなる極致でもない。純粋言語ということで、ベンヤミンは「至向の言語における真理の物質化」を表そうとしているのではなく、「むしろ純粋に言語であるもの――言語以外の何ものでもないもの――を表そうとしている」（"Monstrosity" 761）[14]。しかも、彼女の脱構築的読解のなかでは、言語は差異の戯れである。ジェイコブズの主張では、ベンヤミン自身の試論は、理想的な翻訳と同様、「何も言うことがない」のである。

ポール・ド・マンと歩調を合わせて、彼女は試論の題名に含まれた*Aufgabe*〔使命〕という語を文字どおりの意味に解している。すなわち、「断念、諦め、失敗」（"Monstrosity" 765; deMan, *Resistance* 80）の意味に。優れて脱構築的な読解のなかで、ド・マンが強調するところでは、試論で言語の伝達的要素が批判されていることは、ベンヤミンが実際には翻訳の「不可能性」について語っていることを示していた。純粋言語における意味の「消滅」を語ることで、ベンヤミンは、純粋さがそこでは禁欲、分解、破壊、

「起源的なものの殺害」（*Resistance* 84）を意味するような言語と歴史についてのニヒリスティックな見地をめざしていたのでは決してない。そうだとすると、翻訳についてのベンヤミンの観念は、「脱聖化、脱聖典化」（96–98）に属している。更に、こうしたことはすべて言語それ自体の形式的構造と係わっているのであって、いかなる種類の人間的、人格的、歴史的パトスとも係わってはいない。ド・マンにとっては、このことは意味（meaning）と指示対象（reference）との、言語と世界との、解釈学と詩学との、象徴と象徴されるものとの架橋不能な溝を意味している。

レヴィナスについてのあとの章で、私は、言語のまったき非人間性と無頓着さを強調する際のポール・ド・マンの尋常ならざる力の入れ方について論じることにしたい。言語をめぐるこのような想定は、「ブルジョア的ヒューマニズムと個人主義」に対する新歴史主義のすさまじい敵意の大部分においてと同様、文学理論における言語のポスト構造主義的見地においても、その主要要素として、ド・マンの後継者たちの多くによって取り上げられた。ここでド・マンは、ベンヤミンのいう「純粋言語」にありうべきいかなる神学的意味をも否定しようと意図するのとまったく等しく、ベンヤミンのメシア主義的読解はショーレムの過ちにほかならないと主張して、ショーレムを厳しく批判している。ショーレムは「ベンヤミンについての不幸な誤解に関して紛れもなく責任を負うた人物で……、彼は、ベンヤミンが自分自身の目的のために言ったのとは反対のことを故意にベンヤミンに言わせせようとしている」（103）。

第二次世界大戦中のド・マン自身の問題含みの政治的活動やユダヤ人に関する著述についての困難な論争にはここでは立ち入らないが、このテクストでの、ド・マンによる神学的意味の拒絶は、ベンヤミンのユダヤ性に対する一種の盲目であり、このユダヤ性の抹消である。(15) ド・マンにとっては、ベンヤミンの翻訳論はそのすべてが意味の不可能性（impossibilities）と、純粋に形式的で非人間的な何かとしての言語をめぐるもので、「きわめて根本的な意味で、人間的なものなどはまったく［存在しない］」(96)。ただ、再びカフカを引用するなら、ユダヤ系ドイツ人の作家は多くの種類の「不可能性」を論じていた。そして、これらの不可能性は、ユダヤ史の他の数多くの不可能性と同様、不可能性であるとはいえ、ド・マンがまったく感知できずにいる仕方で生き延びなければならなかった。なぜなら、これらの「不可能性」は、ド・マンにとってそうであるように、純粋に認識論的なディレンマではなかったからだ。

ド・マンは言語を抽象的「知識」のひとつの様相に還元しており、この様相は存在論的な何らかの主張をなすことのまったき不可能性をつねに指し示すとともに、そうすることで、「生き方」のいかなる規律をも排除する。したがって、言語は何ら人格的、人間的、「歴史的」なものを伴っていない。しかるにベンヤミンは、思考と言語を改めて接合せんとすることでカント主義を修正する企てのなかで、交互に入れ替わる多種の経験と主体性を具現することをめざした。しかもベンヤミンは、恣意的な意味を有したひと組みの記号という ソシュール的な言語概念とははっきりと袂を分かっている。ベンヤミンにとっては、言語と「文字」(literary) は真理の貯蔵庫であった。たとえ真理が現時点では到達不能であるとしても。これは「神学的で」メシア主義的な成分であって、記号論や構造主義のどこにもそれは見出されない。

共産主義はベンヤミンがその粗雑で誤った形而上学と特徴づけたものを有しているのだが、それにもかかわらず、ベンヤミンは共産主義に引き寄せられ、加えて、史的唯物論を神学と、言語哲学を歴史哲学と併置することを企てたのだったが、これらのことは彼のより大きなプログラムの一部であるのみならず、認識論的で理論的な「不可能性」にもかかわらず行為することの必要性を彼が承認したことにも由来している。一九二六年にショーレムに宛てて書かれた書簡のなかで、ベンヤミンはみずからの思考に生じた政治的で唯物論的な転換を、そしてまた、彼が感じていた「純粋に理論的な領野を暇乞いする」必要を擁護している。彼が断言するところでは、「それを成し遂げるための方途は二つだけあります」。

それらは神学的振る舞いによる方途と政治的振る舞いによる方途の二つです。本質的には私はこれら二つの型の振る舞いのあいだに区別を認めたくはありません。私は今まさに両者の同一性について語っているところですが、この同一性は、一方が他方へ（双方向的に）変容する際に逆説的にもあらわになるのです。その本質的な理由はというと、行動のどのような事例も否応なく、自己了解しつつ徹底的に進行するからです。だから、ありていに言って、使命なるものは一度だけ決断されるべきものではなく、むしろ各瞬間に決断されるべきものです。ただ、本質的なのは、決断するということなのです……。われわれの世代の人々のなかで、歴史的現在の瞬間を闘争として感じ取り、理解する者は誰でも、それによって事物（ならびに関係）と質量とが相互に作用し合うようなこの機構についての研究とその実践を廃棄することができません。このような闘争は、ユダヤ教の観点から見ると、相異なる仕方、散逸した仕方で（敵対的な仕方ではない）ながら、全体として進行していくのかもしれません。これはやむをえないことですが、「正当な根拠を付与された場合」、徹底的な政治はユダヤ教にとっていつも役立ちうるでしょうし、また、それとは較べようもないほどはるかに重要なことですが、徹底的な政治はユダヤ教を自分に役立ちうるものとして見出したのです。（*Briefe* I: 425–26）

この「歴史的現在の瞬間」のなかで、ショーレムやベンヤミンのような作家たちは、純粋な認識論とは別の形式で「数々の不可能性」を経験した。ドイツで生身のユダヤ人として生きることや、更には、伝統的ユダヤ教のなかでユダヤ人として生きることのきわめて具体的な不可能性が存在したのだが、不可能であるとはいえ、それは何とかして、「とにかく、何とかして」実行されねばならなかった。ベンヤミンのいう「とにかく、何とかして」はこれらの不可能性と対を成している。これはベンヤミンの思考のユートピア的側面であり、ド・マンを困惑させ、彼がショーレムのせいにしたもののこだまであった。父親たちによって漠然と同意されたユダヤ教との絶縁を求めていたユダヤ系ドイツ人の作家たちが抱える諸問題をめぐって、マックス・ブロートに宛てて書かれた有名な書簡のなかで、カフカは次のように書いている。「先祖からの遺産という点では、彼らは依然として彼らの父親のユダヤ性にくっついており、子孫に残すべきあやふやな遺産という点では、彼らは何ら新しい基礎を見出していません。相次いで生じるこの失望が彼らの霊感なのです」(*Letters* 289)。ベンヤミンはカフカにおけるこのユダヤ的要素を十分に理解していたし、それについて雄弁に書いてもいた。ユダヤ教メシアニズムによって約束された救済、それもはるか先に延期されたユートピア的救済と、堕落した現在の外見上の遺棄や果てしなさとのあいだの不均衡、希望と希望のなさとのあいだの不均衡は、カフカについてのベンヤミンの鮮やかな試論や、それについて彼がショーレムに宛てて書いた最後の手紙(一九三八年)を理解するための鍵のひとつである。

この点だけはカフカが絶対的に確信していたことです。第一に、助けを出すのであれば、その人物は阿呆でなければならない。そして第二に、阿呆による援助だけが真の援助だということです。ただひとつ不確かなことは、このような援助が人間存在に何か善きことをなしうるのか、ということです。天使たちを援助するほうがましでしょう。しかし、天使たちは援助を必要としていません。だから、カフカが主張しているように、無限量の希望が存在するが、それはわれわれにとっての希望ではないのです。この言明はカフカの希望を真に内包しています。それは彼の燦然と輝く静穏の源なのです。(*Corr* 225)

アドルノがかつて書いていたように、「無限量の希望が存在するが、それはわれわれにとっての希望ではない」というカフカからの引用はまた、「ベンヤミンの形而上学の標語」として役立つこともできた（*Prisms* 321）。けれどもブレヒトにとっては、カフカ論はベンヤミンの退行的「ファシズム」を表した別の作品でしかなかった（*Refl* 208）。結局のところ、そうは言っても、言語学的もしくは認識論的にではなく、文字どおりヨーロッパで生きることをベンヤミンにとって不可能ならしめたのは「ユダヤ的」ファシズムではなかった。それは別種のものだった。ナチズムの台頭は、仕事を出版して生計を立てたいというベンヤミンの目論見を断念させた。彼は一九三三年にドイツから追放され、パリでその日暮らしをし、デンマークでブレヒトと出会った。一九三三年にドイツを離れてのち、彼は、イビサ島からショーレムに宛てて書かれた感銘深い手紙のなかで書き留めている。「私の体質は脆弱です。何かを身につけることの絶対的不可能性は長期的に見れば人格の均衡を脅かします。たとえそれが慎ましく、私のような状況下に生きることに慣れた人格であるとしても」（*Corr* 51）。一年後、全イスラエル同盟からわずかな俸給を得てパリで暮らしながら、彼は書いている。「私のような状況では、大いに食事制限するのでなければ希望の感情に身を委ねることはできません」（100）。続く六年間は安ホテルを転々とすることで過ごされた。「私が最低の収入を得ることのできた場所はいくつかありました。また、私が最低の収入で生活できた場所もいくつかありました。けれども、これら二つの条件が共に満たされるような場所はありませんでした」（28）。ナチスがフランスに侵攻したあと、ベンヤミンは他のドイツからの亡命者たちとともに一九四〇年に仮収容所に収容された。最後に、完全に罠にはまり、不可能性がその極限にいたると、彼は自殺してしまった。ただ、一九四〇年に書かれた「歴史哲学についてのテーゼ」の最後の言葉はなおも、政治的革命に、ユダヤ的追憶に、「時間の各瞬間」に言及している。「時間の各瞬間」は「そこを通ってメシアが入ってくるかもしれない狭き門」（*Illum* 264）なのである。

アーヴィング・ウォールファースが更に指摘したところでは、特にパサージュ論で顕著な、ベンヤミンの仕事の自覚的な断片化と不完全性は、来るべき〈作品〉を仄めかしていて、そこから現在のすべての作品が切り離されるのである。ベンヤミンの著述と企てそのもの、彼のメシアニズムは「敗北主義とは正反対のもの」（"Re-fusing" 8）である。スタンリー・コーンゴールドとミヒャエル・イェニングズもまた、「読み、書くことをベンヤミンが意志しうる」（"Benjamin/Scholem" 363）というまさにその行為のうちに「メシアニズム」が、そしてまた、貧困と追放と不安定という困難な情勢のなかで生き続けるという霊感を吹き込まれた絶望が存在していたと指摘してもいる。一九四〇年にショーレムに宛てて書かれたまさに最後の手紙のなかで、ベンヤミンは書いている。「今日出版することに成功したどの行も――将来がいかに不確実であれ――、闇の力からもぎ取られた勝利なのです」（*Corr* 262）。

ベンヤミンのテクストにおけるアイロニーや緊張感や移動のなかには、そしてまた、救済とメシアニズムへの彼の暗示のなかには、ド・マンもブレヒトも聞くことのできなかった響きがある。これらの響きはユダヤ系ドイツ人の経験の深層から聞こえてくる。「私の思考は、吸い取り紙がインクと係わるのと同様の仕方で神学と係わっている。吸い取り紙にはインクが染みついている。ただ、吸い取り紙だけから判断するなら、それまでに書かれたものは何も残らないだろう」（"Theory of knowledge" [N7a, 7]）。ベンヤミンのイメージは諸言語相互の関係ならびに純粋言語との関係を意味するはずのものだが、それはおそらく、彼の作品のなかでのドイツ人とユダヤ人、神学的要素と物質的要素との関係にも適用されるべきものだ。ただ、断裂した場所で出会うときには、それらは「とにかく、何とかして」同種のものである。この奇妙な同胞的非対称性は、ある無限直線が円と接点的に接する際の危うい仕方をめぐるベンヤミンのイメージに呼応している。これと同じ仕方で、ユダヤ人たちはドイツの文化と接触していたのだし、「神学的」無限の「彼方」へといたる道の途上で、ユダヤ思想の軌道は変容を蒙った。ただし、この過程で、ユダヤの思想と神学は「ドイツ語」に「翻訳」されもした。問いはこうなる。ショーレムが主張していたように、これは貧しい翻訳で、単なる弁解なのだろうか。それとも、ゲイが主張しているように、ユダヤ教的内容の世俗化もしくはその消失なのだろうか。この翻訳は、翻訳に用いられる言語の拡張にとって不可欠なのだろうか。この非対称的な補完性のなかで、ユダヤの思想と神学は深化され、その本来の軌道に再び戻されるのだろうか。「翻訳」――とりわけカフカやベンヤミンのような作家によってなされた「翻訳」――は、原語であるドイツ語を純化し、拡張し、それを救済するのだろうか。それとも、この非対称性は錯覚にもとづく恋愛で、それが怪異的な混成物と化したのだろうか。接線それ自体が言語の深淵のなかに失われ、読むことも聞くことも不可能なものと化したのだろうか。

キャロル・ジェイコブズが問いかけているように、「誰が壺の断片を元どおりにつなぎ合わせるのだろうか」(“Monstrosity” 764)。その砕け散った部分はいつも破損しているのだろうか、また、その輪郭の欠損部はいつも複雑でかつ可視的なものなのだろうか。彼女は壺という隠喩のうちに、ショーレムならびに、神秘主義的創造理論の一部を成す「容器の破壊」(シェヴィラート・ハ－ケリーム)というカバラ的教義への暗示を見出している。カバラ的見地での人間のゴールは、堕落して物質的世界のうちに組み込まれて以降、なおもこの容器に閉じ込められている聖性の火花を救出するとともに、火花をその源泉へと戻すことで世界を修復・救済し(ティクーン)、それによって最終的救済をもたらすことにある。けれども、ド・マンと同様、ジェイコブズは、ベンヤミンは単にそれを否定するために救済的側面に言及しているにすぎないと考えている。しかるに、あとで見るように、ユダヤ思想におけるメシア主義的救済は単純な事態ではまったくないし、また、ベンヤミンにおける「否定」については、その伝統的意味（完全な抹消ないし対立）でも、弁証法的意味でも（究極的解決をめざす力動的過程の一部として）それを理解することはできない。ドイツ悲劇についてのみずからの書物への序文で、ベンヤミンは再び断片化について書き、真理の体系的表象たらんと企てることなき論述に属する逸脱的な方法を論じている。論述は不断に逸脱し、再開し、休止し、不規則的リズムを刻みつつ意味の相異なる水準を追求する。

不揃いの粒子へと断片化されているにもかかわらず、モザイクがその威厳を保持しているのとまったく同様に、哲学的瞑想も運動量を失うことはない。モザイクも哲学的瞑想も他と区別されたものならびに散逸したものから作り上げられている。これ以上に、聖なるイメージと真理そのものの超越的力を力強く証示しうるものはなかった。思考の断片の価値は、諸断片とそれを下支えする理念との関係が直接的ならざるものになればなるほど、高まっていく。そして、表象がいかに輝くかは、モザイクの輝きが模造宝石の品質に依存しているように、こうした断片の価値に依存している。（*OGTD* 29）

このように真理内容は微小なものへの専心によってのみ把握される。このことは、初期の試論から最後の著述にいたるまで、つねにベンヤミン自身の仕事を見事に特徴づけていた。

ショーレムはその仕事の全体を通じて、ユダヤ教メシアニズムにおける修復的でユートピア的要素と同様に、その黙示録的で破壊的な要素をも強調することに大いに腐心した。彼の見解では、ユダヤ教メシアニズムは、目的論的に有意味で、救済された将来へと向かうものとしての歴史のヴィジョンと、同じ救済ではあるがまさにこの歴史の否定にして破壊的浄化とみなされたものとのあいだの爆発的緊張をはらんでいた。破壊は救済への序曲である。このような図式においては、緊張は数々の立場へと導くことができるのだが、どの立場にいたるかは、諸力のバランスがいかに変化するか、それがある瞬間にいかに結晶化するかに懸かっている。メシアニズムは革命的破壊の擁護を含むこともあれば、失われた楽園と将来の楽園についてのひとを慰撫するようなイメージをもたらすことも、抑圧された者たちの傷を癒すことで現在の廃墟を修復しようと企てることも、〈終末〉を早め、今にも到来するものたらしめようとする異端的努力を産み出し、そうすることで、政治的行動主義から静寂主義へ、神学的保守主義から異端的ラディカリズムへと転じることもある。

ベンヤミンのうちには、これらメシアニズムの立場のほとんどすべてがその都度ある形式をまとって存在している。しばしばそれは史的唯物論もしくは革命的ニヒリズムの擁護に「翻訳」されたり、あるいはまた、プルースト論やカフカ論に見られる郷愁や切望を伴ったユートピア的イメージに「翻訳」されたり、あるいはまた、アイロニックなせむし、小人、天使をめぐる省察へと「翻訳」されたりする。ショーレムはこれを論じていないが、アイロニーは、東ヨーロッパのユダヤ民話のなかに顕著に見られるように、ユダヤ教における、延期されたメシアニズムのいまひとつの古典的な表現である。ド・マンにおいては、アイロニーは範例的な脱構築の様相と化し、また、指示対象と意味、言語と現実をいつか合致させることの不可能性の承認、意義の深淵を前にした無力の表現と化した。それに対して、ユダヤ的アイロニーでは、無力ならびに破壊された現実の諸条件はこれとは異なった展開を見せる。そこでは、ユートピア的約束と歴史的現実とのあいだのまさにずれと不均衡が告発され、それがメシア的予期へと転じられる。ベンヤミンはこうした立場のアイロニーを十分に理解していた。だからこそ彼は、カフカの物語とイディッシュ語の民話とハシディズムの説話とのあいだの深い親縁性を理解できたのだ（*Illum* 126, 134–36）。

理想と現実、果たされた時間と果たされざる時間、希望と希望の喪失とのあいだの痛苦な不均衡は、チェルムという虚構の町をめぐるイディッシュ語の民話——ベンヤミンもショーレムもそれを引用してはいない——のなかで表明されている。

> あるとき、メシアが今にも現れそうだとの噂が流れた。そこで、チェルムの住人たちは、メシアが自分たちの町を通り過ぎることを恐れて、見張り人を雇って神のごときお方の見張りにあたらせ、そのお方がやって来るようなことがあれば歓待するよう命じた。
>
> それに対して、見張り人は、一〇グルデンという週給は妻と子供たちを養うにはあまりにも少ないと思いつき、増額を町の長老たちに要求した。
>
> ラビは彼の要望を却下した。ラビが主張するところでは、「週給一〇グルデンが不十分な給金であることはたしかに本当だ。しかし、これが永久就職であることを考慮に入れねばならない」、と。(Qtd. In Howe and Greenberg, *Treasury* 626)

このようにアイロニックな延期と不均衡は、ここではカフカにおけるように、「光り輝く静謐」ならびに、メシアを延期させるこれらの力——人間的な力もしくは神的な力——すべてに抗する喜劇的‐風刺的な反対提言と結びつけられている。希望の無辜は非難されると同時に肯定される。希望、希望が一杯だ、しかしわれわれのための希望ではない。ただしこの希望は、無益な忍従ではまったくなく、辛辣さ、毒舌的批判を維持しており、ユダヤ思想のなかでは、この種の批判は、たとえこれらの希望がいかに先送りされたものであるとしても、メシア的希望と結びついている。一九三九年二月四日にショーレムとのあいだで交わされた書簡で、ベンヤミンはカフカに最後の註解を施しているが、そこで彼は鋭敏にもこう書いている。「私が思うに、カフカの作品は、ユダヤ神学から喜劇的側面を引き出すことのできる［強調ベンヤミン］人物の手中に落ちそうです。そんな人物がかつていたでしょうか。それとも、あなたはこのような人物となるにふさわしい人物でしょうか」（*Corr* 243）。

ショーレムとメシアの遅れ

――希望を抱きつつ生きることには偉大な何かがある。しかし、と同時に、それには大いに非現実的な何かもまたある。……このようにユダヤ教のなかでは、メシア的観念は延期のなかで生きられる生活を強いてきたのだが、そこでは、何ひとつ決定的に果たされたことはなく、何ひとつ取り消し不能な仕方で成就されたこともない……。メシアの観念は真に反実存主義的な観念である。正確に理解されるなら、救出されざる者によって成就されうるようなものは何ひとつ存在しない。このことはメシアニズムの偉大さを促すが、その生来的脆弱さをも促している。いわゆるユダヤ的〈実存〉は緊張をはらんでいるが、それが真に放出されることは決してない。それが燃え尽きることも決してない。われわれの歴史のなかで、かかる緊張が解き放たれたとき、それは愚かにも……「贋メシアニズム」として描かれた。……シオンへのユートピア的帰還を開始したとき、近代のユダヤ性は具体的領域での取り消し不能な行為に着手したのだが、そこにメシアニズムのニュアンスが伴っていたとしても、ほとんど驚くことはない。

（『ユダヤ教におけるメシア的観念』三四―三五頁）

幾度となく引用された一節で、ショーレムは、メシア的観念は幸福の約束ではあるが、この幸福の延期でもあると強調している。ショーレムの堅固無比なシオニズムの見地からすると、メシアニズムは多大な代償を強いるものだったのだ。彼の根本的主張はというと、メシアニズムはユダヤ人たちを仮の存在たらしめ、世界史の舞台ではまったく無力な存在たらしめたという点にある。とはいえ、このような分析それ自体、高度にイデオロギー的なもので、ショーレムにおけるシオニズム概念を反映している。彼によると、シオニズムとはユダヤ人が「超歴史的希望、終末の先送りを放棄して、パレスティナでの家郷の建設によって世界史に再び参画すること」なのである。（ショーレムの政治的見地はそれと同じく問題のあるカフカ評価につながった。彼は一九三一年にベンヤミンに宛てて書いている。「カフカ自身はこのことを寸分も疑わなかったのですが、彼はドイツ文学の連続性のなかに場所を占めていません。あなたはおそらくご存知でしょうが、彼はシオニストだったのです(16)」［*SF* 170］。）あたかもショーレムは再びディアスポラの文化を非難し、そのメシア的・宗教的希望を政治的無能と連結しているかのようだ。とはいえ、メシアニズムの意味は、救済されざる者によっては「何ひとつ具体的なもの」は成就されえないことにあるとの論議は歪んだ論議である。ユダヤ教におけるメシアニズムと終末論は、ショーレムが主張したがっていたように、一切の歴史的で具体的な活動の貶価に行き着くのではない。むしろ、哲学者シュワァルツシルドの語彙を用いて、こう主張することも可能だろう。すなわち、ユダヤ教メシアニズムは人間の「倫理的（そして実際には科学的）使命を内的責務ではなく、人間にとって永続的な（もしお望みなら、形而上学的な）宿命」（"On Eschatology" 174）たらしめたのだ、と。「ユダヤ教の終末論は道徳性の倫理的であるとともに形而上学的な絶対化であり」（182）、かかる絶対化はその具体的表現をユダヤ教の律法とひと組みの合理的規範のうちに見出した。ユダヤ教メシアニズムのこの側面はショーレムの歴史記述のなかでは看過された。延期は、メシア的完成ないし世界の「あるべき姿」〔当為〕と、世界が現に「そうである」〔事実〕ところの仕方とのあいだの溝である。ユダヤ教において当為と事実の橋渡しをするのは倫理であり――、神を模倣しつつ、メシア的将来もしくは道徳的努力の永遠ないし無限性をめざして世界を完成するための具体的な意志的行為なのである。

シュワァルツシルドによる解釈はユダヤ教メシアニズムを、ショーレムが貶価し時に侮蔑しさえしたドイツ哲学の遺産――カントの合理主義とヘルマン・コーエン――と連帯させた。当為と事実との溝はここでは、「異教的自然主義」の「偶像崇拝」ならびに、ありのままの諸事物の表象と存在に抗する倫理的闘いを産み出す。シュワルツシルドが鋭敏にも指摘しているように、アドルノからベンヤミンにいたるフランクフルト学派のユダヤ人メンバーたちにおいては、「芸術はユートピアを空想し、ユートピアの到達不可能性に苦しむところの活動であって、それは存在の状態のことではない。……ところで、ヘルマン・コーエンが提言しているように、芸術はメシアを描いている。芸術は、神が欲しているような、そうあるべき世界をあらかじめ人間が構築することなのである」[17]。芸術は倫理に従属させられる。当為と事実との溝はまたある種のアイロニーの源泉でもあり、メシアについての民間説話におけるアイロニーと、ベンヤミンがカフカのうちに認めたフモールとの源泉でもある。実際、「カントとヘルマン・コーエンが明記しているように、アイロニーとフモールは、それらが現代世界の悪ゆえにこの世界に向けられた美的‐倫理的批判を司っている限りで、芸術の主要要素のひとつである」（Schwarzschild, "Aesthetics" 4）。

ショーレムに反対して、シュワルツシルドが主張するところでは、ユダヤ教メシアニズムは、現在における受動的無力ならびに一切の行為の非現実性と、メシア的将来を実現するためになされる現在の黙示録的破壊という不可能な両極端の板挟みにならざるをえないわけではない。「道徳的諸問題の日々の歴史的発生には無関係なものとしてメシアニズム（「ユートピアニズム」）を一括することを含意するどころか、……メシアニズムはこのように、道徳的諸価値の直接的産出者として、いかなる状況においても、その都度自身の行為の仲裁的基準となるものとして作動している」（“On Eschatology” 183）。これはハラハーと呼ばれるユダヤ教の律法のメシア的機能で、ハラハーとは、当為と事実との溝に架橋することを企てるひと組みの規範と行為なのである[18]。ショーレムが公言した宗教的アナーキズムゆえに、また、ユダヤ教の律法ならびに合理的啓蒙のユートピア主義に対する彼の嫌悪ゆえに、彼は合理主義（たとえばマイモニデス）とメシアニズムの二分法と同様、倫理的メシアニズムと黙示録主義との二分法を誇張している」（195）。しかるに、これら四つの要素はユダヤ教のなかでは互いに不可分な仕方で連繫している（メシアニズムに関するタルムードのテクストにレヴィナスが加えた分析を通じて、われわれは第9章でこの連繫を見ることになるだろう）。

私なりに付け加えておけば、これと同様のことは、ショーレムが採用した象徴／アレゴリーのロマン主義的な硬直した対立や、神秘主義／哲学、黙示録的／標準規範的、「保守的」で合理的な力／「生命的な」アナーキーの力といったショーレムによる二分法化についてもあてはまるのだが、これらの二元論は彼自身のイデオロギー的論点を反映している。残念なことに、文芸批評家たちのほとんどは、ユダヤ教メシアニズムにおけるカタストロフィックで黙示録的な側面についてのショーレムの描写を鵜呑みにしている。けれども、ショーレムによるこれらの要素の誇張には、彼自身はドイツ－ユダヤのいかなる融合をも斥けようとしたにもかかわらず、世紀の変わり目におけるドイツ－ユダヤ思想の雰囲気と両面性が多分に反映されていた。明らかに、彼とベンヤミンとの関係は、両者の相違にもかかわらず、こうした傾向を反映するとともにそれらを強化した。あとで主張するように、ショーレムは結局、ベンヤミンより以上に、ドイツロマン主義的な美的イデオロギーから多くを摂取していた。これと同じ遺産の相続者たちである現代の文芸批評家たちの多くが熱狂的に、無批判的にショーレムの仕事を受け入れている理由のひとつがおそらくはここにあるのだろう。

モーシェ・イデルがショーレムを再検討した見事な仕事のなかで書いていたことだが、「カバラについての学術研究に特徴的な根本的に順応主義的傾向」(*Kabbalah* 13) もまた存在していた。

多くの学者たちは、カバラに関する彼［ショーレム］の見解はカバラそれ自体に等しいとの意見を抱きがちだった。……本物の素材とこの素材の内容についての学者たちの意見とを区別しないという過ちが広くはびこっている。他の分野でよりもはるかに多く、われわれはここでは、ショーレム自身の断言に全面的に依拠したカバラについての見地への言及に出会う。(17)

イデルが主張するところでは、ショーレム的アプローチにおける最大の問題はほかでもない、「文献学的 - 歴史的」アプローチ、すなわち「テクスト的」アプローチを誇張し、比較研究や、もっと広い概念、体系を顧みなかったことである。文献学的アプローチは神秘主義の「実践的 - 経験的」側面を矮小化し、思弁的理論のひとつの形式より以上のものとしてカバラを描く傾向があった。「神智学的考え、多様な信念、解釈学的英知として……、現実に対する実践的で経験的な態度としてよりもむしろグノーシスとして」(22–27)、である。

しかしながら、ベンヤミンは文献学の限界をよく理解していたし、パサージュ論のなかで次のような必要について書いていた。すなわち、「現実についての註解（まさに細部の構築としての註解が問題であるからだが）は、テクストが要請するのとはまったく異なる方法を求めているということを銘記し続けねばならない。前者に関しては神学が基幹的学問であり、後者に関しては文献学である」（"Theory of Knowledge" [N 2, 1]）。

この意味では、表面上は文学的で政治的な批評家だったベンヤミンのほうが、註解と神学との関係についてより根源的な見解を抱いていた。一方のショーレムはというと、表面上は歴史家でシオニストだったが、彼のほうがより「文学的」であった。その理由はおそらく、ショーレムのほうがベンヤミンよりもはるかに保守的な思想家でもあったという点にある。彼はメシア的緊張の放出をユダヤ教史における危険な見掛け倒しの瞬間とみなしていた。メシア的希望を具体的かつ直接的に実現しようと企てることはいずれも、ショーレムの考えでは、解き放たれた自己破壊的力を有していた。だからショーレムは、今日のシオニズムも同じく、かつて生じたのと同様のメシア的要請の危機に陥りかねないと警告していたのだ（*Messianic Idea* 36）。ショーレム自身のシオニズムは「ユートピア的」なもので黙示録的なものではないのだが、彼は、政治と宗教を混同しないようベンヤミンに厳しく警告していた。とはいえ、ベンヤミンに対するショーレムの執着は、ベンヤミンの思考方法のラディカリズムを彼が好んでいたことに、そしてまた、彼ら双方が有するアナーキズムへの暗い衝動に立脚してもいた。今となっては古典と化した『ユダヤ神秘主義の主要潮流』（一九四六）の最後の段落で、ショーレムはこう書いていた。ユダヤ神秘主義の物語は「終わっておらず、それはまだ歴史となってさえおらず、この物語が営む秘密の生活はあなたのなかで、あるいはまた私のなかで明日にも突出することになるだろう」。しかし、「今、〈追放〉の歴史全体を通じてよりも深くユダヤ民族を揺り動かしている大変動のなかでも、運命はまだわれわれに神秘的道行きを用意しているのだし、私個人としてはこのような道行きがあることを信じて疑わないのだが、こうした神秘的道行きを語るのは予言者たちの使命であって、教授たちの使命ではない」(350)。

カフカ

——私は宗教的ニヒリズムについて書くことを計画しています。まさに大事をとって、私はシナゴーグのなかに「終身」座席を確保しました。このことからも、宗教的ニヒリズムということの論点がどれほど微妙なものであるかをご理解ください。

(ベンヤミンに宛てたショーレムの一九三四年六月二〇日の書簡)

ベンヤミンの思想のなかへの史的唯物論の不法侵入に対するショーレムの軽蔑の念は、彼らの関係のなかでつねに緊張の種となった。『社会研究誌』(*Zeitschrift für Sozialforschung*)というフランクフルト学派の雑誌に掲載されたベンヤミンの評論を読んだあと、一九三四年四月一九日の書簡のなかで、ショーレムは、自分にはまったく理解できなかったと主張するとともに、「これはコミュニストの信条たらんとしたものなのでしょうか。さもなければいったい何なのでしょう」と皮肉な口調で問いただしている(*Corr* 107)。五月六日、ベンヤミンは、「このような質問は大洋を渡りながら塩水を呑み込むようなもので、だから、質問された者にとってはいささか苦い味がします」と怒りを込めた返答をするとともに、自分たちが交わしているような文通が要求している「慎重さ」をショーレムに思い起こさせている(109)。更に彼はこう付け加えている。

信条なるものは私のコミュニズムが訴える最後のものです。……それは、現在の経済秩序に私の生活の便宜を図ることができないのと同様に、現在の知的産業に私の思想を容れる余地がないことの思いきった、不毛ならざる表現なのです。……〔それは〕より小さな悪以外の何ものでもありません。われわれを取り巻いている数々の悪に較べて、この悪はより小さなものなので、実践的で生産的ないかなる形式のなかでも肯定されるべきなのですが、ただ、信条という非実践的で非生産的な形式についてはあてはまりません。(110)

この地点で文通を救ったのはカフカについての議論だった。——彼らが二人ともみずからをそれに深く同一化できた人物である。なぜそうできたかというと、媒介と無媒介性、自然と歴史、ニヒリズムと救済、啓示と伝統、究極的な純粋語と有限な人間的言語、聖典と註解、世俗的な近代ユダヤ人とユダヤ教の伝統の残余とのあいだの哲学的で神学的な緊張との自分自身の闘いのすさまじい表現をカフカのうちに見出していたからだ。一九三〇年代、ショーレムは学生たちに好んでこう語ったものである。「カバラを理解するためには、今日ではフランツ・カフカの著作をまず読まねばならない。とりわけ『審判』を」(SF 125)、と。

一九二七年、ベンヤミンは『審判』を読み、この小説についての試論を準備していたが、この試論はというと、ショーレムに献じられるはずのものだった(GS II: 1190)。そこで彼は、延期というカテゴリーをユダヤ教の構成要素とみなすショーレムの考えを発展させることを欲していた[19]。ショーレムがコメントするところでは、「このように一九二七年から、われわれの思想は少なくともひとつの中心的主題についてはただひとつの点に近づいていった」(SF 145)のだ。とはいえ、のちに彼らは、この延期がまさに何に従事しているかについては解釈を異にすることになる。それは〈律法〉の実現不能性と解読不能性だったのだろうか、それとも、その不在だったのだろうか。
一九三一年、ベンヤミンはカフカの『万里の長城』についての書評を書く計画を立て、カフカについての若干の「ヒント」をショーレムに求めているが、八月に書かれた長い手紙でショーレムはそれに答えている（*SF* 169–74）。カフカの言語世界についての思考を『ヨブ記』で始め、それを神的審判の可能性を核として集中させてはどうかと、ショーレムはベンヤミンに忠告している。カフカのうちに、ショーレムは最後の審判の言語との類縁性を見出していたのだ。

カフカの仕事において、律法（*Gesetz*）と呼ばれる教え（*Lehre*）を中心に置くことなしに、批評家としてのあなたが、どうやってこの男の世界について何かを語ろうとするのか、それは私にとっては謎でありましょう。私が思うに、これは、神的審判の言語学的言い換えを企てたハラハー学者の道徳的省察――もしそのようなものが可能としてですが（しかもこれは強引な仮説である！）――がめざしたものです。ここでは、救済が予期されえないような世界のなかで、一度だけ世界が表現されています。――このことを非ユダヤ人たちに説明するべきなのです！（171）

一九三四年、ベンヤミンがどうしようもなく逼迫していたとき、ショーレムは、『ユダヤ展望』（*Jüdische Rundschau*）（ドイツにおけるシオニスト運動のすべての政治的支流を包括した統合的組織の新聞）の編集者ローベルト・ウェルチュから、カフカ没後一〇年を記念した試論をベンヤミンに書かせたいとの注文を取りつけた。ベンヤミンはこの作品を書き（*Illuminations* 111–40にその翻訳が収められている）、カフカという主題に関してどうショーレムが考えているかを聞きただしている。七月九日にショーレムは未公刊の「神学的・教訓的詩」をもって応答したのだったが、これはかつてショーレムがキティー・マルクスのために『審判』について書いた詩で、当時、その詩はベンヤミンの試論と同時掲載されるべきものとしてウェルチュに手渡されていた。マックス・ブロートやハンス・シェプスのような批評家によってカフカの仕事にもたらされた過度に単純化された神学的解釈を両名共に嫌悪していたにもかかわらず、ショーレムはというと、「神が現れることなきこの世界について、その神学的側面を語ることこそ、こうした解釈のなかでは最も正当なものであることをなおも堅く信じている」(*Corr* 122) と書いている。ベンヤミンが「物活論に先立つ時代をカフカにおける外見上の現在として描いていること」は洞察力に富んでいるし、「九八パーセント」理解できるが、「秘密の律法の実在があなたの解釈の裏をかいている」。ベンヤミンは行き過ぎた仕方で神学を排除しており、「湯水と一緒に赤子を流してしまっている」(123)、というのである。

それにしても、ここにいう神学とはいかなる種類の神学だろうか。手紙とともに同封された詩はまさにこの問いをめぐる省察である。それはこう始まっている。

私たちはあなたから全面的に切り離されているのでしょうか。
あなたの平和の息吹はないのでしょうか。
主よ、それとも、あなたの御告げは
あのような夜のなかで私たちに向けられていたのでしょうか。

あなたの言葉の響きは

シオンの空虚のなかでかくも色褪せてしまったのでしょうか。
それとも、この響きはまだ入り込んでいないのでしょうか
この仮象の魔術的領域に。

この詩は本質的には宗教的ニヒリズムの神学をもって答えている。

しかし主よ、お認め下さい、彼が目覚めうるということを
あなたの虚無によって浸透された者が。

ひとり啓示だけが
あなたを拒絶した時間のなかで輝くでしょう。
あなたの虚無だけが
あなたについての正当な経験なのです。

虚無はまた「隠れた審判」の領域でもあり、詩のこれに続く連（七連から一三連）は、救済へ向けてのこの状況の含意について熟考している。

誰ひとり道を完全に知りはしない
そして、道のどの部分もわれわれを盲目にする

誰ひとり救済から利益を得る者はいない。
星は遠く、あまりにも高いところにある。

これはローゼンツヴァイクの『救済の星』への消極的な暗示と思えるが、ショーレムは更に続けている。ときどき光線が「破壊の中心から」姿を現すとはいえ、「何ひとつ方向を示してはいない／主がわれわれに進むよう命じた方向を」。この不在はまた神の審判とも化す。「ここでは誰が糾弾されるのでしょうか／被造物でしょうか、それともあなた自身でしょうか」（*Corr* 123-25）。

一週間後の七月一七日にベンヤミンに宛てて書かれた手紙のなかで、ショーレムは自分の見解を詳しく述べ、ベンヤミンは誤って世俗的側面からのみ〈律法〉を捉えていたと断言するとともに、次のように主張してもいた。

> カフカの世界は啓示の世界です。ただ、ここにいう啓示はもちろん、それが虚無に帰すところの展望において見られたものです。……啓示されたものの実現不能性とは、正確に理解された神学（私が自分のカバラに専心しながら考えているように……）は、カフカの仕事にとっての鍵をもたらすものとぴったり一致しています。親愛なるヴァルター、カフカの仕事が提起している問題は、物活論に先立つ世界における啓示の不在ではなく、啓示が実現されえないという事実なのです。（126）

七月二〇日に返信を書き送ったベンヤミンはそこで、ショーレムの詩に含まれたより複雑な神学的解釈の可能性を「ためらうことなく認知する」とともに、自分自身の試論に、「たしかに隠蔽されてはいるが、明らかに神学的側面」があることを指摘している。ベンヤミンは第七連から第一三連までへの、更にはそれに先立ついくつかの連への「留保なき同感」を表明し、最後の審判を世界史に投影したショーレムの詩の最後の連は、判事を被告に転じているのではないか、罰に訴えることは〈律法〉を高めるのか、それとも〈律法〉を埋葬するのか、と問うている。ベンヤミンの考えでは、カフカはこれらの問いに対していかなる答えも有していなかったが、その代わりに彼は、これらの問いがそこでは場所をもたないような身振りの世界を創造した。なぜ場所をもたないかというと、「彼らの答えは、何かを教えるものであるどころか、問いを不必要なものたらしめる」(128) からである。自分の試論の核を、「あなたの虚無だけが／あなたについての正当な経験なのです」というショーレムの詩の詩句と結びつけながら、ベンヤミンは書いている。「「虚無」が有する地獄の側面にあって、そのいわば内側の縁にあって、カフカが救済に向かうみずからの道をどのように感じていたかを、私は示そうと努めたのです」(129)。

数週間後に書かれた別の手紙でも、ベンヤミンはショーレムとの相違に更にこだわっている。ベンヤミンにとっては、秘密の律法の実在は決定的なカテゴリーではなかった。「私が考えるところでは、〈律法〉へのカフカの変わらぬ執着は、彼の仕事が静止にいたるような地点です。このことが意味しているのはただ、彼の仕事がそこから、どこへであれ、いかなる解釈的方向にも移動できないように私には思えるということです」(*Corr* 134-35)。それだけではない。

あなたは「啓示が虚無であること」を自分の出発点とみなし、審判のすでに確立された数々の手続きの救済的-歴史的視点に立っています。私はというと、自分の出発点として、小さく無意味な希望と同様、この希望が向けられているところの被造物たちを選びました。ただ、別の見方をすると、これらは、この不条理さがそ

こに映し出されているところの被造物でもあるのです。(135)

四年後の一九三八年のことだが、ヨーロッパとニューヨークに旅行した折に、ショーレムは、カフカの出版者であるツァルマン・ショッケンと会い、カフカについての本を一冊ベンヤミンに書かせるというもうひとつの注文を取りつけた。ショーレムは、自分のカフカ観を綴った手紙を書き送るようベンヤミンに頼んだ。きっと、ショッケンを説得して契約を決意させるのにそれを役立てようとしたのだろう。そこでベンヤミンは一九三八年六月一二日の瞠目すべき手紙を書き、そのなかで、カフカの仕事の中心に存する伝統の病を描写している。ベンヤミン、ショーレム、そしてその他多くの同世代のユダヤ人たちが直面したディレンマをそれ自身で特徴づけているような見事な一節のなかで、ベンヤミンは、カフカは伝統に耳を傾けたが、不明瞭な音しか彼のもとには届かなかった、と書いている。

学ぶことのできた教義は何ひとつ存在しないし、維持することのできた知識も何ひとつ存在しません。そばに押し寄せてきたときに捕らえようと欲する事物は誰の耳にもふさわしくありません。……カフカの仕事は病気に罹った伝統を呈示しています。英知はしばしば真理の叙事詩的側面として定義されてきました。このような定義は伝統のひとつの特性として英知を特徴づけています。それはアガダー〔寓話〕的内実を有した真理なのです。

失われたのは真理のこのような内実なのです。カフカはこうした状況に初めて直面した人物ではまったくありません。真理もしくはたまたま自分たちに真理と見えたものに、多少とも重い心をもってしがみつくことで、多くの者たちがこの状況にみずからを順応させ、その真理の伝達可能性を放棄したのでした。カフカの真の天才はまったく新たなことを試みた点にあります。彼は真理の伝達可能性、そのアガダー的要素にしがみつくために真理を犠牲にしたのでした。カフカの著述はその本性からして譬え話です。ただ、それらが譬え話以上のものとならねばならなかったことこそ、その悲惨であり美しさなのです。アガダーがハラハーの足下にあるのとはちがって、これらの著述は教義の足下にあるのではありません。それらが蹲っていたとしても、予期せぬことにそれらは教義を力強く足蹴にするのです。(*Corr* 224–25; *Illum* 143)

それにしても、いかにして内容なき伝達可能性がありうるのだろうか。その場合、何を伝達するというのだろうか。これはやはり、翻訳をめぐるベンヤミンの試論によって、そしてまた、「啓示の虚無」というショーレムの観念によって提起されたのと同じ問いが別の形式をまとったものである。伝達である限りでの翻訳がそれへと狙いを定めているところの純粋言語は、何か具体的な意味を有しているのだろうか。それとも、純粋言語は底無しで、空虚で、沈黙してはいるが純粋な形式なのだろうか。しかし、内容なきこの真理それ自体はどう伝達されうるというのか。回想録のなかでショーレムが書いているように、不幸にも、試論を送られたツァルマン・ショッケンは「ベンヤミンをまったく評価しなかった。……［彼は］この著述のことを茶化し、私をこう諭した。自分はベンヤミンを支援するのを辞退する。結論を言えば、彼はあなた［ショーレム］自身が作り上げた幽霊のごとき存在である、と」(*SF* 217)。この時期、悲しいことに、ベンヤミンにとってもうひとつだけ存在した財政的源泉であるホルクハイマーと社会学研究所からの俸給も怪しくなっていた。研究所は、アドルノによって厳しく批判されたベンヤミンのボードレール論の掲載を拒んだのである。一九三九年三月一四日に、ベンヤミンはショーレムに宛てて書いている。

「あなたは私の最後の手紙から多様な観念の積荷を得て、その積荷は荷揚げを待って停泊していることと思いますが、そのあいだにも、この新たな貨物船は積載量をはるかに超過した積荷——私の重い心という積荷を詰んで——航海に出ようとしているのです」(*Corr* 248)。

ハラハーとアガダー——アナーキーな宙吊りと歴史的具体化

カフカをめぐる一九三八年の書簡でベンヤミンは「伝達可能性」という観念をアガダーと関連づけているが、アガダーは、タルムード、その口伝の伝承たるミドラッシュのうちに見出されるユダヤ教の非律法的で非法規的な説話・釈義の伝承の広大な総体と係わっており、そこには、数々の物語、伝説、寓話、民話、テクストの意味に関する想像的思弁、聖書やタルムードの登場人物たちの生活に生じた出来事についての補足的説明などが含まれている。アガダーという語は、「語る、告げる、物語る」を意味するヒギッドという動詞から派生した名詞である。一方のハラハーは、「歩く、行く」を意味するハラフがその語根で、法律的で拘束的な戒めや命令、祭儀に係わる決まりや指令、すなわち、従うべき行動の具体的な「指針・小道」(path)である。

アガダーとハラハーは相俟って、ユダヤ教の伝承の根本的要素、いわゆる〈口伝のトーラー〉(口伝とはいえ、はるか昔に書き留められたのだが)を構成するのだが、〈口伝のトーラー〉はというと、〈書かれたトーラー〉、すなわち聖典と啓示の記録について註解し、それを発展させ、それを応用する。アガダーとハラハーをとおして、啓示の言葉は地上に降ろされ、時間のなかに伝えられ、翻訳され、新しい世代の人々によって刷新される。アガダーとハラハーは大きく言うと、思考の相異なる様相、それも普遍化可能な様相とみなされるが、両者のあいだのこの弁証法的相互作用は、ベンヤミンやショーレムの同時代人で偉大なヘブライ詩人であるハイーム・ナフマン・ビアリクによって一九一七年に書かれた試論の主題であった。ショーレムはこの試論をドイツ語に翻訳し、翻訳はブーバーの雑誌『ユダヤ人』に一九一九年に掲載されたのだが、ベンヤミンはそれを読み、「まったく驚くべきもの」(SF 82)とそれをみなした。一九三四年にカフカ論を執筆しているあいだにも、彼はその写しを再びショーレムに要求している。

この試論のなかでビアリクは、これら二つの思考の様相は共に不可欠で、両者は互いに補完し合っていると主張している。「言葉が思考や衝動と結びついているのと同じ仕方で、あるいはまた、行為とその物質的形式が表現と結びついているのと同じ仕方で、これら二つの思考の様相は互いに結びついている。ハラハーはアガダーの具体化であり、その必然的な最終結果である。アガダーはというと、改めて流動的なものと化したハラハーである」(56)。これら二つのうちいずれかひとつが失われると、民族の力と意志は弱められる。ビアリクはその当時の世代を「完全にアガダー的な」世代として描いている。この世代の人々は「一種の恣意的なユダヤ教」を普及させ、しかもその際、「ナショナリズム、復活、文学、創造、ヘブライ的教育といった耳障りなスローガン」を発している。これらすべては大気のようで脆い愛を伴ってはいるが、義務や持続的な行動はそこにはない(63)。

アガダーとハラハーの関係をめぐるカフカ論でのベンヤミンの註解と、彼の翻訳論のなかで語られた翻訳と原本の関係とは類似している。この図式のなかでは、アガダーは、翻訳が原本に対するのと同様の仕方で、ハラハーに対してあることになるだろう。前者は後者と接線的に触れているのだが、自分自身の筋道を自由に歩むことによってのみ、「予期できない仕方で、原本を強く足蹴にすることに」によってのみ、前者は後者に忠実でありうる。ベンヤミンのカフカ読解のなかでは、伝承の病、権威ある根拠と真理の喪失は、ハラハーから切り離されたアガダーだけが遺されたことを意味している。ベンヤミンのこの一節にローベルト・アルターが註解を加えているように、遺されたのは「〈律法〉を探求する際の説話であるが、それは悲痛にも探し求めているものからまったく疎遠になっているので、突然の破壊のなかで追及は終止し、虚構的なものが教義的なものを掻き乱すのである」(60)。この「破壊力」は過去に向けてはベンヤミンとショーレム双方が初期に抱いていたアナーキズムと、未来に向けては革命的政治へのベンヤミンの加担と接合するのだが、ベンヤミンにとって、革命的政治は、アガダーを物質的で具体的な基礎に結びつけるいまひとつの仕方だったのである。

類比を更に推し進めてみよう。アガダーが翻訳の言語であるなら、その場合、ベンヤミンがカフカのうちに見ているものは、ベンヤミン自身にとっての「アレゴリー」にほかならない。「翻訳」はここで再び鍵を握る神学的カテゴリーと化し——、ベンヤミンにおけるように、それは明確に言明されざる何か、いまだ表現不能な何か、しかし客観的な何か、何か別の経験領域と結びついているのだが、この領域に関して私たちは言葉をまったく有していないし、この領域それ自体も何の役にも立たない。これらの半ば世俗化された語彙で言うと、翻訳とは啓示の問題であり、神的なものへの直接的な通路がまったくなく、トーラーの未分化なこだまだけが天から聞こえてくるときの、神の言語と人間の言語の関係である。カフカが真理の伝達可能性、そのアガダー的側面にこだわって真理を犠牲にしたとき、その場合、ベンヤミンが一九三八年のショーレム宛の書簡で述べているように、「われわれはもはや英知について語ることはできない」。

遺されるのは英知の腐敗の産物だけです。それは二つあります。ひとつは真実の事柄に関する流言で(一種の神学が、信用を失墜し廃れた事柄についての呟きによって伝達されるのです)、このような病のもうひとつの産物は阿呆で――、まちがいなく阿呆は英知の実質を完全に浪費し、流言にはつねに欠如している魅力と保証だけは維持するのです。阿呆がカフカのお気に入りの中心に位置しています。……この点だけはカフカが絶対的に確信していたことです。第一に、助けを出すのであれば、その人物は阿呆でなければならない。そして第二に、阿呆による援助だけが真の援助だということです。ただひとつ不確かなことは、このような援助が人間存在に何か善きことをなおもなしうるのか、ということです。天使たちを援助するほうがましでしょう。しかし、天使たちは援助を必要としていません。（*Corr* 225）

同様の心持ちで、ショーレムはカバラの言語理論をめぐる後年の手紙のなかで次のように書いていた。すなわち、神的なものへのどの直接的接近も消え去り、数々の神秘が脱神秘化され世俗化されると、言語のなかに存在するのは、「消失した創造の言葉が世界の内在性のなかでこだまするその響き」（"Name of God" 194）だけである。ただし、これらの響きは未分化で、――シナイからの命令する声ではない。このように、ベンヤミンにおいてもショーレムにおいても、焦点は純粋言語との無媒介的な「融合」をめざすいかなる企てからも外れ、その代わりに、「具体的なもの」のなかで、すなわち、歴史、伝承、写本のなかで――世界の内在性のなかでのそれらのまさに具象性と細部のなかで、純粋言語の断片、遺物、廃墟、こだま、痕跡への凝視を更に強めることになる。ベンヤミンの仕事、特にパサージュ論のなかには、細部への、詳細への、歴史の破片への最も強い関心が認められる。ショーレムの文献学的調査の細密でかつ驚嘆するべき複雑さ、ショーレムによるカバラ写本の収集、ユダヤ教神秘主義の歴史を再構築せんとする彼の企てはこれに匹敵するものだろう。これらもまた「翻訳」の形式であって、それは言うまでもなく言語の細部への細心綿密な注意を必要としていたのだ。

カフカはベンヤミンとショーレムの気質に、そしたまた、こうした断片や痕跡、こうした不分明な筆記の意味への彼らの強い興味に訴えた。あるいはまた、カフカの登場人物たちをめぐるベンヤミンの描写によるとこうなる。

> 正義への門は学習である。しかし、カフカはまだ、伝承がトーラーの物語に付与してきた約束を、この学習に思い切って付与するにはいたっていない。彼が描く補佐たちは祈りの家を失った寺男たちであり、大学生たちは聖典を失った小学生である。今や、彼らの「拘束されざる幸せな旅」で、彼らを支援するものは何もない。
> (*Illum* 139)

この一節は、カフカをめぐる両名の論争の「証拠テクスト」のひとつと化した。ショーレムが主張したところでは、これらの小学生は「聖典を失った者たちであるよりもむしろ……、それを判読することのできない者たちです」(*Corr* 127)。ベンヤミンはそれに応答する。「小学生たちが聖典を失ったにせよ、それを判読できないにせよ、結局は同じことです。なぜなら、それに属する鍵がなければ聖典は聖典ではなく、生活であるからです。頂上に城の建つ、そのような丘の麓の村で営まれる生活なのです」(135)、と。またしてもショーレムが応酬する。弟子たちが聖典を失ったかどうか、それを判読できないのかどうかはどうでもよいと言うことは「あなたが犯した最大の過ちのひとつです」。「啓示の虚無」をみずから定義するに際してショーレムが説明していたように、違いは有効性はもつが意味はもたない、そのような啓示にある。

> この状態においては、啓示は意味をもたないものとして現れる。しかし、そこでは啓示はみずからを明言している。そこでは、啓示は有効性をもつが意味はもたない。この状態においては、意味の富は失われたが、現れの過程にあるもの（というのも啓示はこのような過程であるからだが）はまだ失われていない。たとえそれが、いわばみずからの内容の零度にまで還元されたとしても。(142)

ショーレムは更に伝承それ自体の内側に否定性を位置づけ、カフカのうちにベンヤミンが見出したアガダー的なものの二律背反はカフカに特有のものではないと主張している。「むしろそれはアガダー的なものそれ自体のうちに根づいているのでしょうか。この作品は、あなたのいう意味での「病に罹った伝承」なるものを本当に表しているのでしょうか。私としては、このような虚弱化は神秘主義的伝承それ自体の本性に根ざしていると言いたいのです。伝承が腐敗したとき、その生きた特徴として遺されるのが、伝達されるという伝承の能力だけであるのは至極当然のことです」(236)。そうなると、伝承は註解の形式を採る。カフカに関して言うと、「この註解者は真に聖典を有しているのに、それを失ってしまった。だから、問いはこうなります。彼は何について註解できるのか、と」。しかし、なぜベンヤミンは、カフカは失敗したと考えたのだろうか。それは、「真理の虚無もしくは、それが何であれ、そこで出来《しゅったい》しうるかもしれないものについてしか註解できないのに、彼は本当に註解したからでしょう」(237)。

明白なことだが、カフカをめぐるこの論争は実際には、啓示、聖典、救済、註解、更には彼らの人生が歩んできた小道についてショーレムとベンヤミンが個人的に考えるにいたったこと、それをめぐる論争にほかならなかった。ベンヤミンとショーレムはまた、祈りの館を失った寺男であり、聖典を失った学生でもあった。そして、カフカが最終的に成功したかどうかという問いは、彼ら自身の労苦、彼ら自身の註解に暗に下された判断でもあった。「希望、希望が一杯だ、しかしわれわれのための希望ではない」がベンヤミンのモットーとして役立ちうるならば、その場合、「真理の虚無についてしか註解できないのに、彼は本当に註解した」はショーレムのモットーとして役立ちうるだろう。

これら二つのモットーのなかには、ある共通の感受性が存していた。一九三四年九月一五日にショーレムに宛てて書かれた手紙のなかで、ベンヤミンは、一九三二年にショーレムが書いた啓示についての定義に賛意を示しつつ、それを引用している。すなわち、「歴史的時間に関して、具体化を最も必要としているのは……啓示の言葉の「絶対的具体性」を措いてほかに何もない。絶対的に具体的なものは決していささかも成就されえないのだ」。ベンヤミンが主張するところでは、このことはカフカにあてはまる事態で、「彼の失敗の歴史的側面を明白なもの」たらしめるのに貢献している。ベンヤミンのカフカ論はすでに出版されており、「純粋に文学的な事柄」への関心をもって論を締め括ったのだが、彼はカフカについて考え、何かそれについて書こうと思っていた。それも、特にショーレムによるこのような指摘を踏まえてである。「この論点は理想的には、私の思考が辿った多様な小道の交叉点と化すのにふさわしい」(*Corr* 139)のだ。

ショーレムの言明は、ユダヤ教的信仰の現代的可能性を論じたハンス・ヨアヒム・シェプスの書物についてのショーレム自身の批評に由来していた。自由主義的で合理主義的な神学を批判するに際して、シェプスは一種のバルト－キルケゴール的「プロテスタント」の態度を採り、それと同時に、時代遅れで人為的なものとしてタルムードを糾弾するとともに、本質的にどのような媒介的な歴史的伝統をも必要としない非合理的で直接的な啓示の聖書的宗教としてユダヤ教を定義し直している。それに反対して、ショーレムは〈啓示〉を絶対的な媒質《メディウム》とみなしている。「ここにいう絶対的な媒質は意味を付与するものではあるが、それ自体は意味を欠いていて、それは時間との関係、〈伝承〉との関係を通じてのみ説明可能なものとなる」。神という絶対的な語は、もしそれが非弁証法的で無媒介的なものであるなら、「破壊的なもの」であろう。無媒介的であるような具体的な〈語〉はまったく存在しないのだ[20]。

では、ビアリクが指摘しているように、アガダーの「具体化」であるハラハーにとっての帰結はいかなるものだったのだろうか。その試論のなかで、ビアリクはハラハーとアガダーについてそれらを思考の様態として記述し、ハラハーの偉大さへの感謝は「『整えられた食卓』(シュルハン・アルーフ)への回帰」に尽きるものではないと警告している(61)。『整えられた食卓』とはラビ・ヨセフ・カロによって一六世紀に編まれたユダヤ教の権威ある規範で、正統派のユダヤ人にとっては、それは今日でもなお具体的世界での日々の行動の包括的な戒め、祭儀的実践の詳細についての導きであり続けている。ショーレムはユダヤ教の伝承と歴史のあらゆる側面に強い関心を抱いてはいるが、彼は断固として非正統派で、ハラハーの権威には反感を抱いている(ただし、青年期に短期間正統派にのめり込んだことがあるのだが)。ショーレムが物語るところでは、彼とベンヤミンとの対話はユダヤ教神学と倫理を中心として展開されたが、「具体的な事柄や状況に及ぶことはほとんどなかった」。スイスで早期にショーレムはベンヤミンとその妻ドーラと、ハラハーについて、十戒の有効性について、更には、それらを侵犯していいのかどうかについて議論しているが、その際ショーレムは次のように主張することで、正統派の生き方に対するみずからの拒否を弁護している。「私にとっては、そのような生き方は、虚偽の、時期尚早の領域でのトーラーの具体化と結びついていた。……私はアナーキーな宙吊りを維持しなければならないと言った」。彼が付け加えたところでは、この問題は、歴史についての彼の見通しのなかに生じた変化を通じて、少なくとも彼にとっては解決を見た。「なぜなら、啓示なるものをひとが語りうる際の意味についての私の理解は「カバラ的な」考えを通じて変化したからだ」（*SF* 72）。言葉を換えて言うなら、ショーレムはみずからのカバラ研究に、啓示といういかにも感動的な想念の発見を帰したのであって、この想念もまた、「啓示の虚無」、そしてまた、いかなる絶対的な語をも成就させることの不可能性と調和していたのである。

後年、彼はこの「アナーキーな宙吊り」を啓示についての神秘的概念の根本的範疇として、ともかくにもユダヤ教の伝統に深く根ざしたものとして定義している。ただ、問われるべきは、どの程度ショーレムが、ベンヤミンや彼らのドイツ・ユダヤの知識人サークルとの共有物たる反律法主義的でアナーキーな性質を、カバラに淵源を有するものと解釈していたのかである。一九二〇年代の後半にベンヤミンがパサージュ論を書き始めたとき、ショーレムはサバタイ主義を発見したのだが、それを彼は、「ユダヤ教の内部で厳密なユダヤ教的諸概念へと発展していったメシア的反律法主義」として記述していた。彼らが一九二七年にパリで会ったとき、ベンヤミンは、サバタイ主義者アブラハム・ミゲル・カルドゾの草稿をショーレムがオクスフォードで発見したことを彼自身から誰よりも早く打ち明けられている。ショーレムが書いているところでは、この発見は「まったく新たな方位を」彼の研究に、そしてまた、次のような「永遠の問い」に与えたのだった。すなわち、「ユダヤ教はいったい何をしているのか」。また、ユダヤ教は「遺産ないし経験として、更には、恒常的に進化していく何かとしてなおも存続しているのか、それとも、認識の対象としてのみ存在しているのか」という問いに。何年ものあいだ、彼はこの問いと格闘することになる（*SF* 136）。

ショーレムは最終的には、ユダヤ教におけるメシア的観念はそれ自体ではハラハーに関して諸刃の刃であると主張している。一方では、メシアニズムの復元的側面は、律法の完全な成就にとっての理想的な条件の創出を意味しているが、他方では、根底的にユートピア的で黙示録的な諸要素は新しい天と地を仄めかしているが、そこでは律法の成就は脇に置かれ、ハラハーももはや必要不可欠なものではなくなる。（これはパウロと原始キリスト教でのメシアをめぐる論議でもあった。）ショーレムはこれを「アナーキーな」要素と改めて表示しているが、この要素は、復元的要素とともに、「メシアニズムのうちに弁証法的必然性を伴った何度も繰り返し現れる」もので、同じくそれは――サバタイ・ツヴィとフランク主義者たちの場合のように――まったく反律法主義的な可能性とも合流しうるのだった。

ハラハーの視点からするとたしかに、ユダヤ教は見事に整った家として現れるが、見事に整った家が危険物であるというのは深遠な真理である。メシア的黙示録主義のなにがしかがこの家に侵入する。一種のアナーキーな微風としてそれを描くのがおそらく最善であろう。……［ひとつの］活力に満ちた……アナーキーな外気との接触……。（*Mess Idea* 21）

もちろん、見事に整った家は危険であるというのは普遍的で「深遠な真理」では決してない。この点に関するショーレムの論難は、彼が、当時の堕落し、ブルジョア的で、浅薄なユダヤ教とみなしていたものに向けられていた。ただ、彼はそれをユダヤ教におけるハラハー全体にまで拡張したのだ。このように論点を二者択一的に立てることは、ハラハーそれ自体のうちにはほとんど生命力がないこと、あるいはまた、ハラハーを拡張するための唯一の方途は何らかの「弁証法的反対物」を援用することであって、この反対物はアナーキズム以外のものではありえない(21)。

「凝結」に対するショーレムの嫌悪は、言語の具体的で伝達的意味を初期のベンヤミンが「劣ったもの」とみなしたことと軌を一にしていた。ただ、これら二人の高度に抽象的で観念的な思想家たちは、「凝結」

を追求する場合には、何らかの個人的経験の無媒介性のうちにみずから没入したり、何らかの特殊な信仰箇条に帰依することをとおしてではなく、あくまで秘教的で隠れた諸力に満ちた別様の歴史を構築することをとおしてそれを追求するのであって、これらの力は破滅的で荒々しいが、救済の余地を開くものでもあった。

ショーレムは書いている。一九二七年、自分は、ユダヤ教はなおも生きているかどうかという問いへの答えが、「イスラエルの地での自分の新生活からのみ到来する」(*SF* 136) のを期待していた、と。ただし、シオニズムは彼にとってはひとつの具体的な政治的信条を意味するものではなかった。一九三一年八月一日にベンヤミンに宛てて書かれた瞠目すべき書簡のなかで、ショーレムはシオニスト会議の他のメンバーたちから自分が疎外されていること、そしてまた、シオニズムについての二つの考え方のあいだに溝があることを書き送っている。「私はシオニズムがユダヤ教の再生へ向けての宗教的‐神秘主義的探求として特徴づけられるのを耳にしたことがあります(この特徴づけに私は同意します)が、シオニズムについてのこのような私自身の考え方と、いわゆる「ユダヤ人問題の政治的解決」の不可能ではあるが挑発的な歪曲を出発点とした経験的シオニズムとのあいだには溝」(171) がある。彼は、シオニズムが「極端な成功を収めた」ことに絶望するとともに、一種のカバラ的語彙を用いながら、シオニズムは、「不可視的領域――すなわち言語の再生――で決定されるより前に、可視的領域」で「あまりにも早く勝利を挙げて」しまったと言っている。「われわれのカタストロフは、使命が冒瀆されつつもみずからを維持できなかったところで始まりました。その際、コミュニティーはその正当な隠れ家で発展したりはせず、その代わりに、われわれを魅了してきた秘密の価値の漏洩が、悪魔的なプロパガンダの肯定的側面に転じられたものと化すのです。可視的なものとなることで、われわれの大義は破壊されてしまったのです」(173)。こうした感情はまたしても「凝結」に対する彼の嫌悪を反映している。彼の考えでは、とにもかくにも言語と啓示は、平凡な公的言明や現実の「可視的」世界でのいかなる具体的で特殊な啓示においてよりも、その「虚無」においてのほうがより純粋なのである。

本書の後半部で、私は、レヴィナスがローゼンツヴァイクに従いながら、歴史、言語哲学、神学、ユダヤ教の律法のあいだのこれとはまったく異なる連関を定式化するその仕方を検討するつもりである。彼の仕事のなかでは、言語の「純粋さ」「深さ」「別様に」は無意味ではなく、人間同士のコミュニケーションすべてを超えているわけではない。逆に、それはまさに人間同士の関係の内側に現出するのであって、この関係は倫理的呼びかけと命法であり、また、〈他者〉――神にして隣人であるような〈他者〉――への倫理的方位なのである。レヴィナスとローゼンツヴァイクにおいては、人間の振る舞いを制御するひと組みの具体的な命令であるハラハーは、ショーレムが「律法の堅固な壁」と呼んだものを構成してはいない。ショーレムが主張したところでは、カバラは、この壁を「透明なもの」にすることでそれを「解消」してしまう。すなわち、この壁はもっと深い現実の象徴であって、こうした象徴的解消は、律法を単なる抽象的な遺物として維持する改革ユダヤ教のなかで頂点に達した（Biale, "Ten Aphorisms" 82）。それとは対照的に、ローゼンツヴァイクとレヴィナスにおいては、ハラハーは神の言葉を人間の言葉と世界のなかで連結し、それを具現するための方途であった。

ローゼンツヴァイクは、無情で強制的なひと組みの規則としてではなく、もっと深遠なものとしてハラハーを理解するにいたった。彼は何通もの手紙をブーバーに宛てて書き、反律法主義的立場を採用することなく、ハラハー的伝統の内部で教えることの可能性を承認するよう強く勧めている。のみならず、ローゼンツヴァイクは、一九世紀はヨーロッパの正統派ユダヤ教でハラハーがまとった形式は決してハラハーの本質ではないと主張している。「私にとっても、神は〈律法〉を与えるものではない。しかし、神は命じる。そして、それを遵守する仕方によってのみ、人間はその無力さのなかで数々の命令を〈律法〉に変えるのだが……、その際、「わたしは主である」の実現も、「恐れと戦き」も、人間は神の命令のもとにあるとの自覚もない」(*Jewish Learning* 116)[22]。

ショーレムは、ローゼンツヴァイクがフランクフルトに創設したユダヤ教研究と成人教育のためのセンター、学びの家(*Lehrhaus*)で教鞭を執った。彼はまた、ローゼンツヴァイクの一九三〇年の死から一〇年後にヘブライ大学で催された記念行事で、ローゼンツヴァイクに捧げられた雄弁な演説を行ってもいる。しかし一年後には、彼は、この演説に較べるとはるかに辛辣な『救済の星』の再評価を公にしている。これら二つの試論での調子を相違せしめた理由のひとつは、それぞれの聴衆が異なることだった。前者の聴衆はすでにしてイスラエルに住んでいるユダヤ人コミュニティーであるが、後者の聴衆はディアスポラのユダヤ人コミュニティーだったのだ。死後の記念演説では、ショーレムは『救済の星』第二部「啓示もしくは魂の不断の再生」の見事な章を、「宗教的問いに関するユダヤ教の「決定的な言明」と呼びうるもの」(“Rosenzweig” 36–37)と呼んでいた。とはいえ、一九三一年の作品では、「ユダヤ教とキリスト教における神統的生活様式の二つの可能性」をローゼンツヴァイクが導き出したその仕方を非難していた(*Mess Idea* 322)。ここでショーレムは『星』の第三部を参照しているのだが、この第三部は、これら二つの宗教各々の典礼的構造ならびに、「宗教的時間」が各々の宗教の歴史的実在と係わる仕方についての現象学的分析である。

ショーレムにとっては、神統的という語彙はここでは侮蔑語で、ユダヤの宗教的伝統の古典的で祭儀的で典礼的で共同体的な権威的諸構造の、ローゼンツヴァイクによる再度の肯定を踏まえている。ローゼンツヴァイクの複雑な議論を大雑把な要約に還元するなら、これらの構造は、救済の超歴史的で永遠的な現実にすでに参画しているような「メシア的」構造である。そして、ユダヤ民族の生存はすでにしてこの「永遠の生」のなかに根づいているのだ。それとは対照的に、キリスト教は「永遠の道」である――歴史を通じて救済にいたる道である。シオニズムに加担したショーレムにとっては、ユダヤ教についての「没歴史的な」見地は退行的で政治的には無力である。のみならず、それはブルジョア的な「非常に小奇麗なユダヤ教の家」を更に強固にするのに役立つ。「彼［ローゼンツヴァイク］はそれに対して、メシア主義的黙示録主義に内包されたカタストロフィックな理論を対置しているのだが、この理論はというと、今日でもなお、神政主義的でブルジョア的な生活様式が和解しがたく対立するところの点とみなされるかもしれない」(323)。

このように、ショーレムの焦点はハラハー的凝結ではないし、ハラハーという語の共通性や連続性でもない。そうではなく、ユダヤ教理論におけるこの黙示録的現出の深淵とカタストロフである。実際、ベンヤミンと同様、ショーレムはカタストロフと破裂を、それにもとづいて修正的歴史を構築するべき、そのような展望と解している。オットー・ペゲラーは、ショーレムに対するローゼンツヴァイクの返答をこう要約している。

ローゼンツヴァイクが考えるところでは、ショーレムは、科学的で「虚無主義的な」禁欲主義とユダヤ教は仮死状態にあって、「彼岸」でのみ、すなわち、イスラエルの地での再構築を経てのみ蘇生されうるという彼の「中心的教説」を結合した。「ユダヤ教は彼［ショーレム］にとっては単に閉域だった。……たぶん彼だけが真に帰郷したのだろう。ただ、彼はひとりで帰ったのだ(23)」(Qtd. in Pöggeler, “Between Enlightenment” 111)。

ハラハーの代わりに、シオニズムがショーレムにとっては、「物質的で歴史的な凝結」という現代ユダヤ教の正当な様式であるような共同的で公共的で民族的な努力を表していた。ベンヤミンにとっては、史的唯物論がこれにどこか類似した役割を演じていた。もっとも、両名共に期待していたよりもはるかに不確実な帰結に直面しなければならなかったのだが。ベンヤミンは体質的にいかなる集団にも属さなかったし、共産党にも加盟しようとはしなかった。最後の最後まで、彼は神学とメシアニズムを混ぜ合わせて、みずからの唯物論に流し込もうとし続けた。

もちろんショーレムは、ユダヤ教神秘主義の顕著な特徴のひとつが、ハラハー的規律を受容したことであり、偉大なカバラ学者の多くは偉大なハラハー学者でもあった（かのラビ・ヨセフ・カロもそうだった）ということをわきまえていた。ただ、彼が主張したところでは、これらの思想家たちには認知されず、彼らが隠蔽しているような無意識的な緊張が、律法の世界と神秘主義のあいだには存在しているのだ。ショーレムにとっては、神秘主義者たちの神秘的でアナーキーな発想はある状況を産み出すにいたったのだが、そこでは「カバラ学者たちの生活と行動は、彼らが飽くことなく肯定し続けている世界に抗した反抗であった。そして、このことはもちろん根深い曖昧さに導くことになる」（*KS* 98）。

しかし、ショーレムに抗して次のように主張できるかもしれない。すなわち、ハラハーに対するカバラ学者の態度をもたらしたのは、正反両面的で無意識的な反抗や、啓示が「無意味」と化すような「無定形の」もしくは「象徴的な」神智学的界域への侵入であるよりもむしろ、ハラハーは神の言葉の凝結にとっての有効な形式であり、人間的界域と神の界域との絆であり、また、ユダヤ教の戒律の数々の命令や戒めに具現された特殊で具体的な行動をとおして到達可能な神の現前であるとの信念であった。

モーシェ・イデルは、ショーレムの仕事と方法論に関する学識に富み、また洗練された最新の研究書を書いているが、上記の論点はイデルの仕事のなかでは決定的なものだった。イデルは、ショーレムの「歴史的」方法論を、もっと「現象学的な」様式の分析によって、カバラとその宗教的表現の諸形式についての「内的歴史」によって修正し、補完することを提案している（*Kabbalah* xiii）。イデルはカバラのうちに存する二つの主要傾向を定義している。「神智学的－降神術的」傾向と「脱自・恍惚的」傾向の二つである。前者は神的世界の構造を扱うもので、その目的は単に観照もしくはグノーシス〔霊的認識〕ではなく、宇宙のなかに「調和を引き起こすために神性とのあいだに儀式的で実験的な仕方で関係をもつこと」である（xi）。このような神的界域に影響を与える企てとしての降神術は、ユダヤ教の律法の伝統的・公開的・共同体的戒律の実践ならびに、これらの戒律の理論的根拠（タアメイ・ミツヴォット）についての説明、その深淵な意味と緊密に結びついていた。ハラハーを中心とした人間の活動は神的界域の調和に作用するものと考えられていたのだが、このような考えはきわめて古くから存在するもので、戒律に関する伝統的なユダヤ教の思想のうちに暗黙のうちに含まれている。カバラは、何らかの抽象的な「ラビ的遵法主義」へと「神話」を転じたり、前者を後者へと高めたりすることでは決してなかった。

このように「律法主義的」で「神中心的」に組織された型のカバラとは対照的に、脱自的・恍惚的カバラ（その最も有名な代表者はアブラフィアである）は、神的界域へのいかなる衝撃とも無縁な個人の神秘的経験をその焦点としていた。実践的かつ神人同型主義的に方向づけられたこの脱自的・恍惚的カバラは、正常ならざる諸状態を完成するための「非律法主義的な」（anomian）技法を用いた（xii）。非律法主義的であって反律法主義的（*anti*nomian）ではない。イデルは律法主義的技法を、「意図」（カヴァナー）を通じて律法の実践を「精神化し」「内面化する」技法として特徴づけている。すなわち、神との合一（デヴェクト）を究極の目的としたこうした実践の、天上界への影響について省察を加えることとして。他方、「非律法主義的なものは、ハラハーの実践を内包することなき神秘主義的活動の諸形式と係わっている」。とはいえ、ハラハーの実践と相容れないどころではないのだが（75）。このように異常で、時に危険な技法はもっぱら選良だけのものだった。神智学的で降神術的なカバラの中心地はスペインで、脱自・恍惚的なカバラの中心地はイタリアと東方だった。

ただし、カバラのこれら二つの型いずれにおいても、主たる目的は理論的なものではなく実践的、実験的なものなのだが、この点はショーレムによって看過されてしまった。イデルが書いているところでは、ショーレムは「神秘主義的なものに比しての思弁的なものの重要性を過大視したのだった。カバラ的象徴主義は、神的に啓示されたテクストを経験することへと向かう小道であるよりもむしろ、テクストのうちに入り込み、神的構造を理解するためのひとつの方途とみなされている」（14）。この意味では、ショーレムは、一九世紀の他の先駆的なカバラ学術研究者たちと、その先人とも言うべきルネサンス期のキリスト教徒の思想家たちの潮流を辿っている。カバラに関心を抱いたこれらキリスト教徒の思想家たちは新プラトン主義の影響下にあって、彼らはカバラを「哲学化した」。彼らはカバラを何よりも、本質的に宗教的な現象としてよりもむしろ、いまひとつの隠れた思弁的伝承とみなしていたのだ。しかし、イデルは次のように大変見事に指摘している。「その大部分が神的界域の地形図であるがゆえに、この理論的文献は思弁的記述としてよりもむしろひとつの地図として役立った。われわれが承知しているように、地図はひとが旅を終えることを可能にする。なぜなら、カバラ学者たちにとっては、神秘主義的経験とはそのような旅だったのだから」（29）。

もちろん、キリスト教徒の註解者たちにとっては、ユダヤ教の律法の有効性をめぐるカバラの思弁は、哲学的にも神学的にも見当ちがいのものかもしれない。同じことは一九世紀のユダヤ教学術研究についても言える。それは西ヨーロッパ・ユダヤ人の世俗化と近代化の所産だったのだ。この学問は同じく、学習と信念の伝統的様態との断絶を反映してもいた。それは西欧型のユダヤ教を抽象的な思想体系として呈示し、ハラハーに対してはやはり同様の否定的態度を採った。その結果として、戒律のための理論的根拠をめぐる広範なカバラ文献は「主要ジャンルであるにもかかわらず……学者たちによってほとんど完全に無視されてしまった(24)」(28)。

ベンヤミンとショーレムにとって、鍵を握る問いはこうである。すなわち、生の哲学(*Lebensphilosophie*)における過度に単純な直接性・無媒介性のように危険なものならざる、本物の具体化の様態はそこに見出されるのだろうか。二者択一が有効であるとするなら、史的唯物論へのベンヤミンの転向と、ブレヒトの「生《なま》の思考」への彼の接近は不可思議な事態ではない。「言語そのもの」は「媒介された」無媒介性のひとつの形式、ある種のアガダー的自由を許容するような何かをもたらす。他方の史的唯物論はというと、具体化、ハラハー、生《なま》の世界での行動倫理、人間同士の公正さのための指導をもたらす。

ベンヤミンとショーレムは各々異なる仕方で、否定と断絶、冒瀆と世俗化の力のうちに、いまだ予見されざる救済への何らかの隠れた小道を探し求めた。なんとかしてこれを引き起こすために、ショーレムは文化的シオニズムとほとんどロマン主義－ヘーゲル的な弁証法に頼った。ベンヤミンは「全体性」もしくは「弁証法的綜合」の伝統的な力のなにがしかを信頼していた。廃墟に忠実な者として、彼はそれら廃墟を救い出すための他の方途を探るだろう。

第2章　深淵の上に宙吊りにされて

「言語一般について」

ショーレムにとっては、神秘主義派は伝統と啓示の言語に目くるめくような風穴を開け、その穴を通って〈神の名〉にはらまれた究極の源泉へと遡るものだった。この〈名〉それ自体は結局は無意味で、いかなる特定の意味も伴わないのだが、それにもかかわらず、一切の意味の弁証法的源泉であって――、それは、ベンヤミンのいう純粋言語、究極的な創造の〈言葉〉が具体的で伝達可能ないかなる意味ももたないのとちょうど同じである。一九一六年のベンヤミンの試論「言語一般と人間の言語について」とカバラの言語学的理論についてのショーレムの試論を比較することで、言語をめぐるベンヤミンの考えとショーレムのそれとの関係をもっと明確に見ることができるだろう。

ショーレムがカバラへの専門的研究を開始するはるか以前に、内容なき純粋言語というベンヤミン初期の観念は強くショーレムを惹き付けた。一九一五年にショーレムがベンヤミンに出会ったとき、ショーレムは数学科の学生で、数学の哲学的基礎についての論文を計画していた。「思考の純粋言語に到達せんとする企ては大いに私の想像力を掻き立てた……。当時、私は数学的象徴性と神秘主義的象徴性とのあいだで揺れ動いていた。数学的才能に乏しかったベンヤミンよりもずっと甚だしい仕方で」(*SF* 49)。一九一六年に、ショーレムは言語と数学との関係についての長文の手紙を書き、ベンヤミンはそれに対する長い返事をしたためた。この返信にのちに修正が施されて「言語一般と人間の言語について」という試論ができたのだ(34)。この試論はベンヤミンの生前には出版されることはなかったが、それは今日の文芸批評と神学批評のなかで、彼の作品のなかでも最も議論を呼んだ作品のひとつと化した。試論は一九一六年に書かれた――第一次世界大戦の絶頂期であるが、この年はまたソシュールの『一般言語学講義』が出版された年でもある。ショーレムはこの試論の一部をヘブライ語に訳そうと試みた。なぜなら、それは「自分の心にきわめて近しい」(38)ものだったからだ。ベンヤミンの試論はある意味では戦争のなかで政治的目的ゆえに生じた言語の堕落に対する反発であり、また、言語は啓示的経験の本質を伝達することはできないし、これらの経験は究極的には直観的で脱自的で非歴史的で個人的であるというブーバーの立場への反論であった。この試論は初期ベンヤミンの美的・哲学的企図を継続するものだった。なかでも、言語との出会いやその他の形式の経験と知識を通じて、カント主義の遺産を変容するという彼の計画を。

試論での議論は精妙で難しく、そこでのベンヤミンの様式〔文体〕は、彼の初期の仕事のなかでも最も「秘教的な」ものに特徴的な様式だった。同じく難解なテクスト『ドイツ悲劇の根源』への序文で、ベンヤミンは表象の観照的様相についての彼の理想をめぐって書いているが、その際、執筆者は一文ごとに休止し、立ち止まっては再び出発することを読者に強いている。「真理とは秘密を破壊する曝露の過程ではなく、秘密を正当に遇するところの啓示である」(*OGTD* 31)。それゆえ、真の哲学的様式〔文体〕は「演繹の鎖とは対照的に中断の技法」を行使することになるだろう(32)。試論「言語について」はこのような仕方で作用しているのだが、ベンヤミン自身の言語はここでは、それが描いている言語の「内在的魔術」のなにがしかを希求しているように思える。たしかにそれは容易に、また明確に「情報を運んでは」いない。試論は、啓示的ではあるが秘教的な発言の自己再帰的な独特の媒質《メディウム》と化している。この試論のどの文も、ほとんど計り知れない公理として提出され、論議の連鎖はいかなる単純な意味でも演繹的ではない。そればかりか、各々の文は思考の異常なまでの圧縮を表している。

ここでの私の要約は粗雑な言い換えでしかないが、このように単純化したとしても、それでも読者は容易にはついてこれないのではないか、と私は恐れている。そうではあるが、私の考えでは、この試論をいささか詳細に検討しようと試みるのは重要である。そうすることで読者は、ベンヤミンの著述の組成についての何らかの感覚を得ることだろう。それに、批判的試論のなかにしばしば見出される要約の類は彼の著述のニュアンスを無視している。ベンヤミンに関してはいつもそうであるように、これらのニュアンスはそのすべてが互いに異なっている。これらのニュアンスは圧力のかかる点で、そこでは、彼の思考の複雑さが体系化とイデオロギー的単純化に一貫して抵抗している。彼の仕事のうちでの神学と批評との関係を判読しようとするどんな企てにおいても、これらのニュアンスは決定的な役割を演じている。

ベンヤミンはまず、言語の本質は例外なくすべてのものと広がりを同じくしており、すべてのものに内属している、と主張することから論を起こしている。「生命を有するものにせよ有さないものにせよ、何らかの仕方で言語と係わることのない出来事や事象はまったく存在しない。なぜなら、みずからの心的意味〔原語は *geistiges Wesen* で、この語は spiritual being〔精神的存在〕もしくは spiritual nature〔精神的本性〕とも訳せる〕を伝達するのは万物の本性に属しているのだから」(*Refl* 314)。ここでは「言語」は「表出性」(expressibility) という広範な現象として理解されていて、人間の語詞的言語はその特殊な事例でしかない。「心的実体」ないし「精神的本性」はまた、それがそこで伝達されるところの言語的実体とも区別される。ベンヤミンが強調したかったのは、言語は単にそれをとおして何かが伝達されるような透明な道具ではなく、それとはまったく異質な意味での媒質であるということだ。彼は、心と言語と本性・自然のあいだの諸関係についてのこれまでとは異なる図式を確立しようと試みているのである。

言語は心的意味を表出し、伝達するが、「ある事象の心的本質はまさにその言語のうちに存していると の見地――この見地は、それが仮説とみなされるなら、すべての言語理論がそこに転落しかねない巨大な深淵であって、まさにこの深淵の上に宙吊りにされて生き延びることが言語理論の使命なのである」(315)。この言明は、たとえばド・マンやジェイコブズやJ・ヒリス・ミラーが試論「翻訳家の使命」についてなしたような性急な脱構築的読解を、それがいかなるものであれ締め出すだろう。更に、それはポスト構造主義的言語理論の潮流にも反している。なぜなら、この試論のなかでベンヤミンは、記号の恣意的体系としての言語という意味論的見地は、名という始原の純粋で無意味な言語の「失墜」の帰結であると主張しているのだから。彼はこのような「意味論的」見地と、言語の目的は単に「情報」を運ぶことであるという立場とを同一視している。

しかし、と彼は続ける。心的存在と言語的存在(ロゴス)との同一性の逆説は、言語理論の中心で「解消として」の位置を占めるが、「始まりに置かれると、解消不能な逆説であり続ける」(315)。ベンヤミンは、人間的言語においてのみ心的存在と言語的存在は同一であると提言するとともに、言語的表出の一種の位階を構築しようとしている。この位階は神の絶対的に創造的で認知的な〈言葉〉から始まって順次、名という純粋でアダム的な天国の言語へ、次には、道具的伝達という堕落せる人間の歴史的言語へ、最後には、自然の黙した言語へと下降していくのだが、この言語は人間の言語へと翻訳されることで救済されることを希求しているのである。

彼が主張するところでは、どのような言語理論においても、最初の段階は、心的実体と言語的実体とのこの明確な区別でなければならない。では、これら二つの項のあいだの関係はいかなるものだろうか。言語がそれに「対応する」心的実体を伝達するとしても、「根本的な事態はというと、この心的実体がそれ自身を言語をとおして（*through*）ではなく、言語のなかで（*in*）伝達するということである」（315）。それは言語をとおして話す話者がもたらす結果ではないのだ。そうなると、言語的存在は伝達可能性のひとつの側面として定義される。すなわち、心的存在が有する伝達能力として定義されるのだが、――これは心的存在もしくはその表出の全体を含んではいない。

事象が有するこの言語的存在（その心的存在とは区別された）の「伝達可能な」側面は言語そのものである。だから、誰かが「言語は何を伝達するのか」と尋ねるなら、答えは「すべての言語がそれ自身を伝達する」となろうが、これは同語反復ではない。「心的実体の何が伝達可能なのか。そのなかで、心的実体はそれ自身を伝達する。これは次のことを意味している。すべての言語がそれ自身を伝達する。もっと正確に言うなら、すべての言語がそれ自身のなかでそれ自身を伝達する。これは最も純粋な意味での伝達の「媒質」である」（316）。

ベンヤミンは苦心して前置詞「のなかで」と「をとおして」を斜字体にすることで両者を区別しようとしている。すなわち、この媒質は心的伝達のまさに「直接性・無媒介性」と化すのだが、「すべての心的伝達の直接性・無媒介性であるような「媒介」（mediation）こそ、言語理論の根本的問題であり、この直接性・無媒介性を魔術的と呼ぶなら、言語についての第一義的な問題はその魔術性であることになる」（317）。これらの複雑な区別すべてが何をめざしているかというと、それは言語を、より高度な真理――それへの直接的で即座の接近は非言語的経験を通じて得られるとみなされる――の派生的で劣等な「媒介」とみなすような哲学をすべて斥けようとする企てである。言語というまさに「媒介」は魔術的なものとしての直接性・無媒介性である、とベンヤミンは言わんとしているように思える。

ヴィンフリート・メニングハウスが書いているように、ベンヤミンの考えによると、「媒質は単に両極端の存在者のあいだの道具的媒介の間であるのではない。たとえば、二人の話者のあいだの、非言語的なものとみなされた「内容」のあいだの媒介ではない。彼が主張したかったのは、媒質はこのようなものにとどまることなく、それが「媒介する……」かに見えるものそれ自体を初めて産み出すということだろう」。彼は、ノヴァーリスとシュレーゲルにおける反射・再帰の媒質をめぐるみずからの理論のなかでこの考えを表明している。メニングハウスが付け加えているところでは、「媒介する間」としての媒質というこの概念は、二つの界域のあいだの一種の敷居ないし通過《パサージュ》なのだが、このような通過こそがある意味では二つの界域を「創造する」のであって、この通過という表徴はベンヤミンの仕事全体を貫通し、「パサージュ」という文字どおりの建築をめぐる研究『パサージュ論』の計画のなかで最も強調されることになる。計画全体は、一九世紀以降の「眠りと覚醒」のあいだの敷居もしくは通過と係わっていた（310）。メニングハウスは、「歴史哲学テーゼ」で最後に呈示された比喩として、時間上の幅狭き敷居という表徴を挙げてもいるが、そこでは、時間の各秒が「そこを通ってメシアが入ってくるかもしれない狭き門」（*Illum* 266）なのである。

心的存在と言語的存在との区別を維持しつつ、ベンヤミンはまた、事象の本質を語とするような「神秘主義的言語観」をも明確に斥けている。人間の言語は事象それ自体において、また事象それ自体に関してこれらの事象と係わっているのではなく、「事象の言語」と係わっている。のみならず、言語のこのような「直接性・無媒介性」は有限な情報の一部を伝達する言語の能力と結びついているのではなく、伝達可能性のまさに本質そのものであり――すべての意味の内容なき一種の潜在力なのである。あとで指摘するつもりだが、このような考えは、ショーレムにおける意味なき究極的な語という観念や、啓示の根源的内容は啓示それ自体であるというローゼンツヴァイクの考えと類似している。

しかし、この直接性・無媒介性は空虚な自己反射・自己再帰ではない。つまり、言語をとおしてではなく言語のなかで伝達されるものは「外的に制限されたり測定されたりすることはありえない」(*Refl* 317)。それは無限で、通約不能で、この意味において「魔術的」である。ここでもまた、文という「言語的存在」はいかなる特殊な「語詞的意味」とも区別される。

言語の魔術性、直接性・無媒介性、無限性を証明せんとするこの論議は、言語と神学との結合へとベンヤミンを導く。続いてベンヤミンが、人間的言語、語の言語の弁別的特徴を検討し始めるとき、決定的な絆が確立される。ベンヤミンにとっては、人間的言語は、ここまで議論を続けてきたような「言語一般」とも、他の非人間的言語とも区別される。その理由はこうである。人間的言語は命名を旨とする言語である。「したがって、事象に名をつけることは人間の言語的存在に属している」(317)。とはいえ、名とは何らかの対象についての情報の事実的部分ではないし、それをとおして、ある人物が彼・彼女の心的存在をある宛先に伝達するのでもない(ところで、ベンヤミンはこのような伝達を「ブルジョア的言語観」と名づけている)。名とはむしろ、そのなかで彼・彼女が、「人間の心的存在を名づけながら、心的存在それ自体を神へと伝達する」(318)ところのものである。

命名は言語の最も深い本性である。「命名とは何か。命名によって、それを超えたものは何も伝達されなくなるし、また、命名のなかで、言語そのものがそれ自身を絶対的に伝達するのである」。人間的言語においてのみ、人間の心的存在は言語一般と等価であり、ここでのみ、人間の心的存在は(他のあらゆる種類の心的存在とは反対に）「残余なく伝達可能」（318）である。つまり、純粋言語は命名者として人間をとおして話すのである。したがって、人間的言語と無機物ないし自然の事象の言語とのあいだには顕著な相違がある。とはいえ、いまひとつの「自然言語」もまた存在するという事実は、智者としての人間に、事象を命名することを許容するのだが、そのとき、それを超えたこともまた生じる。「神による創造は、事象が人間から名を授けられたときに完成するのであり、こうしてもたらされた名のなかでは言語だけが話している」（319）。このように、名はまさに「言語の言語」であり、この意味において、人間だけが言語の話し手であり、人間的言語だけが完璧な言語なのである。

名を通じて、心的存在と言語的存在は同一化、等質化され、言語は心的存在と等価なものと化す。心的存在と言語的存在との等価性は、言語理論にとっては大いなる形而上学的契機である。なぜならそれは、いわば自発的に言語哲学の中心にまで繰り返し自分を高め、宗教哲学との最も親密な結合を構成していた概念へと導くからである。これが啓示の概念である。

啓示においては、「語は不可侵」であるから、「最もよく表出されたものが同時に純粋に心的なものである」。つまり、ベンヤミンにとって最高度に心的な（精神的な）宗教の領域である啓示の概念は全面的に表出可能で、表出不能なものではない。名の啓示としての、宗教のこうした究極的な心的存在は「もっぱら人間に、人間のなかの言語に依拠している」のだが、それに対して、芸術や詩は「事象に限られた言語－心」（320）に依拠している。

『創世記』を解釈する

ベンヤミンは、『創世記』第一章で表明された自然、人間の発話、啓示のあいだに、以上のような諸関係を見出している。聖なるテクストについての論述に彼は序文を付し、こう警告を発している。自分がこのような序文を付すのは、聖書が「客観的に啓示された真理」であるからではなく、「本論の論議が、究極の実在としての言語を前提とすることで、聖書に大いに従っているからである。このような実在としての言語は、それ自身の現出以外のところでは知覚不能で、説明不能で、神秘的である。聖書は、それ自身を啓示とみなすことで、根本的な言語的事実を必然的に発展させる」(322)。

換言するなら、ベンヤミンは宗教的テクストを、語の無限性と魔術性に関する自分自身の省察に類似し、それに対応したものとして援用している。そして、彼が主張するところでは、このような無限性と魔術性には、世界のなかで与えられたものとしての言語的存在に内在する諸事実の分析をとおして到達することができる。このような接近方法は、のちに彼が真理のまさに本性を記述するその仕方と似ている。真理を一種の「星座=布置」として描く仕方に、である。聖書的観念、哲学的観念、言語学的観念はひとまとめにされて一種の星座=布置を形成する。真理は、多様な準拠点を結ぶ数々の線のうちに存しているのであって、これらの点の背後や内部に存しているのでも、――これらの関係が何らかの仕方で崩壊して同一性と化すことのうちに存しているのでもない。あとで見るように、「星座=布置」としての真理というこの考えは実際に、真理についてローゼンツヴァイクが用いた天文学的比喩から影響を受けている。この星座=布置は〈救済〉の「〈星〉」の「真理」なのである。〔星座=布置の数々の線から成る表面をいわばなざることとしての読解の概念もまたベンヤミンの仕事全体にとって重要である。）

それでは、神の創造的言語と人間性の言語とのこのような関係についてのベンヤミンの見解はどのようなものだろうか。第二の創造の物語（『創世記』二・三）のなかで、人間は、他の被造物たちとはちがって、神の語から創造されるのではなく、言語という贈り物を授かり、自然を超えたところへと高められる。創造の行為に由来する人間性と言語との特別な関係がここにはある。なぜなら、創造の行為それ自体が言語と深く係わっているからだ。『創世記』第一章で語られる第一の創造の物語について、ベンヤミンは、「あれかし」と神は言った、そして神は造った、そして神は命名した、というひとつの明確なリズムに注目している。「言語の創造的全能をもって創造は始まり、最後にはあたかも言語が、創造されたものを同化し、名づけるかのようだ。それゆえ言語は創造的であるとともに創造の終焉であり、それは語でありかつ名である。神のなかで、名が創造的であるのは、名が語であるからであり、神の語が認知をもたらすのは、この語が名であるからだ」（*Refl* 323）。とはいえ、名と認識とのこの絶対的な関係は神のなかにしか存在しない。そこでのみ、名は創造的な語と同一であり、認識の純粋な媒質もそのようなものたりうる。

ベンヤミンは指摘している。第二の創造の物語（『創世記』二・三以下）では、人間の創造は他のものの創造とは別の仕方で描かれており、〈あれかし〉――〈神は造った〉――〈神は名づけた〉というリズムも変化している、と。『創世記』一・二七とは対照的に、この箇所では、神は語をもとに人間を名づけることも創造することもない。

神は人間を言語に服従させようと欲したのではなく、創造の媒質として〈彼〉に仕えた言語を自身のうちから人間のなかに解き放ったのである。人間のなかにみずからの創造的な力を委ねたとき、神は休息した。

この創造性は、その神的アクチュアリティーを離れて、知識と化した。人間は、神がそこでは創造者であるような言語、まさにその同じ言語のなかで認識する者なのである。神はみずからに似せて人間を創造した。神は創造する者に象って認識する者を創造したのである。(*Refl* 323)

そうではあるが、人間的言語は、神の言葉のまったく無制約で創造的な無限性の制限された反射にとどまる。ただ、純粋な言葉の神的無限性と人間の語とのあいだには力強い交叉点がなおも存在している。名である。「固有名の理論は有限な言語と無限な言語との境界線の理論である」。人間とは彼・彼女自身を名づける唯一の被造物であり、そして「固有名は人間の音声となった神の言葉である。それによって、各々の人間は、神によって創造されたことを保証されるだろうし、この意味では、固有名そのものが創造的なものとなる……。固有名とは人間が神の創造的な言葉と結ぶ共同性なのである」(324)。

それだけではない。この言葉〔固有名〕によって人間は命名し、事物の言語と結びつけられる。神的言語と人間の言語と自然的対象の言語とのこのような関係は、ベンヤミンが「ブルジョア的」言語観と呼ぶものと対立している。この言語観によると、言語は単なる記号の恣意的体系で、そこでは、語はその対象に恣意的に、あるいはまた単に規約によって結びついている。

ベンヤミンの註解者たちのほとんどは「神秘主義的言語観」として彼の理論を特徴づけている。しかしながら、ベンヤミンは、ブルジョア的言語観の真の対立項は、語を単に事物の本質とみなすような神秘主義的言語理論ではない、と懸命に指摘しようと努めている。神秘主義的言語観というこの立場はひとつの批判的区別を見落としている。事物はそれ自体で「言語」をもちうるが、それは語をもつことはない。語は神の語から創造され、人間の語を通じて、事物に与えられた名を通じて認識される。事物についての認識として、人間によって事物に与えられた名はもはや、神の自発的で無制限で創造的な語と等価ではない。人間的言語は自然を「認知し」「高揚させる」が、――絶対的に創造し、認知するものとしての神の語と等価ではないのだ。

それに対して、人間の語と事物の言語とのあいだの関係は翻訳の関係で、この関係は「言語理論の最深部に」（325）見出される。つまり、人間は事物の黙した言語を語から成る分節化された人間的言語へと翻訳するのだが、これは単に音声的分節化の過程ではなく、劣った言語がより完璧な言語へと翻訳されることでもある。翻訳の客観性、人間の名称‐言語と事物の名称なき言語とのあいだの対応の客観性を保証するのは神であり、神の創造的な語からこれら二つの言語が共に生じるのである。人間存在は事物の黙した名称なき言語を分節された音声的名称へと翻訳し、ひいては前者を後者へと変化させる。人間の命名言語は事象の名称なき言語と係わりうる。というのは、両者共に神の創造的な語から発出したものであるからだ。

ここで重要なのは、神の創造的な語、人間の命名言語、事物の話されざる言語という項のあいだにベンヤミンが確立した微妙な区別と位階を銘記することである。これらの項のあいだの究極的不等性ならびにあるひとつの言語の天国的段階からの失墜は、その結果として、多様な人間的言語を、あるいはまた、事物の言語の人間的語の言語への、いくつもの相異なる「翻訳」を産み出す。そして、これはベンヤミン版失楽園であって、この〈失墜〉はバベルの塔の挿話で描かれた言語の多様性への失墜に先立って生じたとみなされてきた。しかし、エデンの園でのアダムの失墜は今や言語的失墜として解釈され、このことは、エデンでの「罪」ならびにそれを善悪の知恵の木との関係についてのまったく異質な解釈へと導いていく。ベンヤミンによる解釈のなかでは、天国の根源的言語は、完璧に統合された分化されざる認識のひとつだった。善悪についての分化された認識を、アダムとイヴは罪を通じて獲得したのだが、それはベンヤミンの見解では「外面的で、空虚な」認識である。「名はこの認識のなかで自分自身から離脱してしまう。すなわち、この〈堕罪〉こそが人間的な語の誕生であって」、そのなかでは、名は外在化されてその内在的魔術を喪失し、そして今や、「語は（自分自身以外の）何かを伝達することになる。これこそまさに言語精神の〈堕罪〉にほかならない」（327）。

そうすると、言語の記号理論（言語を何か他のものの記号とみなす理論）は、名から成る純粋言語からの〈堕罪〉の帰結であることになろう。今や言語は手段となり、単なる記号となる。〈堕罪〉を通じて、「ひとは具体的なものの伝達のなかで直接性、名を放棄して、あらゆる伝達全般の媒介性、手段としての語、空虚な語の媒介性の深淵のなかに、空言の深淵のなかに転落していく」。名の純粋さは汚され、もはや名は直接的なものではなく、外面的なもの、ひいては裁きの語と化す。エデンの園にある善悪の知恵の木は善悪についての情報をもたらすのではなく、「この問いを問う者に対する裁きの象徴であり、この途方もないアイロニーが法の神話的根源の目印である」（328）。こうして、「純粋さ」と「罪」はここで言語学的でかつ認識論的な語彙として再定義される。人間たちと神とのあいだの人格的関係としてではなく、人間たちと人間たちとのあいだの関係、言語と言語のあいだの関係として。カフカについてショーレムが書いていることはここではベンヤミンにもあてはまるかもしれない。「これは、神の裁きの言語学的言い換えを企てたハラハー学者たちの道徳的省察に似ていると言ってもよい」（*SF* 171）。

要するに、名としての言語の「純粋さ」は汚されてしまうのだが、名という純粋な言語から、媒介された記号の空虚な体系へのこの失墜はまた、裁き、抽象、「駄弁」の根源でもあって、この「駄弁」は言語の混乱とバベルの塔の挿話へと更に失墜していく。「駄弁のなかでの言語の隷属は、そのほとんど不可避的な帰結としての狂気のなかでの事物の隷属と結合される」。失墜のあとでの自然の無言は今や深い憂鬱と悲嘆と化した。「そして、自然の救済のために、人間の生活と言語――一般に想像されているように詩人のそれだけではなく――は自然のうちにあるのだ」(*Refl* 329)。

「事物の隷属」、世界と人間との歪められた関係、救済の必要は、神学ならびに政治学双方にとっての主題である。アーヴィング・ウォールファースは、ベンヤミンのこの試論についての先を見通した読解のなかで、「ベンヤミンの『創世記』読解はすでに何らかのマルクス主義の種子を含んでいる」と指摘している。神的な言語の人間的な語への失墜として、エデンの園からの〈失墜〉を解釈することは、存在から所有への失墜を、自然との歪められ崩壊した関係を含意している。名から成る純粋な天国の言語のなかでは、自然は人間に呼びかけ、人間は自然と疎通していた。名と事物との関係は内面的なものなのだ。〈失墜〉のあとで、語が恣意的な記号と化すと、それと事物との関係は変化を蒙る。語は道具的なもの、すなわち、搾取的で外面的で物化するものと化す。主観と客観が分裂し、抽象、裁き、律法がそれに続く。主観は主観性と化して服従を強いる(“Jewish Motifs” 14)。これはベンヤミンが言語を記号とみなす理論を「ブルジョア的」と呼ぶ理由である。ウォールファースは次のように指摘している。

「ブルジョア的言語観」はこのように記号の恣意的本性を強調するもので、それはまったく〈失墜〉には感づくことがない。なぜなら、このような言語観は、実際に記号がどれほど恣意的であるかを隠しているからだ。名から記号への失墜を理解する代わりに、こうした理論は単にその効果を正当化するにすぎない。それゆえ、記号はブルジョアジーの物神、その超越論的必需品、その交渉のアプリオリな条件と化す。近代の記号論はベンヤミンにとって、経済学の古典的・ブルジョア的諸理論がマルクスにとって有していたのと同じ位格を有し

> ていた。いずれの場合にも、二重の物象化が働いている。なぜなら、言語は恣意的であると言われてはならず、そのようなものと化したと言われるべきだからだ。……数々の構造主義的言語学は認識の「失墜し」「不適当で」「主観的な」形式であるかに思える。(5–6)

恣意的な道具と化すことで、記号はテクノロジーならびに資本主義と結合される。そこでウォールファースはベンヤミンによる『創世記』読解のうちに「マルクス主義の前史」、それも今度は言語哲学に数え入れられた「前史」を看取している。すなわち、「失墜はブルジョア社会の到来と一致して生じた」「なぜなら恣意的な人間の語への失墜は歴史のなかへの失墜であるからだ」「このような満開の神学は逆説的にも後期ベンヤミンのマルクス主義がまとった深層構造を表していた。とはいえ、この神学はそれが先取りした自然主義によって深く変質させられることになる。どちらが他方の「基底構造」なのかを語るのは困難である」(7)。「歴史哲学についてのテーゼ」から取られたベンヤミンの一九四〇年の譬え話のなかでは、史的唯物論という人形が神学というせむしの小人に操られるのだが、ここにはすでにこのせむしの小人が現れている。

しかしながら、史的唯物論のうちに深く沈潜したとはいえ、ベンヤミンは救済と啓示の様態としての言語への執着を決して放棄しなかった。言語は真理と救済の媒質であるとの信念を、彼はローゼンツヴァイクやレヴィナスと共有していた。ただし、彼らのあいだには顕著な不一致もまた存在する。この点についてステファヌ・モーゼスはこう書いている。

> 言語の伝達機能はベンヤミンにとっては言語の退化の主たる徴候だったのだが、それはローゼンツヴァイクに

> とっては言語が啓示としての性格を有することと同一の事態だった。その理由はほかでもない、言語が個人と個人のあいだを媒介するからであり、また、発話行為は、すでに自閉している主体を〈他者〉へと切り拓くことを意味しているからである。言語は、それが「魂の言語」であり「人間の内的真意の自己開示」である限りで、救済なのである。(“Walter Benjamin” 198)

モーゼスの試論は、ベンヤミンの一九一六年の試論「言語について」と、言語と劇についてローゼンツヴァイクが『救済の星』で呈示した主要な考えを見事に要約するとともに、両者を比較している。モーゼスが指摘するところでは、ベンヤミンはローゼンツヴァイクの重要な思想のいくつかを先取りしていた。もっとも、そこには数々の重大な相違があるし、発想の源泉も両者では異なるのだが。

> 若者としてのベンヤミンにとっての基本的経験は価値を喪失し堕落した現実についての経験であって、その荒廃はというと、始原の、しかし今は失われた完成の背景よりもはるかに明白だった。創造と啓示という宗教的範疇はここでは否定的なものとして経験されているのだが、それに対して、ローゼンツヴァイクにとっては、それらはまさに宗教的肯定性として、現実についての経験の二つの基石であった。(199)

あとで見るように、レヴィナスは、言語を何よりも人間関係の媒質とみなし、この関係を、認識論的で政治的なものであるよりも前に、本質的かつ根源的に倫理的なものと特徴づける点で、ローゼンツヴァイクに従っている。倫理はまさにこのような開けとして、〈他者〉へと自己自身を与えることとして定義される。レヴィナスはまた、言語のこの啓示的能力を、今、現時点で利用できるものとみなし、われわれがそこから失墜した何らかの神話的過去に失われたものとはみなさないという点でも、ローゼンツヴァイクに従うことになろう。その際、ローゼンツヴァイクにとってもレヴィナスにとっても、言語の倫理的本性はユダヤ的律法の具体的内容を通じて確証されるだろう。しかしベンヤミンとショーレムにとっては、ハラハーは純粋な語の未熟な凝結もしくはその本来的ならざる表現であった。

言語理論をめぐる論争に隠されたイデオロギー

神秘主義的な含蓄のある試論を書きつつも、ベンヤミンはいかなるカバラ思想家も典拠もその試論のなかでは公然と引用してはいない。ただし、言語理論を定式化するために聖書のテクストを援用することに関しては、長きにわたる歴史的先例があって、そのなかには、カバラとの隠れた連繫が存在していた。ハンス・アースレフがわれわれに注意を促しているように、一九世紀ドイツで生まれた数々の言語理論はそれ以前の論争に根ざしていて、そこでは、啓蒙と一八世紀の言語理論が著しい役割を演じていた。そして、『創世記』一と二一のテクストは西欧での言語学理論の歴史のなかでこのうえもない影響力を発揮した。ルネサンスのあいだ、カバラの教説はキリスト教徒の作家や思想家たちのあいだで流布され、言語の起源をめぐる数々の見地と混合されることとなった。天国のアダム的言語という観念もまた一七世紀の神秘主義者や幻視者たちによって改めて強化され、キリスト教カバラの影響によって、とりわけヤコブ・ベーメ——その思想はイングランドでは広く知られていた——の著述を通じてより堅固なものと化していった(Aarsleff, *From Locke* 60)。

言葉を換えるなら、アダムによる命名を、そこでは名が語と物の魔術的絆であるような何らかの始原的言語とみなしたとき、ベンヤミンはある長い伝統に従っていた。一七世紀には実際、聖書のアダムは最も偉大な哲学者にして語源学者とみなされていた。バベルの塔の物語は意味の完全な恣意性への失墜として解釈されたのではなく、アダム的言語の遺物が残っており、語源的比較研究を通じて復元されるかもしれないと考えられていたのだ。ベーメは遠くにまで赴いて、神的霊感の瞬間ゆえに自分は事物の本質を了解し、ひいてはアダム的言語を理解することができたとまで主張するにいたった。語が事物の本質として考えられていたところでは、言語は自然の秘密を理解するための一種の公式と化した（*From Locke* 281–82）。

　実際、アースレフが詳述しているように、「アダム的言語」、命名という完璧な言語という概念は、「言語の本性をめぐる一七世紀の諸見地のなかでは最も広く支持されて」（25）いた。ロックが『試論』のなかで、この教説を鋭く批判し、言語は神的で自然的なものではなく人間的で規約的なものだと主張したあとでさえ、この教説はロマン主義者たちによって一九世紀に復活させられた。ロックが主張したところでは、言語は「観念」についてのものであって「事物」についてのものではなく、彼はこうして、近代の言語哲学、すなわち社会的制度としての言語という考え方ならびに、意味するものと意味されるものとの恣意的関係というソシュールの考えのための基礎を築いたのだ。

　ロックによる批判はこのように、一七世紀の「〈新科学〉」の勃興や、自然を理解するための最善の方途は何かという問いとも係わっていた。〈新科学〉は神の啓示を、自律的理性の平和的で理路整然とした過程を手段として「〈自然の書物〉」のなかで検討しようと努めたのであって、「〈聖典という書物〉」をめぐる数々の論争と曖昧な解釈を通じてそうしようとしたのではない。今や研究の対象は自然と化したのだが、そうなると、言語それ自体が自然の内部の現象なのか、自然とは別個の存在を有しているのか、が問うべき点であることになる。言語はどのような種類の認識を引き起こしたのか。事物についての直接的で明晰な認識なのか、それとも、単に事物についての観念なのか（43）。言い換えるなら、言語は自然についての信じるに足る認識をもたらすのだろうか。それは、何らかのアダム的命名言語の遺産を通じて、創造物と創造主との関係についての信じるに足る認識をもたらすのだろうか。それとも、言語はそのような認識を抑止するのだろうか。このような問いは、根本的原理を求めての、言語の起源をめぐる一心不乱の思弁へと導いたのだが、こうした思弁はまた、自然的なものと人為的なものとを区別する試みのなかでの発生的方法の発展にも導いたのだった（147-48）。

一九世紀ドイツで創出された型の「比較-歴史的文献学」（このような学の創出はその多くをフンボルトの教育プログラムに負うており、文献学を人文学の主要学科たらしめたフンボルト自身の言語哲学と係わっていた）は実際には「新たな語彙によるアダム的〔言語の〕教説の復興」であるのはいかにしてかを、アースレフは論証したのだが、このような論証のなかで、ベンヤミンとショーレムの論争にとってとりわけ興味深いのは何なのか。それはおそらく、この方法——ショーレムはそれをドイツの大学での勉学のなかで吸収し、当時それをカバラ分析のなかで援用した——へのショーレムの執着と、ベンヤミンの言語理論への彼の執着とのあいだのいまひとつの絆を形成することになるだろう。それはまた、この「科学的-批判的」方法と神学との隠された関係を明らかにすることになるだろう。

歴史的-文献学的比較による見地は、比較研究を通じて多様な言語や意味の背後に垣間見られるかもしれない、原言語（*Ursprache*）という何らかの共通の起源を前提としていた。しかし、それだけではなかった。アースレフの主張したところでは、一九世紀の文献学が結びついていた種類の科学——「事実的、記述的、分類学的、経験的、比較的」科学——はいくつもの目的を有していた。そのひとつは、フランス革命がもたらした数々の危険と同一視された極左政治イデオロギーを除去することであり、いまひとつは

「被造物のなかでの〈創造主〉の現前の最終原因と確実性のための論議を支持する」(32) ことだった。この科学を下支えする神学は、自然についての本質主義的見地対ダーウィンの発生的進化理論という論争のなかで明らかになった。両者をつなぐ環は、一八〇〇年頃キュヴィエによって定式化された比較解剖学で、それが言語研究と人類学〔人間学〕の原型と化したのだ。キュヴィエは〈創造〉の時代以来の種の固定性を強調した。解剖学を理解するための鍵はそれゆえ、諸部分の相関関係であって、いかなる歴史的進化でもない。

この構造的相関関係を理解するためには、論議は消え去り、必要なのは観察し、記述し、分類することである。思弁は不要なのである (34)。言い換えるなら、最終原因は各部分の構造のなかに見出されるのだが、これはまさに自然の認知全体を可能にしたものにほかならない。マックス・ミュラーは、言語はこのような理論を完璧に例証するもので、また、言語は同種の科学に服すると考えた。それというのも、言語は固定された自然的対象だからである。この見地からすると、言語における歴史的変化はいかなる人間の介入にも起因するものではない。言語科学に固有な諸方法はというと、言語の根源へと遡らせる諸事実の記述、分類、配列であって、ここに事実というのは、アダム的言語を含意した諸概念の名のことである。

言うまでもなく、如上の考えは功利主義的理論と対立する定めにもあった。一九世紀には、カーライルからコールリッジにいたる数々の人物によって取り上げられたのだが、彼らは、ベンヤミンやショーレムと同様、言語の本質を、その社会的で伝達的な共通機能をとおして定義しようとするいかなる試みをも峻拒した。ショーレムと同様、コールリッジとカーライルはとりわけ、より深い神的界域に接近させるものとしての象徴もしくは言語の象徴的相貌に関心を向けた。これらの哲学者や詩人たちはアダム的言語——この深層の意味の神秘——の遺物を修復することをめざしたのだが、語源学と文献学はこうした深層の自然的意味を引き出すための手段もしくは、こうした根源的意味を「想起する」ための方途であった。すなわち、一九世紀はロックを拒絶したのだ。アースレフは更に付け加えている。このドイツの文献学的伝統に対する批判は外部から――フランスから――到来せざるをえなかった、と。なぜなら、ドイツの大学では比較文献学がしっかり確立されていたからである（289–92）。フランスの言語学者ミシェル・ブレアルはドイツの比較文献学を厳しく批判し、彼の批判はソシュールに深く影響を与え、それは結果的に、ロック的伝統に属する言語哲学、この無視された言語哲学の復興をもたらすことになった。(1)

すでに見たように、若きベンヤミンは、ドイツロマン主義とフランス象徴主義の支配を受けて、記号の単に恣意的な体系――ただ単に人間的で社会的な制度――としての言語という新しい考え方に敵対し、そのような考え方を「ブルジョア的」と呼んでそれを言語的失墜と同一視した。そしてショーレムはというと、その後期の仕事においてさえ、「言語の神秘」に訴えている。彼が主張するところでは、今となっては詩人しか「言語の神秘」と接することはできないのだ。ショーレムならびに初期のベンヤミンはドイツの伝統とそのロマン主義的遺産と大いに係わっていた。――この遺産はというと、話者たちから独立し、一切の人間的使用を超えた自然の生体、それも独自の生命を有した生体として言語を捉える見地である。つまり、言語はその起源においては何らかの神秘的完成を有していたが、相次ぐ堕落を蒙ることになった（*From Locke* 295–96）。アースレフは適切にもフランスの批評家たちの中心的原理をまとめているが、それはドイツの遺産とは対照的に次のようなものだった。

言語は自然の産物のように独立した存在を有してはいない。そうではなく、言語は人間的活動の表現である。それは制度なのだ。言語の機能は伝達であり、その存在は社会的であり、言語的記号は恣意的である、歴史的研究だけではこれらの要因を説明することができない以上、そのような研究は、ある一定の時点での言語の体系もしくは構造を理解するための不十分な基礎しかもたらさない。(299)

アースレフはこのような分析を現代の文学理論にまで推し進めてはいないが、実に奇妙なことに、現代のポスト構造主義的文学理論のいくつかの傾向は、こうした知的背景を無視したまま、ソシュールを実質的には「ロマン主義化」してしまった。つまり、没歴史的で共時的な体系としての言語と、時間を貫く通時的進化としての言語とのあいだの、ソシュールにおける区別はもともとドイツロマン主義的想念に対する批判なのである。ところが、多くのポスト構造主義的理論においては、「〈言語〉」(通時的発話《パロール》と対立したものとしての共時的言語《ラング》)は、純粋なシニフィアンないし形式の一種の自己参照的で自己産出的な世界としてまたしても「実体化されて」しまう。ところで「〈言語〉」は人格化される。あたかもそれが人間の意志もしくは主観性とは無関係に事柄を知り、行う自律的実体であるかのように、——あたかもそれが社会的で人間的な制度であるよりもむしろ自然の事実であるかのように、あたかも人格や社会は言語的でテクスト的な諸力の「効果」であってその逆ではないかのように。ハロルド・ブルームは彼自身偉大なロマン主義の研究者であるが、言語は、近代思想のうちに「深淵としての自己もしくはイェホヴァとしての自己を置き直す造化の神《デミウルゴス》」の一種と化したと書いたとき(*Agon* 19)(2)、このことを見事に表現していた。しかるに、フランス批評のもともと社会的で人間的な攻撃がめざしていたのは、言語がその原因、目標、究極的な行く先をそれ自身のうちに有しているということを否定することだった。

しかしながら、ソシュールの遺産の社会的で政治的な相貌は、マルクス主義批評、フーコーの仕事、文化人類学との新たな係わりを通じて、ポスト構造主義の理論のなかで、「新歴史主義」のなかで甦ることになった。そして、フレドリック・ジェイムソンやテリー・イーグルトンのようなマルクス主義批評家たちが今度はヴァルター・ベンヤミンへの関心を甦らせるのに貢献した。それというのも、ベンヤミンは、純粋言語の脱構築的深淵への自覚と、歴史およびイデオロギーの刻印を押された力としての言語を意味を共にもたらしたからだ。とはいえ、マルクス主義批評家たちと新歴史家たちは、ベンヤミンのうちなる神学的要素に対してはしばしば不快感を示す。脱構築主義者たちはというと、まさに彼らがロマン主義的で目的論的な諸要素の転覆に着手していることからも分かるように、これらの要素にもっと敏感である。ただし、これらの理論はいずれも、「主体」の問題に加えて、社会的なものと個人的なものの関係、知識と発話する意識の本性についての問題をめぐるロマン主義的遺産と闘い続けている。

　アメリカでは、構造主義と脱構築の最初期の支持者であったこれらの批評家が、ロマン主義文学の研究者であったというのは偶然ではない。事実、アースレフの書物の主たるテーゼによると、言語理論への一八世紀の寄与ならびにフランスとロックとの係わりが、言語学について書かれた数々の歴史のなかで完璧に無視されてきたのは、われわれがなおも一九世紀ロマン主義イデオロギーのもとで難渋しているからであり、このイデオロギーがロックの伝統を誹謗しているからである。ショーレムにも、彼の歴史研究にも、ユダヤ教研究ならびに文芸批評の分野とそれの関係をめぐる論争にも適用できるような語彙で、アースレフはこう書いている。

> ある科学もしくは学科の純粋に内的な歴史はいかなるものも整合性にいたることはありえないし、説明の意味を伴うような種類の理解に導くこともない。外的諸要因の内包によってのみ、真正なる知性史は可能になる。必要不可欠なのは、慣習的パタンからの乖離であり、また、民話的歴史の制度的歪曲への寄与からの乖離であ

る。(318)

フィリップ・ラクー゠ラバルトとジャン゠リュック・ナンシーもまた、「われわれはそれ[ロマン主義]が開発した時期に依然として属している。……真にロマン主義的な無意識は今日、われらが「モデルニテ」のほとんどすべての動機のなかに認められる」(*Literary Absolute* 15) と主張していた。しかるに、ロマン主義が後世に伝えたものはしばしばそれと認知されることがない。そのような「文学」の遺産が、たとえロマン主義から、それも特に「文学的絶対」というかたちでわれわれに届けられているとしても、である。言い換えるなら、ロマン主義は、「文学」そのものの概念の生誕地であるとともに、そこで「理論それ自体が文学となり」、文学が「絶対的なもの」となるような、文学における理論的企図の生誕地である (3–5)。

このように言い表すなら、しばしばモダニズムと連結される多様な「形式主義《フォルマリズム》」は、形式と無形式、偶然的なものと絶対的なものとの関係や、自然と主体の問題とのロマン主義の取り組みを裏切っている。「形式」をめぐる問いはカントが遺した遺産のひとつで、カントにとっては、精神は構想と知解という分析‐綜合の能力を備えていて、われわれの経験世界の「無形式な」流れを集約し、構造化する。そして、これらの形式が世界を知解可能なものにする。たとえわれわれには、これらの形式が世界そのものと対応しているかどうかを知ることが決してできないとしても。カント以後のロマン主義美学のうちには、ジェラルド・ブランズが言っているように、「精神的活動についてのカントによる説明の、詩的活動の理論への変容」(*Modern Poetry* 209) が存していて、そこでは、カントの批判的観念論が美的観念論と化している。対象を形成する精神の能力は、造形という芸術的力量と混ざり合う。かくして詩は哲学となり、哲学が詩となる。芸術が現実を創造し、構造化するのである。そうなると、言語は何よりもまず、世界を創造する造形的活動とみなされる。それは感覚のカオスから精神が世界を築き上げる際の認知的過程なのである。これはカントに対するベンヤミンの批判の主調音なのだが――、カントは言語のこのような側面を無視し、「経験」に数え入れられるものをあまりにも狭く限定してしまったというのである。言語のこのような側面は、ショーレムが訴えていた言語のなかの「神秘」でもあって、彼の考えでは、神の声が消えてしまった今、詩人たちだけがその鍵を握っているのだった。

ラクー゠ラバルトとナンシーはというと、ロマン主義が人文諸学全体になおもその影響を刻み続けていることを、われわれに思い起こさせた。

> 文学（もしくは文化的創造物一般）のありうべき形式化という考えから、言語学的諸モデル（ならびに言語の自動的構造化に立脚したモデル）の使用にいたるまで、自動的発生の仮説にもとづく作品へのアプローチから、主体主義を恒常的に棄却する主体という問題の重大化、……歴史的ないし社会的主体の一般理論にいたるまで、作品の製造ないし製作条件は作品の内部に刻印されているとの信念から、主体の深淵のなかへの生産過程全体の解消にいたるまで。(16)

ロシア形式主義《フォルマリズム》、プラハとパリの構造主義から、新批評、マルクス主義構造主義、脱構築、新歴史主義にいたるまで、文学理論はそのすべてがロマン主義に伴っていた問題を潜在的に担っているのである。

私がここまでのところ暗示するにとどめ、続く章で大いに論じる予定の事柄とは次のことである。すなわち、ショーレムの宗教現象学ならびに、宗教的言語についての彼の理解のうちには、とりわけ、神秘的表現の顕著な形式というショーレムによる象徴の概念のうちには、ある無批判的で審美的な「ロマン主義的無意識」が存しているのである。たとえば、神の絶対的な言葉の神秘的意味について、ショーレムはそれを、「無内容」「無意味」ではあるが、一切の意味の源泉たるものと解釈しているが、この解釈は、ベンヤミン版のフランス象徴主義ならびに、ドイツロマン主義の言語理論・芸術理論から借用されている。例を挙げておこう。シュレーゲルは個々の芸術作品を「絶対的芸術作品」と係わるものと考えていたが、後者は、形式を付与する超越的な理念であって、それが芸術の無限性と統一性を保証するのである。芸術作品の個々の形式と、絶対的芸術作品の究極的形式——個々の作品はそこで理解される——とのあいだには、弁証法的関係が存在する。形式と無形式とのあいだの緊張関係が。フランスの象徴主義者たち、なかでも、ベンヤミンが大いに関心を寄せていたマラルメの場合には、言語の純粋形式は、すべての具体的な意味の〈無〉(*Néant*)への解消をとおして、絶対的なものにまでいたった。

更にひねりを加えて、シュレーゲルは「真の美学はカバラである」(3)と書いた。ドイツロマン主義とフランス象徴主義それ自体はというと、キリスト教カバラを介して、多様な秘教的哲学者たちからその傾向を摂取した。事態はまったく複雑であるが、ここではこう言っておけばよい。言語と象徴に関するユダヤ教カバラの考えそれ自体が、キリスト教カバラによって媒介される過程で変容を蒙り、根底的に変化させられたのだが、ユダヤ教神秘主義を再構築せんとするショーレムの企てのなかに、こうした変化は吸収されて恒久的なものと化したのである。モーシェ・イデルが鮮やかに示したように、著しくユダヤ教的なハラハー的で祭礼的な要素は脱落し、カバラは、何よりもまず思弁的で象徴的な神智学的体系へと転じられてしまった。イデルを超えて更に一歩踏み出すなら、この象徴的神智学は当時のドイツロマン主義思想のなかで「美学化」されたのである。そうなるとカバラは、ショーレムのなかでは、ひとつの巨大な「芸術」

作品とみなされて出現する。それは、「不毛な」ラビのハラハー的ユダヤ教や、ユダヤ教哲学の「無味乾燥で空虚な」合理主義のなかで、「創造的神話」と「象徴」を復活させる大いなる高揚なのである。要するに、ここで問われるべきは、神秘主義それ自体がロマン主義に正確にいかなる影響を及ぼしたのか（なぜなら、後者は前者のひとつの構成要素であるからだが）であるよりもむしろ、ロマン主義的美学それ自体がいかにして、ショーレムとベンヤミンによるユダヤ教と神学解釈ならびに、近代の文芸批評のなかでの彼らの作品の受容の双方に影響を及ぼしたかである。

ショーレムはカバラの言語観のうちに三つの根本的主題を見出している。

一、創造および啓示は本質的に神の自己表象である。無限なものと有限なものとの関係は象徴的にのみ表現されうるのだが、言語はこの象徴的表現であり、ひいては宇宙の本質である。

二、〈神の名〉がすべての言語の形而上学的起源であり、言語はこの名をめぐる説明である。聖なるテクストを構成している神の言語はそれ自体が〈神の名〉として結晶化する。ベンヤミンの言語理論においてのように、名というこの始原的言語は、「伝達的」言語を超えたより高度な界域である。カバラ学者たちにとっては、多様な〈神の名〉もしくは――別の言い方をすると――それぞれ特異な〈神の名〉はすべての言語の根拠であり、直接的な仕方ではなく象徴的な仕方で現出する。解釈の正しい定式と秘密を知っている者のみが〈神の名〉を解読できるのである。

三、〈神の名〉は神の力が集中されたものであるという理由で、ショーレムは「魔術」と「神秘主義」のあいだの弁証法的緊張関係を知覚するのだが、このような緊張関係は更に延長されて、人間の語の尋常ならざる力への信仰と化すことになる。〈神の名〉は語の「魔術」を、諸事物との何らかの内在的で直接的な連関を、言語が事物の世界に対して有する創造的力を表している（Scholem, "Linguistic Theory" 62–63）。

ここには、人間の言語の真髄として名を捉えるベンヤミンの考えとの明白な類似がある。とはいえ、ベンヤミンにおける名はむしろ、人間の命名的言語と神の創造的な語と自然の黙した語との媒介となる環であった。ベンヤミンは神の〈名〉という言語と直接的に係わることはない、人間の命名的言語はむしろ神の語をより下位の次元で映し出している。固有名は創造的な語の等価物では決してありえない。すでに喪失と失墜があるわけで、これらの界域を再結合できるという希望はほとんどない。

ショーレムとベンヤミンが一貫して同意していた中心的な論点によると、神の創造的な語は書かれた聖なるテクスト（もしくは美学的テクスト）のなかで直接的かつ即座に物質化されることのない具体的啓示の語ではない。テクストの物質性はすでにして「翻訳」である。「言語について」のなかでのベンヤミンの分析は、その出発点として、カバラのように書かれた聖なるテクストの言語を挙げてはいない。それに代わって、彼のいう命名者‐人間が解釈し、翻訳しなければならないのは自然である。人間は自然の言語を名の言語へと変容し、そうすることで、自然の沈黙を救出し、それを神と結合する。だから、初期の思想に見られる観念論的傾向にもかかわらず、ベンヤミンはここで、後期の唯物論的段階においてのように、無情な世界、諸事物の生命と係わっている。

このように、音声を与えられるべきは自然の言語と名の言語であって――、それらは聖典の語と必ずしも一致してはいない。ベンヤミンの図式のなかには、人間的言語という残り物にまつわる何か無力で受動的なものが、神的言語の手の届かなさが存している。ベンヤミンの考えとユダヤ教神秘主義のなかに見られる考えとを何らかの仕方で比較する際には、ベンヤミンがカバラについて有していたいかなる知識も、ショーレムとの交際をとおして得られた二番煎じで、初歩的なものでしかなかったということを銘記するのは重要である。たとえば一九三三年一月一五日のショーレム宛の書簡で、ベンヤミンは、ショーレムによって執筆された百科事典の「カバラ」項目論文の写しを送られたことに感謝しながら、次のように書いている。「この分野での私の底無しの無知からは、いかなる判断も生じてはこないのですが、あなたの論文の光線は私のいるこんなとこにまで道を拓いてくれます。ただ私自身は難解で混乱した知識で満足せざるをえません」(*Corr* 26)。

私はまたこのことも証明してみせたい。すなわち、ベンヤミンはたとえショーレムとまったく出会わなかったとしても、彼はこれらの「神秘的」概念をドイツロマン主義の伝統ならびにフンボルト、ハーマンから受け取ってわが物としたにちがいないのだ。一九一六年の試論で『創世記』のテクストを利用したその根拠をベンヤミン自身が説明していることを繰り返しておけば、聖書は、「それが客観的に啓示された真理」であるから援用されたのではなく、「本論の論述が、言語は、その現出においてのみ知覚可能で、説明し難く神秘的な究極の現実であると前提とする点で、明白に聖書に従っている」からである。「言語は、みずからを啓示とみなすことによって、必然的に、言語に関する根本的事実を繰り広げてみせずにはいない」(*Refl* 322)。

しかしながら、ベンヤミンにとっての問題は、認識論的主張——言語は救済的認識のひとつの形式である——を、自然の生まの世界での言語の現勢的力にいかにして結びつけるかだった。究極的言語が内容なきもの伝達不能なもので純粋な語であるなら、記号としての言語とその外部に存する事物との関係が堕落した関係であるなら、その場合には、黙した物質的世界のなかでの名の言語の有効性はいったいいかなるものなのか。

第一次世界大戦における言語の宣伝的使用に対するベンヤミンの嫌悪は、純化する道具としての「純粋言語」の無内容性を主張するよう彼を導いた。ミヒャエル・イェニングズのような解釈者たちはこのことをベンヤミンのニヒリズムと結合している。すなわち、救済は破壊的浄化をとおしてしか到来しえないのである。しかし、ベンヤミンの思考が進展し、ドイツでの状況が一九二〇年代から一九三〇年代にかけて堕落するにつれて、ベンヤミンは言語と物質的世界とのこの関係を考え直そうと努めた。この意味では、名という純粋言語は、ベンヤミン後期の史的唯物論の反対物ではなく、前者と後者は明らかに連続しているのであって、両者は救済の観念によって結合されている。そして彼は、この救済の観念を、時にはアイロニックに、時間には黙示録的に、時にはニヒリズム的絶望をもって、時には希望をもって扱っていた。言い換えるなら、ベンヤミンの唯物論と観念論は互いが互いの鏡像として——分かち難く結合されているのである。

言語、唯物論、模倣の能力

一九三三年、完全にマルクス主義的段階に入ったときだが、ベンヤミンは更に、言語について、密接に連動した二本の試論を書いている。そのなかで彼は、初期の神学的洞察に、より内在的で人間学的で歴史的な分析をあてはめようと努めている。「類似についての教説」は一九三三年の早い時期にベルリンで執筆され、その年の後半にはパリで書き改められて「模倣の能力について」と題も改められた。これもまた印象的なことだが、これらの作品は、ベンヤミン個人にとっても歴史的にもこのうえもない危機の時期に、ナチス党が選挙で勝利し、ヒトラーが大統領の座に就いた年に書かれている。一九三三年二月二八日にショーレムに宛てて書かれた書簡のなかで、ベンヤミンは書いている。「新しい体制を前にして私の周辺の人々が示すことのできたわずかな平静はすぐさま失われてしまったし、もう呼吸することがほとんどできないとひとは感じています。――呼吸という条件は、誰かがとにもかくにも窒息させられるときには、その意味をもちろん失ってしまうでしょう」（*Corr* 27）。ナチスはメディアからユダヤ人の編集者やプロデューサーや作家を一掃した。そのため、ベンヤミンが寄稿者として収入を得ていた雑誌や新聞はもう彼の仕事を掲載することができなくなった。とはいえ、後年の追放のなかで彼は、「デートレフ・ホルツ」という偽名で、いくつかの作品を相次いでドイツ語で書き、発表している。

一九三三年のこの手紙のなかで、彼はこう続けている。これからの数カ月のあいだに、「どうやったらこれを仕上げることができるのか」私は知らない。「ドイツの外でにせよ内でにせよ、……このような情勢にもかかわらず、新しい言語理論――四ページに及ぶ手稿――ができあがったと報告した場合には、あなたはぼくにしかるべき賛辞を送らないわけにはいかないでしょう」（28）。とはいえ、彼はこうした省察を出版する気持ちはまったくなかった。ショーレムは返信をしたためて、自分はこの新しい文書の写しを送って欲しいと切望していると書くのだが、ベンヤミンはなかなかこれを送らなかった。五月になって、イビサ島へと離郷し、蔵書や書類から引き離されてしまったベンヤミンは、一九一六年の自作「言語について」の写しの送付をショーレムの「書庫《アーカイヴ》」に依頼している。この論考と新しく書かれた「言語についての覚書」（52）を比較するためであった。ショーレムは六月一五日に写しを送るとともにこう書き送っている。「あなたには決して忘れて欲しくないのだが、ぼくは言語に関する第二のテクストを待ち望んでいます。たとえば、自分の呪文を支えてくれる理論を待望する際の、黒魔術師の心底からの興味をもって」（55）。

ベンヤミンはまだ新しい文書を送っておらず、六月後半にはショーレムにこう書き送っている。言語をめぐるこのメモは単に「もっと大きな試論の補遺でしかありません。……ここにいくつかの示唆があって、それが何らかの目的に役立つとして、このテクストは、魔術がいかにして解かれるかを示そうとするわれわれ古来の傾向における新たな方位を扱っています」(61)、と。ベンヤミンがショーレムにこの新しい覚書を送りたがらなかったのには、おそらく別の理由があった。それというのも、この覚書はベンヤミンの思考における唯物論への傾斜に大いに影響されたもので、そのことにショーレムは強い不満を示していたからだ。一九三四年一月、ベンヤミンは社会学研究所より、言語哲学についての批評−調査を依頼される。この仕事は、ショーレムが理解できなかったと主張する仕事で（彼はベンヤミンのどちらかというと「マルクス主義的」著述のほとんどについてこうコメントしている）、彼は、これはコミュニストの信仰告白なのかと尋ねることでベンヤミンの激怒を買ったのだ。

年内にようやくショーレムは「模倣の能力について」というテクストを受け取るのだが、それについて彼は書面でコメントすることはなく、一九三八年にパリでベンヤミンと会ったときに、二人はそれを話題にした。ショーレムはこの出会いについて描写して、「自分はこの模倣能力についての試論を重要なものと思うが、それに反応できなかったのが返す返すも残念である」(*SF* 205–206)、と書いている。この再会の場で、ショーレムとベンヤミンはベンヤミンのマルクス主義への方位をめぐって激しく論議したが、この論議は「どちらかというと感情的に高揚した雰囲気」を伴っていて、社会学研究所やブレヒトやロシアでのスターリン粛清裁判などとベンヤミンとの関係をめぐって「二、三度正真正銘の決裂にいたるかもしれない場面を含んでさえいた」。ショーレムが考えたところでは、ベンヤミンの言語観は、言語の魔術を廃棄しようとするマルクス主義の企てというひとつの「極に引き寄せられている」が、この企ては「言語に関するベンヤミンのそれまでのすべての省察」と相容れないものだった。「これらの省察は神学的、神秘主義的着想のもとに展開されたもので、模倣能力に関する彼の試論においてそうであるように……、なおも彼はそれを維持している」。とはいえ、この説明を次のように締め括るとき、ショーレムはこの文書を大いに誤読している。曰く、「この試論は唯物論的言語観のほんのわずかな徴候もいまだ含んではいない。逆に、そこでは事態は純粋に魔術的な結合のなかで現れている」（209）。

「模倣の能力について」という短論文のなかで、ベンヤミンは「言語の魔術」を、相似を知覚する人間の能力に帰している。今や言語は「非感性的な相似」の貯蔵庫として記述される。この論文でのベンヤミンの主要な論点はというと、言語は恣意的な記号体系をはるかに超えたものであるというみずからの見解を維持しつつも、なおも、言語の客観性と認知的諸可能性について、より神学的ならざる保証を見出すことであった。言葉を換えるなら、もっと人間学的で自然主義的な展望のもとでは、人間的言語を根づかせたり、あるいはまた、何らかの仕方で人間的言語を事物に対応させる方途は存在するのだろうか。ベンヤミンは人間の模倣的能力に眼を向け、それを、事物や人格と相似た者もしくは同一な者と化すことへの欲望もしくは数々の相似を産出して模倣的に振る舞う能力と定義している。彼が書き留めていることだが、この能力は子供たちのうちに、遊び《ゲーム》のうちに、このうえもなく高度な心的力能のうちに見出される。古代的世界は近代的世界よりもはるかに「魔術的交感」（magical correspondances）に満ち満ちていた。ただ、この能力は失われることはなく、ただ歴史とともに他の界域へと変容され、方向づけられた。

「交感」へのこのような関心は、人間の言語の「魔術的直接性」をめぐるそれまでの検証を拡張するとともに、カント的な知覚モデルを修正せんとする彼の計画を改めて追求している。彼がショーレムに対して言っているように、「コーヒーの出し殻で占う可能性を含み、それを説明できないような哲学は真の哲学たりえない」（*SF* 59）。ベンヤミンもまた、ユングやレヴィ＝ブリュールからカッシーラーやショーレム自身にいたる、多くの作家や芸術家たちが抱いた、「始原の思考」への関心を共有してもいた。ショーレムにとっては、「神話」というカテゴリーは、カバラとその象徴主義を理解するに際して重大なもので、ボードレールのいう例の「交感」も、モダニティー〔モデルニテ〕をめぐるベンヤミンのその後の分析の主題となるだろう。

ただし、より自然主義的な展望へのベンヤミンのこのような傾斜は、実例を説明するに際してベンヤミンが天文学や図像学に依拠していることで補強されている。彼が主張するところでは、天文学は、知覚された星々に特徴的な統一性を人間が「模倣」したものであって、かくして天文学は、相似を知覚するという認知的行為を言い表すためにベンヤミンが用いる隠喩と化す。「生起する相似についての知覚はどの場合にも瞬間的な閃光と結びついている。……それは眼に対して、星座のように、素早く刹那的に呈示される」("Doctrine" 66)。数々の相似は、固定されることのありえない消えゆく瞬間のなかで把握される。もっと明確な天文学の方法や科学的観察の様態においてとは対照的に。

「瞬間的閃光」と「星座＝布置」というこのモデルは、後年のベンヤミンの唯物論的歴史記述の中心に位置することになろう。瞬間的閃光はまた圧縮もしくは極小化の時間的形式でもある。パサージュ論のなかでベンヤミンが記しているように、「われわれが係わっている分野では、認識（*Erkenntnis*）は光り輝く閃光のなかにのみ実在する。テクストは長く鳴り響く雷鳴である」("Theory of Knowledge" [N 1, 1])。言い換えるなら、閃光とは衝撃の瞬間もしくは覚醒の瞬間であり、また、真の歴史的理解の瞬間である。現在と過去との配置としての星座は、ここでも、「歴史哲学についてのテーゼ」のなかでも、ひとつの中断と化す。革命的エネルギーを放出し、「メシア的時間の破片」(*Illum* 263) を現在に注入するひとつの仕方と化すのだ。こうした星座は「自然」ないし「事象」それ自体の静的イメージのなかで出会われるのではなく、認知としての言語と知覚のなかで出会われるのである。

模倣的能力に関する一九三三年の試論では、言語は非感性的相似の大いなる貯蔵庫として定義されている。それは、より古いとともに交互的なこれらの知覚を、今日われわれにとって役に立つものたらしめる。

言語は模倣能力の最高度の応用である。相似たものを認知するというそれ以前の能力が余すところなく言語という媒質のなかに入り込んでしまったので、諸対象がそこで互いに出会い、相互に関係を結ぶような媒質を表すのは今や言語である。ただ、そうなると、諸対象は、かつて占い師や司祭の心のなかでそうであったように、無媒介的に関係するのではもはやなく、それらの本質において、それらの最も消えやすく繊細な実質において、更にはそれらの香りにおいてさえ関係を結ぶ。言い換えるなら、歴史の進行を貫いて、透視力はまさに筆記と言語にその古の力を従わせてきたのだった。（"Doctrine" 68）

「経験的文献学」ならびに「神秘的で神学的な言語観」（67）の双方にとって問うべきは、相異なる言語のなかで同一の事物を意味するすべての語がいかにしてその事物に「相似」するのかということだった。ベンヤミンが主張したところでは、感性的相似（擬声語）を引き合いに出しても、この問いに妥当な仕方で答えたことにはならない。

しかし今度は、ベンヤミンは、翻訳についての試論でとはちがって、もはや「純粋言語」に言及することはないし、「神の」究極的で創造的な語や名というアダム的言語に言及することもない。「図像学」がありうべき環（とはいえ、どちらかというと説得力に欠けるのだが）をもたらす。なかでも図像的イメージによって書かれた言語は、「非感性的」相似の保存所であり、――彼の考えでは、図像学はこうした能力のひとつの徴しなのである。したがって、読むことは「世俗的でありかつ魔術的」である。ＡＢＣという文字を読む生徒は、星々を読む天文学者に似ている。読むことは、ベンヤミンの主張によると、星々や内臓や象形文字をもとに意味の星座を描くことであり、それは、書かれた言語ならびに話された言語における非感性的相似を発見するところまで進展していき、「その結果、諸対象がそこで互いに出会い、相互に関係を結ぶような媒質を表すのは今や言語である」(68)。読むことの非常な素早さは、一瞬だけ光るこれらの相似のために必要なのである。

しかし、言語のこの魔術的相貌は「記号論的」側面――語が有する通常の伝達的意味――を必要としてもいる。「言語における模倣的要素は、炎のように、その背景をとおしてのみみずからを現す。ここにいう背景が記号論的要素である」。通常の伝達的意味の一貫性は「それをとおして、閃光のように、相似が姿を現すところの背景である」(*Refl* 335)。

これら二つの版のあいだの相違はというと、第二の版(「模倣の能力について」)では、たしかに数多くの同一の論点が提起されているとはいえ、魔術的で神秘的な要素は弱められて、ショーレムが述べたように、秘教的で隠された背景へと退いており、――ベンヤミンはそこで、模倣的能力についての分析を、より自然主義的で歴史的なものにしようと努めている。言語についての神秘的で神学的な分析への明白な言及は消去されている。読むことはもはや、魔術的要素と世俗的要素双方を有するとは言われることがなく、この省略によって試論は著しく短縮されている。最後の段落では、筆記と言語における模倣的要素は模倣的行為の最高水準を表しており、それは早期の模倣的生産力を変化させて、「それが魔術の力を一掃する地点にまで」(336) いたらしめる。

アンソン・ラビンバッハは、「相似物の教義」へのその序文のなかで、第二の版でのより歴史的‐人間学的見地への移行は、ベンヤミンのいや増すマルクス主義に起因しているとの考えに反対している。彼が主張するところでは、二つの論考共に、カントの認識論をベンヤミンが批判していることならびに、啓蒙全般をベンヤミンが「認識論的神話学」と評していることの光に照らしてもっと分析されるべきである。ベンヤミンは、前合理主義的な思考の仕方としての、相似を知覚する能力に関心を寄せていた。このような思考の仕方はそれ固有の有効性を有していたが、啓蒙的思考によってその有効性は否認されてしまった。このことは、ベンヤミンが、子供の本や狂気の世界や、世界を見る別様の仕方としてのオカルトに惹かれていたことと軌を一にしていた。それらは各々、主体と客体がまだ明確に分化されていないような知覚の様相なのである。

ベンヤミンは、言語についてのもっと自然主義的な説明を「とにかく、何とかして」確立しようと努めていた。しかし、言語は未加工の生まの素材もしくは純粋な内在性ではなく、それはなおも認知的な力を維持している。一九三八年にパリで会ったとき、ショーレムはベンヤミンにこう言った。あなたは、「神秘的言語理論への嗜好と、マルクス主義的世界観にもとづいてそれと闘わねばならないという前者と同様に強い必要とに引き裂かれている」ように見える。ベンヤミンはこの矛盾を認め、「それは単に、自分がいまだ制御してはいないが、それに対して大きな希望を抱いているところの使命に係わることでしかないと言った」。ショーレムが説明するところでは、ベンヤミンがブレヒトに惹かれているのは、ブレヒトがまったく魔術的ならざる言語で書いたからである。しかし、当惑したショーレムが説明したところでは、ベンヤミンはなおも、二人の論議のなかで、「神の語」という言葉を口にしている。すべての言語理論の基礎づけとしての人間的語彙とは対照的に（*SF* 209）。

意味のない語と神的無

ショーレムにとっては、若きベンヤミンの一九一六年の試論や「翻訳家の使命」のような言語関連の著述は、史的唯物論によって堕落させられる以前の、ベンヤミンの真の天才を表現していた。しかし、ベンヤミンは同意しなかった。

ベンヤミンは自分の方位を断固として擁護した。彼が言ったところでは、自分のマルクス主義的沈黙は独断的なものではなく、発見的で実験的な本性を有していた。また、私〔ショーレム〕と一緒に過ごした何年ものあいだに彼が発展させた数々の形而上学的な、更には神学的な考えを、マルクス主義的展望のもとに移し替えたことは実のところ称えられるべきことである、とも。なぜかというと、この領野に移されることで、これらの考えは、少なくともわれわれの時代にあっては、それらにもともとあてがわれていた領域でよりも活動的なものと化すことができるからだ。(SF 207)

いずれにしても、ショーレムが鋭く付言しているように、ベンヤミン自身にはできないほど見事に、ここで、失われた哲学的環をもたらしたのは革命であった。ショーレムはこうコメントしている。「その革命を信じることのなかった者は誰であれ、ベンヤミンのこの言明に何らかの応答をなすことはほとんどできなかった」、と。とはいえ、ショーレムもそれとは異なる形態の「革命」を信じていた。文化革命であり、また、シオニズムによって実現されることを彼が希望していた再生であるが、こうした革命や再生は、ユダヤ教ならびにユダヤ教思想の学術的歴史における革命と歩調を合わせたもので、ショーレム自身、みずからのカバラ研究を通じてこの革命を実現しつつあったのだ。

生涯にわたってショーレムは、ベンヤミンと共有していた初期の「神統的アナーキズム」を維持し、「純粋言語」と宗教的ニヒリズムについてのこうした初期の思考に忠実であり続けた。後年の有名な試論のなかで、カバラの言語理論と、ユダヤ教における宗教的観念としての啓示と伝統について論議した際にも、ショーレムは鍵を握る論点を、ほかでもない言語の伝達的相貌と非伝達的相貌をめぐるベンヤミン初期の思想の語彙で——全面的に言語の認識論に属する語彙で——語っている。ショーレムの一九七二年の試論「神の名とカバラの言語理論」の最初の数ページは、言語一般ならびに、一個の総体としての言語についての数々の神秘的理論をめぐる省察に満ち満ちている。彼の中心的主張はこうである。

> 人間の精神的生活がそこで成就ないし完遂されるところの言語——媒質——は、人間同士の伝達関係には全面的に呑み込まれたり消失したりすることなき、ある内的性質ないし側面を含んでいるとの確信……。［ここには］伝達関係以外の何か振動するものが［ある］。単に伝達、意味、表現であるだけではなく……、われわれの知解を超えた何かが。(60)

いかなる言語学的探求の基礎も、ショーレムの主張するところでは、「言語は伝達や表現以上のものであり」、記号の規約的配列ではないというまさにこの想定に存している。

ショーレムは更に続ける。あらゆる宗教的伝統に属する神秘家たちは言語を、神的なものと人間的なものとの交叉点とみなしているが、この地点では、「神の言語が、話された言語のなかに浸透し、この浸透ゆえにみずからを発見に曝す」(62) ことになる。彼らは、人間同士の伝達、意味、表現のためだけの使用を超えて、言語のなかに、隠されたある次元を感じ取り、それを請い求める。

神秘家たちの根本的な関心はというと、死すべき人間たちによって用いられる言語から出発して、そのうちに啓示の言語を発見しようとすること、更には啓示としての言語を発見しようとすることだった。……太古の昔から、彼らは言語のうちに深淵を、深みを感じ取っていたのだが……この深みにおいては、言語は一度に、啓示の言語であるとともに人間的理性の言語でもあるはずなのだ。(61-62)

「神の名」はカバラ言語学の鍵を握るひとつの側面で、カバラにおける名と語の連関をめぐるショーレムの描写は、ベンヤミンの言語学の主要な箇所と類似している。——なかでも、翻訳論のなかでベンヤミンが描いた有限な諸言語と純粋な黙した言語——そこではすべての伝達と意味が消滅してしまう——との関係や、一九一六年の試論「言語について」のなかで練成された、命名を旨とする天国のアダム的言語の二重の性質と類似している。この言語もまた何の「情報」も伝達しないのである。

ショーレムの主張によると、聖書のなかでは、神の名と神の創造的語が根本的に区別されているが、それに対してカバラでは、両者は同一視されている。神の名は聖なるものの真髄、創造の動因と化すのだ。名と語との一致から、二つの重要な帰結が生じるのだが、それらは、ユダヤ教神秘主義の発展にとっての手段であった。一方では、この同一化のゆえに、何かを伝達する——たとえこの伝達が命法(「光あれ」)の形式を

まとうとしても――語、何らかの情報を伝える語は、自分自身以外には何の情報も発することのない名と化す。(70)

語と名とのこうした同一化のもうひとつの帰結は、言語を構成している文字そのものに与えられた重要性である。カバラ学者たちにとっては、ヘブライ語は始原の神的言語であり、だから、ヘブライ語の文字それ自体が神的エネルギーの担い手もしくはその凝縮物である。それらの文字の多様な組み合わせやそれらの再編成は、いうなれば創造の公式である。書かれた像は、それが表す音との魔術的結合を獲得するのだが、それも神的言語の魔術の一部なのである("Linguistic Theory" 72–75)。

一九三三年に言語について書かれた二つの試論で、ベンヤミンは読むことと書くことの背後に存する「魔術的」実践を分析しようと企てているが、今述べたことをこの企てと比較していただきたい。一九三五年一〇月二四日付の書簡のなかで、ベンヤミンは、ショーレム自身による『ゾーハル』(カバラの最も有名なテクストのひとつ)の部分訳の写しを自分に送ってくれたことに御礼を述べている。

この事柄が今も私の心に迫るものであると知っても驚かないでください。ただ、おそらくあなたは、この事柄がイビサ島でまさにこのような仕方でその表現を見出した小さな論考(「模倣的能力について」)を読んではいないのでしょうが。いずれの場合にも、そこで展開された非感性的相似の概念は、『ゾーハル』の著者が音の配列を――書かれた記号についてはほぼまちがいなくもっとそうなのだが――宇宙的結合の産物とみなすその仕方のうちに多様な例示を見出します。しかし、この著者は、いかなる模倣的起源にも帰着することなき交感のことを考えているように思えます。このことはまさに流出の教説へのこの著者の加担から帰結するのでしょ

うが、それに対しては、私の模倣理論はありうべきものとしては最強の反論となっています。（*Corr* 170）(4)

ただし、ショーレムとベンヤミン双方の言語学的カテゴリーに関して提起しうる批判的問いは何かというと、それはまさに、神秘家も詩人も共に感じ取り、また、追求した、言語におけるこの「何かそれ以上のもの」「何か他のもの」とは何なのか、この「深淵」「深み」とは何なのか、――神的神秘の虚無主義的空虚ないし深みとは何なのかを知ることである。それは、（ド・マンやジェイコブズが主張しているように）あらゆる意味と表現の否定的深淵の「彼岸」だろうか、それとも、より高度で、より充実した意味の界域なのだろうか。それに、いかにして否定的なものは肯定的なものと係わるのだろうか。「深淵」、すなわち、人間によるあらゆる把握と分節を完全に超えた界域は、それにもかかわらず、救済の痕跡と力を内包しうるのだろうか。それだけではない。なぜショーレムは、表現を超えたものを、ある種の人間的意味のみならずすべての意味を超えたものと同一視したのだろうか。彼がそうしたのはおそらく、意味を欠いた究極的な語という考えが、ショーレムの根本的な想定のいまひとつの考えと結びついていたからだろう。すなわち、神秘的経験は無定形なもので、まさにその無形式性ゆえに、この経験は相異なる数限りない形式をまとうことができる（*KS* 8）。この特徴は、ショーレムが思考の「象徴的」様態と呼ぶものを必然化している。神秘家は、この無定形な経験を起点としつつ、象徴的表象をとおして、伝統的素材を改めて解釈するのだが、これらの表象は、ショーレムによると、描写不能な現実を描写するための唯一の手段なのである。

しかしショーレムは、究極的な意味で無意味な神の語と無定形な経験のこのような特徴づけが、啓示の核心にもうひとつの「深淵」を開き、権威を移動させることを認めていた。なぜなら、ショーレムの図式のなかでは、神秘家によって啓示された象徴的次元は、それがまさに宗教的権威を確証するのと同様に、それを根底的に変容するのだから。このような緊張関係は安定することがない。だから、神秘的経験は結果として、伝承の与えられた形式との確執を産み出すのだ。神秘家が一般に受け入れられなかったり、みずからの経験を表明するために伝承の数々の形式を使用することができない、そのような歴史的情勢においては、権威の公然たる破裂がそれに続いて起こることになる。

その場合、神秘家たちが、彼ら固有の経験にもとづいて新たな権威を確立しようと試みるなら、神秘主義はまったく根底的な方位を取ることになる。ニヒリズム的神秘主義がその極端な帰結なのだが、そこでは、形式なしの衝動が、それと同時に生じる企て、それも新たな形式を築こうとする企てを凌駕するにいたる（*KS* 11）。この事例では、神秘的経験の基底に存する、すべての形式の解体が目的となる。ニヒリストの神秘家は伝統の諸形式に舞い戻ることはもはやなく、ショーレムが述べているように、「生けるものの自由がそこで生まれるような深淵のうちに降りていき」（29）、いかなる形式にもかかわらず、すべてを廃棄しながら、「〈生命の泉〉」のうちに、「すべての生けるもののアナーキーなごたまぜ」（28）のうちに深く沈潜していく。

このようにショーレムの見地からすると、神秘家は、みずからが位置づけられている伝承に向けての保守的態度と革命的態度とのあいだの「弁証法的」緊張関係のなかで生きている。神秘主義にその生命力を与えているのはほかでもない、伝統的権威の再解釈とまったく新たな権威とのあいだの緊張関係なのである。「〈生命の泉〉」、「アナーキーなごたまぜ」、「生命力」といった比喩のショーレムによる使用はまったく効果的である。なぜなら、これらの比喩は、ショーレムとベンヤミンがあれほど強く反対していた生の哲学（*Lebensphilosophie*）の諸観念と呼応しているからである。ベンヤミンとショーレムは、無媒介的で純粋な真理の経験などまったく存在せず、むしろ言語が、媒介された経験が存在するのだということを力説していた。にもかかわらず、彼ら各々の作品のなかには、ある種の「無媒介性」としての〈生命の泉〉への反動的志向、郷愁、欲望が残存していた。この「無媒介性」は様々な形式をまとうのだが、ショーレムにとっては、ユダヤ人が具体的かつ無媒介的に歴史のなかに参入することとしてのシオニズムはそのような形式のひとつであり、また、言語のなかでの「深淵」の告知もしくは「生けるもののアナーキーなごたまぜ」はそのいまひとつの形式であった。言語それ自体も、無媒介的経験の一種の存在論的代理物と化した。というのは、言語はそれ以外の形式の「認識」と「経験」を含んでいると言われているからだ。

ただ、ショーレム自身の歴史記述のなかでは、神秘的経験の「無定形の」世界ならびに象徴的表象へのロマン主義的陶酔が、ロマン主義以降の懐疑主義と結合されているし、また、これらの経験は歴史的で文献学的な探求の批判的道具を通してのみ接近されるということの承認とその強調が存していると言えるだろう。彼はツァルマン・ショッケンに宛ててこう書いている。

たしかに歴史は根本的にひとつの錯覚であるかもしれません。しかし、この錯覚なしには、時間的実在のなかでは、事象の本質へのいかなる洞察も可能ではないのです。今日の人間にとっては、「体系の」「真理」の神秘的全体性は、まさにそれが歴史的時間のなかに投影されるときには消滅してしまうのですが、それが最も純粋な仕方で眼に見えるものとなりうるのは、註解という正当なる学科ならびに文献学的批判の特異な鏡のなかにおいてのみです。今日、まさに今から仕事を始めようとしているとき、私の仕事はこの逆説のうちにあります。一方では、山上からの真の伝達を希望しながら、他方では、歴史の最も不可視で最も小さな変動を希望しているのですが、この微小変動は「発展」の錯覚から真理が迸り出ることを引き起こすのです。(Qtd. in Biale,

Scholem 76)

歴史に対するショーレムの態度と言語に対するショーレムの態度は、もうひとつ別の、もっと個性的な彼の著述、「カバラについての一〇の非歴史的テーゼ」の第九テーゼのうちにも見出される。

数々の全体性は秘密裡にしか伝達されえない［*tradierbar*］。神の名は言語のうちでめざされることはできるが、言語のうちで発声されることはできない。なぜなら、言語の断片性のみが言語を発声可能なものにするからである。「真の」言語は発声されえない。絶対的に具体的なものが実現されえないのと同様に。（Biale, "Ten Aphorisms" 86)

この最後の文は、ハンス・シェプスに対するショーレムの論争――ベンヤミンはそれを実に高く評価していた――から引用したものだが、段落全体は「真理の言語」をめぐる「翻訳家の使命」でのベンヤミンの言葉を思い起こさせる。すなわち、「あらゆる思考が求めてやまない究極的な真理が、緊張なく、みずからは沈黙しながらそのなかに保管されている、そういった真理の言語……」。その予感と記述こそ、哲学者が期待しうる唯一の完全性であって、［このような言語は］翻訳のうちに集中的な仕方で隠されている」("Task" 77)。ステファヌ・モーゼスが言っているように、初期のベンヤミンは「言語を、秘密ではあるが理想的な中心として、無数の具体的発声の背後にみずからを隠すような記号の体系とみなしていた」("Walter Benjamin" 199)。人間の言語は、語と事物との資源的対応の破壊ゆえに、不完全で断片的であるが、翻訳とは、言語の内部にあって、この対応を復元するのに貢献できる機能である。「翻訳のユートピア的機能は、それが伝達を助けるということではまったくなく、それが魔術という言語の始原的本質を再創造しようと企てることである。どの具体的なテクストの背後にも、言語学的発声によって隠蔽されてしまうような理念的意味が存している。この隠れた意味を解き放つのは翻訳者の義務である」(200)。これが「純粋言語」であって、それは最終的には、「究極的な真理の沈黙した保管所」である。究極的な真理は、それを把握しようとする有限な人間の企てを一切「超えた」ものであるが、それにもかかわらず、言語はそれに向かい、それを喚起することができる。なぜなら、言語はある特別な位格を有しているからだ。言語の源泉は神にあり、言語とは神的なものと人間的なものとの交叉点である。とはいえ、人間的なものとしての人間的言語は「断片的で」、全体もしくは神の無限性を把握することができない。真理の媒質としての言語は、この真理のまさに媒介でもあるのだから。

しかしベンヤミンとショーレムは、いかなる種類の「媒介」が可能でありかつ必要なのかの評価に関しては、どうしようもなく見解を異にしている。ベンヤミンは言語のこのまさに「断片」を拾い上げて、それらを強化し、凝縮し、圧縮する。あたかも、そうすることでこれらの「断片」が秘密を明かすかのように。彼はまた、「〈言語〉」なるものを、言語的テクストをはるかに超えて事物の言語、歴史の言語にまで拡大しようともした。あたかも、物質的世界の有限で具体的な断片をもっと「具体的なもの」、すなわち、世界全体のミニチュアである「モナド」たらしめることを通じて、「絶対的に具体的なもの」を把握できるかのように。あるいはまた、秘教的言語それ自体を援用し、かつ賦活するなら、この真理のいくばくかが媒介されて表出されるかもしれないかのように。彼ならではの仕方で、ベンヤミンは、哲学と言語、絶対的なものと具体的なもの、精神的なものと物質的なもの、神学と政治を共存させようと努めたのである。

ベンヤミンと同様、ショーレムは(先に彼自身の言葉を引いたように)、歴史的発展という自由主義的で進歩主義的観念を錯覚とみなした。彼にとっては、登頂するための唯一正当な方途は、注意深い歴史的テクスト註解と文献学を通る方途であり、また、歴史の領域では、シオニズムの黙示録的ならざる文化活動という方途であった。そうではあるが、ショーレムは、同時代の経験的政治のなかでシオニズムの理想が「具現」されていったその仕方に幻滅するにいたった。「われわれはあまりにも早く勝利者となった」――、ただし、勝利が「眼に見えない領域、すなわち、言語の蘇生という領域で決定されるより」以前に、「眼に見える領域で」勝利者となった。「秘密の価値」は、それが公的に宣伝されることで漏洩されてしまった（*SF* 173）。「シオンに向かいながら、われわれはロンドンとモスクワのあいだでアラビアの砂漠に迷い込んでしまった。そして、われわれの傲慢さが、われわれの民族へと導いてくれる小道を封鎖してしまったのだ」（174）。にもかかわらず、ショーレムはシオニズムという企図に忠実であり続けた。一九三三年七月二六日に、ベンヤミンに宛てて書きながら、彼は確認している。「私はここでしか暮らすことができません……。なぜなら、私は自分がこの大義に身を捧げていると感じているからです。たとえ絶望と荒廃に直面しているとしても。さもなければ、ほとんどは傲慢さと言語的腐敗として現出する傾向のある、刷新のうさんくさい本性ゆえに、私はとっくに分裂していたでしょう」（*Corr* 66）。

シオニズムが「卑俗なものとして」具現されたにもかかわらず、ショーレムがシオニズムに加担していることは、マルクス主義が洗練を欠いた仕方で様々に現出しているにもかかわらず、ベンヤミンがマルクス主義に加担していたことにぴったり対応している。ただショーレムはこの併行関係に気づくことができなかった。彼は、非正統派の最たるものともいうべき類のベンヤミンのマルクス主義にも、また、一九二四年にショーレムに宛てて書かれた次のようなベンヤミンの欲望にも、いささかも有効性を認めようとはしなかった。曰く、「私は自分の思想における時事的で政治的な要素をもう時代遅れのごまかしで表したくはありません、それらを実験的な仕方で、極端な形式で発展させたいのです」(*SF* 124)。その代わりに、ショーレムはベンヤミンの史的唯物論を、言語の形而上学者としてのベンヤミンの真の天才と洞察とは相容れない、ぶざまで不釣り合いな衣服のごときものと考えていた。一九三一年に書かれた刺のある書簡のなかでショーレムが主張していることだが、ベンヤミンは、唯物論的方法を真に実践しているのではなく、その「曖昧さと不協和音」と戯れているにすぎない。唯物論的方法はというと、「知的な読者なら誰でも切り離すことができるようなまったく疎遠な形式的要素でしかありません。それは、この時期のあなたの作品に、冒険家、曖昧さの御用商人、トランプ詐欺師の作品の烙印を押すことでしょう」(228)。

これに答えて、ベンヤミンは、二人各々の物質的・歴史的情勢の相違が何を意味しているか、そしてまた、自分の思考には複雑さと曖昧さが必要であることを、ショーレムに説明しようと試みた。「もし私がパレスティナにいるなら、事態がまったく異なるものとなった可能性は大いにあるでしょう。アラブ問題についてのあなたの立場は、ブルジョアジーとはまったく異なる、曖昧ならざる区別の諸方法をあなたが有していることを証明しています。ここには、そうした諸方法は存在しません。ここには、そうした方法はひとつとして存在しません。なぜなら、私が「曖昧ならざる」と呼んだものを、あなたが曖昧さの絶頂と呼んだとしてもまったく誤りであるわけではないからです」(*SF* 233)。「ブリット・シャローム」(平和連合)に属する、在パレスティナ知識人の小さなグループのひとりとして、ショーレムは、パレスティナ全土にわたって、ユダヤ-アラブの連合主権を唱導していた。しかし、一九三七年七月一〇日に彼がベンヤミンに書いたように、ユダヤ人国家とアラブ人国家という二つの分離国家への分割を提案したあとは、現実的には選択の余地はほとんどなかった。「今日の問題はもっぱら、分割を拒絶して何かより良きものが得られるかどうかですが……、残念ながら、この場合、肯定形で答えることはほとんどできません」

(*Corr* 200)。

ただしショーレムは、ベンヤミンの思考はその最もマルクス主義的な段階においてさえ、啓示と救済というユダヤ教のカテゴリーへの執着によって決定されているとのみずからの信念を最後まで維持し続けた。ユダヤ教のカテゴリーへの執着は公然と維持されたが、マルクス主義との係わりはというと、「偉大な権威あるテクストの註解という彼の根本的方法と密接に結びついているとはいえ、……語られないままにとどまり……真に秘教的な知識と化してしまった」(*JJC* 194)。ローゼンツヴァイクについての試論のなかにショーレムが組み込んだ、もうひとつの、より個性的な「寓話」のなかで、彼は、史的唯物論の目的論的で近代的な力のこのような隠匿が何を意味しているのかについて省察するために、数々のカバラ的隠喩を援用している。

心理学によって人間から追放され、社会学によって世界から追放され、もはや天国に住まうことを待ち望むこともない神性は正義の玉座を超えて史的唯物論に委ねられた。そして、慈悲の座も精神分析に委ねられ、ある隠れた場所に退かされてしまって、〈彼の御方〉を開示することはない。しかし、〈彼の御方〉は本当に開示されていないのだろうか。たぶん、この最後の撤退は〈彼の御方〉の啓示である。たぶん、虚無となるまで神が退去することが肝要なのであって、〈彼の御方〉はみずからが王であることを、空っぽになった世界に対してのみ啓示するのである……。("Franz Rosenzweig" 27–28)

もし「絶対的に具体的なものが実現されることがありえず」、「啓示がそれ自身の虚無に回帰する」なら、その場合には、誰がこの虚無の内部で探求したり、あるいはまた、この虚無にもとづいて語ることができるだろうか。いまひとつの実にロマン主義的な身振りによって、ショーレムは詩人たちと芸術家たちを、近代における神秘的経験の正当なる継承者として指し示している。彼が指摘したところでは、啓蒙以後の宗教的権威の失墜とともに、ブレイクやランボーのようなニヒリストの、あるいはまた世俗的な神秘家が卓越した存在と化した。彼らの権威の源泉は彼ら自身にあるとはいえ、彼らには、教会の伝統的な宗教的想像や秘教的伝統を廃棄することはできない。ショーレムはこれら世俗的な神秘家たちを、真正なる神秘的経験の界域から排除することはない。それどころか逆に、彼はこう主張している。「神秘的経験は本質的に無定形であって、それゆえ、限りない数の仕方で解釈されうる。宗教的権威にはいささかも係わることなく、純粋に内在的で自然主義的な仕方」でさえ、「解釈されうるのだ」（*KS* 17）。究極的な意味で形式なきものは無数の形式をまとうことができる。

　このコメントは効果的なもので、それ自体が、聖なるテクストの無数の意味をめぐるカバラ的解釈学と軌を一にしている。ショーレムが書いていることだが、神秘家が自分自身の伝統の諸形式に回帰する場合、彼もしくは彼女は、それらの形式を象徴的に解釈し直し、それらを無数の意味へと開くことで、聖なるテクストを変容せしめる。「テクストの聖性はほかでもない、このように変容できるというその能力のうちに存している。神の語は無限である。あるいはまた、これを別様に言うなら、絶対的な語はそれ自体は無意味だが、意味で充溢しているのである。……権威はもはや、神が伝えたことの唯一まちがいようのない「意味」のうちに存しているのではなく、新たな形式をまというるその能力のうちに存しているのである」（*KS* 12–13）。

　ショーレムが挙げている見事な実例のうちのひとつは、古典的ハシディズムの指導者リマノフのラビ・メンデルであるが、彼は、イスラエルびとはシナイで実際にどんな言葉を聴いたかをめぐるタルムードの論議にもとづいて考察を練り上げている。メンデルが言うには、イスラエルびとが本当に聴いたことのすべては、十戒の最初の語の最初の文字、すなわち「アノキ」［*anokhi*］（「アノキ」は「わたしはあなたの神である主だ」の「わたし」の謂である）という語の最初の文字アレフであった。このアレフはヘブライ語のアルファベットの最初の文字でもあり、単に咽頭を開くことである、とショーレムは註解している。

アレフは、語が母音で始まっているときに、咽頭によって引き受けられる可能性以上の何ものでもない。だから、アレフはすべての分節された音の源泉を指すものと言われうるのだ。カバラ学者たちはアレフを他のすべての文字の精神的な根とみなしていた。アレフはその本質のうちにアルファベット全体を、ひいては、人間的言説のその他の要素すべてを包摂しているのだから。アレフを聴くことは、無の隣にあるものを聴くことである。それは聴取可能な言語全体への準備であるが、それ自体としては、いかなる特定の意味も担っていない。

（*KS* 29–30）

ショーレムにとっては、リマノフのラビによる解釈は、シナイ啓示の意味を、「無数の意味に満ちてはいるが、特定の意味を欠いた神秘的啓示」(30) へと大胆にも翻訳するものだった。このことは、人間的言語への翻訳を通じてのみ、シナイ啓示は宗教的権威の基礎となりえたということを含意していた。それゆえ、宗教的権威がそこに基礎を置いているところの言明は最終的には、それとは異なる超越的でかつ分節されざるこの響きの人間的解釈であることになろう (31)。

鍵を握る点は何かというと、ショーレムの説明が、啓示の具体的特殊性（すなわち立法、祭礼、戒律、説話的叙述）を、すでに媒介され他から派生したもの――人間による解釈――たらしめていることである。

そうだとすると、言語の「命法的」相貌もしくは〈神の語〉は、行動のためのいかなる直接的法規をも構成するわけではなく、むしろ、あの分節されざる声もしくは純粋言語の終わりなき要請を含蓄している。もうひとつの後年の試論「ユダヤ教神学についての省察」のなかで、ショーレムはこの立場が含意している解釈の自由について論議している。「無限の屈折をもたらす媒質を通じてのみ、無限の語は有限な語へと転じるのだが、その場合にも、無限のものはそのような語に、ある特定の意味を表象するものすべてを、他の諸存在との意思疎通をはるかに超えた深みを貸し与える」(*JJS* 278)。

しかし、もしあるテクストの聖性が、何らかの具体的で肯定的な内容よりもむしろ、無限の解釈へと象徴的に開かれる能力であるなら、その場合、言語それ自体の本性ゆえにこれと類似の能力を有した何らかの世俗的テクストと、聖典とのあいだの相違は何なのだろうか。あるいはこう言ってもよい。ベンヤミンのように、言語のこうした能力を自然化したり、彼が「世俗的解明」と呼んだものを探求したり、聖なるテクストよりもむしろ世俗的なものの分析を通じてこの潜在力を活用したりすることを無効ならしめるものは何なのか。この点について、アドルノは多大な洞察力に満ちた言葉をベンヤミンについて書いている。

> ベンヤミンは聖なるテクストという観念を啓蒙の領域へと移し替えたのだが、ショーレムによると、ユダヤ教神秘主義それ自体が弁証法的にそこへと昇りつめようとする。ベンヤミンの「エセー主義」は、あたかもそれが聖なるテクストであるかのように世俗的テクストを読むことに存している。このことは、彼は神学の遺物にしがみついているという意味ではないし、また、宗教的社会主義者として、世俗的なものに超越的意味を付与したという意味でもない。むしろ彼は、世俗性のなかで浪費された神学的遺産にとって唯一の機会として、まったく無防備な世俗化〔聖なるものの冒瀆〕に依拠しているのである。(*Prisms* 234)

ここでアドルノは、有名ではあるが論争の対象となったショーレムの主張を念頭に置いている。すなわち、サバタイ主義の異端は、具体的な律法とあらゆる意味の無定形の解体とのあいだの緊張関係を激化させ、いくつかのカバラの観念を徹底した反律法主義の極端にまで導いたのだが、それこそが、ユダヤ啓蒙運動ならびに改革運動の隠れた源泉であるというのだ[5]。何人かの批評家たちが主張したところでは、ショーレム自身のサバタイ主義への強い関心ならびに、カバラの反律法主義的相貌は、「ショーレムが生きた時代にユダヤ教が陥った歴史的困窮と彼自身との係わりの本質的側面を表していた。たぶん彼は、カバラの反律法主義のうちに、ディアスポラのユダヤ教に反対する近代ユダヤ人たちの反抗の内なるこだまを、更には、その内なる確証を見出したのだろう」(Schweid 31)。

こうしたことが言われている一方で、カバラの言語観に関してショーレムが描いた肖像は、多くの同時代の作家や詩人たち、とりわけ、これまでのものの代わりとなるような革命的伝統を探し求める者たちにとって魅力的なモデルとなった。具体的な意思疎通には存することはないが、その代わりに、無数の相異なる解釈を正当化するような一種の無内容な透明性としての啓示の概念は、シニフィアンの中心なき戯れ、解釈の終わりなさ、言語によるすべての現実の媒介、バルト、デリダ、フーコーのような作家たちに見られる根深い反律法主義的調子をポスト構造主義が強調したことと類似している。テクストは人間による終わりなき媒介に開かれていて、どのテクストも他のテクストに対する優越を主張できず、すべてのテクストが単に断片的であるとの考えは、意味の「アナーキーな」潜在力をも含蓄していた。「無限の屈折」とは解釈の前進しつつある伝統であり、かかる伝統については、ショーレム自身の歴史的‐文献学的批評がその世俗的な等価物と化すのである。

カバラの言語理論をめぐる試論の末尾で、ショーレムは評論全体の主眼を改めて要約している。すなわち、カバラ学者たちにとっては、神の名がすべての言語の始原たる源泉で、それは「伝統的な含意での「意味」をまったく有していない。それは具体的な意味をまったく有していないのだ」(6)。トーラーが神の名の現出とみなされるとき、このような結論は啓示の観念について何を表しているのだろうか。意味を欠いているとはいえ、神の名は「意味が与えられることを可能にするところの名である。みずからは意味をもたないにもかかわらず、意味の他のすべての形式を付与するのもこの要素なのである」。ショーレムは実に思弁的で詩的な仕方で帰結を描いているが、それは、ベンヤミンのカフカ論に見られるいくつかの哀歌的な文章に呼応している。

> 神の言葉は解釈を無限に容れうるもので、それはわれわれ自身の言語に反映されている。われわれが捉えるその光輝や響きは伝達であるよりもむしろ呼びかけである。意味——意義《センス》と形式——を有するもの、それは語それ自体ではなく、この語の背後に存する伝統であり、その伝達であり、時間のなかへのその反映である。このような伝統はそれ固有の弁証法を有しているのだが、それはいくつかの変化を貫いて進行し、ついには、途切れ途切れの小さな囁きを通じて委ねられる。(194)

この試論はある引用で締め括られている。この引用はひとつ前の章で題辞として掲げられていたもので、上述の伝統が沈黙に陥った現代の虚ろさを描いている。ショーレムが主張するところでは、これは言語の危機、それもわれわれ自身の危機である。われわれの言語から神が撤退してしまったのだが、このような言語の価値について応答できる者たち、「消失した創造の言葉のこだまを、世界の内在性のなかで聴く」

ことのできる者たちだけが詩人である。――なぜなら、彼らはなおも「絶対的なものとしての言語を信じており、この絶対的なものは数々の弁証法によって恒常的にこじ開けられるのだ」。今、聴取されるべきは言語の神秘への彼らの信念である（194）。最後の言葉のなかで、ショーレムは権威者、客観的な歴史家としてのみずからの役割から出発しているが、彼自身が暗黙のうちに抱く神学は、ベンヤミンならびにロマン主義的哲学と彼との交渉を強く刻印された言語理論を経由して姿を現す。

要するに、ショーレムによる言語学的説明と叙述の包括的図式は、「批判的‐歴史的文献学」に由来するものであるよりもむしろ、ドイツロマン主義とその美学、言語哲学をめぐるベンヤミンの数々の定式に根ざした哲学的枠組みに由来している。あるいはまた、このことを別の仕方で見ることもできる。ベンヤミンとショーレムは、カバラ的言語理論もしくは神秘的言語理論を（他のドイツのロマン主義作家たちがそうしたように）「世俗化し」、そうすることで、この理論を哲学的・批判的カテゴリーとして確立し、また、そうすることで、言語のそれ以外の現れすべてを解釈する際の基準としてこのカテゴリーを適用したのである。

第3章　ドイツ観念論の遺産

――純粋に物質的なものとこの絶対的に精神的なものは悪魔の領分の二つの極である。
（ベンヤミン『ドイツ悲劇の根源』二三〇頁）

カバラとドイツ観念論とドイツロマン主義とのあいだの「親和性」は何のためのものなのか。モーシェ・イデルが指摘していることだが、ナフマン・クロフマルとM・ランダウアーという、学術的カバラ研究でのショーレムの一九世紀における先駆者たちは、「ドイツ観念論の庇護のもと」、今やカバラ研究のなかで注目される存在と化した。「それというのも、現在では周知の事実だが、ドイツ観念論はシュヴァーベンの敬虔者たちを経由したカバラ思想によって時に影響を受けているのだから」（*Kabbalah* 8）。ユルゲン・ハーバマスもまた、カバラそれ自体がドイツ観念論の隠れた源泉であり、ドイツ観念論にあっては、「ユダヤ教神秘主義の精神が秘密裡に生きている」と指摘している。「キリスト教カバラとベーメやシェリングのような思想家たちを介して伝達されたユダヤ教神秘主義は、プロテスタントのドイツ観念論のうちに吸収されていった」(1)（*Philosophical Profiles* 21, 38）。

絶対的なものと具体的なもの、全体と断片、精神的なものと物質的なものを結びつけることというベンヤミンとショーレムにとっての課題ならびに、自分たちの議論を組み立てるために彼らが用いた語彙それ自体は、ドイツの哲学的観念論の遺産に由来している。カバラをめぐるショーレムの「非歴史的アフォリズム」の別の箇所で、彼はこう書いている。「カバラ学者たちは弁証法的傾向を備えた神秘的唯物論者であったとの考え方はまったく歴史を考慮に入れていないものだろうし、それどころか、無意味でしかないだろう」(Biale, "Ten Aphorisms" 76)。この言明は特に、一六世紀の偉大なカバラ学者であるラビ・イサック・ルーリアによって展開されたツィムツムの概念を念頭に置いている。ルーリアのカバラが提唱しているところでは、神は、拡張を通じてではなく「凝縮」(ツィムツム)を通じて宇宙を創造した。そこで有限な宇宙にとっての「部屋」と化すために、神はいうなれば自分自身のうちに「撤退し」、みずからの無限性を「凝縮する」。そのとき生まれた空虚な空間のなかで、神は、凝縮された「点」から宇宙を創造したのだ。つまり、物質的宇宙は神の撤退と回帰という「弁証法的」過程から帰結する。

ルーリアのカバラのなかでは、神の自己凝縮ないし自己追放を通じての創造という考えは実際に物質の力と不可侵性を説明づけていた。加えて、それはまた、物質がいかに神的潜在力を維持しているかを示すとともに、人間の役割は物質の領域を神的源泉と再び統一させることで、この領域を解放することであると主張していた。ハーバマスはここに、「物質は人間の実践を通じた救済を必要としている」という、ベンヤミンに由来しブロッホを経由した鍵概念の源泉を見ている("German Idealism" 39)。ローゼンツヴァイクからアドルノにいたるドイツ観念論に押されたユダヤ教の刻印はこのように「批判的ユートピアの騒動を産み出し」(42)、そして、否定的なものの創造的もしくは黙示録的役割についての様々な解釈は、いくつものありうべき方向へと導いていった。シェリング、ヘーゲル、マルクスにおけるように、自然の弁証法的唯物論のほうへ。そしてまた、歴史の革命的理論や、革命以後の啓蒙のニヒリズムのほうへ

(*Philosophical Profiles* 209)。それだけではない。ハーバマスが主張しているように、一九世紀後半と二〇世紀前半に輩出された偉大なドイツ・ユダヤ人の哲学者たち（ベンヤミンやローゼンツヴァイクのような）の多くは、言語という視点から論を構築するとともに、その視点から観念論を批判している。なぜなら、観念論は言語を糾弾し、「その代用物として神格化された芸術を顕揚した」（"German Idealism" 24）からである。

カバラの図式を哲学的語彙に「翻訳する」ならこうなる。創造が神の「自己否定」ないし撤退から起こるとすれば、世界の〈生成〉は〈無〉を介しての〈存在〉の推移から帰結することになるだろう。ここにいう「無」の本性は重大な争点である。それは、まったき空虚として、悪の源泉、神における自己分裂、それゆえ世界のあらゆる断絶の源泉であるような不在なのだろうか。それとも、それは単に神の揺るぎない充溢と善性が「ヴェールで覆われること」、それが「隠れること」にすぎないのだろうか。それは「文字どおりのもの」だったのか、それとも「隠喩的なもの」だったのか。神が「不在」であるとして、この「不在」は何を含意しているのだろうか。ルーリアは本当にヘーゲルを数世紀前に先取りしていたのだろうか。そして、こうしたことすべてのなかで言語はどのような役割を果たしているのか。人間の言語と神の名、あるいはまた、神の本質の表現であるような神的言語との関係はどのようなものだろうか。神の言語と人間の言語との接合もしくは離接のなかで〈無〉が果たす役割はいかなるものだろうか。

もう一度、ショーレムの「一〇の非歴史的アフォリズム」の第九のアフォリズムを引用しておこう。ショーレムは書いている。「数々の全体性［*Ganzheiten*］は秘密裡にしか伝達されえない。神の名は発音されうるが、表出されることはありえない。なぜなら、断片的なものだけが言語を表出可能なものにするからだ。「真の」言語は話されることがありえない。絶対的に具体的なものが実現されえないのとまったく同様に」(86–87)。この言明はまたしても、初期ベンヤミンの言語哲学ならびにその持続的な「断片化の哲学」を想起させるが、この「断片化の哲学」はのちに、「史的唯物論」を介して、歴史と文化的対象の廃墟の「言語」に適用されることになる。後期のベンヤミンにおいては、断片化のこうした諸力を扱うひとつの仕方は、これらの力を取り入れ、これらの力をそれら自身に抗して援用するべく努め、そうすることで風穴を開けて、救済のエネルギーを放出させることだった。

われわれは「純粋言語」が有する相矛盾した意味に立ち戻ろう。すべての具体的意味を「超えた」この界域はニヒリズム的空虚化なのか、それとも、メシア的救済なのか。これらだけが本当に選択肢なのだろうか。それになぜ、ショーレムは、「意味なきもの」として、言語におけるこうした他性や「彼方」や深みを定義し、すべての意味の「消失」のようなベンヤミンの語彙を援用して、カバラ神学の中核にニヒリズム的傾向を含ませようと強調しているのか。これは、ユダヤ教的神秘家の神学に、時代錯誤的な哲学的・文学的カテゴリーを投影することだろうか。

神の内部に存する「否定」という観念は、デリダやジャベスのような何人かの現代の作家たちにとっても魅力的なものだった。彼らはこの観念を、神のまさに撤退の意味に解しているのだが――、神における否定性ないし断絶は言語の自由な戯れを産出するのである。(2)「深淵」は非人間的な空虚と化す。――ジャベスにおける神的充溢としての言語の「深み」であるよりもむしろ、それは言語それ自体の内在的自己批判なのである。「神について問いかける神」は、詩人の言語的自己反射〔反省〕と同一化される。空虚な空間が文学の空間を、虚空に宙吊りにされた語、答えなき問いの空間を産み出すのである。

ショーレムにとっては、物質的な語の本性ならびに、それと精神的世界との関係をめぐるこの問いは、その根底において、言語についての問い――もしくは、ロマン主義哲学の影響下にあって彼が言語の「象徴的」本性と呼んだものについての問い——を含んでもいた。ある水準で、ショーレムが指摘しているところでは、カバラは神について語るために「凝縮」のような「唯物論的言語」を使用している。そこにはまた、神のセフィロートをめぐるカバラの複雑な叙述も存在していた。セフィロートとはすなわち、マクロコスモスからミクロコスモスにいたる宇宙のまさに構造を形成すると言われている、神の道具、属性、現出、創造的な力のことである。これらのセフィロートはよく、「王の身体」といったきわめて擬人的な語彙で叙述される。もうひとつの非歴史的アフォリズムのなかで、ショーレムは書いている。「ルーリアのカバラ、そのなかでもツィムツム（神の自己凝縮）の導出に見られる唯物論的言語は、こうした想像と言説の様態を用いる象徴主義は現実そのものたりえなかったかどうかをめぐる思考を引き起こす」(76–77)、と。デイヴィッド・ビアールは適切にもここでの論点をこう要約している。「神秘的で象徴的な言語は単にその主題を「表象している」のだろうか、それとも、言語は「事物それ自体」の本質的部分なのだろうか」(77)。言い換えるとこうなる。この言語の存在論的位格はいかなるものだろうか。そしてまた、空虚な空間、〈無〉の存在論的位格は。

それに対して、モーシェ・イデルが指摘するところでは、「セフィロートの概念の歴史を特徴づけている中心的主題は、神の内なるものと神の外なるものとのあいだの動揺である。哲学の歴史が、一方では神の精神の内部に存する観念の実在と、他方ではその外部に存する観念の実在に関する哲学的諸理論を刻まれているのと同様に」(*Kabbalah* 137)。言い換えるなら、セフィロートについてはいくつもの記述と定義があって、それらが交替を繰り返している。ひとつは、セフィロートは神的本性の一部で、神的本質に属するものであるとの定義である。いまひとつは、それらは本質においては神的ならざるものであるが、世界を創造し、維持するに際しての神の直接的道具であるか、——あるいはまた、神的感化力を伝達する容器であるとの定義である。更に、他の定義では、セフィロートは、創造された現実の内部への神性の流出の内在的要素である。もっと別の定義もある。それによると、それらは、人間的人格の個的存在ならびに心理学の内部に場所を得るところの過程である（137）。

　このように多様な定義があるのだが、ただイデルが力説するところでは、セフィロートは第一に世界への神の関係の力動的過程であり、それと相関的に、様々な奇跡的で観照的な行為を通じて世界を神的なものと係わらせようとする人間の活動である。セフィロートをめぐるこれらの議論すべての目的は、「象徴」それ自体についての省察ではなく、むしろ、神の力動的過程と諸関係の不断に変化する配置を判読し経験することにある。神智的－降神術的なカバラのなかでは、人間と神とのあいだの溝は、祭礼と戒めを通じて、ハラハーを通じて乗り越えられる。スペインのカバラ学者、アブラフィアにとっては、セフィロートは内面化され心理化されるのだが、セフィロートを解釈することの狙いは神との結合ならびに脱自的恍惚の経験を成就することである。

　要するに、鍵を握る問いは、事物の静的「本質」として、もしくはその「表象」として定義されうる象徴の存在論的位格をめぐる問いではなかったのだ。問いを組み立てるまさにその仕方はプラトン的西洋形而上学を援用している。イデルが主張するところでは、他の古代の秘教的哲学と相容れる「思弁的哲学」としてカバラを第一義的に捉える、そのような歪んだ見地は、まずはルネサンス期の錬金術思想の新プラトン主義によって、次いでキリスト教カバラによって、カバラが媒介されたことの所産である。これらの適用はもっぱらユダヤ教神秘主義の思弁的相貌に焦点を合わせており、ユダヤ教神秘主義を、ユダヤ教の律法や祭礼との内在的連関から引き離しているのだが、こうして分離された思弁的神智だけが後期のドイツ観念論の興味を引くものとしてそれに伝えられた。――ユダヤ教からその律法を貶めて廃棄したものが、後期のドイツ観念論なのである。

ショーレムは第一義的には神智学たるものとしてカバラについて書いているが、このことはとりわけ、思考の「象徴的」様態についての経験の最たるものとしてカバラを捉える彼の見地に反映されている。すでに見たように、カバラの降神術的で恍惚的な構成要素ならびに数々の戒律の役割を縮減することは、この「象徴的」言語の内容、あるいはまた、そのひと組みの能動的指示物の損失へと導いた。ショーレムの見地では、究極の語は「無意味」ではあるが、無数の意味を産み出す。「〈無〉」は解釈のアナーキーな多数性、神話や宗教的生命力の高揚、等々へと導くのだ。

それだけではない。カバラはときどき、西洋形而上学の若干の語彙を採用してきたと言ってよいが、これらの語彙はまったく異質な過程に適用された。ツィムツム(創造の過程での神の凝縮)というルーリアのカバラでの「〈無〉」は無限の世界の否定ではなく、その現勢化である。言い換えるなら、中心的論点がセフィロートそれ自体の存在論的位格であって、象徴としてのセフィロートではない場合、鍵を握る問いは言語が表象なのか、それとも現実なのかを知ることではない。そうではなく、現実は関係的で力動的なものなのか、それとも、固定された静的なものなのかを知ることが、鍵を握る問いである。「本質」と「実存」、「弁証法」と「否定」といった西洋哲学の語彙をカバラに適用するのは妥当ではないし、誤解を生じさせかねない。西洋の精神性を西洋の概念性へと「翻訳する」という案件はレヴィナスの仕事の中核にも位置している。本書の第二部でこの点を論議することにしたい。

ベンヤミンも、ドイツ悲劇についての著書の序文で、ドイツ観念論の語彙をいかに援用するかという問いと格闘していた。そこでベンヤミンは真理を理念の「星座=布置」として定義していた。それは関係的な配置のことで——、『救済の星』でのローゼンツヴァイクがいう大いなる表徴に類似している。興味深い点なので指摘しておくと、ルーリアもまた、力動的で関係的な現実を描くために天文学的比喩を用いていた。このような表徴は、カバラの卓越した書物である『ゾーハル』を解釈する際の彼の比喩を指揮している。ルーリアは書いている。

世界は日々刻々と変化している。ひとつとして他の時に似た時は存在しない。惑星や星々の動きや、それらの位置や星座＝布置や、それらの場所が瞬間的にいかに変化するか……などを観照する者は誰でも、〔天上の〕諸世界の星座＝布置と位置の変化を理解するだろう。これらの世界はエイン・ソーフ〔無限〕がまとう外皮であり……、これらの変化と一致して、『ゾーハル』の書の語りの相貌も変化する。すべては生きた神の言葉なのである。(*Etz Hayyim* I, I, 5, 15a, qtd. in Idel, *Kabbalah* 248)

天上の諸世界は静的な本質ではまったくなく、つねに流動し、人間の活動と相互的関係にある。この連続的な流動は相互的に、カバラそれ自体の人間的解釈――『ゾーハル』――に影響を及ぼす。イデルが言明しているように、「このように、たとえ理論的にでさえ、「究極の」意味に到達する可能性は皆無である。どの瞬間もそれ固有の新たな理解をもたらすのだ」(248)。その場合、意味の多数性は、言語に内属する断片的本性に由来するのではないし、言語の究極的空虚さに由来するのでも、その象徴的本性に由来するのでもなく、無限に変化する神的生命の力動的過程ならびにそれと人間との能動的連関に由来するのである。(3)

ユダヤ教の律法とドイツ観念論

ベンヤミンとショーレムとの関係におけるドイツ観念論の遺産のいまひとつの重要な効果は何かというと、それは、ユダヤ教の律法がカントならびにヘーゲルの偉大な学説のなかで了解されるその仕方である。ナータン・ローテンシュトライヒは、ドイツの哲学者たちによるユダヤ教思想の評価が、ユダヤ人の解放ならびにドイツでのユダヤ人の政治的・社会的身分をめぐる激論の文脈のなかにいかにして場所を占めるにいたったのかを見事に描き出している。ユダヤ教の「評価」は、ユダヤ人が市民に「ふさわしい」か否かをめぐる問いと結びついていた（*Jews and German* vii）。一方、ユダヤ人哲学者たちのほうはしばしば、ユダヤ人たちを近代国家に組み込むことに賛成する議論を支持する方向で、ユダヤ教を呈示した。これはショーレムがひどく嫌悪した弁証の一部であった。

カントならびにヘーゲルに対する態度は、相次ぐ論争のための根本的土台を据えるものだった。カントは合法性と道徳性を区別したが、この区別は、内的確信（すなわち理性と自律）から遵守される義務や、義務「それ自体のために」遵守される義務に比して、外的に命じられた法（すなわち権威と他律）に由来する義務の遵守に劣った役割をあてがった。カントはユダヤ教を、他律的法から成る劣った、純粋に法令的な宗教とみなしていた。そうなると、カント哲学にとっての問題は、理性の自律性に基礎を有してはいるが、それでもなお神に余地を残すような倫理的学説をいかにして見出すかであろう。自由で、みずからを指揮する理性がいかにして、神的啓示と命令と係わりうるのか。

ローテンシュトライヒが適切にも指摘しているように、カントにとって理性とは「恩寵の等価物もしくは恩寵が変形したもの」(58) である。プロテスタント・キリスト教は内的恩寵と天啓に重きを置くものだから、この図式のなかでは、哲学的に「より優れた」宗教であって、そこでカントは、キリスト教はユダヤ教に取って代わったという、キリスト教陣営の主張を全面的に受け入れていた。カントが考えていたところでは、彼の哲学の道徳的学説が確立されると、それは加えて、必ずやユダヤ教の解消をもたらすことになるだろう。いかにも不謹慎な言い方でカントが言っているように、ユダヤ教の「安楽死」を(4)(3-5)。

ヘーゲルの哲学のなかでは、世界史は、長い旅の途上で自分自身から疎外され、最後には〈絶対知〉のなかで自分自身へと回帰するところの「〈精神〉の弁証法」とみなされていた。ヘーゲルにとっては、ユダヤ教は弁証法における不完全で反定立的な段階、否定的な契機、神と人間、精神的原理と自然とのあいだの分離もしくは疎隔を表していた。一方では、ヘーゲルはこの分離のうちに、神的無限と人間的有限性とのあいだの広大な裂け目を観照することで得られる、ある種の宗教的「崇高」の源泉を認めていた。このような観照は、アブラハムやヨブのような偉大な人物における畏怖や信頼や服従という、深い宗教的経験を動機づけている。しかし他方では、ヘーゲルは、キリスト教とはちがってユダヤ教は「普遍的宗教」ではなく、それゆえ当然のことながら、歴史の展開のなかでキリスト教に「組み込まれて」しまった。キリスト教は精神と世界との和解の新たな段階をもたらした。イエスという人物を通じて神的界域と人間的界域を媒介し、神的無限性を有限な人間の特殊性の内部で具体化し、人間の有限性を変化させることで。キリスト教以後、ユダヤ教が存続していることはまたしても時代錯誤もしくは難問と化した。

もちろん、ヘーゲルとカントはユダヤ教についてきわめて歪められた見地を有していたし、ユダヤ教の伝統、とりわけ聖書以後のユダヤ教の伝統の富とじかに接することもほとんどなかったのだが、彼らの言説は論議の条件を定めるものだった。カントとヘーゲルはユダヤ教を決して「内部から」肯定的な形式で理解することはなかった。ドイツのプロテスタント文化に浸かった思想家として、彼らは暗黙のうちに、無慈悲で支持しがたい律法の宗教としてユダヤ教を捉え、キリスト教を恩寵と自由と救いの成就として捉えるパウロ的神学を暗黙のうちに受け入れていた。たとえ彼らがキリスト教を啓蒙もしくは現象学的哲学に変容させることに打ち込んでいるときでさえ、そうだった。ユダヤ教は進展しつつあり、また、生き続けているのに、彼らの学説のなかで場所を占めることはなかった。世界の舞台でのユダヤ人たちの存続は、未開の部族的意識や頑迷さの表現、あるいはまた、時間のなかで凍結した劣悪で時代錯誤的で頑なで不毛な宗教の遺物としてのみ、説明されうるにすぎなかった(5)。

具体的なテクストを伴って、肉と歴史のなかで現前し、意志し、生存し、存続し、生き延びていく文字的ユダヤ人は、伝統的なキリスト教神学ならびにそこから流出した数々の哲学にとっての難題だった。キリストの到来以降のユダヤ人たちの存続という難問への古代キリスト教神学の標準的な回答は、ユダヤ人たちを、救いを斥けた者たちが蒙る危難と罰の徴候にしてその証言——そのアレゴリー——たらしめるものだった。カントとヘーゲルにおいても同じく、否定性のいまひとつの表徴としての、ユダヤ人という哲学的「アレゴリー」が存在していた。ユダヤ人という表徴をアレゴリー化することは、ユダヤ人には、いかなる肯定的実在も認めないことのいまひとつの方途でありうる。

今日でもなお、ブランショ、デリダ、ジャベス、クリステヴァなど、反ヘーゲル主義者で、最も「ポストモダン的な」思想家の多くのうちに、ユダヤ人と「否定性」の原理との同一視が見出される。こうした現代の文学理論の多くのなかでは、ユダヤ人はしばしば、神における裂け目、深淵、否定性という没歴史的な「テクスト原理」を表すようになっている。それは外部の彷徨であり、さまよう意味であり、活き活きとして具体的で歴史的ないかなる現存も、物理的家郷の相続もない自己言及的で際限のない問いかけなのである。

彼がベンヤミンに宛てて書いた最後の手紙のなかでは、ショーレムは「ユダヤ人をアレゴリー化すること」の危険を十分に認識していた。ベンヤミンは、フランクフルト学派の理論家マックス・ホルクハイマーの論文「ユダヤ人とヨーロッパ」についての意見をショーレムに求めたのだった。第二次世界大戦のなかでのユダヤ人に宛てた勧告として書かれた論文である。ショーレムは痛烈な批判を書いた。

……ユダヤ人はユダヤ人として彼の関心を引いているのではなく、ユダヤ人が彼にとって表している経済的カテゴリーの運命という視点からのみ――「流通の担い手」としてのみ――ユダヤ人は彼の関心を引いたにすぎない。……［ユダヤ人の追放と破壊後にヨーロッパはどうなるのかという問いに関して］彼はユダヤ人に与えるべきいかなる回答も有していない。彼はユダヤ人に代わって問うているのでさえない。――一神教の恐るべきアレゴリー化を伴った安直な最終段階が語られているにすぎないが、これはアレゴリー化不能なユダヤ人とも、そのようなユダヤ人と人類との係わりとも無関係である［強調ショーレム］。(February 1940; *Corr* 265)

一九世紀のユダヤ教の改革者たちがユダヤ教への歴史的アプローチにこだわった理由のひとつは、いかにしてユダヤ教もまたヘーゲル的な仕方で「歴史的」であるかを示すことで、ユダヤ教が持続的に肯定的有効性を有していることを証明しなければならないということだった。つまり彼らは、ユダヤ教もまた変化を歓迎しているし、変化を蒙ってきたことを示そうとしたのである。変化しうるという能力があれば、それは今やユダヤ教を近代的で受け入れ可能な宗教、ユダヤ人の社会的解放という目的に抵触することなき宗教たらしめただろう (Rotenstreich, *Jews* 89–91)。「ユダヤ教科学」に対してショーレムが挑んだ論争は、このような歴史主義の過剰ならびにドイツ‐ユダヤの「融合」におけるユダヤ的生存の清算への反動であった。とはいえ、彼はドイツの文化を大いに内面化していたし、また、合理主義的歴史記述とユダヤ教護教論を批判したとしても、ベンヤミンとはちがって、ドイツの大学から摂取した批判的‐歴史的方法をその学術研究のなかで彼が放棄することは決してなかった。ショーレムにとっては、自律的で肯定的なユダヤ人の自己理解は、イスラエルの地で自存的な文化アイデンティティーを再構築することによってのみ、ユダヤ人がみずからの歴史の指揮権を再び獲得することによってのみ保証されうるのだった。

そうではあるが、ここには、ドイツロマン主義の大きなこだまが残存しているし、ショーレムの「弁証法的」歴史観ならびに、宗教の歴史的発展をめぐる彼の三段階図式にはある種のヘーゲル主義が明白に残っている。この図式は、書誌学的諸事実を収集し、ユダヤ教神秘主義の文献的歴史を発掘しようとする彼の緻密な批判的‐文献学的方法とは無縁であるし、そこに根拠を有してもいない。ショーレムが書いているところでは、神秘主義それ自体は、宗教的意識がある特殊な段階に達したときにのみ生起しうるのだが、そのときには、人間と神とのあいだの「深淵」が内的意識の内密な事実として感じ取られる。そこで彼は、「神話的」「古典的」「神秘的」という宗教の三段階理論を提起する（*MT* 7–9）。第一の「神話」期においては、人間は世界と調和しており、自然は神々の現存で満ち満ちている。ショーレムの論議は更に続く。この「無垢な」段階では、万物の統一性の感覚が存在している。抽象的認識で主体‐客体が区別されるのに先立つ、神的なものの無媒介的現存、それも、じかに接することのできる現存の感覚が。

第二の「古典」期においては、神話は廃棄され、人間自身と宇宙との始原の調和への人間の夢は粉砕される。今や宗教は、「〈人間〉、〈宇宙〉、神の夢見られた調和を破壊し」、人間を孤立させ、無限の神性と有限な被造物とのあいだの広大な深淵を創り出すために機能する。この古典期での宗教の至上の機能はというと、神の他性と超越を人間に自覚させることである。ショーレムはこの段階を、「制度的」宗教ならびに偉大な一神教と同一視しているが、これらの一神教のなかでは、〈自然〉の代わりに〈歴史〉が神と人間の関係の舞台と化す。立法的啓示における神の命令する声と、祈りにおける人間の声だけが深淵を横断するのである。

第三の段階は神秘主義であり、それをショーレムは「宗教のロマン主義期」と呼んでいる。神秘主義は、裂け目を否認したり、それを埋めることなく、人間と神との深淵に架橋しようと努め、古の統一性への秘密の小道を探る。第一段階に属する古の神話的諸要素が第二段階での啓示の覚醒と結合し、「新しい平面で」、経験的で自己言及的な宗教のなかで統一される。ショーレムの図式はヘーゲルの図式に類似している。ヘーゲルの図式では、始原の統一性は疎外的分裂と多様性を通じて展開して、より高度な「多様性のなかの統一性」へと回帰するのだから。ヘーゲルの『大論理学』からの以下の引用文とショーレムの図式を比較されたい。

> 本能的で自然な段階では、精神の営みは無垢と信頼に満ちた単純さの衣装をまとう。けれども、精神のまさに本質は、この無媒介的条件をより高度な何かへと吸収することを含んでいる。精神的なものは……自己実現に向けて自己を分割する。しかし、このような過酷な営みのあり方それ自体が今度は廃棄されねばならず、精神はみずからの行為によって和合への道を再び獲得しなければならない。(Qtd. in Abrams 221)

ショーレムの図式のなかでは、神秘主義がこの和解を実現する。それは創造、啓示、救済に数々の新たな意味を注入する。これらの新たな意味は古き信念の限界を甦らせるが、しばしばこの限界を強引に乗り越えてしまうのであって、こうした歪力が制度的宗教の許容範囲を超えて古き形式と信念を推し進めるとき、神秘主義はしばしば異端に変化してしまう（*MT* 7-9）。ヘーゲルにおけるように、この三分割図式は、ユダヤ一神教とその律法についての古典的定式を、疎外と司祭制度の段階と同一視している。それとは対照的に、神秘主義は神を、「教条的認識の対象から斬新で活き活きとした経験と直観へと」（10）変容させる。「ディアスポラの所産」であるラビのユダヤ教は暗黙のうちに劣った段階と化し、シオニズムと神秘主義的再解釈はその弁証法的止揚と化す。

エリエゼル・シュヴァイドは、この図式に含まれた数多くの歴史的不正確さと哲学的困難を指摘したうえでこう主張している。ショーレムは、「彼自身の歴史的発見と、神秘主義の本質ならびに神秘主義のユダヤ教のなかでの役割に関する彼の前提的見解とのあいだに産み出された齟齬を解消するために、「弁証法」とか「逆説」といった一般的概念を」（89, n.72）援用しているのだ、と。デイヴィッド・ビアールはショーレムの三段階図式を、ユダヤ教の歴史記述における数々の論争や、ショーレム自身と歴史家ハインリヒ・グレーツ、レオ・ベック――彼はロマン主義的宗教という語彙を創り出したが、それを否定的に用いている――との確執という文脈のなかに位置づけている。ビアールはまた、ここでショーレムはユダヤ教の法的制度の抑圧的本性についてキリスト教陣営の仮定を受け入れる寸前のところにいる、とも書き、ショーレムの三段階図式はモリトールのうちに源泉を有してもいたのかもしれないと主張している。モリトールは偉大なキリスト教カバラ学者で、ショーレムもベンヤミンも共にこの人物を大いに称えていた。そのモリトールはカバラをユダヤ教史における「第三の段階」とみなしていた(6)（*Scholem* 119-27）。

イデルは次のように主張することで論争に加わっている。すなわちショーレムが仮定するところでは、ラビ的ユダヤ教は最初は神話と神秘主義に勝利し、そこからみずからを解き放ったものの、のちに、ラビ的ユダヤ教とは疎遠なグノーシス的カバラに浸透され、それによって凌駕されたことになるが、こうした仮説については、いまだ何ひとつ証明されてはいないのだ。

……ショーレムは、敗者たる神話的グノーシス主義と勝者たる非神話的ラビ主義とのあいだに、あまりにも単純な分割を設けた。……それに代わるような構図を提起することができる。それによると、ユダヤ教の中心的活動――数々の命令――の意味を理解する必要がカバラ学者たちを動かして、かつては数々の命令を動機づけ、それらの有機的意味をもたらした暗黙の神話と神智学を練り上げ、それを再構築するよう促した。言い換えるなら、ここには、ハラハーを根本的な仕方で神話から離別させる必要はまったくないし、両者のあいだに根源的確執を想定する必要もまったくない。（*Kabbalah* 156–57）

言葉を換えて言うなら、古代の聖書的・ラビ的ユダヤ教は、命令の認知に関して、奇跡的、神智学的、神話的な数々のモチーフを維持しており、カバラは当時これらのモチーフを更に強力に練り上げ、それらを他の哲学的語彙と結合したのである。神と人間との相互的関係、人間の行為による神の活動の条件づけといった中心的概念はタルムードとミドラッシュの全編を通じて見出されるもので、「命令を通じての神の意志の実行はそれゆえ、これによって人間が神的過程に参画するところの手段である」（166）。トーラーとその命令はまさに、神的領域と人間的領域とを媒介するもので、トーラーの「特異な本性は、人間の行為を降神術的感化力へと変化させる能力に由来している」（177）。ローゼンツヴァイクの激しい反ヘーゲル主義は――ショーレムの場合とは逆に――、ユダヤ教の祭礼的生活、ハラハー、タルムード、ミドラッシュの一見すると「没歴史的な」世界の内部で、ユダヤ教思想の力強さを認知するよう彼を導いた。彼はユダヤ教のうちに、肯定的で自律的で哲学とは別だが哲学的な意見、哲学の代替物となりうるような認識論を看取していた。

ドイツロマン主義と「こぼれた宗教」――象徴

デイヴィッド・ビアールは鋭くこう書いてもいた。ショーレムはその「歴史哲学」を体系的に言明したことは一度もなく、彼は本質的には、一九世紀の初期に生まれた「ユダヤ教科学のロマン主義的修正の所産」(*Scholem* 35)である、と。ロマン主義なるものは無際限に複雑で、不断に論議の対象となる現象で、それをめぐる論争に加わるのは、ここでの私の狙いをはるかに超えている。とはいえ、神学と哲学と唯物論と政治学とのこの全面的混合を隅から隅まで辿るために、この混合を真に考察したいのであれば、ドイツロマン主義について多少なりとも更に詳しく論議するのでなければならない。ドイツロマン主義はベンヤミンとショーレムの思想のなかで多大な役割を果たしただけではなく、まさにモダニティーの創出においても多大な役割を果たしている。ドイツロマン主義はモダニティーの主たる底流である。ベンヤミンとショーレムがそこで知的に成熟していった文化の哲学的母型をもたらしたまさに当事者たる思想家たちのなかでは、神学、歴史哲学、美学、批評が強固に絡み合っていた。

ベンヤミンはドイツロマン主義の哲学を非常によく知っていた。彼の最初の博士号請求論文は「ドイツロマン主義における芸術批評の概念」(*Der Begriff der Kunstkritik in der deutschen Romantik*, 1919)と題されていた。この作品ではゲーテ、シュレーゲル、ノヴァーリス、フィヒテが目立って取り扱われているが、ベンヤミンはまたゲーテとヘルダーリンを論じた重要な論文を書いてもいる[(7)]。ベンヤミンがショーレムに、自分の野心は「ドイツ随一の文芸批評家と評されることだ」(*Briefe* II: 505) と打ち明けたとき、おそらく彼が心のなかに抱いていた批評のモデルは、ロマン主義の作家たちによって創始されたものだった。彼らにとっては、批評は最も高度な哲学的位格を有するものだったのである。

ドイツロマン主義についてのベンヤミンの研究は、初期の「来るべき哲学のプログラム」のなかで、カント的な経験と直観の観念を拡大しようとしたその試みとつながっていた。ロマン主義的な芸術の概念は、そこで真理が把握されるかもしれない認知的媒質として言語を探求し、より高度な真理を経験するひとつの形式として芸術を探求することに貢献する。芸術を哲学的に把握するものとして、批評がこれらのものをつなぐ根本的な環なのである。ただし、すでに見たように、ベンヤミンは、ドイツ青年運動の原ファシスト的政治に導いたロマン主義思想の傾向に関しては非常に批判的であったし、ショーレムと同様、彼は、「絶対的なもの」との脱自的で直接的な融合をめざすいかなる企てをも憂慮していた。シュレーゲルは全体の縮小版としての断片の理論を提起したが、ベンヤミンに取り憑いていた、モナドとしての真理、コラージュ、断片化、破片の強迫観念はここにその先駆を見出す。猛勉強し、ベンヤミンとも何度も話し合ったにもかかわらず、ショーレムは、「われわれはほとんど美学理論については論議したことがないし、それに私は何の関心も抱いていなかった」(*SF* 67) と書いている。これは、ドイツロマン主義美学のいくつかのカテゴリーを、見たところ無批判的かつ愚直に、ショーレムがみずからのカバラ研究に適用していることを理解するための一助となるかもしれない。実際、「弁証法」「逆説」といった歴史的説明概念にショーレムが訴えていることは、このロマン主義と直接的に結びついている。これらのカテゴリーは「客観的科学」のカテゴリーではなく、哲学、文学、神話、宗教の界域に由来する思考の様態である。ショーレムの三段階図式はそれ自体、神との楽園での合一から追放への転落という聖書の神話を想起させる。ただし、未来の帰還の約束、一新された天と地、新たな統一のなかでの救済の約束を伴った転落の神話を。

M・H・エイブラムズは、まさにユダヤ‐キリスト教的神話がずらされて、ロマン主義的文学へと変貌したのだと主張したことがある。「創造主と被造物」の関係といった伝統的な宗教カテゴリーは今や、「主体と客体」「われとわれならざるもの」「人間的意識と自然」の関係として定式化し直される（*Natural* 12–13）。すなわち、ロマン主義はその核心において、神学的観念と思考方法を同化し、それを世俗的世界観として解釈し直す。(8)（フィヒテ、シェリング、ヘーゲル、ヘルダーリンはみな神学生であった。）ベンヤミンが、『創世記』のテクストを、名という純粋言語の始原的統一性から、疎外された人間的言語への転落の物語として解釈していたが、それとまったく同様に、ヘーゲルとシェリングはこのテクストを用いて、自然と客観的世界からの主観的意識の疎外的分離への転落を例証しようとしている。

ヘーゲルの歴史哲学のなかでは、創造、転落、救済という聖書の筋立ては、〈精神〉の弁神論へと変容されている。エイブラムズが指摘しているように、「キリスト教の諸概念と伝統的なキリスト教の筋立てがこのように、脱神話化され、概念化されつつも維持され、それとともに、万物を統御する〈神意〉が、主体と客体の相互作用すべてを制御する「論理」ないし弁証法へと転じられて維持されることは、われわれが「ロマン主義哲学」と呼ぶものにその弁別的特徴と構図をもたらす」(91)。悪、苦痛、疎外は、『精神現象学』のなかでヘーゲルが「〈絶対精神〉のゴルゴタ」と呼ぶものの不可欠な一部である。歴史とは〈精神〉がみずからを教育し、自己認識へといたる苦痛に満ちた過程であり、螺旋状の旅であって、それは、自分自身と世界との先行的統一の段階を、成熟したものとして取り戻すことで終結する。ところで、今や神学は内在的である。それは外的目的をめざしてはいないし、歴史と自然の「外なる」神によって駆り立てられることもない。そうではなく、神学は自己‐運動的、自己‐支持的「体系」によって、自分自身から自分の反対物を産み出すような「〈理念〉」の現出によって駆り立てられている。ヘーゲルにとっては、自己認識のこのような旅の絶頂は彼自身の哲学のうちに存していて、――それゆえ、彼の哲学は「哲学の終焉」を記している。哲学はドイツ観念論とプロシア国家のなかで完成され成就されるのであって、ヘーゲルはかかる哲学を普遍的歴史ならびに理性の現出と同一視している(9)。

芸術家と芸術は、こうした「有機的」自己組織化にとっての範例的モデルであった。ポイエーシスは制作の、「形成」力ないし造形力（*Bilden*）の過程であり、したがって、芸術家は人類の「教育者」であり、哲学は教養小説（*Bildungsroman*）であり、自己教育の物語である。芸術と哲学は互いに同一化される。あるいはまた、デイヴィッド・マイルズが書いているように、ヘーゲルは、「文学がかくも内的で、かくも自覚的なものと化したので、それが今や哲学のうちに、自己超越の行為のうちに吸収されるような時代を先取りしていた（これは文学を自分自身のテクストのうちに全面的に吸収するような解釈家ないし破壊者たちのあいだではすでに起こっていた何かである）」(24)のである。

それに対応する美学のなかでは、詩人は今や幻視者と化し、新たに贖われた世界を宣言し、予想することで予言者の役目を引き受けるにいたり、――こうして宗教の役目を引き取った芸術は、人類と世界を蘇生させる手段をもたらすことでその役目を果たした。美的認識（想像力と象徴を介した）は、心と自然との新たな合併を可能にした。シラーは、壊れた文明の数々の破片と断片を和解させうるものとして、芸術というロマン主義の中心概念を導入した。美的なものは統合と調和の原理と化した。それは美における統一性を取り戻させるのだ。言うまでもなくニーチェとショーペンハウアーは、芸術に救済的役割をもたせるというこの趨勢の継承者たちである。T・E・ヒュームは、ロマン主義を「こぼれた宗教」と定義したとき、この有名な文句のなかで、以上のことを見事に要約していた。

重要なことなので付け加えておくと、哲学と芸術、文学、批評との関係におけるこのような変容は、哲学的認識の可能性の条件をめぐる仕事のなかでカントが開発した問題に対する答えでもあった。ベンヤミンと同様、ロマン主義者たちは、カントによる哲学批判の遺産、「現象」界と究極的には認識不能な「本体」界とのカントにおける分離、制限された個人の主観性と全体の統一性の覚知とのあいだに残された溝を取り上げようと企てていた。芸術作品と美的判断は、その他の数々の認識様態が失敗せざるをえないところで、これらの領域の懸け橋となりうるかもしれない。芸術は、絶対的なものがみずからを世界のなかに出現させる場所であるかもしれず、その意味では、芸術は宗教の一種の代替物と化したのである。

われわれは、ロマン主義的崇高、無限で絶対的なものの感覚を、有限な人間の終わりなき努力の無制限で到達不能ではあるが必然的な目的とみなしてきたが、このような崇高ないし目的は、無内容、無形式、無制約でかつ到達不能なものとしての「純粋言語」をめぐる初期ベンヤミンとショーレムのうちでこだましていた。われわれはまた、すべての表現を超えたものとしての絶対的啓示というショーレムの考えのうちに、無意味ではあるがすべての有限な意味の源泉であるものを看取した。「絶対的なもの」が、一切の形式と具体性との欠如によってのみ定義可能である場合、それは数々の断片もしくは「象徴」を通じてのみ言明されうるだろう。

ショーレムと象徴

——もしわれわれがロマン主義的美学をただひとつの語に凝縮しなければならないとすれば、それはきっと「象徴」という語であろう。

（トドロフ『象徴の理論』一九九頁）

エリエゼル・シュヴァイドは明敏にも、アレゴリーと象徴の区別がショーレムの仕事全体を貫通しており、「方法論的原理としての位格を有している」（43, n.41）と指摘していた。加えてナータン・ローテンシュトライヒも同じく、「一方の象徴主義と、他方の神秘的合一の否認ならびに汎神論は、ショーレムの解釈的営為の二つの相関的な基軸であるように思えるが、そのいずれもが、いうなれば認識論的成分と存在論的成分を含んでいる」（"Symbolism" 605）と指摘している。イデルが付け加えているように、カバラ的象徴主義の充溢についてのショーレムの断言はあまりにも強引であるし、のみならず、神秘的合一は実際にカバラの脱自的・恍惚的様態にとっての目的なのである（*Kabbalah* 201–202）。象徴主義は非直観的で神智学的なカバラにとっては重要だが、脱自的・恍惚的カバラは、神的な知解による人間の知解の掌握を通じて、神との直接的な合一経験に関心を抱いていた。たとえばアブラフィアにおいては、こうした合一的経験は、象徴的様態においてよりもむしろアレゴリー的様態において表現されていた。アブラフィア自身はカバラの神智学的形式ならびにその一〇のセフィロートの教説に反対していた。ここにいうセフィロートとは、神の本質がまとう数々の相貌であり、創造における道具となるような潜勢力であって、その現実は象徴を通じて表現されるのだった。なぜなら、アブラフィアのように、より哲学的傾向の強いカバラ学者にとっては、「象徴は正確な定義の代替物で」、伝達不能なもののいかなる不可解な伝達を示しているよりもむしろ、明晰な思考と経験の欠如を示していた（201–202）からだ。

　ショーレムはカバラ的な数々の言語学を「言語の象徴的本性」の表現の最たるものと定義し、逆説的にも伝達不能なものを伝達するべく努めるものとして象徴を同定している。その際、彼は暗黙のうちに、象徴についてのロマン主義的イデオロギーを採用しているが、そこでの象徴は「科学的‐批判的‐文献学的カテゴリー」ではまったくない。象徴は真の意味を表す文学的語彙なのだ。ショーレムによって使われる場合には、象徴はドイツロマン主義批評のまさに神学を含んでいる。ただし、ショーレムは象徴を、あたかもそれが彼の歴史記述における何らかの「客観的」カテゴリーであるかのように適用している。

　アレゴリーと象徴とのまったき対立はロマン主義者たちによって、彼ら自身の哲学を正当化するひとつの方途として創出された。またしても、われわれはカントに戻らねばならない。カントの『純粋理性批判』は、理性と感性とを和解させる何らかの第三項の必要性を指摘している。なぜなら、理性に属する諸理念は直観的形式では呈示されえないからだ。カントにとっては、象徴は理性と感性を結ぶ偏った環である。というのは、象徴的覚知は直観的でかつ感覚に基礎を置いているからだ。象徴は単に数学的もしくは抽象的理性の記号ではないのだ。ただし『判断力批判』のなかでは、カントは「象徴的なもの」にある新たな意味を与えている。それ以前には、象徴は特別な位格をまったく有してはいないし、しばしば、記号、アレゴリー、記章（*emblem*）などと交換可能なものでしかなかった。

　この概念が更に展開されるに際して言われたことだが、無限なものはイメージ、記号、詩的言語のうちに「象徴的に」現れるのであって、論理を介して直接的に現れるのではない。ロマン主義の美学者たちは、ある喪失へのノスタルジーに浸透されている。先行的な存在の有機的統一もしくはその「全体」［*Ganzheit*］へのノスタルジーであるが、それは、自己分裂、疎外、断片化のあとで弁証法的に修復されることになっている。そして、象徴は裂け目を埋めるための手段だったのである。芸術的表象、とりわけ象徴は、そこで絶対的なものが経験され、何らかの媒介されざる仕方で実現されるような形式と化す。象徴には、本体界と現象界、有限なものと無限なもの、物質的なものと精神的なもの、感性と理性のあいだの溝を乗り越える力が付与される。

カントのいう「物自体」が究極的には認識不能であるのに対して、「象徴」は、自律的で、みずからの実存のうちに内包されてはいるが、同時に他の何かを指し示すような物自体としての性質を獲得する。ラクー＝ラバルトとナンシーはシェリングとシュレーゲルに関して言っている。

> 彼らにとって、芸術、作品、芸術家はこの展望からすると、ヘーゲル的展望のもとでの〈体系〉〈概念〉、そして哲学そのものに等しい。……ここで問われている宗教は「単なる理性の範囲内の宗教」ではない。むしろそれは芸術の範囲内の宗教であろう。……それゆえ、このように解された宗教をめぐる大いなる問いは形式の形成をめぐる問いなのである。（77）

もちろん、形式と無形式は、神秘的経験を叙述するためにショーレムが用いるカテゴリーであって、——ロマン主義の遺産のこの部分では、象徴とは、有限なものを、無形式の絶対的真理との無媒介的関係のうちに置くところのものである。

反ロマン主義的反応を示しながら、ベンヤミンは、ドイツ観念論的美学のなかで実に優勢であった象徴と有機的全体のイデオロギー（彼はそれを「悪しきイデオロギー」と呼んでいる）を攻撃した。その仕方についてはあとで見ることにしたいが、象徴のイデオロギーを攻撃する一方で、ベンヤミンは、言語におけるこの「他性」のための認識論的で言語学的な根本カテゴリーとして、「アレゴリー」を復活させた。アレゴリーは廃墟に、損失に、死の苦痛に忠実である。アレゴリーはそれらを「象徴的変形」によって歪曲したり、抑圧したりすることはない。デイヴィッド・マイルズが書いているように、アドルノは、ベンヤミンと同様、有機体の神話と、非合理主義的で反動的な政治的諸力との関係を認め、楽観主義的なヘーゲル的綜合を拒否して「否定弁証法」を選び取ったのだが、マルクス主義の批評家ジョルジ・ルカーチはというと、嘲弄するかのようにそれを「深淵大ホテル」と呼んでいた(10)(Miles 30)。

アレゴリーと象徴とのあいだの差異をめぐるゲーテの省察は、ロマン主義の慣習的概念と化すものにとっての最上の場所であった。大雑把に言うなら、象徴は、自然で、自動詞的で、無媒介的に直観可能で、即かつ対自的に、更にはそれが意味するものに対しても実在するものとして特徴づけられていた。それは表現不能なものの間接的表現であり、理念的なものと対象との融即を経由した、特殊なものから一般的なものへの移行である。それとは対照的に、アレゴリーは機械的で、外的で、恣意的で、功利的で、合理的である。知的な意味を伝達するに際しても、アレゴリーは、対象がひとたび意味を担うものとして使用されたあとは、その対象を必要としない。アレゴリーという様態は、特殊なもののなかに一般的なものを探るというよりもむしろ、特殊なものをとおして一般的なものを探る。アレゴリーと象徴とのこのような区別は、言語の本性をめぐる古来の論争を反映している。すなわち、言語は慣習的で恣意的なものか、それとも自然で有機的なものなのか、それは事物の認識と直接的に結合した機構ないし媒体なのか、それとも、事物について心が抱く観念とだけそれは結合しているのか、をめぐる論争を。

ゲーテは象徴を高度な認識の様態と考え、真に詩的なものを成すところのものとしてそれを定義した。象徴は特殊なものの無媒介的で直観的な把握なのだが、それは無意識的に一般的なものをも承認している。それゆえ、一般的なものについての観念は事後的に意識的なものと化す。それに対してアレゴリーは、一般的観念をもって始まり、それを具現するために特殊なものを探る、と言われていた。更にゲーテは、アレゴリーのなかで想像された「概念」と、象徴のなかで想像された「理念」を区別していた。概念がアレゴリー的イメージのなかに「閉じ込められている」（すなわち、アレゴリー的意味は有限で完全で死んでいる）のに対して、理念は象徴のなかに「閉じ込められてはいない」。そこでは、意味は無限で、表現不能で、いつも活動的で、生きている。無限で、表現不能で、無制約な意味は終わりなき解釈を産み出す。ゲーテは書いている。「象徴性は現象を理念に変容し、理念をイメージに変容する。それも、理念がつねに無限に活動的で、イメージのなかでは接近不能であり続けるような仕方で。あらゆる言語のなかで表現されたとしても、理念が依然として表現不能なものにとどまるような仕方で」（*Maximes and Reflections* no. 1113, qtd. in Todorov 204–205）。

アレゴリーと象徴とのあいだのこのロマン主義的区別は全面的にショーレムによって引き継がれ、それは彼の分析のなかでは、合理主義的ユダヤ教哲学とユダヤ教神秘主義との更なる対照と化すのだが、彼は前者を思考のアレゴリー的様態と同一視し、後者を本質的に象徴的なものとして維持している。ショーレムによるアレゴリーと象徴の定義のなかでは、アレゴリーと哲学は明らかに、真理を把握する様態としては貶価されている。彼が書くところでは、ユダヤ教哲学者たちは「宗教の範囲の外で」形而上学と倫理学の真理を発見し、しかるのちに、それらの真理をそれらよりも古き聖典へと後ろ向きに投影した。これらの哲学者は、「ユダヤ教の具体的現実を一群の抽象へと転じた。……それとは対照的に、神秘家は、宗教的説話の生きた組成を、そのアレゴリー化によって破壊することを差し控え、その代わりに、象徴によって思考している」（*MT* 26）。アレゴリーはテクストの「死」と連合しており、象徴はテクストの生と生命力と連合している。ショーレムは更に続ける。アレゴリーは形式と意味との溝から生じる。アレゴリーのなかでは、すべてが自分とは他のものを表象することができ、――その結果、アレゴリー化されたものはそれ固有の意味を失い、他の意味の担い手と化す。形式と意味とのあいだの内在的結合のこうした欠損は、相関関係の無限のネットワークとしてのある種の「意味の無限性」へと必ずや導いていくのだが、それにもかかわらず、ショーレムはアレゴリーを、象徴において一瞥される一種の「超越」とは対照的に、「内在的なもの」として特徴づけている。(あとで見るように、アレゴリーのこれらの特徴はまさにド・マンによって評価され、彼の脱構築的読解の様相を定義するために用いられている。この点で、ド・マンはベンヤミンから発想を借りており、アレゴリーに対して象徴を優位に置くという逆転についてもベンヤミンに従っている。)

ショーレムにおける数々の中心的な仮定のひとつは、神秘的経験は本質的に無形式であるということだ。そのようなものとして、神秘的経験は、象徴的表象を通じて、無制限な数の諸形式を引き受ける。象徴とは、「それ自体では表現されることなき経験を表現する手段であり」(*KS* 22)、それゆえ、形式と無形式、有限なものと無限なもの、明白なものと不明瞭なもの、私的経験と公的表現との一種の魔術的媒介項と化すのである。ただ、ショーレムが指摘するところでは、個人的な神秘経験の描写を援用することを差し控えるという点で、ユダヤ教神秘主義は宗教的神秘主義の他の諸形式とは際立った対比を成している。また、「無形式の経験」に没入するにもかかわらず、ユダヤ教神秘主義は、神の道具としての言語に対して、形而上学的に肯定的な態度を維持してもいる(*MT* 15)。トーラーの象徴的表象を通じて、神秘家は歴史を超えて、絶対的なものに到達しようと努める。

伝統的で保守的な環境のなかでも、宗教的経験の生命力を保つことが、宗教的象徴の主たる機能のひとつである。これらの象徴が流出させているかに思える意味の豊穣さは新たな生命を伝統にもたらす。死せる形式として氷結する危険につねに曝された伝統に。そして、この過程は、象徴それ自体が死ぬか、あるいはまた様変わ

りするにいたるまで継続する。（*KS* 22）

ショーレムが主張するには、象徴とは「アレゴリーの圏域を根底的に超越するような表現の形式」である。なぜなら、形式も輪郭ももたない究極の現実は、神秘的象徴のなかで、「透明で、眼に見えるものと化すのだが、その際、己が内容に、キリスト教徒にとっての十字架のように、可視的で表現可能な意味をまとわせるいまひとつの現実が媒介となる」[11]。アレゴリーが、それによってアレゴリー化された対象を、あたかも「空虚な貝殻」のように扱うのに対して、「象徴と化した対象」は「……それ自身のうちでその始原的形式と始原的内容を維持している。それ自身の経験を通じて、それは自分とは別の現実を、その他の形式をまとっては現れえないような透明なものたらしめる」(27)。このようにショーレムは、アレゴリーと象徴とのあいだに形而上学的で存在論的な明確な区別を設けるとともに、言語の存在論的位格についての彼の見地の帰結であるような象徴について存在論的要求を提起している。このような区別はロマン主義的イデオロギーを反映しているが、このイデオロギーもまた、カントの認識理論によって開かれた裂け目を埋めるために、象徴を神学化したのだった。アレゴリーは「表現可能な何かを、他の表現可能な何かで表象することである」、とショーレムは付け加えている。神秘的象徴は、「表現と伝達を超えたところに存する何かの表現可能な表象であるが、この何かの出所となる圏域はその相貌をいわば内側に向け、われわれから背けている」。言い換えるなら、象徴は「真の超越」を反映しているが、アレゴリーはそうではないのだ。このように、アレゴリーと象徴の区別はショーレムの三段階宗教理論においては決定的な要素であり、そこでは、象徴的に解釈し直された神秘主義は、人間性と神的なものとの深淵ないし溝に架橋する和解の第三段階なのである。

しかし、象徴がそこへの通路をもたらすところの「彼方」ないし超越の本性はいかなるものだろうか。ここでもまた、究極的で純粋な語の無意味性という考えに呼応するような言葉で、ショーレムは書いている。「象徴は何も「意味」しないし、何も伝達しないが、すべての表現を超えた何かを透明なものたらしめる」。象徴を「透明なもの」、何も意味しないものとして描くことで、ショーレムは、コールリッジと同様、アレゴリーとの差異をうっかり暈してしまっている。なぜなら、物質的対象がその自然な意味を「空虚にさせる」のがアレゴリーにおいてであるのに対して、象徴においては、表徴のまさに物質性がその自存性を維持しているからだ。そこでショーレムは時間のカテゴリーに訴えて二つの様相を区別しようとする。すなわち、アレゴリーが意味の相異なる層を苦労しつつ暴露していくのに対して、象徴は瞬間的に完全なものとしてのみ把握されうるか、まったく把握されないかである。それは、主体と客体が融合するような「神秘的今」のなかで直観的に知覚される「瞬間的全体性」である（*MT* 27）。こうして象徴は、有限なものを破壊することなく、有限なものをとおして、表現不能なものと無限なものとが輝き出ることを許容する。

実際、象徴それ自体がここでは救済の動因となっている。もっとも、この動因それ自体が、哲学と神学から美学への実にロマン主義的な移動を通じて神学化されているのだが。象徴の形式と、象徴が担う無形式で無限で表現不能な現実とのあいだを揺れ動く関係というこの概念は、美的活動と美的形式は絶対的なものがそこで経験され現実化されるかもしれない相補的界域であるとのロマン主義的観念を映し出していた。シェリングにとっては、象徴は相反するものを融合させる。「象徴は単に意味するのではなく、存在するのでもある。言い換えるなら、象徴化するところのものの自動詞性によって存在するのでもある。象徴のなかでは、「有限なものが同時に無限なものであり、ただ単にそれは意味するのではない」（Todorov

209)。象徴は存在すると同時に意味するのだ。芸術と神話は、イメージが具体的であると同時に抽象的であり、一般的であると同時に特殊であり――「それ自体として」自律的であると同時に他の何かを意味しもする、そのような特権的な界域である。

このような根本的仮定は、カバラは「偉大な生きた神話」で、それは一神教を蘇生させるとのショーレムの解釈へと導いていく。この蘇生させる力の鍵を握るのは象徴主義である。あるインタヴューで、ショーレムは、自分がカバラに関心を抱いているのは、「事物を象徴に変貌させるその力ゆえである」と打ち明けていた。「それに、象徴は主観的なものではない。象徴は内部の客観的投影であり……、それは単に私的個人に語りかけるのではなく、世界全体へと象徴的次元を呈示したのだった」、と。彼が訴えるには、近代人の問題は、象徴が単に私的で主観的なものと化し、技術が象徴的次元を抑圧しているということにある。ともかくも世俗的なもののなかで再び見出されねばならないのは、この象徴的で不可思議な次元なのである(JJC 48)。

要するに、ショーレムにとって、カバラ学者たちは数々の象徴とアレゴリーを使用し、巧みに扱うと断言するだけではなく、カバラ学者にとって「本質的な思考の様相は……最も厳密な意味で象徴的である」(MT 26)とも断言することはすでにして、宗教的真理の諸問題への、哲学的かつ美的なアプローチを何らかの仕方で試みることであり、このアプローチは多少なりとも、ショーレムの歴史的方法と相容れない側面を有していた。「何も」言わず、「何も」伝達することなく、表現を超えたものを単に透明ならしめるもの、というショーレムによる象徴の定義はそれ自体で、「歴史的‐批判的」定義であるよりもむしろ美的‐神話的定義である。たぶん、こうした根本的なロマン主義的イデオロギーこそ、ショーレムの仕事を、きわめて多くの同時代の作家、芸術家、批評家たちや、近代の多様な「神話作者たち」にとってかくも魅力的なものたらしめているのだろう。ショーレムを経由することで、カバラは今や偉大な「神話作成」として出現する。偉大な象徴的構築として、他の偉大な近代的芸術観と併置されるべき想像力の英雄的行為として。かつてニーチェが言ったことだが、われわれは、真理のゆえに死なないために、芸術を有しているのである。

象徴――静的なものとして、もしくは動的なものとして

では、カバラについて語る他のいかなる仕方があるのだろうか。イデルは論点を徹底的に探査し、ショーレムにおける哲学／アレゴリーとカバラ／象徴の対立を過度に単純化されたものとして見出してもいる。その理由はこうである。

このような対立は、心理学的過程の表現や、人間的なものと神的なものとの関係の叙述に関して、アレゴリーがなしうる独特な貢献を過小評価している。アレゴリーは単に思考の哲学的諸形式を借用したものではなく、若干の重要な事例においては、カバラそれ自体に内属する必要性だった。それも第一義的には、神智学的様相においてよりもむしろ神秘的様相においてあるところのカバラに。(*Kabbalah* 218)

脱自的・恍惚的神秘家にとっては、哲学は、神とのある種の知的結合――知る者と知られる者とが認知行為のうちに吸収されること――について、ならびに、それを叙述する語彙についてもそのモデルをもたらした。イデルの見地では、ショーレムによるアレゴリーの看過は、彼がカバラを神智学的体系として強調

しすぎたことの帰結だった。神智学的体系とは異なる様相のカバラ、脱自的・恍惚的カバラは、神についての個人的経験に狙いを定めてはいるが、書かれた説明のなかで直接的にこの個人的経験を呈示したことは滅多にない。その代わり、脱自的・恍惚的カバラ学者は、あたかも「その言語は神秘的感情を運ぶのにふさわしいと感じている」(219) かのように、これらの経験を叙述するために、アレゴリー的言語を用いた。象徴的言語もしくはアレゴリー的言語の使用は、「語りえないものを描く」際の何らかの困難に由来するのではまったくない。自分自身の経験を描出しようと企てるキリスト教神秘家の場合にはまさにそうなのだが(12)。

カバラにおける象徴とアレゴリーの区別は、覚知の二つの様相のあいだの位階的分割であるよりもむしろ「機能的」分割を表している、とイデルは提案している。そして、ここでもまた、カバラ的象徴の概念は修正される必要がある。カバラ的象徴概念と、中世キリスト教における象徴概念のあいだの重要な相違は、イデルの主張によると、プラトン主義に影響されたキリスト教思想では、象徴と象徴される対象との関係——すなわち、神的原型が物質のなかでの下等な現出のなかに現前すること——が静的であること、これである。しかるに、「ほとんどのカバラ学者にとっては、象徴主義はテクストや自然への神的現出の表象以上のものである。……彼らはこれらの実体のあいだに位置づけられるような過程を実現することを欲していたのだ」(222)。

こうした理由で、神智学的カバラにおけるカバラ的釈義の単位は、個々の語であるよりもむしろ、句であり、ひと組みの句である。象徴主義は、「神的諸力の力動性」を把握しようと努める解釈学の一部を成していた。

セフィロート相互の作用と関係、結合と分離は、カバラ的解釈学の統語法であった。それゆえ、神的現出は、神的思考の内部で氷結した完成のうちに存在する理念としてではなく、生きた実体として捉えられていたのだが、かかる実体の力動性はしばしば不完全な状態にいたり、そのため、人間の活動を通じて修復されねばならない。カバラ的象徴はひとを思考することへよりもむしろ行為することへと誘うのだった。(223)

ショーレムに抗してイデルがここで指摘していることのなかで、鍵を握るのは、カバラ的象徴はロマン主義的崇高もしくは「表現不能なものを表現しようとする」ロマン主義的企ての最たるものではなく、諸関係を表現し制定しようと企てることだった、との指摘である。すなわち、適切な仕方で行為し、神、人間、世界の条件を変化させようと企てることだったのだ(脱自的・恍惚的カバラもまた、人間の活動的経験をめざしていたのであって、超然たる瞑想をめざしていたのではない)。イデルによる定義は、ユダヤ教神秘主義に、その美学的命法ならびに、より伝統的なユダヤ教思想との連続性を取り戻させるものだが、それに対して、ショーレムがカバラを解釈する際に援用されるロマン主義的イデオロギーは、ユダヤ教神秘主義を、より観照的な美学ならびに過去との根底的断絶へと転じている。後者のような解釈の様相は明らかに、二〇世紀初頭二〇年におけるドイツ－ユダヤ思想の雰囲気に影響されていた。

要するに、イデルの分析のなかでは、象徴主義は静的意味の観照であるよりもむしろ行動への誘導である。それは本質的には認識論的ではなく経験的・実験的である。曰く、「象徴主義は、カバラ学者自身の人格とそのあり方についての知覚と同様、トーラーの知覚にももたらされる根底的変化を含意している」(229)。象徴は、セフィロートの神的領域を叙述するために必要だった。「それは、不断に変化する体系のいくつもの側面が表現される必要があるからであって、神性の啓示された相貌が、その超越ゆえに、概念的語彙での表現を超えているからではない」(231-32)。これらの関係を理解することの狙いはまさに、神的生と人間的世界への融即であるが、かかる融即は「信と啓蒙」をとおしてのものではなく、「第一義的には力動性の模倣（*imitatio*）による」ものだった。「象徴を通じての神的世界の透明性」は、トーラーの命令を通じて「ひとを行動へと導く教育的役割に比して第二義的である」(232)。こうした神智学のなかには静的存在論はまったくない。むしろ、神的諸世界は不断に変化しつつあり、人間の行動と相関的に関連している。聖書のテクストにおける意味の無限性は、不断に変化する天上の諸関係の反射・反映から生まれてくる。多様な「世界」ならびに絶え間なく変化するセフィロート、象徴とそれが象徴化するものとの恒常的に固定された環であれば、それをすべて斥けてしまう。聖書のなかのひとつの語でさえ、いくつもの相異なる天上の諸構造を意味することができる。「したがって、象徴とそれによって象徴されたものとのあいだには内在的関係があるとの仮定はいっそう困難なものとなる。——象徴の本性がより多義的なものとなればなるほど、象徴とそれによって象徴されたものとの親和性はより有機的ならざるものと化すのだから」(231)。

カバラ的象徴を静的符号へと固定し、カバラを第一義的に「解釈学的」もしくは神智学的思弁とみなす見地は、ルネサンス期におけるキリスト教版カバラに淵源を有していた。キリスト教カバラは降神術的な業という成分を切り離して無効ならしめたのだが、この成分は、セフィロートならびにそれらとユダヤ教の律法と命令の世界との連関をめぐる力動的ヴィジョンにとってきわめて重要なものなのだ。人間の活動が世界と神的界域に影響を与え、それを修復するのである。降神術的な業という成分の無視は、古典的なユダヤ教の律法はイエスの到来とともに廃棄されたとするキリスト教の展望のもとでは、そしてまた、ルネサンス期の「プラトン的－ピタゴラス的－錬金術的綜合」(262)へのカバラの同化からしても、必然的な事態だった。フィチーノ、ピコ、ロイヒリンは、キリスト教的真理は、それがまとう古代哲学の多様な外観をとおして確証されると想定し、それと同様の仕方でカバラを読解した。

　科学史家のスティーヴン・ゴールドマンは、ルネサンス期のキリスト教思想におけるイメージと象徴のこのような存在論化が、いかにして近代科学の勃興と結びついてもいたかを示した。ルネサンス期のキリスト教思想では、自然哲学者たちのいうイメージや象徴が、それが代理しているものを描くものとして、「心の外に、諸感官を超えて実在する現実のイコンたるものとして文字どおりに解釈されていた」（“Christian Origins” 1)。それと同様に、近代科学も、「自然現象の数学的モデル化のまさにそのようなイコン的解釈」に大いに依存していたし、――これは、ホワイトヘッドがこうした見地を批判しつつ「置き違えられた具体性の虚偽」(1)と呼んだものである。言い換えるなら、科学それ自体の理論的構築がしばしば、その対象とみなされた外的現実と存在論的に同一視されるのであって、こうした趨勢はのちにハイゼンベルクやボーアのような量子物理学者たちによって異を唱えられることになる。

　われわれの目的に特に関係があるのは、次のようなゴールドマンの主張《テーゼ》である。すなわち、ルネサンスとキリスト教によるこのような象徴の存在論化は、「同時代のユダヤ教思想に見られる、隠喩と象徴に向けての、強固に反イコン的で、断固として非図像的で、ひいては実証主義的な態度」とまったく対照的なのだ。ここにいうユダヤ教思想には、カバラも含まれていて、それは、ルネサンス期にキリスト教思想家たちの知るところとなったユダヤ教自然哲学の一部だったのである(2)。

　たとえばフィチーノはカバラについて省察を加えたキリスト教思想家のひとりだが、フィチーノはその象徴解釈を、「理念的「原型」と物質におけるその「複製」との関係に存在論的意味を付与したプラトン主義と新プラトン主義」に立脚させていた。曰く、「「複製」の実在性は、原型である理念的形相へのその融即から派生するのである」(3)。同様に、象徴も原型に「融即する」のであって、それは原型の潜在力の導管なのである。このことは、魔よけの魔術の発展に、そしてまた、象徴の観照は象徴された対象のより完全な知識をもたらすとの考えに導いた。

象徴が、原型の力ないし効力の現勢的「具現」として考えられているか、それとも、単にこれらの力の「表象」として考えられているか、そこに相違がある。ゴールドマンが示しているように、形式的諸関係の存在論化、デカルト、スピノザ、ライプニッツにおける西洋合理主義の展開にはとりわけ批判的であった。存在論的意味をこのように論理的必然性に帰することは、「観念の順序と連結は事物の順序と連結と同じである」ということを、そしてまた、論理的に必然的な真理は絶対的真理たりうる特権的候補であるということを意味している(10)。ゴールドマンが主張するところでは、ユダヤ教思想のなかには、イメージと象徴についての非存在論的解釈が存在していた。しかも、寓話と隠喩を広範に使用するミドラッシュのラビたちや、言うまでもなくユダヤ教神秘家たちのように、イメージと象徴を大いに用い、それらに大いに頼っていたユダヤ教思想家たちのなかでさえ、そうだったのだ。とはいえ、寓話や隠喩の内容と、それが論議すると主張している主題(すなわち神の本性や祈りなど)との関係は、存在論的融即の関係ではなく、単に形式的な比較であり、相関関係である。「寓話の構成要素は、問題の構成要素についてわれわれに何も話すべきことを有していない」(14)。聴聞者は、寓話の内容とそれが係わっている対象ないし論点との相関関係によって示唆されている、そのような関係を構築しなければならない。(「〈諸理念〉」の「星座＝布置」もしくは「配置」としての真理というベンヤミンの考えはこのような感受性を見事に描いている。)

カバラ学者たちは、神的界域とセフィロートをめぐる彼らの叙述を文字どおりに受け止めないようにと、絶えず読者たちに警告していた、とゴールドマンは言っている。なぜなら、神と人間とのあいだには、存在論的同一性もしくは比較はありえないからだ。図像的叙述はむしろ、「神的本性の構造的特徴としてではなく、心にある種の機能を伝えるかくも多くの運搬者として」(15) 描かれている。そうであるなら、カバラ的神智学は降神術的な業もまつわる語彙で理解されていたというイデルの中心的主張が支持されることになろう。つまり、カバラ神智学は、トーラーの命令と人間の行動がこれらの命令と世界に対して有するかもしれない機能と効果にまつわる語彙で理解されていたのだ。(私としてはこれを、象徴の「解釈学的」理解というよりもむしろその「修辞学的」理解と呼ぶことにしたい。) 要するに、ゴールドマンが次のように書いているとおりなのだ。

象徴に対するユダヤ教的態度はそれへの実証主義的志向を顕著な仕方で有している。この態度が、理論的構築の構成要素とその対象とのあいだの同一性を排除している点でも、また、これらの構築の全体的志向として諸関係を受け入れている点でも、そうである。しかし、それに付随して、このような構築を用いて現実的なものを解明する可能性をもユダヤ教が排除しているかというと、そうではない。ユダヤ教哲学のなかでは、形而上学の価値が実証主義的に排除されることはまったくないのだ。(18)[13]

近代哲学における如上のユダヤ教的傾向を示す実例としてゴールドマンが挙げているのはベルクソンである。われわれの目的からすると、ベルクソンがレヴィナスに逸早く影響を与えた人物のひとりであったというのは興味深い。本書の第二部で詳細に議論するつもりだが、西洋形而上学の歴史のなかでの存在論や「存在（すること）」という根本的観念に対するレヴィナスの批判は、それがいかなる種類のものであれ、諸存在の〈存在〉への「融即」としての超越の概念に対する批判と結びついていた。その代わりにレヴィナスは、まったく「別の仕方で」もしくは存在の「彼方」なる領域——この非存在論的関係性について、彼はそれが〈他者〉との倫理的関係のなかで「具現されている」と考えている——を、融即としてではなく、命法として、人間の他者への転換として表現しようと努めている。ローゼンツヴァイクと同様に、レヴィナスは、倫理的関係の格別な肯定にして具体化として、ユダヤ教の律法を肯定することになろう。レヴィナスにとっては、倫理は形而上学に先立つとともに形而上学を基礎づけるもので、「知識」を通じて存在の全体性を把握しようとする企ては哲学の根本的行為ではない。さもなければ、哲学は暴力であろう。

では、ここまでのところで私は何を主張してきたのか。すなわち、カバラのテクストから距離を取る際のショーレムのやり方は、歴史的 - 文献学的方法への彼の同意をとおして実現されたのだが、それに対して、象徴的 - 神話的解釈学の諸カテゴリーを経由して、ユダヤ教神秘主義を彼独自の仕方で、また近代的な意味で神学的に再構築する挙措のうちには、彼の数々の文学的 - 哲学的仮定が「密輸入されている」のである。

理論的・観照的「知識」の優位、西洋古典哲学のこの遺産は、ルネサンス期に生じた、カバラの、イデルが「グノーシス」(*Kabbalah* 263) と呼ぶものへの変容のいまひとつの源泉であるが、この変容は、西洋の学問のなかへのカバラの来るべき受容にとって致命的だった。イデルの主張によると、ショーレムがカバラの神智学的側面を過度に強調し、その降神術的 - ハラハー的側面を無視したこと、それがカバラはグノーシスのひとつの形式であるとの考えを永続的なものにしたのだ(14)。

付け加えておくと、このような光に照らしてみるなら、なぜカバラをめぐるショーレムの仕事が実に多数の同時代の文芸批評家や詩人や近代的作家たちに影響を与えたのかも、更に理解できるだろう。カバラならびにショーレム自身の仕事は一種の近代的グノーシスの可能性を表すにいたったのである。ハロルド・ブルームは、ショーレムを本質的には、歴史家の仮面を被ったグノーシス主義者と定義するところまで行き、自分自身をも「ユダヤ教的グノーシス主義者」と同定している。更に、近年のポスト構造主義的理論の多くのなかでも、文学と批評、とりわけ「文学的言語」もまた一種のグノーシスとみなされていると言うことができるだろう。それらは他のいかなる仕方でも利用できない秘教的知識の特別な形式とみなされている、と。大文字の〈言語〉は、ロシアフォルマリストたちからド・マンにいたるまで、「個人的経験」や「倫理的・道徳的戒め」とは切り離されたひと組みの記号とみなされてきた。人間のアリーナは言語的で記号的な諸力の交叉点である。つまり、人間的なものは言語の臣下なのだ。言語の理解は人間の個人的我意とは無関係に進展していく。それは、コードもしくは隠れた意味、テクストが意味を転覆する際の様相、社会的諸力と文字的コードの隠れた交叉点などを判読することであって——まさにひとつのグノーシスなのである(15)。

しかし、テクストは〈言語〉から、〈言語〉によって、〈言語〉のために構成された事象であるとの見地に対しては、強い反論が提起されてきた。最近の文芸批評のなかで、フェミニスト的・政治的・文化的批評が認めるにいたったことだが、初期の構造主義や記号論が依拠していた言語のモデルは適切なものではなかった。「言語」、それもとりわけ「文学的言語」に関しては、ここには、認識論的問題や懐疑論的アポリアをはるかに超えたものが存在しているのだ。初期の「秘教的で」認識論的な仕事から、もっと顕教的で政治的な関与を伴った批評に転じたとき、ベンヤミンはまたしても他の誰よりも先に立って、小道を徴しづけたように思われる。もっとも、これは、カントを修正しようとするベンヤミンの初期の企てと連続しているのであって、——この企てを放棄するものではない。言語それ自体は知識のひとつの形式である。だが、それはまた知識に代わる「経験」のひとつの形式であり、自然と歴史の「救済」のひとつの様相でもある。ベンヤミンのなかでは、行動しなければならないという必要が、「純粋言語」をめぐる思弁から「マルクス主義神学」へと導いたのだが、政治的批評へと踏み込むこの冒険は、世界を能動的に再構築し、世界を救済することの一部を成しているのである。ショーレムもまた、ベンヤミンのマルクス主義と彼のそれ以前の思考との連続性を認めていた。ショーレムはまた、ベンヤミンがシュルレアリズムに魅了されていたことについて書いているが、そこで書かれたことは同じく、ショーレム自身のカバラへの関心の本性をも見事に描き出していると言ってよい。

ベンヤミンはこれらの定期刊行物を読んだが、そのなかでは、アラゴンやブルトンが、ベンヤミン自身のこのうえもなく深い経験とどこかで一致するような事柄を宣言していた。ここで生じたことは、ベンヤミンと彼が「極端なコミュニズム」と呼んだものとの出会いに似ていた。ベンヤミンは脱自的恍惚に憑かれた者ではないけれども、革命的ユートピアのもたらす脱自的恍惚や、無意識へのシュルレアリストたちの沈潜は彼にとって、いってみれば、彼固有の世界を開くための鍵だった。それに向けて、彼は、まったく異質ではあるが厳密で統制された表現の形式を探し求めていたのである。(*SF* 135)

ベンヤミンとショーレムは最終的には相異なる仕方で「統制された表現の形式」を選んだのだが、それが相異なる政治を必然化したのだった。

第4章　アレゴリーと救済

ベンヤミンとショーレム——歴史記述の政治学

かくも全面的にロマン主義の思想に浸かっていたベンヤミンだが、彼は、存在論と構造とのあいだの「有機的な」絆を断ち切るべく努めることになろう。彼が考えたところでは、「象徴」と神話の危険な魔法を解き、歴史のなかに移っていくことは必要だった。——そこで彼は、パサージュ論の企図のなかで、「一九世紀の夢」からの目覚めであるような歴史を構築するべく努めた。その点については、一九三五年八月にベンヤミンがこの企図についてショーレムに書き送っているとおりである。

この構想の起源は個人的なものですが、それはわれわれわれわれの世代のこのうえもなく決定的な歴史的関心に呼びかけている、と私は信じています……。この仕事はシュルレアリスムの哲学的適用——それによる、シュルレアリスムの止揚［*Aufhebung*］——と、目立たない生存の片隅での歴史のイメージ、いうなれば歴史の老廃物を維持せんとする企ての双方を表しています。（*Corr* 165）

経験の多様な様相ならびに言語の「非伝達的」様相に関心を抱いていたとはいえ、ベンヤミンはまた、象徴主義とシュルレアリスムから明確に距離を取ってもいた。ベンヤミンにパリのパサージュの研究するためのはずみを与えたのは、ルイ・アラゴンの『パリの農夫』(一九二六)だった。ただし、ベンヤミンは異議を唱えていた。

アラゴンは執拗に夢の領域にとどまっているが、それに対して、ここでの問題は目覚めの星座＝布置を見つけることである……。ここで重要なのは、「神話学」の、歴史の空間への解体である。もちろん、そのようなことは、以前にどうであったのかをまだ意識していないような知識の目覚めをとおしてのみ生じうる。
("Theory of Knowledge" [N 1, 9])

ベンヤミンはアレゴリーを、そこで時代の鋭い苦しみ、歴史、有限性が認知されるような形式として、——モダニズム、その歴史と美学を理解するための鍵として捉えていた。ある意味では、「モダニズム」は、ロマン主義の「否定的」子孫であり、心と自然とのあいだのどうしようもない溝、「想像力」の底面——そこでは予言的ヴィジョンは破壊的黙示録と化す——の認知である。新しい天についての創造的知覚は、新しい都市地獄での幻影《ファンタスマゴリア》の衝撃と化す。ベンヤミンは、ボードレールを特徴づけるに際して、こうした系譜を強調していた。彼はボードレールを、近代のアレゴリー詩人の原型として描いている。ベンヤミンの偉大な貢献のひとつは、やがて見るように、統一され、継ぎ目もないロマン主義神学的な象徴の界域とは反対に、時間と歴史の修復不能な廃墟のヴィジョンとして、アレゴリーを定義し直し、構築し直したことにあった。ベンヤミンにとっては、裂け目を埋めたり、廃墟を修復したりする企てのために

「〈象徴〉」を使用することは不当な所業であった。

ベンヤミンは結局、ショーレムとは異なる「弁証法」の概念を思い描いている。ショーレムはというと、ベンヤミンよりももっと有機的で、もっとヘーゲル－神学的な仕方で「弁証法」を援用していた。ヘーゲルとはちがって、ベンヤミンは歴史にいかなる「全体性」も許容しなかった。一九一八年、彼は、ヘーゲルの読解が自分を不快にしたと書き送っている。そして彼は、「……知的悪漢のそれ、最悪の種類の暴力的神秘家のそれをヘーゲルの心的人相」と呼んでいるが、「それでも神秘家であることに変わりはない」(**SF** 30)。ベンヤミンのいう「弁証法」は、相対立する諸力が互いに係わり、何らかの総体的説話のなかで綜合されるような一切の媒介を無効にするものだった。アレゴリーは世界と救済とのあいだの溝、不均衡、差異を維持した。歴史は廃墟であり、「不実な跳躍」、逆転の瞬間からのみ、救済は到来することができる。この逆転の瞬間は、それに先立ついかなる「有機的発展」とも連続的ではない。ショーレムも、それが自由啓蒙主義的な進歩の概念を批判する限りで、この立場に惹きつけられていた。しかし、彼はまた、弁証法的媒介の概念ならびに「全体性」の内部での対立物の綜合についてもっとロマン主義的な概念を維持してもいた。「全体性」――それはユダヤ教の歴史それ自体として、前進的で開放的な創造的相互作用ならびに反対物の綜合がなされる舞台として捉えられていた。

とはいえ、ベンヤミンが、何らかの客観的解放を模索しながら、史的唯物論の政治と、彼独自の言語理論、歴史記述とを結合しようと努めたのとまったく同様に、ショーレムはシオニズムの政治と彼の歴史記述を結合した。自分に固有な土地にあって政治的自律を得たユダヤ人の確立は、ショーレムが考えたところでは、ユダヤ人の歴史が政治的弁護や神学的教義なしに、すなわち、「自律的」かつ「客観的」に書かれることを可能にした。一九二五年に、ベンヤミンが大学に職を得る望みを放棄したとき、突然ショーレムは、エルサレム・ヘブライ大学人文学部の中枢として新設されたユダヤ教研究所のユダヤ教神秘主義の講師に抜擢された。彼は高校の数学の教師として生計を立てる考えでパレスティナにやってきた。カバラ研究の大学でのポストはまだ存在していなかった。ヘブライ大学は、彼の到着から約一年後、一九二五年に開学した。新設されたユダヤ教研究所について彼はこう書いていた。

この研究所は固定されたいかなる神学的針路からも自由で、ユダヤ教の生きた歴史的‐批判的研究に捧げられるようなセンター確立に向けての重要な一歩であった。そのようなセンターはユダヤ教科学の再生(その状態について私は多大な疑念を有していた……)への大いなる期待を産み出すだろう。(*SF* 128)

ビアールが書いているように、「ショーレムにとっては、客観的な歴史記述はシオニズムによって保証される。なぜなら、シオニズムは定義からして反‐教条主義的だからである。シオニズムはユダヤ教に関するすべての特殊な解釈を超えたところに位置しており、すべてのユダヤ人たちを統一する共通分母のひとつである」(*Scholem* 8)。つまり、シオニズムはユダヤ人たちがみずからの歴史の全体を引き受けることを可能にするのだが、ただし、それはユダヤ教史の「内在的」解釈であって、超越神を中心とした解釈ではない。

一方のベンヤミンは、シオニズムが歴史の全体を保証するとは考えていなかったし、パサージュ論の企図の一部を成す「パリ――一九世紀の首都」を、一貫した説話の形式に即してではなく、単なる諸断片の寄せ集めとして書いた。彼は一貫した説話の形式では書きたくなかった――あるいはまた、そうは書けなかったのだ。一九三五年五月二〇日にベンヤミンがショーレムに宛てて書いているように、パサージュ論に九年を費やしたあと、この仕事は「それ固有の認識論を動員することになった」。

そうではありますが、私は、この仕事がみずからに固有な表象の形式を見出すかどうかも、どの程度、自分がこのような表象に成功するかも予見することはできません。……自分が直面している途方もない困難の只中にあって、私は次のような思考について詳述することにときどき喜びを覚えました。つまり、この探求のなかには、貧困と豊穣さの弁証法的綜合ががどれほど存在するかについて詳述することに。この探求は一〇年を超える年月のなかでたえず中断を余儀なくされ、幾度も改訂されたのち、最もはるかな領域へと移されました。この書物の弁証法が正当かつ健全なものであることが証明されるなら、それは私の賛同を得るでしょう。(*Corr* 159)

後期の仕事のなかで、ベンヤミンは「弁証法」を、彼が「偶発的出来事のメシア的休止」(*Illum* 263)における「静止状態」と呼ぶものへといたらせた。過去と現在の衝突は徹底した歴史家によって、意味と「現在時」に満ちた瞬間的「星座＝布置」へともたらされるが、この「星座＝布置」は救済と革命に仕えるために、「ブルジョアの」線形的歴史の連続態を中断させる。[1] 肯定的な力と否定的な力が統一的全体へと存在論的に統合されることはない。歴史についての暗愚で錯誤的な感覚から人類を覚醒させるためには、衝突の効果が必要である、とベンヤミンは考えた。淀みない説話的全体としての歴史はいまひとつの睡眠薬でしかなく、抑圧への、イデオロギー的眠りの平静へのいまひとつの寄与でしかない。ところがショーレムは、「静止状態」なるものを解釈して、それを、ベンヤミン自身ショーレム宛の書簡のなかでみずからの「病理学的動揺」(*SF* 156)と呼んだものの徴候として解釈した。「根本的にはこのような解明が彼にとっては可能ではないことを理解するのに私はしばらくかかった。彼の後期の仕事は、形而上学と唯物論（彼が想像していた意味での）とのあいだでどちらかを選ぶことができなかったことを示している」（169）。

ベンヤミンとはちがって、ショーレムはみずからの政治学をメシアニズムと同一視するところまで行こうとはしなかった。なぜなら彼は、黙示録的衝動の放散がユダヤ教史のなかに引き起こした数々の危険を恐れていたからだ。その代わりに彼は、ベンヤミンもまたよくそうしたように、救済のために「後退の隠喩」を用いながら、「ユダヤ人たちの彼ら固有の歴史のなかへのユートピア的撤退」（*Judaica* II: 49, qtd. in Biale 186）としてシオニズムを定義した。ショーレムにとっては、このことは、ユダヤ人たちとヨーロッパ文化との係わりからの撤退、この文化への批判と反逆を意味していたが、それは、救済と革命をもたらすために、歴史の完全な終末を黙示録的もしくはニヒリズム的に要請することを意味してはいない。ショーレムのいうシオニズムは、ユダヤ人たちが彼らの古代の土地と国家を再建する過程を通じて、また、それと同時に純化されたユダヤ教の歴史記述を通じて、ユートピア的衝動を、みずからの具体的な過去の歴史と建設的な仕方で直に係わることへと転じるものだった。ショーレムの考えによると、シオニズムを通じて、ユダヤ人たちは歴史を制し、歴史のなかで責任ある行為をすることができた。ショーレムは明らかに、彼なりの仕方で、徹底した「文化批評家」であった。彼もまたドイツの学問的営みの閉鎖性を感じ、歴史のなかでのユダヤ人たちの必然的で具体的で物質的な行為の何たるかについてのみずからの信じるところに従った。ショーレムが主張したところでは、シオニズムは政治的革命や階級闘争ではなく、そのようなものとして、ヨーロッパでのユダヤ人の歪んだ生活についての判断を定め、それとは別のもっと本来的なユダヤ人の生活を可能にするだろう。

ショーレムは純粋なヘーゲル主義者では決してなかった。なぜなら、彼の見地では、ユダヤ教史はいかなる成就にももたらされはしないし、すべてを覆う大いなる〈イデア〉に服従することもないからだ。ユダヤ教史は開かれたままで、未決定なままである。デイヴィッド・ビアールは、ショーレムのなかにはニーチェ的反歴史の痕跡が色濃く残されていることを指摘した。もっとも、ショーレムにおいては、ベンヤミンにおけるほど徹底した仕方ではこのニーチェ的反歴史が用いられてはいない。ニーチェは、ベルディチェフスキーやブーバーのような他の近代ユダヤの思想家たちの、より懐疑的で、より根底的に歴史的なヴィジョンにとっての主たる発想源のひとつだったが、と同時に、「反歴史」は保守的形式をまとうこともできたのだ。ショーレムはニーチェのニヒリズムには反対していて、みずからをアハド・ハアームの文化的シオニズムの継承者とみなしていた。とはいえ、ショーレムによるニーチェの棄却は単に部分的なものので、「ショーレムにおける若干の徹底した歴史的カテゴリーとニーチェのそれとのあいだには何らかの親和性」(*Scholem* 38) が存在してもいる。ユダヤ教史それ自体の内部に隠された革命的伝統として、ショーレムはカバラとサバタイ主義を同一視した。ベンヤミンと同様、彼は、カント主義と自由な合理主義が看過し、貶価してきた経験と知解の領域の検討を通じて、これらの伝統の再活性化を探求したのである。

ショーレムは、カバラのうちに自分は「神話的反作用」を発見したと考えていたが、この反作用は、「一神教的思考がこのうえもない困難を経て神話から引き出した諸領域の内部で及ぼされる。……見知らぬ神話の諸世界がカバラ学者たちの偉大な原型的イメージのなかで作動している。たとえこれらのイメージが本来的で生産的なユダヤの宗教的感情の深みから湧き出たものだとしても」(*KS* 98)。一九三七年にショーレムがツァルマン・ショッケンに宛てて書いた手紙のなかで、彼は、そもそも自分はカバラの歴史ではなく、「カバラの形而上学」を書きたかったのだと説明していた。それにしても、どのような種類の形而上学だろうか。ショーレムはこう主張している。自分は何よりも、サアディア、マイモニデス、ヘルマン・コーエンのようなユダヤ教哲学者たちの合理主義的先入見に激しく憤慨している。というのも、彼らは「一神教と神話の双方をより高度な水準に高める」代わりに、両者を分離しようと努めたのだから。(この言明のヘーゲル主義は明白である。)

> 私はこのより高度な水準をカバラのうちに感じ取った。……ここには、私の世代に特有の知覚を超えて、われわれの最も人間的な経験に触れざるをえない諸連合の領域が存在していたように私には思えた。啓蒙主義の愚鈍な基準に即して判断しなければならないなら、これらの事象を理解するための鍵はまちがいなく失われてしまったように思えた。(Qtd. in Biale, *Scholem* 75)

啓蒙主義の理想に対する批判は、ベンヤミンとショーレムによる、ブルジョア的で合理主義的で自由主義的な文化に対する攻撃のひとつの局面であった。彼らはこのような文化のなかに生まれたのだが、それに反対する点では、彼らはいつも強く連帯していた。この攻撃は「ユダヤ教科学」に対するショーレムの怒りに満ちた批判へと受け継がれた。彼の考えでは、「ユダヤ教科学」は、同時代の社会の自由主義的ブルジョア的な基準に即して、ユダヤ教を、純粋で精神主義的で合理主義的な一神教として呈示しようと企てた。とはいえ、ショーレムにとっては、ユダヤ教の信仰への直接的回帰も、神話ないし神秘主義への無媒介的な再没入も不可能だった。なぜなら、ユダヤ教の伝統には断絶があり、それがいかなるものにせよ啓示の観念の浸食があるからで、こうした断絶や浸食はほかならぬ啓蒙主義がもたらしたものだった。

ベンヤミンと同様、ショーレムは啓蒙主義の過度に合理主義的で進歩主義的な歴史哲学を厳しく批判したが、それにもかかわらず、ユダヤ教の「科学的」研究の歴史的 - 文献学的方法は採用している。ビアールの語彙を使うなら、ショーレムにおける「反歴史」は、「ユダヤ教科学」の否定であるよりもむしろその「弁証法的中立化」(*Scholem* 206)であり、「優先順位を変えながら、そのプログラムを完成すること」であった。それまで貶められていた非合理的な力や異端的な力が評価されるにいたるのだが、このようにショーレムにとっては、「標準的ユダヤ教の反歴史的解釈」としてのカバラそれ自体、「世俗的時代のなかでユダヤ教の歴史記述を若返らせようと努める近代の歴史家にとっては示唆に富んだモデルと化す」(191)のである。

歴史記述を若返らせることはベンヤミンの目的でもあったが、ベンヤミンは合理主義的な学術的歴史主義の諸方法を批判した。アーヴィング・ウォールファースが述べているように、もっと徹底したニーチェ主義者たちと同様、ベンヤミンは歴史家のことを、「現在を忘れたいという隠しても隠しきれない必要から、何らかの過ぎ去った地帯を骨を折って再構築する」者と考えていた。「……その日を捕まえることができないがゆえに、彼らはどんな古き過去をも受け入れるが、それらの混交を意に介することも、それらに感情移入することもない。歴史家とは文化の禿鷹である。歴史家は他の数々の時制の屑を一掃し」、自分が失いつつある「魂」の探求という、緊急ではあるが承認されざる現在の必要に促されて、自分が失いつつある「魂」を探求するものとして、「著しい主観主義を隠蔽してくれる歴史的客観性への要請を位置づける」("Et Cetera?" 157)。ベンヤミンであれば、彼が「歴史のがらくた」と呼んだこれらの屑を、別種の廃物利用の企てを通じて検査するだろう。ここには、ショーレムとのいまひとつの際立った歴史的対照がある。ベンヤミンが荒廃のなかで文字どおり襤褸拾いのように生きることを余儀なくされ、大学への就職といかなる安定した収入をも拒んだのに対して、ショーレムは、一九二五年に最初にヘブライ大学に職を得てから一九八二年に死去するまで、著名人として経済的にも安定した地位にあった。彼の著述は学術論文の様式に適合していて、明晰さと学術的論述と詳細な文献目録から成る力作である。

様式におけるこのような相違はひとつには、各々が言語哲学と歴史についての初期の互いの省察をそれへと振り向けた目的地の相違に起因している。ショーレムはパレスティナに定住し、そこのヘブライ大学に「物質的基盤」を有していたし、また、その解釈に彼が生涯を捧げたカバラ写本のコレクションのうちにも、その「物質的基盤」を有していた。ショーレムは、これらのテクストが「伝達不能なものを伝達する」際の「逆説」（彼の思想の鍵を握る言い回しである）を理解するべく努めることで、これらのテクストの言語を解読しようとするだろう。この隠れた深みは「深淵」をも出現させうるだろうし、――この「深淵」は、サバタイ・ツヴィの背教がその事例であるように、ニヒリズムと反律法主義の無定形で無秩序な世界である。サバタイ・ツヴィとは一七世紀の悪名高き贋メシアで、彼の生涯と遺産を、ショーレムは近代ユダヤ教史の危機的局面へと高めたのだった。ベンヤミンはというと、ほとんど物質的基盤もなく、生計を立てる手段もほぼ皆無の状態で、瓦解するヨーロッパを約束の地もなくさまよう追放者として、言語のなかのこの隠れた深みを用いて、「虎の跳躍」をとおして歴史を救済へと開き、弁証法的イメージの革命的エネルギーを放流し、過去を救い出し、将来のための新たな星座＝布置を閃めかせようとした。

ベンヤミンがパサージュ論で行ったのとはちがって、ショーレムはモンタージュという形式では一度も歴史を書かなかったとはいえ、彼が暗愚で無自覚な歴史家でなかったことはまちがいない。おそらくベンヤミンとの係わりがそうなることを妨げる助けとなったのだろう。彼はみずからの動機や、歴史家としての自分の立場の曖昧さを熟知していた。ベンヤミンの「歴史哲学についてのテーゼ」は明らかに、ショーレムの「カバラについての一〇の非歴史的アフォリズム」（一九五八年に出版）の模範であり、その発想源であったが、そこで彼は、歴史記述、カバラ、近代哲学、言語理論のあいだの諸関係について「非歴史的に」（すなわち、批判的‐文献学的方法の拘束から自由になって）熟考することをみずからに許容した。第一のアフォリズムでは、ショーレムは、「カバラのような神秘的教科をめぐる文献学は何かしらアイロニックなものを伴っている」と書いている。カバラ学者は、「知ることはできるが、伝達されることなき」真理、あるいはまた、衰退した形式でのみ伝達される真理を伝達しようと企てる。同様に、「文献学者にとっては、事象そのものの法則に属する眼に見える何かが残っているのだろうか、それとも、本質的なものは、歴史的なものの投影のなかで消え去るのだろうか」。ショーレムは更に続ける。この問いに対する確実な答えはまったくないが、カバラを理解しようとするカバラ学者たちの企てのアイロニーは、カバラ学者たちの企図そのもののアイロニックな本性と類似している、と。文献学者としての歴史家の企ても歴史家の企ても共に、記述不能なものを記述し、知りえないものを知り、あらゆる表現を超えた真理を伝達しようとするものなのだ。

ツァルマン・ショッケンに宛てた一九三七年の書簡のなかで、ショーレムは、自分は元来カバラの「形而上学」を発見したかったのだと打ち明けていたが、この書簡について、イデルは興味深い註解を付け加えている。イデルが書くところでは、ショーレムは、「深層においてカバラはある形而上学的現実を表現している」と仮定している。「この形而上学的現実は、歴史的、文献学的、哲学的用具を使っての、それに固有な解釈学によって把握されうる」のであって、それゆえ、カバラを研究しようとする学術的教科はカバラ的探求を成就させることができたのだ。しかし、ショーレムはまたそれ以上の何かを希望した。カバラの形而上学的現実の「山」に、その現実の核に接近しようと欲したのだ。これは、学術的方法をとおしては成就されえないことだった。そのためには、「ヒント」がこの形而上学的現実から流出し、そこから生じるのを受動的に待たねばならなかった。では、とイデルは問う。ショーレムにとって、歴史的‐文献学的調査と神秘的探求、カバラの形而上学的核と現実の「山」ないし核とのあいだの関係はいかなるものだったのか、と。ショーレムは学術界の「精神的死」を認めているとはいえ、この問いに対する彼の答えは明確ではない。いずれにしても、「全面的に歴史家もしくは歴史哲学者であるというショーレムの人格についての共通の知覚は、ショーレム自身の言明を空々しく無視して、彼の精神的相貌を、彼の公然かつ明白な活動に必ずしも還元するわけではない」（*Kabbalah* 12）。イデルはショーレムを、「カバラの理論家としてと同時に、理論的神秘家ないし理論における神秘家」として特徴づけている。

　ショッケンに宛てた一九三七年の書簡のなかで、ショーレムは、自分の作品は「ある逆説のなかで、ある希望のなかで」生きていると書いていた。すなわち、それは「最も不可視で、最も小さな歴史の変動を山上から真に伝達しようとしているのであって、この変動こそ、「発展」の錯覚から真理を湧出させるものなのです」（qtd. in Biale, *Scholem* 76）。彼はまた、自分はベンヤミンに似た仕方で真理を叙述している、とも書いていた。湧出として、跳躍として、根源的奔出（*ur-sprung*）として叙述しているのだが、このような根源的奔出は、合理的で進歩主義的な歴史的発展からは生じることがない。みずからの仕事の逆説のなかで、根気強くショーレムが待望しているもの、それはベンヤミンがその歴史的筆記のなかで攻撃的に要求しているものと同じである。言葉を換えて言うなら、ショーレムにおける逆説は、ベンヤミンのいう「弁証法的静止状態」であり、弁証法的イメージの閃きであり、危機の瞬間に現れる過去と現在の星座＝布置なのだ。ベンヤミンにとっては、現実のこのような読解は文献学に限定されたままではありえなかった。歴史の連続態を爆破するのは、徹底した政治的・神学的行動であり、メシア的な「現在時」である。それとはちがって、ショーレムにとっては、歴史のなかへの「虎の跳躍」は、みずからの古の土地を再建することで、歴史における政治的に自律した役者となろうとするユダヤ民族のシオニスト的努力のことであった。とはいえ、ショーレムの歴史的で文献学的なカバラ学術研究がそれ自体で「危機の時」、ヨーロッパでのユダヤ人の生活の頽廃、欺瞞、衰退への直接的な応答であったのもまた明らかだ。そして、この研究は一種の「記憶」(memory) でもあった。ユダヤ教の神秘主義と神話の忘れられた層を想起 (remembering) することなのである。[2]

そうではあるが、ショーレムは総じてベンヤミンよりも保守的な思想家だった。イスラエルへの彼の移住と文化的シオニズムの肯定は彼に、一方では、彼がハラハー的ユダヤ教の窮屈で没歴史的な諸力とみなしたものを回避する方途を与え、他方では、受動的な「先延ばしのなかでの生活」と、歴史のなかでの黙示録的でカタストロフ的で、ひいては同じく「無気力な」行動という二つの極のあいだの振幅を回避する方途を与えた。ただし、スティーヴン・シュワァルツシルドが書いているように、みずからの立場を堅持しつつも、ショーレムはまた、「ユダヤ教のなかで、現状と当為もしくはそうなるであろう姿とのあいだの大きな溝を維持するような諸力――ハラハー、メシアニズム、哲学的倫理、W・ベンヤミンのいう悲劇感覚など――をすべて無効ならしめた」(“On Eschatology” 195)。今は悲劇をめぐるベンヤミンの書物に立ち戻らねばならない。

ベンヤミン――アレゴリー使用者としての批評家とドイツ悲劇

――思考の領域でのアレゴリーは、事物の領域での廃墟に等しい。

（ベンヤミン『ドイツ悲劇の根源』一七八頁）

私の周囲ではすべてがアレゴリーと化した。

（ボードレール「白鳥」）

ベンヤミンとショーレムは共に歴史記述の政治学に深く係わっていたが、奇妙なことにベンヤミンは、歴史の筆記にいたったときには、それに加えて、徹底した神学者であった。そして、ドイツバロック悲劇（tragic drama）におけるアレゴリーの概念が彼の歴史記述の鍵を握るものとなるだろう。アレゴリーに関するベンヤミンの偉大な仕事は、第二の教授資格論文として彼が書いたドイツ悲劇についての書物とともに始まる。ショーレムと同様、ベンヤミンは、秘教的で、蔑まれること多く、難解で、極端な文学を研究していた。それは正確には、三十年戦争の時期以降のドイツバロック哀悼劇（*Trauerspiel*, mourning play）である。彼はこの企図に何年もの歳月を費やし、一九二五年にそれを完成した。これは、大学での職を確保し、多少なりとも経済的安定を得るためにベンヤミンが傾けた最後の努力だった。不幸にも、彼の論文審査にあたった委員会の教授たちは、理解できなかったとしてこの論文を棄却した。ただ、チャールズ・ローゼンが鋭くも書いているように、「もし教授たちが理解したとしても、どっちみち彼らはこの論文をつき返しただろう」（"Ruins" 135）。なぜなら、この論文はドイツの大学で当時主流を占めていた批評のあらゆる形式を攻撃していたからだ。ベンヤミンは最終的にはこの論文を単行本として一九二八年に出版することに成功する。この書物はアドルノに多大な影響を及ぼし、ドイツの大学に職を得たアドルノは学期全部を費やしてこの書物についてのセミナーを行った。しかし、ショーレムが強調しているように、「思いがけず自分が大学人としてのキャリアを開始したのは、ベンヤミンが六年にわたって求めていたキャリアを諦めたのと同時だった。私は単に運が良かっただけである」（*SF* 129）。

この書物が形成されているあいだ、ドイツの経済は崩壊しつつあった。そして、そのころベンヤミンは共産主義に真摯な関心を抱き始めた。彼はドイツ共産党への加入をめぐって熟考したが、一九二七年にも再び加入の決心をした。しかし、ショーレムの次のような述懐は、ベンヤミンを再び大きく誤解している。

悲劇に関する彼の書物が孵化した時期、彼が新たに抱いた共産主義的見通しは単に抑圧的要因として作用しただけで、事実、この書物は共産主義的見通しへの言及もしくは示唆をまったく含んでいない。この書物の哲学的背景ならびに、そこで彼が哀悼劇という現象の弁証法について展開した数々の主張は、その物理的領域に根づいたままで、こうした背景や主張はこの領域からその完成を引き出してもいる。マルクス主義的諸カテゴリーはこの仕事のなかには姿を現していない。(*SF* 123)

ショーレムは、秘教的テクストを読むことにも、ベンヤミン初期の高度に抽象的な仕事を読むことに関しても熟練者であった。にもかかわらず彼が、ベンヤミンのどのテクストについても、マルクス主義的基礎音もしくは明白なマルクス主義的カテゴリーなしに読む場合、彼はいわば耳も聞こえず口もきけない一種の蒙昧を実践している。それに対して私はこう主張したい。アレゴリーというカテゴリーは、言語と哲学に関するベンヤミン初期の観念論的省察を、その背後にある世界の物質的条件と何とか結合するための仕方のひとつであり、歴史の廃墟を修復するひとつの企てであった。実際、悲劇をめぐる書物のなかでのアレゴリーをめぐる議論は、唯物論的な政治思考への彼の深い係わりの端緒であった。ベンヤミンの手にかかると、アレゴリーは哲学的瞑想のまさにひとつの様相と化すのだが、この瞑想は、諸現象の堕落を容赦なく暴くことで、それらの現象を救い出すために努力する、ひとつの憂鬱な学問なのである。ショーレムにとって、カバラが重要なのは、それが事物を象徴に変容させるからだったが、それに対して、ベンヤミンにとっては、ドイツ哀悼劇がひとを動かすのは、それが事物をアレゴリーに変容させるからだった。ベンヤミンにとってアレゴリーは、歴史の苦痛、無常、死を表現するような世界観であり、ベンヤミンの内的共感を生ぜしめたのも、象徴であるよりもむしろアレゴリーであった。明敏にもフレドリック・ジェイムソンが書いているように、全体としてのベンヤミンの思考それ自体、「アレゴリー的思考として、省察の併行的ではあるが不連続なひと組みの水準として把握されるのが最も妥当である」(*Marxism* 60)。

　哀悼劇のアレゴリー的本性について書きながら、ベンヤミンは、ロマン主義的な象徴概念の美学への影響を痛烈に批判していた。象徴というこの概念は、彼が「弁証法的厳密さ」と呼ぶものを欠いており、形式的分析における内容も、内容の美学における形式も正当に扱うことはない。

> なぜなら、芸術作品のなかで「理念」の「現出」が象徴であると宣言されるところではどこでも、この濫用は生じるからだ。神学的象徴の逆説を成している物質的対象と超越論的対象との統一は、仮象と本質との関係へと歪曲されてしまう。象徴についてのこの歪曲された考え方が美学に導入されたことはロマン主義的で破壊的な常軌逸脱であって、それに続いて、近代芸術批評の荒廃が起こったのである。(*OGTD* 160)

　ロマン主義的象徴においては、破壊されざる総体のなかで美しいものが神的なものと渾然一体を成している。これは虚偽の全体性であると、ショーレムは主張している。このことは、道徳的世界が美の世界に純粋に内在していること、それゆえ、倫理的主体が美しき魂のなかに消失してしまうことを意味している。(ローゼンツヴァイクとレヴィナスもこれと同じ批判をしている。)アレゴリーにおいて互いに中心を異にする弁証法的両極端はこれらの虚偽の全体性を粉砕する。「アレゴリー的直観の領域では、イメージは断片であり、残骸である」（*OGTD* 176）。言うまでもないことだが、ベンヤミンは自身は最後まで歴史の廃墟にとどまった。ショーレムが、パレスティナの家郷や他のどこであれそこに救済を見出したのとはちがって、ベンヤミンは救済をまったく見出さなかった。[3]「思考の領域でのアレゴリーは、事物の領域での廃墟に等しい」（178）と、ベンヤミンは書いている。廃墟とは自然の衰退であり、その無常であって、そこでは「歴史は物理的に環境に溶け込んでしまう」（177–78）。このようなものとして、歴史は永生の過程ではなく抗し難い衰退の過程である。それゆえ、アレゴリーはみずからが美と象徴を超えていると宣言するのである。

　このように、アレゴリーと象徴の相違を理解するための決定的カテゴリーのひとつは、時間である。ベンヤミンは、アレゴリーと象徴をめぐるフリードリヒ・クロイツァーの理論について詳細に議論している。アレゴリーの劣等性についての時代遅れのロマン主義的常套句の多くを繰り返しているとして、クロイツァーを批判しつつも、ベンヤミンは、アレゴリーのまさに時間性の認知を通じて、クロイツァーは間接的に、アレゴリーに関するよりよき認識論的理解への小道を開いたと考えている。クロイツァーが書いたところでは、象徴のなかには、イルミネーションの閃きのような、あるいはまた、ある存在を掌握する力のような、瞬間的で全体的な把握が存在している。ベンヤミンは後期の仕事のなかで、このような力量を神話と象徴の領域から唯物論的歴史の領域へと移すだろうし、また、危機の瞬間に革命的エネルギーとして閃く「弁証法的イメージ」を定義するために、瞬間的イルミネーションの閃きという比喩を用いるだろう。「弁証法的イメージは閃光である。〈かつて〉は、輝くイメージを、〈今〉の認知可能性のなかで閃かせるのだが、そのようなものとしてしっかり維持されねばならない。〈かつて〉を救うことはこのようにして

——このようにしてのみ——成就されるのだが、かかる救出は、次の瞬間には、すでに取り返しのつかない仕方で失われてしまうもののためにのみ生起する」（"Theory of Knowledge" [N 9, 7]）。

過去と現在が閃いて星座＝布置を成す瞬間は、静止状態にある弁証法であり、一種のトドマレル今（*nunc stans*）であり、あるいはまた、後期のベンヤミンのなかでは、現在時（*Jetztzeit*）であって、それは歴史主義における空虚な時間とは反対の真正なる歴史的時間として定義される。このような「イメージ」は自然のなかにではなく言語のなかに見出される。のちにベンヤミンがパサージュ論の企図のなかで弁証法的イメージという観念をようやく完成したとき、彼はかつてを顧みて、初期の『ドイツ悲劇の根源』について書き、自分は真理と原現象〔根源〕（*Urphänomen*, origins）というゲーテ的概念を「自然の領域から歴史の領域へと」転移させたと認めていた。「諸根源——最初の現象という概念が異教的な自然の文脈から歴史のユダヤ教的文脈へと継承されたのである」（"Theory of Knowledge" [N 2a, 4]）。

このように、ドイツ悲劇の「根源」をめぐる初期の調査と、パサージュ論の企てのなかでの近代の「根源」を求めての探求とは関連している。哀悼劇についての書物のなかでベンヤミンはロマン主義的な象徴の観念を批判していたが、この批判は、みずからの観念論を歴史化するための決定的な移動であった。そこでのアレゴリーの擁護は、ロマン主義的象徴の似非神学から唯物論へ向けての、救済についての異なる種類の定義へ向けての、「脱聖化された」神学へ向けての移動であった。アレゴリーとは、諸現象のまさに脱聖化という手段による諸現象の救出のためのひとつの模範となるだろう。

一九二七年にパリで会ったとき、ショーレムとベンヤミンは哀悼劇をめぐる書物の諸観念について論議したが、ショーレムは特にアレゴリーと象徴についてのベンヤミンの考えに興味を示した（*SF* 140）。きわめて興味深いことだが、ショーレムは『ユダヤ教神秘主義の諸潮流』での象徴をめぐる議論を、フリードリヒ・クロイツァーの『古代諸民族における象徴的表現と神話学』（*Symbolik und Mythologie der alten Völker*, 1810）からの引用をもって締め括っており、しかも、それと同じ箇所をベンヤミンは、哀悼劇をめぐる書物での彼自身のアレゴリー論と象徴論で引用しているのである。クロイツァーは、彼による神話の再評価を正当化するために、象徴とアレゴリーを区別している。クロイツァーは書いている。象徴とは「生存と認知の暗闇とその底無しの深みから、われわれの眼のなかに入り、われわれの存在全体に浸透していく光線」である。これにショーレムは付け加えて言う。それゆえ象徴は「瞬間的全体性」を生ぜしめるもので、それに対して、アレゴリーは、時間を介した思考の継起的進展を必要としており、こうした瞬間的性格を欠いている（*MT* 27; *OGTD* 163–64）。

アレゴリーにおける時間的遅延は、ベンヤミンによってアレゴリーがより高度な認識論的様相へと高められたことにとって肝要だった。[4] 象徴は自己充足し、瞬間的で、沈黙した自然的世界に類似している。それに対して、アレゴリーは流体であり、歴史的であり、荒々しい弁証法に服している。

象徴においては、破壊が理念化され、変容を蒙った自然の相貌が救済の光のなかで啓示されるのに対して、アレゴリーにおいては、観察者は、石化した始原の光景としての歴史のヒポクラテス的ナ顔（*facies hippocratica*）と向き合う。そもそもの始まりから、時機を失したもの、悲嘆にくれたもの、成功しなかったものであった歴史については、すべてがひとつの顔のなかで、——というよりもむしろ、髑髏のなかで表現される。このような事象は、表現の「象徴的」自由、古典的均整、人間性をことごとく欠いているのだが、それにもかかわらず、これは、自然への人間の服従が最も明白であるような形式であり、この形式は意義深いことに、人間的生存の本性それ自体についての謎めいた問いのみならず、個人の伝記的歴史性についての謎めいた問いをも引き起こす。このようなものがアレゴリー的な物の見方であり、世界の〈受難〉としての歴史のバロック的で現世的な説明の核心である。歴史の重要性は、その没落の道行きの留《りゅう》のうちに全面的に存している。(*OGTD* 166)

初期の省察から最後の論考「歴史哲学についてのテーゼ」にいたるまで、ベンヤミンは、悲しみにくれた、歴史のカタストロフィックなヴィジョンに取り憑かれていた。ショーレムがシオニズムとカバラ研究双方のうちに、ユダヤ教史における数々の苦悶と流浪への肯定的な回答を見出したのに対して、ベンヤミンはというと結局エルサレムに行くことはできなかった。彼の周囲でヨーロッパが瓦解していくなか、彼はもう手遅れになるまでヨーロッパにとどまった。第九テーゼでの譬え話(この譬え話はショーレム作の詩を題辞としていた)のなかで、彼が思い描いた歴史の天使のように。

彼は顔を過去のほうに向けている。われわれができごとの連鎖を知覚するところで、彼はただひとつのカタストロフを見るのだが、このカタストロフは、瓦礫の上に瓦礫を積み重ね続けて、それを彼の足元に投げつける。きっと天使はできることならそこにとどまり、死者たちを目覚めさせ、破壊されたものを元どおりにしたいのだろう。ところが、楽園から嵐が吹きつけて、それが彼の翼にはらまれ、あまりの激しさに彼はもはや翼を閉じることができない。この嵐が、天使が背を向けている未来のほうへと彼を引きとめ難く押し流していき、その間にも、彼の眼前では瓦礫の山が積み上がって天にも届かんばかりである。このような嵐こそわれわれが進歩と呼んでいるものなのである。(*Illum* 257–58)

それゆえにまた、哀悼劇をめぐる書物でのアレゴリーのなかでも、歴史と救済と破壊の関係は捩れている。アレゴリーは「自然と歴史との奇異な結合」（*OGTD* 167）から生まれた。天使と同様、アレゴリー使用者は歴史の瓦礫を眺めるが、アレゴリーは破壊を「理念化する」ことはないし、それが救済の光のなかで自然を変容させることもない。アレゴリーのなかでは、「どんな人物も対象も関係も、それ自身とは別のものを絶対的な仕方で意味することができる。この可能性を携えて、破壊的ではあるが公正な判決は、脱聖化された世界へと移っていく。そして、この世界はというと、そこでは細部がまったく重要性をもたないような世界として特徴づけられる」。とはいえ、このことはアレゴリー的対象を単に空虚な貝殻に、取り返しのつかない仕方で死んだものに還元することはない。ここでベンヤミンはアレゴリーを救済に向けて遡らせる。なぜなら、アレゴリーのなかでは、「意味作用のために用いられるすべての事象が、まさにそれらが他の何かを指し示しているという事実から、ある力を派生させる。それらの事象を脱聖化された事象ともはや通約可能ならざるものにし、それらの事象をより高度な平面へと高め、真にそれらを聖別することができるような力を。そこで、アレゴリー的語彙で考えるなら、脱聖化された世界は宗教的弁証法のなかで高められているとともに貶められている」（175）。これは、アレゴリーと批評、批評家とアレゴリー使用者とを結ぶ環のひとつである。「批評は作品の壊死である。他のどんな作品にもまして、これらの作品〔ドイツ近代悲劇〕の本質はこの壊死に都合がよい。作品の壊死、つまり、ロマン主義者たちのように、生きた作品の意識を呼び覚ますことではなく、死んだもののなかに知見を移住させることである」（182）。

哲学的批評は芸術的形式を、ロマン主義的美学にもとづいてとは別の仕方で説明する。

重要な芸術作品のいずれもがその根底に有しているような歴史的内容を、哲学的真理たらしめること――それが哲学的批評の対象である。物質的内容の真理内容へのこの変換は、効力の衰えを記していて、それによって、かつての魅力の核を成していたものは年々減少していくのだが、このような衰えが甦りのための基盤と化すのであって、そこでは、一切の束の間の美が完全に脱落して、作品は廃墟として存在することになる。(182)

この定義は明らかに、象徴のなかでの超越論的なものと物質的なものとの縫い目のない統一性、あるいはまた、絶対的なものの表現としての美しきものというロマン主義的概念に異を唱えている。物質的内容と真理内容との有機的統一の代わりに、ベンヤミンは、このような絆の時間的解消を引き出している。このことは、作品の歴史的「後生」のなかで、解体として生起する。作品の真理内容の甦りは、作品の断片化とその廃墟をとおして(そうしたものとして)のみ可能である。象徴のなかには、真理のいかなる無媒介的把握も、半透明な自然へのいかなる侵入も存在せず、自然的なものと人間的なもの、形式と意味との分裂が存在しているのだ。

アレゴリーのなかでは、自然は無常で、死に服している。「死は、物理的自然とその意味とのあいだの鋸歯状の境界線を最も深く刻み込む。……意味と死双方は歴史の展開のなかで達成される」(166)。したがって、バロック的アレゴリーは「造形の……、無限に準備を続け、回りくどく、物欲しげに行きつ戻りつする流儀」(183)を有している。ところで、この叙述はベンヤミン自身の思考にも見事にあてはまりうるもので、彼の思考はおそらくアレゴリーについてのアレゴリーなのだろう。アレゴリー使用者(もしくは「作品を壊死させる」批評家)の眼差しは憂鬱な眼差しで、それは対象の内的生命を剝奪し、流出させ、空っぽにし、遂には、象徴とはちがって、この眼差しはそれ自身のいかなる意味ももはや持ちえなくなってしまう。このとき、アレゴリー使用者はその力のうちに対象を有する。「アレゴリー使用者の手のなかで、対象は何か別のものになる。ある対象を通じて、彼は何か別のものについて語るのだが、彼にとっては、この何か別のものは隠れた知見の領域への鍵と化す。そして、彼はこの別のものを隠れた領域の記章《エンブレム》として崇敬する。このことこそ、アレゴリーの特徴を、筆記の形式として定めるのである」(183–84)。

アレゴリーのなかでは、自然は「他なるもの」と化し、「筆記」は繁茂する記号と象形文字の領域と化す。言うまでもないことだが、断片化、廃墟、「差異」、「筆記」、「他性」などをベンヤミンが強調していることは、脱構築的倫理の興味を大いにそそることであったが、この他性の空虚で、壊死させるところの側面だけに焦点を合わせたアレゴリーの定義はいまだ舌足らずである。[5] ベンヤミンにとっては、作品の剝奪ないし壊死は、アレゴリーの弁証法のほんの一部分でしかなかった。事物を「他なるもの」たらしめるときには、事物の救出に向けての逆向きの運動もまた存在するのだ。別の水準で言うと、ベンヤミンは、聖なるものと脱聖化されたもの、神学と唯物論を「アレゴリー的に」関連づけるために努力したと言えるかもしれない。これらのアレゴリー的イメージは、後年のベンヤミンにおける「弁証法的イメージ」と化すのだが、「弁証法的イメージ」はというと、歴史的危機の時機に、過去と現在を、充実した現在時のなかで結合しながら、「静止状態の弁証法」を結晶化させるのである。

忠誠と裏切り——聖なるものと脱聖化されたもの

アレゴリー使用者たる批評家の、脱聖化し、壊死させるところの営みは、作品を廃墟に還元し、歴史を

「物語ではなく、イメージへと」（"Theory of Knowledge" [N 11, 4]）崩壊させ、それによって、救出を実践し、「他なる」意味を見出そうとする。（政治的には、このことは抑圧された者たちにとっての希望へと翻訳される。）とはいえ、この「別の意味」（これはアレゴリーの語源たるアレゴレシスの含意である）は、象徴とはちがって、それ自身のうちに休らうことはない。他性はつねに、アレゴリー的対象とその意味とのあいだの溝、不連続性を維持している。

この意味では、バロック的アレゴリーそれ自体がベンヤミン自身の批評のアレゴリーと化し、アレゴリーのバロック期にベンヤミンが見出したものは一種の先史であり、彼自身の時代の記章的イメージである。彼は実際、バロック芸術と近代表現主義の芸術との併行関係を指摘している。ただし、もっとあからさまに言うと、バロック的なものをめぐるベンヤミンの最も明敏な註解ならびにバロック的なものの特徴づけは多くの場合、とりわけ内在と超越、唯物論と形而上学、マルクス主義と神学とのあいだの、問題を含んだ関係についての、彼自身のディレンマを描き出している。彼の見地では、哀悼劇は中世の神秘劇の世俗化された形式であり、そのなかでは歴史はもはや救済の物語ではなく、また、そこにはいかなる終末論的完成ももはや存在しない。このようなものとして、哀悼劇は喪と絶望の劇であり、そこには死とカタストロフのヴィジョンが充満している。しかし、である。

なぜなら、反宗教改革の世俗化が……進行していったとしても、そのために宗教的関心はその重要性を減じたわけではないからである。実際のところは、この世紀が宗教的関心を宗教的に成就させることは不可能で、その代わりに、世俗的解決が要求され、強制されるようになったのである、この世代の人々は、こうした強制の桎梏のもとで、こうした要請に苛まれながら、彼らのあいだの確執を実現したのだった。（*OGTD* 79）

言うまでもないことだが、この箇所はまた、ベンヤミン、ショーレム、カフカといったユダヤの思想家たちのディレンマをまったく見事に描き出してもいる。また、二〇世紀初頭のドイツのユダヤ人たちの状況と、一七世紀ドイツのキリスト教徒たちの状況とのあいだにはまちがいなく併行関係が存在している。ただし、ベンヤミンの解釈では、キリスト教の権威はバロック期にはいまだ揺るぎなく、異端は選択肢ではなかった。だから、「時代のエネルギーはすべて、生活の内実の根本的変革へと結集された。ただし、正統派教会の形式は維持されたのだが」(*OGTD* 79)。宗教的生活の正統派的形式との問題を含んだ関係は、ベンヤミン、ショーレム、カフカ、ブーバーや他の近代ユダヤ知識人たちにおける主たる関心であり、外的な「制度的権威」はこうした形式の力とほとんど無関係である。二千年にわたって、ディアスポラのユダヤ教は——キリスト教とはちがって——いかなる国家権力とも完全に融合することはなかった。とりわけ啓蒙主義以降のゲットーの破壊とユダヤ人たちの解放のあとでは、ユダヤ教がその信者に何かを強制するその様相はもっと内面的なものだった。しかしまた、ヨーロッパの没落状況によって、あるひとがそのユダヤ教に「外面的に」思い出させられることもあった。哀悼劇の作者たちと同様、これらのユダヤ人は伝統的終末論への信仰を喪失し、堕落した自然と歴史それ自体の内部での救済のあり方の追求を余儀なくされた。ベンヤミンの指摘するところでは、哀悼劇は「現世の条件の希望のなさとともに全面的に取り上げられた。哀悼劇にとっての救済は、神による救出計画の実現のうちによりもむしろ、運命それ自体の深さのうちに存している。……[それは] 恩寵を奪われた自然のなかへの向こう見ずな飛躍である」(81)。瓦礫の山であるような歴史をいかにして救出するのか、脱聖化されたもののうちにいかにしてある終末論を見出すのか、世俗的なものをとおして宗教的熱望をいかにして表現するのか、それはベンヤミンとショーレムの使命の一部でもあったろう。

ただし、ベンヤミンはこの点も指摘してもいるのだが、哀悼劇のうちには単に「哀悼」［*Trauer*］だけではなく「劇・遊戯」（*Spiel*）もまた存在している。ロマン主義期とバロック期双方においては、芸術が「遊戯という形式をまとうときは、生もまた、絶対をめざす激しさの前で、その最後の生真面目さを失わねばならない」。このようにバロック演劇のなかでは、「遊戯的要素が示唆に富む仕方で強調されるのだが、劇中の劇として世俗の衣装をまとったときにのみ、超越は最後の断を下すことができる」（82）。ここでのベンヤミンの洞察をポストモダニズムの「遊戯的」側面にまで拡大することもできるかもしれないが、ポストモダニズムそれ自体、一種のバロック的なアレゴリー的感受性を示していて、このような感受性はしばしば、洗練された自己意識的な策略の誇示、表面と自己再帰性の遊戯のなかであらわにされる。たとえば脱構築主義的テクスト解釈のなかでは、記号の恣意的で自由な遊戯が前景に置かれ、標的となるテクストは断片に還元される。ポストモダニズムにおいては、モダニズム的悲嘆と郷愁は和らげられる。モダニズムとバロック様式を特徴づけている世俗的なもののなかには、悲しい欲望や、超越への不安な熱望はほとんど存在しない。堕落にも、いかなる来るべき黙示録にもほとんど意味はない。救済への突進の代わりに、まったき無常と空虚がアイロニー的に享楽されるのだ。

ベンヤミンにおけるアイロニーは、堕落の苦しみに満ちている。「なぜなら、ものごとの無常についての認識と、永遠にものごとを救おうとする関心は、アレゴリーにおける最も強い衝動のひとつであるからだ」。ここでベンヤミンは、初期の試論「言語について」での、被造物と自然の言語的堕落をめぐる考察を、アレゴリーに適用している。自然はこの堕落を嘆き悲しんで沈黙にいたるのだが、そこで、堕落したアダムたるアレゴリー使用者は、自然を知り、自然に声を与える——ただし単に不確実な仕方で——ことで、自然を救出しようと企てる（225）。そうしつつも、アレゴリー使用者はまさに堕落の言語を語り、真理ではなく「知識」に向けて努力する。試論「言語について」でと同様、「知識」と「真理」は区別されていて、知識それ自体は堕落によって引き起こされ、かつ堕落を意味する。今やアレゴリーは堕落についての知識と化し、そこでは、「罪と意味することの統一が抽象として現れる」。事象から切り離された抽象の言語、浮遊する恣意的な言語、判断の言語として（234）。名という天国の言語から判断の言語へのこのような堕落の概念もまた、ベンヤミンの初期の仕事以来、頻繁に登場してきたものである。

結論として言うと、「知識のために世間を裏切る」（224）ことがアレゴリー使用者の罪である。対象についてのアレゴリー的観照が、「忍耐強く真理へと仕えるよりもむしろ、直接的省察における無条件でかつ衝動的なものとして、絶対的知識を得ようと懸命に努めるとき、かかる知識は事物によって、その本質の単純さを通じて回避される。これらの事物は、かかる知識の前に、謎のようなアレゴリー的指示対象として立ちはだかり、それらはちりあくたであり続ける」（229）。（このような分析とショーレムの次のような認識とのあいだには興味深い併行関係が存在している。すなわち、カバラにおける形而上学的真理の「山」ないし核は、批判的‐文献学的方法と歴史的時間のなかへの投影を通じて、歴史家がこの核を把握し、獲得しようと試みるとき、消失してしまうかもしれないのだ。このような獲得的「知識」の方法を通じて、歴史家たる彼は「山」を包む霧を突き破ろうと試みたのである。）「知識」と「真理」とのベンヤミンによる区別を強調することは、哲学的観念論に対する批判であり、――知識と存在の救済的統一性としてのヘーゲル的「絶対的知識」に対する批判である。これと同様の批判は、ローゼンツヴァイクの『星』ならびにレヴィナスの倫理的形而上学の焦点でもある。

ただし、ベンヤミンはこう指摘している。アレゴリー使用者による「意識的な対象の貶価は……、比類ないあり方をした事物としてのそれら固有の特質への忠誠を堅持して［も］いる」（225）、と。事物の観照に没頭しつつ、「この執拗な自己陶酔のなかで、それは死せる対象を抱き、それによって、これらの対象を救出しようとする」(157)。アレゴリーはある種の魔術的知識を探求するのだが、この知識は、屑を金に換える錬金術師のように、それが触れる事物すべてを意味へと変容させるだろう。しかしながら、絶対的知識や、自由と自律の錯覚へ向けての欲望は、悪の領域とつながってもいる。なぜなら、悪の経験とその基礎は「絶対的で、言い換えるなら、神なき精神性の領域であるからで、それは反対物としての物質的なものと結びつき」、不機嫌ないし悲嘆によって支配されている。

このように、アレゴリーのうちには忠誠と裏切りの弁証法がある。絶対的知識もしくは事物のうちの意味性を探求しつつ、アレゴリーはまた「観照的人間における悪魔の反抗的で刺すような眼差しを燃え立たせ」(229)もする。この悪魔は絶対的な精神性であって、「聖なるものからの解放のなかでみずからを破壊し」、そうすることで、魂なき物質性のうちに堕落していく。「純粋に物質的なものとこの絶対的に精神的なものは悪魔の領域の両極である」(230)。これらはベンヤミンが格闘した同時代の哲学の両極端であった、と言うこともできるかもしれない。すなわち、観念論と唯物論、秘教的哲学と文化的註解、意図なき真理と革命的実践(マルクスはヘーゲルを転倒させた)という両極端である。聖なるものが失われ、放棄され、無効になり、裏切られると、物質的なものが精神的なものにとっての家と化した。もっとも、この家は廃墟だったのだが。

では、どうすればこれらの両極を媒介できるのか。バロック的アレゴリーを描くためにベンヤミンが用いる語彙は、彼自身の仕事——史的唯物論とユダヤ教メシアニズムを関連づけようとする彼の企て——にも見事にあてはまる。最終的な極へのまさにこの堕落こそ、最後にはその運動を逆転させる。「みずからの足場を失った者たちが反転して転落に陥るように、アレゴリー的意図は記章から記章へと転落して底無しの深みの眩暈へと陥っていくが、たとえ彼らのうちで極端な者たちのうちでさえも、アレゴリー的意図は逆向きにならざるをえず、だから、その闇、空虚な栄光、神の不在は自己幻惑以外のものではないように思える」(232)。救出と救済へ向けてのこの転換は、しかしながら、まさに破壊や廃墟やカタストロフのヴィジョンと異なるものではない。なぜなら、最後にはこれらのヴィジョンもまたアレゴリー——復活のアレゴリー——と化すからだ。「究極的には、バロックの死斑のなかで、アレゴリー的省察の方位は逆転される。広大な弧の第二の部分でそれは回帰し、救済をめざす」(230)。このような逆転がアレゴリーの最終の極限である。すなわち、アレゴリーはみずからの意図によって自身を台無しにするのだ。アレゴリー使用者は自分に固有なものすべてを失い、神の世界で覚醒する。

不埒なものを確保するのに最も好都合だと信じられていた究極の対象がアレゴリーに転じること、そしてまた、これらのアレゴリーが自己表象の場たる空虚を充満させたり、否認したりすること、それはまさに、アレゴリー的意図が最終的には死骸の観照に忠実にとどまることはできず、不実にも復活の観念に飛びつくのである。

その結果、最後には悪でさえもアレゴリー的なものと化し、「自身とは異なる何かを意味する。それはまさに、自身が呈示するものの非存在を意味しているのである」(233)。アレゴリーは、最終的には自身が主観的で非現実的なものであることを発見するのだ。

ベンヤミンにおけるバロック的アレゴリーとド・マンの脱構築的批評

――どんな神がこれらのアイロニーすべてからわれわれを救出することができるのだろうか。

（フリードリヒ・シュレーゲル）

差異として、自身の意図によって自身を破壊することとしてアレゴリー的意味を描くことは、意味の本性に関する近年の脱構築的な考えと明らかに類似している。哀悼劇に関するベンヤミンの書物は実際、アレゴリー、象徴、アイロニーに関する古典的研究で、きわめて影響力の大きかった、ポール・ド・マン著「時間性の修辞学」の主たる発想源のひとつであった。[6] ベンヤミンと同様、ド・マンは、象徴をアレゴリーより以上に高めることを厳しく攻撃し、その際、アレゴリーを「存在論的な不実さの行い」(*Blindness* 211) として描いている。不連続性、断片化、自己再帰性、そして時間性としてのアレゴリーはもはや他に従属した「レトリックの文彩」ではなく、ド・マンにとっては、レトリックそれ自体の認識論的様態それ自体であった。アレゴリーは最終的には、言語のアレゴリー的時間性とその瞞着された象徴形式とのあいだの弁証法的遊戯を排除することはできず、二つのもののあいだの相互作用は「文学史と呼ばれているものを作り上げている」(226)。アレゴリーはド・マンにとって、解釈全般にとっての本来的な文彩と化し、彼はそれに即して後期の彼の書物のひとつを『読解のアレゴリー』と題している。

ド・マンはその分析のなかで、象徴の美的高揚は「経験とこの経験の表象とのあいだの区別を拒む」とともに、詩的言語はこの区別を超越することができるし、何らかの全体的で普遍的な意味としての無限の真理への直接的通路を得ることができる、そしてまた、感性的イメージと超感性的全体性、具現された理念的美とのあいだには統一性があると仮定している。この「言語の表象的機能と意味論的機能との統一性」は、同時代のその他数多くの文芸批評と歴史学の背後に隠れたロマン主義的仮定である（*Blindness*

189)。象徴に対するド・マンの批判は、アレゴリーの哲学的再評価をとおして遂行されるのだが、アレゴリーは今や、「世界が現実に現出するその仕方とそれが言語のうちに現れるその仕方とのあいだの離接」(191)を認知する様相として定義される。彼が主張するところでは、象徴は哲学的二律背反を解消する手立てにはなりえないし、ロマン主義的思想およびロマン主義以降の思想のなかで象徴にあてがわれた類の、他のすべての文彩に対する優越も保証されえない。アレゴリー的傾向は「一七六〇年から一八〇〇年にかけての全ヨーロッパの文学の諸作品のうちの……最も独創的で深遠な契機として」見出されるのだが、そのとき、「ある本来的な声が聴取可能なものと化すのである」(205)。アレゴリー的把握は、ロマン主義文学と理論の発展のなかで、単に象徴主義によって取って代わられたのではなかった。アレゴリー的把握は諦めと犠牲の瞬間に再び発見され、「本来的な意味で現世的な運命の曝露につねに対応している」(206)。

ベンヤミンに従って、ド・マンは、時間はアレゴリーの本質的カテゴリーであると明言している。ここには、表象とその実体との同時的一致はまったくないのだ。アレゴリーにおいては、時間性は記号とその意味のあいだに介在し、記号は他のそれに先立つ記号と係わる。「その場合、アレゴリー的なものによって構成された意味は、それが決して一致することなき先行的記号の……反復のうちにのみ存することができる。なぜなら、純粋な権威たりうるのは、この先行的な記号の本質に属することだからだ」(207)。

このようにド・マンにとっては、アレゴリーは初期ロマン主義における否定的契機である。そしてこの時期、アレゴリーが世俗化されてからというもの、神の意志、救済、超越へのいかなる準拠もありえない。一九世紀におけるロマン主義の後期発展においては、アレゴリーに対する象徴の優位をめぐる攻撃的な断定は、ド・マンの言葉では、「否定的な自己知識から身を護ろうと努める防衛的戦略」である。「否定的な自己知識」とは「すなわち、自己が直接的に自然的対象と係わる代わりに、アレゴリー的記号の体系に属する時間的諸関係のうちに自己が分かち難く捲き込まれているその仕方についての知識の謂である」。それゆえ、象徴の顕揚は退行的ではあるが「執拗な自己瞞着」(208) であって、それは一九世紀と二〇世紀のヨーロッパ文学と批評に広範に浸透していった。

アレゴリー的表象はそれだけにますます「本来的で」苦痛に満ちた、差異、離接、非同一性についての知識である。けれども、ベンヤミンのいうアレゴリーの憂鬱とは対照的に、ド・マンのいうアレゴリーは「一致への郷愁と欲望を」を放棄し、「時間的差異の空虚のなかでその言語を確立する」(207)。後者のアレゴリーは、対象世界もしくは非自己との偽りの同一化を妨げ、主観的観念論(最終的には対象は主体と同一である)と唯物論的自然主義(主体は対象と同一である)との極端な同一化を回避する。

そうであるなら、ド・マンの分析におけるアレゴリーがなぜ脱構築的読解の原型的モデルを表しているのかを看取するのは困難ではない。ド・マンは、主体と客体(あるいはまた心と自然)との連関の間‐人格的弁証法に換えて、「一体系のなかの諸記号」の非人称的関係を立てている。これはソシュール言語学に源を発する構造主義的な動きである。脱構築的歩みは時間性を中心的カテゴリーたらしめるもので、その結果、記号同士の関係は非一致にして非同一性であることになり、記号は不可避的にその根源から隔たる。しかるにベンヤミンは、言語を記号の恣意的体系とみなす記号論的な考え方を賞揚してはいない。彼はこのような考え方をより純粋な真理の言語からの堕落とみなし、みずからの言語理論と救済への探求とのつながりを――彼が最も政治的であった段階においてさえも――決して断つことはなかった。

表象と経験を混同する者たちの思い違いに対してド・マンが連続的に挑んだ論争は、ナチの信奉者であったというかつての自身の政治的過ちに対する密かな批判であり、また、彼自身の言語理論は根底的な政治的アレゴリーである、との主張がなされた。もしそうであるなら彼は、ベンヤミンとショーレムが当時の生の哲学ならびにこの哲学と第一次世界大戦との直接的つながりに反対することで、一九一六年にはすでに了解していたことを、いかにも遅まきながら認めたことになるだろう。ド・マンは単に、ベンヤミンにポスト構造主義的語彙を遡行的にまとわせ、ベンヤミンの思想の悲観主義的側面に依拠しているだけで、その一方で、政治と神学双方の必要をベンヤミンが承認していたことについては、これを無視している。ド・マン自身は、不連続性のいまひとつの形式、「ある事柄を別の語彙で語ること」のひとつの形式としての「アイロニー」を顕揚することによって政治と科学を位置づけ直すとともに、アイロニーを、アレゴリー、象徴、更にはキルケゴール、ボードレールからニーチェ、デリダにいたる哲学の展開と結合している。ド・マンにとっては、アイロニーは、乾いた笑いの特徴である、二重化された没利害の自己再帰性と化す。実際、ド・マン自身の解釈的仕事のすべての針路は、まさにこの没利害の自己再帰性によって特徴づけられていて、この自己再帰性は冷静かつ平然と、不連続性、アポリア、文学における意味の無限の延期を統括する。

ド・マンは滑稽なものについてのボードレールの分析を援用して、アイロニーを、自己の非同一性についての知覚として改めて定義している。自己は、自己ならざるものとの差異化を通じて不連続的な数多くの自己へと増殖していくのだ。これらの自己のあいだの関係は間人格的もしくは間主観的な関係ではなく、非人間的世界からの反射的隔たりの関係である。ボードレールに倣って、ド・マンは、このアイロニー的二重化もしくは「反射的離接」の力を芸術家や哲学者たちに帰している。――彼らにとっては、言語は自律的な物質であって、第二義的な道具ではない。このような解釈においては、言語は単に「特権的なカテゴリーなのではなく、それは自己を経験的世界から、言語によって、言語のなかで構成された世界へと移動させる」(213)。ここでド・マンは脱構築に特徴的な手を使っている。更に議論はこう続く。すなわち、言語は世界のうちに見出されるが唯一無比のものである。なぜなら、言語とはまさに、それによって自己が世界から分化され、経験的自己と、分化の徴《サイン》としての自己に分断されるところの実体であるのだから。

ボードレールのなかでは、このような分断の認知は堕落と結合しているが、今や堕落は「滑稽で、究極的な意味でアイロニー的である」(214)。この堕落という概念は、ベンヤミンのそれとはまったく異なる。[7]ド・マンにとっては、言語によって規定された人間もしくは「言語的なものそれ自体」が、自然との間主観的関係の代わりに、「差異」を認知することで、自己欺瞞ないし自己についての誤った仮定を斥ける。「堕落は、神学的意味でも文学的意味でも、自然と人間との関係の単に道具的で物化された性格を、人間に思い起こさせる」(214)。ここにいう自然については、人間はそれを支配したり、人間的な何かに変容させたりすることはできず、逆に、自然のほうが人間を事物として扱うことができる。言語によって構成された自己はこのように、経験的自己の欺瞞をアイロニー的に知る者で、前者は後者と離脱と没利害のなかで係わる。とはいえ、このアイロニー的知識はひとを慰撫するものではない。それは激しい眩暈、すべてを蝕む狂気の笑いと化しかねないのである。

ド・マンにとっては、「アイロニーについてのアイロニー」がすべての真のアイロニーのなかで産出されるのだが、このような「アイロニーについてのアイロニー」がここで救いの手を差し伸べる。それは自分自身のアイロニーに欺かれないための行為であり、離脱を維持する行為であり、芸術を通じて「虚構の世界と現実の世界を和解させ」、自己と世界、理念的なものと現実的なものを和解させることの不可能性についての持続的言明を維持する行為である。ここには最終的な統一性や綜合のヴィジョンはない。そうではなく、意識の時間的行為の無限で無際限な連鎖があるのだが、かかる連鎖は、「この知識を経験的世界に適用可能なものにすることの不可能性のうちに限りなく捕らわれ」、これまで以上にみずからの意味から遠ざかってしまった言語記号の螺旋へと解体していく（222）。（ド・マンの政治的過去を考慮して、次のような問いが提起された。すなわち、この理論はどの程度、本当に「欺かれた」者、そしてまた、こうした錯覚の恐るべき政治的帰結を目撃した者の極端で強迫的な反応を反映しているのか。）

この不連続な時間的行為は、ひとつの全体性として綜合されることはありえない。アレゴリーとアイロニーは、全体性を許容せざる時間性についての同じ根本的な意識を共有している。アイロニー的「瞬間」は、「経験的自己とアイロニー的自己という二つの自己が同時にそこで現前するような瞬間」である。二つの自己は「同じひとつの瞬間のなかで併置されてはいるが、あくまで、二つの相容れない互いに分離した存在として併置されている」（226）。象徴における全体性の瞬間的把握とは正反対のあり方なのである。

しかしながら、こうした時間性は不幸な意識を増進させるもので、のみならず、ド・マンが「言語から信仰への跳躍」（223）と呼ぶものによって何人かの作家たちを導いて、アイロニーから自分自身を救出するべく試みさせもした。ド・マンはここで、「信仰」は言語ならびにアイロニーとは反対の領域であることを示唆している。この領域では、黙示録的感性が言語の時間性を凌駕してしまうのである。ベンヤミンが知っていたように、「信仰とアイロニー」の対立は安易に過ぎる。ではベンヤミンは、信仰の有無に係わりなきアレゴリーの最終的跳躍について語ったとき、何を言わんとしていたのだろうか。ベイナード・カウアンは、脱構築的カテゴリーを用いつつ、哀悼劇をめぐる書物でのアレゴリーの最終的跳躍もしくは反転は一種の「絶望的信仰」であって、それは、バロック哀悼劇のなかで筋立てに決着をつけるためにぎこちない機械ジカケノ神が侵入するのに似ていると指摘している。解決は困難で不自然である、究極的達成は人生と歴史の彼方に延期される。そして、「不実な跳躍がアレゴリーの本質的不連続性を構成しているのである」（"Theory of Allegory" 119）。

救済は、何らかの不可避的進展もしくは原因と結果の論理的連鎖をとおして到来することはない。

ここにいう跳躍は自暴自棄な跳躍で、歴史から終末論へと、言明から譬え話へと、直説法から接続法へと跳躍する、アレゴリーの修辞性は、ひとたびその対象が曝露されると減少していくような何かではなく、むしろアレゴリーの内的構造を形成するような何かである。アレゴリーが終末論のいかなる曝露を成就できるとしても、それは言説の外に跳躍しつつも言説の否定性を抹消することはない。この跳躍の痕跡は、その最も秘法的な瞬間においてさえも、アレゴリーとともに残存する。(119)

このような解釈は、ド・マンが賞賛しはするが、彼の考えでは、稀にしか存在しないような類の作家としてベンヤミンを特徴づけるだろう。アイロニーを超越しつつも、有機的全体の神話へと舞い戻ったり、言語の時間性を回避したりすることのない作家として。

まちがいなく、アレゴリーの内なる否定性はベンヤミンにとって意義深いものだった。この否定性は抵抗の運動、神学のなかでの一種の反神学、徹底した脱聖化と荒廃の動きとしてあり、この動きは救済へと立ち戻る道と化す。ただ、ベンヤミンのいうアイロニーは、ド・マンのそれとはちがって、レオ・ベックが「メシア的アイロニー」と名づけたもので、ユダヤ教的な感性と深く結合していた。「この悲観主義、この嘲り、この抗議、このアイロニーを吹き込まれた者たちだけが、将来に執着し、世界を将来へと更に一歩近づける真に偉大な楽観主義者たちである」(*Essence* 232)。シュワァルツシルドは、ユダヤ教におけるメシア的観念についての註解のなかで、この特徴を指摘していた。すなわち、理念的世界と現実的世界とのあいだの不均衡がメシア的行動主義を基礎づけているのだ。この行動主義は、不可能でかつ無力な延期のなかで生きられた生ではないし、無力さと不可能性の認識論へと変容されることもない。

ド・マンはソシュール的でデリダ的な図式の極端な抽象的形式主義に捕らわれていたために、否定性のこのような側面を見ることはなかった。この図式においては、言語はそのすべての指示対象から分離した恣意的記号の非人称的体系であり、そこでは、すべての記号が言語的記号のモデルに即して理解されるべきである。ド・マンが主張するところでは、芸術家や哲学者たちによって知覚された言語のうちには、ある特別な性質が存している。この性質ゆえに、自己は経験的世界から、言語によって、言語のなかで構成された世界へと移送されるのだが（"Rhetoric" 213）、この主張それ自体、自動的で自律的な詩的言語というロマン主義的概念に由来するもので、まさにこの概念は世俗化された神学、「芸術の範囲内での宗教」である。またしてもマラルメの影響は明白である。——ド・マンの博士論文はイェーツとマラルメに関するもので、ド・マンは言語の錬金術的伝統の最近の化身のひとりなのである。

ツヴェタン・トドロフが鋭く記しているように、「人々は数世紀にわたってみずからの象徴を描いてきたが、他の人々の記号（signe）を観察していると主張することでそうしたのだった」（*Theories* 223）。ここに「他の人々」というのは、彼らよりも「原始的」もしくはより神秘的な者たちと想定されている。「自分たちは他なる記号を発見したのだという信念のなかで、彼らはしばしば自分自身の象徴を描いてきた」（226）。実際、象徴と記号はつねに互いに他に変換されてきたのであって、トドロフが主張するところでは、「すべては記号であり、それに対して象徴は実在しないし、実在するべきではないと主張する」（223）理論家たち、言語は全面的に記号から作られていると主張する理論家たちは、言語について実に還元主義的で防御的な見地を有している。鋭敏にもトドロフは、言語についての秘められたロマン主義的考えと、一見するとその反対物と見えるもの——そのなかには「科学的」構造主義も含まれるのだが——とのあいだに結合があることを指摘している。ロシアフォルマリズムの偉大な支持者、ロマーン・ヤコブソン自身、ノヴァーリスとマラルメから、そしてまた、自己目的的な詩的言語なる概念の核心に位置している自動性というロマン主義的観念から影響を受けていた（272）。多様なシステムが言語のなかで機能しており、「われわれは言語を、われわれが最もよく知っているその一部分と同一視することをやめなければならない」（282）。

この意味では、ド・マン自身、いまひとつの形式の「神秘化」を実行したと言えるだろう。言語の核心にあってほしいと彼が望んでいた「深淵」と否定性の神秘化を、である。この場合、距離を取るアイロニー的な笑いと「アイロニーについてのアイロニー」は、それがいかなるものであれ、言語の象徴的要素による脅威をかわすための防御的戦術であろう。ベンヤミンはもっとよく知っていた。ベンヤミンによるカント主義の言語的修正は、他の数多くの種類の意味を内包するべく定められていて、記号の純粋な論理的形式主義に制限されてはいなかった。ベンヤミンの見地では、この種の形式主義は堕落した言語で、それと和解しないことが肝要なのだった。ベンヤミンがショーレムに宛てて書いたように、「コーヒーの出し殻で占う可能性を含むことのない哲学は真の哲学たりえない」（*SF* 59）。だからこそ彼は、子供の本、狂人が書いたもの、シュルレアリスムといった現象に熱烈な関心を抱き、星座＝布置としての真理という天文学的隠喩を用い、秘教的言語学と史的唯物論を融合させようと企てた。

象徴的なものの回帰――希望なき者のための希望

スイスの批評家で、『新スイス展望』（*Neue Schweizer Rundschau*）の編集者であるマックス・リヒナーにベンヤミンは忠告を与えた。哀悼劇についての書物は最初から最後へと通読するべきではなく、その代わり、結論として最後にその「認識批判的序章」を読むべきである、と。ベンヤミンの忠告に従うなら、アレゴリーについての分析を苦心して続けたあとで、言語における象徴的要素が再評価されているのが分かるだろう。序章のなかで、彼は象徴的特徴の「救出」を企てているように思える（これはド・マンやソシュールやデリダが行わなかったことである）。ベンヤミンによる批判は「ロマン主義的」象徴についての批判であって、言語全体の「象徴的」次元についての批判ではない。（ド・マンの批評全般における主要問題のひとつは、選ばれた少数の文学テクストの局所的な脱構築的読解を一般化し、それを言語全体に適用しようとしていることである。これも一種の「全体化」運動であろう。）

ジョージ・スタイナーは哀悼劇に関するベンヤミンの書物の序章を、「ドイツ語で書かれた、いや、この主題に関しては近代のすべての言語で書かれたものを勘案しても、最も難解な散文作品のひとつ」（"Introduction," *OGTD* 13）と呼んでいた。ベンヤミン自身、ショーレムに宛てた書簡のなかで、この序論を「途方もない鉄面皮」（*Briefe* I: 372）と特徴づけていた。一九三〇年頃、ベンヤミンはマックス・リヒナーとアドルノに、この序論はカバラと親しんだ若干の人々しか理解できないと話しているが。ショーレムに献呈した写しに、ベンヤミンは文字どおりこう書き記した。「ゲルショム・ショーレムに。彼のカバラ書庫の最果ての地（*ultima Thule*）に寄贈する」、と。ショーレムは推測している。ベンヤミンのこの指摘は研究の理解不能性に関するものなのか、それとも、その秘教的本性に関するものなのか、それとも、もしかするとこの序章で提起された言語理論とカバラの諸観念との関係に係わるものなのか、と。あるいはまた、ベンヤミンはたぶん「私と隠れん坊をしていた」（*SF* 125）のかもしれない。アーヴィング・ウォールファースは、この序章を「アカデミーの記章と対峙し、それに伴う学問をして自分に背かせる企て」

(“Et Cetera?” 150) として描くことで、正鵠を射た指摘をするにいたっている。

今では有名になった言明のなかで、ベンヤミンは、「真理」とは獲得的、体系的、方法的知識による把握を超えたもので、それは「意図・志向の死」(*OGTD* 36) である、と書いている。言い換えるなら、「知識の対象」と「真理」とのあいだには截然たる区別が施されねばならない。知識は意図ないし志向し、所有し、伝達する行為であるが、「真理は諸理念から成る、意図・志向なき存在の状態である。かかる真理への固有の通路は、それゆえ、意図と知識によるものではなく、むしろ、真理への全面的埋没である、そこへの全面的吸収である」(36)。しかし、仮象の世界と接する場合とはちがって、何らかの種類の知性的「ヴィジョン」によって真理と接することはできない。無媒介的で直接的な真理のヴィジョンは存在しないし、観照がイメージをもたらすことはない。逆に、諸理念の領域は言語的なのである。

> 真理は経験的現実のなかでみずからを実現するような意向ではない。そうではなく、真理とはこのような経験的現実の本質を決定するところの力である。すべての現象性を超えた存在のあり方にのみ、この力は帰属しているのだが、それが名という存在である。このことは諸理念が与えられる際の仕方を決定している。とはいえ、諸理念は始原的言語のなかで与えられるというよりもむしろ、知覚の始原的形式のなかで与えられるのであって、そこでは、語がそれ自身の高貴さを名として有するのだが、名が認知的意味によって損なわれることはない。(36)

こうした考えは言語をめぐるベンヤミン初期の仕事からすでに馴染み深いものだった。「名」とはこの真理を呈示するところの知覚の始原的形式である。すなわち、名は語の象徴的本質なのである。真理の諸理念は言語的である。諸理念は、いかなる語の本質のなかでも、「象徴的なもの」を形成する。しかし、経験的知覚のなかでは、この象徴的本質は不分明化される。なぜなら、語が恣意的意味の領域に堕落し、「明らかに脱聖化された意味」を獲得するからだ。つまり、このとき語は記号と化すのである。哲学者の使命は「理念による現象の救出を実行する」ことである。

哲学者の使命は語の象徴的特徴の卓越を修復することであり、そこでは、理念に自己意識を与えられるのだが、それはまったく外的に方向づけられた伝達とは正反対のものである。哲学は啓示の口調で話すと思われるべきでない以上、このことは、知覚の始原的形式を記憶のうちに呼び起こすことによってのみ成就される。(34, 36)

ロマン主義美学での象徴についての自発的直観とは対照的に、哲学者は記憶を必要としている。ベンヤミンの後期の仕事のなかで、記憶は救済という中心的な役割を果たし始めるのだが、そこでは、史的唯物論それ自体が記憶のひとつの形式として再構築されるだろう。哀悼劇をめぐる書物のなかでは、思い出すことは、「理念が語と化して、名を与えるものとしての権利を取り戻しつつ、現実の核心から解き放たれていく」(37) ような観照のひとつの形式である。だから、プラトンではなく、命名者としてのアダムが哲学の真の父であるのだが、この立場は一九一六年の試論「言語について」のなかでのベンヤミンの分析を思い起こさせる。アダムが与える名は、言語の伝達的意味作用という作面に内包された苦闘を伴うことなき天国的な名である。「諸理念は無志向的に、命名という行為のなかで表示される。そして、それらは哲学的観照のなかで刷新されねばならない」(*OGTD* 37)。どんな特定の意味をも超えた知覚の始原的形式としての名は言語的媒体なのである。

しかし、諸理念の言語的本性が真理を真理の不可能性に還元するかというと、そのようなこともない。一九一六年の試論のなかで、ベンヤミンは言語理論の中核に深淵を認めたが（ド・マンの脱構築はかかる深淵を詳述するとともに、そこに住まっている）、深淵の上で「宙吊りに」なるべきであって、そのなかに転落してはならないと警告した。ローゼンツヴァイクが『救済の星』第一部で展開した記述に似た、真理についての記述のなかで、ベンヤミンは、諸理念もしくは現実的なものないし真理の諸本質はひとつの全体を成しているのではなく、ひとつの星座＝布置を成す星々がそれぞれの軌道を有しているように、互いにまったく依存することがない。理念と理念のあいだの差異が架橋不能であるところで、諸理念の星座＝布置とそれらのあいだの関係は真理を構成する（37）。配置のこの多様性にもかかわらず、諸理念の領域は「不連続な有限性」（38）であり、哲学とは、「つねに同一のものであるような限られた数の語をめざしての苦闘——諸理念の表象をめざしての苦闘」（38）であるし、また、そうであるべきなのだ。

件の序章についての最良の説明のひとつのなかで、チャールズ・ローゼンは、〈理念〉という語をベンヤミンが使用することのありうべき源泉を、カントと初期のロマン主義者たち、とりわけシュレーゲルとノヴァーリスのうちに位置づけている。ノヴァーリスでは、芸術作品のなかの〈理念〉は、どんな命題にも内包されえないが連続的な実現過程での「無限系列」であるもの、通約不能で翻訳不能な何かを意味している。同じく〈理念〉と概念の区別もカントに由来する——前者は単純命題によっては定義できないが、後者は定義できるのである。ただしベンヤミンは、諸〈理念〉を描くために、「星座＝布置」と「配置」をそこに加えている（Rosen, "Ruins" 155–56）。「諸理念と事物との関係は星座＝布置と星々との関係に等しい」（*OGTD* 34）。あるいはまた、ローゼンが要約しているように、「概念はあるひとつの種類の現象を定義するが、〈理念〉は相異なる種類の現象同士の諸関係を決定する」。悲劇の「概念」はひと組みの劇を定義するが、悲劇の〈理念〉は劇と歴史との諸関係から成る広範な配置である（"Ruins" 156）。

　初期の思想と矛盾を来すことなき仕方で、ベンヤミンは、〈諸理念〉についての無媒介的で直観的な知覚はまったく存在せず、むしろ〈理念〉は言語的であると主張している。「象徴的意味での」語は〈理念〉を名づけるのだが、語のこの側面――それは語の脱聖化された通常の意味のいかなるもののなかにも見出されない――を「直観する」ことではなく、それを修復し表象〔再現前化〕することが哲学者の使命である。表象（*representation*）という語彙がここでは重大である。なぜなら、ローゼンが書いているように、それは、「語の表象が構築されるより前に、語の象徴的側面が知覚されることはない」（158）という意味だからである。

　表象へのこのこだわりは、ベンヤミンをハイデガーから、そしてまた、数多くの神秘的言語理論から区別しているのだが、これはひとつには、ベンヤミンによるフンボルトとマラルメ読解から生じている。フンボルトから、ベンヤミンは、われわれの主観的意図・志向とは無縁な自存的な体系としての言語という考えを継承したのだが、この体系はそれにもかかわらず、われわれの経験ならびに、一連の連合や含意や文化的構築を伴った歴史の保存所でもある。マラルメからは、言語の非伝達的で秘教的な側面への強調が継承されたのだが、これらの側面は件の「象徴的」次元を維持している。マラルメの技法は――ベンヤミンのそれと同様に――、語の分離、文脈を無視した引用の併置、間接的暗示、語それ自体の同語関係から立ち現れる照明の観念を含んでいる。この意味では、ローゼンが主張しているように、ベンヤミンは象徴主義的詩学を歴史的批判主義に適用した最初の人物だった（165）。

　このように、「〈諸理念〉の表象」は直接的には生起しないし、「象徴的」性質は超越的対象との無媒介的融合を意味しているのではないし、特殊なものと一般的なもの、象徴とそれによって象徴されるものとのあいだのいかなる有機的、自然的、瞬間的結合を意味しているのでもない。〈諸理念〉の表象は配置であり、分離を維持するような意味と事物とのひと組みの連関であって、そこでは、いかなる統一性もないし、同一性へのいかなる圧縮もない。要するに、ここには〈象徴主義のキリスト教的様相とユダヤ教的様相との相違についてのゴルドマンとイデルの考えとの関係で先に議論されたような〉象徴の存在論化はまったくなく、不連続性の承認があるのだが、この不連続性は諸関係の一貫性を損なうことはない。

ローゼンはまた、「認識批判的序章」での理論を、いかにしてベンヤミンがドイツ悲劇をめぐる分析のために援用するにいたったのかを、妥当な仕方で明らかにしている。「バロック的なもの」といった概念は、諸現象のなかで共通なひと揃いの相似、規範、同一性を見出し、それらをひとつの類もしくは定義のうちに組み入れる。それに対して〈理念〉は、数々の歴史的公式に共通なものを抽出することで、統一性を構築することはなく、むしろそれは、極端なもののあいだに、ある時代の政治学、神学、芸術、科学など散逸した諸領域のなかに一貫性もしくは配置を探る(161)。一七世紀ならびにバロック悲劇をめぐるベンヤミンの研究は、「ベンヤミンによる極端なものの綜合であり、弁証法的方法であるが、それはヘーゲル的なものではない。それは偽りの統一性のなかで諸矛盾を解消することはなく、もっと大きく全体的な模様の部分として、これらの極端なもの同士の諸関係を表している」(163)。

極端なもののあいだに配置を探ろうとするこの探求は、「現象の救済」というベンヤミンの企ての一部を成すものであり、また、彼の思想を支えるメシア主義の持続的底流でもあるのだが、この底流のお陰で、序章の哲学的不透明性とベンヤミンなりの史的唯物論の後年の発展とをひとつに結びつけることが容易になる。「希望なき者のためにのみ、われわれは希望を与えられている」と、ベンヤミンはゲーテ論のなかで書いていた。それゆえ最終的には、アレゴリー的廃墟は、脱聖化されたものと同様、精神的なものにも忠実であり続け、歴史と肉体の苦しみに忠実であり続けるような、美のひとつの格別な様相だったのである。ベンヤミンは言っている。「壮大な建築物の設計理念は、良く保存されたそのわずかな部分よりも、その廃墟に、より印象的に窺える」のだが、そうした廃墟に似たものとして、哀悼劇とアレゴリーの精神は注目に値する。そもそもの最初から、アレゴリーは断片にして廃墟とみなされており、それゆえ、ベンヤミンは次の言葉で書物を締め括ったのである。すなわち、「他の諸形式が人類の最初の日のような光輝を放っているとすれば、アレゴリーというこの形式は、最後の日における美しきものの像を確保している」(*OGTD* 235)、と。

希望なき者のための希望——ベンヤミン自身の人生にふさわしいいまひとつの題辞である。一九一六年の書簡のなかで彼は書いていた。「夜に抗して闘う者はその最も深き闇を更に動かして、それが光を放つようにしなければならない」(*Briefe* I: 131)。

アレゴリーとモダニティー

ベンヤミンはパサージュ論に係わる仕事を一九二七年頃に開始した。哀悼劇をめぐる書物の完成からわずか数年後のことである。この間に彼の思考に生じた新たな転換は、それ以前の彼の著述や哲学の否認を意味するものではない。アレゴリーは今やモダニティーの分化についての彼の研究ならびに、史的唯物論についての彼なりの解釈の土台と化した。パサージュ論はモダニティーの前史であり、ボードレール論はその鍵を握る一部であった。ベンヤミンが主張するところでは、「憂鬱を糧としたボードレールの天才はアレゴリーの天才である」（*Refl* 156）。しかしここでは、アレゴリーはその視野を外的世界の廃墟から内的世界のそれへと転じた。それはいうなれば地下へと潜行し、突然の恐るべき瞬間に再び出現する。「アレゴリーの技法はパッチ（*putsch*）〔暴動、衝突〕の技法である」（*Charles Baudelaire* 100）。アレゴリーは、ボードレールにおける衝突、方位逸脱、不連続性の深遠な契機として繰り返し現れる。

　ベンヤミンはそのボードレール論の副題を『高度資本主義時代のある抒情詩人』としている。哀悼劇にとっての反宗教改革という不気味な背景は今や、近代資本主義経済のうちにその対応物を見出した。一九三五年、彼はショーレムに宛てて書いている。バロックをめぐる書物とパサージュ論の企図はいずれも、「遺産として残された概念の展開に焦点を合わせています。前者ではそれは哀悼劇の概念であり、ここでは、どうやらそれは商品の物神的性質であるらしい。……まったく同じく、バロックをめぐる書物が一七世紀をドイツという視点から扱っているのに対して、本書は一九世紀をフランスという視点から解明するでしょう」（*Corr* 159）。ルター主義においては、信仰は業績とは無関係なものとみなされた。このことは意味を日々の生活の領域から切り離し、そして、ある種の憂鬱に帰着する。これと同じ離接が資本主義的世界観を支えている、とベンヤミンは指摘している。人間的なものは労働から疎外され、動きつつある生命の過程は物化されてしまう。諸対象は死せる事物と化す、それらは商品となるのだ。本来の文脈から引き剝がされ、操られ、疎遠な意味を与えられて、諸対象は近代世界の「廃墟」と化す。商品のこの「物神的性格」はマルクスの『資本論』第一部の有名な第一章で論じられている。

　これはまさにアレゴリー的なものの動きで、それは、近代的都市情景の廃墟についてのボードレールの夢幻的ヴィジョンのうちにも見出される。フレドリック・ジェイムソンはこのことを見事に表現している。

「ベンヤミンの感受性は、人間存在が事物の力へと委ねられている自分を見出すような瞬間に向けられている。……なぜなら、アレゴリーとはまさに、理由はどうであれ、事物が意味から、精神から、真正なる人間的生存から完全に切り離されてしまうような世界を表現する主要な様相であるからだ。」（*Marxism* 71）この定義によって、バロック的アレゴリーとボードレール、バベルとゴルゴタ、ドイツ哀悼劇と近代資本主義は相似た構造を共有している。ジェイムソンの言い方では、ベンヤミンはアレゴリーを、一種の近代的「病理」（72）としてわれわれに取り戻させた。あるいはまた、ベンヤミンが書いているように、アレゴリーは「空虚を否認するとともにそれを満たす」。明敏にもジェイムソンは、モダニティーをめぐるベンヤミン自身の分析は「実際にはアレゴリー的省察の演習である」と指摘している。「ベンヤミンの主たる関心は近代特有の神経質な精神状態にあったのだが、それをつなぎ止めるのにふさわしい何らかの記章を位置づける点で」（76）、そうなのである。

事実、一九三一年のベンヤミンの試論「蔵書の荷解きをする」は、諸対象、過去、真理の伝達と自分との関係をめぐる一種のアレゴリー的省察となってもいる。ショーレムと同様、ベンヤミンは愛書家であり、憑かれたような書物収集家だった。書物収集家とその対象との関係は非功利主義的である、とベンヤミンは書いている。書物収集家は書物を自作の「魔法の輪」〔立ち入り禁止区域〕のなかに閉じ込め、書物のあいだで識別し、書物の経緯を観照する。彼は観相家、「運命の占い師」（*Illum* 60）となる。バロック期のアレゴリー使用者と同様、書物収集家は自分を取り囲んだ廃墟と記章を判読する。「真の収集家にとっては、一冊の古い本を手に入れることは、この本の新生である」（61）。「これは、新しいものを手に入れたいという収集家の願望のなかに潜んでいる、最も深い衝動」（61）であって、これは収集家のなかの「幼児的」要素である。収集の最も高い価値は遺産相続であることだ。「収集の最も高貴な誉れとなるのは、つねに、その遺贈可能性である」(66)。ここでもまた、生命なき諸対象は秘密の世界を囲い込んでいるのだが、これらの世界は救出され、再び生きたもの、遺贈可能なものたらしめられねばならない——これはカフカをめぐるベンヤミンとショーレムの省察の大いなる主題である。けれども、書物の収集においては、救済の様相は静的収集であり、諸対象の凝固である——、ちょうどアレゴリー的観照がその対象を固定し、凝固させ、枠に嵌められるのと同様に。あるいはまた、仮説的史的唯物論者の眼差しが歴史の進化を凝固させ、それによって、過去からイメージを救出し、現在のなかでイメージを閃かせるのとまったく同様に。

ベンヤミンが描くアレゴリーの使用者はカタストロフと廃墟の光景の記録者であるのみならず、その脱聖化された救出者でもある。おそらく、アレゴリーをその極端にまで推し進めることで、近代の世俗的アレゴリーの使用者たるベンヤミンは、アレゴリーの「反転」をも実践しようと希望したのだろうが——、その結果、事物は新たな仕方で照明されるにいたる。一九二九年のシュルレアリスム論のなかで彼が「脱聖化された照明」と呼ぶもののなかで。史的唯物論へのみずからの転換を擁護するために、一九三一年四月のショーレム宛の書簡のなかに、ベンヤミンが記した言葉を思い出しておこう。「そのとおり、私は極端へと行こうとしています。難破船に乗って漂うひとが、すでに折れたマストの先端にまで昇ろうとするのと同様に。しかし、それによって彼は自身の救出につながる信号を送る機会を得るのです」(*SF* 233)。

アドルノはこう考えた。自然主義的枠組みをとおして、みずからの神学的洞察を立て直すことで、ベンヤミンは、救済の観念を脱聖化されたものたらしめつつ、それを救い出そうと努めた。同様に、ベンヤミンは、毎日の脱聖化された現実を夢幻的イメージを介して変容させようとするシュルレアリストたちの企てにも触発された——、それは歴史の廃墟でのアレゴリー使用者の眼差しのいわば片割れなのである。シュルレアリストたちは日々の生活の堆積物を取り上げ、世俗的でブルジョア的現実の断片を芸術へと統合することで、彼らは芸術と生活とのあいだの溝を狭めた。それも、政治的革命という目的にも役立つと想定された仕方で。またしてもアドルノは、シュルレアリスムにおける夢幻的要素をベンヤミンが援用したことについて最上の描写を提供してくれる。「不条理なものは、あたかもそれが自明なものであるかのように呈示され、そうすることで、自明なものからその力を剝奪しようとする」(qtd. in Wolin, "Aesthtic" 98)。自明のものを裸に剝くことは、凡庸なブルジョアレアリスムの打倒ならびにイデオロギー批判の一部を成す行為である。

アレゴリーもシュルレアリスムも、疎外を極限にまで推し進めることで、疎外を克服しようと努めた。すなわち、諸対象をよそよそしいものたらしめ、それらを現世的文脈から引き剝がし、それらを置換し、混乱させることで、疎外を克服しようとしたのだが、その結果、これらの対象はまったく新たな意味を授けられうるものとなる。ベンヤミンの書くところでは、この種の照明はロマン主義者たちによっては把握されなかった。なぜなら、彼らは不可思議な現象の不可思議な側面だけを強調したからだ。脱聖化された照明のもとで、シュルレアリスム、オカルト的経験、数々の夢を理解するためには、ロマン主義者たちとはちがって、アレゴリー使用者たる批評家として、作品を「壊死させる」のでなければならない。ベンヤミンが一九二九年のシュルレアリスム論で言っているように。

われわれは神秘を日常的なもののなかに再認する程度に応じてのみ、その神秘を見抜くことになるのだが、その際われわれが援用するのは、日常的なものを見抜き難いものとして、見抜き難いものを日常的なものとして認識するような弁証法的な光学である。たとえばテレパシー現象についてのどれほど情熱的な研究であっても、それが読むという行為(これは優れてテレパシー的な過程である)について教えてくれることは、読むという行為の脱聖化された照明がテレパシー現象について教えてくれることの半分にも満たないだろう。……阿片使用者、夢想家、陶酔者と同じく、読者、思考者、道草を食うひと、遊歩者も、かかる照明を受けた人間の様々なタイプである。しかも、前者の人々よりももっと脱聖化されている。われわれが孤独のうちに飲用する、あの最も恐ろしい麻薬――われわれ自身――については言うには及ぶまいが。（*Refl* 190）

脱聖化されたものは、縫い目のない象徴における内容と形式との統一性のなかで、不可思議なものと融合しているのではない。ベンヤミンの思想における、脱聖化されたものと聖なるものとの関係は、純粋にヘーゲル的もしくはマルクス主義的意味で「弁証法的」であるよりもむしろ「アレゴリー的」であり、すなわち不連続的である。ベンヤミンのいう「弁証法的光学」は二つの極端に焦点を合わせ、それらを併置されたものとして、新たな「星座＝布置」のなかで凝固させるのだが、ベンヤミンの考えでは、凝縮ないし結晶化というこの契機は真理の革命的解放のための潜在的エネルギーを含んでいるのである。諸事物の自然な文脈を破壊することで、諸事物を疎外し、それらをよそよそしいものたらしめることで、シュルレアリスムにおけるモンタージュのようなやり方で衝撃効果が産み出される。そして、この「脱聖化された照明」という想念はのちに、ベンヤミンの唯物論的で革命的な歴史記述のなかで「弁証法的イメージ」と化すのである。

過去を引用する

自然な文脈からの疎外や疎遠化についてのこうした考えを、ベンヤミンは彼自身の文学的実践のなかで

――とりわけ引用をとおして援用している。「私の作品のなかの引用は、武装して攻撃を加えて、怠け者からその確信を奪う道端の追い剝ぎのようなものである」(GS I: 571)。引用は作品を「壊死させる」いまひとつの仕方である。アレゴリー的もしくはシュルレアリスム的技法として、引用を断片化し、文脈から引き剝がし、中断し、そうすることで新たな仕方で照らし出す。パサージュ論のなかで、ベンヤミンは、まったく本文を伴うことなく引用だけから成るような理想的作品を思い描いていた。引用は一種のモンタージュのなかで積み重ねられ、併置されるのだが、このようなモンタージュが論理的因果の線形的進展を断つのである。

引用をめぐるこうした考えは、名が言語の土台であるというベンヤミン初期の想念の一種の片割れである。(引用のモンタージュとしてのテクストという考えはまた、神の名のモンタージュとしてのトーラーというカバラの考えとどこか似たところがある。) 名の神学的な力は、ベンヤミンの後期思想のなかでは、引用の脱聖化された力を通じて接することのできるものと化す。一九三一年のカール・クラウス論で、ベンヤミンは、クラウスの論争的試論はまさに引用の方法によって作用しており、また、彼は引用と命名を結合したと述べている。

ひとつの語を引用することとは、その語を名で呼ぶことにほかならない。……救い出すとともに罰を下す引用において、言語は正義の字母型であることが証明される。引用は言葉を名で呼び出し、この言葉を破壊しつつ、それを文脈から切り出すのだが、しかし、まさにそのことによって、引用はその語を根源へと呼び戻してもいるのだ。引用された言葉は韻を失うことなく、その音を響かせ、調和しながら、新しいテクストの構造のなかに姿を現す。韻としてその言葉は、似たものを自身のアウラのうちへと集め、名としては、孤独に、表現をもたぬままに佇んでいる。言語の前で、これら二つの領域——根源と破壊——は、引用においてみずからの正当性を証明する。そして逆に、これら二つの領域が浸透し合っているところで——つまり引用において——のみ、言語は完成される。引用のなかには天使の言語が映し出されているのだが、そこでは、すべての語が、意味の牧歌的な文脈から揺り起こされて、創造の書の題辞《モットー》となったのである。(*Refl* 268–69)

根源へとこのように呼び戻され、捩れながら回帰することは、救済のひとつの様相であって、そこでは、保存と破壊が分かち難く結びついている。ベンヤミンの図式のなかでは、引用は破壊的な契機を内包している。引用は、アレゴリーによる貶価や顕揚のような暴力的な行為によって、語をその根源へと連れ戻す。この試論のなかでは、彼が書いた他の試論の多くでもそうであるように、ベンヤミンが論じている作家は、彼自身のアレゴリー的記章として役立っている。彼がクラウスについて書いたのとまったく同じことを、ベンヤミン自身について書くこともできるだろう。すなわち、「絶望している人間にして初めて、引用のなかに、保存する力ではなく純化する力を、文脈から引き剝がし、破壊する力を発見したのである。これこそ、いくらかのものはこの時代から抜け出て生き延びるという希望をなおも秘めた、唯一の力なのだ——というのも、それらのものはこの時代から追い払われたがために生き延びるのだから[8]」(270)。

後期の「歴史哲学についてのテーゼ」のなかで、ベンヤミンは再びクラウスの「根源こそが目標だ」という言葉を引用している。哀悼劇をめぐる書物においてと同様、ここでは根源(*Ursprung*)は、線形的な歴史連鎖のなかで跡づけることのできる経験的原因を意味しているのではなく、ライナー・ネーゲレが正しくも述べているように、「そこから何かが湧出してくるところの点であり、何かがこの点から抜け出ると同時に、その点はこの何かを逃がしてしまうのだ」("Benjamin's Ground" 22)。根源との問題を含んだ関係はもちろん、ベンヤミンの歴史哲学の核心に位置している。ハナ・アーレントは見事に述べている。「彼の存命中に生じた伝統の断絶と権威の喪失は取り返しのつかないもので、そこで彼は、過去を扱う新たな仕方を自分は発見しなければならないと結論を下した。この点で彼は名人と化す。そして、そのとき彼は、過去の伝達可能性がその引用可能性によって置き換えられたことを発見したのだった」("Introduction," *Illum* 38)。

ベンヤミンは引用可能性を、単なる「文学」技法から、過去との関係における政治的で革命的な行為へと転じようと試みた。彼にとっては、政治的革命は、現在と同様に過去をも救済することを意味していた。なぜなら、「もし敵が勝つなら、死者でさえその敵から護られることはありえないからだ。そして、この敵〔ファシズム〕は勝者たることをやめてはいない」(*Illum* 255)。「まちがいなく、救済された人類だけがその過去を完全なかたちで授かる。ということはつまり、救済された人類にとってのみ、みずからの過去のどの瞬間もが呼び出し〔引用〕可能となる。人類が生きたすべての瞬間が、議事日程に呼び出されたもの〔引用されたもの〕であり――その日こそ最後の審判の日にほかならない」(254)。

過去を引用するベンヤミン自身のやり方はそれ自体が「審判の日」であり、できごとの線形的で時系列的で秩序づけられた行進――あるいはまたベンヤミンが「歴史主義」と呼ぶもの――を粉砕することをめざした爆発的行為である。歴史主義は、「ロザリオの珠のように一連のできごとを数える」(263)ことで、歴史における多様な瞬間のあいだに論理的な因果連鎖を確立しようと試みる。それとは対照的に、「史的唯物論者」は過去とのあいだにまったく異なる関係を有し、歴史を順応主義的で進化主義的な伝統とみなす歴史主義者の見地に抗して闘う。「過去は、それが認識可能となる刹那に、一瞬閃きもう二度と立ち現れはしない、そのようなイメージとしてしか確保することができない。……過ぎ去った事柄を歴史的なものとして明確に言い表すとは、それを「実際にあったとおりに」（ランケ）認識することではない。それは危機の瞬間に閃くような想起を捉えることを意味している」(255)。

このように閃く記憶のイメージは、歴史主義者における「等質で空虚な時間」ではなく、「今の現前によって充実させられた時間」(*Jetztzeit*) であって、それは、伝統的でブルジョア的な歴史の冗長で空虚な連続態を、そこでの「進歩」の観念を断ってしまう。「それゆえ、ロベスピエールにとっては、古代ローマは現在時を充填された過去であり、彼はそれを歴史の連続態を爆破することで取り出したのだ。フランス革命はみずからをローマの化身とみなした。それは、モードが過去の服装を呼び出すのと同じ仕方で、ローマを呼び出した」(261)。

ベンヤミンはこのような呼び出しが「革命的行為」であり、「過去への虎の跳躍」(261) であることを望んだ。それをとおして、現在は「現在時」を充填されたものと化すのだが、「現在時」はというと、時間が一種の神秘的なトドマレル今のなかで静止するような点である。ここにいう「現在時」は、時間の空虚な流れが停止されるような瞬間なのだ。「思考は数々の緊張で飽和した配置のなかで停止すると、停止した思考がこの配置に衝撃を与え、その衝撃によって思考はモナドとして結晶化する」(262-63)。この停止の瞬間は、「歴史の等質的経過を打ち砕いてそこからひとつの特殊な時代を取り出す」ために、過去と現在双方を救い出すために、史的唯物論者によって認知され、使用された。

もちろん、問われるべきは、配置もしくは「弁証法的」イメージがどの程度歴史家によって「主観的に」構築されたかである。過去と現在との星座＝布置もしくは照応は内在的で客観的で物質的なものだろうか――それとも主観的で理念的な関係なのだろうか。ベンヤミンは明らかに、また一貫して、純粋な主観性を真理への小道とみなすことに反対していたが、政治的危機の瞬間に閃く、そのような弁証法的イメージが史的唯物論者の認知に依存している以上、この弁証法的イメージはどう特徴づけられるべきなのか。ミヒャエル・イェニングズは、「革命というものについてベンヤミンが抱いていた感覚は、鉄道網の奪取よりもむしろ、霊感を授けられた読書とより多くの共通点を有している」と考えるとともに、ベンヤミンのいう歴史的「星座＝布置」の関係構造を「神秘的なもの」として描いている。その場合、神秘主義は「ベンヤミンにおける認識論的確信と政治的革新との絆」(*Dialectical* 37)となるだろう。

ただしこれは、唯物論によるイデオロギー批判に奉仕するために世界へと一八〇度方向転換した神秘主義である。なぜなら、この神秘主義は歴史主義者のいう伝統を、一種の虚偽意識として、荒々しい「凱旋行進――そこでは現在の勝者が地に倒れている者を踏みつけて進んでいく」――としてあらわにしようと企てるからだ。この勝利の行列には、強奪された戦利品が付き物だが、そうした戦利品が「文化財と呼ばれる」。これらの文化財は、それらを創り出した偉大な人物たちならびに、その抑圧された同時代人たちの「名もなき犠牲」から成り立っている。続いて、ベンヤミンの有名な言葉が記される。「同時に野蛮の記録ではないような文明の記録は存在しない」(*Illum* 256)。この種の歴史から、ベンヤミンのいう史的唯物論者は自分自身を切り離さねばならない。そして彼は「歴史を逆撫で」(257)しなければならない。デイヴィッド・ビアールは適切にも、この言い方、ショーレムの歴史記述をめぐるみずからの研究の題辞として用いている。

真理を星座＝布置とみなす見地はベンヤミンの最初期の仕事からすでに頻繁に見られるし、「過去への虎の跳躍」というイメージも、超越へ向けてのアレゴリーの「跳躍」を思い起こさせる――、跳躍は「根源的湧出」(*Ur-sprung*)の企てであり、それはとにもかくにも、過去と現在、唯物論とメシアニズムという二つの領域を結合するのだ。しかし、一五年前に哀悼劇をめぐる研究のなかでベンヤミンが練成した堕落した歴史の領域は、今や文字どおり、彼自身が一九四〇年代に捕らえられた石化した光景と化した。「歴史哲学についてのテーゼ」は、ドイツ難民たちが戦争勃発後収容されていたフランスはニエーヴルの「志願労働者キャンプ」から解放されたあとに書かれた。ヒトラーとスターリンはあの悪名高き相互不可侵条約を締結し、ヨーロッパはベンヤミンの周囲で砕けて廃墟と化そうとしていた。数カ月後の一九四〇年九月、彼は、自由へ向けての越境の企てが失敗したあと、スペイン国境で自殺した。

リサ・フィトコは、ナチス・ヨーロッパから脱出しようとする、失敗に終わった彼の企てに即して、ベンヤミンのピレネー越えを案内した女性であった。彼女は、キャンプ内でのベンヤミンの行為について物語っているが、この行為は、集中ならびに集中されたイメージへの彼の嗜好を照らし出してくれる。彼の理論的著述のなかでは、「モナド」「弁証法的イメージ」「断片」「廃墟」といった観念が、凝縮され圧縮された諸対象を表していて、これらの対象は、まさにその圧縮によって、より広大な領域を囲い込むとともに解き放ち、救い出す力を得る。フィトコは、自分の夫がベンヤミンと一緒にキャンプのなかにいたと語っている。ベンヤミンは大の愛煙家であったが、キャンプのなかで禁煙を決意し、禁煙の苦しみに耐えていた。彼女の夫はベンヤミンにこう言った。敵の面前で生き延びるためには、あなたはより大きな辛苦ではなく、その代わりに喜びを求めるべきだ、と。ベンヤミンは答えた。「私は、ひとつの大きな努力に自分の精神を全面的に集中させざるをえない場合にのみ、キャンプのなかでの条件に耐えることができる。喫煙をやめることはそうした努力を必要としており、それがきっと私を救うだろう」(“Last Days” 53–54)。救済へ向けてのいまひとつの絶望的な企てである。

キリスト教的アレゴリーが彼岸の世界の超越へ向けて跳躍したのに対して、ベンヤミンのいう「虎の跳躍」は、救済のひとつの様相としての過去への「跳躍」で、それは政治的メシアニズムへのいまひとつの絶望的な跳躍であった。「史的唯物論者は、彼がモナドとなった歴史的対象と向かい合うときにのみ、歴史的対象に近づく。この構造のなかに彼は、できごとのメシア的停止の徴《サイン》しを、言い換えるなら、抑圧された過去を解放しようとする闘いにおける革命的機会の徴しを認知するのだ」（*Illum* 263）。「言い換えるなら」とはすなわち、それを別の語彙へと翻訳することである。それにしても、かかる翻訳のなかでの政治と神学との関係はいかなるものだろうか。この後期の試論のなかでは、歴史的記憶は、ユダヤ教的想起の様相と公然と結びつくにいたっているが、この想起は、史的唯物論という自動人形の内部に入った神学という「せむしの小人」であって、それは論考の最後の段落にも再び登場する。

> 時間がその胎内に何を宿しているかを時間から聞き出した占い師たちはたしかに、時間というものを均質なものとしても空虚なものとしても経験しはしなかった。このことを心に刻み付けうる者なら誰でも、おそらく、過ぎ去った時間が想起のなかでどのように経験されたかについても悟ることだろう——すなわち、〔占い師たちにおいてと〕まったく同じ仕方で経験されたのである。未来を探ることがユダヤ人たちに禁じられていたのをわれわれは知っている。その代わり、トーラーと祈禱はユダヤ人たちに想起を教えている。占い師に啓発を求める者たちは未来の魔力に屈しているのだが、想起はこの魔力からユダヤ人たちを解放した。しかし、だからといって、ユダヤ人たちにとって未来が、均質で空虚な時間になったわけではやはりなかった。なぜなら、未来のどの瞬間も、メシアがそれを潜り抜けて入ってくる可能性のある小さな門だったのである。（264）

それにしても、メシアの到来を活性化し、それを駆り立てるところの機構は何なのか。過去の記憶ならびにベンヤミンが出来事のメシア的「停止」として描くものとを政治的変容といかにして結びつけるのか。

史的唯物論の自動人形のなかに隠れた神学というせむしの小人は、すべてのチェスのゲームに勝つかもしれないが、このバロック的な仕掛けは、政治もしくは神学のために、革命に糧を供給したり真の救済をもたらすことができるのだろうか。この仕掛けの「バロック的」で自動的な側面は、「テーゼ」のまさに始まりに彼が位置付けることを選んだ寓話のなかで語られているが、哀悼劇をめぐる書物のなかでのバロック的アレゴリーについてのベンヤミンの研究にまで遡るものでもある。ここでもまた、アレゴリー的剝奪、壊死、凝固が、歴史のなかに隠れた生命を解き放つかのようなのだ。ここにいう史的唯物論は、古典的なヘーゲル主義もしくはマルクス主義的意味で「弁証法的」なのではまったくない。むしろ、それは歴史のアレゴリー的哲学に属していた。またしてもベンヤミンは、現在の文芸批評における「新歴史主義」のいくつかの側面を先取りしたように思える。新歴史主義者たちは、歴史的なものと文学的なもの、美的なものと社会的なものとの非観念論的で非弁証法的な関係を構築することを企てているが、その一方で、断片化と不連続性へのポストモダン的感覚とポスト構造主義的言語理論に依拠している。彼らにとっての困難は、美的なものと社会的なものとのあいだの「媒介」を描くのにふさわしい言語理論を見つけることである。しかしベンヤミンは、記号の恣意的体系に言語を還元する言語理論はどれもふさわしくないことを認知していた。「媒介」と「弁証法」に付き物のこれらの問題ゆえに、ベンヤミンならびに新歴史主義者たち双方と「真の」マルクス主義は相容れるのかどうかという問いが絶えず提起されることになる。T・W・アドルノおよびフランクフルト社会研究所の彼以外のベンヤミンの同僚たちは、彼自身の「弁証法」における不適当な媒介に関して彼を叱責したし、ユルゲン・ハーバマス(フランクフルト学派の現代の最も著名な代表者)は、ベンヤミンは極度に「反‐進化主義的な歴史概念」を提起したと主張している。神秘的でメシア的な今の瞬間としての救済と革命の観念は線形的な歴史的時間を断ち、過去のイメージの

「星座＝布置」を形成するのだが、ハーバマスが明言するところでは、このような観念は真正なるマルクス主義的歴史観と嚙み合うことはない。曰く、「歴史についての反‐進化主義的な考えは僧侶の僧帽のように史的唯物論に付着することはありえない」（"Consciousness-Raising" 51)。

第5章　記憶は救済の秘密である
――メシアニズムとモダニティー

――記憶は救済の秘密である。

（バール・シェム・トーヴ）

そうではあるが、こう言ったほうがもっと妥当であろう。ベンヤミンは、僧帽というよりもむしろユダヤ教の「祈りの肩掛け《タリス》」のように、記憶の力を史的唯物論に付着させたのだ、と。ハーバマスはまた「歴史哲学についてのテーゼ」を、「ユダヤ教精神の最も感動的な証言のひとつ」（*profiles* 34）として描いているが、彼はどうして記憶が前進的なものたりうるのかを理解できずにいる。そこで私としては、ベンヤミンとショーレムにおける歴史記述と文芸批評とユダヤ教メシアニズムとのあいだの相互作用に立ち戻ることにしたい。歴史家のヨセフ・ハイーム・イェルシャルミは、ユダヤ教における歴史と記憶との格別な関係について詳述した。言うまでもないが、記憶は、歴史的事実の単なる年代順の記録よりもむしろ、これらの事実の潜在的な意味と深く係わっている。そして、歴史には道徳的で神学的な意味があるということ、歴史には神が介入し、歴史のなかで神は知られうるということ、自然ではなく歴史こそ神的行為の領域であるということ、これこそユダヤ教に固有の事態である。

ヘロドトスが歴史の父であるとするなら、歴史における意味の父はユダヤ人たちである。……他のどこでもなくイスラエルにおいてのみ、想起せよとの指令は全民族への宗教的命法として感じ取られる。この命法はあらゆるところへ響き渡っていくが、申命記の物語と予言書のなかで増幅されるにいたる。「遠い昔の日々を思い起こし、代々の年を顧みよ」(『申命記』三二・七)。……そして何度も槌で打つような執拗さで、「あなたがたがエジプトで奴隷であったことを思い起こせ」と言われている。(*Zakhor* 9–11)

命令と朗唱と祭式を通じて実行されるこの記憶は網羅的ではなく選別的である。記録され喚起されるのは、神の行為と人間の応答であって――このような歴史が、帝国の勃興と没落の歴史よりも「真実な」ものとみなされているのである。これは近代の歴史記述、あるいはまた、ベンヤミンが「歴史主義」として批判したものとはほとんど関係がない。「歴史主義は過去についての「永遠の」イメージを与えるが、史的唯物論は過去との唯一無比の経験をもたらす」(*Illum* 262)。デイヴィッド・ロースキーズは、歴史上のカタストロフに対するユダヤ人たちの応答を論じた本のなかで、心理学的な解釈を更に施しながら、「記憶とは攻撃的な行為である」(*Against* 10)と言っている。――記憶とは先在するパタンないし格子であり、それをとおして、個人的危機と集団的危機への応答が濾過されるところの文脈なのである。

それゆえにまた、記憶は、過去の再文脈化、引用可能性、「遺贈可能性」における第一の動因であり、ボードレール、プルースト、カフカといった作家たちのうちで顕著な仕方で登場するのだが、これらの作家はというと、伝統のなかの断絶、近代生活における衝撃と亀裂を、苦渋に満ちた仕方で自覚した作家でもあった。彼らは一九三〇年代に書かれた数々のベンヤミンの偉大な試論のなかでその主題となった作家たちである。ベンヤミンの非正統的マルクス主義では、記憶は、物質的土台とイデオロギー的上部構造を媒介するひとつの仕方であり、歴史の弁証法的前進を認めるいまひとつ別の仕方なのである。

「マルクス主義」期の絶頂にあって、ベンヤミンは一九三七年、希望と記憶は「時間についての真に叙事詩的経験」(*Illum* 98)であると書いていた。彼はジョルジ・ルカーチから、著しく近代的なジャンルとしての小説の概念を借用しているが、それは「超越論的な住居不在《ホームレスネス》の形式」であり、そこで時間が決定的な構成原理となるような芸術の唯一の形式である。超越的なものが喪失されたとき、すなわち、意味と生、本質的なものと時間的なもののあいだの諸関係が断たれたとき、時間は中心的なものと化す。この意味では、「小説は時間に対する闘い以外の何ものでもない……」。小説のなかでは、創造的記憶が、内的世界と外的世界の溝を埋めるべく努める。「諸対象を突き刺し、それを変容させる」ような行為によって。記憶のなかでの圧縮によって把持された生の統一性が、「生の到達不能で表現不能な意味」(98)への洞察と化すのだ。ベンヤミンによるアレゴリー研究との類似は明白である。なぜなら、本質的にはベンヤミンは、ルカーチが小説家を思い描いたのと同じ仕方でアレゴリー使用者を思い描いているからだ。ルカーチの描く小説家も、崩壊した無常の世界の罠に嵌まって板挟みの状態にあって、対象を極端に歪曲したり変形させたりする場合を除くと、ほとんど彼岸と接することがないのだから。

このように小説家は、哲学者と同様、対象を変形させるひとつの仕方として、記憶を実践する。ベンヤミンのいう弁証法的イメージもしくは歴史的モナドと同様、記憶は、他の仕方では利用できない意味を解き放つような圧縮の行為である。ユダヤ教の歴史記述のなかでも同様に、古のラビたちは圧縮とアナクロニックな同時性という解釈的技法を用いて、彼らなりの弁証法的イメージを構築し、ある歴史に意味を与えようとする。神がユダヤ人たちを見捨てたかに見え、聖なる神殿が破壊され、ユダヤ人たちが苦悩の追放に追いやられる、そのような歴史に。イェルシャルミが言っているように、ラビたちは、「時間を自在に広げたり折りたたんだりして、あたかもアコーディオンと戯れるかのように……、表面的に無意識的な途方もないアナクロニズム［をもって］、〈時間〉と戯れる」（19）。

事実、引用についてのベンヤミンの理論はミドラッシュにも見事にあてはまるもので、それは、聖典のラビによる再解釈がなぜ一見すると「歪曲」「誤読」と見えるのかを説明してくれる。ベンヤミンのいうバロック期の反‐宗教改革ならびに両大戦間の近代ヨーロッパと同様、古代のミドラッシュが最大の発展を遂げた世界は、追放と歴史的カタストロフと廃墟の世界で、そこでは、神の現前が撤退されたかに見え、救済をそれ〔神の現前〕とは別の場所に、もっと内在的な仕方で求めねばならなくなる。つまり、想起と引用、「過去への虎の跳躍」を通じて、社会的で政治的な力が新たに組織されるのであって、それがメシアの到来まで続くのだ。引用の浄化的で救済的な力を、ベンヤミンは、語を根源と正義へと呼び戻す仕方として理解していたし、それに、クラウスによる引用の仕方についてのベンヤミンの分析を、ラビによる聖典の恣意的で暴力的な誤読、聖典からの文脈を無視した引用と見えるものにあてはめることもできるだろう。「引用のなかには天使の言語が映し出されている。この天使の言語において、すべての語は、意味の牧歌的な文脈から掘り起こされ、創造の書のなかの題辞《モットー》となった」（*Refl* 269）。伝統的な歴史主義者の読解にはできなかったことだが、ベンヤミンの引用理論はこのようなラビ的素材に神学的深さと深遠な「歴史哲学」を保証できるだろう(1)。

ユダヤ教にとっては、神と人間のドラマの舞台としての歴史は、空虚な時間の線形的流れでもないし、永遠なる運命と反復の神話的界域でもない。ベンヤミンの語彙を用いるなら、古代のラビたちは、過去の歴史的できごとと現在のそれとのあいだに意味の「星座＝布置」を構築した。たとえば、いくつもの異なるカタストロフィックなできごとについて、それらはすべて同じ日に起こったと言われる。「五つの惨禍がわれわれの祖先の身に降りかかった。それらはタムーズの月の一七日に起こり、五番目のものはアブの月の九日に起こった。タムーズの月の一七日には、律法の石板が割られ、日々の燔祭が停止され、エルサレムの壁に穴が開けられ、邪悪なアポストモスは律法の巻き物を燃やし、偶像を神殿内に設置した」（*Mishnah Tanith* 4: 6）。ロースキーズはこう註解している。すなわち、ここでの意向は、歴史的記念日の事実的一致を思い起こさせることではなく、「第一のできごと、契約破棄の最初の行為の時間を定めることで、この最初の行為はというと、後代にいたるまで、石板のすべての破片を先取りしている。律法はひとたび汚され、またしても汚されるが、いつも同じ日に汚されるのだ」。日付は「数千年を貫通して超時間的なもの」（17）と化す。こうして、事件による荒廃は、救済に向けての集団的記憶へと包含される。過去と現在の関係としての弁証法的イメージと「現在時」をめぐるベンヤミンの理論もまた、救済に仕えるものとして、どこかこれに類似した記憶を描き出している。

ベンヤミンのなかでは、災厄と断片化の諸力を扱うひとつの仕方は、それらを用いて、救済のエネルギーを解き放つことだった。ロースキーズもまた、この戦略――彼はそれを「生き残りの戦術」と呼んでいる――をラビ的思想のなかに位置づけている。

ラビたちは、冒瀆という至上の行為［すなわち神殿の破壊］を解釈して、それを転じて聖なる用途に使用し、彼らなりの「聖なるパロディー」を創り出す。……神の約束の破棄を、聖典のパロディーを通じて模倣することの技法は、近代になって初めてその使用を認知した者たちによって、「象徴的逆転」とも「反対註解」とも様々な仕方で呼ばれてきた。実際、それはカタストロフへのユダヤ的応答の根本的形式のひとつなのである。[2]

(*Against* 20)

言い換えるなら、冒瀆もしくは破壊を模倣することで、ひとは神の約束の神自身による破棄を真似、そうすることで「挑発的な肯定」を制定し、その際、テクストの意味を拡大して、犠牲者たちによって経験された苦しみと否定をも勘案できるようにする。しかし、挑発的な肯定と異端的否定との差異はどのようなものだろうか。「罪と罰と復位についての契約的枠組みを受け入れたいという」苦しむ者の願いが、パロディー的逆転を制限する(20)。このように、一方にはパロディー的反対註解があり、他方には記憶の連続性のなかへのカタストロフの再度の位置付けがあるのだが、ロースキーズにとっては、両者はカタストロフに対するユダヤ的応答の二つの側面だった。

「契約的枠組みを受け入れること」は、ひと組みの抽象的諸概念への同意を意味していただけではなく、契約を律法にして具体的命令であるものとして受け入れることであって——、それは古代のラビたちや中世とルネサンス期のカバラ学者たちが決して破ることのなかった何かなのである。それに対して、ショーレムとベンヤミンは、具体的なものをほとんどいたるところに探し求めたが、ユダヤ教の律法の契約的側面のうちにだけは探し求めなかった。それぞれ異なる仕方で、彼らは、否定と断絶、脱聖化と世俗化の力のうちに、いまだ予見不能な救済への隠れた小道を探し求めた。この探索を成就するために、ショーレムはシオニズムと、ほとんどロマン主義的でヘーゲル主義的な歴史の弁証法に依拠した。この点については、彼自身がローゼンツヴァイク論のなかで仄めかしているとおりである。「おそらく神の最後の撤退が神の啓示なのだろう。神が退去して無と化すことはおそらく、より高度な要請であり、空っぽにされた世界に対してのみ、神はその王権を啓示するだろう」("Rosenzweig" 27–28)。

廃墟に忠実であったベンヤミンは、廃墟を救出するために、ショーレムとは異なる方途を探った。ベンヤミンのいう「歴史の天使」の顔のように、希望は後ろを向いている。ベンヤミンは「現在時」のあの超時間的瞬間を有限な世界のうちに探し求めた。それも、ユートピア的希望としてと同時に「抑圧された者たちにとっての革命的機会」として。記憶のこのような探索はまた、線形的で、客観化され、測定可能な商品としてのブルジョア的時間概念に抗する彼の反応の一部でもあった。そしてそれは、近代的なもの——新奇さの絶望的な探求、経験からの情報の分離、刹那的な感覚の追求——に対する批判である。とはいえ、ここでベンヤミンが挙げている種類の記憶はというと、単純に過ぎる郷愁ではなく、太古の、ほとんど諸個人横断的な水準にまで達するところの記憶である。彼はこのような記憶を、プルーストのいう無意志的記憶(*mémoire involontaire*)とみなしてそれに言及しているが、無意志的記憶は主観的で意識的ないかなる意志的記憶(*mémoire volontaire*)とも区別される。言い換えるなら、それは非主観的な記憶で、能動的で個人的な認知とも、できごとの編年体的説話とも異なる領域から発出する。一片のマドレーヌをめぐるプルーストの有名な場面におけるように、この無意志的記憶は、ある対象と出会い、それが突如として再認される瞬間に、この出会いから解き放たれる。

プルーストはボードレールの最良の読者のひとりである、とベンヤミンは言う。なぜなら、彼はボードレールの万物照応のうちに、意識における驚きの時間とは別に、記憶を完成させる諸瞬間を看取していたからだ。

ボードレールが万物照応ということで言わんとしたのは、危機に対して確固たるものであろうとする、ひとつの経験として描かれていると言ってよい。この経験は、礼拝的なものの領域のなかでのみ可能である。……万物照応は想起のデータであるが――それは歴史的データではなく前史のデータである。祝祭日を重大で意味深いものにするのは、前世の生との出会いである。(*Illum* 182)

こうした万物照応をわが物にするベンヤミンの能力は、「近代人として彼が目撃した崩壊の十全なる意味を見抜くこと」(181)を彼に可能ならしめた。

プルーストのなかでは、記憶は、経験がそこで変容され、脱聖化された照明を当てられるところの最後の領域である。プルーストにおける記憶の労苦すべての基礎にあるのは「幸福探し」であり、それが彼の仕事の鍵を握っているのである。

幸福への二重の意志、幸福の弁証法というものが存在する。幸福が讃歌的な形式をまとうときと、悲歌的な形式をまとうときである。前者は前代未聞のもの、かつてあったことのないもの、至福の絶頂である。後者は根源的な最初の幸福の永遠なる反復、その永遠なる復元である。この悲歌的な幸福の理念――それをエレア派的と呼ぶこともできよう――こそは、プルーストにとっては、生存を記憶の禁猟区に転じるものなのだ。(203)

アドルノはこれと同じ欲望をベンヤミン自身のうちに位置づけている。「幸福への約束」が、ベンヤミンの思想の核心であり、その歩みの源泉だというのである。「ベンヤミンが言ったことと書いたことのすべては、思考に付き物の恥ずべき「成熟」をもって、お伽噺や童話での約束を廃棄する代わりに、それらの約束をまさに文字どおりに解釈し、その結果、真の成就それ自体が今や知識の見地の内部に存することになる」。プルーストにおいては、幸福へのこの欲望が、苦渋に満ちた覚醒のもとでも、維持されねばならないのだが、それとまったく同様、ベンヤミンにおいても、「いったんは否認された幸福への専心は、痛恨の悲しみをとおしてのみ、獲得される」（*Prisms* 230）。彼の仕事は、ユートピア的で前例のない未来と、失われたエデンの至福の過去へ回帰せんとする意志とのあいだの弁証法を含んでいる。初期の試論では、漠然とながら命名言語の天国のことが想起されていたが、それはマルクス主義期においても放棄されることはなかったのである。

歴史、モダニティー、メシアニズム

幸福のこの弁証法が有する矛盾した本性はまた、プルーストとベンヤミンにおける苦渋に満ちた「モダニティー」を特徴づけてもいる。モダニティーそれ自体は、たしかにひとつには、時間の意味の変容によって特徴づけられる。そこでは、現在としての「モダン」が古きもの、過去に抗して措定され——、過去はその権威と力と価値を喪失してしまう。モダンという語彙は最初、キリスト教的現在を異教的過去から区別するために、五世紀に用いられた。それは以前に過ぎ去ったこととの新たな関係についての意識を表現しているのだ。ユルゲン・ハーバマスが指摘しているように、「「モダン」という語彙は、新時代についての意識が、古きものとの刷新された関係をとおして自己形成する、まさにそのような時期を通じて、ヨーロッパのなかで繰り返し登場した」（"Modernity" 3）。フランスの啓蒙主義とともに、新旧の関係は敵対的なものとなり、新たなもの〔モダンなもの〕のほうが優越していると仮定された。科学と進歩への信仰は過去の貶価と未来への方位へと導いた。一九世紀には、モダニティーについての意識が徹底化され、過去と現在は激しく対立することとなった。新たなものの探求は今や、一過的現象を価値あらしめるとともに、一種の充実した現在の瞬間（ベンヤミンのいう「現在時」のような）への欲望を表している。かかる現在は破壊的な力であって、それは伝統と歴史を爆破させようと模索するのだ。

文学的モダニティーについて論じながら、いずれもが「近代人」の原型であるニーチェとボードレールを註解した文章のなかで、ポール・ド・マンはこうした立場にはらまれた数々の矛盾を適切にも要約している。一方ではニーチェは（「歴史の使用と濫用」のなかで）歴史とモダニティーを厳密に対立させるとともに、過去を忘れて非歴史的な仕方で自発的に生き、先立つものを克服する能力として、生を定義している。こうして達成された真の現在はここで新たな出発のための根源となる。あるいはまた、ド・マンが主張しているように、「故意の忘却と行動との結合と相互作用——それはまた新たな根源でもあるのだが——は、モダニティーの観念の十全なる力に達する」（*Blindness* 148）。

しかし、ニーチェが発見しているように、歴史はそう簡単に片付けることのできるものではない。なぜなら、現在はつねに、過去へと移ろい、過ぎ去る何かとして経験されるが、この過去は取り消すことができず、現在に対して何かを要請し続けているからだ。過去から自分を救うことは、現在から自分を切り離すことを意味してもいる。のみならず、現在は、多くの不変な仕方で過去によって形成され、過去によって規定されている。それゆえ、ニーチェの著述は、フロイトやカフカをも含む他の数多くの近代人たちの著述と同様、父親殺しの想像に、途方もなく傲慢な力を誇示する父親に対する息子の反抗に満ち満ちている。それでもなお、どの息子も彼自身が父親と化す。モダニティーはそれ自身の歴史を産み出し、歴史を克服することは不可能となる。しかし、歴史とモダニティーの互いの確執は相互依存でもある。歴史は、歴史が退行的で麻痺したものと化すのを妨げるために、モダニティーを必要とするのだが、一方、モダニティーは歴史へと遡行的に呑み込まれてしまう。ニーチェと同様、ド・マンはこの状態からの脱出口をまったく見出していない。この状態は彼の見地によると、われわれの同時代的モダニティーの様相にほかならないのである。歴史とモダニティーは自己破壊的結合のなかに閉じ込められている。特徴的なことだが、ド・マンがもたらすことのできる唯一の慰めは、こうした意味での「モダニティー」がつねに文学の特徴であるということだ。結局のところ、「文学的モダニティーの確証はしばしば、モダンであることの可能性に深刻な疑問に投げかけることで終わる」(*Blindness* 161–65)。

しかしながら、マテイ・カリネスキュが注意を促しているように、一九世紀以降、実際には相争う二つのモダニティーが存在してきた。ひとつは美的モダニティーで、ド・マンによって定義され、ニーチェやボードレールのような思想家によって代表された類のモダニティーである。いまひとつは科学的でブルジョア的なモダニティーで、それは、進歩と技術への信仰を同時に伴いつつ、将来の救済へ向けての歴史の前進運動という想念を世俗化してしまう(*Faces* 41)。この見地では、ユートピア主義の出現は「西洋近代の知性史における最も重要で唯一無二のできごと」であり、一八世紀がわれわれのモダニティーに遺贈した最も意義深い遺産である。それは革命という近代的観念の源泉であり、「ユートピアへのこの渇望こそモダニティーを流布させ」(63)、未来へ向けてのわれわれの方位を流布させるものなのだ。

他方では、この世俗化された終末論はまた自己矛盾に捕らわれてもいる。世俗的ユートピア主義はキリスト教的永遠への批判であり、まったく新しい未来を渇望するが、同時にそれは反‐ユートピア的衝動を内包してもいる。ユートピア主義は、過去とも未完了の現在とも異なる未来としてみずからを定義している。ただし、最終的未来なるものは、停滞、反復、無限に自己を反復する成就を意味するのではないだろうか。

不可逆的時間についての意識によって可能となったモダニティー（批判的理性によって、それは一切の超越的で聖なる記憶から純化されている）は、みずからを無際限に反復することで、時間を抹消できるような創意の輝く瞬間から成るユートピアを産み出す。新しく、また最終的な伝統（いかにそれが伝統に反する仕方で認知されているにせよ）の中心的要素として。

こうしてモダニティーは、「それが否定しようと努める過去を永続化し、それが促進しようと努める未来に対立する」（68）。オクタヴィオ・パスの言い回しを用いるなら、それは「自身に逆らう伝統」（78）なのである。

ショーレムであればカリネスキュに反対してこう主張するだろう。世俗的ユートピア主義は全面的に一八世紀合理主義の遺産であるだけではなく、ユダヤ教メシアニズムの神学とその数々の近代的変容にも根を有している、と。ショーレムが主張するところでは、ユダヤ教メシアニズムの顕著な特徴は、キリスト教が救済を、何よりもまず内面的な事柄たらしめる傾向を有しているのとは対照的に、ユダヤ教メシアニズムの活動主義的奮起が外部に向けられているということだ。ユダヤ教メシアニズムにおける徹底的な活動主義的要素は「キリスト教に伴う数々の重要な宗教的運動の、政治的で千年至福説的なメシアニズム」（*Mess Idea* 15–16）に影響を与えた。それとは相関的に、ユダヤ教メシアニズムそれ自体、メシアニズムを精神生活の内面的条件たらしめようとするキリスト教の志向から影響を受けたにもかかわらず、内面的救出と外面的救出を究極的には区別しない点で、キリスト教的メシアニズムとは区別される。「このうえもなく外面的な領域には姿を現すことがなく、いかなる仕方であれ、この領域と結びつくことのない、そのような内面性はここでは無価値とみなされる。ユダヤ教メシアニズムの弁証法に従うと、本質への衝動は同時に外部への衝動でもあった」(3)（17）。

啓蒙主義の理想と調和した、単に合理主義的で進歩主義的なユートピア概念としてユダヤ教メシアニズムを呈示した学者や哲学者たち（たとえばヘルマン・コーエン）によって、ユダヤ教の知性史は歪曲されたと、ショーレムは考えていたのだが、彼はこの歪曲に猛烈に反対してもいた。「ユダヤ教メシアニズムはその根源においてもその本性においても——この点はどれほど強調しても強調しすぎるということはない——カタストロフの理論であり、この理論は、各々の歴史的現在からメシア的未来への推移にはらまれた革命的激変の要素に力点を置いている」（7）。肯定的力と否定的力、黙示録的変容と失われた過去の修復とのあいだの弁証法は、ショーレムにとって、ユダヤ教メシアニズムの本質を特徴づけるもので、この弁証法ゆえに、ユダヤ教メシアニズムは近代において世俗的で力強い数々の再解釈を施されうるものとなったのである。

「創造、啓示、救済」というユダヤ教の三つの主要概念を分析しながら、ショーレムは、メシアニズムの形式をまとった場合、最後の概念のみが今日も活き活きとして力強くあり続けていると考えている。このメシア的理念は、減弱されたとはいえ、「最高の実効性と妥当性を有するものであることが判明した。世俗化された形式においてもそうである。他の二つの理念より以上に、この理念は世俗的領域へと再解釈される余地を大きく有していた。……この理念は、現下の時代における偉大なヴィジョンの中心と化したのだ」（JJC 284）。ショーレムにとっては、ユダヤ教の伝統の源泉は、相矛盾した多彩な仕方で外挿されうるような類のものである。なぜなら、「ユダヤ教の伝統は、メシアニズムにはらまれた相反する要素のあいだの——決して終わることも落ち着くこともない——恒常的な確執を維持しているからだ。……ここにいう確執は、黙示録的諸傾向とそれらの廃棄をめざした諸傾向のあいだの確執であるとともに、修復的諸傾向とユートピア的諸傾向とのあいだの確執でもある」(284)。メシア的理念は黙示録的傾向と修復的傾向の双方をもとに結晶化するのだが、これら二つの因子は決して調和せず、ユダヤ教史の全幅を通じて激しく変動を続ける(*Mess Idea* 3)。

メシア的理念における修復的傾向は、理想的なものとして想起された過去の条件の回帰を思い描く。すなわち、第一神殿とダヴィデの王国の時代の回帰を。ショーレムが言っているように、「ここでは希望は後ろを向いている」(3)。しかし、ユートピア的傾向は、これまで一度も存在したことのない未来の国家のヴィジョンへと駈けつけていく。それだけではない。修復的な力はそれ自体が過去へと遡行的に投影されるユートピア的衝動を含んでおり、ユートピア的な力は——まったく新たな要素と折り合いをつけながら——未来へと投影された理想的過去のイメージを含んでいるのだ。これらの法外な黙示録的でユートピア的諸要素が前面に出てくるのは、「エルンスト・ブロッホ、ヴァルター・ベンヤミン、テオドーア・アドルノ、ヘルベルト・マルクーゼといった革命的メシアニズムの最も重要なイデオローグたちの著述においてであって、自認されているにせよされていないにせよ、ユダヤ教の遺産と彼らの絆は明白である」(*JJC* 287)。ショーレムの主張によると、これらの思想家のなかでは、徐々に前進するものとしての、合理的でユートピア的な歴史の観念が、黙示録的意味のために廃棄される。救済された生活の時代がこの時代と全面的に反定立的であるような意味のために。これらの世俗的思想家は同様に、現下の時代とメシア的理念のあいだには滑らかな推移はありえないという、徹底的に神学的な考えを採用している。実現された救済のユートピア的ヴィジョンが完成されるに先立って、カタストロフが、破壊が、大変動が起こらねばならないのだ。

古代ユダヤ教神学では、黙示録的思想が有するこうした法外な側面はひとつには、ユダヤ教史に生じた数々のテロルとカタストロフ、とりわけ西暦一世紀における第二神殿の破壊への応答であった。ただし、最も激しい論争を引き起こした主張のひとつのなかで、ショーレムは、歴史的トラウマはまた一六世紀におけるルーリアのカバラ学派の発展を加速化しもした、と主張している。創造は「撤退」もしくは「自己凝縮」（ツィムツム）という神の始原的行為を通じて生じたというルーリアの考えは、「容器の破壊」と呼ばれた教説を伴っていた。創造の過程で、神的諸力が、それらを内包する容器を「粉砕する」のである。これらの容器の破片は「堕落し」、最も劣った物質的世界のなかに「埋め込まれる」にいたる。人間の使命はこれらの容器を修復して、宇宙《コスモス》そのものに救済をもたらすことである。ルーリアのカバラは一四九二年にスペインからユダヤ人が追放されたこのカタストロフへの歴史的反応であった、とショーレムは主張していた。言い換えるなら、ルーリアのカバラは、創造の核心に位置する宇宙的カタストロフの神話を通じて、歴史的カタストロフを説明し、それを救出するひとつの方途と化したのだ。ショーレムが理論化したところでは、ルーリアとその信奉者たちは、スペインのユダヤ人たちによって味わわれた歴史的カタストロフを、神の内的生へと移し替え、それによって、これらの歴史的カタストロフが火をつけた黙示録的待望を吸収し、当時の数々の大問題への回答を用意したのである。ユダヤ人たちの歴史的苦しみは、より大きな宇宙的ドラマ、偉大な神話の物語の象徴にしてその法規と化した。ユダヤ人の流浪と救済は今や、神の生そのものに影響するような宇宙的大変動をめぐる省察である。これらの象徴や民衆宗教へのその呼びかけの力強さは、それらの象徴や呼びかけを社会的イデオロギーに適用可能なものにし、カバラを大衆のなかに流布されたものにし、「ユダヤ教のための新たな神話」をもたらした。もっとも、これはルーリアのもともとの意図にはなかったことだが[4]（*Sevi* 27）。

しかし、モーシェ・イデルはショーレムに反対して、ルーリアのカバラは複雑な体系で、大衆には近づけないと主張していた。「サバタイ主義に続いて……ルーリアのカバラが広範に普及したという、近代の研究が示した仮説はいまだなお、詳細な研究によって証明されるべきものにとどまっている」(*Kabbalah* 257)。ルーリア的カバラのメシアニズムはそれ以前のカバラのメシアニズムに比してより偉大なわけではまったくない。

ルーリアのカバラは、それ以前の呪術的・降神術的カバラと同様、人間の活動には神的世界の原始の調和を修復する能力があるとみなしていた。とはいえ、このような活動は、終末論的な含みを伴っているとはいえ、メシア的活動主義を構成することはまずない。『ゾーハル』と同様、ルーリアは神的世界における完璧な状態の達成を、集団的で降神術的活動を要請する漸増的過程として思い描いていた。……個人的メシアは、メシアの時代への導き手ではなく、むしろ、メシアの時代が成就されたことを表徴しているのだ。(259)

このようにイデルは、メシアとしてのサバタイ・ツヴィの人格に焦点を合わせた場合、サバタイ主義はルーリアのカバラが大衆のうちに普及したことの帰結であるというショーレムの中心的主張に異議を唱えている。加えてイデルは、ルーリア主義とサバタイ主義とのあいだの関係、スペインからのユダヤ人たちの追放、そしてルーリアのカバラについてのショーレムの誤認は、彼の歴史記述に含まれた欠陥――彼の次のような想定に起因していたとさえ主張している。すなわち、ある一定の文化的・宗教的現象は、歴史上それに直接先行するものと密接に絡み合い、それに依存しているのであり、歴史ハ飛躍シナイのである」(264)。もちろん、ベンヤミンは正反対のことを唱えていた。歴史はまさに跳躍をするし、史的唯物論者の役割はこれらの跳躍の星座＝布置を描き、新たな跳躍を行い、歴史にはらまれた救済的エネルギーを解き放つことである、と。

イデルはまた、カバラそれ自体、歴史的過程によりもむしろ原始的ならびに終末論的過程に関心を抱いており、それゆえ、この光に照らして解釈される必要もまたある、と主張している。ルーリアのテクストは一度たりとも〈追放〉に言及してさえおらず、スペインからのユダヤ人追放がそれに続くカバラ思想全体の発展にとって不可欠な主要原因であったと、ショーレムのように、仮定することもできないのだ。それよりも、ルーリアのカバラにおける刷新は内的展開に由来しているのである（265）。にもかかわらず、「〈追放〉の衝撃はショーレムの歴史記述の礎石である」。ショーレムの大いなる図式のなかでは、スペインからのユダヤ人追放がメシア的待望を産み出し、それをルーリアのカバラが明確に表現し、今度はその待望がサバタイ主義によって、更には、「罪をとおしての救済」というヤーコプ・フランクの異端的メシア運動によって取り上げられたことになっている。そして、それに対する反動が、これらのメシア的諸傾向のハシディズムにおける中立化ならびに、ユダヤ教啓蒙主義のうちへのそれらの弁証法的再回収に導いたと想定されている。しかし、イデルは異論を提起する。

ショーレムの言明ならびに、それらの言明が、広範な読者とユダヤ教神秘主義とユダヤ教史を扱う学者たち双方に無批判的に受け入れられたその仕方は、私が知っているような歴史的事実とはほとんど無関係である。有効な題材すべてに関する詳細な分析に依拠したいかなる突っ込んだ議論も、これらの射程の長い歴史的ヴィジョンを下支えしてはいない。（266）

イデルは、ショーレムの歴史記述的ヴィジョンが無批判的に受容されていること、あるいはまた、それらのヴィジョンが誇張に陥っていることの理由について推論してはいない。たぶん、われわれはこう言えるだろう。カバラの歴史を書いていると主張しているとはいえ、ショーレムは実際には、ずいぶん早くから彼が渇望していたその「形而上学」をも書きつつあったのだ。そしてまた、ショーレムも、ベンヤミンと同様、歴史を「星座＝布置」として書き、危機の瞬間に閃く「弁証法的」イメージ、「現在時」を充塡された現在と過去のあいだの諸関係を見つめていたのだ、と。危機の瞬間と言ったが、それはヨーロッパにおける瀕死のドイツ・ユダヤ文化であり、第一次世界大戦のカタストロフであり、ファシズムであり、――たとえそれがパレスティナへの移住であれ、新たな生活への小道をはっきりと切り拓くための政治的革命であれ――何らかの黙示録的変化の必要であった。ユダヤ系ドイツ人の他の数多くの知識人たちと同様、ベンヤミンとショーレムは、非本来的で抑圧的なものとして歴史的現在を貶価し、それは根底的な変革もしくは何らかの破壊的浄化を必要としていると考えた。実際ショーレムは、今やイビサに追放されたベンヤミンに宛てた一九三三年四月一三日の書簡に含まれた若干の冷淡な指摘のなかで、一九三三年のドイツと一四九二年のスペインを比較している。

ただ、その点で恐るべきことは、あえて言うなら、ドイツにおけるユダヤ人の人間としての大義が、「冷たい」ポグロム――ユダヤ人たちは自分で自分に課すだけにとどめている――の代わりに、真のポグロムが起こったときだけ、有益であると申し立てられていることです。それは、このような発作から何か肯定的なものをもたらすほとんど唯一の機会を表しています。なぜなら、カタストロフの規模は歴史的に見合っているし、それは一四九二年についてわれわれに何かを教えてくれるのですが、抵抗を形成している要素はドイツのユダヤ人を、一四九二年当時存在していたもののほんの一部分にまで還元してしまったからです。（*Corr* 39）

歴史的現在からメシア的未来へのカタストロフ的で破壊的な推移という考えは、弁証法的唯物論を介して、政治的革命の言語へと変換された、とショーレムは考えた。本来的な人間経験と真の歴史は今や革命以後の終末論的未来のうちに置かれた（*JJC* 285-87）。救済についてのこれらのユートピア的ヴィジョンが、頽廃した文化の破壊的浄化を必要としていた以上、それらはまた反律法主義的でアナーキー的なものたらんとする傾向を有していた。こうした傾向はショーレムのうちに、そしてまたベンヤミン初期の言語哲学のうちにも見出された。そこでは、「純粋な語」が具体化されることはありえなかったのだから。それゆえにまた、ベンヤミンとフランクフルト学派の後期政治哲学のなかでは、そしてまた、ショーレム後期の覚醒したシオニズムのなかでも、未来のユートピアは具体的には把握されえないのだった。(5) そうではあるが、未来のユートピアはやはり、過去および現在の腐敗について否定的判断を下すために用いられうる。アドルノは『ミニマ・モラリア』の最後の段落で、この感性を荘重に表現している。

> 絶望のさなかにありながらも責任をもって実践されうる唯一の哲学は、万事を救済の視点から眺められたかのように考察する企てである。救済によってこの世に差し込んでくる光以外に、知識にとって光はない。だから、他の一切は再構成であり、単なる技術にすぎない。メシアが出現した暁には、この世はみすぼらしいぶざまな姿をさらけ出すことになるだろうが、そのような仕方でこの世が転位され、異化されて、隠れていた割れ目や裂け目が露出するような遠近法を作り出さねばならない。恣意や暴力に陥ることなく、ひたすら対象との接触を通じてこうした遠近法を獲得すること——思考の使命はもっぱらこの点にある。それはこのうえもなく容易なことである。なぜなら、状況そのものがこうした知見を否応なしに求めているからであり、また、実際のところ、一〇〇パーセントの否定性は、ひとたび真正面から眺められるなら、その反対物の鏡像を描き出す。し

かし、それはまたまったく不可能なことでもある。なぜなら、そのことは、たとえほんのわずかでも生存の領分から離れた観点を想定しているのだが、他方でわれわれがよく知っているように、ありうべき知見のいずれも、それが有効であり続けるなら、現存するものから単にもぎ取られたものであってはならず、みずからそこから逃げ出そうとしているのと同じぶざまさやみすぼらしさに、その知見それ自体も汚されてもいるのである。無条件なもののために、みずからの条件を思考がより激しく否認しようとすればするほど、それだけ無意識的に、それゆえにまたそれだけいっそう痛ましい仕方で、思考は現世に引き渡されてしまう。可能事のために、思考はついにはその不可能性さえも理解しなければならない。こうして思考に課せられる要請に較べるなら、救済が現実性を有しているか否かということはほとんど取るに足らない。(247)

これと同様に、どうしようもなく失われた純粋な命名言語の記憶は、ベンヤミン初期の試論のなかでは、恣意的意味作用を有した現在の言語の堕落を裁くものとして役立った。言語は究極的には真理の貯蔵庫であるとの信念をショーレムとベンヤミンは共有していたが、思考は直接的な通路をもたらすことも、直接的意味を解明することもない。ショーレムならびに初期のベンヤミンにとっては、言語の深みに隠された真理は、註解や批評を通じて、その真理についての解釈の伝統の検証を通じて、間接的に引き出されねばならなかった。純粋言語もしくは究極の〈語〉は、いかなる肯定的で具体的で決定的な意味も発したことはなく、むしろ、無限の意味にとっての潜在力であった。後期ベンヤミンにとっては、「歴史の戸外」は解釈の闘技場と化した。救済と革命のエネルギーを解き放つような弁証法的イメージにおける歴史的諸対象の星座=布置についての解釈の闘技場と。にもかかわらず、これらの「イメージ」は、変容された未来の世界がどのようなものかについてのいかなる具体的で肯定的な描写もいまだ具現してはいない。アンソン・ラビンバッハが適切にも述べているように、「言語は救済の媒質であるが、歴史はカタストロフの名所である」。そして、ベンヤミンのなかでもフランクフルト学派のなかでも、ヨーロッパ文化のカタストロフィックな崩壊への感覚が、ユダヤ教メシアニズムを、徹底した文化的批判へと包摂せしめたのだ（"Between Enlightenment" 121, 123）。こうした近代ユダヤ教のメシアニズムは、過激なユダヤ知識人の一種の「エートス」であって、それは自由主義的アナーキズムやロマン主義的反資本主義と、更には、現状の世界は拒絶され、古き秩序は破壊されねばならないとの確信と結合されていた（83）。しかし、それは結局は「ユダヤ教なきユダヤ性」（82）だった。

ドイツ・ユダヤ人の革命的ニヒリズムは、倫理的諸価値の実現としてのユートピアというユダヤ教の伝統的理想とはまったく疎遠であることに、ショーレムは気づいていた。道徳性はこの前衛の仕事のなかでは、「単に疎遠で未知の領域としてのみ」現れる。「それは、経験的な道徳的諸概念を放棄することで、また、それらの概念のニヒリズム的否認によって、不完全な世界における道徳的諸概念の相対論を回避している」（*JJC* 276）。しかし、ミヒャエル・イェニングズが書いているように、ベンヤミンの徹底的な歴史記述、そしてまた、歴史主義によって糊塗された野蛮と暴力に反対するために「歴史を逆撫で」しなければならないという彼の確言はまた、「歴史の筆記のなかに明確で意識的な倫理要素を再び導入し……、浄化的で救済的な政治活動がそこから帰結するような仕方で歴史を書き直そうとする」（*Dialectical* 51）企てでもある。リチャード・ウォーリンは更に、現象を救済へと開くために、それも、「秘教的（*esoterically*）によりもむしろ公開的（*exoterically*）に」（*Benjamin* 203）開くために、ベンヤミンは初期の抽象的形而上学を棄てて、後期の唯物論的知識理論へと移ったと付け加えている。この見地はまったく正しいけれども、ベンヤミンは、弁証法的イメージは言語のなかでのみ出会われるもので、それゆえ、読まれねばならないと主張することで、みずからの初期の思想に依然として忠実だった。彼が主張するところでは、この意味では弁証法的イメージは「古代のもの」であるよりもむしろ「歴史的なもの」である。彼はゲーテのいう原現象を、「自然についての異教的文脈」から引き離して、「ユダヤ教的な歴史の文脈へと移した」("Theory of Knowledge" [N 2a, 4])。「ユダヤ教的」と言ったが、それはユダヤ人たちにとって、歴史が神的救済の舞台であったからである。

歴史はメシアを到来させないだろう

しかるに、ベンヤミンの「神学‐政治的断片」――ショーレムは一九二〇年代初頭の作とみなし、他の者たちはそれを一九三〇年代後半の作とみなしている――は、メシア的なものと歴史的なものとの分離を強調し、現在にとっての具体的で倫理的ないかなる命法も、メシア的なものには認めていない。自然はそれ自体では完全ではなく、歴史もまた同様である、と彼は書いている。「ひとりメシアだけが歴史全体を完成させる。ひとりメシアのみが、メシア的なものと歴史との関係を救出し、完成し、成就させるという意味において。この理由からして、いかなる歴史的なものも自力ではメシア的な何かと係わることができない」。メシア的なものとは、歴史を終止させるものである。それは前進的な「目標」ではなく、神の王国が、脱聖化されたものの政治的秩序を構築するための手引きとして役立つことはありえない。しかし、ベンヤミンは彼独自の仕方で、これら正反対の秩序を、両者のまさに対立と衝突を通じて相関させている。

脱聖化されたものの秩序は、幸福の観念にもとづいて建立されるべきである。この秩序とメシア的秩序との関係は、歴史哲学の本質的な教えのひとつである。それは歴史についての神秘的な考え方にとっての前提条件で、この考えは表徴として表象されうるような問題を含んでいる。一本の矢は、脱聖化された力学がそれに向けて行為するような目標をめざし、もう一本の矢はメシア的強度の方位を記しているのだが、その場合、自由な人間の幸福探しはメシア的方位に背くことはまちがいない。しかし、ある力は活動することで、それとは反対方向に向かって活動する別の力を増大させうるのであって、それと同様、脱聖化された秩序は、脱聖化されたものであることを通じて、メシアの王国の到来に立ち会うのだ。(*Refl* 312)

言うまでもないことだが、相反する諸力のこの関係は弁証法のヘーゲル主義的様式に背いている。後者では、二つの相反するものが互いに互いを産み出し、最終的にはより高い秩序で綜合されるのだから。ここでもまた、相反するものがそこに吸収されるような媒介的力ないし「全体性」はまったく存在しない。これは自然の一種の法則に、圧力と反発力の法則に類似している。ここでもまた、まさに圧縮の力が、それとは反対の救済と真理の力を解き放つかのようだ。

脱聖化されたものの秩序は、「幸福の観念にもとづいて建立されるべきである」。しかし、ベンヤミンはまたこの断片のなかで、脱聖化された救済と脱聖化された幸福を「逆向きの」仕方で、「言語的生存の永遠の転落」として定義してもいる。そして、「永遠に無常な世界の実在、全体においては――空間的現実においても時間的現実においても――無常な世界の実在の律動、メシア的自然の律動は幸福である。なぜかというと、自然は、その永遠で全面的な過ぎ去りゆえにメシア的なのだから」(*Refl* 313)。コーンゴールドとイェニングズはこれを、「メシア的秩序の到来は、みずからの消滅(たとえそれが至福のなかでであれ)に向けてのまさに人間的歴史の運動によって早められる」という意味に解釈している。これはベンヤミンのニヒリズムと黙示録主義との範例的表現である。

連続的退化の不可逆的過程としてベンヤミンは歴史を感じ取っていたが、この感覚は彼の政治思想の礎石であり続けるだろう。……没落の過程についての省察からそれが生まれる場合にのみ、彼は歴史的楽観主義の気分を容認することができる。厳密に言うなら、ベンヤミンの思想のなかには進歩の観念はまったく存在しない。没落の速度を速める政治的活動を介した場合だけは例外であるが。("Benjamin/Scholem" 359-60)

脱聖化された幸福は「好運のなかでのみ」、「言語的修復」として見出されるが、この修復は転落の永遠性へと導いていく、とベンヤミンは書いている。ただし、「修復」なるものは、無常で自然な衰退のなかで失われたものの一種の回帰であり、その全体を形成することである。ベンヤミンは、自然の永遠の堕落、その永遠の無常さは、まさにその無常さの「永遠」もしくは反復ゆえに、「回帰」(どこかでニーチェのいう「永遠回帰」に似ている)[6]ならびに――まさにこの喪失の無常さを許容するのだ、と言っているように思われる。

「転落の永遠」はまた、古典的なユダヤ宗教思想におけるメシアの「永遠の延期」の、脱聖化され逆転された一種の片割れでもある。メシアの到来へのユダヤ教的信仰についてのマイモニデスによる古典的定式は通常、「メシアは手間取るかもしれないが、しかし、私は毎日、彼がいつ到来してもよいように待つ」と言い表される。スティーヴン・シュワルツシルドは、この言葉について、メシアはまだ到来していないだけではなく、「メシアは歴史的なまったき永遠にいたるまで決して到来することはないだろう」という意味にそれを解釈する点で、ヘルマン・コーエンに従っている。アハケー・ロ・ベコール・ヨム・シェヤヴォというヘブライ語の文の文法には曖昧さがはらまれている。それは、「いつでもメシアが到来できるように、毎日私はメシアを待望する」「毎日、メシアが到来できるように」という意味であるとともに、「メシアが到来するその毎日」という意味でもある。すなわち、数多くのタルムードの伝説が明言しているように、「条件が整えば、メシアは毎日、すべての日に到来する、まったき永遠にいたるまで」という意味でもあるのだ。シュワルツシルドは、メシアニズムならびに終末論と結合した死者の復活と不死というユダヤ教の教義と、アドルノ、マルクス、ベンヤミンにおける同様の考えとのあいだの連結を指摘している。メシア以降とは、メシアの到来、歴史の精神化の成就以降に生起することであり、最終的には、物質と精神、肉体と霊魂の二分法を解消するものなのだ。アドルノが『否定弁証法』で書いているように、「希望は、ミニヨンの歌〔ゲーテの『ウィルヘルム・マイスターの修業時代』中の有名な歌〕においてそうであるように、変容せる肉体に貼り付くのだ」(“On Eschatology” 179–82)。シュワルツシルドは次のようなアドルノの言明を引用している。「ベンヤミンの哲学の中心は死者の救出という考えで、この救出は、生活の客観化が完了したことで歪曲された生活を修復することにほかならない」(205, n. 58)。

　脱聖化された世界の修復はそれなりの仕方で、神学的不死の精神的修復に対応している、とベンヤミンは書いている。まったく同様に、他の箇所では彼は、このような修復のひとつの形式として、歴史の筆記における「記憶」の役割を引き合いに出している。この永遠に無常な世界の生存は、幸福という「メシア的本性の律動」である。その永遠の過ぎ去りと無常さのなかで、自然はメシア的なものを後ろ向きに指し示すのだが、このメシア的なものは黙示録的終末であり、かつ脱聖化されたものの完璧な(すなわち永遠の)転落である。ベンヤミンのなかでは、「進歩」はしばしば一種の突然の逆転、後ろ向きに進むことで前進を強いられることとしてイメージされている。救済とは、見ることのできない一種の「背面」であり、

――同様の比喩は、カフカに言及したベンヤミンのショーレム宛の書簡でも用いられている。カフカは、「「無」という地下の領域に、いわばその内側の裏地の部分に、救済へ向けての自分の道があると感じている」。かかる探索にとっては、いかなる伝統神学的勝利も存在しないのだ（*Corr* 129）。このような背面はベンヤミンのいう「歴史の天使」の姿勢で、この天使は、過去を成す瓦礫の山に直面して立ちすくむが、「後ろ向きに」未来へと運ばれていき、ほとんど自分の意志に反して、楽園の嵐に押し流されてしまう。

脱聖化されたものとメシア的なもの、歴史と救済、現在と革命的未来のあいだに分離がある以上、世界政治の使命は、「神学－政治的断片」でベンヤミンが結論づけていたように、自然のこの永遠で全面的な過ぎ去りをめざすこと（みずからを自然のメシア的側面と連合させること）であり、その「方法はニヒリズムと呼ばれねばならない」（*Refl* 313）。言うまでもないことだが、「神学－政治的断片」は、強烈な圧縮と謎を伴う論議であり、そこでは、政治学と神学、救済とニヒリズムが、きわめて複雑で正統ならざる仕方で混在している。「永遠」は一方では、その瞬間が「永久に」失われることがないという意味での「精神的恒常性」であり、他方では逆に、無常さの「恒常的」過ぎ去りという意味での自然の「脱聖化された恒常性」である。世俗的なものは、まさにその世俗性において、神学的なものを後ろ向きに指し示す。あるいはまた、アーヴィング・ウォールファースが、パサージュ論のメシア的側面を描きながら言っているように、ベンヤミンにとっては、「脱聖化されたものたること、神学を無視すること、そしてそれによって神学と再結合することが脱聖化されたものの使命」（"Re-fusing" 6）である。ド・マンはまたしても「神学－政治的断片」を、メシアニズムと神学の否認として誤って読解している（"Task of the Translator"）。

「私の世俗主義は世俗的ではない」

「後ろ向きの」運動は、「歴史哲学についてのテーゼ」でベンヤミンが描いた、徹底した史的唯物論者の役割のなかでも言及されている。「彼の眼差しは、歴史を逆撫ですることをみずからの使命とみなす」(*Illum* 257)。この言葉は、ショーレム自身の歴史記述をめぐるみずからの研究の題辞として、デイヴィッド・ビアールによって利用された。ビアールの主張によると、ショーレムは、彼の時代の他の思想家たちと同様、彼自身の形式で「反歴史」を書いたのだが、——この「反歴史」は「公開的な伝統と地下的な伝統のあいだには連続的な弁証法があるとの理論」として定義されており、「真の歴史は表面の下に存していて、しばしば標準的伝統の諸仮定に抵触する」(*Scholem* 195)。

ヨセフ・ハイム・イェルシャルミは、「歴史」と「記憶」をめぐる彼自身の省察のなかで、近代ユダヤ教の歴史記述はそれ自体が、ユダヤ人解放によって促されたイデオロギーである、と指摘している。

> ユダヤ教の過去を再構築しようとする近代の努力は、ユダヤ人の生活の連続性に生じた鋭い断絶、それゆえにまた、ユダヤ人の集団記憶のいや増す衰退を目撃した時代に始まっている。この意味では、歴史は少なくともユダヤ人にとっては、かつてそうであったためしのないもの——堕落したユダヤ人の信仰と化した。聖なるテクストではなく、歴史が初めて、ユダヤ教の審判者と化したのである。(*Zakhor* 86)

近代においては、中世的世界とはちがって、ユダヤ教哲学と一般的哲学とのあいだにはほとんど相互作用はなく、それゆえ、イェルシャルミが付け加えているように、歴史主義はユダヤ教文化と近代文化との主たる経路と化した。しかし、近代的な「歴史」観はまた、その主題たる題材と緊張関係にあった。なぜならそれは、ユダヤ教史がそのうえに構築されるところの主たる前提を棄却してしまったからだ。すなわち、中核的な原動力としての神意であり、ユダヤ教史の唯一無二さであることを(89)。流動的媒質という歴史的時間の近代的意味は更に、ユダヤ教はいかなるアプリオリな形式によっても定義されず、開かれた進化に服従していることをも意味していた。

しかしながら、イェルシャルミは、記憶の傷を癒したり、ユダヤ人の集団的記憶の衰退を停止させたり、あるいはまた、それを元どおりに修復したりすることが近代の歴史記述には可能であるなどとは考えていない。なぜなら、それはまったく別種の回想であるからだ。「過去についての近代ユダヤ教的な考え方を形成したのは、近代ユダヤ教の歴史記述ではない。文学とイデオロギーは決定的なものであるどころではなかった。……ユダヤ人たちは……新しいメタ歴史的な神話を待ち望んでいるように思えるが、このような神話については、小説が、少なくともその現世的で近代的な代理物をもたらしてくれる」(96, 98)。神話と記憶は、行動を産み出すとともにそれを条件付けるところのものなのである。

まちがいなくベンヤミンはこのことを理解していたし、それゆえ、別種の歴史を書こうと試みたのだが、この歴史は退歩的で反動的な「神話」の本性とは対立したもので、そこでは、弁証法的イメージによって、救済への現下の要請と結びついた異なる種類の回想が用意される。ショーレムは、自分の考えたことが、カバラとサバタイ主義における「神話」の地下世界であることを発見したのだが、彼はこう警告してもいる。過去からのこれらの記録がユダヤ人の営みの潜在力の理解を変化させたとしても、これらの記録を現在へと直接的・無媒介的に適用することはできないのである、と。その代わり、文化的シオニズムが現在における直接的行動への手引きなのである。ショーレムのいう歴史家は、「山を包む霧」に、文献学の用具をもって接近する。とはいえ、ショーレムの歴史記述的仕事それ自体が、「新しい神話」を求める詩人や小説家や文芸批評家たちにとっての源泉資料と化したことは偶然ではない。第二次世界大戦のカタストロフの余波のなかで、カバラをめぐるショーレム自身の著述が、疎外されたユダヤ人たちにとっての新しいポストモダン的「神話」に題材を提供したように思える。当時のユダヤ人たちは、中世スペインや近代ドイツにおけるその歴史的先人たちと同様、合理的哲学、進歩的歴史、神との聖約への信仰をすでに失ってしまっていた。文芸批評家のハロルド・ブルームは次のように言うところまで歩を進めてさえいる。「歴史的学術研究の仮面を被ったショーレムのグノーシス主義は、誕生しつつあるユダヤ教神学としては、ローゼンツヴァイクの『救済の星』やブーバーよりも、何らかの意味でより有効である。……われわれのうちの多くは、フロイト、カフカ、ショーレムの著述から、依然として萌芽状態にあるが、おそらくは異端的な新たなトーラーを形成している（"Masks" 23）。

ブルームは、ショーレムの歴史記述のロマン主義的で修正主義的な側面について詳述している。カバラ的グノーシス主義における異端的諸傾向をめぐるショーレムの研究のうちに自分が見出したとブルームが考えているもの、それは、不断に変化するユダヤ的アイデンティティーが、「標準的なものの下にその変化を隠蔽する」仕方である。「アイデンティティーに権威を与えるのは、変化のなかの恒常性ではなく、伝統を強奪し、連続性の観点からすると奇異な仕方で新鮮な権威と化すところの独自性・根源性である」（"Masks" 9）。ブルームは、ショーレムを経由しつつ、世俗的で近代的でニーチェ主義的な反歴史と、ユダヤ教史全体を通じてユダヤ的アイデンティティーを構築しようとする伝統的様相との同一化を試みようとしている。ユダヤ教それ自体、修正主義と詩的影響についてのブルームの文学理論に即して解釈され、過去を克服し、自身の根源たらんとするニーチェ的格闘とみなされるのだ。かつて反歴史はニーチェによって、「そこからわれわれが湧出できるかもしれない過去を、現にわれわれがそこから湧出しているところのものに反して、アポステリオリに獲得しようとする企て」[7]（*Use and Abuse* 21）として定義された。ユダヤ教の理論における過去の数々の断絶と潜在的異端についてのショーレムの研究はこうして、われわれの時代、破砕され、壊され、標準的なユダヤ教の過去の多くから疎外された時代における新しいユダヤ教神学にとっての模範となるだろう。ショーレムの仕事の光に照らされて、「われわれの伝承に関して何が異端であるかを誰が言えるだろう、かつて誰が言えただろう」(23)。

けれども、たとえ「異端」と「冒瀆」の問題が複雑であるとしても、異端的なものと異端的ならざるものとを区別するのはそれほど不可能なのだろうか。この境界線をぼかすためにショーレムはカバラを援用しているのだが、この援用は、「啓示の無」を彼が肯定したことの一部を成していた。神の接近不能で、完全に超越的な側面はカバラ学者たちによってエイン・ソーフ（「終わりなきもの、制限なきもの、無限なもの」）と呼ばれ、第一のセフィラーもしくは神的流出はしばしばアイン（「無」）として言及されている。哲学的に言うと、カバラ学者たちにとっての問題は、神の絶対的超越ならびに世界との差異へのユダヤ教の根本的信仰を保持するために、いかにしてエイン・ソーフとアインとの隔たりを維持するかであった。ツィムツムというルーリアの考えは、神という「無」と世界という「何か」とのこの隔たりを保持するための機制をもたらすのに役立ったのだが、その結果として、汎神論——神の本質からの世界の流出——は回避されたのである。

「非歴史的アフォリズム」の第五のアフォリズムのなかで、ショーレムは次のような関係を描いている。すべての知識を超えた神の超越的充溢は、創造の端緒たる「流出の最初の行為のなかで〈無〉と化す」。

「神というこの〈無〉こそ、神秘主義者たちにとっては、彼らが辿る道の根本的展望からすると、「冒瀆」という過程の最終段階と必然的に映ったはずのものなのだ」(78–79)。ショーレムは冒瀆（*profanation*）という語を括弧で括っている。「無」からの移行がなぜ「冒瀆」を意味するのかは明確ではない。とりわけ、無なるものが、神を何らかの自然的〈存在〉と同一視することへの伝統的ユダヤ教の拒絶を描くために採用された哲学用語である場合には。もし「無」がこのように神の超越の肯定を意味し、カバラと伝統的ユダヤ教思想の双方にとって神の超越が（イデルが示したように）命令や倫理の領域から決して切り離されないなら、ここには必然的に「冒瀆」が含まれていたわけではなく、むしろ、倫理的な「浄化」があったことになるだろう。

　スティーヴン・シュワルツシルドは、カントとヘルマン・コーエンの哲学的遺産を継承しつつ、ショーレムに同様の批判を加えている。神の空虚化ないし撤退という想念は、「冒瀆」ではまったくないし、反合理主義的で反ハラハー的な動きでもまったくない。古典的なユダヤ教思想のなかでは、絶対的に超越的な神は、数々の命法を通じて世界と係わっていた。歴史はメシア的目標に向けてのこれらの命法の具現である。カバラとハシディズム思想は、価値と思考の同じ具体的体系を共有している。とくに、タアメイ・ハ・ミツヴォット、すなわち、命令の意味と有効性についての降神術的観照に関してはそうである。神的命法からの何らかの「神的本質」の削除は、経験的世界からの神の名の否定的撤退ならびに、世界への神の全体的で普遍的な回帰に備えての世界の倫理的浄化のなかで、同様の仕方で実現された構造であった（"R. Hutner" 260）。ここではハラハーはエスカトン〔終末〕という目標への道である。「エスカトンはその本性そのものからして律法に支配されており、歴史は律法に支配されたエスカトンへの律法に支配された道程である」(245)。そうだとすると、ショーレムはユダヤ教神秘主義とユダヤ教哲学を対立させている点でも正確さを欠いていることになろう。ユダヤ教神秘主義はユダヤ教哲学のいまひとつの形式でしかないだろうが、両者の関係は新プラトン主義とプラトン主義の関係に類似している。「合理主義はプラトン的イデアを構築主義的諸概念として援用する傾向がある。それに対して、神秘主義はこれらの概念を存在論的要請として実体化しようとする傾向がある」(258)。ユダヤ教神秘主義とユダヤ教哲学は釣り合いよく一緒になり、互いに他方へと翻訳されうる(260)。

しかし、ブルームとショーレムによる解釈はそのすべてが、「標準的」ユダヤ教を、不毛で空虚な遵法主義、それもわれわれ自身とはほとんど無関係な遵法主義として定義することに依存している。このような遵法主義に対立しているのは、「活性化する」ところの高度にロマン主義的で詩的な情熱で、この情熱は新しい「神話」と自律的自己生成を創出するところの情熱である。たとえこの情熱が、われわれの「遅延性」に関するポストモダン的自覚ならびに完全に独自〔根源的〕であることの不可能性によって緩和されているとしても。ビアールが言っているように、ユダヤ教の源泉についての歴史的研究は、正統派なしにユダヤ教に回帰する方途をショーレムにもたらしたのだが、この方途は、「世俗的時代におけるユダヤ教の問題に対する彼の個人的な解決」(*Scholem* 207) だった。ベンヤミンの解決と同様、この答えは特異的で特権的であるが、それは広範な政治運動——ショーレムにとってはシオニズム、ベンヤミンにとってはコミュニズム——と結びつけるのは容易ではなかった。実際、両名共に「脱聖化されたもののなかに遺棄された神学者」だったのである。

個人的なインタヴューのなかで、ショーレムは明言している。「世俗主義を経由することは必然的で回避不能である。けれども、シオニズムについての世俗的ヴィジョンが究極的ヴィジョンであるとは私は思わない」(*JJC* 33)。彼が信じるところでは、世俗化から、やがて「弁証法的に」、新たな精神性が、新たな神の顕現が、シオンでのユダヤ民族にとっての生の新たな開花が生じてくるのだ。曰く、「私は神への私の信仰を確信している。私の世俗主義は世俗的ではない」(46)。われわれの時代のユダヤ教神秘主義の可能性については、ショーレムはもっと慎重で、まったく明確な答えを有してはいなかった。彼が注意を促すところでは、われわれの時代とは危機と荒廃の時代であり、それはユダヤ教神秘主義が生まれるための条件が熟したということなのだ。しかるに、ユダヤ人の生活の公共的基盤は虚弱化し、神の言葉の絶対的啓示への信仰とユダヤ教の律法の権威もまた問いただされた。彼の見地では、「天国からのトーラー」という偉大な根本的原理もしくはシナイ啓示を受け入れない者はみな「アナーキストとみなされるかもしれない」。そして、アナーキストたちのなかに、彼は、「歴史的批判主義へと逸脱した」者たちを含めている。のみならず、「宗教に関しては、われわれは全員、ある程度はアナーキストなのである」("Reflections" 50)。それが共同的で公的な意味を広範に獲得するための希望をほとんどもたらすことがない。

しかし、ショーレムが悟ったところでは、このようなアナーキズムは、いかなる種類の神秘主義に対しても、ショーレムが悟ったところでは、シオニズムは、ユダヤ民族全体にとって、共同的で公的で物質的な意味をまさに有していた。と同時に、ショーレムは、シオンに国家を建設し世俗化することの必要がエネルギーを逸らしてしまったことをも理解していた。これらのエネルギーは、他の時代であれば、ユダヤ教的精神性のもっと伝統的な形式に、あるいはまた神秘主義に注ぎ込まれていただろう。しかし、と彼は結論を述べる。「誰が聖性の境界を知っているのだろうか。……おそらく二つの方途が可能である。世俗的方途と聖なる方途が。そのどちらに向けてわれわれは進んでいるのだろうか。おそらく、この聖性は世俗的なものの核心で啓示され、神秘的なものは認知されることがない。なぜなら、それは伝統の概念にとっては新奇な形式、それも、世俗的な意味をもつであろう形式をまとって現れるからだ」。詩人のウォルト・ホイットマンの例を彼は挙げているが——この作家の創ったアメリカの歌は、「完全に世俗的なものの絶対的聖性の感情」から流れ出ている。ショーレムにとって、ホイットマンは近年の幻視者の集団全体を代表する詩人で、彼らのうちでは、神秘的経験は「より高度な自然主義的意識の形式をまとうのだが、……この意識は外面的にのみ伝統的宗教性を欠いているにすぎない」(52)。カバラの言語理論をめぐる試論の最後でと同様、ここでもショーレムは、神秘的衝動の近代的担い手とみなされた詩人に——それも高度にロマン主義的な詩人に立ち戻っている。

歴史の天使

ベンヤミンもまた、いかなる照明、いかなる救済が世俗的なものの廃墟から立ち現れうるのかとの疑問を抱いていた。けれども、その生涯の終わりにあたって、彼はこの疑問に対する答えとして、詩人たちに立ち戻りはしなかった。フランスでの志願労働者キャンプから解放されたあと、自殺の直前に書かれた「歴史哲学についてのテーゼ」のなかで、ベンヤミンは、「歴史の天使」についてのおそらく最も強烈なアレゴリーを記している。哀悼劇をめぐる研究のなかでベンヤミンが書いていたように、アレゴリーの最終局面では、髑髏が天使の顔つきに転じる（*OGTD* 232)。ただし、彼がここで観照しているのは天使の憂い顔である。

ベンヤミンは歴史の天使をめぐるみずからの叙述に先立って、ショーレムの詩からの抜粋を掲げているが、この詩は一九二一年の誕生日プレゼントとしてベンヤミンが贈ったもので、「天使からの挨拶」と題されている。その詩は、ベンヤミンが大変な苦労をして手に入れたパウル・クレーの絵「新しい天使」に関してのものだった。ショーレムの報告によると、「ベンヤミンはいつもこの絵を自分の最も大事な持ち物とみなしていた」(*JJC* 219)。一九三二年にベンヤミンが遺言をしたためたとき、彼は、この絵が特別な個人的プレゼントとしてショーレムに遺贈されるよう指示した[8]。それから八年後、一九四〇年に、ベンヤミンがナチスに占領されたパリを離れたとき、彼はこの絵を額縁から取り外し、草稿とともに、二つの旅行鞄のどちらかに入れ、それをジョルジュ・バタイユに託した。バタイユはそれらを国立図書館のなかに隠した(210)。「テーゼ」の題辞としてベンヤミンが用いたショーレムの詩からの抜粋にはこうある。「私の翼ははばたく用意ができている。/帰れるものなら喜んで帰りたい。/たとえ一生ここに居続けても、/私に幸福はないだろうから」。続いてベンヤミンは書いている。

「新しい天使」と題されたクレーの絵がある。それにはひとりの天使が描かれていて、この天使は、自分がじっと見つめている何かから、今まさに遠ざかろうとしているかに見える。その眼は大きく見開かれ、口は開き、翼は広げられている。歴史の天使はきっとこのような姿をしているにちがいない。彼は顔を過去のほうに向けている。われわれができごとの連鎖を知覚するところで、彼はただひとつのカタストロフを見るのだが、このカタストロフは、瓦礫の上に瓦礫を積み重ね続けて、それを彼の足元に投げつける。きっと天使は、できることならそこにとどまり、死者たちを目覚めさせ、破壊されたものを元どおりにしたいのだろう。ところが、楽園から嵐が吹きつけて、それが彼の翼にはらまれ、あまりの激しさに彼はもはや翼を閉じることができない。この嵐が、天使が背を向けている未来のほうへと彼を引き止め難く押し流していき、その間にも、彼の眼前では瓦礫の山が積み上がって天にも届かんばかりである。このような嵐こそわれわれが進歩と呼んでいるものなのである。(*Illum* 257–58)

天使のイメージはベンヤミンの仕事の全体を通じてつねに登場する。一九二〇年代初頭には、彼は雑誌の刊行を計画し、それを『新しい天使』と名づけようと考えた。一九三一年に書かれたクラウス論でも、ベンヤミンはクレーの「新しい天使」に言及しているが、そこでは天使は、「人々に与えることで彼らを幸福にすることよりもむしろ、人々から奪うことで彼らを自由にすることを好む」とされている。ちょうど、破壊的批判を通じて言語と社会を浄化することが、カール・クラウスにとっての使命であるのと同様に。クラウス論は新しい天使のイメージをもって締め括られている。

おそらくそれは、タルムードに従うなら、一瞬一瞬、新たに無数の群れとなって産み出され、神の前で声を張り上げては鎮まり、無のなかへと消え去っていく、あの天使たちのひとりなのだ。その声は、嘆いているのか、咎めているのか、それとも歓呼の声をあげているのか。いずれにせよ——この素早く消え去っていく声をなぞりつつ、クラウスのはかない作品は創られたのである。天使——それはあの古い銅版画の使者にほかならない。（*Refl* 273）

タルムードに登場する天使たちについてのベンヤミンの知識は、言うまでもなく、ショーレムに由来する。かつてベンヤミンはショーレムとユダヤ教の天使論について語り合ったことがあるのだ（*SF* 100–101）。ただ天使は、ベンヤミンの人生の瓦礫すべてをみずからのうちに凝縮した最後のアレゴリー的記章でもある。クレーの絵は、まさに「省察のための絵もしくは精神的使命を果たすためのきっかけ」（*JJC* 210）としてベンヤミンの役に立った、とショーレムは書いている。天使の眼差しは、恐怖、祝福、憂鬱、希望を含み、その眼は背けられているとともに大きく見開かれ、図画それ自体、小児的であると同時に断片的であり、謎めいていると同時に記章的である。ジェフリー・ハートマンもまた指摘しているように、天使の姿は解かれていくトーラーの巻き物に似ている（*Criticism* 79）。

ヘブライ語では、天使（マラッハ）という語は文字どおり「使者・伝令」を意味している。しかし、この使者・伝令の音信は明確ではないし、彼の力も限られている。彼は追放された天使であり、希望とカタストロフの板挟みになりながら、その飛翔を停止することもできない。カール・クラウス論では、ベンヤミンはクレーの描く天使を、タルムードにおいて描かれた諸存在の消失と関連させていた。彼らの賞賛の歌、彼らの真理は危機的瞬間のひとつであり――充実してはいるが無常な現在である。嘆きと希望と恐怖と咎めのなかで上がる声は、脆い瞬間のなかで生きる者たちの声であり、それはすぐさま消滅して無と化してしまうが、それに続いて、天使たちの別の群れが瞬間的に創造されうるのだ。

このような無常さは、プルースト論のなかでベンヤミンが描いた幸福の弁証法を思い起こさせる。至福の瞬間――ただしそれは儚く、消えゆくのだが――が、「更にもう一度」を過去へと解消してしまう、そのような経験の反復と衝突するのだ。「神学－政治的断片」のなかでは、自然の永遠の無常さは、転落と救済双方の力であり――メシア的救済の脱聖化された片割れであり、自然を変容させ、それを完成させるであろうメシア的王国である。永久に延期され続けるこのできごとが生じるまで、幸福と政治的ニヒリズムへ向けての脱聖化された探索は前後双方でメシア的なものをめざす。ここには、脱聖化されたものからメシア的なものへの黙示録的で離接的な環――線形的因果関係の環ではない――がある。

脱聖化されたものがメシア的なものと、後ろ向きと見える動き、反対方向の動きによって結合されるのとまったく同様に、「テーゼ」で語られたベンヤミンの歴史の天使は、できごとの連鎖ではなくカタストロフとしての過去のほうを見つめながら、自分の足元で瓦礫と残骸が積み上げられていくのを苦悩とともに眺めながら、未来へと後ろ向きに押し流されていく。けれども、この天使は賞賛の歌や讃歌を歌うことができない。彼は不能なのだ。彼はできればそこにとどまり、使者を甦らせ、癒し、救出しようと欲するが、できない。楽園からの嵐が彼を反対方向に、後ろ向きに未来へと押し流してしまう[9]。楽園はここでは、平和な牧歌の源泉ではなく、嵐の源泉である。嵐は天使を捕まえ、彼の意に反して天使を押しやる荒々しい力である。この嵐はまた革命の破壊的側面を表しているようにも思えるが、それによる浄化だけが歴史の廃墟に何らかの「進歩」をもたらしうるのである。またしてもショーレムはこのテクストを完全に脱政治化することで誤読している。彼は、このテクストが離接的アレゴリーよりもむしろ歴史についての循環的な考え方を提起していると主張している。彼は、このテクストが離接的アレゴリーよりもむしろ歴史についての循環的な考え方を提起していると主張している。曰く、「楽園は人間の根源にして最初の過去であるとともに、人間が救済される未来についてのユートピア的イメージでもある――これは歴史過程についての、弁証法的であるよりもむしろ真に循環的な考え方である」(*JJC* 232)。

ナチス・ドイツから逃げたあと、一九三三年にイビサ島で書かれたある断片のなかで、ベンヤミンはもうひとりの新たな天使についても書き、この天使を「アゲシラウス・サンタンデル」(Agesilaus Santander)と名付けている。ショーレムはこの名を解読して、それを *Der Angelus Satanas*〔悪魔たる天使〕のアナグラムとみなしている。「悪魔たる天使」は、天使的要素と悪魔的要素との結合を表している。この天使についてのベンヤミンのヴィジョンのもうひとつの部分は、それについて彼がショーレムと議論したユダヤ教の伝統から採られている。この伝統は「各々の人間存在に伴う個人的天使についての伝統で、かかる天使は、各々の人間の秘密の自己を表しはするが、その名はこの人物からは隠されたままであり続ける」(*JJC* 213)。「アゲシラウス・サンタンデル」のなかでベンヤミンは、私自身の天使は、私が神に讃歌を捧げようとした瞬間に中断され、「彼の仕事の邪魔をしたとして私にその代価を払わせた」(205)、と書いている。この作品の第二稿では、ベンヤミンは、追放された亡命者の辛辣さをもってこう書いている。天使は「私がこれまでに別れざるをえなかったすべてのものに、人間たちに、そしてとりわけ物たちに似ている。私がもはや所有していない物たちのなかに、天使は棲まっている。彼はそれらの物を透明にする。すると、その各々の背後に、それが贈られるはずだったひとの姿が私に見えてくる」(207)。ベンヤミンに眼差しを定めると、天使は、

彼がやってきたあの道、未来に続く道を辿って、その者〔ベンヤミン〕を引き摺っていく。……彼は幸福を欲している。その幸福とはある確執のことで、そこでは、一回限りのもの、新しいもの、まだ生きられていないものの恍惚と、「もう一度」の、再び所有することの、すでに生きられたもののあの至福とが共に存している。だからこそ彼は、ひとりの新しい人間を連れて帰還する途上にあるとき以外には、新しいものを希望しはしないのだ。(207–208)

しかし、これは達成なき幸福である。それは確執であり、解決なき弁証法であり、持続することのできない瞬間と家郷を求めての反復とのあいだの恒常的な振幅なのであるから。「更にもう一度」ないし反復は、「いまだなきもの」と唯一無二のものの儚い瞬間を把握しようと努める。

天使は幸福を求める。けれども、まさに幸福の定義そのものによって、天使はそれに到達することを妨げられる。反復はある根源的瞬間を維持しようと努めるが、この瞬間は定義からして維持不能で儚い。そして、儚いものは自分自身を反復しようと努めるが、そうはいかないのだ。未来の諸瞬間は、救出されざる過去へとそれが解消されていくにつれて失われ、過去は空虚で反復的で達成されざる瞬間から成るにい

たる――これがモダニティーの苦悩である。過去へと入っていく唯一の道はユートピア的未来を経由しており、未来へと入っていく唯一の道は過去を経由している。歴史の天使を未来へと押しやる嵐は、天使が自分の欲望を実現することを妨げる。天使はそこにとどまることを許されない。依然として嵐は楽園から吹きつけてくる。楽園とは根源であり、この領域から人類は追放されつつも、そこへと戻ろうとする。しかし、原‐湧出（*Ur-sprung*）としてのこの根源は新しい世界、まったく他なる世界でもある。――政治的革命であるとともに神学的救済でもあるのだ。

しかし、ここでもまた、脱聖化されたものの境界線はおそらくメシア的なものと結合してはいない。歴史の天使は自由に身動きができず、その翼は不動で、彼は翼を閉じて飛翔を停止することができない。天使がそこへと追いやられていく未来はいまだ不定で、天使の背中はそちらに向いている。しかも、「進歩」の嵐、線形的で空虚な時間の破壊可能性が、天使を金縛りにするのとまったく同様に押し流していく。破壊とカタストロフの力はともあれ、そのうちに未来の救済を内包するとともに、未来の救済への運動を推進するのである。

ユダヤ教メシア思想ではカタストロフと救済が絡み合っているという点を、ショーレムは強調した。ある有名なタルムードの伝説が物語るところでは、神殿が破壊された日――ユダヤ教史のなかで最も悲しい日であり、このカタストロフから長期の追放が始まるのだが――にメシアは誕生したのである。救済の力は、超越的な仲裁者だけではなく、カタストロフそれ自体のまさに深みにも、廃墟にも由来する（*JJC* 245）。ジェフリー・ハートマンは「歴史の天使」についての註解のなかで、カタストロフが過去にとどまることはなく、希望も終末論的で未来思考の原理であることなく、互いにその位置を交換する、と指摘している。「カタストロフは予期となり……、それは時間を荒廃させ、天使を押しやるのと同様にその身動きを封じる。希望はというと、不可思議なことに過去のうちにあり、それは後進力の実現されることなき潜在性である……」。希望とカタストロフとのこの交叉配列《キアスマ》は、カタストロフとしてのみ希望の正体が暴かれるのを阻止する。すべてを破産させるような欲望が抱く錯覚、もしくはその満たされざる運動として暴かれることを。希望の土台は想起と化し、想起は、歴史家ならびに批評家の機能、更には彼らの義務をも確証する（*Criticism* 78–79）。

いずれにしても、この天使はマルクス主義的であるとともにタルムード的である。ベンヤミンは、彼が史的唯物論を神学化したのと同様に、ユダヤ教の黙示録的なものを世俗化した。「テーゼ」が執筆された時期はきわめて困難なものだった。ヒトラーとスターリンのあいだで条約が締結されたあとのことで、革命は裏切られ、ヨーロッパは瓦解し、ベンヤミン自身も「凍りついて動けなくなって」いた。「テーゼ」は天使からではなくせむしの小人のことから書き始められている。

チェスの名手である自動人形が存在したと言われる。この自動人形は、相手がどんな手を指してきても、その一局を確実にものにする応手でそれにこたえるように作られていたというのである。トルコ風の衣装を身にまとい、水煙管を口にくわえた人形が、大きなテーブルに置かれた盤を前にして席に着いていた。複数の鏡を組み合わせたシステムによって、どの方向から見てもこのテーブルは透明であるかの錯覚が産み出された。本当は、テーブルのなかにチェスの名人であるせむしの小人が潜んでいて、その小人が紐で人形の手を操っていた。こうした装置の哲学的対応物を想像することができる。「史的唯物論」と呼ばれるこの人形はいつでも勝つことになっている。この人形は誰とでも楽々と渡り合えるのだ。ただし、そのためにはこの人形は神学の援助を請わねばならない。周知のように、今日では神学は小さくて醜くなり、人目をはばからねばならないのだが。

（*Illum* 253）

しかし、このせむしの小人は自動人形の内部でいかほど快適に座しているのだろうか。彼は史的唯物論という自動人形の内部に、不自然で不快な姿勢を取って隠れていた。彼は小さくて醜いが、すべての試合に勝てるよう、史的唯物論という頭脳なき人形に加わった。それにしても、試合はどのくらいの時間続けられるのだろうか。なぜそう言うかというと、ベンヤミンの寓話のなかでのせむしの小人と人形との共存はある策略に依存しているからだ。策略というのは、チェスのテーブルは透明であるとの錯覚を産み出す合わせ鏡のシステムを伴ったバロック的な仕掛けのことであり——このバロック的な仕掛けのなかで、近代の歴史は哀悼劇と化したのだ。おそらく、これらの寓話的命題は、彼自身の時代に向けて、ベンヤミンがバロック的アレゴリーをアイロニカルに解釈し直したもので、そのなかでベンヤミンは、カタストロフと希望の板挟みになった悲観主義的メシアニズムを抱きながら、みずからの人生の縫い糸と断片と瓦礫をすべて収集したのだった。アレゴリーにおいてと同様、瓦礫はひと所に集められて積み上げられていくのだが、これらの断片は、いかなる伝統的な仕方によっても、統一性や「同一性」に到達することはない。ベンヤミンはどんな場合にもそうした統一性に反対したことだろう。しかし、これらの断片はアレゴリー使用者の視野のなかでは何らかの仕方ですべてが連結されているのだし、歴史の天使は、ショーレムが言っているように、ベンヤミンの内的自己の「隠れた現実」なのである（*JJC* 229）。

テーゼはバロック的人形による試合をもって始まり、救出された時間が未来を開き、その結果、「時間のどの瞬間も、そこを通ってメシアが入ってくるかもしれない狭き門」（*Illum* 264）とかいうようなユダヤ的記憶をもって締め括られている。想起をとおして救済が訪れる。後退することで、ひとは未来へも動いていく――過去に顔を向けながら未来へと押し流されていく歴史の天使のように。カフカ論のなかで、ベンヤミンはユダヤ教の核心としての記憶に言及し、『審判』についてのある神学的解釈を引用している。この解釈は、審判の真の対象は「忘れることであり、その主たる特徴は自分自身を忘れること」と主張するとともに、「この不可思議な確信は……ユダヤの宗教から派生した」という想定に同意している。そこでは、記憶が敬虔さと深く絡み合っているのである[10]（131）。ベンヤミンは更に続ける。忘却と赦しのなかで、事物は歪曲されるのであって、カフカのうちでは、歪曲のありとあらゆる形が歪曲の原型たるせむしと結合されている。「せむしの小人」という民謡を引用しながら、ベンヤミンは「この小人は歪められた世界の住人である。彼はメシアの到来とともに消え去るだろう」（134）と書いている。

「テーゼ」のなかでは、歴史の天使と同様、神学というせむしの小人も見出され、いずれも救済を必要としている。ベンヤミンのいうメシア的時間は、革命的な「過去への虎の跳躍」によってもたらされるのだが、この跳躍は記憶の力を用いて、歴史的連続態を爆破し、「現在時」を実現しようとする。この跳躍はアレゴリーの信仰なき跳躍に似ているが、そのとき「過去への虎の跳躍」はその転落の深みにおいて救済へと振り向き、そこでは、かかる跳躍の究極的対象がアレゴリーに転じる。「そこでアレゴリーが表象されているところの空虚を満たすとともに否認する」（*OGTD* 233）ようなアレゴリーに。ここでは政治は宗教の一種のアレゴリーであり、宗教は政治の一種のアレゴリーである。ショーレムは次のように言っている。

憂鬱で、真に絶望的な歴史観についてここで語ることができるかどうか――私はどちらかというと語りたい気がするが――は論争の種であるが、こうした歴史観ゆえに、歴史がばらばらに破裂するかもしれないとの希望は、救済もしくは革命の行為によって、超越へのあの跳躍のなにがしかを伴い続けている。上記のテーゼはかかる超越を否認しているが、それでも、その超越は、これらのテーゼの秘密の関心事として、唯物論的定式のうちに含まれている。（*JJC* 235）

あるいはまたこう問うこともできるだろう。これらのテーゼはどちらかというと、ベンヤミンが美しい言葉で「弁証法家たちのお伽噺」（*Illum* 117）と形容したカフカの寓話に似ているのだろうか。カフカは先史的世界、神話の世界と格闘し、伝説をお伽噺として書き直そうと努めた、とベンヤミンは書いていた。カフカは「これらの伝説にちょっとした細工を施し、そしてそれらを、「不適切で、更には子供じみた処置でさえひとを救出するのに役立つかもしれないこと」」（117–118）として用いた。「最も賢明なことは――太古の昔にはお伽噺はこう人類に教え、今日では子供たちに教えているのだが――、巧妙でかつ高潔な精神をもって、神話的世界の諸力と出会うことである」。このようにお伽噺は、自然と解放された人間との共犯関係をめざすような「解放力」を有している。「成熟した人間は単に時折この共犯関係を感じ取る。すなわち、彼が幸福なときに。それに対して子供は、かかる共犯関係とお伽噺のなかで初めて出会い、それが彼を幸福にするのだ」（102）。

しかし、ベンヤミンの人生には幸福な終わりは訪れなかったし、いや増す瓦礫の山の只中にメシアが到来することもなかった。今日、ベンヤミンのイメージはたいそう分裂している、とユルゲン・ハーバマスは主張している。なぜなら、ベンヤミンは、あらゆる種類の分散せる主題を結合しつつも、実際にそれらを統一することはなかったからだ、と。その者たちが望むに応じて、マルクス主義者ベンヤミン、カバラ主義者ベンヤミン、非保守的美学者ベンヤミン等々を作り上げることができる。「ベンヤミンは要約不能な著述家のひとりであり、その仕事はむしろ、相異なる種類の努力から成る物語にふさわしい」（"Consciousness-Raising" 32）。ハーバマスが主張するところでは、せむしの小人の神学と唯物論の人形は最終的には共存しえない。なぜなら、ベンヤミンのいう「アナーキーな現在時」の観念は、社会発展についての唯物論的理論に統合されることのありえないものだからだ。ベンヤミンの企図は結局は失敗に終わる。「なぜなら、彼のうちに住む神学者には、みずからのメシア的理論を、史的唯物論に奉仕可能なものたらしめるとの考えは受け入れ不能だったからである」。加えて、ベンヤミンはまた、「神秘的照明を単に世俗的なものとして、すなわち、普遍化可能な公開的経験としてのみ受け入れることで、神学をも犠牲にした」（52）。

ただベンヤミンはカフカについて言っている。「カフカという人物をその純粋さとそれ特有の美しさにおいて正当に評価するために、見落としてはならないことがひとつある。すなわち、それはここにいう純粋さと美しさが失敗のそれであるということだ。……カフカが自分の失敗を強調する際の熱烈さほど記憶に残るものは何もない」（*Illum* 144–45）。同じことをベンヤミンについても言うべきだろうか。つまり、彼もまた、せむしの小人と人形を共存させようとする企図を成就できなかったのだ、と。それとも、そこにあるのは——ただし、われわれにとってということではなく——単に忍耐と希望と救済に係わる事柄なのだろうか。なぜなら、苦悩に満ちた自己矛盾にもかかわらず、ベンヤミンは、彼が大いに自分と同一視していたカフカと同様、忍耐と平静さをもって、これらの断片や寓話や逆説を統括しているように思えるからだ。「アゲシラウス・サンタンデル」の第一稿で書いているように、「なぜなら、何ものも私の忍耐を凌駕することはできないからだ。この忍耐の翼はあの天使の翼に似ていた。つまり、私がもはや離れまいと決心した相手の面前に、長いあいだじっととどまり続けるためには、ほんの数回はばたくだけで十分だった」（*JJC* 204）。ショーレムはこう付け足している。「ベンヤミンは、私が知遇を得た人間のなかでも最も忍耐強い人間だった。そして、彼の思考の確固たる強さと徹底性は、無限に忍耐強く、きわめてゆっくりとしか開いていかない彼の本性と著しい対照を成している。ベンヤミンを扱うには、その者自身がこのうえもない忍耐をもたなければならない。忍耐強い人々だけが彼とより深い接触をもてたのである」（222）。

最後になるが、彼を目撃した最後の人物が残した彼のイメージがここにある。ピレネーを越えてスペイン国境までベンヤミンを導いた女性の証言である。リサ・フィトコは、最悪の危険の只中でも礼儀を失しない人物として彼を描いている。困難な山越えの旅はベンヤミンの心臓の状態によって更に劣悪な旅と化した。ベンヤミンは折り鞄を重そうにもっていたが、それを誰かに渡すことを拒んでいた。そのなかには、彼の新しい草稿が入っていたのである。ベンヤミンはフィトコに言った。「この折り鞄は私の持ち物のなかで最も重要なものです。私はこれを失ってはなりません。私の草稿は救出されなければなりません。それは私自身よりも大事なものなのです」（"Last Days" 52）。しかし、この草稿もまた彼の自殺後に失われてしまった。健康状態が悪いため、ベンヤミンはゆっくり歩いた。しかし、その前夜、ベンヤミンは、この旅を生きて終えるために必要な歩行速度を正確に計算した。彼はまた、一度失敗し、フランス国内に連れ戻されたなら、もう一度国境を越えるのに足る体力が自分にはないことも知っていた。「ここでもまた彼はすべてをあらかじめ計算し、そのうえで、致死量のモルフィネを携行したのである」（58）。彼は国境越えを慎重に計画した。そして、「規則的な間隔――私は約一〇分だったと思うが――をおいて、彼は立ち止まり、たぶん一分ほど休んだ」。彼は彼女に言った。「このやり方で、私は全行程を歩き切ることができるでしょう。私は規則的に休みます――疲れ切る前に。全部自分を使い果たしては決していけません」

(54)。彼女の反応はこうだ。

なんと変わった男だろう、と私は思った。水晶のように透明な心、不屈の内的強さ、そして絶望的なまでの不器用さ。ヴァルター・ベンヤミンはあるとき彼の強さの本性について書いたことがある。「私の忍耐は凌駕することのできないものである」、と。何年もあとにこの文を読んで、私は眼の前に再び彼を見た。山の小道をゆっくり規則正しく歩く彼を。そして突然、彼のかかえている数々の矛盾はそれほど不条理ならざるものと映るようになった［強調フィトコ］。(55)

第二部　エマニュエル・レヴィナス

第6章　善の断絶

――マルクスは悪の何たるかということを知っていた。しかし、彼は善については何も記さなかった。

（マックス・ホルクハイマー）

――観念論は徹底して、あらゆる倫理の政治への還元を成し遂げてしまった。

（レヴィナス『全体性と無限』二一六頁）

――認識されるものに真実を供給し、そして認識するものに認識することの力を供給するものを、きみは善のイデアと名指したまえ。これをきみは科学の原因、そして真理が知識の主題となる限り、この真理の原因となるものだと考えるがよい。……善とは、認識される万物の知識の著者というだけではなくて、それらの存在であり、本質だと言えるかもしれない。にもかかわらず、善は本質ではなく、それはその威信と力で本質をはるかに超えている（エペケイナ・テス・ウーシアス）。

（プラトン『国家』五〇八e―五〇九b）

——あらゆる本質よりも高みに善が位置しているということは、神学ではなく哲学の、最も深遠な教義であり、決定的な教義である。

（レヴィナス『全体性と無限』一〇三頁）

——哲学者の真理、すなわち自身のほか何事を知ることも許容されていない真理とはちがい、この真理は誰かのための真理なのである。

（ローゼンツヴァイク「新しい思考」二〇五—二〇六頁）

レヴィナスの背景

「歴史における最後の審判が歴史そのものである」、とヘーゲルは書いた。「世界史とは世界法廷である」（*Die Weltgeschichte ist die Weltgericht*）、と。ヴァルター・ベンヤミンの場合と同様にエマニュエル・レヴィナスにとっても、この世界史は、苦難と蛮行のグロテスクな光景であった。ナチスの席捲するヨーロッパからの脱出をベンヤミンが絶望的に模索していたとき、レヴィナスはフランス軍に徴兵されていた。ドイツ軍に捕らえられた彼は、結局は捕虜収容所で生き延びた。自伝的論考のなかで、彼は、自分の一生は「ナチスの恐怖の不吉な予感と記憶によって支配されてきた」（"Signature" 177）と書いている。彼の後期哲学の代表作のひとつ『存在するとは別の仕方で』（一九七四）は、ナチスによって殺害された者たち、すなわち六百万人のユダヤ人たちのなかでも「最も近しい」者たちに、信仰や国籍のいかんにかかわらず、他者についての同じような憎悪、同じ反ユダヤ主義の犠牲になった多数の人々に捧げられている。

レヴィナスはその哲学的叙述のなかで、ベンヤミンと同じように、一九世紀歴史主義の内在的かつ非人称的な諸法則に対して反旗を翻しており、歴史を救済へと開示する「メシア的時間」という理論を築き上げた。しかしながら、ベンヤミンとは異なり、レヴィナスはユダヤ神秘主義と弁証法的唯物論のいずれも、ほとんど称揚することはなかった。一九〇六年にユダヤ人子弟としてロシアに生まれたレヴィナスは、ボルシェヴィキ革命およびそれに続いて起こった内乱を目のあたりにした[1]。レヴィナスはいたるところに、歴史と哲学に対するみずからの批判を見出した。ゲルショム・ショーレム同様レヴィナスもまた、ユダヤ教の源泉に遡ろうとしたが、しかし、彼はユダヤ教の創造的で権威ある核心を、カバラのうちにではなく、ラビの律法と註解の膨大な集成であるタルムードのなかに探しあてた。

一九二三年にレヴィナスはストラスブール大学で哲学の勉強をするためにロシアを発ち、のちにフライブルク大学でフッサールとハイデガーに学んだ。ベンヤミンと同じように、レヴィナスもフランス文化に魅せられ、一九三〇年にはフランス国籍を取得した。彼は大戦初期に、一市民としてフランス軍に動員され、のちにドイツ軍によって捕らえられた。フランス軍の軍服が、彼をガス室送りから護った。彼が戦争捕虜収容所にいるあいだ、妻は、ストラスブール大学以来の友人であるモーリス・ブランショの助力を得て、身を隠して生き延びた。ロシアに残っていた家族は全員ナチスによって虐殺された。

戦後、捕虜収容所から解放されたレヴィナスは、「ハイデガー哲学によってもたらされた思潮と縁を切る深刻な必要性」(*EE* 19)について記した。しかし、それにもかかわらず、彼は同じ一文のなかに、「われわれは、こうした思潮から、ハイデガー主義以前の哲学へ向かって発つこともできない」とも書いている。一九二〇年代、三〇年代に学んだフッサールやハイデガーの著作について、彼は再び思考し直し、新たな方法で現象学的な思考を転倒させた。こうして彼の哲学批判は、倫理を形而上学の上位に置き、それを形而上学の条件たらしめるにいたった。一九四七年は彼がその代表的な哲学的著作に着手した年であるが、その年に、彼は全イスラエル同盟の分枝を成すユダヤ人学校の東方イスラエル師範学校の校長に就任した。全イスラエル同盟は一八六〇年に設立され、フランス全土およびかつてのフランス領土だった地中海沿岸地方のユダヤ人共同体に、フランス語とユダヤ文化を伝播することに専心していた(2)。それは、在フランスのユダヤ人の解放と同化政策を進めるために、そしてまた、彼らの財産を護り、迫害から彼らの身を守ることを助け、ユダヤ人の連帯を強固なものにするために組織されたのだ。

レヴィナスはまた、ユダヤ教とユダヤ人の生活について多くを著している。レヴィナス初のタルムード講義録『タルムード四読解』は一九六八年にミニュイ書房の「クリティック」叢書の一冊として刊行された。同じ叢書からは、デリダが『グラマトロジーについて』『余白の──哲学の／について』『ポジシオン』を出版している。この叢書はまた、バタイユ、ドゥルーズ、アンドレ・グリーン、イリガライ、リオタール、ロブ＝グリエ、ルイ・マラン、ミシェル・セールといったフランスの知的前衛たちの主要な作品も擁している。この「クリティック」叢書に収められた作品群とレヴィナスの全著作が共有しているのは、「他者」──哲学にとっての他者、異質的他者の乱入によってもたらされる同一性論理の破壊──という問いである。ヴァンサン・デコンブが『現代フランス哲学』(フランス語の原題は『同と他』*La même et l'autre*)のなかで明断にその概要を示したように、ヘーゲル、ハイデガー、フッサールの三Hの哲学を吸収したあとでそれを突破して自由になり、更に同と他の関係を定義し直そうとの試みは、現象学からポスト構造主義にいたるすべての現代フランス哲学の中核的な狙いなのである。デリダや他の多くのフランス現代思想家たちと同様に、レヴィナスも、まさに哲学の限界において仕事を進め、「形而上学の終焉」を熟考し、何よりもまず、「他者」による哲学の「全体性」の破壊を要請した。

フランスにおける名声と影響力にもかかわらず、レヴィナスは、アメリカでは、それもとりわけ文学界ではあまり知られていない。だが、レヴィナスこそ、一九三一年にフッサールの『デカルト的省察』を翻訳して現象学をフランスに紹介した当の人物であり、一九三〇年には処女作『フッサール現象学における直観の理論』によって哲学者として世に出て、ハイデガーとフッサールについての初期の優れた解釈者のひとりとなった人物なのである。彼は現在にいたるまで、広範な読者を有した書物と論考を発表し続けている。(3) 彼はあるインタヴューで皮肉を込めて指摘している。「しかし、サルトルなのです。サルトルが、メルロ＝ポンティについての有名な追悼文のなかで、「自分はレヴィナスによって現象学に導かれた」と言明したことで、私の地位も永久に保証されたのです」(“Dialogue” 16)。レヴィナスは現象学を紹介するだけでなく、徹底的にそれを批判もしている。長年の友であるブランショは、次のように書いている。「レヴィナスが、存在論は根本的かどうかを尋ねたとき……［この問いは］予想外で前代未聞のものであった。というのも、この問いは、一見哲学を刷新したかのように思われる哲学［ハイデガー］と袂を分かつものであるが、レヴィナスはこの哲学の理解と紹介に最初に貢献した者だからである」(4)(“Clandestine” 43)。レヴィナスはまた、デリダと脱構築を可能ならしめた思想家のひとりでもある。翻ってデリダのほうも、レヴィナスの評価を刷新することができた。デリダが一九六七年のレヴィナス論「暴力と形而上学」のなかで書いたように、「エマニュエル・レヴィナスの思想はわれわれを震撼させることができる。砂漠の中心で、広がり続ける荒地の中心で、〈存在〉と現象性についての思考たることをもはや根本的には求めてはいない。それはわれわれに、剥奪と明け渡しの思いもよらない過程について夢見させるような思想なのだ」(“Violence” 82)。

アメリカ人の多くの読者にとってレヴィナスの作品は馴染みがないこともあり、私としては、現代文学理論の文脈に照らし、彼の哲学的著述の主要テーマの梗概を示すことに、この章の少なからぬ部分を充てようと思う。そして私は、デリダの作品とレヴィナスについての彼の省察を、論の方向性を定位するうえで便利な視点として、頻繁に活用するつもりである。ベンヤミンの場合と同様、レヴィナスの思想のいくつかの基本的概念について、私なりにその梗概を示していく際に、彼の一連の提題の複雑さをぞんざいにも還元し、その緻密さを損なうことは避けがたい。こうした還元による欠落を補うためにも、私はレヴィナス自身の言葉をふんだんに引用しようと思う。というのも、彼の議論は、公理的な定義やテーゼよりはむしろ、表現のニュアンスやいや増す連想のネットワークにより多くを負っているからである。たしかに、この題材は難解ではあるが、読者諸氏が自分なりの仕方でレヴィナスと取り組むきっかけとなってくれればというのが私の希望である。

読者諸氏はまた、この単純化した概略のなかにあっても、相当数の反復を見出すことだろう。だが、デリダが鋭敏にも示したように、レヴィナス第一の主著『全体性と無限』は哲学の概論ではない。デリダはこの作品を一種の芸術作品と呼んでいる。なぜなら、その主題の発展のさせ方は、「純粋に記述的なものでもなければ、純粋に推論的なものでもないからである。それは浜辺の波の無限の執拗さのように、同じ岸辺を穿つ同じ波の回帰と反復のように続いていく」（"Violence" 312, n.7）。幾度となく反復を重ねつつ、他者、近さ、身代わり、責任、曝露、意味の観念が吟味される。だが、波が幾度となく砕かれるたびに、それらの観念はそのつど差異を伴って反復される。デリダにおいては、反復は、パロディー的な二重化の一部であり、脱中心化させるところの置換であるが、レヴィナスにおいては、文体上の反復は、おそらくは無限という剰余——それについて彼は書いているのだが——を表現するための試みなのだろう(5)。

私はというと、レヴィナスの作品は「芸術」というよりは一種の「予言的な呼びかけ」（prophetic appeal）であると言いたい。というのも、レヴィナスの反復を重ねる文章スタイルは、他者からの絶えることのない呼びかけと懇請を反映しているからであり、彼にとってはそれが言語の定義だったからである。すなわち、彼の散文それ自体がこの他者性の意味を具現しているのだ。ただし、他者性の意味は、非合理的もしくは遊戯的なもの、恍惚的もしくは熱狂的なものではない、それは深刻な呼びかけとして、執拗で、避けることも逃げることもできない。彼がわれわれに聴くことを求めるこの呼びかけは、免れえない責任への召喚としての呼びかけなのである。彼の散文と「論議」の「首尾一貫性」は、その再帰性、絶え間なく回帰し、循環を続けることの結果として生じる。レヴィナスの反復を繰り返す散文のスタイルはこのように、「暴き立てること・開示」(disclosure) ではなくて、絶え間なく、何度も哲学的言語が他者の侵入に「曝露」(exposure) されることなのだ。(哲学的に「知るところの主体」ならびに、かかる主体の哲学の「内容」もしくは主題という両方の意味において) 主体は己自身に立ち返るが、しかし、それは自己への一致ということではなく、絶え間なく曝されること、他者へと繰り返し曝されることであり、執拗に、間断なく容赦なく、幾度も幾度も立ち戻り回帰するということである。そのことは、彼が意識を審問するときにしばしば用いる比喩である「不眠」の構造を有している。のみならず、このような主体は、その都度何か異なる仕方で、責任、曝露、傷つき易さ、他者のための身代わりといった「主題群」を圧迫している。

他者性へのこうした曝露を具‐体化しようとする文体が、いかなる残滓も残すことなく、命題、証拠、立証、結論、申し分のない理解を伴って、厳密に前進していくなどということはありえないだろう。かくも頻繁な再帰、絶え間なく動く海原は、理論的な推論と序列的な位階を通じて議論し、「主題化する」ところの文体に取って代わる。レヴィナスの散文の全体を貫く修辞的効果とは、要するに、乱打のごときものであり、「強迫」なのだ。それは他者性がまさに要請するものであって、――それをレヴィナスは審美的な観想の対象としてではなく、倫理的な良心の対象として顕現させようと試みている。その意味では、呼格としてこの修辞的効果は、切迫した呼びかけ、不可避の要請、苦悩に満ちた修辞的問いかけとして、かの聖書の予言者の言語にさえ匹敵するものである。(6) レヴィナスの哲学作品の主要なテーマを概観したあとで、私は、続く章でも引き続き、彼に固有のユダヤ関連の書物で取り上げられている、この予言者的な呼びかけについて考えてみたい。

他者－のための－理性――レヴィナスによる哲学批判の源泉

――われわれがある哲学体系からひとつの特徴だけを保持できるとして……、その場合、われわれとしてはカント主義のことを思うべきだろう。それは、人間的なものを存在論によって測ることなしに、……また、数々の存在論が出くわす不死や死の外で、人間的なものに対して意味を見出すのだから。

(レヴィナス『存在するとは別の仕方で』一二九頁)

無論、デリダもレヴィナスも、形而上学を批判した最初の人物ではない。カントは近代哲学にとって決定的な意味をもつ仕方で形而上学批判を行い、それに続く道筋を敷いた。ポスト・カント主義の思想のなかでは、形而上学の終焉に続くものとして、美学と道徳が選択肢と化した。われわれがこれまでの章で見てきたように、ロマン主義の美学理論が片方の道である美学を選んだのに対して、レヴィナスはカントの遺産のもう一方の支流である道徳を追究する。他者についてのレヴィナスの考え方は「存在するとは別の仕方で」(otherwise than being) のうちで頂点に達するのだが、その構造は徹底的に倫理的なもので、「無限なもの」と「超越的なもの」へと導かれる。ここでは倫理は、明確に定められたひと組みの信仰ないし実践を指すとは考えられていない。それどころか倫理は、いかなる根源にも先立つ根源なのである。事実、レヴィナスの分析によると、あらゆる「存在論的」構造の「先験性」は、まさに「他者への関係」なのである。

この他者への関係が、メタ自然学《フィジック》〔形而上学〕の「メタ性」であり、それをレヴィナスは存在論（に従属させるというよりもむしろ）の上位に置いた。「後続」あるいは「超越」しているものとしての「メタ」性は、他者のための欲望として改めて定義されるが、それは、思考の枠から溢れ出るもの、思考の「外部にあるもの」をめざす、郷愁ならざる欲望なのである。「思考」なるものはここでは、観念と事物、あるいは根拠と存在との現象学的一致を言外に意味している。すなわち、思考は、「再‐現され」、明るみへと出され、曝露され、知る人の知識のなかに吸収され、そこで所有されうるもののことであり、この営みをレヴィナスは、他者性を同であるところのものに還元してしまうとの理由から、批判している。これとは対照的に、「形而上学的欲望は何か完全に他なるもの、絶対的に他なるものに照準を定める。……形而上学的な欲望は元に戻ることに焦がれはしない。……［それは］別の志向を有している。かかる欲望は、それを単に完成させうるものすべてを超えて、欲望するのである」（*TI* 34–35）。

このような彼岸もしくは他者性は、しかしながら、ヘーゲル的弁証法——換言するなら、定立と反定立から、否定を主体の意識へと改めて現実に吸収するような綜合へと突き進む運動——におけるような、否定あるいは思考の補完物のいずれでもない。ベンヤミンやローゼンツヴァイクのように、レヴィナスは、あらゆる哲学的観念論ならびに、万物を思考に包含すると主張するヘーゲル的弁証法に一撃を加えることを企てる。ラカンやクリステヴァやバルトのような、フランスにおけるレヴィナスと同時代の他者性の理論家たちにとっても、欲望は鍵語である。しかし彼らは、欲望の、それも欠如としての欲望の核心に存している否定性というヘーゲルの観念に近づき、それを受け入れ、他者の克服を必要としている。この欲望を欠如としてではなく、独立した肯定性として捉えている点で、レヴィナスは唯一無二である。レヴィナスの他者性は、自己同一性の否定命題ではなく、その肯定的な剰余であり、思考の諸構造から溢れ出るもののことである。こうした「無限性」「外部性」「超越性」は、思考にとっては「不可視」である。というのも、対象を外観の戯れのなかで表象へと導く認知の光明のもとでは、これらのどれも見ることのできないものだからだ。とはいえ、「不可視性は関係の不在を示すのではない。不可視性は、所与ならざるものとの関係、それについていかなる観念も抱きえないようなものとの関係を含意している」（*TI* 34）。（ベンヤミンは哀悼劇についての書物への序文で、認知的意識による把握を超えたものとして、「真理とは志向性の死である」と記しているが、ここには、そうしたベンヤミンの考えとの類似がある。）

更に、他者性へのこのような関係を定義する際に、理性を放棄しないという点でも、レヴィナスは、形而上学ならびに哲学に対する他の数多くの同時代の批判者とはその見解を異にしている。他者に向けての、そしてまた他者のための責務や責任の関係としての倫理は、このような他者性への関係もしくはその啓示であり、もうひとつの－他なる－理性である。「すでにしてそれ自体で倫理はひとつの「光学」である」（*TI* 29）。今や主体は、対象を「それ（対象）自身のために」表象へといたらしめる意識としてではなく、「他者－のために」として定義し直される。換言するなら、他者－のためにとしての主体性が含意しているのは、結局は同一性の論理によって支配された「複数的理性」――それ自体が差異の同への回帰であり、「対自性」である――ではなく、それよりもむしろ、他者によって支配され貫通される理性であり、自律的なものに代わる他律的なもの（heteronomous）なのである。そして、かかる理性が「複数」であるのは、自律的な体系および同一性への全面的な吸収（の手前にあり、それを超越して）を逃れる、他者との関係を、それが示しているからである。

言い換えるならば、意識や表象や知ることや意志に先立つとともに、それらを可能ならしめるような予言的で倫理的な呼びかけをもって、レヴィナスは理性を〈他者〉の命令へと開いている。すなわち、「われわれは、対自的存在が知ることの究極的な意味ではないと考えている。……理性の本質は、人間のために諸基盤や諸力を確保することではなく、人間を審問に付し、正義へと招来することを意味する」（*TI* 88）。「われわれは、他者の現前による私の自発性の審問を倫理と名づける」（43）。スティーヴン・シュワァルツシルドはこうした観点を、「どのユダヤ哲学的思考にも見られるひとつの永続的な弁別特徴」として特徴づけた。「それは、カントが「実践理性の優越」と呼ぶところのもの、すなわち倫理の形而上学的第一義性であり、たとえ経験世界に対してであっても倫理が有する構成的で機能的な決定性のことである」（"Introduction" 252）。しかし、「哲学体系」を圧制的で全体主義的なものとみなしているがゆえに、レヴィナスは他者への責務を普遍的な律法として類別することはない。定言命法はカントにとってのように絶対的なものではないのである。

レヴィナスは『全体性と無限』で、ヘーゲル、ハイデガー、現象学における「全体性」に対して際立った攻撃を加えるとともに、即かつ対自的な意識を対他的な倫理へと転倒したのだが、そこにはもうひとつ別の強力なユダヤ的影響が作用していた。すなわち、フランツ・ローゼンツヴァイクの仕事である。レヴィナス、ベンヤミン、ショーレムのように、ローゼンツヴァイクもまた当初は、ユダヤ教の研究やその実践よりも、西欧の哲学的思考のほうにはるかに深く馴染み、心地よさを感じていたユダヤ人であった。彼もまた、同化した裕福なドイツ・ユダヤ人のブルジョア家庭の出身であるが、キリスト教へと改宗する手前にまで己を導いた精神的な探求の果てに、ユダヤ教へと回帰し、同世代の人々のために、ユダヤ的思考や生活の再活性化に着手したのだ。

そしてまた、レヴィナス、ベンヤミン、ショーレム同様に、ローゼンツヴァイクも早くから伝統的なドイツ哲学の洗礼を受けており、ドイツ観念論の堂々たる遺産とヘーゲルの影響と取り組まざるをえなかった。ローゼンツヴァイクの博士論文にして最初の主要な哲学作品は、『ヘーゲルと国家』(一九二〇)である。彼の哲学的主著『救済の星』は、彼が第一次世界大戦でバルカン半島前線の兵士だった一九一八年に書き始められ、最初は自宅に宛てた葉書に書き留められた。『救済の星』で彼は、宗教と哲学、ユダヤ主義とキリスト主義のあいだの問題を含んだ諸関係を論じ尽くし、彼が「新しい思考」と呼ぶところのものを練り上げた。こうした研究への「没頭」は、彼の大学での華々しい職歴を棒に振らせるものでもあった。その代わり、彼はフランクフルトに自由ユダヤ学園(*Freies jüdisches Lehrhaus*)を設立し、ユダヤ教研究および成人教育の拠点とした。ショーレムとベンヤミンはローゼンツヴァイクをこの時期に知り、ショーレムはパレスティナへと発つ前に、ローゼンツヴァイクの学園で教鞭を執っていた。

『救済の星』完成後まもなくの一九二〇年、三四歳の時にローゼンツヴァイクは、筋萎縮性側索硬化症に襲われ、その身体は麻痺した。彼は実際のところすべての運動機能を奪われ、ついには話す能力さえも失い、九年後の一九二九年に息をひきとった。彼は病気のあいだじゅう、彼を衰弱させる麻痺にもかかわらず、執筆と出版を続けた。そしてマルティン・ブーバーとともにヘブライ語聖書をドイツ語に翻訳した。臨終の際に、彼はヨーロッパ・ユダヤ人の指導的人物のひとりであった。

ローゼンツヴァイクは、複雑で尋常ならざる思想家であった。しかし、現代哲学が形成されていくなかで彼の果たした役割は、いまだ十分には認められていない。ベンヤミンは、先見性に富んだ批評家として、ローゼンツヴァイクの『救済の星』を、同世紀の最も重要な書物の一冊として引用している。スーザン・バック＝モースは『否定弁証法の根源』のなかで、ベンヤミンとアドルノの関係を説明する際に、ベンヤミンを経由してアドルノに及ぼされたローゼンツヴァイクの影響について記している。なかでも特筆すべきは、ヘーゲル的全体性と閉鎖的体系に対するローゼンツヴァイクの批判であり、個々の現象から構成される断片的現実が「星座＝布置」を成しているとの彼の想念であり、救済と知識に関する彼の考えであろう。それによると、ある対象についての知識は、ひとつの「範疇」には吸収されえない「名」と結びついており、それは過去および現在の啓示と救済としての知識なのである。

ベンヤミンの能力がとりわけ発揮されたのは、具体的で概念なき細部への精査であった。これらの細部は、ローゼンツヴァイクも論じたように、決して経験的な領野を離れることなく、超越的な意味を解き放つような仕方で、現実性を構成している。このようにベンヤミンは、経験という所与の枠内にとどまるカント主義者たちの反形而上学的な役割に固執する一方で、神秘主義的な啓示にも匹敵するような洞察へといたったのである。

(*Origin* 6)

『全体性と無限』の冒頭で、レヴィナスは書いている。「われわれが深く感銘を受けたのは、フランツ・ローゼンツヴァイクの『救済の星』──この書物は一々引用できないほど本書のいたるところに現前しているのだが、──における全体性の観念への反対であった」[7]（*TI* 28）。『救済の星』のなかで、ローゼンツヴァイクは「全体性」に徹底した攻撃を加えているが、このような攻撃は、「イオニアの島々からイエーナにいたる」、すなわちタレースからヘーゲルにいたる西欧哲学の認識論的な野心──「〈すべて〉を知る」

ことができるという野心——に対する批判であった。西欧哲学のこうした企てが最高度に達するのはヘーゲル観念論においてで、そこでは哲学は、思考の自己充足をほかならぬ世界史の完成と同一視しながら、完全に自律的な全体性を自分自身をもとに構築すること、それを追及するのである。神格化を自称するこの企ては、神や神学をも含む万物を、自律的な哲学体系という単一化された全体性へ組み込み、ついには思考と存在を統合してしまう。

ローゼンツヴァイクにとっては、哲学的思考の主要な狙いは、経験の真理という異質性を、究極的実在をめぐる言説へと還元することにあった。水であれイデアであれ〈精神〉であれ心であれ自己であれ質料であれ、何であれ、「すべては……Xである」というのだ。現象の意味はこのように、現象が総体に包摂されることに由来する。このような包摂は、ヘーゲルにおける歴史の全体化において頂点に達するのだが、そこでは、歴史があらゆる状態、あらゆる思考、あらゆる存在を包含して、それらを裁くのである。レヴィナスが書くように、ローゼンツヴァイクは、経験の非還元性を哲学へともたらそうと欲しているのだが、この企てを、レヴィナスは「実証主義的なものを何ら有さない経験主義」("Entre" 126) として描いている。

あるいはまた、ローゼンツヴァイクが『救済の星』の冒頭でまさにこの企てについて述べているように、「〈全体〉についての認知はどれも、死のうちに、死への恐怖のうちに根源を有している」(*Star* 3)。普遍的認知をめざすこのような試みは、ある種の防御的な機械主義の産物であって、それは、世界から特異なものを排除し、特異なものを包括的な概念と体系——それらは理性と存在を同一視する——へと解消したうえで、個人の死と生という恐怖を扱う。『星』の第一部で、ローゼンツヴァイクは、メタ自然学の「メタ」を(彼がメタ倫理学、メタ論理学と呼ぶところのものも同様に)、「〈全体〉」を超え、それを超越し、その外部にあり、それには還元不能で、それに抗うものとして定義し直す。「メタ性」の領域は、存在と理性が一致することなき場であり（12–13, 19, 52）、ローゼンツヴァイクにとって、ここはまた、唯一無二の生と死を伴った個体としての特異な人間の場所であった。こうした特殊性は否定され、哲学的観念論のすべての体系に見られる「普遍的なもの」へと解消される。哲学的観念論においては、〈全体〉を認知することのできる非人称的理性と真理が同一視されているのだから。特異な人格のこの抵抗する特異な生は、全体の一部であるといえ、それをローゼンツヴァイクは「還元不能なもの」と呼ぶ。「見事に知的に制御された、認知的世界の豊穣な事実の外部に存する消化不能な現実性[8]」（11）、と。

ローゼンツヴァイクにとって、人間の体験のなかでつねに遭遇される「還元不能な現実性」とは、神であり人間であり世界であった。それらはすなわち思考と経験という「極」ないし両者の「星座＝布置」（constellation）であって、それらのあいだを経験は絶えず揺れ動く。「神」は、「事実」として定義されるだけでなく、更に、人間的実存の出所となるようなひと組みの価値や概念や理念としても定義されるだろう。「星座＝布置」と言ったが、これは『救済の星』を支配する「〈星〉」に係わる壮大な比喩である。（われわれは、「星座＝布置」がベンヤミンの歴史哲学における危機的表徴でもあったことを思い出す。それは、歴史的な数々のできごとのあいだに存する非歴史主義的な関係性を示す仕方のひとつであった。）ローゼンツヴァイクのうちには、ショーレムがカバラ的な語彙を用いて述べたように、「観念論という〝容器の破壊〟」（"Rosenzweig" 26）がある。〈全体〉とその自律的全体性の破壊があるのだが、これらの破壊された容器こそ、彼が、神学の哲学的再興を通じて新たに修復したところの容器だったのだ。ローゼンツヴァイクは、哲学的な〈全体〉の三つの破砕された概念（神、人間、世界）を、創造、啓示、救済という概念によって定義し直し、それらのあいだから新たな一連の関係性、新たな「星座＝布置」、〈救済の星〉

を構成したのである。

要するに、ローゼンツヴァイクが『星』で示したヘーゲル思想批判からレヴィナスによる全体性批判にいたるまで、一本の線がくっきりと引かれているのであり、それはまた、言語、顔、他者性、メシアニズム、終末論、歴史、ユダヤ思想と非ユダヤ的思想との関係についてのレヴィナスの考え方についても同様である。加えて、レヴィナスからは、デリダの西欧形而上学批判へとこの線が更に伸びている。レヴィナスはローゼンツヴァイクによる全体性批判を非人称的理性の現代的諸形態にも適用しようとしているが、非人称的理性がまとうこれらの形態は、「それ自体は存在者ならざる第三項、中立項」[9]（*TI* 42）を通じて、認知された存在者から、その他者性を剝奪してしまう。レヴィナスはこうした動きを、師であるフッサールやハイデガーの現象学にも繰り返し見出していた。ハイデガーのいう〈存在（すること）〉は、個々の実存者の照明とは別物であると同時にその源泉でもあるものとして仮定されているのだが、これこそまさに今述べたような中立的第三項なのである。

リチャード・コーエンの指摘によると、レヴィナスはたしかにこれらの師から現象学的方法は継承したものの、同時に「現象学それ自身の内側に、現象学を破壊するための資源を見出した」のだ。現象学的方法からレヴィナスは以下のものを摂取した。「⑴具体性への方向転換、⑵表象の形式的構造の破壊、⑶表象の形式的諸構造は、志向的思考には思いもよらない意味性によって「生かされ」、それを「付与」されているとの認識」（"Phenomenologies" 175）しかし、レヴィナスはハイデガーの存在論を援用しつつ、フッサールにおける意識の志向性という考え、すなわち、意識は光り輝く言説のなかでその対象とつねに一致し、それらと相関関係にあるとの考えを斥けている。コーエンが主張するところでは、レヴィナスは一九三五年にローゼンツヴァイクの著作を読むことによって、ハイデガーの存在論を、他者性（alterity）を排除するもうひとつの潮流であると批判し、そこから、倫理としての哲学という想念を展開することができたのだ。

たしかに、これらの動向のなかのいくつかは実存主義的な観点を包含していたにもかかわらず、レヴィナスは個人という主体があげる抵抗の叫びが、〔自分の思想の〕解答になるという見通しはもたなかった。「キルケゴールが考えたように、体系に抵抗するのが自我ということはありえない。それは〈他者〉(the Other)である」(*TI* 40)。ローゼンツヴァイクとレヴィナスの両者において、初めに進められたのは、非人称的な全体性から自己を分離させる単称を擁護することであった。だが、分析はここで終わらない。しかも目的は自由な主体性の栄光を明らかにすることではない。この自己は開示されており、その孤立は破壊されている。自己は倫理や愛、そして責務における他者へと転じ、他者へと跳躍させられているのだ。主体性という観念は、主体性と同じように唯一無二で特異な他者によって定義されるが、そのような主体性の観念こそ、レヴィナスとローゼンツヴァイクを、伝統的な人道主義者ないし個々の実存主義者たちの抱く個人的自己という概念から区別するものである。もちろん実存主義は、一九六〇年代にフランスで構造主義に取って代わられ、構造主義は当時、意味の場としての人格的自己の自由や自己同一性を破壊し、その代わり、非人称的な構造やコードの場として意味の場を定義した。一九七〇年代と八〇年代における多くの文学理論では、〈言語〉という抽象概念は、こう言ってよければ、それを通じて全体が媒介されたり認知されたりするような非人称的な項の役割を果たした。特異で人格的な人間たる他者の他者性は、そこでは単に、非人称的な意味作用の従属関数ないしその「場」としてしか定義されない。「作者」は死んだ、とはバルトの有名な言葉である。

レヴィナスは、構造主義の「構造」は中立的で、匿名的で、無関心で圧制的であると論難することで、こうした動向にも異議を唱えた。彼は「構造主義とは観照的理性の首位権の謂である」（*OTB* 58）と記している。それは、全体化するところの観念論がまとうもうひとつの形式なのである。しかしレヴィナスは、他の多くの構造主義の批判者たちとはちがって、人格的エゴを支持するために、かかる批判を行ったのではなかった。というのも、レヴィナスにとって、自我とはその自然状態においては利己主義的で暴力的なものだからだ。あらゆる強制を乗り越えた自由で自律的な主体性によって基礎づけられる、そのような理性は、他者を否定しているのであり、自己自身しか知らずまた自己自身にのみ繋縛されている。それは自我中心主義《エゴイズム》なのである。それに代えてレヴィナスは、自己を、自己と他者との関係によって定義するのだが、すでに見たように、この関係は主体‐客体の関係ではない。この「他者」は、全開された「自我の権能および自由」とは不釣り合いで、まさしく他者と自我とのこの不均衡が「道徳意識」なのである。それゆえ、道徳意識とは「価値についての経験」ではなく、外部性へ、他者としての〈存在〉へと接近することであり、最終的には、存在論を超えて、存在するとは別の仕方へと接近することなのである（“Signature” 183）。

> 自分自身を目標とした自由な人間的理性の優位を否定する現代の反ヒューマニズムは正当なものではあるが、その正当性の根拠は、反ヒューマニズムがみずからに与える根拠に収まるものではない。現代の反ヒューマニズムは、献身のうちで、犠牲のうちで、意志に先立つ身代わりのうちで措定される主体性に場を明け渡す。反ヒューマニズムの霊感を吹き込まれた直観は、自分自身の目標であるとともに自分自身の（of itself）根源でもあるような人格の観念を放棄したことにある。そのような人格の観念においては、エゴは依然として一個の存在であるがゆえに依然として事物にすぎない。……十分に人間的なものではないという理由以外の理由で、

ヒューマニズムが告発されてはならないのだ。(*OTB* 127)

ここで鍵となる表現は、「自分自身の」(of itself) である。ローゼンツヴァイクがレヴィナスに示したのは、それを通り抜けることで〈全体〉というものの認識が崩壊するような通路であり、また、いかにして、その結果として生じた自律的な断片の数々――それらは各々が即かつ対自的に孤立しているのだ――が、他者のほうへ、他者のために開示されうるのかということだった。ローゼンツヴァイクをめぐる論考で、レヴィナスがなしたきわめて重要な指摘によると、それぞれが創造、啓示、救済であるような神、人類、世界のあいだに『星』で形成された再結合を指し示す接続詞の「と」(*and*) は、人類のための神、世界のための人類といった具合に「ための」(*for*) を意味しているのである。ローゼンツヴァイクが構築する統一性 (The unity) は、哲学的論理学におけるいかなる形式的統一性とも異なっていて、「これらの要素のうちひとつが措定されるとき、それらは互いに他のために (one for the other) あるという意味での」("Entre" 128) 統一性なのである。「他者のための一者」(one for the other) とは「生きた」関係性のことで、それは哲学的カテゴリーやヘーゲル的弁証法の綜合ではない。そうしたものは、諸項から還元不能な個体性を一掃したり、あるいはまた、すべてを見ようとする哲学者の眼差しでもって「外部」から諸項を知覚するのだから。この「他者のための一者」こそ、レヴィナス自身の哲学においては、意味作用 (signification) のまさに本質であって、それが語ることであり、倫理であり、啓示であるのだ。

特にユダヤ教を主題化したレヴィナスの著述を扱うあとの章でも、私は、彼とローゼンツヴァイクとの関連を更に論じるつもりだが、ここで付け加えておくと、哲学と神学の関係についてローゼンツヴァイクが抱いた考えは、レヴィナスにとってきわめて重要なものだった。ローゼンツヴァイクの示した立場について徹底的に検証する余裕はここではないが、さしあたり指摘したいのは、ローゼンツヴァイクの主張するところでは、彼が「新しい思考」と呼ぶところのものは、古典的ないかなる意味合いにおいても神学的ではなく、いわんや「護教学」のいかなる形式にもあてはまらないということである。

もしこれが神学であるならば、ともあれ、それは哲学としてと同様、神学としても新しいものである。……神学は哲学を貶めてみずからの侍女の役割を演じさせてはならないし、それにまた、哲学が近年神学に課している家政婦の役割は屈辱的というほかかない。これら二つの再生せる学問のあいだの真の関係は　相互に思いやりのある関係である。……神学的な諸問題は人間の言葉に翻訳されねばならないが、他方、人間のかかえる諸問題は神学の領域へともたらされねばならないのだ。（In Glatzer, *Rosenzweig* 201）

あるいはまた、彼は『星』で次のように書いている。

哲学が己の学問的地位のために要請する神学者とは、本人自身もみずからの完全無欠さのために哲学を要請するような神学者である。哲学にとって、かつて客観的実在のために必要とされたものは、やがて神学にとって、主観性のために必要なものとなるだろう。それらは互いに依拠し合い、かくして協同で新しいかたちを産み出す。哲学者であろうと、神学者であろうと、身を置くのは神学と哲学のあいだなのである。（106）

「創造、啓示、救済」は、ローゼンツヴァイクが『星』において、哲学と神学のあいだに築いた懸け橋であるが、この懸け橋は、言語分析や「発話的思考」（speech-thinking）、社会学的分析、「常識」（common sense)、そして「絶対的経験論」(absolute empiricism)を通じて、――抽象的で概念的な観念論によって措定される真理とは異なる真理の観念を通じて行われる。真理は、永遠に自閉し、自己に沈潜し、自己生成するところの観念論的思考という幻影によって定義されるものではなく、言語、生、時間のなかでの他者との関係から生み出される。それは「書物を超えた」真理であり――、談話における関係のように、誰かとともに、そして誰かのためにあるような関係である。

　ローゼンツヴァイクと同様、レヴィナスも、自分の哲学的著作は、いかなる伝統的な「神学」にも先験的にもとづいてはいないと自称する。自分はみずからの出発点として聖書ないしは神学を用いていないし、それどころかいかなる正統的な神学も信頼しておらず、志向していないと、レヴィナスは断固として主張する。彼の主張によると、「存在するとは他なるもの」(other than being)は、神学的なもの――「ロゴスに属するもの」もしくは何らかの「――学」(ology)――ではない。すなわち、それはいかなる意味でもロゴスと存在を結びつけるものではないし、事物の背後もしくは彼方なる〈存在〉としての神を断定するものでもない。それは現世の情況を超えた別世界に言及するものではないのだ。他者は「神に類似して」いるが、他者への関係もしくは〈善〉からの指名は神の死後も生き延びる(*OTB* 123)。そう言いつつも、彼は明らかに、「神」の名を、本質・存在することの外部に存する名として使用している。「それはすべての神性に先立っているのだ」(190, n. 38)。そして、『存在するとは別の仕方で』のまさに冒頭で、彼が言明しているように、「存在に感染せざる神の声を聴くこと、それは、形而上学、存在‐神学のうちで忘却されたとみなされている存在をこの忘却から引き出すこと［それはハイデガーが企てたことであった］と同様に重要で、かつそれと同様に脆い人間の可能性のひとつなのである」(xlii)。

　もっとも、レヴィナスはその哲学的著作のなかでは大抵、みずからの論証のために伝統的ユダヤ教の典拠に明白な仕方で言及したり、それに依拠することを避けている。形而上学は、存在論のなかでは思考しえないものの領域として、哲学に先行して哲学を基礎づけるとともに、哲学の崩壊後にも存続するものたる「非哲学的なもの」として改めて定義される。この意味では、レヴィナス、ローゼンツヴァイク、デリダはみな、ヘーゲル主義に反対する「非哲学的なものについての哲学者」で、彼らは、形而上学の終焉、そしてまた、哲学によって除外され、抑圧されてきた事柄をめぐる問いかけと格闘する。これは哲学を「継承する」ものとの格闘であって、今や、哲学はかかるものへと変形されたのである。最初のレヴィナス論の冒頭でデリダが指摘しているように、「問いの共同体とは、その問いの可能性に対する共同体である」(“Violence” 80)。デリダは更に付言する。哲学が死んでしまったのかどうか、そしてそれはどのように死んだのかというまさにこの問いは、解答不能で、おそらく哲学の問いですらありえないのだろうが、しかし、それらの問いこそ、「哲学者となおも呼ばれている人々が所属する世界の内部で、共同体の設立を可能にする唯一無二の問い」(79) なのだ。[10]

しかし、これはいかなる種類の哲学であろうか。ローゼンツヴァイクの仕事における哲学と生との関係性ならびに、「おそらくはわれわれの時代の意味にほかならない」ような「哲学の終焉」について書きながら、レヴィナスは次のように強調している。「哲学の終焉は、哲学が始まっていない時代もしくは、哲学的思考が不可能であった時代への帰還ではない。哲学の終焉とは、哲学が哲学者によって明かされないがゆえに、万象が哲学であるような時代の始まりなのである」(“Entre” 124)。「理論的・観照的人間はその統治を中断した」(125)――すなわち、ひとを魅了し、全体化する体系としての理論が中断されたのだ。しかし、その結果は、単なる自発性あるいは無政府主義的反抗ではありえない。「哲学するために不可欠なのは、哲学者にならないことである」というアリストテレスの言葉は、二〇世紀における哲学の極限的可能性を定義するもので、デリダもこの言明に同意して、それを自分自身のレヴィナス論のなかでも引用している（“Violence” 152）。

しかし、レヴィナスは「存在するとは別の仕方で」というその鍵概念の源泉を、西欧哲学の歴史の内部にも見出している。その最も典型的な例は、プラトンの『国家』またはプロティノスの『エンネアデス』における「〈存在〉（すること）を超えた〈善〉」や、まさにコギトの定礎者であるデカルトの『第三省察』における「無限の概念」のうちにある。デカルトにおいては、無限という概念は、過剰、余剰としての「存在（すること）の彼方」であって、有限な心が「無限性」を思い描くとき、無限はそこから溢れ出るのである。それは有限な心の「彼方から」到来する観念であり、心には内包不能な観念である。要するに、レヴィナスが記しているように、「あらゆる本質・存在すること（essence）を超えた〈善〉の〈場所〉とは、神学のではなく哲学の最も深遠な教えであり、最も決定的な教えなのである」（*TI* 103）。

存在論と暴力――倫理と政治

かくして、フランスにおける他の多くの現代文学批評の場合とはちがって、レヴィナスにとっては、形而上学や理性や理論・観照についての批判が、非合理的なものたる過剰による陶酔、奈落ないしは分裂症的で精神症的な言説による幻惑、麻痺せる無力な自己省察、あるいは政治的なひとつのイデオロギーと化すことはない。そうではあるが、レヴィナスは、政治的全体主義ならびに暴力（それらによって彼は個人的に大いに苦しめられた）が、西欧哲学における「存在論的全体主義」と不可分であることをはっきり理解していたのであり、彼とローゼンツヴァイクはいずれも、それが現代文学理論の教義となるよりはるか以前に、かかる結合を確立したのだった。フーコーが知と力について論じるより以前、デリダによる「形而上学の脱構築」にも先立って、レヴィナスは一九六一年に、彼の最初の主著である『全体性と無限』に次のように書いている。

> 第一哲学としての存在論は、権力の哲学である。それは国家ならびに全体性の非暴力に行き着く。しかしその際、存在論は、国家の圧政において出現する暴力に関しては、それこそが全体性の非暴力を培っているにもかかわらず、それから自分を護ることがない。人々を和解させるはずの真理は、国家の圧政においては匿名のものとして存在する。普遍性それ自体が非人称的なものとして現れるわけで、これがもうひとつの非人間性なのである。……権能の哲学たる存在論は何よりも、同を審問することなき第一哲学であり、不正の哲学なのである。（*TI* 46）

ハイデガーやデリダと同様、レヴィナスも西欧哲学を第一義的には存在論とみなしている。だが、ハイデガーとフッサールは、かかる「存在論的帝国主義」に与する者として告発されてもいる。たとえば、フッサールにおける観念論的純粋意識は、対象を自分自身に対して、同より発生し、他性と時間性を排除する純粋現前・現在（present）として表象している（*TI* 122–26）。そしてハイデガー哲学における〈存在〉への頌歌も、ハイデガーとドイツの大学ですらナチズムに屈したのを見た者にとっては、ほとんど魅力をもたない。レヴィナスは、哲学的著作のなかでは、戦争時の個人的体験について、明白なかたちで言及しないものの、そのユダヤ関連の著作のなかでは、ハイデガーに対してきわめて辛辣である。「ハイデガーを許すことは困難だ」（*QLT* 56）。「西欧の魂の隅々にまで異教を満ち溢れさせた」（*DL* 256）場所と〈存在〉の神秘にハイデガーが魅了されたことは、「久しく前に乗り越えられた偶像崇拝のあらゆる幼児性を超えた、異教性への永遠の誘惑であり、……世界へと浸透する聖なるものの永遠の誘惑である。……おそらくユダヤ教はかかる事態の否認であろう。……事物の神秘は、人間との関係におけるあらゆる残虐さの源泉である」（*QLT* 257）。

「それが与える」（*es gibt*）（存在（すること）の「寛大さ」、存在（すること）が「自身を贈与する」仕方）というハイデガー哲学の観念について、鋭い言及がなされているのは、レヴィナスが自伝的試論で次のように記した箇所である。「ドイツ語の「それが与える」（*es gibt*）が表現すると言われているいかなる寛大さも、一九三三年から一九四五年にかけては、その姿を現すことはなかった。このことはぜひとも指摘されねばならない！　啓蒙の光と良識はただ、ある（*there is*）の恐怖に満ちた中立性のなかに聳え、自身を確立するところの、現存する存在者をまってしか射すことはない」（“Signature” 181）。「ある」の中立的で非人称的な領域とレヴィナスが呼ぶものに対するこうした非難は、ハイデガー哲学が、個々の実存者を実存することに、存在者を匿名の〈存在〉（すること）に従属させていることに対する彼の批判の一部を成している。「数々の実存者に対する〈存在〉（すること）の優越を肯定すること自体が、すでに哲学の本質についてある決定をすることである。それは一個の実存者である誰かとの関係（倫理的関係）を諸実存者の〈存在〉（すること）との関係（知の関係）に従属させることであり、諸実存者のこの存在が、非人称的存在として、諸実存者の把持、支配を許し、正義を自由に従属させる」（*TI* 45）。

ナチスの時代という歴史上の恐怖と、中立的で非人称的な「〈存在〉（すること）」という哲学概念とのあいだの結合は直接的である。というのも、レヴィナスが書いているように、「諸存在者」（beings）を「〈存在〉（すること）」（Being）へ、あるいはまた、他を同へと還元する試みとしての存在論とは、つまるところ、自我中心主義《エゴイズム》だからである。「哲学は自我論《エゴロジー》なのだ」（*TI* 44）。「ハイデガーの存在論は、〈他者〉との関係を、〈存在〉一般との関係へと従属させる。が、それは匿名性に隷従したままであり、それゆえ、避け難くもう一つの権能へ、帝国主義的支配、僭主制へと導かれる」（47）。あとでも論議するつもりだが、レヴィナスによるハイデガー批判、およびハイデガー存在論の政治的暴力への関連付けはまた、ポール・ド・マンの言語理論にもあてはまるかもしれない。その鍵となるのは、言語における非人称性と匿名性である。そして、レヴィナスによるこの批判はまた、ド・マンそのひとの、多くの問題をはらんだ、ナチズムへの関与の解明に若干の光を投げかけるであろう。

レヴィナスにとって、西欧哲学は「その大部分が存在を語ることに慣れきっている。すなわち、ヨーロッパ史それ自体が征服と油断なき防御に慣れきっているように、存在者が自分自身に慣れきっていることがその本質なのである」。ベンヤミン同様、レヴィナスもまた、それにもかかわらず西欧の歴史は、「あるできごとが別の意味を担うような痕跡をその辺境において」維持している、と記す。そこ〔この別の意味〕では、「歴史のある時代の名を冠される勝利の犠牲者たちも、その意義を剝奪されては〔いないのだ〕」（*OTB* 178）。私が指摘したいのは、レヴィナス哲学独自の特徴は、それが、かかる暴力から抜け出る方法についての、そしてまた、『存在するとは別の仕方で』の冒頭にいう「アレルギーに罹った自我中心主義の多元性」から抜け出る方法についての情熱的な探求であるということだ。彼の語源にまで遡った解釈によると、〈存在〉（Being）および本質――ラテン語の *esse*〔存在、実在、本質〕――は、*interesse* あるいは interest〔利害・我執〕、利己主義〔自我中心主義〕、横領に由来する。「戦争は、存在すること（本質）の利害・我執による行為ないしは劇《ドラマ》である。……存在すること（本質）は戦争という極度の共時性なのである」（4）。たとえ、こうした、相衝突する利害・我執と利己主義が、商業、公益、計算、あるいはまた会計という不安定な「平和」へとその姿を変える場合であっても、それらは「裂け目」なき全体性へと自身を集合させる。すなわち、無報酬性や真の平和が入り込む余地はそこにはないのだ。

われわれ西欧人にとって真の問題とは、暴力を忌避することであるよりもむしろ、暴力に抗する闘争について考えることであって、暴力に対する闘争は、——悪への無抵抗のうちで萎れることなく——この闘争それ自体に発する制度化を避けうるのでなければならない。……人間を存在と結びつける近親性とは別の近親性を、人間に対して見出さねばならない。もしそうするなら、自我と他人とのこの差異、この不等性を、暴虐とはまったく逆の意味に考えることもおそらく可能になるだろう。(177)

レヴィナスはそのすべての主著で、他者の哲学を展開しようと努めているが、それがもとづいているのは、たとえゲームとしての戦争であれ、戦争ではなく、正義と平和である。平和とはまさに断念、歓待、そして他者に対する可傷的曝露という契機にほかならない。それゆえ彼は、歴史に対する裁きと知解可能性の哲学的諸様相に対する批判が倫理を通路とするような哲学を構築するのだが、ここに倫理というのは、言説における分離した諸存在者のあいだの関係であって、脱自的恍惚ではなく、それは正当化、懇願、命令、責務から成るような関係なのである。

文学理論をめぐる今日の議論において、「理性」や「倫理」は、ポスト構造主義はニヒリスティックで自己耽溺的でエリート意識に満ちているとの保守的非難と頻繁に関連づけられてきた。この手の議論にうんざりしながらも、J・ヒリス・ミラー、ウェイン・ブースやその他の批評家たちは、「読解の倫理」(11)を復権し公言しようと試みている。それでも、ポスト構造主義者は、たとえラカン主義者、記号論者、新歴史主義者、フェミニスト、あるいは唯物論的文化論者であっても、ほとんど例外なく、「信用の失墜したブルジョア的人道主義《ヒューマニズム》」の仮面となりうるものだとして、なおも倫理や理性に疑念を抱いている。彼らが論じるところによると、神と作者が死んだだけではなく、「主体性」（ないしは自己）――とりわけ統一的で自律的な一種の中心としての「主体性」――もまた同じく死んだのだ。記号を無秩序に散種したり、あるいはまた、意味を決定する「コード」を分析したり、更には、抑圧的イデオロギーが構築された何かにすぎないのを明かすことで、かかるイデオロギーの神秘性を剝奪したりすることを除けば、ポスト構造主義者にはいかなる選択肢が残されているのか。

レヴィナスにとっては、「審問すること」という批判それ自体の役割は、自己‐反省的な非決定性にもイデオロギーにも導きはしない。批判はたしかに、脱構造においてのようにあらゆる基盤を問いただすことではある。しかし、「同」を審問すること（すなわち、同一性の抑圧的論理を審問すること）は、記号の自由な戯れないし恣意性によって産出されるのでも、帰結としてそれらをもたらすのでもない。それはむしろ、執拗な懇願、命令、他者の呼びかけに由来する。ほとんどのポスト構造主義者的思想との相違という点で、鍵を握るもうひとつの論点として、他者からの召喚は人格的で人間的な他者を介して鳴り響くが、この他者を介して更に「存在とは他なるもの」という意味での「他者」が過ぎ越す、とレヴィナスは主張している。「絶対的に他なるものこそ他人なのである」（*L'absolument Autre, c'est Autrui*）（*TI* 39）。（レヴィナスの翻訳者たちは大抵、レヴィナスが人格的・個人的他者を指し示すために用いる *autrui* という語を、大文字で *Other* と訳している。そして、この *autrui* という語は *autre* という語のレヴィナスによる使用とは区別されていて、*autre* は小文字の *other* で訳されている。この翻訳と大文字の使用はいささか問題をはらんでいる。）

「存在するとは別の仕方で」は正確には、倫理的かつ間主観的な関係における「他者‐のために」（*for-the-other*）〔*for*には代わりにという意味も込められている。以下も同様〕であって（ここにはローゼンツヴァイクからの影響が見られる）、言語の匿名で非人称的な効果がまとうもうひとつの形式ではない。「異‐性」（otherness）と「他性」（alterity）それ自体、（たとえフーコー主義者たちのいう「言説的実践」としてであれ）非人称的な言語範疇とその原理へと回収され、他なる人間を全体化し、抑圧するものとなる。この点は今日のポスト構造主義的思考の多くにおいて看過されている。新歴史主義の信奉者たちは、言語それ自体への観念的で没歴史的な焦点合わせから文学研究を救い出したと主張しているが、彼らにも同様の看過が見られる。新歴史主義の基本的な主張によると、「転覆」「脱神話化」「審問」といったものは、隠蔽されたイデオロギーや、知と力の共謀関係に対してわれわれをより「意識的」ならしめることで、「権能付与」、正義、自由の根拠をもたらす[12]。しかし、レヴィナスの論議では「審問とは、非難して、審問されていることにより意識的ならしめるといった事柄ではない。絶対的に他なるものは、意識に反映されるものではない。……われわれが関与するのは意識性を問いただすことであって、問いただしを意識化することではない」（"Trail" 41）。

　フランス語では、意識（consciousness）と良心（conscience）は同一の語によって表現される。そしてレヴィナスにとっても、問いただすものとしての意識は、良心の問題にほかならない。このことは、意識の自我中心性とナルシシズム、その自律性と自己‐一致、その自己同一性と休息の転覆を意味している。ただし、他者の要請を通じての自己からの脱出は「こうした脱出の意識化」ではない。すなわち、問いただすという運動は、否定的なものではなく、私に応答を促すような「絶対的に他なるものをまさに歓待すること」なのである。審問されることは、「他に類を見ないような独自の仕方で、私を他者につなぎ止めること」（"Trail" 41）を意味する。あたかも被造物の全体が私に依存しているかのように。（「問いただすことについての意識」をこのように乗り越える運動は、レヴィナスの思想をエドモン・ジャベスの思想から区別するものでもある。ジャベスはレヴィナスと同時代を生きたいまひとりのフランスのユダヤ人であり、ユダヤ教をポストモダン主義の観点から、同様にユダヤ教の観点からポストモダン主義を解釈した人物である。)

他者は敵対者(サルトルが『出口なし』に記した「地獄とは他人のことだ」という有名な言葉)ではないし、躓きの種でも慰みものでもない。それは「最初の理性的な教えであり、あらゆる教えのための条件」(*TI* 203)なのだ。他者を歓待することは、コギトについての知を超えた知へと導く。それは私自身の不正に意識的になることを意味する。「批判的知としての哲学が、かくして良心とともに始まるのである」(86)。審問することは、「認知《コギタチオ》という素朴行為」すなわち究極の起源ないしは基盤をめぐる虚しい探求の無限退行「のなかで惹起される様々な問いを表している」のではない。審問することとは自由それ自体を審問することである。というのも、「他者を歓待することは、私の自由を疑義に付すこと」(85)なのだから。それに、「みずからに恥じ入ることのできる自由こそが真理を発見する。……道徳性は、自由が、それ自身によって正当化される代わりに、みずからを恣意的で暴力的であると感じるときに生まれる」(83–84)。かくして、審問することは、人格的・個人的有責性のなかで、隣人としての他者に責任を負うことへの呼びかけと化すのである。

繰り返そう。他者の問いの火急性は、単にヘーゲルやフッサール、そして西欧思想の遺産における知性的諸問題に由来するだけではなく、これらの哲学体系から帰結した、西欧史における未曾有の憎悪と暴力と闘おうとするレヴィナスの試みにも由来する。「政治的全体主義は存在論的全体主義に依拠している」(*DL* 257)。というのも、「西欧の政治史思想のなかには暗黙の形而上学」(221)が存在しているからである。レヴィナスはしかしながら、この点でも同様に、戦後フランスの知的傾向には従わない。彼は決してマルクス主義に惹き付けられることはなかったのだ。彼にとって、倫理とは還元不能で、ちょうど存在論に先立つように、政治にも先立つ《いい》ものなのだ。デリダの巧みな指摘によれば、レヴィナスの仕事は「イデオロギーとしての哲学についての非‐マルクス主義的読解」（"Violence" 97）である。もっともレヴィナスは、「マルクスによる西欧観念論批判」に「倫理的」な意図と重要性を認めてもいたのだが。

世界を変革するよりもむしろ世界を理解しようとする企てとして、マルクスは西欧観念論を批判した。マルクスによるこの批判のうちに、われわれは倫理的意識を見出すのだが、この倫理的意識はというと、真理と理念的知解可能性との存在論的同一性を全面的に切断するとともに、理論・観照が他者との係わりという具体的な実践へと転じることを要請する。このように啓示的で予言的な叫びこそ、マルクス主義者たちのユートピアが数多の世代にわたる人々に放った法外な魅力を解き明かすものである。（Kearney, "Dialogue" 33）

この予言的な叫び、そしてほとんどマルクス主義的と言ってもよいような物の見方は、近年の文学理論における「文化的唯物論」の多くの基礎となっている。J・ヒリス・ミラーが鋭く考察したように、脱構築的言語理論の没歴史性に対する非難の論拠はそれぞれ異なっているとはいえ、政治的な右翼と左翼の両陣営共に、「道徳的ないしは道徳主義的な弾劾に訴えている」。左翼は、脱構築論者たちは歴史や社会と係わりをもたず、言葉遊びしかない黙想にふけっている点で背徳的であると主張し、右翼は、言語および人類の伝統に疑義を差し挟むことは非道徳的で虚無主義的であると主張するのである（"Presidential Address" 283–84）。

政治的分析や政治的行動が必要であるという点では、レヴィナスは新歴史主義者や政治評論家たちと意見を異にしているのではない。むしろ、倫理的なものに対する政治的なものと物質的なものとの位置をめぐって両者の意見は分かれるのだ。レヴィナスは政治的なものを、「倫理的なもの」とは区別された「道徳的《モラル》なもの」の領域として定義する。道徳的領域はというと、社会機構、権能の配分と交換、立法についての様々な諸規則ならびに、様々な「利害」の調停を包含している。それに対して、倫理とは極端な没利害、可傷性、他者への感受性の領域であって、それが「道徳性」と化すのは、この領域が、「非人称的な「第三者」」——他者の他者——からなる政治的世界、諸制度や政府へと移行するときである。ただ、重要なのは次の点である。すなわち、「道徳的命令を鼓舞し、方向づけ続けねばならぬこの規範はしかし、間‐人間的なものについての倫理的規範なのである」(“Dialogue” 29–30)。そして、「それ自身にのみ委ねられた政治は暴政をみずからのうちにはらんでいるのである」(*TI* 300)。

言い換えるなら、政治の領域を、倫理のうちに存するその起源から切り離すことはできないのだ。さもなければ、「自分自身の必要性の配慮に汲々とするだけの国家」(*TI* 159) が正当化されることになるだろう。これは真正な正義ではなく、また別の種類の巧みな大衆操作である。第一哲学としての倫理を欠くなら、数ある政治体系のなかで識別を行う方途すらまったくなくなってしまうだろう。おまけに、「全体の平等性は、私の権利を超えた私の義務の過剰、私の不平等性によって産み出される」(*OTB* 159)。そもそも、責任とはまさに「他なるもの」、すなわち包含不能なもののための責任であるのだから、こうした責務は決して満足されることがなく、その成就に応じて更に増大していく。義務は無限なのである。

レヴィナスはここで、人間の自由および正義を求める唯物論的なあらゆる運動に対して、問いを突きつけていると言えるかもしれない。すなわち、「自己を忘却することが、正義を動かす。「そこで知るべきは、」人間が満たされるような平等主義的で正しい国家があるとして……、それは万人に対する万人の戦争から生まれるのか、それとも、万人に対するひとりの還元不能な責任から生まれるのか、そして、このことは友情と顔なしに行われるのかどうか、ということである」（*OTB* 159–60）。換言するならば、抑制や自己放棄、他律性、「受動性」、「存在するとは別の仕方」といった若干の根本的な行為がない限り、どの選択肢も、依然として存在の暴力的で非人間的な領域に関与することになる。それらはいずれも「自我中心性であって、互いに戦争状態にある多数のアレルギー症の自我中心性が、互いに、また各々が万人に抗して争っている」のだ。その背景・文脈が政治学であれ心理学であれ社会学であれ言語学であれ（4）。

レヴィナスがその名著『全体性と無限』と『存在するとは別の仕方で』の双方を、戦争と平和についての省察から始め、それで締め括っているのは偶然ではない。『全体性と無限』の序文のまさに冒頭に記されているのは、「われわれは道徳に騙されているのではないか」という文である。ヘラクレイトスが大昔に「戦争は万物の王である」と言ったように、戦争こそが「現実の真理」ではないのか。そうであるならば、戦争を予見し、勝利する技術としての政治学が「ほかならぬ理性の行使」（*TI* 21）であることになろうし、その場合、道徳意識は「政治的人間の嘲るような眼差し」に対して何ら打つ手をもたないだろう。ハロルド・ダーフィーが指摘しているように、戦争と平和の存在論的ないしは哲学的基礎づけ、および政治学の哲学的位置づけは、政治および社会理論を扱う文献が氾濫しているにもかかわらず、ほとんど看過されてきたテーマであった。間主観性に関心が寄せられているにもかかわらず、レヴィナスを除いてかかる問題に取り組んだ現象学者はほとんどいなかったのである。ハロルド・ダーフィーはレヴィナスの思想のうちに、社会哲学にとっての独特かつ重要な示唆を見出したのだが、これらの示唆は、経験的個人主義や、社会契約と合理性についてのアングロ－サクソン的伝統に挑戦状を突きつけるものだった（“War”

549–50)。

ポスト構造主義批評が政治への転換を遂げたことは、「完遂された観念論は倫理をことごとく政治に還元する」(*TI* 216) というレヴィナスの断言を証拠立てている。文学理論 (特にフーコーの影響下にあるもの) が、知と権力の関係、力と意味のあいだの関係をめぐるより深い考察へと転換を遂げたように、かつての「テクストの快楽」は、「言説の戦争」へと一転されたのである。策略としての政治学は、意味する諸力の戦略的な戯れと交叉している。脱構築論者たちの「テクスト戦略」は「文化批判」へと変形されていった。かかる議論は、「合法化」についての問いを含んでいる。そして、ジャン゠フランソワ・リオタールの見解によると、ポストモダニズムそれ自体、現代における多様な「合法化の説話」が危機的状況にあるということによってまさに定義される。ハーバマスに対する批評的論争で、リオタールは、ヘーゲルの「〈精神〉弁証法」のごとき壮大な説話、意味についての様々な解釈学、あるいはまた合理的主体の解放などはいずれもその効力を有していないと主張している (*Postmodern* xxiii)。これらの全体的体系は、ヴィトゲンシュタインが言うところの、断片化され、互いに異質な「言語ゲーム」へと散逸してしまうのである。

レヴィナスが「政治的人間の嘲るような眼差し」と呼ぶものは、リオタールにおける言語理解の鍵概念として現れる。すなわち、「発語するとは、ゲームをするという意味で交戦することであり、言語行為は、一般的意味での競技の範疇に組み込まれる」(*Postmodern* 10)。リオタールの図式のなかではもちろん、単に勝つためだけではなく、悦楽のために様々な運動をなすことができるが、こうした競技的な言語の「運動」はまた、社会的な絆そのものを構成するものでもあって、どの運動も置換と対抗運動を含んでいる(16)。他の多くのポストモダンの理論家たちと同様に、リオタールも、「合意《コンセンサス》」は「時代遅れの怪しい価値」であり、差異、他性、更には異質性への暗黙の抑圧であると非難する。「しかし、価値としての正義は、時代遅れでもなければ怪しい代物でもない」と彼は指摘し、合意とは切り離された正義の観念が必要だとしている。「互いに異質な言語ゲーム」という認識こそがそのための第一歩なのであり、それは、「複数の言語ゲームが同一構造を保っていると決めつけ、更にはそれらが同一であるように仕向けるところの恐怖政治の断念を含意している」(66)。リオタールの提唱した競技的な言語ゲームのモデルはまた、競技者のあいだで交わされるいかなる契約をも、狭隘で取り消しの危険に曝されたものたらしめる。

「レヴィナス的」な観点からかかる議論を眺める際に、興味深いのは次のような点である。リオタールは、われわれはみな言語活動の主体であり、われわれに先立ってわれわれを形成するコミュニケーション体系のなかに、この体系によって措定されている、そしてまた、われわれの人生や自由は、そのゲームをいかに演じ、それを狂わせるかを知るにいたることにあると主張する。しかし、それにもかかわらず、彼は最終的には、「正義」に訴えて、レヴィナスにおける他性や還元不能な異質性と同一視された「諸価値」を擁護している。けれども彼は、このゲームの参加者が、「恐怖政治の断念」という最初の行為を、なぜ、いかにして抑制するのかについては、何ひとつ説明していない。いわんや彼は、いかなる状況になれば、競技のいかにしてなすのか、また、このゲームを征服し、抵抗を完全に解消しようとする欲望を、なぜ、いかに参加者たちが、初めて公平に、ゲームの諸規則を確立するところの契約に同意することが許されるのかについてもまったく説明していない。言語活動が競技であり、諍いであり、戦争ゲームであるとすれば、正義を訴えるために、あるいはまた、強制的な一連の諸規則に同意するために、「外部」へといつか踏み出すことが、どの参加者に許されているというのか。実際には、かかるモデルは究極的には攻撃のひとつの形式を別の形式に対抗させ、ひとつの暴力を次に続く暴力に対抗させ続ける。ヘーゲルの言い方をもじるなら、ゲームとはつまるところゲームの審判なのだろうか。

かかる問いは、存在（すること）やヘーゲル的歴史や言語ゲームの「外部」「外面性」「超越」「過-越」（ex-cendence）を位置づけることができるかという主要な論点を内包している。リオタールならびに、バルト、バタイユ、クリステヴァ、デリダといった他の理論家たちにとっては、体系を破壊する他性という「剰余」がある限り、「外部」というものが存在する。主要な問い——それはまたベンヤミンやショーレムやレヴィナスの批判的企図の核心を成すものでもあるのだが——はこうなる。すなわち、この剰余と、言語あるいは／ならびにユートピア（どこにもない場所あるいは非場所）的な終末論、あるいは「他の」歴史との関係はいかなるものなのか。

外部性と終末論

レヴィナスが、『存在するとは別の仕方で』のまさに冒頭で問いかけようとしたこと、それは、戦争における「存在すること・本質」と、政治および商業という不安定な平和とのあいだに差異が存在するとして、その差異は「精神の息切れないし息止めを前提としているのではないか。そこで、プラトン以来、存在すること・本質を超えたものが思い描かれ、表現されてきたのだが、かかる息切れないし息止めは、存在すること・本質の彼方の意味を担う〈精神・息吹き〉の究極の可能性ではないのか」（*OTB* 5）、ということである。なぜなら、レヴィナスが関与してきたゲームの領域は歴史という殺戮の場であり、それは「外部」「外部性」から判決を下されねばならないからだ（そういうわけで、『全体性と無限』の副題は『外部性についての試論』となっている）。かかる判決を問いのかたちをとって表現するのは、レヴィナスの文体の特徴である。レヴィナスの作品の重大な箇所では、断言は問いのかたちをとって表現されている。彼の哲学、それは非哲学との境界線上で働き、伝統哲学の理性とは異なる知解可能性の様相を模索する哲学なのだが、かかる哲学的企てのまさに本性こそ、断定が問いのかたちをとって表現されることを要請している。そして、思考の中断としての問いが、思考にとって「外的なもの」のための余地を開くのである。

しかし、この「外部」はいかにして可能になるのか。存在の哲学それ自体が西欧における知解可能性のまさに条件を決定している以上、いかなる場所から、この存在の哲学およびそれに付随する戦争や帝国主義に対して異議を唱えることができるというのか。ベンヤミンやローゼンツヴァイクにとってと同様、レヴィナスにとっても、普遍史〔世界史〕と普遍的理性によって下されてきた数々の審判は、残酷なものだった。というのも、それは全体性のために特異性を打ち砕くからである。これらの審判は言説を窒息させるもので、それらは犠牲者によってではなく生き長らえた者たちによって作られた歴史にほかならない（*TI* 242–33）。「もし哲学が歴史の証言と一致するのであれば」、もうひとつの審判が、「この歴史の証言に対して、そして哲学に対しても同様に、下されねばならない」（243）。ここでは「証言」は、外部性を許容せず、自分自身とその同一性についての意識へとつねに立ち返るような類の理性や思考によって産み出されたものと解釈できる。そしてそれこそが、戦勝者の歴史なのである。「歴史の宣告は生き残りによって発せられるが、生き残りは自分が裁いているところの当の人物たちにはもはや決して語りかけない。……歴史の宣告はつねに被告不在の状態で下される」（240, 242）。

だが、「可視的なものである歴史のもとには、不可視のものたる審判が存在している。主観性にとって必然的に不当で、避け難く残酷であるような最後の言葉への権利を歴史が喪失した場合には、不可視のものが姿を現さねばならない」（246）。レヴィナスも、ベンヤミンと同様に、「経験」に役立つような爆発的な力を探していたのであり、また、現象学の分野での自分の恩師と同様に、彼は、「対象化する思考が、それを培っている忘却された経験によって凌駕されること」(28) を探し求めていたのである。だが、存在者とは「他なるもの」、存在の「彼方」なるものを探し求める過程において、レヴィナスはまた、現象学にいう志向的主体、すなわち「超越論的自我」――その「~についての意識」は把握し、知り、統合し、全体化し、ひいては他なるものを抹消するために作動する――の全体性を破砕しなければならない。純粋認識は、普遍史を超えて、存在とは他なるもの、あるいは平和にいたることは決してない。純粋認識が、歴史を審判に付すことは決してないし、主体に関する裁きを司ることもない。ましてやそれが、哲学による自己正当化に先立って、最終法廷となることなどありえない。そして、このことはベンヤミンもまたよく理解していた。その初期のカント批判から、後期に見られるメシアニズムと唯物論との極端なまでの並列にいたるまで一貫して。

レヴィナスにとって、哲学的「正当性」とは、単に議論の明断性を意味しているだけではない。ここにいう正当性は――まったく字義どおりに――哲学それ自体の理論的根拠ないし「善性」(goodness) の謂である。ここで重要な点は、レヴィナスが、哲学に代わるものとして終末論を置こうとしているのでなければ、哲学を否認しようとしているのでもないということである。レヴィナスが試みているのは、「全体性がそこで破産するような状況、しかし、全体性それ自体の条件であるような状況」へと、全体性の経験を回帰させることであり、哲学もしくは全体性の内部にその彼方への指標を見つけることなのである。このような状況とは「非知」であって、そこで哲学は始まり、それが哲学を可能ならしめる。そして、レヴィナスはこの「非知」を、「〈他者〉の顔〔*le visage d'autrui*〕における外部性あるいは超越の微光」(*TI* 24) のなかに見出す。この外部性は、人格的・個人的なもので、匿名的で非人称的な力ではない。それは命令し、責任へと召喚するのである。

こうした「不可視」の審判の出現は、奇跡的公現にも、超自然的魔術にも、非合理的な熱情にも、弁証の法則にもまったく依拠していない。審判は、レヴィナスのいう主体性のまさに善性として、歴史の内部に生じてくると言うべきだろう。レヴィナスが「他者－のための－一者」として構成しようとしたまさにこの主体性それ自体が、審判として生じるのである。「〈他者〉の顔のなかでそれ［主体性］が私を見つめ、私を告発するとき、——まさにこの公現は、攻撃に苦しむこの者によって、異邦人であり寡婦であり孤児であるというこの境遇によってもたらされるものなのだ」（*TI* 244）。

言い換えるならば、他者の「顔」とは、実存主義的主体性と死への恐怖を、倫理的主体性に、すなわち殺人を犯すことへの恐れに転じるものだと言えよう。この種の審判は、単に告発するだけでなく、他者への無限の責任へと主体性を召喚することによって、この主体性を高めもする。「審判は、それが私に応答を促す限りで、私に対して宣告される。真理はこのような出廷のかたちをまとう」（244）。それゆえ〈私〉とは「選ばれた者」であり、そのような者として裁判に召喚される（245）。デリダがまたしても見事に指摘しているように、『全体性と無限』は、哲学それ自体についての壮大な審判（“Violence” 84）なのである。

だが、こうした審判を、ベンヤミンやショーレムがその解釈を試みた審判、たとえばカフカの小説に登場するヨーゼフ・Kが従わなければならなかった審判と較べた場合、前者が要求していることは後者のそれに比してはるかに明白である。レヴィナスにおける審判は、壊滅的な大虐殺の行われた今世紀の殺人者たちを被告として、犠牲者たちのためになされる裁判所となるのだ。それは歴史の審判ではある。だが、この審判は、「歴史の普遍的判決を超えて、侮辱された者による侮辱を見るために……主体性のあらゆる資源を要請する」（*TI* 246–47）ところの審判である。因みに、このような侮辱は、「普遍的な」ヘーゲル史観それ自体が、個別性を抹消することで再生産されていく。以上のごとき審判の最終原理となるのは〈善性〉であるが、それは「他者が自己以上に重要であるような存在のなかにその場を得ることで存立している」（247）。

　言うまでもないことだが、審判という隠喩は、ユダヤ思想ならびに文学のうちに深くその根を下ろしている。ソドムに住む義人たちにもたらされるべき正義をめぐって、アブラハムが神とのあいだに交わした壮大な議論（『創世記』一八）から、神に対して公正なる審判を求める、ヨブの苦悩に満ちた誓願にいたるまでのユダヤ思想ならびに文学のうちに[13]。レヴィナスによる哲学の審判は、〈他者〉、無限の概念、痕跡、存在を超えた〈善〉といった用語で彼が強調した「外」ないしは「外部性」と関連づけられている。この審判はまた、彼が『全体性と無限』の冒頭で、「予言的終末論」「メシア的平和の終末論」と呼ぶものとも関連付けられる。レヴィナスはそれを「彼方」との関係として展開しているが、ここにいう「彼方」は、存在の背後にある存在でも、より真なる何らかの不可視世界でも、まったく自由で恣意的な主体性が統治するような「空虚」（あるいは、ショーレムのいうところの「〈啓示〉という〈虚無〉」の否定）でもない。この彼方は、全体性に対する「剰余、過剰、そこからの流出」（*TI* 22）であって、それは、否定的ナ道ではなく、このうえもない卓越ノ道なのである。

　レヴィナスは、デカルトのいう「無限の観念」のうちにその先駆を見出していた。「無限の観念」は、無限を思考する思考からの無限の横溢として定義される。したがって、無限との関係が「経験」のうちに自閉することがないのに対して、無限の「無限化」はまさに経験からの横溢として生じるのである。このことが、まさしく、「可能性という状況」にほかならないのだろう。「もし、経験なるものがまさに、絶対的に他なるもの、すなわち思考をはみ出すものとの関係、語の十全なる意味での経験を完成させるような無限性との関係を意味しているならば」、かかる「無限化」こそまさに経験の「可能性の条件」であろう。それは、経験のその「内側」「外側」双方であることによって経験を十全に完遂させ、そうすることで、どの瞬間にも歴史を裁きに付し、歴史を贖うことができる。「われわれは戦争の客観主義に、終末論的ヴィジョンから生まれた主観性を対置させる」(25)とあるが、――ここにいう主観性とは、個人的な自我中心主義ではなく、無限の観念のうちに基礎づけられ、みずから審判へと召喚されるところの主観性であり、それは自身を正当化するとともに、この審判に参画しもするのだ。

だが、この剰余はなぜ、「メシア的」ないし「予言的」終末論と呼ばれるのか。どのような意味で、この剰余はユートピア的で理念的な夢想であるのか。また、これらの「神学的」暗示はどのような意味を有しているのか。ヘーゲル弁証法が証明しているように、存在者の背後にある存在者は依然として存在論の領野に属しており、否定はそれが否定するものに依然として結びつけられている。それに対して、剰余あるいは過‐越(ex-cendence)は、これとは別の種類の彼方であり、存在するとは「別の仕方」であって、それらはまた「全体性ならびに歴史の内部に、経験の内部に反映されもする」。

歴史の「彼方」としての終末論的なものは、歴史ならびに未来の支配から諸存在を引き剝がす。終末論的なものは諸存在をして、その十全なる責任に目覚めさせ、責任を果たすようこれらの存在に呼びかける。終末論的なものは、歴史全体を審問に付すのみならず、歴史に終末を徴す数々の戦争に対してさえも外的なものとして、個々の瞬間を歴史と未来から引き剝がし、これらの瞬間に十全なる意味を取り戻させる。それも、ほかならぬこの瞬間それ自体のうちで取り戻させるのである。この限りで、どんな訴訟も審理を十分尽くして結審の時を迎えている。重要なのは、最後の裁きではない。重要なのは、時間のうちに存するありとあらゆる瞬間の裁きであり、それは〔死者ではなく〕生者を裁く裁きなのである。(23)

ベンヤミンにおける現在時というメシア的瞬間と同じように、この終末論的彼方が意味しているのもまた、直線的で空虚な時間の爆破であり、自己完結した歴史体系の破壊であり、瞬間を贖うような判決である。この判決はたしかに歴史を破壊するが、それは単なる否定ではまったくない。レヴィナスは、個々の存在者が全体性の支配から解放されるような解放の肯定的契機を探し求めているのだが、こうして解放されると、個々の存在者は、歴史のなかで語ることができ、その声が黙したものならざる人格的で個人的な「実存者」として肯定されるにいたる。ただし、この審判はこれらの人々を責任へと召喚するものでもある。審判が彼らを解放するのは、恣意的な自由やデュオニソス的恍惚をめざしてのことではないし、また、〈存在〉への受動的な聴従をめざしてのことでも、大衆の反乱をめざしてのことでもない。

ローゼンツヴァイクはまたしても、ここで決定的な影響を及ぼしている。歴史、神学、哲学、政治、救済についての彼の省察が、歴史に対する審判の端緒を築いているのである。ローゼンツヴァイクによる哲学批判は、政治批判、とりわけ、ヘーゲルの国家ならびに歴史に対する批判と分かち難く絡み合っている。ベンヤミンやショーレムと同じように、ローゼンツヴァイクもまた、破局的な国家主義と第一次世界大戦時の非道きわまりない大量殺人によって、深刻な衝撃を受けた。そもそも、こうしたキリスト教ヨーロッパ文明の全壊を前にして、この文明それ自体を「世界史の具現」とみなす、ヘーゲルの主張をいかにして支持できるというのか。現代の最も優れたローゼンツヴァイクの読み手のひとりであるステファヌ・モーゼスが記しているところでは、これらの血なまぐさい破局は、「国家間の対決を貫いて、普遍的〈精神〉

の構成が成就されるとするヘーゲル的歴史観」（"Hegel" 329）を確証すると同時にそれを糾弾したのだった。なぜ確証すると同時に糾弾したのかというと、それは、戦争、暴力、破局という政治的な現実性それ自体が、ヘーゲル的歴史を実際に裁いているからである。言い換えるなら、モーゼスが巧みに指摘しているように、ローゼンツヴァイクにとって、ヘーゲル的体系はあまりにも真実味を帯びているのである。この体系はあらゆるものを包含する。そして皮肉なことに、その正しさは現代史において証明されたのである。しかし、この正当性はというと、恐怖をもたらすものでしかない。歴史をこのように解明することへの非難は、「道徳的な性質を有しており、したがって、それは体系にとって外的である、それも、体系の諸公理を拒否するほどに」（332）。こうして拒否されるのは何よりも、『法の哲学』に記されたヘーゲルの根本的公理で、それによると、戦争それ自体が道徳性の現れなのである。（われわれはここで、レヴィナスもまた、まさに戦争の道徳性をめぐる問いをもって『全体性と無限』を始めていたことを思い出す。）

ベンヤミンやショーレム同様、ローゼンツヴァイクも、歴史についての数々の通念と闘った。その彼には、歴史とは〈精神〉の発展を通じてなされる〈理性〉の漸進的審判であるという、みずからの師マイネッケやドイツ修史学派の見解を受け入れることはもはや不可能だった。レヴィナスも指摘していることだが、ローゼンツヴァイクの思想は、彼の生きてきた時代の出来事だけに係わるのではなく、現代史の破局を「予感」したものであり、これらのできごとへの責任を生み出すような「思考様式の破壊」、「ヘーゲル哲学が依然としてその顕著な表現であるようなヨーロッパを脅かす危険の予感」［強調レヴィナス］（"Une pensée" 211, 209）でもあった。ローゼンツヴァイク、ベンヤミン、ショーレムにとっての第一次世界大戦は、レヴィナスにとっての第二次世界大戦ならびにホロコーストと同じものだったのだろう。レヴィナスは、ローゼンツヴァイクの思想に「他なる」歴史もしくは「反歴史」の源泉を見出す。それはある意味では、ベンヤミンやショーレムが構成しようとした歴史と類似しているものの、別の点ではそれらとはまったく異なっている。

救済、時間、永遠に関するローゼンツヴァイクの分析はあまりにも複雑で、本論で論じ切ることはできない。ただ、あとの章で、私はこの点についてもう少し詳しく論じる予定である。ここでは、次のことを指摘しておけば十分だろう。すなわち、ローゼンツヴァイクにとっては、ユダヤ教ならびにキリスト教の共同体で実際に行われる集団礼拝やお勤めや儀式や説話はそれぞれ、永遠性と救済が時間と瞬間のうちにもたらされる仕方を具現している。ローゼンツヴァイクはまた、ユダヤ教とキリスト教が辿る道行きはいずれも真理や救済にとって本質的であるが、両者はそれぞれが互いに独立したものとして生きられることで互いに補完し合うとも主張していた。しかし、ローゼンツヴァイクは、ユダヤ教とキリスト教との関係をめぐる従来の慣習的な考えを転覆している。彼の図式のなかでは、ユダヤ民族とその祭暦の自足した円環の枠内で、「さまよえるユダヤ人」はすでに永遠性（〈永遠の生〉）に与している。これとは対照的に、キリスト教徒は〈永遠の道〉——歴史を通じて進歩し、歴史を包摂する限りでの教会の道——を歩み、イエスの復活を待ち望むあいだに異教社会を改宗させるという征服的伝道を通じて、国家と権力の政治へと踏み込んでいく。キリスト教徒は、甦りの必要性と原罪に絶えず関心を払うが、他方ユダヤ人はというと、ユダヤ人として生まれ、改宗を必要とせず、ユダヤ民族の無数の世代を貫いてすでに「永遠の生」を生きている。こうした世代の連鎖は超歴史的なユダヤ教共同体を構成し、それは〈終末〉の予期と永遠化を、ユダヤ教の典礼的で社会的な生活様式を通じて伝えるのである(14)。

ある面から見れば、ローゼンツヴァイクは、ユダヤ人を本質的に「歴史を超えた」場所に位置づけているように見えるが、もちろん、彼の思想のこうした側面は最も大きな問題を含んだもののひとつである。

というのも、もしユダヤ人がすでに永遠性のなかを生きているのであれば、いったいどのような方法で、ユダヤ人という集団的な生存は、土地、シオン、国家、法、政治と結びつくのかが分からなくなるからである。われわれがこれまで見てきたように、ショーレムは、ユダヤ教メシアニズムの黙示録的要素と破局的要素を対立させ、それらのアナーキーな潜在力を弱めたとして、ローゼンツヴァイクを厳しく批判していた。ショーレムは更に、ユダヤ教をめぐるローゼンツヴァイクのこうした見地は、政治的に無力であり、過度に保守的であり、伝統的なラビの律法と実践に対してあまりにも肯定的にすぎると考えていた。だが、ローゼンツヴァイクの立場は、レヴィナスのそれと同様に、この「抑制」、そして、政治的残虐のこの「彼方」こそ、ユダヤ民族の力の核心を成すものであり、ユダヤ民族の存続とその永遠性の秘密であるとするものだった。ユダヤ人は、現世の歴史、つまり、政治、戦争、土地への定着といった策謀によって定義される歴史をものともしない。数々の国民や民族を創り出し、変化させてきた国家の暴力、戦争や革命は、ユダヤ人の永遠性に何ら影響を与えるものではない。というのも、ユダヤ民族の永遠性は、ユダヤ教的時間の特殊な諸様相のなかで——この民族の法や慣習等々の儀式的な諸範型のなかで創造されるものだからである(15)。

とはいえ、ユダヤ人がこれまで、過度の苦痛を与えられながら世界史の暴力に曝されてきたこと、世界史の無惨な残虐さや激情の悲劇的な犠牲者であり続けてきたことは、紛れもない事実である。ローゼンツヴァイクがユダヤ人を歴史の「外に」存在する者として描出するとき、彼が言わんとしたのは、——再びステファヌ・モーゼスの言を引くならば——、ユダヤ人の集団的生存の時間性は西欧の歴史意識のそれとは全面的に異なったものであるということだ。あるいはまた、これまでの措辞を用いて説明するならば、ユダヤ人の集団的生存の時間性は、ベンヤミンやレヴィナスならば、歴史の「真下」あるいは、それに

「逆らって」走っている「他なる歴史」――「他者の時間」あるいは「もうひとつの時間」と呼ぶところのものを構成している。世界史に対する、ユダヤ人のまさしく辺境性こそが、彼らの「別の仕方で存在すること」であり、歴史に対して彼らが果たす役割もそのようなものとして確証される。歴史から「離れて」、永遠性にもとづいて生きるユダヤ人の生存は、ユダヤ人以外の歴史と諸国民の救済という目的地へ導いていく象徴となるだろう。ヘーゲル史観の代わりに、ローゼンツヴァイクは、

不連続的で非累積的な歴史の理念を素描しようとした。かかる歴史は壮大な文明や政治的大事件の継起によって節目を刻まれているのではなく、象徴的価値を授けられた質的に有意味な事実のその都度独自な生起によって節目を刻まれており、これらの時間的生起の継起は、外観的歴史の記録の下に隠れた（そして、時にはそれに抗った）、世界への〈救済〉の不可視的な到来を指し示している。（"Hegel" 330）

あるいはまた、レヴィナスの言葉を用いるならば「審判という不可視のもの」となるだろうし、ベンヤミンの言葉を用いるならば「現在時」ということになろう。不連続的歴史というこの見方は、フーコーから新歴史主義にいたるポスト構造主義思想のなかで改めて考案された歴史の若干の特性と一致している。だが、レヴィナスの取る立場からすると、ポスト構造主義的歴史の「転覆性」あるいは「他性」は、政治における力の闘争、戦略、策謀といった政治の内在的領域を離れるものではないだろう。ローゼンツヴァイクやレヴィナスの強調すること、それは、政治そのものとは「別のところ」、それとは「他なるもの」なしには、歴史の暴力や抑圧に対する審判やその取り消し、更にはその転覆すら不可能であって、そこではただ、暴力だけが繰り返されるということである。

おそらくベンヤミンもまた、唯物論的な反歴史とメシア的終末論との絡み合いによってこのことを了解していたのであろう。ローゼンツヴァイクが明らかにしたのは、神意によって制定されて現実性をあとから付け加えられるような終末論ではない、とレヴィナスは書いている。むしろ、「それは〈存在〉の第一義的座標の輪郭を描いている」(“Une pensée” 212)。言い換えるなら、レヴィナス、ローゼンツヴァイク、そしてベンヤミンが銘記しているのは、世界史の内在性を中断するような時間を通じて可能となるような審判の観念である。ローゼンツヴァイク論のなかでレヴィナスは、「歴史の終末に先立って、この終末とは無関係に」、世界はどんな瞬間にもその審判の時を迎えていると書いている。「現実性の外傷は宗教的歴史である。この歴史は政治的歴史を支配している。これがローゼンツヴァイクの反ヘーゲル的な立場である」(“Entre” 137)。

しかし、レヴィナスの著作はローゼンツヴァイクの影響を受けているとはいえ、哲学的著作のなかで、彼が「存在とは別の仕方」を、ユダヤ民族の生存もしくは何らかの宗教現象学と関係させることはまったくない。それどころか、レヴィナスはこうした話題について言及さえしようとしない。彼は、こうした開け、審判のこうした可能性を、どんな人間にも可能であるような経験それ自体の内部に見出そうと努めている。あるいはまた、彼が数あるローゼンツヴァイク論のひとつのなかで書いているように、「現世的イスラエルを超えたイスラエルは、歴史の単に権威主義的な宣告を拒絶するすべての人々を包含しているのである」(“Entre” 221)。レヴィナスのメシア的終末論は、ベンヤミンのそれと同じように、宗教や教条《ドグマ》、道徳であろうとはしないし、ましてやこの終末論は神秘主義でもない。デリダが記しているように、「このメシア的終末論は、神学や神秘主義に対する審判として理解することすら可能である」。それは「剝き出しの経験の内部に存する空所ないしは窪みであり、そこでこそ、この終末論は理解されることができ、また、鳴り響くはずである。……この終末論は開けそのものであり、開けの開け」であって、それはいかなる全体性のうちにも閉じ込められることがない（"Violence" 83)。

要するに終末論は、全体性、戦争、そして帝国を打ち砕く、無限性との関係なのである。そのようなものであるがゆえに、この終末論は、戦争ならびに全体性としての「存在（すること）の歴史」であるような歴史の内部で、かかる戦争の終末もしくはかかる歴史の終末として構想されることはありえない（*TI* 24)。レヴィナスが志向したのは何らかの「目的論」ではないし、ましてや彼は、この終末論が「実証宗教において啓示された見解と等しく」なることを望んでもいない。そうした見解から成る数々の神学は存在論に従属しているのだから。次章でわれわれは、レヴィナスのいうこの平和の終末論、「他性との非アレルギー的関係」がいかにして、言語——正確には責任、正義への召喚——の核心部に埋め込まれているかを見る所存である。「平和は、発話へのこの能力として生起する」(23)。時間それ自体のまさに時間性こそが全体性を打ち砕く。時間、「痕跡」、繁殖性、言語、「顔」のうちに、日常生活と経験のうちに、そしてどんな瞬間にも審判がありうること、このことをレヴィナスは見出したのである。

第7章　痕跡、顔、他者の言葉

時間と他者

——時間が必要であるということの意味、それは、われわれは未来を予期できず、すべてを待望しなければならないということ、そして、われわれの所有物は他なるものの所有物に依存しているということである。

（ローゼンツヴァイク「新しい思考」一九九頁）

デリダは、初期の代表作のひとつ『グラマトロジーについて』（一九六七）のなかで、「痕跡」という観念について自分はレヴィナスに借りがあると認めている。「こうして私は痕跡という概念を、エマニュエル・レヴィナスの最新作および彼の存在論批判の核心部と関連づける」（70）とあるが、ここで言及されているのは、一九六三年に発表されたレヴィナスの論考「他者の痕跡」である。この論考のなかで、レヴィナスは、「痕跡」ならびに他者の非共時的な時間性という観念を展開することで、〈存在〉とは異なる他者の「経験」が、哲学を断念したり超越への盲目的な信仰に訴えることなくいかにして可能であるかを説明しようとした。

分離としての他者――ここにいう他性は他者とのいかなる同一化、いかなる融合をも超えた他性である――との遭遇、全体性に穿たれた開口もしくはその断絶としての分離といったレヴィナスの考えはまた時間の開けでもある。他者との融合は脱自的恍惚なる無時間性を意味しているが、それに対して、時間はただ分離された他者によってのみ生起する。言い換えるなら、「存在するとは別の仕方」は何か無時間的な永遠の相のもとに現れるのではなく、それは時間の時間化〔時熟〕のなかで出現するのだ。しかし、ヘーゲルが示したように、歴史があらゆるものを最終的に主体へと回収してしまう普遍性の閉じた体系として定義される場合には、このような時間は「歴史」の外部に位置する。他者の時間性および「存在するとは別の仕方で」はまさしくこうした世界史を中断するものの謂である。それらは世界史によって同質化されたり回収されたりすることのありえないものなのだ。

とすれば、時間には二つの相貌があることになろう。すなわち、第一は還元不能な隔時性で、そこでは時間は数々の瞬間の連続であり、また、各瞬間の合間は区別と差異を許容する。それに対して第二は、世界史および記憶の時間で、そこでは、数々の瞬間はひとつの全体へと綜合され同時化され、「回収される」(1)。言うまでもないが、時間ならびに、記憶、神話、修史、意識、想像力による時間の回復・再構成というこの問題は、モダニズムとポストモダニズムにとっての主たる関心を成している。ベンヤミンのいう「歴史的唯物論者」は、「歴史主義」の連続性を打破するために、これら通約不能な諸瞬間から成る革命的で救済的な新たな星座＝布置を構成した。同様に、レヴィナスが世界史に対して投げかけた非難もこの文脈から理解されねばならないだろう。すなわち、「歴史」や「記憶」について語るときレヴィナスが言及しているのは世界史であって、彼は回収不能な瞬間、隔時性、更には「アナクロニズム」をもってこの世界史に反対しているのだが、隔時性や「アナクロニズム」はというと、ヘーゲル弁証法でも、現象学的意識においても問題にならず、かくして、自同性ないし共時性の全体性のなかではその他性を失ってしまうところの何かなのである。

この分析に従うと、「表象」「概念」「論理」「歴史」「記憶」の一切が最終的には他者を自同者へと連れ戻すのだが、それゆえ、これらのものにとっての他者を導出するに際して、レヴィナスは、「現に表象可能などんな起源よりも古き過去、前－起源的で無－起源的《アナーキー》な過去」（*OTB* 8）を語ることになるだろう。この試みはまたしても、修史的時間の流れを中断させる離接的でメシア的な瞬間というベンヤミンの考えに類似している。レヴィナスと同様、デリダも差延、同一性の崩壊、回収不能な推移といった語彙を用いて時間性を表現してはいるが、レヴィナスによる時間性の分析はまた、老い、受動性、忍耐、身体、感受性、曝露といった語彙を用いても遂行されている。

繰り返しになるが、レヴィナスにおける未来ないし開けとしての他者の時間は、「異世界的なもの」ではない。否、そうではなく、デリダがレヴィナスの考えについて記したように、「他者は経験の核心に現前している。それも、完全なる現前としてではなく、痕跡として現前している」のだ。この考えは重要である、とデリダは論を続ける。というのも、この考えは、終末論を信奉するどんな教義や信条にも先立って、「経験それ自体がその起源において終末論的である」（"Violence" 95）ことを表しているからだ。西欧形而上学の試みとは異なるデリダ独自の非－場所《ウートポス》の探求について、この探求は予言的ユートピア思想として解釈できるのかどうか、とリチャード・キアニーに問われたとき、それに対してデリダ自身は、脱構築に含まれた、他性の呼びかけへの応答という肯定的契機を強調することで答えた。たしかにデリダは「終末《エスカトン》」もしくは「究極的目的《テロス》」という伝統的観念を問いただしてはいるが、しかし「このことは私〔デリダ」がメシア主義的ないし予言的終末論の一切の形式を斥けているという意味ではない。私が考えるに、真正なるどんな問いかけもある型の終末論によって呼び出されるのである」。デリダは、「砂漠における脱出や撒種」のような予言的機能を脱構築に果たさせうるかもしれないとの「希望」を抱いてはいない。けれども、脱構築が一種「予言的な響き」を有するものであることは認めている。ただし、それは希望を求めての希望なき探求として、なのだが（Kearney, *Dialogues* 118–19）。ここでもまた、カフカやベンヤミンとまったく同じことが言われている。「希望、希望が一杯だ、しかしわれわれのための希望ではない[2]」。

「他者の痕跡」という論考のなかで、レヴィナスは、「他律的な経験」——絶対的他者についての経験——というみずからの逆説的な概念を説明するために、追放と砂漠という同じ比喩を用いている。彼の主張によると、あるひとつのカテゴリーや自己回帰に転じることのありえない、そのような他者へ向けての数々の「運動」や「態度」が存在するのである。それらは、相互的な見返りを期待しない一方通行的な奉献（offerings）であるような善良さや勤めという様式のもとに見出される。彼が好んで例に挙げるのは、旧約聖書のアブラハムの生地ウルからの旅立ちであり、それはイタケー島へのユリシーズの最終的な帰還とは対照的なものとみなされている。「一方通行的な活動」として、かかる運動は時間性と忍耐を必要としているのだが、ここにいう時間性と忍耐は究極的には、「自己成就の同時的に立ち会うのを断念し、約束の地に足を踏み入れることなく勤めることを」意味している。このように他者へと方向付けられた勤めとは、未来へと方向付けられた勤めであり、「私の-死-を超えた-存在」に向けての勤めである。この「死-を超えた-存在」〔死-を超えて-存在すること〕が、ハイデガーの鍵概念である「死-に臨む-存在」に異議を呈しているのは言うまでもない。レヴィナスにとって、勝利は、「私なき時間」、私の時間の地平を超越した時間において生起するもので、このような時間は「自己のための希望をもつことなき終末論であり、私自身の時間からの解放」（"Trail" 38）なのである。
『全体性と無限』では、諸々の作品や意志や労役もが前述したような種類の時間性を産み出す際の方途について広範な分析が行われている。約言すると次のようになる。すなわち、作品はその著者および著者の意志から時間的に分離されている。作品はこのように「疎遠な意志の意図」に、みずからに内在する誘惑と裏切りに臣従している（*TI* 227）。けれども、自分自身の作品からの作者の意志の分離は、意志が自分自身について審判を下すために必要な肯定的で潜在的な隙間であり、また、意志が他者‐のためにあるための可能性である。（こうした考えは、「受容理論」（reception theory）として知られる文学批評の形式や、作品の「後世」というベンヤミンの観念とのあいだに興味深い類似を有していて、前者はまた後者に応用されてもいる。）時間的存在であるとは、死に同意するとともに死に反対することである。なぜなら、死は単に非存在を意味するのではなく、疎遠な意志への臣従をも意味しているからだ。死に面した隔たりのなかで、意志は「〈他者〉のために存在するための時間を有する。こうして意志は、死にゆくにもかかわらず意味を奪回する」（236）のである。

時間的であることはそれゆえ、遅延ないしは延期として「時間を有する」ことであり、このことが現在と未来からのまさに距離をかたちづくるのだが、この距離は現在を「諸可能事の無尽の多様性へと」分割し、これらの可能事が「瞬間を一時中断し」（238）、また、このようにして瞬間を修正できるのである。現在からの距離を維持することはまた、忍耐、試練、希望の謂である――、それは「身に蒙る受動性であるが、まさに支配でもある」。「意志にとって最高の試練は死ではなく苦しみである……。暴力が〈言説〉を停止させることはない。一切が仮借なきものであるわけではない。そのような場合にのみ、暴力は忍耐を通じて甘受しうるものとなる。忍耐は、私が誰かのせいで、あるいは誰かのために、誰かの代わりに死にうるような世界においてのみ生起するのだ」（239）。エゴを超える動きとしての「他者‐のために」は、弁明としての、そしてまた、「みずからの証言をめぐる真理をそこから授かるために」自分自身を審判に付すこととしての主体性の様態であって、かかる審判は主体性を、死に抗して（240–41）、その特異性において確証する。これは、意志を欠席裁判にかけ、意志を殺すような世界史の審判を超えた審判である。死を制覇する「他者‐のために」というこの観念とローゼンツヴァイクの『救済の星』第二巻の重要な第一章で考察された「啓示」の観念との類似は重要である。この章は「愛は死と同様に強い」という『雅歌』八・六の一節より始められている。証人および「他者のために、他者の代わりに死ぬこと」の観念と、ホロコーストからの生還者としてのレヴィナスの感受性との関連については、次章で取り上げることにしたい。

要約すると、終末論とは他者の時間であって、それは他者へと向かう自己の無償の勤めに依拠しているのだ。レヴィナスはこの運動にギリシャ語の「レイトゥルギア」〔典礼／奉仕〕を充てているが、彼の記すところでは、この語は本来いかなる付帯条件も加えることなき無償の投資という意味を含んでいる。——すなわち、それは宗教的な含意を伴わない「倫理的なものそれ自体」としての「絶対的忍耐の行い」（"Trail" 38）のことなのだ。その意味では、「典礼」（liturgiy）という用語もまた、レヴィナス哲学のまさに動きをきわめて巧みに描出していると言えよう。

繁殖性

これまで述べてきたような審判は、しかしながら、「無限の時間」、すなわち原因と結果から成り立つ可視的な歴史的時間を超えた時間を必要としてもいる。『全体性と無限』の終わりにかけて、レヴィナスは歴史、時間、形而上学、そして超越の問題をエロスと結びつけて論じているが、ここでもまた、レヴィナスの論じ方はフランスの他の理論家たちのそれとはまったく異なる。レヴィナスの主張によれば、エロスは魂と魂の融合においてその極みに達するのではない。反対に、愛の情熱《パトス》とは二者の融合能わぬこと、つねに分離されていることの謂である。超越を産み出すのは両性のあいだのロマンティックな愛ではなく、繁殖性、子との関係というありふれた現象であって、そこには、「無限の時間」「絶えず再開される存在」もしくは絶対的未来が見出される。「私のものでありながら私のものではなく、私自身の可能性でありながら同時に他者の、〈愛される者〉〈愛される女性〉の可能性でもあるような私の未来は、可能事の論理的本質に組み込まれることはない。このような未来、可能事への権能には還元不能な未来、このような未来との関係こそ、われわれが繁殖性（fecundity）と呼ぶものである」（*TI* 267）。

繁殖性は、単なる生物学的事実もしくは自己探求的なエロスの盲目的な衝動と考えられてはならず、「ひとつの存在論カテゴリーとして成立されねばならない」（227）。父性とは「生物学的な生によって産み出されることも」可能だが、「しかし生物学的生を超越したところで生きられるものである」（247）。言い換えるなら、繁殖性とは、形式論理学を逃れ去るような同と他との関係を描出しているのだ。「私とはひとりの他者である」とはランボーの絶望的な嘆きであった。しかしながら、子においては、〈自我〉はまったく肯定的な意味で他者である。「たしかに父性は自己同定であり続けるが、自己同定の内なる区別でもあり――形式的論理学では予見不能な構造である」（267）。子は同一者であると同時に他なるものであり、未来へと生き続けるものであり、時間の刷新であり、その中断、不連続性である。子は私の死を超えて生き、絶えず再開される存在として、絶対的な未来、無限の時間との関係を確立する。かくして繁殖性は、全体性の内部で生起する現象ではあるが、この現象は同時に全体性を破壊するものなのだ。繁殖性は、「いまだない」を産出し維持するが、これが世界史の自己完結的な循環を打ち破るのである。

繁殖性による刷新は、同の反覆ではない——それは差異である。レヴィナスは更に、かかる刷新は、存在（すること）についての一枚岩的でモナド的な考えを破産させると論じているが、このような考えは古代ギリシャの哲学者パルメニデスに見られるもので、彼は存在を変化せざる一者として定義し、それを思考と同一視した。パルメニデス的な考え方はというと、「〈一者〉と〈存在〉（すること）との不可分な結合にもとづく」（274）西欧論理学の主たる源泉である。それに対して、繁殖性においては、「存在は多様なものとして、同と他への分裂として産み出される。そして、これが存在の究極的構造である。それは社会性であり、したがって時間である。かくしてわれわれはパルメニデス的存在の哲学と縁を切る」（269）。

パルメニデス的存在との絶縁はまた、運命や変化なき生の閉じた円環、更には周期的でつねに反覆される時間との絶縁をも意味している。すなわち、「自分の宿命とは別の宿命を容れうる存在が、繁殖力ある存在なのである」（282）。それゆえ父性とは、まさしく子の不連続性によって、運命および加齢に打ち克つその様式である。なぜ子の不連続性と言ったかというと、子もまた親と訣別し、過去を変容するような再開を許容するからである。繁殖性においては、時間は何か新たなるものをもたらす。それは同時に「連続性の破壊であり、この破壊を介しての連続性」（284）である。

無論、こうした繁殖性という父性の範型は、父子関係がそこでは宿命的な不和であり戦争であるようなフロイト的もしくはエディプス的範型とは対照的である。父性のうちに存する否定的で仮借なく苦痛を強いる宿命としての、こうした〔フロイトにおける〕断絶、不和、不連続性は、ハロルド・ブルームがその「影響不安」の理論のなかで採用した範型である。すなわち、遅れてきた詩人は、先行する詩人とエディプス的闘争を行うが、それは独創性という詩的空間を切り拓き、みずからが父となり、その座を取って代わることを目的とした闘争なのである。(こうした範型は前章で追跡したモダニズムの情熱と共鳴するものだ。――それは、完全に新しくて独創的であるが、それにもかかわらず、つねに過去へと回収されるものを探求しているのである。) レヴィナスは心理学におけるエディプス・コンプレックス的な諸現象の実在を否定してはいないものの、それらに存在論的な優位性を付与することは拒絶する。レヴィナスにとって、自分自身の起源と化して、存在のための自律的原理たらんとする企てはまさに、ナルシスティックで帝国主義的な理性の仕儀にほかならない。それに抗して、レヴィナスは先行的な「複数理性」を導き出す。それは、己が起源たらんとする模索する自分自身のための理性ではなく、他者-のための理性なのである。そして、レヴィナスがそのうちにこうした他者-のためにを見出す諸領域のひとつとして、性および親であることそれ自体の複数性は、身体と子の産出のなかで上演されるのである。

『全体性と無限』では、「父性」は生殖的な親より以上のものを含意している。一方、『存在するとは別の仕方で』では、あとで見るように、レヴィナスは、この根底的な他者-のためにを母性と同一視することになるだろう。『第二の性』でシモーヌ・ド・ボーヴォワールは、『時間と他者』(一九四七)でレヴィナスが他性と女-性を連合したことに関して、「男性の優位性を肯定したもの」(xix)としてそれを厳しく攻撃した。しかし彼女は、レヴィナスによる批判の核心が、同一性というナルシスティックな論理一般に向けられており、また、彼が、意識的なエゴとの関連で、命じ裁く立場を他者のものとして断定している点を無視しているか、さもなければ誤解している。近年のポスト構造主義的フェミニストの主張が「ファロス-ロゴス中心主義の特権[3]」の取り消しとして他性を捉えていることを、レヴィナスは何年も前に予見していたように見える。ド・ボーヴォワールの見解の雛形となったのは、己が自由を守るために敵対的他者との闘いに明け暮れる自由で対自的な意識という実存主義的範型であった。構造主義およびポスト構造主義の思想では、自由で自律的で自分を中心とした意識というこの考えは放棄される。

繁殖性における不連続性が、絶対的な自己起源化という運命的企てをその彼方へと導いていく限りで、それはまた、記憶の場合よりもさらに「自由な」過去との関係を内包してもいる。記憶は、プルーストがその偉大な小説に冠して有名になった題名にもあるように、「失われた時を求めて」いる。ベンヤミンはというと、近代の代表的な作家の作品における時間と記憶の困難、更には過去の重荷に辛辣な分析を加えた。レヴィナスとベンヤミンは、過去を修復し回復するための方途を見出そうという狙いでは一致する。けれどもレヴィナスは、他者の‐不連続的な‐時間としての繁殖性のなかに、未来の無限性に対する積極的な関係、過去に対しては非郷愁的で、非宿命的で非神話的であるような関係を見出す。「繁殖性は老いた世代を産み出すことなく歴史を継続させる」（*TI* 268）のである。まさに時間の時間性として、繁殖性は、何かまったく新しいものへの可能性をはらんだ過去との関係、そしてまた、加齢による負荷を負うことなく自由に過去へと回帰できる方途を包含している。「瞬間のこうした再開、すなわち、老いて死にゆく存在に対する繁殖性の時間の勝利こそ、赦しという時間の営みにほかならない」（282）。

換言するならば、繁殖性とは、赦しや癒し、過去の修正をもたらすような潜在力を宿した再開である。赦しとは、過去および事物の自然な順序の反転という逆説である。過去を無効化する忘却とは異なり、赦しは過去に働きかけそれを反復し純化するとともに、このできごとを現在のうちに保持する（283）。過去に対する二つの関係――「記憶／忘却」と「繁殖性／赦し」――のあいだのかかる相違は、ポール・ド・マンの事例を分析する場合にも用いることができるかもしれない。ド・マンはモダニティーの不可能なアポリアを記憶／忘却という対照的な用語で分析したが、かかる分析は、過去に対する審判にも過去の赦しにも余地を残すことなき過去の重荷を扱うひとつの方途であった。更に言えば、ド・マンにとっての他性は決して人格的な「他者」でなかったために、言語と歴史に対するド・マンの脱構築は、ハイデガーのいう〈存在〉やブランショのいう非人称性やヘーゲルのいう非人称的理性のような〈中性的なもの〉(Neuter)の哲学全体と部分的に共通しているのだが、レヴィナスはというと、このような哲学と絶縁したのだった。これらの体系においては、欲望(desire)はつねに欲求(need)として解釈され、「かくして行動という本質的な暴力に結びつけられ、哲学を斥け、もっぱら芸術や政治のうちで満足を覚える」(298)。実際に、美学と政治は、今日の文学理論がそのあいだを揺れ動くところの双極を成している。

だが、レヴィナスにとっての哲学は倫理(学)であり、審判・判断である。レヴィナス的主体へと到来する未来、すなわちこの他者の時間は、無差別的な諸瞬間の連続のことではない。「未来は絶対的な間隔を介して私に到来する。そして、ひとり絶対的に他なる他者——たとえそれがわが息子であれ——のみが向こう岸を徴しづけ、向こう岸において過去と再び結び合うことができる」のだ。時間は存在に対して何か新たなものを付加する。間隔および有限な時間の不連続性は、時間の更新のための間であり、この肯定的で積極的な間は、時間を再開することを可能にする無限性との関係にほかならない。「ハイデガーの考えるように、存在の有限性が時間の本質なのではなく、存在の無限性こそ時間の本質なのである」。そして、時間のこの無限な実在こそ、「今日における善性の挫折の背後にあって、真理の条件である審判を確実ならしめる」(284)ものなのだ。ド・マンとレヴィナスは共に、かの挫折、すなわちナチス時代における善の崩壊の証人である。のちに展開された彼らの哲学は、この挫折に対処する二つの対蹠的な方途を示したものと言うことさえできるかもしれない。

更に、真理を告げることとそれ自体もかかる無限の時間を要請する。そして、この無限の時間の本質は、いま一度レヴィナスを、ベンヤミンやショーレムにおけるメシア的省察に結びつける。というのも、この無限の時間は、「約束された真理を改めて問いただし」もするからだ。無限の時間は成就という夢を、幸福な永遠性、「メシア的時間」という夢を呼び起こすのだが、「このメシア的時間においては、果てしない繰り返しが永遠なるものへ」と転じ、善はついに悪から一挙に護られることになる（284–85）。この永遠が時間の新たなる構造であるのか、あるいはまた、「メシア的良心の極度の覚醒であるのか、という問いはこの書物の枠組みをはみ出す」。そして、外部性ならびに剰余へのこのような係わりが『全体性と無限』という書物それ自体の本文の締め括りとなるのである。それに続く最後の一九ページで展開される「結論」では、この書物の中心的な論議が再現され要約されている。レヴィナスはのちに、ユダヤ教論集『困難な自由』やタルムード読解のなかで、メシア的な諸主題を再度取り上げるのだが、私はそれを第9章と第10章で取り上げるつもりである。

指摘するまでもなく、家族という構造ならびにこの構造と救済との結びつきのなかで具現される繁殖性という観念は、『創世記』より始まるユダヤ教の伝統に深く根ざしている。『全体性と無限』ではユダヤ教思想およびユダヤ教哲学への論究は欠如しているのだが、それにもかかわらず、ホロコーストの生き残りを再びそこに感じ取ることができる。そして、この生き残りは、ナチスによる絶滅の企てに対する一種の勝利を、連綿と続く繁殖性と父性の力能のうちに見出すのである。繁殖性ならびに無限の時間――救済をもたらすとともに歴史主義を矯正するものとしての――というレヴィナスの観念は、（パトスあるいは郷愁抜きで）ベンヤミンが示した天使の嘆きと対応している。歴史の廃墟を顧みて、救済を一瞥し、どの瞬間のうちにも、「そこを通ってメシアが到来するかもしれない狭き門」を見出そうと努める天使の嘆きと。このような考えの主たる源泉となったのは、ローゼンツヴァイクの『星』第三部での考察であって、そこでは、ユダヤ民族の永遠性はユダヤ民族の何世代にもわたる生物学的な繁殖性のなかで実感されるということが主張されている。ローゼンツヴァイクはたとえばユダヤ教を「ひとつの共同体」として描いている。「この共同体のなかでは、永遠に続く生の連結された連続体が、祖父から孫息子へと通じている……。時間とは、飼い慣らされねばならぬ敵ではない……。そうではなく、時間とは子供であり、その子供の子供なのである。……時間が精神の奉仕を雇い入れる必要はない。身体の自然な増殖が時間の永遠性を保証しているのだから」(298–99)。

　家族の繁殖性が存在論的に重要であるとの主張は、最終的にはヘーゲルの立場、すなわち、家族は国民国家の普遍性のなかで歴史的な完結をめざす〈精神〉の弁証法的発展においてはその第一段階でしかないとの立場への反駁でもある。レヴィナスが主張するところでは、家族の同一性と重要性は国家の外部にある。もっとも、彼は他方で、国家は家族にとってひとつの枠組みを供給するものであるとみなしてもいるのだが。

　約言すると次のようになる。繁殖性という無限の時間は、「無限」や「存在するとは別の仕方」というレヴィナスの中心的な主題に関連したものであり、それが「全体性」を打破し、主体の特異性を非人称的な「普遍的」構造への融解から保護するのだ。すなわち「人間的時間の源泉として、無限の時間は、言説を維持しつつ主体が自身を審判に付すことを可能にする」。繁殖性とは「形而上学的に不可欠な構造であり、……人間と人間および自我とそれ自身との関係」(*TI* 306)なのである。

顔、痕跡、倫理的関係

これまで述べてきたような諸々の非人称的構造を、レヴィナスが斥けた理由のひとつは、「それらが、いかなる顔も命令していない服従を称揚する」（*TI* 298）からであった。「顔」はレヴィナスにおけるもうひとつの鍵語で、それは、主体性を保証するとともに主体性を審判に付させもする他性や無限性と関連づけられる。もっとも、顔という彼の観念はしばしばあまりにも曖昧で、それは、何らかの精確な規定よりもはるかに連想のネットワークを思わせる多様な定義を受け入れざるをえない。顔という語の含意とは裏腹に、レヴィナスは、「顔」は元来はいかなる視覚的知覚にももとづいていないと主張する。換言すれば、「〈他者〉の顔とは、それが私に遺した造形的イメージを各瞬間に打ち壊し、そこから溢れ出るもの」（50）なのである。「顔」は、「現れるところのもの」でもなければ、理性ないしは意識にもとづく理解によって「明るみに出される」ものでもない。

「顔」は、レヴィナス的認識のもうひとつのカテゴリーにおいては、「知解可能性の様式」であり、論理学あるいは他を同へと還元するような概念から成る形式的関係性を超え出て／それに先立って、主観‐客観の関係を指示するひとつの方途である。『存在するとは別の仕方で』と『全体性と無限』のいずれにおいても、顔という観念が描いているのは、すでに‐関係に‐捲き込まれた‐自己であり、同‐のなかの‐他である。「顔の歓待」はハイデガーのいう「開示」や明るみに出すこととは異なる。レヴィナスは、同が他を知ることにも、更には同に対する他の啓示にも還元されることのない、そのような同と他の関係に固執しようとする（*TI* 28）。顔は、事物の「何」をめぐる問い、「これは何？」というどんな問いにも先立っている。――レヴィナスにとって、他なるものについての問いかけは、どんな問いのなかにもすでに現前している。というのも、問いはつねに誰かに対して提起されるからである（177）。

ここでもレヴィナスは、ローゼンツヴァイクの説に従っている。ローゼンツヴァイクにとって、哲学の根本的なまちがいは、「本質」を問うことから哲学を始め、ひとつのものごとを別の事物の本質へと還元してしまうことであり、このことは唯物論にも神秘主義にも存在論にも主観主義にもあてはまる。ローゼンツヴァイクが書いているところでは、～であるという述語と逆の側〔主語〕に、新しいものや異質なものがこれまでに現れたことはまったくない。「まさにすべてのものに適用された「何か？」という問いこそ、つねに、そのすべてが同語反復的な答えであるような誤った答えの原因である」（"New Thinking" 191）。リチャード・コーエンは、レヴィナスが「顔」という表徴を使うのはまさしく、ローゼンツヴァイクの『救済の星』（「真理の顔」）の終結部で、顔の比喩が真理の神格化を示すために喚起されていることの影響であると主張するが、この論には説得力がある。「表徴の顔」と題された『星』の一部（418–24）で、ローゼンツヴァイクは、顔は身体のなかでも最も受容的な器官――鼻、耳、眼、口等々――から構成されていることを示している。神的真理の内的聖所において、人間は「ほかならぬ己に似た相貌（countenance）」を見つける。「救済の星は、私を一瞥する相貌と化す。が、この相貌は同時に、それを起点として私が一瞥するところのものでもある。とはいえ、それは神が私の鏡だからではなく、神の真理こそが私の鏡だからである」（418）。

「神の相貌」はまた、上と下を意味するものである。「われわれはイメージ〔比喩〕を用いて発語する。しかし、それらのイメージは恣意的ではない。数々の本質的なイメージ、適合的なイメージが存在する。真理の不可逆性はただ有機的存在のイメージにおいてのみ表明される」。ローゼンツヴァイクはまた、

「顔」や「相貌」という語彙を人間的コミュニケーションを示すために用いてもいる。「こうした同胞性は、何かと人間の相貌との同一性では決してなく、それはむしろ、まさにこのうえもなく多様な相貌をもつ人々のあいだの調和の謂である。それには無論、ひとつ条件がある。が、条件はたったひとつである。すなわち、何はともあれ人々が相貌を備えていて、互いに見つめ合うということである」(345)。一瞥はまた言葉や行動を超えた身振りであり、舞踏や詩作、行列や野外劇、カーニヴァルを通じてもたらされる相互に共通の認識とも結びつく。「凝固したあらゆる物を融解させる力がすでにこの一瞥には備わっている。……かつてひとつの眼がわれわれを見つめた。そして、この眼はわれわれが生きている限り、われわれを見つめ続けるだろう」(372)。

ローゼンツヴァイクが著書の結論部に記していることだが、彼方についてのこうした究極的ヴィジョンは、しかしながら、「啓示の言葉が人生の只中で命じられているもの」にほかならない。こうして命じられたことは、正義を愛し、恵みの業を行い、神とともにつましく歩めという予言者ミカエルの言葉(六・二)によって要約される。啓示と救済は倫理へと引き戻される。彼方はすでに経験の内部に、現世の人生のうちに存しているのだ(4)。

レヴィナスが顔というこの独特の表徴を選んだ理由について更に理解を深めようと努めるなら、顔は個々の人間的人格の弁別的指標を含意しており、各人に固有のものであると言うこともできるだろう。「顔」は、非人称的で匿名的な〈存在〉の対極にある。「顔」もしくは「相貌」の光は、人間的、特異的、人格的といった意味を内包しているのだが、それは哲学的理性という抽象的で非人称的な「光」の対義語である。それはまた現象(*phenomenon*)という語の代用であり置換である。すなわち、現象学のなかで、意識に対して出現し、意識によって把握されるもの(ノエシスのノエマ)の代用であり置換なのだ。と同時に、それはヘーゲルのいう「具体的普遍」(concrete universal)に正反的に対応するものでもある。ただし、「顔」はいかなる弁証法的体系にも属さぬものとして思考されているのだが。「私の内なる他者の観念を超え出て他者の出現する仕方を、われわれはここで顔と名づける。顔というこの様相は、私のもとに主題として姿を現し、一個の形象を形成する諸性質の総体として自分を開陳することにあるのではない。……現代の存在論に対抗して顔がもたらす真理の概念は、非人称的な〈中立態〉の開示とは異なる真理の概念、表出としての真理の概念である」(*TI* 50–51)。かかる顔の表出は、私の容量を超えた、他者に対する歓待、受容、開けさとして、会話における言語を通じて生起する。顔は、個人的で人格的なものの具体的で還元不能で無媒介的な記号《サイン》しである。ローゼンツヴァイクの説を継いでリチャード・コーエンが記すように、顔はまた身体のなかでも外部に対して最も開かれた部位であり、そこには知覚と交換を司る多様な器官が位置している——それは感受性の場であり、世界に対する可傷的曝露の場である("Face of Truth" 4)。のちにレヴィナスは、『存在するとは別の仕方で』のなかで、主体性それ自体を可傷性として定義するだろう。

顔は、自己と世界との「界面」(interface)にほかならない。ひとは見つめ、かつ見つめられる。それにしても、存在の視覚的外観と関連づけられた、諸事物についての知とは異なる関係の形式を導出したいのであれば、いったいどうして、このように視覚を強く示唆する語彙が選択されているのだろうか。理由はおそらく、レヴィナスがそれによって、ヘーゲル的な「認識のための闘争」あるいは主人と奴隷の弁証法に暗に批判を加え、それらに代わるものを呈示しようとしてもいたことにある。ヘーゲルが『現象学』(第四部A—三)で概説するように、それによって人間的自己が他者と結びつこうとする根源的欲望とは、他者を支配し、他者を否定せんとする欲望である。交戦する二つの自己の「死にいたる闘争」は、ヘーゲルにおいては、一方の他方に対する勝利を帰結としてもたらすのだが、屈服した者が勝利者の支配を承認することで、この勝利者には究極的な満足感と自同性が与えられる。こうした理由ゆえに、主人は主人たるその自我を肯定するために、奴隷からの承認を必要とするのである。自己であるという意識は他者による承認もしくは「他者の眼差し」を必要としているというヘーゲルの中心的思想は、多くのポスト構造主義者たちが呈示した自己の観念の源泉となっている。ラカンのいう「鏡の段階」はその最も有名な例のひとつである。言うまでもないことだが、ヘーゲルの『現象学』における主人と奴隷の章は、マルクスの行った労働ならびに資本家－労働者の関係をめぐる分析の主要な源泉でもある。

レヴィナスにおいて、「顔」は裸出を示すものとなる。倫理的な関係のなかで他者に直面し、他者に委ねられてしまうならば、専横的自我の「正面」および仮面がことごとく剝奪されてしまうのである。ローゼンツヴァイクやデリダによる執拗なヘーゲル批判（とりわけデリダの『弔鐘』）と同じように、レヴィナスは、知識や現実性を俯瞰してその全体を構築する哲学者たちの、鳥瞰的で無情な視線にはらまれた盲目性を暴こうと努めている。この視線は、承認のための闘争で打ち負かされ支配された他者と結びつき、それに依存している。レヴィナスの糾弾したのは、この攻撃的で帝国主義的な視線にほかならない。そしてレヴィナスは、他者の顔における打ち負かされ傷ついた目つきをこそ、証人あるいは判事として呈示するのだ。ただし彼は、この糾弾および審判を、主人と奴隷の弁証法一切の外に、――ともあれ非暴力的な証人、判事として措定しようとした。支配者の視線は、他者の「顔を前にして」裁きに付される。「対面の位置」とは、糾弾もしくは懇願するために顔が私を振り向くことである。要するに、顔とは、ヘーゲル的視線――それはまさしく哲学それ自体の視線である――の倫理的反転なのである。

なぜなら、顔と向かい合うこと、すなわち他者に向かう私の方位は、何も贈与することなしには他人と係わることのできない寛大さに一転する場合のみ、視線の貪欲さを失い、善良さと化しうるからである。（*TI* 50）

対立の最たるものであるような対面の位置は、道徳的な召喚としてのみ存在しうる。この運動は他者から生まれる。無限の観念、最小のもののなかに含まれた無限に多くのものは、具体的には顔との関係のなかで産み出される。（196）

ヘブライ語で「顔」を意味するパニームという語もこうした力動的な含意を有している。すなわち「顔」は、「転回」――向き直ることもしくは背くこと――を意味するパナーという語に由来するのである。ジェイムズ・ポネットは、『顔――ある省察』という試論のなかで、レヴィナスが顔に与えた意味は「明らかに聖書に由来している」と指摘するとともに、とりわけ、ヤコブの物語や、聖書の祝福のなかでも中核を成す神の顔への祝福（『民数記』六・二二―二七）や、自分の顔に覆いをかけるモーセ（『出エジプト記』三四・二九―三五）や、御顔を隠す神（『ヨブ記』一三・二四、『詩篇』二七・八―九）等々において、この用語が有する含意を挙げている。これらの連関はたしかに説得力に富んでいるし重要でもある。ただ私としては、これは直接的な「起源」であるよりもむしろ、ローゼンツヴァイクと同様に、レヴィナスにも特徴的な手法である、「翻訳」（translating）の結果であると考えたい。この「翻訳」は同時に聖書の表徴について哲学することでもあるのだが、この点については以下の章で、より詳細な考察を加える予定である。「顔を前（*fore*）にして」は、「それ自身から成り‐それ自身のためにある‐自律的理性」が、他者‐のためにへと、すなわち倫理へと反転することと化すのである。

痕跡はどのように他者と連関するのか。『存在するとは別の仕方で』では、痕跡は、「隣人の顔として他者を輝かせる」ものとして記述されているのだが、ここにいう他者は「曖昧にも、私がその面前にある（あるいはまた、いかなる家父長制とも無縁な仕方で、その者に向けてある）ところの者であるとともに、私がその者のために、その者の代わりに応答責任を負うところの者である。なぜなら、これこそが顔の謎もしくはその把持不能な例外性であり、顔は判事であると同時に被告でもあるのだ」（*OTB* 12）。痕跡は、剰余としての無限の「過ぎ越し」（passing）であり、主題化不能なものである。ここでも、顔はイメージあるいは表象ではない。すなわち、「顔とはそれ自身の痕跡であって、それは私の有責性に委ねられているものの、しかし、私はそれに対してつねに欠如と欠点をかかえている。それはあたかも私が顔の死に対して責任を負い、自分が生き残ったことについて有罪であるかのようなのだ」（91）。レヴィナスはこの引用でも、その他の哲学的著作のどこでも、ホロコーストにはっきり言及することはないが、それにもかかわらず、この言葉をレヴィナスの人生および著作に照らし合わせるならば、それはまたしてもホロコーストの記憶を呼び覚まさざるをえないだろう。生き残りの罪は、ここでは心理学的な意味で語られているのではない。むしろそれは、全人間に倫理的な義務が「その都度すでに」課せられていることを描出するのである。

それとは別の意味で、レヴィナスは万人を責任ある「生き残り」たらしめようとしている。しかも、責任を負うべく決意したことが一度もなくとも、また、何らかの自発的な行動に着手するに先立って、万人には責任があるのだ。そこに逃げ道はまったくない。第二次世界大戦での数々のできごととの係わりが暗示されているのはまったく明らかだろう。すなわち、そこにはいかなる弁明も、いかなる「われわれは知らなかった、われわれは見なかった、われわれには責任はない」という言説も存在しえないのである。レヴィナスの著作はいずれも、その難解さや複雑さも含めて、このような態度もしくはひとを責任から解き放とうとする試み全般に対する直截な論駁であって、それは、ド・マンのようにごくわずかに関与した人物から、悪名高きクラウス・バルビーにいたるまで等しく向けられるのだが、バルビーはというと、裁判で戦時の罪を問われ、「私はそれについては忘れてしまった。もし彼らが忘れてないというならば、それは彼らの問題だ」と応えたのだった。しかし、それだけではない。レヴィナスの著作はいずれも、私はクラウス・バルビーではないというまさにこの理由で自己弁明する者すべてを、われわれ各人を、更にはレヴィナスの読者一人ひとりにいたるまで、彼もしくは彼女を責任あるものたらしめるのである。(5)

実を言うと、デリダやド・マンがレヴィナスの痕跡という観念を摂取したまさにその仕方は、「顔」ならびに倫理的関係を「抹消する」ものである。レヴィナスにとっては、「顔が、内包されるのを拒絶することで現前し」(*TI* 194)、了解されることも包囲されることもありえないその限りで、この外部性と無限性こそが全体性を打ち砕くのだ。顔がそれ自身の「痕跡」であるのはこの意味においてなのだが、このような考えを、デリダは、言語記号の不在と現前へと移行させた。たしかに、レヴィナスのいう痕跡は「他の数ある記号と同様のひとつの記号ではない。けれども、それはまさに記号の役割を演じ、記号とみなされうる」。ここでレヴィナスは、興味深い動きを見せている。すなわち、あらゆる記号は痕跡であるが、それは、コミュニケーションのために記号を発し、「この記号を遺した人物の通過の痕跡」(“Trail” 44–45)が、与えられた記号の意味を超えているという意味においてである。他者の痕跡として、この痕跡＝記号は、人間的なもの、人格的秩序を「通過していく」のである。

けれども、「痕跡」は、不在を「啓示する」「記号」の同義語ではないし、不在と現前の相互作用によって結局は他性を減じさせるある種の「啓示」の同義語でもない。痕跡としての顔は、「存在の彼方」と有限で内在的な現前とのあいだをつなぐ一種の通路である。この彼方は「象徴的な知」さえ超え出たものである。それは「曝露と隠蔽の双方から徹底的に逃れた不在」（"Trail" 42）ではあるが、にもかかわらず、この不在は意味形成性（significance）としての「顔」の到来を可能にするのであって、かかる意味形成性のなかでは、「〈他者〉が〈自己〉となることはない」のだ。痕跡とは「命令であって、意味形成性はどうしようもなくそれによって擾乱され続ける。……顔がそこから到来するところの彼方は、痕跡として意味する。顔は〈不在者〉の痕跡のうちにあるのだが……、いかなる内省も〈自己〉のうちにかかる〈不在者〉を見出すことはできないだろう」（43）。

「顔」はまた他者の時間とも関連づけられているが、この他者の時間とは「私の時間」ならざるもので、私と同時化することがなく、それゆえ、自己へと改めて同化されることのありえない時間である。顔が未来から到来するとして、その場合、顔が「意味する」仕方である痕跡は、根底的な隔時性として記憶を絶した過去に結びつけられる。というのも、痕跡においては「シニフィアンとシニフィエとの関係は相関関係ではなく、直行性のまさに欠如」（43）にほかならないからである。一九六三年のこのような記述からは、レヴィナスがどれほど、ソシュールに対するデリダの批判の源泉となっているかを看取できるだろう。デリダは、シニフィアンとシニフィエとの同時的相関関係というソシュールによる意味作用の定義を批判したのだから。デリダはやがて、撒種とシニフィアンの自由な戯れを始動させるために、痕跡の隔時性および「差異による延期」〔差延〕を援用するだろう。レヴィナスにとって、すでに過ぎ去ったもののいまだにどこにも存在しないものとしての痕跡は、記憶を絶した過去としての「存在の彼方」である。それは、通過し、（捕まることなく）逃げ去り、現在という内在性ならびに記号とシニフィエの一切の共時的相関関係間を打ち砕くような〈他者〉の「その都度すでに」なのである。

レヴィナスが、この痕跡としての顔という複雑な観念を用いて表現しようと努めているのは、「人格的不在」(personal absence) という論理的な逆説である。「不在」であるものは、ただ存在論的用語においてのみ不在、すなわち「存在」として不在であるにすぎない。しかし、人間存在という人格的他者を通り抜けていく痕跡、他者に対する責任への呼びかけにほかならないような痕跡においては、不在は不在の現前である。現前の拒絶が、他者‐のための‐現前としての私の現前へと変容されるのである。

次に、レヴィナスのいう痕跡は純粋な言語記号へと完全に還元されるものではないから、それは、デリダのいう痕跡と同様、ただ多義化・曖昧化をとおしてのみ、言語の現勢的記号体系のなかで「意味する」。記憶を絶した過去として、痕跡は根底的な隔時性を指し示すが、ここに隔時性というのは、つねに、あらゆる自己完結的な体系の消滅ないしは崩壊であるような時間性のことである。だが、デリダやド・マンとは対照的に、「了解・内包」という見地から見たこの「否定性」は肯定性としての剰余であり、それはあらゆる了解・内包に先立って他者のための責任を呼び求める点で肯定的である。このような「否定性」とは善の共約不能性なのである。

レヴィナスは、それがいかなるものであれ、何らかの形式や了解によって完全に内包されることに対する拒絶を、顔の「裸出性」として描出する。裸であることは「体系との係わりによってではなく自分自身で存在する」。すなわち、照明によって開示されうるような「形式」を通じては了解されない。かくして、この裸の他性は同時に世界からのその「不在」もしくは「ある存在の追放」であり、異邦人、貧困者、プロレタリアであるというこの存在の条件である。ここでもまた、痕跡の倫理的転回が見られるが、デリダはそれに従うことはなかった。かかる転回は同時に美学を超えた倫理の高揚であり、ある種の「偶像の禁止」である。というのも、レヴィナスは、芸術が、形式の美――それは魅惑的でありながら無関心なものである――における「無限性」のこうした捉え難い運動を終結させ停止させようと努めていると考えているからである。彼は、言語や言説を、芸術と対照的でそれを超えたものとして措定する。裸そのものであるようなこの顔の超越と裸に係わるものとして（*TI* 74, 193）。

イメージならざるものとしてのこの顔の「裸出性」は、「空間の空虚さ、空虚を意味する空間、誰も住みつかない砂漠の荒涼とした空間」に由来する。もちろん、砂漠の比喩は聖書に強く影響されたもの、すなわち、ユダヤ人の遍歴の地、シナイ山頂で十戒が言い渡された地、エジプトの圧制を逃れて辿り着いた自由の地等々の謂である。この砂漠のイメージは、ジャベスならびに、ユダヤ教－ポストモダニズム－エクリチュールの連関をめぐる試論のなかで、デリダが用いた決定的な隠喩でもある。そして、追放と空虚ゆえの苦悩は、ユダヤ主義と言語双方にとって無限に曖昧で非決定的な空間と化すのである。ただし、レヴィナスは次のように問うている。すなわち、この見捨てられた空間は、人間性に対して徹底的に無関心な空無なのか、それとも、この空虚さは「ある通過の痕跡またはそこに入ることのできなかったものの痕跡」――剰余、内包不能なものの、無限者の痕跡――なのか。そして、かかる無限者はこうした両義性を通じてのみ意味しうるのではないか、と。（この問いかけは、ツィムツムによって創造された空虚もしくは「啓示の虚無」についてのショーレムの解釈のなかで提起された「空無」の本質についての問いと類似している。）痕跡は多義化を通じて、曖昧なものとしてしか「意味」しないのだから、この砂漠が、非人間的な荒野――デリダやド・マンやその他多くのポストモダン的筆記のなかでわれわれに描かれた空虚――であるよりもむしろ倫理の領野であるといういかなる「証明」も、どんな論理的必然性も存在しない。痕跡がこうした「無」ではないとの「証明」はありえない。「しかし、隣人に対して私が無関心ならざること（non-indifference）のうちには、純粋な無を超え出る剰余、無限小の差異が存していて、そこでは、私はあたかもそれが私に宛てられた命令であるかのようにこの隣人に対して恭順である」(*OTB* 91)。この無限小の差異は、他者に対する無関心ならざることとしての差異の全幅である。あるいはまた、レヴィナス自身の修辞をめぐる問いそれ自体がここでは他性の様式であり、他者への開けの空間としての中断であり、哲学や言語の論理的主張に関する別の仕方であるとも言えるかもしれない。

このように無関心ならざること、このような責任はそれゆえ、「必然性とは異なる命令的な力」(93)である。命令は、痕跡として、まさに荒涼たる顔が有する力である。痕跡は「共時化不能な隔時性」であり、それを「私に隣人を押しつけようとする隠れた神の徴し《サイン》」と取り違えてはならない。「痕跡はそれ自身の痕跡であり、ある放棄の痕跡であって、そこでは、多義性が解消されることは決してない」。レヴィナスが提案しようとしているのは、彼の初期作品の題名によく表れているように、「他なる人間のヒューマニズム」である。かかる人間的他者のなかをこそ、「存在するとは別の仕方」はその痕跡を遺しつつ過ぎ去っていく。そして、倫理的命令としてのこの痕跡は「まさに無限の無秩序性」(94)なのだ。顔の異邦性と窮乏は、懇願すると同時に要求をつきつけるのだが、それは、「すべてのものを所有する権利を付与されているがゆえに、すべてのものを剝奪されている。与えることでしか、顔は承認できない。……〈他者〉を承認するとは飢えを承認することである。〈他者〉を承認するとは与えることなのである」。しかし、それは、高さという次元から到来しもする者に対して与えることである(*TI* 75)。こうした意味で、「高さの次元は、人間の顔にもとづいて神的なものの次元が更に開かれていく」(78)。しかも、レヴィナスが「聖なるものの暴力」と呼ぶところのものから絶対的に純化されたものとして。——「聖なるものの暴力」と言ったが、なぜ聖なるものは暴力的かというと、それは、「聖なるもの」の痙攣のなかで、自己は消滅を余儀なくされ、超越への参画も自己を無化するような融合を意味するからである。アンドリュース・ヴェイルヴィシャスの正鵠を射た指摘によると、レヴィナスのこのような立場は、多大な影響力を有した宗教現象学の書物『聖の観念』における、ルドルフ・オットーの立場と明白に対立している（*From the Other* 125–130）。

レヴィナスの姿勢はまた、神秘主義を宗教的意識と経験の最高段階とみなして称えるショーレムの称揚とも、通常の表現を超えた真理の最高の表現として象徴を捉えるどんな見地とも鋭い対照を成している。レヴィナスが「形而上学無神論」と呼ぶもの、それは、超越性とまさに関係を結びつつも、その只中で分離された自我を維持する立場であって、それゆえ、この立場はヌミノーゼならびに「神話から脱却した信仰」に必要不可欠な基礎となる。ユダヤ教論考のなかで、レヴィナスはやがて、ユダヤ教、なかでもラビのユダヤ教を、このように脱神話化された倫理的信仰として描くことになる。しかし、ここ哲学的著作のなかでは、特定の宗派への言及や分類はまったく行われていない。ローゼンツヴァイクの場合と同様、諸カテゴリーはどんな神学にも先立つものとみなされている。同じく啓示も、自己が脱自的に〈一者〉に融合することではないし、また、個別的なるものの傲岸不遜な圧殺でもない。それは他者と交わされる言説なのである。レヴィナスにおいては、倫理的関係としての対面は、「神秘的と呼びうるような一切の関係を切断する」のだが、かかる神秘的関係においては、言説は呪文、酩酊、魅惑的な曖昧さへと堕落したり、あるいはまた、個人的人格を操って、それを前もって定められた役柄たらしめるドラマへと儀礼化されかねない。倫理的かつ言語的な関係は優れて理性的なものだが、それに伴う理性は、他者との非暴力的で倫理的な関係として定義される。

もうひとりの現代のユダヤ人哲学者であるラビ・ヨーゼフ・B・ソロヴェイチクも、哲学と宗教への理性的なアプローチに際して同様の議論を展開しているが、その議論は、宗教的知を時間性や感受性から切り離すことをめざしているのではない。レヴィナス同様、ソロヴェイチクも、第二次世界大戦とそれに続く残虐のなかで、ヨーロッパ的理性の崩壊に取り憑かれていた。一九四四年の著作で、ソロヴェイチクは、「この世紀において長年ヨーロッパで猛威をふるった認識論的反知性主義およびそれが公共的な批判的理性を放棄したこと」の歴史的「余波」を批判した（*Halakhic Mind* 50–52）。現象学、人間主義的解釈学、ベルクソン的生物学主義、実存哲学を、彼はこうした非理性的直感主義がまとう諸形式として分類した。――それらはすべて「理論的人間からのロマンティックな逃避」にほかならず、この逃避は、マイスター・エックハルトやヤコブ・ベーメの中世神秘主義と似通っている。「第三帝国で最も高名だった哲学者たちが、フッサールの優れた弟子たちであったのは、単なる偶然の一致ではまったくない」。彼らはフッサールの数学的直観主義を「現実性への情緒的接近」に移し替えた。「理性がその至高性を、曖昧な闇の情動へと明け渡してしまう際、情緒的な流れの上潮をせき止めうるような堰堤は存在しえない」。ニーチェ流の「ディオニュソス的神秘知と「退廃的な」ソクラテス主義との対立は、われわれの時代の哲学的最終戦争《アルマゲドン》であった」(53)。これら「生の肯定者たち」はいずれも、生を肯定する代わりに、死と大混乱をもたらしたのだった。

　ソロヴェイチクは、第一次世界大戦後のヨーロッパ文化のなかでは、「当時の科学思想にしっかり根づいていた」ゲシュタルト的アプローチが、「精神《プシケー》のみならず、精神物理学的自我、それも個人的であると同時に集団的なものたる自我に適用されていた」と主張する。有効な知的可能性を有していたにもかかわらず、

　ゲシュタルト〔形態〕という概念ほどは極端に堕落し、熱狂的な人々のためのきわめて強力な武器と化した概

念はほかにはなかった。何ら障害のない小道が、ゲシュタルト心理学および集団心理から、類型論、哲学的人間学、性格学（筆跡学および人相学と結びついた）を経て、人種理論という混乱へと導かれたのだった。(54)

今世紀の傑出した人種理論はいずれも、「全体」という現代的な概念から進化したものだ。……ゲシュタルトという科学的概念は何か神話的なものへと変容され、構造の観念も、「〈始原的合一〉」をめぐる神秘主義的なディオニュソス的知へと変容された。(53–54)

こうした論議はまた、象徴についてのわれわれの議論や、セフィロート的配置の存在論化をめぐる論争にもあてはまるだろう。それはまた、ローゼンツヴァイクにおける救済の「星」という配置、ベンヤミンのいう「弁証法的イメージ」およびレヴィナスにおける「顔」のなかでの、ゲシュタルトの脱存在論化、脱神話化のために重要な文脈を与えるものである。レヴィナスにおいて「顔」は、ゲシュタルトではあるが、このゲシュタルトは現象学の批判であり、非現象であり、自己の全体性もしくは、知る者と知られるものとの統一、志向的認知意識とその対象との一致と想定されたものの破産なのである。

レヴィナスが、「顔」という概念とかくも集中的に取り組んだもうひとつの理由はまさに、ゲシュタルト心理学の今日的な濫用に対抗すること、それも、人格と倫理的責務の特異性を見失うことなくそれと対抗することだったと言えるかもしれない。ド・マンも、全体性の哲学のうちに同じ危険性を明確に看取しているが、とはいえ、彼の批判は、非人間的かつ匿名的な力に訴えて、これらの全体性を破壊させようとしている。「言語」が、「ゲシュタルト」の対義語として具象化されるのである。

レヴィナスにとって、言語とは、「社会的関係」、すなわち、同と他の関係としての超越性の担い手であった。そして超越性は、まさしく他者の裸と欠乏、隣人の近さを通じて、われわれに懇願する。かくして、形而上学的なものとの関係を築くのは、神秘主義や神学ではなく、倫理であることになる。すなわち、「人間との関係と切り離された、神についての「知」などというものはありえない」(*TI* 78)のだ。他者の顔は、応答を要請する剝き出しの欠乏の叫びであり、傷つき易い裸出性であって、かかる叫びはそれ自体が「汝殺すなかれ」という始原の呼びかけ/命令と化すのである。他者のために存在すること、他者によって審問されることは、「死よりも殺人を恐れること」(246)である。顔のまさに可傷性は、そこにひとが捕らえられ、強いられ、包含され、曝露されるが、しかし、いかなる非合理的な錯乱状態に陥ることもないようなある関係を指し示している。「顔の裸」とは、「理解の可能性」にほかならないような曝露の謂である(*DL* 21)。それは、他者との関係にほかならないような理性の基盤であるが、ここにいう理性は、非人称的な抽象でも、論理の強制的必然性でもないような一種の「普遍」なのである。かかる理性はむしろ、それの訴えの宛先たる自己を否定したり破壊したりしないような命令――倫理的で非強制的な理性である。

こうした理性は論理的にも物理的にも強制的なものではないから、それらの呼びかけ/命令は、実際のところ、否認される可能性をはらんでいる。すなわち、「暴力はただ顔だけを狙う」のだ。暴力はまさに一切の把握と把持を逃れ去る者に向けられるのだが、この者こそ〈他者〉にほかならない。「〈他者〉は、彼を打ち砕く力の掌中にあり、権能へと曝されているにもかかわらず、しかし、それは予見不能なものであり続ける。すなわち、超越的なものであり続ける。この超越は否定的に記述されるのではなく、殺人に対する道徳的抵抗のなかに肯定的に現出する。〈他者〉の力はすでに、そして今後も道徳的なものなのである」(*TI* 225)。言い換えるなら、恒久的な暴力に曝されている場合ですら、この意志は依然として、誰かのための意志、何か他のものの意志であり、何か他のもののために死ねるような意志でありえる（238–39）。このような忍耐と「受動性」のなかで、意志は、己の自由が、暴力に打ち克つ自由であることを確信し、死を超えて存在する様式を可能にするのである。

　この受動的な忍耐の様式は、先にわれわれが検討した繁殖性というレヴィナスの概念とは対蹠的であり、前者はというと、暴力、支配や反復の彼方にあり、それとは別の仕方であるような様式である。このような暴力を耐え忍ぶことは、しかしながら、異常な外傷という様式であるが、それに対して繁殖性は、日常的で通常的で物質的な有限世界のうちで制定された無限性の形式である。レヴィナスはやがて、「顔」の啓示はどこか他の場所で制定されると同時に、日常的世界のなかで——まさに言語のなかで——接触可能なものでもある、と主張することになる。

言語と顔——ローゼンツヴァイクの発語‐思考

> 本書では言説のうちに、他性とのアレルギーなき関係を認め、そこに〈欲望〉を看取すべく努めるつもりである。この〈欲望〉においては、他者の殺害を本質とする権力が他者を前にして、また「一切の良識に反して」殺人の不可能性、他者に対する敬意、正義に転じる。具体的に言うなら、われわれは〈自我〉と〈他者〉から成る世界——すなわち言語と善良さ——が匿名の共同体に吸収されることを何としても阻みたいのである。
> （*TI* 47）

ブーバーや他の「対話哲学の哲学者たち」とは対照的に、レヴィナスの著述のなかでは、他者は、同一者に対して相互的な関係にはない（68–69）。他者はむしろ、高さおよび深さの次元から召喚し、懇請し、命令するのだ。レヴィナスはまた、「顔」を「発語」、召喚、表出、訴えとして描いている。顔と言語とのあいだのこのより深き関係とは正確にはどのようなものなのか。言語のうちで具現され、そこに定位された顔の非暴力的命令とはどのようなものなのか。

これまで繰り返し見てきたように、メタ自然学的《フィジカル》なものの「メタ」は、レヴィナスにとっては、「彼方」を意味しているが、ここにいう「彼方」は何か非物質的な不可視の領域ではないし、有限性、身体性を「否定する」ものでもない。そうではなく、「彼方」はここでは「存在の彼方」（beyond being）の謂なのだが、従来の哲学的伝統はというと、それを光、知、表象、事物と観念との十全な一致と解してきたのだった。だが、ここでは、彼方とは他性であり――存在論の自己完結的な体系とは別のもの／それを超えたものであって、それは、知と表象から成る古典的哲学体系の必然的帰結たる「全体性」を粉砕する。「形而上学は他者を欲望する」（*TI* 34）が、この欲望は主体と客体の合一を意味してはいない。もしそうなら、欲望は他者を同一者に還元することになるからだ。欲望の主体は「絶対的に分離された」ものであり続け、その対象と相関関係にはない。

『全体性と無限』の特に第二部では、分離せる「無神論的」自我がいかにして産出されるかをめぐって広範な分析が展開されているが、――この産出はいかなるヘーゲル的否定を経由することもなく、享受、感覚、肯定性にもとづいてなされる。これらの分析はここでの私の議論の範囲を超えたものではあるが、次のことを指摘しておくのは無意味では決してない。すなわち、レヴィナスが分離された自己を強調していることは、またしても、異種混成的な現実をひとつの原理へと還元するようなこの哲学の支配的な潮流に対して、ローゼンツヴァイクが投げかけた批判から強く影響を受けているのだ。ローゼンツヴァイクは全体性――理性と存在の結合物――を打ち破り、それを、神の分離された実存、世界、そして人間へと、メタ自然学《フィジック》、メタ論理学、メタ倫理学として分裂させた。〈全体〉のかかる粉砕のなかで、これら三つの断片は、それぞれが分断された「〈全体〉そのもの」(*Star* 26) なのだが、『星』の主要な課題はというと、これら三つの孤立した断片を新たに関係づけ、それらのあいだを架橋し、これら三つの断片を救済の星として再布置することであって、この新たな星座＝布置はまったく異なる種類の〈全体〉なのである。

これらの断片は、それが完全に分離されていた最初の段階では、「隠れた」神、「隔離された」人間、「魔法をかけられた」神話的世界として形成される。ローゼンツヴァイクは、「それ自身以上のものもそれ以下のものも何も知らないような営み」として神話の本質を定義しているが、このような神話の法は、「気まぐれと宿命との内的調和であり、それはみずからを超えて鳴り響くものではなく、つねにみずからへと回帰する調和である」(*Star* 34)。ローゼンツヴァイクにとって、芸術は「神話的世界の法に支配されたもので」、美を特徴づける自己抑制、「自己を超えたあらゆるものに対する無関心」(38) を備えている。古典的な悲劇の英雄は、孤独で寡黙であると同時に、挑戦的で、外部に対していかなる現実的な架橋を行うことなく自身に埋没した存在である。彼はわれわれに恐れと憐憫の情を催させるが、真正なる共同体を設立することはありえない (76–80)。芸術の「言語」は、数学的象徴の言語と同様に、こうした「発語以前の発語」であり「語りえないものの発語」(80) である。それは、実際に聴取可能な啓示の発語に先行するものの、同時にその準備段階でもあるような言語である。芸術とはかかる前‐発語の主観的側面であり、数学はその客観的側面である (125)。

ベンヤミンはその初期の言語論で、黙した創造の情熱《パトス》、その「発語なき発語」という観念を援用した。ベンヤミンと同様、ローゼンツヴァイクもまた、作品の「受容理論」を形成したが、それによると、作品という沈黙せる孤立は「作品が語りかける」相手たる鑑賞者を経由することで打ち壊され、かかる鑑賞者なしには、作品は現実性に対して永続的な影響を保つことはできないのだ（*Star* 242）。ローゼンツヴァイクにおいては、「創造」「啓示」「救済」は、これら自己完結的で魔術的世界のあいだの架橋であり、それら相互の孤立を打破することであり、各々が外部へと――その他なるものへと開かれること、「各々が互いに対面すること」（115, 139）である。ここでは、これらの関係をめぐってローゼンツヴァイクが行った複雑な分析に最小限の言及をする余裕しかない。ただ、ここで重要なのは、言語が、かかる関係の確立において、そしてまた、創造と啓示をつなぐことに関して本質的な役割を有しているのを指摘しておくことだ。言語は神からの賜物であると同時に全人類に共通の財産である。言語は各人にとって独自のものでありながら、「人における人間性の徴し」でもある。「今日にいたるまで、人類の言語は存在したことがなく、それはただ終末においてのみ実現するだろう。しかし、実在の言語は、始まりから終末までの期間、すべての者に共通な言語であるが、各々に固有なものである。それは結びつけると同時に分かつような言語なのである」（110）。

今日の個人的な言語あるいは個人の言語は、その終末を指し示し、それを内包している。というのも、こうした言語は、「完璧な理解の達成という理想によって支配されているからであり、この完璧な理解を、われわれは人類の言語として具体化しているのである」（110）。かくして翻訳は、「ひととひと、言葉と言葉のあいだに橋を架けるという……精神の最初の帰結」である。聖書の翻訳は原典に同等のものとみなされ、それゆえ、「神はいずこでも人間の言葉を用いて話す」ことになる（366–67）。これとは対照的に、初期のベンヤミンにとっては、言語はすでに過ぎ去り、失われたものであって、われわれはどうしようもなく聖書のうちに転落してしまう。ゆえにベンヤミンは、弁証法的イメージの閃光のなかに、啓示や救済の観念の対応物を見出そうと模索したのである。

ベンヤミンとローゼンツヴァイクは共に、シェリングやフンボルトといったドイツの思想家たちのなかで言語が中心的な位置を占めていたことに着想を得ている。ローゼンツヴァイクはまた、言語をめぐる自分の考えの先駆を、フォイエルバッハやヘルマン・コーエンに、更には、友人のオイゲン・ローゼンストックとの文通のうちに見出した。ベンヤミンとローゼンツヴァイクは共に哲学観念論を論難している。なぜなら、哲学的観念論は言語に対する信頼を失って言語を敵視し、純粋な思考と論理にもとづいて世界を創造しようと努め、言語それ自体を、単なる道具ならざる思考の一形式として承認するのを拒んできたからである。ローゼンツヴァイクは次のように書く。観念論は「神が創った言語のエデンの園」を離れ、「人間的なエデンの園、人間的天国」を探し求めた。そして、「観念論は、言語を拒んだ瞬間に、芸術を神聖化した。……観念論にとって、芸術はかかる手続きの偉大な正当化となったのだ。……観念論には、神の言葉に対する返答として、人間の言葉を理解することが不可能だったのだ」(*Star* 146–47)。

しかし、ローゼンツヴァイク自身は、現実性のこうした還元を批判した。すなわち、芸術は「多くの選択肢のなかのひとつにすぎない。ひとはそれ以上の存在である」(147)。そして、人間は生きた言語に属する語を通じて魂と化す。しかるに、芸術はこのような語に先立つ語である。芸術は「話されたものであって、「発語」ではない。「多くの言語が存在する可能性があるにもかかわらず、しかし、ひとつの発語しか存在しない」(147–48) のである。「話されたこと」(spoken) と「発語」(speech) との区別は、レヴィナスの後期作品に示される「言われたこと」(*le dit*) と「言うこと」(*le dire*) の区別のうちでこだますることになるだろう。「新しい思考」を描くために、ローゼンツヴァイクは「発語‐思考」(speech thinking, *Sprachdenken*) という言い方を案出したのだが、彼はこの「新しい思考」を、旧来の哲学観念論に取って代わるものにしようとした。みずからの思考を無時間的だと考えたがる観念論哲学者の孤独な自己完結した抽象的な思考とは異なり、「発語は時間へと赴き、時間によって豊かにされる。……言説はどこで言説が終わるのかを前もって知ることはない。……実際、言説は別の言説の生のお陰で生きている。この他者が、話に耳を傾ける者であれ、会話のなかで応答する者であれ、合唱に加わる者であれ」("New Thinking" 199)。ローゼンツヴァイクとレヴィナスの両者にとってきわめて重要なのは次の点である。すなわち、発語－思考は

別の人間を必要とするとともに、時間を真剣に受け止めるのだが――実際にはこれらの二つの事柄は同じひとつのものである。旧来の哲学では、「思考すること」は、他の誰のためにでもなく思考し、他の誰に対してでもなく発語することを意味していた（ここで、読者諸氏はお望みなら、「誰でもなく」の代わりに「全員」もしくは親しい「すべてのひと」という語を代入することもできるだろう）。だが、「発語すること」は誰かに対して語りかけ、誰かのために思考することを意味する。そしてこの誰かはつねにはっきり特定された何者かであって、この者は「すべてのひと」のように単に耳をもつだけでなく、口をも有しているのだ。(200)

このように誰かに対して、誰かのために発せられる言語はまた、ローゼンツヴァイクにとって「啓示」の意味でもあった。言語は「ただ啓示においてのみ、その真の生命力に目覚める」のだし、言語それ自体が「啓示の器官《オルガノン》」であるからだ（110–11）。啓示は、神秘的な神を、隠遁と気まぐれから引き出して表出へと転じ、発語なき創造物に声を与え、神の言を人間の語に結びつける。「啓示とは、私が〈彼〉に対して〈汝〉と言うのを学ぶこと以外の何であろうか」(*Star* 274)。自己の外にあって自己から独立し、かつ

自由に自己と対置するような〈汝〉を承認すること、独話から対話へといたるこの運動は、「現勢的ではあるが自明のものならざる〈私〉」、神と人間の両方にとって真正なる〈私〉の発見を可能にする。『創世記』での神のアダムへの問いかけ「おまえはどこにいるのか」はまたかかる「〈汝〉の探求」（175）でもあるのだ(6)。

われわれは、顔と言語の関係をめぐるレヴィナスの議論に立ち戻って、ローゼンツヴァイクにおける分離と関係の図式とのその類似を指摘することができる。すなわち、「真理が出来《しゅったい》するのは、他者から分離された存在が他者に呑み込まれてしまうことなく、他者に話しかけるところにおいてである」（*TI* 62）。「分離なしには、真理はありえなかっただろう。その場合には存在だけがあっただろう。真理は……「隔たり」を損ないはしないし、知るものと知られるものとの結合関係に帰着することもないし、全体性に行き着くこともない。……［それは］距離を隔てた「公現」なのである」（60）。レヴィナスの主張するところでは、言語は分離された同と他の関係を維持すると同時に架橋を行う。すなわち、言語は分離された主体と他者を結合しはするが、両者を融合させるものではないのだ。「言語は……他者に接触することはない。……［そうではなく］他者を召喚することで、他者に命令したり他者に従うことで、これら関係のまさに廉直さをもって、他者に到達することができる」。他者との会話としての言語は、「非アレルギー的関係」のなかでの他者の「他者」としての清廉さに不可欠な分離と差異を維持するとともに、そうすることで、他者に対するまさに啓示を許容する。言語はその用語を全体性のうちに囲い込みはしない。それは多元的真理、それも非暴力的な多元性であって、そのようなものとして、真理はまさに存在論の外で創設される。存在論はあらゆる多元性を〈存在〉という〈一者〉もしくは〈同一性〉へと還元するのだから。

こうした「公現」——言説における分離された存在間の関係としての真理——はまた、顔の公現であり、形態や主題化を超えたそれ自身の表出としての顔の「啓示」であり、それは直接的であると同時に隔たっている。「顔は語る。顔の現出はすでにして言説」であって、知ろうとする者を認知し、把握する視線で近づけるようなヴィジョンではないのだ。だから、言語とはそもそも外部性への関係であり、「知的直観に開かれた観念的本質ないし関係」ではない（66）。何らかの「観念的本質」としての言語というこの考え方は、構造主義的言語論と記号論の多くの形態の背後に存する想定で、ここでレヴィナスはこうした言語論と記号論を暗に批判している。レヴィナスは、言語へのこれら構造主義的なアプローチの有効性を否認することのないよう努めてはいるが、あくまで他者への関係にして他者の啓示であるものとしての言説の優位・先行性（すなわち、可能性の条件たること）を主張する。こうした先行的状況、他者へのこうした関係からのみ、まさに「記号の体系」としての言語そのものが構成されうる（73）。可能性の条件としての優位・先行性はまた、倫理的転倒としての優位・先行性であって、否定ではない。

もちろん、この先行的言説、他者へのこの関係は、それ自体が堕落の可能性に曝されており、そこでレヴィナスは、外部性と関係を結ぶことなく、計略と操作によって対話者という他者に接近する、そのような言説として修辞《レトリック》を定義している。しかしながら、次章で論議するように、修辞家に反して哲学することというレヴィナスの伝統的な先入見のなかには、適切性を欠いたものや誤解がある。というのも、レヴィナス（そしてローゼンツヴァイク）における、真理としての言語の本質的社会性という考えは、本質的に修辞的なものだからである。

修辞に対するレヴィナスの攻撃は、正義と倫理としての言語的対面という自分の概念を、暴力と欺瞞から庇護することをめざしていた。正義とは、私と他者との同等性の承認ではなく、「〈他者〉ならびにその支配としての［他者の］特権を承認することである」（*TI* 72）。言語は、〈他者〉としての他者に対する呼びかけであり、懇請であり、歓待であって、ここにいう他者は、私の概念によって規定された表象ないしはカテゴリーではない。この意味で言語は他者を維持し、師としての他者に接近する。「〈他者〉との関係、ないし〈会話〉は、非アレルギー的関係であり、倫理的関係である。ただし、〈他者〉が歓待される限りで、この会話は〈他者〉からの教示である」(51)。それは、自己の内部にすでにあるものを想起させるソクラテス的教示とは異なる種類の教示で、この教示は「外部」から、自己およびその概念の外にあるものから、分離されて異邦人であるような他者から、〈他者〉の「無限性」から、「驚愕というトラウマ」(73)から到来する。外傷というこの隠喩は、『存在とは別の仕方で』で展開されるレヴィナス後期の言語理論の中心を占めることとなる。

　教示が「外傷」であるのは、他者との関係が主体のナルシスティックな統一性を破壊し、他者に場所を明け渡すために、〈私〉を「空っぽにして凝縮させる」からである。とはいえ、こうしたことは、言語のいかなる「匿名的」機能をもってしても遂行されはしない。主体はエゴとして脱中心化され、置換され、外傷を負わされるが、しかし、他性へのこのような要請はまさしく他者に対する有責性への要求と要請であり、それは形而上的な「過-越」へと導かれる。ローゼンツヴァイクと同様に、レヴィナスも、〈私〉から自我中心性《エゴイズム》と放恣を除去するという不断の使命を課せられたものとして、〈私〉の特異性を確証する。すなわち、「これが善と称されるものである」(*TI* 245)。「差異」(*difference*) は他者に対して無関心-ならざること (*non-indifference*) と化す。ラカン、バタイユに始まりデリダ、フーコーにいたるフランスの他の理論家たちにおいてと同じように、自己完結し、自由で、自己満足した主体 (subject) は、脱構築されて、~に臣従する下僕 (*subject to*) たらしめられる。しかし、レヴィナスのなかでは、まさしくこうした運動こそが、代替不能で唯一無二の自己として主体を形成するのであり、この自己は他者の訴求に対して応答することを要請され、――他者に責任ある者として構成されるのだ。「「私は」と言明すること、そこで弁明が継続されるような還元不能な特異性を肯定すること、それは、誰も私の代わりにそれを負うことができず、誰もそこから私を放免できないような数々の責任に対して特権的な位置を占めることを意味する。逃げ隠れできないということ、それが自我なのである」(*TI* 245)。

『存在とは別の仕方で』で、レヴィナスは、このような主体の観念をより根底的なものたらしめ、更には、他者のためにまさに自身が身代わりになることとして主体を定義するにいたる。それによって、彼はまた、「口のなかにあるパンまでも、あるいは肩に掛けたコートまでも他人に与えるという責務」(*OTB* 55) といった何か身体的な存在を指し示してもいる。かくして、他者‐のために身代わりになる‐一者としての身代わりが、AはBのために、もしくは、AはBの代わりにという意味作用の基本構造とみなされる。他者との関係のこうした様式は、体系の統一性のなかで同一者が他者と「融即」したり、同一者が他者と折り合うような(すなわち他者を溶解させるような)、矛盾律および弁証法の論理の双方と齟齬を来す。「他者‐のために身代わりになる‐一者」というレヴィナスの中心的観念にとっても、ローゼンツヴァイクがまたしても主要な源泉となっているだが、「他者‐のために身代わりになる‐一者」はレヴィナスにとっては、あらゆる関係の背後に潜む関係であり、関係とコミュニケーションを可能にするものだった。レヴィナスは次のように書いている。

ローゼンツヴァイク自身に関心を抱かせたものは、関係の営みとしての存在(すること)の発見であった。こうした存在(すること)のまさに営みであるような思考が発見されたのだ。ヘーゲルにおいてのように、人格はそれが思考する体系のなかに再び入り込んで、そこで凝結して己が特異性を失うのではもはやない。特異性

は、こうした思考や営みをまさに代替不能な特異性として実現するために不可欠なのである……。（"Entre" 130）

要約するならば、レヴィナス哲学の基本的な信条は、項と項のあいだの関係はこれらの項の内容に優先するという点にある。他者へのこの始原的な関係は、他性についての「反省」（哲学）や他性のイメージ化（美学）ではなく、他者への生きた関係であり――それが倫理なのだ。ローゼンツヴァイクについてレヴィナスが記したことは、レヴィナス自身にもあてはまる。すなわち、ローゼンツヴァイクが著書の末尾で、〈救済の星〉として改めて配置することで一体化させた、神、人間、世界のあいだの関係は、これら三要素にとって外的な哲学的視線のいかなる形式的で綜合的な統一性によっても達成されないのである。「これらの項の一体化が果たされるのは、ひとつの項がこれらの項の只中に置かれて、ある項が他の項のためにあるという意味においてである。……これらの要素のあいだの諸関係はいずれも成就された関係であって、関係一般を特化したものではない［強調レヴィナス］。これらは「ひとつのカテゴリーが特化されたもの」ではなく、「近代哲学の全体を特徴付ける諸概念の脱形式化」（"Entre" 128–29）を表している。かかる脱形式化は哲学的諸カテゴリーの破壊であり、哲学がその他者によって、その「彼方」によって貫かれることである。

レヴィナスにとって、コミュニケーションのためのコミュニケーション、記号の付与という記号は、他者の－ために身代わりになるという倫理的関係である。この「メタ言語」の形式は、空疎な自己－反省性でも、イデオロギー的な覚醒でもなく、他者に対する開けと責任であって、それもまた「超越」の定義となるものなのだ。このような開けは、主題化するところの意識的で認知的な経験的エゴを基礎づけ、それを可能ならしめる。「自由な主体にとっては、どんな他者も制限でしかなく、しかも、この制限は戦争、支配、警戒、告発を招来するのだが」（*OTB* 119）、このような主体としてエゴをもって始まるなら、コミュニケーションはそもそも不可能であろう。

ここで何よりも大事なのは、レヴィナスが他者との間人間的関係を堅持していることである。その際、主体は脱構築化されるが、記号もしくは「言説的実践」の非人称的「体系」のなかに溶解されることはない。非人称性がまとうこれらの形式は、他の同種の形式すべてと同様、帝国主義的で、倫理的関係を従属させる、とレヴィナスは主張している。同時代の他のフランスの理論家たちとは異なって、レヴィナスは自由を、〈言語〉の何らかの自律的で擬人化された権能へと改めて位置づけることはないし、――記号の無秩序《アナーキー》な戯れが、全体化する体系への予防法であるわけでもない。レヴィナスの仕事は存在（すること）および哲学に対する徹底的な批判であるが、それはまた「主体性の擁護」（*TI* 26）でもある。――主体は剝奪されるが、関係のなかにある。同‐のなかの‐他として構造化された主体性は、伝統的哲学における「意識」としての主体性とは別物である。それはむしろ、一種の「結節」、意識に先立って他者に忠誠であること、意識の誕生へとやがて導くような有責性である（*OTB* 25）。主体の同一性は、「責任を回避することの不可能性から」（14）到来するのである。

可傷性としての主体性――贈与と曝露としての言語

言語は自己と他者とを分離する関係に依存しているが、それにもかかわらず、主体のまさに剝奪こそが、言語をして共同体を基礎づけることを可能ならしめる。というのも、「かかる剝奪は、私の所有物を〈他者〉に供与するからである。発語することは、世界を共通のものたらしめ、数々の共通の場所を創り出すことである。言語は諸概念の普遍性と係わっているのではなく、共同所有のための礎を築く。それは享受される譲渡不能な所有物を廃棄するのである」（*TI* 76）。レヴィナスはここで、他者への贈り物であり、贈与であり、他者の歓待であるという、これまでほとんど議論の対象とならなかった言語の潜在能力を指し示している。彼の見解によれば、これは言語の保有する数多くの潜在能力のひとつではないし、数ある言語行為のひとつでもない。言語のこのような側面はまさに、客観性、一般性、普遍性を可能ならしめるものなのだ。

> 〈他者〉との関係は世界の外で産出されるのではなく、それは、所有された世界に疑義を呈する。〈他者〉との関係、すなわち超越は、〈他者〉に対して世界を語ることに存している。……一般化とは普遍化の謂である。……しかし、普遍化とは、感性的事物が理念的なものの無人境に入り込むことではなく……、〈他者〉に対して世界を供与することである。超越は〈他者〉のヴィジョンではなく、始原的な贈与なのである。（*OTB* 173–74）

デカルト的コギト（「われ思う、ゆえにわれあり」）の合理性を倫理化するために、レヴィナスはかつてデカルトのいう「無限の観念」、有限な自己からの流出という考えを援用した。それとまったく同様に、彼はここでも、普遍的理性という啓蒙主義的理想を断念したり、破壊したりすることなく、それを倫理化している。すなわち、言語としての顔は、一種の非抽象的で先行的な普遍性、「他なる理性」であり、この「他なる理性」が「理念の無人境」を基礎づけ、非人間性および暴力からそれを庇護する。一般化と普遍化は定義からして、エゴとその欲求とは他なるものへの、自己のかかる先行的な受容性を必要としているのである。

かかる言語理論は真摯さと没利害の可能性を肯定しているが、それが今日流通している多くの唯物論的で歴史主義的な主張に逆行することは言うまでもあるまい。なぜなら、これらの主張によると、言語は優れてイデオロギー的なもので、権力、支配、権勢のゲームと本質的に共謀関係にあるのだから。レヴィナスにおいては、この「解脱」こそまさしく「客観性」を特徴づけるものであり、それは、主体が「空虚化」され、他者－のための身代わりとして主体化・臣従化されることによって、言語を通じて可能となる。この意味では、私と対話者たる他者とのあいだの関係としての言語は、あらゆる立証ないし象徴性の前提となっている。しかし、それは単にかかる象徴性と一致し、その慣習を確立する必要があるからだけではない。他者との関係は、与えられた現象にとっては、たとえそれが記号《シーニュ》として、それも発話者を表示する記号として出現するだけのためにもすでに必要不可欠なのである。それが記号によって意味される場合であっても、あるいはまた、暗号のように辛うじて判読される場合であっても、このことに変わりはない。かくして曝露と可傷性はまさにコミュニケーションの条件にほかならないものとなる。コミュニケーションは「真理」の何らかの現出に還元されるのではないし、記号理論で主張されているように、単に「メッセージを送る意図」に還元されるものでもない（*OTB* 48）。

現代の言語理論では、たとえバフチンの言語理論のように対話的でかつ社会的な理論であったとしても、かかる本質的な点がしばしば看過され、過小評価されている。認識作用に先立って、言説による必要不可欠な連帯が存在するのであり、この連帯それ自体は自己の始原的剥奪に依存している。レヴィナスにとって、自己のこうした剥奪は、自己のうちに最初に何らかの欠如ないし否定性が存することに由来するのではなく、〈他者〉の剰余、「同一者を召喚する他者の顔」（*TI* 97）に由来するもので、かかる〈他者〉については、自己は彼を歓待し受容し、彼から教えられるのである。このように、発語とはかかる教示にほかならない。それは判事のごときものである。「私に話しかける者、語を介して私に自身を差し出す者は、私を審判する〈他者〉としての根底的異邦性を備えた者であり、われわれの関係は決して可逆的なものではない。……諸観念の「コミュニケーション」、すなわち対話の相互性はすでに言語の深遠な本質を隠蔽してしまっている」（101）。

ベンヤミンやショーレム同様、レヴィナスも、コミュニケーションの本質は情報や記号の道具的交換ではないと主張する。しかしレヴィナスにとって、（コミュニケーションの）最深段階は、ショーレムの描出したような「あらゆる意味を超越した匿名的な言語の神秘性」とも、初期ベンヤミンにおける、いかなる聴き手に対しても向けられることなき「純粋言語」とも異なる。「自分自身を記号によって、この記号に意味を付与する者として表示する者は、この記号によって「意味されるもの」ではない。――そうではなく、この者は記号を発し、それを与えるである」（92）。無論、他者は私の言説の「主題」あるいは対象となりうるし、実際そうなっている。しかし、私の対話者としての他者――私が彼に対して私自身を差し向けるところの者――はつねに、私の主題、私の構築物の背後から抜きん出て、私の主題や構築物に挑みかかり、その外部にとどまり続け、言語における記号体系の全体性へと吸収されることなどない。のみならず、理論的・観照的な思考それ自体が、その根底においては他者への語りかけであり、それは誰かに対して話されねばならない。たとえば、レヴィナスは『全体性と無限』の末尾に付された個人的な註解のなかで次のように書いている。

対話者は、思考がちょうど今捕獲した者の背後に再び出来《しゅったい》する。……ここでわれわれが試みてきた対面についての記述も、他者は、読者は私の言説および私の英知の背後に新たに現出するのだ。哲学は英知では決してない。というのも、哲学がたった今包含した対話者は、すでに哲学から逃れ去っているからだ。哲学は、本質的に典礼的な意味で、〈他者〉――「全体」が彼に対して語られる――に、師であり学生である〈他者〉に祈るのである。(295)

かかる典礼は、他者に対する呼びかけであり責務であるが、ここにいう他者はまさに、言語の啓示と基礎づけとしての「顔」の意味であり、「何であるか」という問いに先立ち、この問いを可能ならしめるようなあらゆる問いの宛先である。この「宛先」はまた、応答する顔であり、すでに私に対して語りかけている顔であり、そのような顔が最初にあるのだが、今度は、「私は言説のなかで、私自身を〈他者〉の問いかけへと曝し、応答のかかる切迫――現在のこの突出性が、私を有責性として産み出す。かくして私は、責任ある者として、自分の究極的実体へと連れ戻される」(178)のである。

第8章　パロディーの戯れ、予言的理性、倫理的レトリック
——デリダ、レヴィナス、ペレルマン

レヴィナスがわれわれに気づかせてくれるのは、意味とは外部の現実への指示であるよりも記号間の関係機能であると論じる構造主義やあらゆる形式的言語論者の「関係主義」が、適切さを欠いているということである。構造主義はこれらの関係すべてを、没時間的で水平的な全体性へと共時化する。それは全体化するところの体系がまとういまひとつの形式であるが、もちろん、こうした批判は、多くのポスト構造主義者たちによっても同様になされてきた。レヴィナスのうちに、われわれはこれまで、このような批判へと向かう明白な倫理的傾向を見出してきた。共時性および体系の破壊としての「差異」、隔時性、そして時間性は、単に別種の自律的で中性的な力、言語的「効果」、「言説的実践」のことではない。レヴィナスにとって、これらは、あらゆる関係の背後に存する関係のなかで構成されるのだが、その関係とは他者との関係であり、人間的他者はというと、そこで「他者」が通過し、問いかけ、存在を中断するところの場所なのである。記号は与えられる。そしてレヴィナスは、このことをまったく字義どおりに受け止めている。すなわち、非人称的体系のうちに与えられる前に、記号は対話者たちのあいだの供物として与えられるのである。こうした贈与は、同一者と他者との関係としての言語の道徳的本性の一部を成している。

換言すれば、レヴィナスの分析は、記号付与者に対する記号機能の構造主義的優先を転倒させているのだ。彼の図式では、記号の機能は、「対面」という始原的関係によって可能になるのであり、その逆ではない。多くの構造主義批評ならびに脱構築批評では、「すべては言語によって媒介されている」という言辞は、言語を超えた経験との結びつきや、かかる経験の実在そのもの、非テクスト的指示連関を否定するひとつの方法となった。しかしながら、デリダはあるインタヴューで、脱構築に対する次のような批判が激増していることに苛立ちを表明している。脱構築は、「言語を超えるものは何もない、われわれは語のなかに沈潜していると教えているのだとか、――この種の馬鹿げたことが他にも言われている。……脱構築が〔非テクスト的〕指示連関の中断であるなどとはまったくもって誤りである。……ロゴス中心主義批判は、何よりもまず、「他なるもの」、「言語にとって他なるもの」の探求なのだ」(Kearney, *Dialogues* 123)。彼は更に続けて、脱構築が現実に示しているのは、指示対象の不在などということではなく、「指示をめぐる問いは、数々の伝統的な理論が想定していたよりもはるかに複雑で決定しがたい、ということだ。……私はニヒリズムとのレッテルを貼られることを断固拒絶する。……脱構築は、虚無への閉じこもりではなく、他なるものへの開けである。私の仕事は主体性を破壊するものではない。単にそれを位置づけ直そうと努めるのだ」(125)。

デリダを(誤って)わが物とした多くの文学批評に対する明晰な批判は、ロバート・ショールズの『テクストの力』中の、「言及と差異」という辛辣な一章である。ショールズが主張するところでは、ソシュールのいう「音的イメージや概念としての記号という定義は、言語において、概念と対象ないし指示対象とのあいだの関係に依存している諸要素を記述するのには不適切である」(96)。すべての記号が必ずしも言語記号であるわけではないし、言語記号もまた単に言語的であるわけではない。「非言語的経験」といったものがあるのだろうということ、そしてまた、「言語的意味作用のある種の側面は、情報の非言語的形式にその多くを負うている」(109) ということを肯定するためには、盲目的な実証主義者になる必要などないのである。

レヴィナスにとって、他者との関係はまさにこのような「経験」であり、——認知的自我からのこのような流出であり、圧倒的で抵抗不能なものであり、命令であり、呼びかけである。彼は、フッサールの観念論を猛烈に批判しているにもかかわらず現象学者であり続ける。「重要なのは、客体化する思考が忘却された経験によって凌駕され、この経験によって培われるという考えであり」、こうした経験は、決定的なものではあるが、思考にとっては思いも寄らない地平なのである (*TI* 28)。それが、つねに対象によって定義され、対象と適合させられるフッサール的な「非志向的意識」の構造であれ、すべての差異を乗り越えてしまうヘーゲル的主体性の構造であれ、上記のような凌駕・流出は思考の形式的諸構造を打破するのだ[1]。しかし、「全体性の破産は思考の操作ではない。……全体性を破産させる空虚が、不可避的に全体化するところの梗概的な思考に逆らって維持されうるとしたら、それはただ、思考それ自体が、カテゴリー化に抗うひとりの他者と向かい合う場合だけだろう」(40)。言説もしくは言語としての顔は、他者の外部性と同一者との非暴力的な関係であり、——この意味で、存在論に先立つ形而上学的関係そのものなのだ。言語の最も基盤的な水準は、意識によって把持される意味の体系としての言語の構築以前に到来する。それはまた、脱構築的多義化による巧妙かつ遊戯的置換を超えたものでもある。すなわち、「言語は意識の枠内で制定されるのではない。それは〈他者〉から私に到来し、意識を審問しつつ、意識のなかで鳴り響く。こうしたできごとは、一切が自分の内側から生起するような意識には還元不能である」(204)。

ソシュールおよびデリダによる影響とその流用(誤用)の結果、多くの現代文学理論では、「〈言語〉」

という観念は物象化されて、忘却された地平という役割をしばしば独占的に引き受けている。これに対して、レヴィナスであれば、これは自閉的で忘却的な認知のある形式が別の形式に単に置換されたことでしかないと主張するだろう。なぜなら、そこでの「他なるもの」は、たとえ最も広く撒種された「記号の戯れ」もしくは最も政治的な「言説的実践」のなかでさえ、「他人」——隣人としての人間的他者ではないからだ。倫理的関係としての、他性との還元不能で第一義的な関係、そしてまた、他者への責務を負い、他者に責任に負うたものとしての対象の構造は、それ自体が、存在（すること）をめぐる西欧哲学史にとっての忘却された地平なのである。

レヴィナスが、他者の接近を表すために、「顔」という表徴を選んだ理由もまた、意味作用のうちに、人間の倫理的直接性というこの意味を保持したかったからかもしれない。

> 意味作用を形成するのは、記号による媒介ではなく、意味作用（その根源的できごとは対面である）のほうが記号の機能を可能にするのである。……というのも、意味作用とは、理論・観照へと、すなわち、超越論的意識の構成的自由へと自己を差し出すことではなく、意味作用の存在は、かかる構成的自由それ自体を倫理的関係のなかで疑問に付すことに存しているからだ［強調レヴィナス］。意味とは〈他者〉の顔のことであり、語彙の援用はいずれも、始原的対面としての言語の内部にすでに場を占めている。……言語の本質は〈他者〉との関係なのである。（*TI* 206–207）

このような意味作用は、汲み尽くしえぬ剰余、凌駕される意識としての「無限」である。『言葉と物』を締め括るフーコーの有名な指摘に準えるならば次のようになる。すなわち、「われわれの思考の考古学が難なく示したように、人間というものは、最近の時代における発明品なのであり、おそらくこの概念は終焉に近づいている」。そして、ちょうど古典的思考の粉砕の原因となった一八世紀末の場合と同じように、知の現在の配置が変化を遂げるならば、「人間というものは、さながら海の水際にある砂に描かれた顔のように、消し去られてしまうだろう」(387)。

デリダによるレヴィナス批判

私はここで小休止して、レヴィナスと、他のフランス・ポスト構造主義の理論家たちとの若干の主要な相違を更に検証してみたい。これらの相違は、『全体性と無限』についてのデリダの註解のなかで浮き彫りにされているが、そこでは、言語はつねに暴力であり、倫理と非暴力の純粋領域として働くものではないと、いかにもデリダらしい主張がなされている。彼の断言するところでは、伝統的な概念性およびギリシャ的ロゴスにもとづく言語を用いることで、レヴィナスはすでにみずからの思考を損なっている。それというのも、言語以前にはいかなる思考も存在せず、この言語を使用することはすでにこの言語に感染されることであり、なおも全体性と存在論の領域内にとどまることだからである。全体性と存在論の領域にとっての純粋な「外部」やその「彼方」など存在しはしない。たとえば、空間的な含意を有する外部性という語を、なぜ非空間的なものを示すために使用するのか、とデリダは問うている。「なぜ、全体性を凌駕する無限の過剰を、全体性の言語のなかで言明し、同一者の言語のなかで他者を言明し……廃墟のなかに隠喩を住まわせ、伝統の断片や悪魔の襤褸を身にまとう必要があるのか(2)」。「レトリックに係わる哲学者の努力がいかなるものであれ、還元不能な共謀関係」と「還元不能な曖昧さ」が哲学的言語のなかには存しているのだ。そしておそらく、デリダ自身この重要な一節で深く考えをめぐらせているように、「哲学はかかる共犯関係と曖昧さを身につけ、それについて思考し、更にはその枠内で思考されねばならず、二重性〔二枚舌・二心〕と差異を和解させねばならないのである」("Violence" 111–12)。

けれども、デリダのレヴィナス批判はまた、デリダ自身の企図へのレヴィナスの貢献を承認し、それを称賛する行為でもある。レヴィナスは「ギリシャ的父に対する親殺し」を促すかのように哲学を批判し、デリダはこの哲学批判から影響を受けている。そして、デリダの考えでは、「ギリシャ人には」そうした殺人を行おうと決心することは決してできないのだった。「しかし、これまでギリシャ人が行うことのできなかった同じ事柄で、非ギリシャ人が果たしてそれを首尾よく行うことなどできるのだろうか。王に近づくために、ギリシャ人に見せかけ、ギリシャ語で話しかけ、ギリシャ語を話す振りをする、というのならば話は別だろうが」(89)。

たしかに、この試論(それは彼にとってまだ三作目の出版物にすぎなかった)の書かれた一九六四年以降に展開された、デリダの脱構築的戦略は、形而上学の言語を無効化しつつそれを用いることにあった。これまで一度もかかる言語の「外部」にあることのできなかった己が無力を承認しつつも、二重化と策略と省略によって形而上学の言語を置き換えようとしたのだ。もし、言説がそもそも暴力的で、哲学的理性に「戦争が住みついている」のであれば、その場合、「言語は、己が内なる暴力を承認し、これを実践することで、際限なく正義に向かうことしかできないだろう。それは暴力に対峙する暴力」であり、光に対する光である(116)。デリダが産み出している哲学的スタイル・文体は、よくそう思われているように隠喩にもとづくものではなく、彼が畸形語法(カタクレーシス)と呼ぶものにもとづいている。それは「意味の暴力的な産出であり、……濫用であり、……暴力的筆記であり、……怪物的突然変異である」(Kearney, *Dialogues* 123）。この「暴力的な文体」は、戯れとパロディー、侵略的な攻撃と嘲笑をも包含する。デリダの脱構築は、彼がレヴィナスについて書いた試論のなかの次の一節によって端的に記述されている。すなわち、それは「言説内部の戦争」であり、この戦争は歴史それ自体の内部から生起したものであって、歴史の彼方で生起するのではないのだ（117）。ただし、「誰が最後の犠牲者となるのか」を知るのは困難だし、そもそも「言語を話すふりをすることが可能かどうか」を知ることも困難である（"Violence" 89）。言語を話すとはすなわち、言語の内部にとどまらざるをえないということだ。こうして、デリダは結局のところ、範例として、マラルメやブランショやジュネ——『弔鐘』のなかで彼はジュネをヘーゲルと並列している——のように言語の限界を圧迫した作家や詩人たちへと向き直っていく。それはまた、なぜ彼自身の文体が漸増的に「怪物的」なもの、哲学と文学、生真面目さと冗談から成る中心不在の混成物になっていったのかの理由でもある。

ここには、近代思想におけるパロディーという論点へのひとつの手掛かりがあるのだが、アラン・メギルはその著書『極限の予言』で、この論点について洞察力に富んだ叙述を展開している。「デリダはこのうえもないアイロニスト〔皮肉家〕であり、疑いなく、われわれの時代の最も熟練したアイロニストである。彼はまたパロディストでもある」（260）。彼は、最も先端的な気質の黙示録的な危機の予言者ではなく、まさに危機の思考を傷つける者なのだ（266）。『弔鐘』以降の作品では、「喜劇的なカタルシスがいま一度可能となる。というのも、デリダにおけるカタルシスは、危機の思考の限界を知るところの、ポスト‐倫理的で美学的な笑いであるからだ」（267）。それはニーチェの笑いよりもさらに自由で、リラックスした笑いであり、フーコーの笑いほど「苦渋に満ちていなければ、ヒステリックでもない」笑いである（266）。フーコーもまた、プラトン的意味での歴史と遜色なく競い合える、ニーチェ的流儀のひとつとして、「パロディー的なもの」を特定している。新しい歴史学者または「系譜学者」は、数々の同一性の仮面を被った仮面舞踏会を楽しみ、歴史を「その限界」へと追いやり、「仮面がそこで絶えず再登場するような時間の大カーニヴァルを準備する。……歴史の滑稽さに新しい活力を与えながら、われわれは、演技を開始した神の虚構性をも凌駕するほどの虚構性を有した同一性を身につける」（"Nietzsche" 161）。続いて、ニーチェの『善悪の彼岸』の一節を引用しながら、フーコーはこう記している。「おそらく、われわれは、独創性なるものが、歴史のパロディストにして神の道化であるものとして再び可能となるような領野を発見できるだろう」。そのような領野は「記念碑的歴史」の「パロディー的分身」であるだろう。すなわち、「系譜図学は、申し合わされたカーニヴァルという形式をまとった歴史なのである」（161）。

デリダの最もパロディー的テクストのひとつに、彼の著作集『哲学の余白』の序文として書かれた『膜』（Tympan）という試論がある。デリダはページを分割しながら、その一部で、「哲学を膜化する」とは何であるかを説明している。この試論の英訳者のアラン・バスは、*tympaniser*〔膜化する〕という語は古代フランス語の動詞で「公然と批判する、嘲笑する」の意味であったと記している。この試論は、*tympan* という語の多様な意味をめぐる言葉遊びの名人芸の実演であるが、この多様な意味は、何かを「ハンマーで打つ」こと、ニーチェが『ツァラトゥストラ』でしたように哲学をハンマーで打つことから、ハンマー、金床〔砧骨〕、耳のなかの三半規管にある鐙骨や鼓膜を形成する皮膜の説明にいたるもので、——耳をめぐる言説を刺し貫いている。この試論の脚注は、ラテン語の語源を参照したり、ウィトルウィウス〔紀元前一世紀頃に活躍したローマの建築家、著述家〕による、膜を用いた水時計等々の挿絵を図解に用いたりしていて、それを、面倒で学術的な伝統的註解のパロディーとみなすことも可能である[3]（xvii ff.）。

メギルは、読解に際して反復と差異を用いるデリダのスタイルである「二重の読会」と、パロディーとのあいだの重要な関連づけを行っているが、パロディーはまた、誇張され反射・反省された仕方で他のテクストを模倣することでもある。しかしながら、パロディーは、マーガレット・ローズが『パロディー／メタフィクション』で明らかにしたように、決して無秩序的あるいは虚無主義的ではなく、それ独自の「規則」を有している。パロディーは模倣あるいは引用のひとつの種類であり、引用をめぐるベンヤミンの理論に対応するものだ。パロディー（*parody*）という語の語源では、「パラ」（*para*）は「近接」と「反対」の両方を意味する。パロディーにとって決定的なのは、標的となるテクストを圧倒する風刺《サタイア》と異なり、「それが攻撃する対象を、自分の構造の一部たらしめる」（*Parody* 35）という点である。パロディーは決して標的から引き離されることも解放されることもなく、それは標的に緊密に付着している。それは一種のメタ言語であり、自己反射的、自己批判的なものであって、単に標的となるテクストの「嘲り」ではなく、その「再作動」なのである。

ここで、デリダにとっての中心的な課題が、哲学がそれ自身にとって他なるものとして現れ、哲学がそれ自身を審問するような、哲学にとっての非場所を見出そうとする企図であるならば、パロディーはそれにきわめて適した形式である。デリダは、レヴィナスと同様、ヘーゲルの弁証法について、それは究極のところ同一性の、同の論理の暴政であり、他者の声を掻き消し、（『弔鐘』の冒頭で、デリダがヘーゲル（Hegel）という名をもじってイーグル（Eagle）〔鷲〕と言っているように）つねに自分自身へと回帰する自己完結的で帝国主義的なナルシシズムにほかならないと批判している。それゆえ、デリダにとってこの弁証法は、哲学を、哲学それ自体の声のなかで、それ固有の理性を通じて批判するには十分ではなかったのだろう。それは完全なる対立を見出すためにも十分だったとは言いえない。というのも、対立なるものはいまだ同一者によって定義されており、いかなる言説も、発語がかつて産み出した哲学的言説のなかに座を占めるからである。しかしながら、もし、同一者のなかにすでに他者がいて、同一者がその始まりから裂け目を刻まれているのを示すことができるならば、それは同一者へと再吸収されることなき他性であろう。このようにデリダは、彼がテクスト読解を通じて動くに際して、分析されるテクストに極度に近しく「忠実で」あり続けねばならず、だから彼の読解は、標的となるテクストを、彼自身の筆記のまさにその構造のなかに組み込むという点で、深い意味でパロディー的な構造である。すなわち、脱中心化されたミメーシスなのである。それゆえにまた、デリダが表向きはそれほどパロディーを用いていないように思われる場合でも、彼自身の筆記は、ひとを大いに欲求不満にするほどに、脱中心的で間接的で省略的で隠蔽的で、逸脱的なものなのである。

しかしながら、鍵となる質問は、「他者」とは正確には何者であり、誰であるかということである。ロバート・ベルナスコーニが指摘するように、レヴィナスとデリダのあいだの中心的な相違のひとつはまさにこの点に位置している。たとえデリダがレヴィナスから痕跡という概念を採用したとしても、「デリダにとっては、痕跡はテクストに係わるものであって、〈他者〉の痕跡ではない」（"Trace of Levinas" 35）。ソシュールやハイデガーを攻撃するために、デリダがレヴィナスのいう痕跡を使用するのは、「レヴィナスによる哲学の中立性攻撃を正当に評価するためというよりもむしろ」(28)、現前の哲学に対するデリダの関心と関係がある。更にこう付言することもできるだろう。すなわち、ポスト構造主義とは、言語的なものであれ政治的なものであれ、構造の不安定さを示すために様々な試みを行っているが、それにもかかわらず、それは匿名的もしくは非人称的な力のひとつの形式を、別の形式と戦わせ続けている、と。

レヴィナスとデリダにおける痕跡の観念はいずれも、啓示／隠蔽、超越／内在という存在論の矛盾せる二元論とは異なる「第三の方途」とレヴィナスが呼ぶものを定式化しようとする試みである。そしてこの

「第三の方途」は、二つの対立物のヘーゲル的綜合にいたることができない。なぜなら、それは再び別の全体性へと導かれるだけで、この危険はベンヤミンも認識していた。かくして、この非ヘーゲル的「第三の方途」はベンヤミン、デリダ、レヴィナスを哲学と非哲学との境界線へと導くのである。

デリダにとってパロディー的なテクスト註解は、他性に訴えるための主たる戦略となる。ヴァンサン・デコンブが記したように、デリダの読解においてきわめて重要な点は、テクストとそのパロディー的な脱構築的批判とのあいだではいかなる綜合も不可能であり、「一へのいかなる融合もありえないということだ。というのも、第二のものは、第一のものからの対立物ではなく、むしろ、わずかにずれたその対応物であるからだ」（*Modern* 50）。デリダの「二重の読会」は、いかなるテクストもが有する「二重性〔二枚舌・二心〕」（Duplicity）を示しており、二重性〔二枚舌・二心〕の形而上学を規定する。すなわち、「形而上学はそれ自体が他なるものである。どんな形而上学も、二重に存在するもので、己の似像であり、わずかな置換であり、読解におけるわずかな戯れなのだが、それだけで、第一のものを第二のものに、第一の英知を第二の喜劇へと崩壊させるには十分なのである」。デコンブがいうには、デリダ的な脱構築が暴君殺害であるのか、それとも戯れ・ゲームであるのかを完全に語ることは決してできない（151）。私としては、「哲学の死」と題された悲喜劇は、明らかにこの両方〔暴君殺害と戯れ・ゲーム〕にあてはまると主張したいのである。

論集『対話的想像力』ならびにラブレーに関する著作のなかで、バフチンがわれわれに銘記させたところでは、笑いとパロディーは言語的表象のなかでも最も太古の形式であり、しかも、「自分自身をパロディー化し戯画化する分身をもたず、自分自身の喜劇的‐アイロニー的片割れ（*contre-partie*）をもたないような厳密に一義的なジャンルというものは決して存在しなかったし、また、そのような直接的対話の単一の型――芸術的なものであれ修辞学的なものであれ哲学的なものであれ宗教的なものであれ日常一般のものであれ――もまったく存在しなかった」（*Dialogic* 53）。われわれはまた、レヴィナス自身のタルムード読解のうちに、彼の哲学的著作のなかでは聴取されることのない、喜劇的‐アイロニー的な声の部位を見出すことだろう。なぜ哲学的著作のなかでこの声が聴取されないかというと、それは彼がタルムードを哲学のパロディーとみなしているからではなく、むしろ、哲学にとっての他者、その対位部（countervoice）とみなしているからである。バフチンにおいては、パロディーは「別の語への関係」（69）の謂であるが、ここにもまた、同と他の関係をめぐる主要な問いかけ、二つの互いに混ざり合った発語のあいだの曖昧な関係、更にはこれらの発語のあいだの競合が含まれている。この関係は相互的なものになりうるし、対話、問いかけ、議論、流用、再生、解明となりうるのだが、そこには、尊敬と嘲りの両方の念が入り混じっている。

バフチンは、パロディーと言語は相互に交錯していると指摘している。中世における聖典のパロディーは、敬虔なる受容と逆説的な嘲笑の両方を含んでいた。彼の分析はいくつかのユダヤ的なテクスト、とりわけミドラッシュやタルムードにおけるラビの指摘にも拡大適用できるだろう。ユダヤ教では、テクストと解釈、聖書とミドラッシュ、ラビの言葉と神の言葉のあいだに特別な対話が存在する。パロディーは「意図的に対話化された混成物」もしくは別の語への関係であるというバフチンの考えは、単に人格や組織としての他者にとどまらず、〈神的他者〉――すなわち神の語にも拡大適用できるだろう。しかし、ラビ的伝承は、「第二の生」ないしは「第二の世界」としてのパロディーをもってこれとは別のことを行う。現世・地上に住む人類の解釈と神的現実との交叉が、聖書のなかに再記入されるのである。ミシュナー（*Mishnah*）という語は「第二」のトーラーを意味するが、それは、聖書には見出すことのできない口伝律法を紀元二世紀に編纂したものを示している。ミシュナーはタルムードの註解の基礎である。〈口伝トーラー〉として、ミシュナーは神との対話であり、神の言葉の二重化であり、人間の再解釈によって刷新されたトーラーの第二の生である。しかし、二重〔分身〕であるとは、単に第二のものを意味するのではなく、双生児的一対を意味するもので、そこで、ラビたちは彼ら自身の解釈のために、このうえもなく異常なあり方を要求する。「一切のことを、優れた弟子は師よりも前に言明せんとする。――そのこともまたすでにシナイ山で与えられているのだから」、と。このことは、バフチン的なパロディーの観念、デリダによる言語ゲーム〔戯れ〕の行使、ラビ的なそれとのあいだの最も強力で最も意義深い差異を示している。ラビ的解釈の戯れは、神的命令の一部とみなされる。十全なる神の言葉が、解釈と刷新のたえず拡大していく過程に投ぜられるのである。それらはさながら、最初の石板の破壊後にモーセが作った第二の〈律法の石板〉のごときものである。私はこの考えを、レヴィナスのタルムード読解を扱う次章のなかで、もう少し長く論じるつもりである。

実際のところ、バフチンの作品にはユダヤ教的な底流が伏在している。われわれの世紀における傑出した「対話」哲学者はというと、言うまでもなく、ユダヤ教思想家のマルティン・ブーバーであった。ジョゼフ・フランクが報告するように、バフチンはまさしく彼の人生の臨終までブーバーに対する畏敬の念をもち続け、ブーバについて次のような思いを述べた。ブーバーは「二〇世紀の最も偉大な哲学者であり、哲学的にはおそらく得るところの貧弱だったこの世紀にあって、この時代に居合わせたおそらく唯一の哲学者であった。……私は彼に多くを負うている。とりわけ、対話の観念に関して。無論、これはブーバーの読者の誰にとってもあたりまえのことだが」(“Voices” 56, n. 2)。レヴィナスは、しかしながら、対称的なパートナーとして他者を捉えるブーバーの考えに激しく反論するとともに、意味なるものを、意味することの戯れもしくは／ならびにその拘束へと還元したポスト構造主義者たちをも批判したのだった。[4]

ここにもまたデリダが攻撃を加える論点がある。デリダはレヴィナスを、あれかこれかの論理に縛りつけようと試みているが、その際主張しているところでは、仮に肯定的な無限性の要求をするのが「無限の他性であるならば、その場合には、ひとはあらゆる言語を断念しなければならない。何よりもまず、無限や他者という語を」。もし他者が、概念性ならびに全体化するところの思考の領野を超えたものであるならば、他者は「思考不能で言明不能」であるにちがいない。レヴィナスはわれわれをかかる思考不能で言述不能な彼方へと召喚しているのかもしれないが、「しかし、この呼びかけについて思考することも、それを言明することも可能とされてはならない」（"Violence" 114）。否定神学の専門家たちとは異なり、レヴィナスは、「否定神学者たちがそうしたように、誤謬に陥らざるをえないことを受け入れた言語によって語る権利を自分に与えることは」（116）しない。デリダが問うているように、存在（すること）と、～である、～がある（be）という述語を断念するような言語とはいかなる種類の言語であろうか。それは何も言明しない言語のことなのか。もしそうだとしたら、それはこれまでどのようにして他者との言説を可能にしてきたというのか（147）。

懐疑論と哲学

『存在するとは別の仕方で』（一九七四）のなかで、レヴィナスは、前述したような反論の多くに応えている。レヴィナスは自分の言語観に磨きをかけ、それを尖鋭化させるとともに、その力点を「顔」から、「語ることと語られたこと」（*le dire et le dit*）の関係と彼が呼ぶところのものへと変化させている。この変化は部分的には、言語のなかで、言語にとっての「他者」を見出して展開するという、デリダが提起した課題に対する応答となっている。「語ること」もまた、この「他なる」領域を記述するための言語的隠喩になおもとどまってはいるが、そのようなものとして、この領域へのわれわれの接近の複雑さを承認している。かくしてレヴィナスは、まさしく懐疑論と哲学との交替であるような、語ることと語られたことのあいだの振幅を分析することになる。「語ること」は、「言語以前の言語」であり、それは存在論、「起源」、表象に先行し、無‐起源的で（an-archic）、それゆえ不可知で、あらゆる哲学的な意識に先立っている。だが、こうした「語ること」は必ずや出来《しゅったい》し、「己を裏切って」「語られたこと」と化す。――「語られたこと」とはひと組みの記号からなる言語の領域のことで、それは存在を二重化し、再‐現前化し、共時化し、命名し、明示する。この領域は、「意識」が把握し、操作し、主題化し、明るみに出し、想起するところのものであり、そのような言語の領域のなかで、われわれは「語ること」を論議し、それを定義するのである。

　レヴィナスは、方法論的に次のような課題があることを認めている。すなわち、語られたことは必要であるが、しかしそれはつねに語ることを裏切るから、そのため、存在するとは別の仕方では、存在（すること）と主題化へと吸収されてしまうのである。だが、哲学の任務が明らかになるのもちょうどこの難局においてである。つまり、語られたことを絶えず取り消すこと（*unsaying*）が必要となるのだ。これが、懐疑論の役割であり、懐疑的批判としての、あるいはまた不断に取り消すこととしての哲学の役割なのである。ただしレヴィナスは、懐疑論それ自体でさえ、それが曝露すると主張するところのまさにディレンマを繰り返すものだということを認識してもいる。懐疑論それ自体、その陳述を伝えると同時にそれを裏切るのである。つまり、懐疑論が不断に確証しているのは、「陳述の不可能性であるが、その一方で、懐疑論は陳述の不可能性をまさに陳述することによって、あえてこうした不可能性を理解〔実現〕しようと試みてもいるのだ」。懐疑論は差異の隔時性を肯定すると同時に否定し、それを失ってしまう。（デリダは、パロディー、策略、二重化〔二枚舌・二心〕、延期された意味、逸脱を通じて、更には、〔『弔鐘』や『郵便葉書』でのように〕より洗練された種類のポストモダン的散文を通じて、こうした方法論的課題と取り組んでいる。）こうした課題や論駁がどれほどのものであれ、それにもかかわらず、懐疑論は絶えず回帰する。しかも、「懐疑論はつねに哲学の非嫡出子として戻ってくる」のだ。なぜなら、「秘密の隔時性がこの曖昧な、もしくは謎めいた話し方を命じており、また、総じて意味作用は、共時性の彼方、本質〔存在すること〕の彼方で意味するからである」（*OTB* 7）。

換言するならば、問いは、同時的に、一度に（共時的に）肯定し否定することができないという不能性と係わっている。言うことと取り消すことと言ってもよい。ただし、共時性それ自体はというと、存在（すること）と全体性の秩序に属する意味作用のひとつの様式で、それは、他者を容認せず、時間的推移や一時休止、あるいはまた、肯定と否定、語ることと語られたことのあいだの懸隔を許容することはない。だからこそデリダは、「差異」に含まれた「延期」という彼の考えをもって、擾乱的で回収不能な時間性を練り上げようと努めているのだ。レヴィナスにとっても同様に、共時性によって定義される語られたことの領域は、全体化するところの諸記号の体系（たとえばソシュール）の内部に閉じ込められたままで、それゆえ、レヴィナスが批判してきたところの西欧思想の概念論的観念論に属している。しかしまた、懐疑論としての哲学は、「まさにその隔時性において、意識の破産についての意識である」。懐疑論とそれに対する論駁とのあいだを行き来したり揺れ動いたりしながら、哲学は、「存在（すること）および市民に関する諸々の法を正当化しかつ批判している」（*OTB* 165）。『全体性と無限』では、レヴィナスは全体性を無限と対立させていなかった。このため、書物の題名も『全体性と無限』となったのである。『存在するとは別の仕方で』では、と（*and*）というこの接続詞が、語ることと語られたこと、哲学と懐疑論、主体と他者、倫理と存在論、倫理と政治のあいだを往還する「振幅」と化している。

重要なのは、レヴィナスが、デリダを批判する彼以外のきわめて多くの者たちとはちがって、懐疑論そのものを否定するというやり方で、デリダを反駁しようとはしていないという点である。むしろ彼は、懐疑論それ自体が有する力のなかに、諸観念の整合的相関性とは他なる理性と知解可能性を認めているのである。とすれば、デリダがレヴィナスに対して、伝統的哲学の意味で「首尾一貫」するよう要求するのは、果たして正当なのだろうか。デリダはレヴィナスの立場を批判するために、あれかこれかという二元的論理を用いるのだが、そのデリダが、伝統的な形式論理に従うようレヴィナスに求めているのだから、デリダは自己矛盾を犯しているのではないだろうか。というのも、これこそまさに、他を否定する同一性の論理学（AはAであり、Aはそれ以外の何物でもありえない。Aは決してBとはなりえない）であるからだ。レヴィナスは彼独自の存在論批判において、別種の理性へと移行せんとしているのだが、そこでは、「差異」（difference）、AとBとの差異が、一方が他方に対して倫理的に無関心ならざること（nonindifference）と化す。すなわち、AはBのために責任を負うのである。もしわれわれが「AかBか」という命題を組み立てるだけであるならば、AとBとの差異は、解体、抗争、戦争、暴力によってしか解決されることはないだろうが、暴力においては、一者が他者を従属させるか完全に抹消してしまうのである。

同様に、伝統的哲学における「反省」が懐疑論の矛盾を論駁できるとしても、懐疑論は絶えず回帰して、「影のように［哲学に］つきまとう」（*OTB* 168）。レヴィナスの分析のなかでこうしたことが起こるのは、実際に哲学が存在（すること）とは他なるもの、その彼方に対して敏感であるからだ。かくして、懐疑論はまたレヴィナスが「彼性」(*illeity*)と呼ぶものの痕跡でもある。「彼性」は、ラテン語の三人称単数形である *il* もしくは *ille* を用いて作られた造語である。(この「第三者性」はまた、「第三の方途」を見出す試みとも関連がある。)それは、「私‐あなた」の関係の外にあるもので、「私との結合関係に入り込むことなく」、あるいはまた、「私の意識の産物」としてあることなく「私と係わる方法」である(13)。換言するならば、彼性は、無限に撤退し、他であり続けるような他者の還元不能な他性の次元であり、それは自我によって構築される何らかのイメージや同一化や対話に還元できないものなのだ。かかる不可逆性あるいは等価性の欠如は、私‐他者の関係を、他者が命令し呼びかけ裁き、私を審問するような関係である。それは、ブーバーのいう対等な者同士の対話——そこで私は私の片割れである汝と対話する——ではない。

レヴィナスの主要作品を英語に翻訳した、アルフォンソ・リンギスはこう説明する。すなわち、「彼・それ(*ille*)は無限性であるがゆえに不可分で累積不能で、その都度唯一無二である」("Introduction," *OTB* xxxiv)。彼性とは無限化のこうした運動であり、それこそレヴィナスが神と名付けるものなのだ。リンギスは次のように付け加えている。

ここでは神は、われわれのための償いあるいは普遍性の必要のために存在するものとして、いわんやわれわれの道徳を救済するものとして姿を現すのではなく、判事として、疑問に投じる命令として姿を現す。……神は、神聖さ——啓示において現出するもの——を通じて近づきうるものなのではない。そうではなく、神は暗号化され、神秘に覆われたままである。——というのも神は、現出ないし啓示が他性によって擾乱されるようなところにのみある。私に話しかける一者として。(xxxiii–iv)

私は続く二章で、神学をめぐる問いを取り上げるつもりである。ここで指摘しておくべき重要な点は、レヴィナスが懐疑論と宗教のあいだに設けた結合である。彼が書くところでは、彼性は、神学ないしは「宗教」の領域へと開かれてはいるが、その開かれ方は信仰もしくは信仰の欠如を凌駕している（*OTB* 168）。指摘するまでもなく、レヴィナス哲学が、〈存在〉（すること）、あるいは〈存在者〉の〈存在〉（すること）としての神をめぐる古典的神学の土台を崩すものであるのは明らかである。「神学」は「語られたこと」の領域に属しており、「語られたことは語ることをつねに裏切り隠蔽する」。「このように、神学的な言語は超越という宗教的状況を崩壊させる。無限は無起源的なものとして自身を「現前させる」が、主題化は、この無限を信あらしめうる唯一のものたる無起源性を失わせてしまう。神についての言語は誤って鳴り響くか、さもなければ神話となる。つまり、決して字義どおりに受け取ることのできないものなのだ」（197, fn. 25）。

ちょうど、懐疑論が哲学にとって必要不可欠で、哲学に影のように付き従うのと同様に、「神学も、純粋に宗教的なものへの異議提起としてのみ可能となるであろう」。顔は、過ぎ越した神のイメージの謂ではない。「神のイメージ〔似姿〕としてあることは、神のイコンであることを意味せず、神の痕跡のなかに自分自身を見出すことにある」（"Trail" 46）のだが、それはあたかも『出エジプト記』三三章三〇節においてのようで、そこでは神がモーセに「あなたはわたしの顔を見ることができない」、ただ「背面」しか見ることができないと語りかけたのだった。レヴィナスのいう「顔」は、したがって、隠れた神のことではないし、顔における無限性の痕跡や、主題化と表象に先立つ語ることについてのどんな分析も「何らかの神学的テーゼに導くことは」ない（*OTB* 196, fn. 19）。「［神へ］向かって進むことは、記号とは異なる痕跡に従うことではない。［神へ］向かって進むことは、痕跡のうちに存するような〈他者〉たちへ向けて進むことなのである」("Trail" 46)。

レトリック、懐疑論、暴力――レヴィナスとカイム・ペレルマン

諸項の方向づけのほうが諸項の内容よりも優位に立つというのが、意味作用に関するレヴィナスの本質的主張のひとつであることを想起することで、われわれは、前述のような難解な思想を明確化することができる。「語ること」は、起源に先立つ方向づけであり、接近であり、諸項間の隔たりを廃棄することなき近さであり、責任という関係である。われわれがこれまでに見てきたように、こうした方向づけを、レヴィナスは、あるものが意味し、自己自身を贈与し、自己自身であるだけでなく他者でもあり――何か他のもののためにありうる能力とみなしている。諸々の体系や主題、国家や監獄、あるいは精神病院(フーコーの著作できわめて入念に叙述されている)によって、「語られたこと」が暴力的に横領されるにもかかわらず、かかる暴力を中断させうる力が言語の内部にある、とレヴィナスは主張する。デリダにおけるように、謎としての意味作用の一義化不能な本性は、「同時性」の拒否であり、そしてかかる中断が、「隔時性」なのである。しかしながら、多くの他の現代の文学理論家とは異なり、レヴィナスはこの隔時性を、他者――のために身代わりになる――一者と関連づけている。そして、究極的な中断は、別のものとの関係であるという言語のまさに本質によって基礎づけられる、というのだ。「私は、すべての言説がそこに位置づけられているような究極的言説を、それに耳を傾ける者に向けて語ることでもやはり、かかる言説を中断している。究極的言説を聴く者は、言説が語るところの「語られたこと」の外部に位置している。このことは、私が今まさに練り上げつつある議論にもあてはまる。対話者への係わりは永続的にテクストを突

き破るのである」（*OTB* 170）。

　レヴィナスがわれわれに再び思い起こさせるところでは、言語が別の者への関係であり、別のものに向けて方向づけられている限り、言語のなかには、隔時性の痕跡が、存在および全体性を破砕するものがつねに存続している。かくして、どんな言説のなかにも、全体性を破砕する潜在力がはらまれていることになるだろう。そして、「懐疑論の永劫回帰は、構造の破砕を意味するよりもむしろ、これらの構造は意味の究極的枠組みではないという事実を表している」（171）。

　名称は、布告もしくは呼格や命令に対して二次的なものである。アドリアーン・ペパーザックは、名称の副次性は、フッサール的志向性に対するレヴィナスの批判とその補完的彫琢の一部を成すものであると説明している。現象が出現し、意識へと「与えられ」「呈示され」、現象に先立つ混沌と時間の流動から出来《しゅったい》するためには、現象は一種の同一化を、「これをそれと」みなし、「これをそれとして」措定し、「これをそれとして」把握する仕方を必要としている。これをそれとして意味することもしくは志向することは、「要請あるいは誓約（主張）であり、それをとおして、意識は〜をめざしたり、あるいはまた、……与えられたものを現れとして「意志」する」。かかる同一化は、一種のドクサ（臆見）、あるいは寓話、端書きといったものであり、いまだ聴かれたことも発話されたこともなき「すでに語られたこと」である。だが、そのような「すでに語られたこと」こそ、歴史上のあらゆる特殊な言語や発語に先立つとともに、それらを基礎づけているのである」（"From Intentionality" 6–8）。

　名称は、数々の同一性を明示する名詞の体系としての言語が有するひとつの側面である。語は「これをそれ」として同一化するが、レヴィナスは、かかる同一化は類似にもとづくものではないと指摘している。語が事物を意味するのは、その語が事物に類似しているからではない。むしろ、「同一化はケリュグマ

〔宣布〕的であり」、それは最初の布告なのである。「語られたことは、単に記号ないしは意味の表現ではない」（*OTB* 35）。語られたことは、「これをそれとして」布告し、「これをそれとして」確立するのだが、それは反省的思考を凌駕する一種の剰余なのである。これは、ベンヤミンが言語の「魔術」、ショーレムが言語の「神秘」として描いたものが有するひとつの側面である。レヴィナスは、ベンヤミンやショーレムと同様、言語はかかる深奥においては単なる記号ないし意味の表現ではない、という点を強調した。リオタールは、レヴィナスをめぐる長文の試論のなかで、レヴィナスを、J・L・オースティンのスピーチ・アクト理論における「遂行的《パフォーマティヴ》」という観念と比較しようと試みている。しかしながら、レヴィナスは、言語を、他の数ある行為のなかのひとつの種類の行為とみなしてはいない。また、レヴィナスのいう無‐起源的な「語ること」は、内容なき聖なる深淵でも、純粋で美しい非人間的形式の領野でもない。

レヴィナスにとって、語ること――それもまたのちに語られたことへと吸収されてしまう――による「これとしてのこれ、……あれとしてのこれ」という聖別は、言語が数々の経験を表すに先立つフィアト〔布告〕ないし命令である。「どこか分からないところから到来する言説が恣意的に時間性の諸相を「それとしてのこれ」へと整序するのではないのである」（37）。言語がここで、別のものへの関係として定義される限り、レヴィナスは、言語の究極的な「レトリック」理論を呈示しているようにも思われる。しかしながら、彼はその著書のいたるところで、古代哲学におけるレトリック蔑視を繰り返している。彼はレトリックを、真理の追究を目的とするよりはむしろ、計略を用いて隣人に接近すること、詭弁を弄したごまかしや暴力のひとつの様式とみなしているのだ。しかるに、言語は情報の交換である以前に優れて召喚ないし命令であるというレヴィナスの主張それ自体、根底においては「レトリック的」なのである。

ペパーザックは指摘している。レヴィナスは、「驚いたことにこれまで哲学によって一度も真剣に取り上げられたことのない、非常に単純な事実を指摘している。その事実とは、言説もしくは武勲詩（*Sage*）はつねに、ある者からひとりもしくは多数の他者へ（あるいはまた、聴取者、読者としての自分自身へ）語られるということである」［強調ペパーザック］（"From Intentionality" 11）。ただし、レヴィナスがかかる「単純な事実」を指摘した最初の人物というわけでは決してない。この事実は、ローゼンツヴァイクによる哲学批判の核心に存しているし、更にそれは、プラトンの『パイドロス』や『ゴルギアス』で、哲学とレトリックのあいだで力強く展開された古典的論争とも関連している。レトリックはつねに、聴衆、人格的他者への発信と効果としての言語の社会的具体性のうちに基礎づけられているのだが、レヴィナスはプラトンが古代に採った立場に従って、レトリックの使い手を、純粋な真理とではなく、単にごまかしとしか係わらない詭弁家《ソフィスト》とみなしている。

実際のところ、何よりも言語を他者との関係、ひとつの「社会的」関係とみなすレヴィナスの理解には、昨今の文学理論と哲学理論におけるレトリックの復興が対応している。これらの理論が主張するところでは、真理は言語を通じて社会的に形成されるのであって、絶対的で客観的で確固としたいかなる存在論的基盤からも形成されるものはないのだから。スタンレー・フィッシュ、デリダ、ド・マン、テリー・イーグルトン、リチャード・ローティーといった理論家たちの反プラトン主義と反存在論主義は、真理のための超越論的な基盤の一切を破壊するが、そうなると、「社会的関係における「社会性」を定義するものは何か」、「いかなる原理が社会的関係を発生させ、それを規制し、権力への意志と暴力と混沌との無軌道な衝突へと社会的関係が解体してしまうのを阻止しているのか」が問題と化す。レヴィナスは、いかにしてレトリックがこうした問いに答えうるかを認知できなかったし、また、いかにしてレトリックが、エゴの戦略的策略と他者の操縦――いずれも暴力のまとう形態である――以外の何かにもとづきうるのかを認知することもできなかった。

しかしながら、カイム・ペレルマンのような現代のレトリック理論家にとっては、レトリックは、理性的合意《コンセンサス》ないしは倫理的命令に基盤をもつことなしには決して成り立たないものだった。実際のところ、私は、レヴィナスによる哲学の著作の多くがそうであるように、ペレルマンの偉大な傑作『新しいレトリック』（*The New Rhetoric*）（一九五八）も、第二次世界大戦のもたらした大惨事と暴力に対する応答として書かれたのではないかと推察している。ペレルマンはユダヤ人であり、ド・マン同様ベルギー国籍を有していた。だが、ペレルマンは、ベルギーにおける反ナチス・レジスタンス地下運動のリーダーであった。彼はまた、法学者としても優れたキャリアの持ち主だった。ペレルマンの「新しいレトリック」はその精神においてレヴィナスの哲学に近く、また、多くの点でそれと類似している。法学者としてのペレルマンの物の見方はまた、解釈の本質や、文学的なものと政治的なものとの関係をめぐる現行の数々の問いに付け加えるべきものを多く有してもいる。なぜなら法学の伝統は、実践的決定や行動から分離されて自存する世界とみなされた数学的推論や言語の純粋美学に全面的にもとづくのとは異なる論議や解釈の様相を含んでいるからである(5)。

実際のところ、文学批評をラビ的テクストへと関連付けようという試みが、ハラハー的‐法的討議とミドラッシュ的説話と創造的解釈という二重の機能を連動することはこれまでのところ不可能だった。こうした問題は部分的には、文学批評および文学理論と、ペレルマンが「新しい」レトリックとして提案する種類のレトリック理論との乖離に起因している。なぜなら、ペレルマンのこの理論はレトリックを、その古代の理性的・討議的機能へと回帰させ、文体や比喩についての「単に文学的な」分析へのレトリックの格下げから遠ざけているからである。

実践的推論としての「新しいレトリック」をテーマにした一九七六年の論文のなかで、ペレルマンは実際、タルムードの伝承を、自分の提起している審議的レトリック・モデルの実例として引用し、このモデルを、デカルト的なモデルとは対照的なものとみなしている。デカルト的モデルにおいては、自明で必然的な理性的真理が存在していて、それゆえ、二人の人間が同一の事象について相反した決定を下し、しかも、いずれか一方だけが過ちを犯すことがないという状況はありえない。それに対して、ペレルマンが指摘しているように、タルムードにおいては、「相対立する立場が等しく理にかなっているということは容認され、そのどちらかだけが正当である必要性はない」。たとえば、賢人ヒレルを主宰とする学派とシャンマイ学派は絶えず対立しているものの、しかしながら、ラビ・アキヴァがこれらの学派について語った有名な文句によれば、「両者共に生きた神の言葉なのである」("New Rhetoric" 305)。

ここで重要な点は、真理をめぐる多様な立場にはその理性的な基盤が存在するということであって、——あらゆる言語が恣意的であり、あらゆる価値が相対的であるという理由で、多様な解釈が存在するのではないのだ。ペレルマンのいう法的レトリックはまた、ユダヤ教論考のなかでレヴィナスが、ハラハーやユダヤ教の法的伝統を、他者‐のための‐一者としての理性の倫理的本質を具体化し保証するものとして擁護したことに近しい。この点については次章で検討することにしたい。レヴィナスとペレルマンは共に、実践的理性と理論的理性との対立というカント的考えに影響を受けている。

ペレルマンにその傑作を書かせる原動力となったのは、正義の本性を定義し、諸価値について推論する際に彼が直面した数々の問題であり、また、理性的土台に立って諸価値をめぐる問いを解決していく際の数々の困難——たとえば「〜である」から「〜すべきである」を抽き出すことの不可能性——であった。ルーシー・オルブレクツ゠テュテカとともに、彼は、異なる分野に属する作者たちが価値について推論した際に実際に用いた論議の方法を検討することを決意したが、その対象分野は、文学的なテクストから政治テクスト、哲学テクストや日常会話にまで及んでいる。そして彼は、推論の「弁証論的」(「分析的」に対立するものとしての)様式、略式の非論証的な推論としてのレトリックという、これまで看過されてきたアリストテレスの遺産を「再発見」した(Foss, Foss, and Trap, *Contemporary Perspectives* 102–103)。

ペレルマンは、『新しいレトリック』の導入部で、自分がめざすのは、「これまでの三世紀、西欧哲学にその徴しを刻んできた、デカルトに由来する理性と推論の概念と絶縁すること[強調ペレルマン]」(1)であると記している。レヴィナスと同様、ペレルマンの仕事も、形式的なデカルト的理性や、あらゆる推論を形式的な数学論理ないし、必然的真理を構成する自明的観念へと束縛しようとする試みの限界について批判を行うものである。ペレルマンの主張によれば、「まさにその本質からして、数学および自然科学の方法を逸脱するような道徳的、社会的、政治的、哲学的、宗教的秩序の問いを包含した」(512)幾多の人類の努力や人類の思考の領野が存在している。レヴィナス同様、ペレルマンも、こうした生の本質的な諸領域が、「非理性的な力、本能、暗示作用、更には暴力」(3)のなすがままになることを妨げるために、心血を注いだ。彼らは同じ動機を共有している。完全なる非理性主義に陥ったり、一般大衆性ならびに思慮深い審議行動のための土台を失うことなく、厳密に形式主義的な理性を凌駕しようという動機を。彼らは、理性の普遍的光明を、衝突し合う権力の利害関係や、利己的なイデオロギーの数々に委ねるよりはむしろ、かかる光明をめぐる啓蒙的な解釈を修正し、拡大しようとしているのだ。

レヴィナスは、自分が組み込まれている当の理性を問いただすことは、同一性と存在論の論理という観点から眺めれば愚かなものに見えるだろう、と述べてもいる。しかし、レヴィナスのめざす結末は、別種の理性——予言的ないし倫理的理性——であって、精神錯乱や狂気、ゲームや権力への意志といったものではない。主体の同一性は、自由で統一された自我に由来するのではなく、「責任を回避することの不可能性」（*OTB* 14）に由来する。レヴィナスによって疑問を投げかけられた主体は、「感受し易く、傷つき易く、負傷し、外傷を負い、取り憑かれ、人質に取られ、迫害されて」いるとしても、あくまで「理性的」「有責的」で、「霊感を吹き込まれて」いるのだ。

レヴィナス同様、ペレルマンも、「あらゆる種類の絶対主義によって呈示された、還元不能で断固たる哲学的対立」を乗り越える「第三の方途」を見出そうと奮闘を続けている。「理性と想像力、知識と臆見、論駁不能な自明性とひとを欺く意志」、普遍的な客観性と伝達不能な主観性、事実判断と価値判断、理論と実践の二元性を乗り越える「第三の方途」を（*New Rhetoric* 510）。こうした二元論ならびに、「客観的に反駁の余地なく有効でないものは何でも恣意と主観の領域に属するという主張は、理論的知識と行動とのあいだに架橋不能な深淵を作り出す。前者は理性的なものとみなされるが、後者の動機はまったく非合理的なものとみなされるのだから」（512）。

かかる二元的立場からもたらされる結果は、実践が理性的であることをやめ、批判的論議が理解不能なものとなり、哲学的反省それ自体が無意味なものになるということだろう。『新しいレトリック』は、フランスにおける構造主義およびポスト構造主義の到来に先立って発表されたが、しかし、ペレルマンはたぶん、人間の自己性と行動がそこでは匿名的機能でしかないような非人称的体系として言語を捉える考えを、理性的で審議的な論議のいまひとつの廃棄とみなしていた。そのような論議は現実を、あるいはまた、レヴィナスのいうように、形式的で理論的な理性の優位をかき乱すというのだ。構造主義をめぐるポスト構造主義の批判の多くもかかる問題を軽減することはなかった。記号の恣意性と意味作用の諸構造の不安定性を呈示することは、単に実在主義的な非合理性を、言語的な非合理性に置き換えたにすぎない。文化的唯物論は、どんな構造をも、イデオロギー、権力、支配、力を刻印されたものとみなすのだが、そのような文化的唯物論も、ペレルマンが探し求めたような種類の理性に土台を提供するものではなかった。

レヴィナス同様に、ペレルマンも倫理的な指針《アジェンダ》を有している。すなわち、「強制するものでも恣意性でもないような論拠が実在すること、それだけが人間の自由に意味を与えうる。人間の自由とは、そこで理性的な選択が行使されうるような状態である」。それはまた、「行動の領域での人間的共同体の可能性を」正当化しもする、「たとえこの正当化が、事実もしくは客観的真理にもとづくことがありえないとしても」(514)。無論、リオタールのようにポストモダン論の立場に立つ書き手は、ペレルマンが漸進的で理性的な合意を追求していることを、ハーバマスの企図に反対するのと同じ激しさで批判している。しかしペレルマンは、レヴィナスと同じように、第二次世界大戦の暴力のなかで、理性的な言説が一挙に崩壊し、個々人の自由への尊重が失われてしまったことの帰結に耐え抜いた。恣意的で非合理的なるもの、そしてまた、狡猾な転覆を図る力を容認することは、ただ単に、絶対主義のより精妙な形式であり、個人として選択し、責任を負う人間的能力の否定でしかないだろう。

かくして、これらのものを容認する代わりに、ペレルマンも、レヴィナスやローゼンツヴァイクと同様、概念的に自ずと明らかで必然的で自律的ではないかもしれない事象を含むものとして、理性を定義し直し、その範囲を広げ、それを増幅するにいたる。こうして、交互に入れ替わるような複数の推論形式が存在するのだが、それらはいずれも他者を要請するもので、発信の関係ならびに、言説を通じて他の人格が強制されることなく同意することに依存している。そしてレトリックを、ペレルマンは、何よりも聞き手の必要に宛てられ、聞き手の必要に依存し、それに適応した言説の技法として定義している。レトリックがめざすのはいつも、「精神に実際に働きかける」(7)ことである。これとは対照的に、形式的なデカルト的理性は、自明の真理、明断かつ判明で必然的な真理についての独我論的な想念をその基盤としている。そこには、他者との審議の必要はないし、これらの真理への加担の程度の多寡をめぐる問いや、これらの真理に誰かが同意しない可能性をめぐる問いもまったく存在しない。このような理性の形式は、カントにおける理論的理性と同様、「どんな理性的存在にも自分を押しつける」もので、「意見の一致は不可避である」(2)。

変化する様々な特殊な状況のもとで、人々が互いに語りかけ訴えかけることで、支持を確たるものにせんとする、そのような類の審議は、論駁不能な真理の「立証」とは反対のものとして、「討論」(修辞学的活動)をかたちづくる。討論が扱うのは必然性ではなく、それらが「計算の確実性を逃れ去る」限りで、可能的なもの、真実らしきもの、信頼しうるものを扱う(1)。ギリシャ時代から今日にいたるまでの修辞学の伝統のなかに見出される推論と説得の緒形式は、デカルト派の論理学者と哲学者によって、単に装飾的で「文学的」で詭弁的なものと誹謗され無視されてきた。しかしながら、これらの形式は、ペレルマンが「批判的合理主義」と呼んだものの源泉であり、ここにいう「批判的合理主義は「事実判断―価値判断」の二元性を超越するとともに、事実判断と価値判断の両方を科学者や哲学者の人格性に依存するものたらしめる。科学者や哲学者は、行動の領域においてと同様、知の領域でも、みずから下した決断に責任を負うているのだ」[6](514)。レトリックとは、形式的で自律的な理性による強制と暴力的威圧とのあいだに開かれた「第三の方途」なのである。

> 別の者と審議し議論することは、力に頼るのを断念したということ、価値は理性的説得によって対話者の支持を得ることに固執するということ、対話者は対象とみなされるのではなく、その自由な判断に訴えかけるべき

者であるということを含意している。討論に訴えることは、精神の共同体の確立を引き受けることであり、この共同体は、それが存続する限り、暴力の使用を排除する。(55)

懐疑論者は狂信主義者と対立する者ではなく、その片割れであることを見抜いたのも、ペレルマンの慧眼のなせる業であった。狂信主義者は、「議論の余地がある命題にあくまで固執するが、それに反駁不能な証明がもたらされることはありえない」。彼はこれらの命題を自由な論議に委ねることを拒否し(62)、そうすることで、いかなる論議をも排斥してしまう。少々長くなるが、『新しいレトリック』の第一部を締め括る次のような見事な一節をここで引用することをお許しいただきたい。というのも、この一節は、多くの現代文学理論の状況と直に関係するものだからである。

ある命題への支持をそのままこの命題の絶対的真理性の認知と同一視することは時に、狂信主義ではなく、懐疑論をもたらす。ある命題を支持するために、討論が強制力を伴う論証的証明をもたらすことを要請し、そうでなければ満足しない者は、討論の手続きに本質的な特徴を、狂信主義者と同じくらい大きく誤解している。討論がめざすのは諸々の選択を正当化することであるというまさにその理由で、討論は、選択の余地がないことを示そうとするような正当化をもたらすことはない。そうではなく、ただひとつの解決も、問題を検証するこれら複数の選択に曝されているのである。

レトリカルな証明は決して完全に必然的な証明ではありえないのだから、討論の結論を支持するに際して、思慮深い人は、彼を捲き込み、彼がそれに対して責任を負うところの行動によって、それを支持する。狂信主義者は、討論への関与を受け入れるものの、ただ、絶対的で論駁不能な真理に屈従する者としてそうするにすぎない。懐疑論者はというと、かかる関与を拒絶するが、その際、この関与が十分に決定的なものではないとの口実を設ける。懐疑論者が支持を拒絶するのは、支持についての懐疑論者の考えが狂信主義者のそれに似ているからである。いずれも、討論が、ありうべき複数の命題のなかでの選択をめざしているという点を評価することに失敗している。しかるに、これらの命題の位階を呈示し、それを正当化することで、討論は決断を理性的な決断たらしめようとする。決断を下すに際して討論が果たすこの役割は、懐疑論者と狂信主義者によって否定されてしまう。強制的理性が不在であるなかで、懐疑論者と狂信主義者は共に、個人的関与を廃棄しつつ、無制約に暴力をふるうのである。(62)

この一節は、ド・マンの徹底的な懐疑論と、第二次世界大戦中の彼の親ファシスト的な著述との結合を明かしてくれると言ってもよい。多くのド・マンの擁護者たちは、彼の脱構築的懐疑論は、初期のイデオロギー的な著述の暗黙の否認であり、その克服であると主張してきた。批判的な自己−再帰性、「決定不能性」、「読解不能性」といった彼の姿勢は、あらゆる暴力的な加担を阻止することを意図していた、とも。ペレルマンのの分析が示すところでは、このような絶対的懐疑論は、複数の意味のあいだで何らかの選択を行うための基盤を一切否認するもので、真理と知識についての過度に限定的な定義から帰結している。伝統的な哲学的意味では、真理のための必然的で客観的で確固とした基盤などまったく存在しないのかもしれない。にもかかわらず、論議、評価、審議のための基盤は数多く存在するのである。終わりなきアポリア〔行き詰まり〕と「決定不能性」へとこれらの基盤を締め出すことは、絶対主義的な行為であり、狂信主義者の行為たる暴力を受け入れることである。狂信主義者は論争を拒絶するのだが、それは絶対的真理を所有しているという彼または彼女の確信のゆえである。

同様の批判は、「イデオロギー的」批評家にも、相対主義者にもあてはまる。前者は、あらゆる価値観は、利己主義的な権力のゲームがまとう仮面であると考えており、後者はというと、価値のための確固とした基盤を求めるありとあらゆる主張について、その基盤を絶えず危うくすることに力を傾けており、選択を行うための価値観ないし基準の序列について審議して論じること一切を許容しないのである。しかしながら、法学者は、現実的で社会的な外的圧力に直面しており、絶対的に明晰で、まったく曖昧さのない基盤が欠如しているにもかかわらず、決定を行わなければならない。ペレルマンの見解によれば、狂信主義者ないし懐疑論者は、彼自身もしくは彼女自身を、個人の責任、行動、なされた選択への関与の重荷から解き放っているのである。

それとはちがって、修辞学的討論は決定と未来へと方向付けられている。すなわち「それは、言説的方法によって聴取者の心性に働きかけることで、何らかの行為を遂行したり、そこにいたる方策を準備することに着手するのである」(47)。ペレルマンが念を押しているように、討論は単に、実践的関心から切り離された知的な訓練ではない。「言語は単にコミュニケーションの手段なのではない。すなわち、それはまた心性に働きかけるための道具であり、説得のひとつの手段なのである」(132)。このことは、なぜ討論が、権力ないし強制によって行動を強いようと試みる暴力の代替物になるのかという理由を正確に示している。

多くの文学理論家たち、とりわけ言語学的ポスト構造主義に影響を受けた者たちは、レトリックおよび論議のかかる側面を無視してきた。レトリックは、デカルト流の哲学的理性によって、その価値を貶められ、現実の論理的把握もしくは論理的整序とはほとんど無関係な一連の譬喩、言葉の装飾とみなされてきた。多くのフランス構造主義者たちとポスト構造主義者たちにとって、鍵を握る動きは、こうした秩序を転覆させることだった。合理主義のデカルト的伝統に反抗している、デリダ、ラカン、クリステヴァ、ド・マンやその他のフランスの理論家たちは、レトリックを、言語の多義化によって成長しこの曖昧さと戯れる、哲学の古来の敵対者と解してきた。彼らは、このようなレトリックの観念を、言語の避け難い隠喩的および多義的性質を強調するために援用し、そうすることで、ロゴスの一義性に異を唱えている。レトリックは彼らにとって、抑圧的な哲学的ロゴスに対する文学的言語——美学——の勝利のひとつの側面と化すのである(7)。

たとえば、ラカンの構造主義的言語学を経由したフロイトの再読解は、「無意識的なものは、言語のように構造化されており」、また、これらの構造を解釈するためには、分析家は譬喩のレトリックを理解することが必要である、と主張している。ブライアン・ヴィッカーズはその著書『レトリックを擁護して』の最終章で、現代におけるレトリックのかかる援用に際して多く見られる歪曲を明快に説明している。それによると、学科としてのレトリックは現代思想において、単に「雄弁術」へと矮小化され、「今やその表現的で説得的な機能から分断されて、遂にはわずかな種類の譬喩にまで格下げされた」(*In Defense* 439)。ヴィッカーズは、こうした傾向をまずヴィーコのうちに見出しているが、ヴィーコはというと、歴史的説話術をめぐるヘイドン・ホワイトの譬喩的分析の発想源となっている。それはまたロマーン・ヤコブソンの構造主義言語学のうちにも見出されるが、ヤコブソンは更に一歩進んで、譬喩を隠喩と換喩の二つだけに還元したのだった。この点では何よりもド・マンを挙げなければならないが、「論文で明かされた限りでの、彼のレトリックについての現実の知識は、この技法についての根本的に誤って方向付けられた考え方に、そしてまた、ごくわずかな譬喩に限られているが、それとて必ずしも正確に理解されているとは言えない。しかしながら、このことはド・マンが大それた一般化を行うことを妨げるものではなかった」

(457)。

レトリックは、ド・マンおよびその他の者にとって、哲学にとっての「他なるもの」、一種のポスト・デカルト主義的認識論と化したが、その一方で、公衆に対する作用ないし効果としての言語というその根本的意味を奪われてしまった。ド・マンは、デリダの認識論的批判を単に認識の問題として利用し、そうすることで、解釈の問題を、全面的に認識論的な用語で「決定不能性」として叙述した。「言語の他性」の場所——ひとがその先に進めないような場所——を徴しづけた彼にとってはおそらく、「過 - 越」などまったく存在しないし、「存在（すること）を超えた善」なるものもきっとなく、肯定性もまったくなく、ただアイロニカルで実現不能なアポリアしかないだろう。ド・マンにおけるレトリカルな譬喩は、文法や論理に対する否定的な認識論的挑戦であり、彼の書くところによれば、「遂行的なスピーチ・アクト」ならびに心理学の「実践的な凡庸さ」からは分離されねばならない（*Resistance* 19）。同様に、ド・マンが呈示する教示のための範型は冷淡な範型である。それは「まずもって人々のあいだの間主観的関係であるのではなく、自己と他者が接点的に接触し隣接し合って包含されるような認識論な過程」（3）である。

レヴィナスの哲学は、こうした立場が含む他者への暴力を明かし、ペレルマンの分析はというと、それと「絶対主義的認識論」（512）との隠れた連関を明かす。ペレルマン自身は、言語における存在論および美学の両方に対して批判的であって、そうしたものの代わりに、言語は諸事物の客観的な性質を直接満たすものではないし、世界それ自体でもないと主張している。論議におけるコミュニケーションの問題は、誤って、「存在論および美学に係わる事柄へと転換されたが、実際には、存在論的秩序および有機的秩序の二つは、ひとつの適応的秩序からの派生物である。発語における秩序の研究のなかで主導的に勘案するべきは、聞き手に適応しなければならないという必要性であるに相違ない」（508）。このことは、伝統的レトリックの最大の関心事であった創意と整序の次元へと遡るもので、それをペレルマンが甦らせたのである。(8) 発語ということでペレルマンが考えているのは、単に口頭の言説にとどまらない。それは、筆記をも含む、ありとあらゆる言語的コミュニケーションを意味しているのである。

私見では、ここには文学批評および理論にとっての多くの教訓が存在している。第一に、意味ないし文学テクストの本質についての問いを、言語の認識論的地位の問いへと制限してしまうことは、あらゆる推論を単に形式論理学へと限定してしまうことと同様に不自然な試みである。しかしながら、「政治的なもの」についての無批判的構想と、言語が世界に作用するその方法はイデオロギー的で、権力と支配と暴力の関係によって特徴づけられていると主張することとのあいだに、二者択一があるのではないのだ。脱構築の「非歴史主義」に抗して、近年、多くの文学批評が反旗を翻すなか、レトリックは多くの場合、言語とテクストへの社会的アプローチの同義語として用いられるにいたり、このアプローチは政治的‐イデオロギー的解釈と同一視されている。レヴィナスと同様、ペレルマンも、価値についての論議ないし同意を、一連の利己主義的利害が被る仮面として、もっぱらイデオロギー的な用語で定義することを拒んでいる。ある決定にいたらざるをえない議論を判定する際に、ペレルマンは、「没利害心の」もしくは「客観的な傍観者」と、「公正な」傍観者とのあいだに、重大な区別を設けている。こうした議論においては、「ある特定の集団に影響を及ぼすような論戦への介入は、件の集団に属する者もしくはそれと密接に結びついたものによってのみなされうる」のだし、「公正であることは客観的であることではなく、公正であることは、前もってどの集団の味方をするかを決定することなく、ある集団について判断しつつ、みずからもその同じ集団に属することに存している」(60)。レヴィナスと同様、ペレルマンも「われわれの信念を、われわれの利害関心や情熱から切り離すこと」(61) の可能性を保持することを望んでいるのだ。

同じように、装飾的雄弁術についてのペレルマンの分析は、価値と行為との根本的な関係をあらわにしている。装飾的雄弁術は古典的には、アリストテレスによって、賞賛と非難（たとえば頌徳）、美しいものと醜悪なるものに係わるレトリックとして定義されていた。アリストテレスは、装飾的雄弁術と雄弁術のその他の諸形式、つまり、審議的で法的な雄弁術（何が好都合かを協議し、何が最善かを確立する）とを明確に区別した。しかし、ペレルマンが指摘するところでは、装飾的雄弁術――それは単なる飾りもしくは「純粋に文学的なもの」と考えられることもしばしばだが――は実際には、審議的で法的な雄弁術の機能とは決して切り離せない。というのも、装飾的雄弁術は、「それが称える価値への支持を強めることで、行為へと向かう傾向を強化させる」(50)からである。装飾的雄弁術はかくして、審議的で法的な言説のためのまさに基盤となるような合一の感覚を確立する。要するに、ペレルマンとレヴィナスの両者は、理性という概念を拡大して、言説における他の人格との関係、この非強制的な関係のまさしくその基盤たらしめたのである。

おそらくは文学テクストもまた、まさしくレヴィナスのいう意味での「他者への語りかけ」として、われわれの哲学的認識や概念化のすべてから溢れ出るものとみなされうる。それもまた人間的で人格的な発語であり、全体性の「彼方」ないしその「外部」への開けであって、こうした「彼方」「外部」は、非人称的な体系やゲームの数々、イデオロギー的な確執へと解消されたりはしない。たとえ、「語られたこと」の諸要素がかかる確執をたしかに示しているとしても。ペレルマンのいう「新しいレトリック」あるいは、レトリックについての再概念化は、聴者／読者に、字義どおりの行為を促すような、聴取者への語りかけおよび訴えの類から、文学テクストを分離することをわれわれに許容しないだろう。読者とは、内面化された言語コードの一機能、あるいはまた、純粋に個人的で非合理的な主観性、あるいはまた、イデオロギー的な瞞着への関与者もしくはその転覆者として定義されるだけのものではありえないだろう。つねに実践的な行為に関係づけられたものというペレルマンのレトリック観はまた、文学と文学批評を、実践的な選択とその価値をめぐる討議のための数々の広場として合法化するとも言えるかもしれない。

ただ、レヴィナスとペレルマンは共に、昨今の文学理論が、言語の社会的性格を考慮するよう強調していることには賛同している。ペレルマンが主張しているように、「言語学の分野では、リアリズムならびに唯名論というアプローチは共に支持できない。というのも、リアリズムも唯名論も、言語を現実の反映あるいは個人の恣意的な創造物としか見ていない」が、「どんな言語も共同体の言語である」のだから。語彙の慣習的な使用についての同意でさえ、「現実についての考え方や世界観についての同意に負けず劣らず」議論の余地があり、社会的で歴史的な諸状況と連結されている(513)。同意がまとうこれらの形式はすべて、みずからの多様な領域を構築し、練成する科学者や哲学者や批評家が個人的に下した一連の価値判断にもとづいているのである。

ペレルマンは、「諸々の価値はいずれかの段階で一切の論議のなかに入り込んでいる」(75)と主張する。これらの価値は、行為へと向かう決定に影響を与え、選択の正当化を手助けするような同意の対象のひとつの源泉であったり、あるいはまた、それらは、どんな規則や公理的原則がひとつの分野ないしは体系を基礎付けているのかを決定する、まさにその起源において現れる。事実判断に対する価値判断の関係をめぐるペレルマンの立場は、倫理学は形而上学に従属するのではなく、その基盤であるというレヴィナスの主張と対応している。より広い見地から言うならば、倫理学と形而上学との関係のレヴィナスによる転覆は、レトリックと哲学との関係のペレルマンによる逆転に類似している。ペレルマンの指摘によると、このような転覆は実際、思考におけるあらゆる進歩に特徴的である。

いかなる独特な概念的発展も何らかの仕方で、容認された位階を変化させる。ある場合には、次元の相違を程度の相違に還元し、またある場合には逆に、ある位階体系を、それよりも根本的なものとみなされた別の位階体系によって置き換えることで。現実性を構成ないしは再構成するこれら多様な手法は、価値評価ならびにそれがなされる仕方に、打ち消し難い効果を有している。(349)

哲学的対と概念間の分離

『新しいレトリック』は、これらの転覆の何たるかを見定め、それを理解するための至上の方法論的道具をわれわれに与えてくれる。それがすなわち「概念間の分離」である。概念間の分離は、「扱われている対象が規範であれ事実であれ真理であれ、ある命題を別の命題と対置するときに生じる両立不能性を除去したいとの欲望」(413) から生まれる。たとえば神の善性と悪の実在、あるいはまた、人間の自由意志と神の自由意志との両立不能性は、人間という概念を、「被造物としての人間」と「堕落した人間」へと「分離」することで解消される (413)。両立不能なものの一方が切り離される。すなわち、それは破壊されるのではなく、保持され、再度秩序付けられるのだ。実践的な次元、たとえば法体系の枠内では、このような解決は、相容れない主張を調停するための「妥協」を構成する。理論的な次元では、このような分離はまさに現実性の概念そのものを改造する。「どんな新しい哲学も、概念装置の成就を前提としているのだが、少なくともこの概念装置の一部——根本的な意味で始原的な——は、哲学者がみずから提起してきた諸問題の解決を可能ならしめるような、概念間の分離の帰結である」(414)。換言すれば、「分離」は、「哲学的対」をもたらす区別ないし定義付けをなすためのひとつの様式なのである。これらの対ならびにこれらの関係は、あらゆる哲学的探究の対象となるものに特徴的な性質である。西欧哲学においては、「文字／精神」「個人／宇宙」「手段／目的」「主観性／客観性」といった数々の対は、通常の思考や文化的伝統に莫大な影響を与えてきた。一般的に、哲学的論争や哲学の刷新は、旧き分離を否定するか、あるいはまた、新たな分離を創り出すか、あるいはまた、対の相異なる組を互いに関係させるような体系を確立することで成立している。

ペレルマンは、あらゆる哲学的分離の原型は「現象／実在」の対であると説明することで、以上の考えを明確化している。世界の本性の首尾一貫性が前提とされている場合には、多様な現象間の両立不能性は解消される必要がある。ひとを欺くものは、ひとを欺かないものから区別されねばならないのだ。こうして「現象」という用語Ⅰは、「現象／実在」へと分裂されていき、——そうなると「実在」という用語Ⅱが、「価値ある用語Ⅰの諸側面を、そうでない諸側面から区別することをわれわれに許容する基準や標準を提供する」(416) ことになる。このことは、用語Ⅰが若干の側面を保持することを意味しているのであって、用語Ⅰを完全に否定することを意味しているのではない。用語Ⅰと用語Ⅱのあいだの関係は必ずしも「〜か、あるいは〜か」や単なる対立ではないのである。対を成しているものは相互に依存し、相互に作用し合う。用語Ⅱは、用語Ⅰなしでは成立しないが、区別することで、両立不能性を解消する手助けをする。特定の論議の形式が別様の示唆をするとしても、このように分離は価値評価の営みをつねに含んでいるのである。

以上の考えをもっときちんと理解するためには、ペレルマンが著書のもっと前の箇所（四六節と四七節）で設けた、「論理的矛盾」と「両立不能性」との区別を明確化するのが有効だろう。実際、ペレルマン自身の方法の優れた点とは、革新的な分離を設け、数々の哲学的対——たとえば「立証と討論」、「圧縮的理性と拡張的理性」――のあいだに新たな関係性を確立する彼の能力にほかならない。彼の見解によると、絶対主義、それは彼が著作を通じて立ち向かおうとした目的の核心であるのだが、この絶対主義は、「非妥協的で共約不能な哲学的対立」（510）をつねに呈示している。ペレルマンは、新たな分離と関係を通じて、これらの硬直した対立に絶えず異を唱えているのだが、それこそ、論議（ポスト構造主義者ならば、それを「疑問に付す」と称するだろう）を通じて、人間の自由と選択のための場を創出しようとする彼の手法なのである。彼は、人間生活の変化し続ける社会的・歴史的状況とは無関係で、疑問の余地も論議の余地もない真理を所有したいという一切の要請を却下するのである。

形式論理学の領域では実際、諸々の用語は一義的なものであって、全体的体系に対して矛盾を犯すことなしに、ある命題とその否定の双方を同時に主張することはできない。このような矛盾を指摘することが、懐疑論の仕事である。しかしながら、日常的言語ならびに、人間の生活に伴う具体的な疑問――こうした領域では用語は多義的で、それが討論の場所を作り出すのだが――のなかでは、われわれは、論理的な矛盾の数々ではなく、「数多の両立不能性」に直面する。ひとつの両立不能性は、矛盾と同様に、「そのあいだで決定がなされねばならないような二つの主張」を包含する。形式論理学とは対照的に、両立不能性に関しては、いずれか一方の命題を抹消するためのいかなる必然的な根拠も存在しない。それでもなお選択をしないわけにはいかないのだが。たとえば、政治的最後通牒は、その聴衆に対して、「譲歩することの拒否と二国家間の平和の維持」（196–97）との両立不能性を呈示する。数々の両立不能性が実在しているが、それらが単に偶発的な状況にのみ係わるものであるのに対して、矛盾はというと、形式的体系の内部に存する非時間的で非偶発的な不整合性のことなのである。

ペレルマンが記しているように、両立不能性はまた、神聖なるテクストをある一定の状況にあてはめることからも帰結する(197)。またしても、ここには、ラビ的解釈学を説明するのに有効なものが多々存在するのだ。ラビがある引用箇所を他の引用箇所と結合し、どこにも根拠をもたないかに見える新たな立場をより古い立場と関連づける際に生まれる「合法的虚構」もしくは表面的歪曲は、新たな状況を前にして合法的体系の首尾一貫性を維持し、そうすることで、両立不能性を一掃するひとつの仕方である。ペレルマンが繰り返しているように、これはデカルト流の数学的合理主義の「首尾一貫性」ではなく、別種の理性である。ミドラッシュの数々のテクストでは、さながら、新たな歴史的・道徳的な諸問題に適応することを目的として、より深い水準の首尾一貫性を創造するよう、両立不能性があたかも誘い出されているかのように見えることもしばしばである。レトリカルな推論は、自-明の啓示的真理によって定義されるよりもむしろ、聴取者の必要性への不断の適応によって本質的に定義されるというペレルマンの主張は、ラビ的テクストにおける、懐疑論と敬虔さ、自由と規律、世俗性と理想主義との比類ない結合を説明するのに役立つだろう。

ここでわれわれは主要な点に再び立ち戻ることができる。「概念間の分離」という技法は両立不能性を解消するために生じる、という点に。ペレルマンのいう「分離」を、「二項対立」があらゆる思考を決定しているという構造主義者たちの考えと区別することもまた重要である。それに彼は、定立と反-定立とのあいだで、ヘーゲル流の弁証法的論理を呈示しているのでもまったくない。ヘーゲルにとっては、このような弁証法は現実性の必然的で内属的な構造であるが、ペレルマンにとっては、分離は、人間の生活や態度決定をめぐる具体的で不確実な数多の問題に人間的に適応的に答える応答であって、それは世界ないし言語に内属する必然的部分ではないのである(9)。

これらの分離は、譲渡不能な構造(*structure*)というよりもむしろ、共-築物(*con-struct*)である。分離された用語Ⅱは、用語Ⅰにおける両立不能性を解消することの必要性から生まれたものである。「用語Ⅱは単なるひとつの与件（*datum*）ではない、それはひとつの共築（*construction*）であり、この共築が、用語Ⅰが分離しているあいだに、用語Ⅰの多様な側面をひとつの位階へと分類することを可能ならしめる規則を確立するのだ」(416)。分離された用語Ⅱは、用語Ⅰの多様な側面の価値判断を許容するようなひとつの説明的基準を提供する。判断は適宜なされる。「用語Ⅰと用語Ⅱへの分離は、用語Ⅱに対応する諸側面に価値を付与し、それと対立する諸側面の価値を下げることになろう。……かくして用語Ⅱにおいては、現実と価値は緊密に結びつく。かかる結合はとりわけ、形而上学者たちによるあらゆる共築のなかで表明される」(417)。

脱構築において、焦点は、二つの用語間の対立を揺すぶるような行為に合わされているが、実際にはかかる揺さぶりは、これらの用語を秩序づけ直すためのいまひとつの仕方にほかならない。ここでは、最も高い価値は、いかなる位階であれ、位階そのものを浸食することである。この意味では、プラグマティズムから記号論、脱構築にいたるポスト構造主義の思考の多くは、ペレルマンが「反形而上学的」哲学と一般的に定義したものと合致する。反形而上学的哲学は、形而上学的哲学の基盤となってきた現象／実在という分離をまさに否定することにもとづいて築き上げられる。そうなると、実在は首尾一貫せざるものとして定義され、それゆえ、実在についての変化しつつある考え方のあいだで選択をする理由はまったく存在しない。「実在」はもはや、価値ないしは選択のための基準なり指針として役立ちうるような用語Ⅱではないのだ。

しかしながら、ペレルマンが記すところでは、選択のための指針を確立するという問題および両立不能性を解消する必要性は、反形而上学的哲学のなかでもまだ消失するにはいたらない。今度は用語Ⅱそれ自体が「実在」の役を引き受けるような、いまひとつの哲学的対もしくは一連の対が生じるのである。用語Ⅱそれ自体、用語Ⅰ／用語Ⅱのいまひとつの分離にしばしば基礎づけられ、かかる分離の項については争われることがない。実際のところ、われわれはまさにこのような分離、以下のような対をポスト構造主義的思想のうちに豊富に見出す。すなわち、同一性／他性、発語／筆記、確定性／非確定性、連続性／非連続性、位階／転覆、決定可能性／決定不能性、中心／周縁、力／知、素朴／自己‐反省的、ロゴス〔集摂〕／散種、支配的／被抑圧的、理想／イデオロギー、〈真理〉／〈言語〉、現前／不在、作品／テクスト、読解／誤読、全体／断片、メタファー／メトニミー、シニフィエ／シニフィアン、表象／意味、形式／脱形式化、真面目さ／戯れ、観客／演者、構造／共築等々の対を。(10)

レヴィナスにおいて、われわれは、全体性／無限、存在論／倫理学、語られたこと／語ること、欲求／欲望、同一性／他性、〈存在〉（すること）／〈善〉、哲学／懐疑論、自律的理性／他律的理性等々の分離と出会った。これらの対は、「他者への関係」という本性的に問題を含んだ両立不能性、とりわけ他者の命令のなかでの暴力と非暴力との両立不能性を解消しようとする企てである。人間の関係、行為、そして知識を庇護することを目的に、非暴力の究極的な領野を見出そうとするレヴィナスの企ては、こうした問題の結果生じたものであって、レヴィナスは最終的には、言語はつねに暴力的であるというデリダの批判に応えるために、否定的な存在論的暴力と、〈善〉の肯定的な暴力を分離しなければならなくなる。

レヴィナスにおいて、「語ること」は、言語の多義化の領域でもあり、それは、主題化、表象、了解、説話（「語られたこと」）に先立つ他者への関係性である。「語ること」はまた、それを物語るところの言説の外なる対話者との究極的関係でもある。この意味で、「語ること」は、哲学に先行する言語のあの「レトリカルな」側面であり、――それは、いかなる言説もが開始される以前の、他者への始原的な訴えであり、他者への関係なのである。このようなものとして、「語ること」はまた、「語られたこと」における決定的な確実性、同一性、表象へと向かう傾動を打ち砕く。しかし、この語ることにおけるこのような多義化はゲームではない。すなわち、この起源に先立つ語ることは、「存在（すること）よりも重々しく、かつこれに先立つ秩序を呈示する。この秩序に比するならば、存在はゲームのようなものとして現れる。……いかなる有責性もなく、あらゆる可能事が容認されるゲームのようなものとして」（*OTB* 6）。

『存在するとは別の仕方で』のなかでレヴィナスは、デリダの批判に応えて、他者への責務という概念を更に徹底化させている。責任を有しながら他者によって召喚され他者を召喚することは、そこでは、「強迫、迫害、人質となること、留保なき犠牲、傷つくこと、外傷《トラウマ》、裸出」のひとつの様式と化す。有責性への召喚は、「〈善〉による無意識の選び」である。たしかに、これらの隠喩は暴力的である。しかしながらレヴィナスは、自己愛的な自我に向けられるこうした暴力は、存在の彼方なる〈善〉の暴力と同じである、と主張する。「〈善〉たること、それは〈善〉の他性の暴力を贖う。たとえ主体が、この次第に猛威を振るう暴力の激化によって苦しまねばならないとしても」(15)。

かかる立場は、主体の他律性および自律性をめぐるデリダやその他多くのポスト構造主義の思想家たちとの、いまひとつの重大な相違へと導いていく。「権力とロゴスの同一視に疑問を呈したからといって、その者は非合理主義者、神秘主義者、プラグマティストであるわけではない。正当化を要請するからといって、自由に異議を唱えることにはならない」（*TI* 302）。レヴィナスの仕事は、理性と自由が、それに先立つ諸構造にもとづいていることを示すことをめざしている。ペレルマンの場合と同じように、真理は、自律性の自由に、自‐明的なるもの、一切の外部性から自存したものに依拠しているのではない。自由は自ずから正当化されるのではなく、他者によって、そして他者のために正当化されなければならない。

「〈他者〉の現前は、自由の素朴な正当性を疑義に付すのではないだろうか。自由は、自身に恥辱を負ったものとして現れるのではないだろうか。そして、それ自身に還元されると、自由は簒奪として現れるのではないだろうか」(303)。他者との関係を強いられることは、普遍的理性ないし歴史の他律性と同一のものではないし、また、哲学に先立つ「思考されざるもの」ないし「言述されえないもの」の領域も、ハイデガーやデリダにおけるような、中立的で非人称的で、神秘的または怪異的な領域ではない。

レヴィナスにおいて、認知作用および存在という利己主義的な領域との絶縁が意味しているのは、他者への関係が他律的なものであり、「困難な自由」であり、「責任の逆説」であるということだ。しかし、人間の自由についてのレヴィナスの定義はまた、ペレルマンの定義とも異なり、それよりもはるかに過酷な他律性を包含している。「自由であるとは、他の誰も私の代わりにできないことを遂行することでしかない」(*ADV* 172)。「人間の自律性は至上の他律性にもとづいている」(*DL* 24–25)。デリダは、エドモン・ジャベスについての論考のなかで、詩人(詩人–哲学者をも含む)は、反律法主義の自由、あらゆる規範の打破を実行する、と主張している。すなわち詩人は、言語にとっての「他者」を、テクストの戯れを顕在化させるために、「律法の石板を割らねばならないのだ。詩的自律性はかくして、哲学を疑問に付すような他性を解き放つだろう」("Jabès" 67)。

デリダとレヴィナスは共に、哲学にとっての他者に訴えることで哲学を中断するが、しかし、かかる疑問視ならびにそれが要請する一種の応答を根源的に産み出すような他者の「呼びかけ」を定義する際には、両者はその相違を見せる。デリダは、自分の任務が、模倣や戯れ、隠蔽や多義化の「無根拠性」を通じて、他者性を顕在化させることにあると考えている。レヴィナスはというと、哲学の任務とはすなわち、不可避的で間断ない隠蔽と、語られたことでの語ることの裏切り・漏洩を「撤回する」ことをめざした懐疑論的批判とみなしている。というのも、この「撤回」は、外部性に、他者の超越性に開かれているからだ。もっとも、レヴィナスもまた、意味がみずからを示すためには、語られたこと、表象、体系、主題化が必要であることは認めている。つまり、語られたことそれ自体もまた、肯定的な倫理的契機を包含するのだ。有責性および正義を手放さないためには、語ることは、存在（すること）への係わりを保持しなければならないし、測定、比較、相関関係、共時化、表象なしには、いかなる正義も存在しえないのである。「本質はそれ固有の時間と時代を有している」（*OTB* 46）が、しかし、「存在（すること）は、存在（すること）にとっての他なるものにもとづいて理解されねばならない」（16）。

しかしながら、語ることと語られたこと、懐疑論と哲学とのあいだを往還するこのような関係が表しているのは、語ることの「誠実さ」（「誠実さ」は、デリダのいう「隠蔽」〔ごまかし〕の反対語である）は、どんな語られたことにもはらまれた曖昧さを通じてしか意味しないだろう、ということだ（152）。曖昧さは、無力な当惑、不分明な決定不能性、匿名的な「言語の効果」ではない。それは、「記号を贈与することについて与えられた記号」（151）としての語ることであり、どんな言語もが、霊感、証言、そして一種の予言として響くことなのである。ここでは両義性は他者への開けであって、自律的で他者に無関心な言語の自己‐再帰性ではない。純粋形式主義の空虚のなかで自身へと立ち戻る代わりに、意味作用は、他者へと向き直り、他者の身代わりになるためにみずからを空にするのだ。換言すれば、「無限なもの」または「超越的なもの」または他者が定義からして、有限なもの、同一者、語られたことに内包されえない以上、そうしたものの意味作用はいつも逆説的に自身を呈示するだろう。こうした「無限なもの」は、「その主張が愚弄と反駁に曝されることが不可避であるほどに」、みずからの立証を中断しなければならない。このような懐疑論的批判は、何よりも、「イデオロギーと〈聖なる〉狂気」（152）（レヴィナスにとって、これらは双子の災厄である）が、上述したような他者への開けの空間を埋め尽くすのを妨げるためにこそ不可欠である。

かくしてレヴィナスは、「言語はすでに暴力である」というデリダの言辞に、「言語はすでに懐疑論である」（170）という言辞をもって相対する。ここでレヴィナスが言わんとしているのは、言語は、記号体系ないし論理的諸概念に由来する意味とは異なる「意味の含みを暗示することで」、思考を真に凌駕できるということである。「こうした意味の含みを決して理解可能なものにすることなく、自ずとそれが理解されるようにする」ことで、そうなりうるのだ（169–70）。懐疑論はそれ自体が倫理的構造を有しており、批判としての哲学は二重の使命を負っている。すなわち哲学は、語ることと語られたことの双方であり、実際には、それは双方のあいだの振動にほかならないのである。

更に、哲学と非哲学のあいだのかかる振動は、哲学的言説の「終焉・目的」ないし終結など存在しないことを意味しており、この点については、レヴィナスはデリダと意見を同じくしており、両名共にヘーゲルに反対している。「哲学的言説にとってありうべき唯一の終焉は、その中断ではないだろうか」（200）。この中断は、哲学史において哲学者たちが対話者として互いに、連続的で、絶えず刷新される批判を加えることにほかならない。しかしながら、哲学にとっての「他者」に訴えることは、哲学以前の愚直へと回帰することを意味しない。「ロゴス中心主義的、存在神学的」哲学は終焉を迎えたかもしれないが、思索的実践は決して終わってはいない。レヴィナスはアイロニカルに指摘している。「実際のところ、形而上学を克服し脱構築する現代の言説全般が、形而上学それ自体よりも、多くの点ではるかに思索に富んでいる。理性は、自身を審問する場合ほど多能であることは決してないのだ」（Kearney, “Dialogue” 35）。

語ることと語られたこと——肉と血の主体

これまでの要約だが、『存在するとは別の仕方で』のレヴィナスにとっては、「語ること」は、デリダの語彙で言えば「光に先立つ」領域への接近をもたらす。たしかに、「語ること」は、主題化不能で、表象不能で、歴史と記憶による集約を超越しており、「無‐起源的」（すなわち、存在論および現象学的な用語では、あらゆるアルケー、起源、基盤に先立つもの）であるが、にもかかわらず、それは、「語られたこと」のうちで、まさに「語ること」について普段話されている言語のなかで「裏切られる」。哲学は「語られたこと」に委ねられ、「哲学がその下僕でしかないものを、もちろん言語の濫用によってだが語り、それを語ることで、みずからを主人たらしめるが、そうすることで、みずからの主張を、新たな語られたことのなかで還元してしまう」（*OTB* 126）。このような語られたことは、しかしながら、語ることの「痕跡」を保持し続ける。レヴィナスは哲学に、それが仕えているものを思い起こさせ、「現象学的還元」を、語られたことから語ることへと回帰する運動として改めて定義する。「このような還元において、記述不能なものが記述される」（53）。対格の自己、告発された自己が記述されるのだが、その際、哲学それ自体が告発され、他者に臣従させられる。

　脱構築といくつか対応する点を有しているにもかかわらず、「語ること」の領域は最終的には、語詞記号、言語体系、意味論的曙光に先立ち、また、隠蔽と曝露のいかなるハイデガー的戯れにも先立っている。レヴィナスは、哲学における思考されざるもの、差異といったように、ハイデガーと類似した用語を使う。語ることそれ自体、ハイデガーにおける言うこと（*sagen*）のこだまである。同じことは更に、開け、〜

への臣従としての主体〔下に‐投げ出されたもの〕」、近さ、受動性についても言えるが、しかしレヴィナスは、これらの用語を極度の他律性のもとに、人格的他者への責務のもとに置くことで、それらすべてを倫理化している。ハイデガーやデリダとは対照的に、レヴィナスが特に主張しているのは、こうした他性、哲学のこうした「手前／彼方」、哲学にとってのこうした「思考されざること」、言語以前のこうした言語は、中性的なもの、非人称的なもの、それが〈存在〉（すること）を与えること（*es gibt*）、聖なるものの「神秘」、あるいはまた、どこか奇異な生誕の怪異性とは異なるということだ。それはハイデガーやデリダにおけるように、語りえないことを語る詩的言語ではない。それはむしろ、「一者の他者への近さ、接近するという約束、他者のためにある一者、意味のまさに意味することであろうような」（*OTB* 5）言語以前の言語としての倫理なのである。

語ることとは、構造主義者たちの言語観における構造ないしコードにレヴィナスが対置した一種の対義語であり、——それが意味の可能性の条件である。しかしながら、レヴィナスの主張するところでは、絶対的差異を貫いての他者との関係たる語ることの「近さ」は、「構造でもなければ、容器に収められた内容の内部そのものでも、因果関係でもなく、歴史へと集約される時間のなかでいまだ拡張を続けている力動性でさえない」（70）。このように「不可知」で「表象不能な」語ることとは、一種の否定神学であるかのようにに見えるし、デリダがレヴィナスにその嫌疑をかけるのもまさに、存在神学と共謀しているのではないかという点なのである。レヴィナスはこれに対して、語ることは否定神学を構成しておらず、また、否定ないし何も語らないことによってのみ語りうるような言語でもない、と答えている。「否定神学」は依然として存在によって秩序づけられている。——たとえ、それが存在（すること）それ自体の否定たらんと企てているとしても。かくしてレヴィナスは、存在／非存在のあいだの第三の方途を呈示するべく努める。

「語ること」は、存在論からすると否定的なものだが、主体の応答としての倫理にとっては肯定的なものである。実際のところ、無限は「現前」されえないが、「現前および表象の否定はその肯定的な形式を、近さ、責任、そして身代わりのうちに見出す。このことは無限を、否定神学の諸前提とは異なるものたらしめる。現前の拒否は、まさに人質として現前する私の現前に転化され、そのような私は他者への贈与として引き渡されるのである」(151)。

われわれは以前に、「語ること」という概念のありうべき源泉が、神話や芸術における「言語に先立つ言語」と、啓示における他者への開けと関係としての言語を「話すこと」とのあいだにローゼンツヴァイクによって設けられた対比のうちにあると指摘した。しかし、啓示と救済との関係を記述するなかで、ローゼンツヴァイクは、いまひとつの言葉なき発語、言語の凌駕についてこう書いている。「もはや語をまったく必要とすることなき沈黙……、究極の理解である沈黙。ここでは眼差しがすべてを語る」、と。「眼差し」はまたしても「顔」という形象に係わる。眼差しは、「顔のように、そしてまた、動く唇をもたずとも雄弁な眼のように」(*Star* 295) 外へと輝くのだ。ローゼンツヴァイクが記すところでは、語を超越したこの語は、たとえば聖書の共同朗唱に耳を傾けるときのように、典礼的諸形式を伴う合一の身振りのなかに見出される。これらの言語なき身振りは、いかなる語も必要としない究極の合一としての救済の「純化された唇」を先取りしている。これら身振りが先取りしているのは、「すべてを包摂する共同的統一への道であり、かかる統一においては、顔と顔を合わせて、各人が自分以外の者すべてを知り、その者を言葉なしに歓迎するのである」(323)。ローゼンツヴァイクにとって、この対面は、あらゆる他者の歓迎、あらゆる他者との人格的関係であるような、究極的でメシア的種類の無言の言説である。すなわち、「名のまさにその聖化とは、その名がいつか音声を失うような仕方でしか生起しない。語――名〔名詞〕ではあるが集合名詞であるもの——を超えて、沈黙が輝いているのである」(383)。

とはいえ、この超越はまた、体験の内部にあり、今日の典礼的諸形式のうちですでに予期され、具現されている。ローゼンツヴァイクは、彼独自の「新しい思考」を別の主義《イズム》として特徴づけることには躊躇していた。ただ、「私が最も速やかに受け入れるだろうこの名称は、絶対的経験論という名称だろう」("New Thinking" 207)。「新しい思考」なるものは、レヴィナスの思想を特徴づけているのと同じ探求であって、それは「全体性」の内部で「無限」を探し求め、経験に委ねられうるメシア的な「彼方」を探し求めるのだ。

かくして、『存在するとは別の仕方で』でのレヴィナスは、語ることをいかなる超越論的な存在論とも同一視せず、彼はそれを身体の内在性、加齢、皺が寄ること、苦痛の隔時性、肉と血そのものの感受性と同一視することになる。ちょうどモーリス・ブランショがそのレヴィナス論で次のように述べたように。

> ジャン・ヴァールは、最大の超越、超越のなかの超越は、究極的には内在であり、あるいはまた、超越から内在への永遠回帰である、とつねづね語っていた。内在のうちなる超越。レヴィナスはこの奇異な構造(感受性、主観性)に執心し、超越と内在の相反性が有する衝撃的価値によって満足させられることを潔しとしなかった最初の哲学者である。("Our Clandestine" 48)

無論、超越や内在という語彙も、存在論や観念論の伝統からわれわれにもたらされた。「主体」を観察するこの「超越論的なもの」、概念を通じて存在や真理を把握する意識、これこそ、レヴィナスが批判するものである。それは、みずからの自己‐反省的な思考から世界を構築する、脱肉化した観念論的意識であるというのだ。彼は、存在するものすべての背後に立ち、それを下支えし、それと同一化するような「下方に－投げられたもの」(sub-jectum) に代わるものとして、それとは異なった種類の非利己主義的な「主－体」(sub-ject) を記述し、それを引き出そうと試みている。ローゼンツヴァイクが指摘したように、「〈観念論〉の途方もない誤謬は、〈全体〉が〈全体〉としてのその「生成」のうちに真に内包されていると考えることに存している」(*Star* 188)。

レヴィナスはローゼンツヴァイクを継承して、かかる観念論批判を、現代の現象学が有する潜在的な観念論や、構造主義とポスト構造主義が有する言語論的観念論に適用しようとする。ローゼンツヴァイク同様、レヴィナスも、「特異性を抹消することを通じて、一般化を通じて知ることは観念論である」(*OTB* 87) と主張している。まさにローゼンツヴァイクがヘーゲル的観念論にいう〈全体〉を打ち壊し、粉々にしたのと同様に、レヴィナスも、フッサールのいう「超越論的主体」、観念と知覚を通じて世界を把握・構築する現象学における志向的な「〜についての意識」を破壊する。レヴィナスはその仕事の全体を貫いて、人間的自己ないし主体、それも、意識や自己－意識には還元されない自己ないし主体を、認識作用からは派生することなき「存在するとは別の仕方」、存在すること「以前の・手前の」領域と定義しており、この領域は、ハイデガー、デリダ、バタイユなどのいう同種の領域とは異なって、匿名のもの、無関心なものではないし、隠蔽と暴力と戯れの魔術のうちに失われることもない。そうではなく、レヴィナスにおいては、ローゼンツヴァイクの場合と同じように、この領域は人間的で、非暴力的で、倫理的な領域なのである。その結果レヴィナスのなかで生じる、曝露され、霊感を吹き込まれ、臣従せる主体は、フッサールにおけるエーテル的な意識ではまったくない。レヴィナスは、バタイユやメルロ＝ポンティと同様に、主体の「受肉」のなかに、まさしく身体それ自体のなかに、主体的意識には把握も支配もできないような他性を見出すのだ。身体それ自体は、私の意識によって構成されることなき外部性の範例のひとつであり、それは、「意味を与える」という意識の特権に永遠に異議を唱え続ける。

己が意志に反して、己が意志にもかかわらず、われわれは身体に繋縛され、「みずからの皮膚にきつく抱かれ」、そして、齢を重ね、皺を刻むことの隔時性のなかで時間の推移や喪失に委ねられ、世界へと曝露され、世界によって傷つき、苦痛と疲労によって中断される。何らかの無時間的な永遠の秩序ではなく、時間それ自体の時間化であって、そこでは「存在と時間が破産して、主体性をその本質から解き放とうとする」(*OTB* 9)。ここには、アレゴリー理論のなかでベンヤミンが呈示した「壊死」や廃墟といった観念、そしてまた、歴史主義の閉鎖的循環を打破するために、アレゴリー的断片化を解放的な「メシア的時間」の爆発的瞬間と結びつけようとするベンヤミンの企ての影響が認められる。レヴィナスにおいては、時間によってもたらされた廃墟や壊死は、人間性の保つ極度の感受性や可感性を表していて、それは、同時化し、再現前化するところの自己‐完結的な意識や、その構築物、体系、説話と、われわれを「非同一的な」ものたらしめる。かかる身体的な外部性は、哲学者の眼差しが有する穏健で帝国主義的で思弁的でパノラマ的な視界の均衡を乱す。それは彼または彼女がまったく他なる何ものかに臣従することを強いるのである。

しかし、レヴィナスがここで提示するのは、哲学的ないしはマルクス主義的な「物質‐主義」のいずれでもない。ここにいう「物質‐主義」は、経済力、生産関係、物質的「土台」とイデオロギー的「上部構造」のあいだの弁証法という物質的組み合わせへと「現実」を還元し、そのようなものとして「現実」を定義し直すことで、ヘーゲルの観念論を逆転させるのだが、そうした「物質‐主義」が呈示されているのではないのだ。レヴィナスがここで、自己自身と同一的ならざるものとして定義された主体のための

「場」として呈示している物質主義はというと、上述したような物質主義とはちがって、身体的な「曝露、可傷性、受動性」であり、――それは「同‐のなかの‐他」としてあるのだ。

それ自身のうちに自足している物質の同一性のうちに、あたかも、直接的合致の手前への退却がそこで可能であるような次元が、どんな物質よりも物資的な物質性が隠されているかのようである。被刺激性、可感性、傷と迫害への曝露のごとき物質性はその受動性を特徴付けている。……それを特徴付けるのは、全面的に「他者のために」存在するところの母性であり、それは意味のまさに意味することであり、かかる可傷性の究極的な意味なのである。（*OTB* 108）

自身の‐ため〔対自〕であるよりもむしろ、他者の‐ためにであるようなこの物質性の定義は、マルクス主義から文学研究における現代の文化的物質主義にいたるまで、あらゆる「物質主義」を暗に批判している。かくして、倫理的な運動または解放運動は、あるイデオロギーの物質的基盤を明かすものでもなければ、暴力的な意識ないし生産の一形式を別の形式と置き換えたり、この両者を対抗させるものでもない。レヴィナスにおいては、「即かつ対自的な」意識の「物質主義的」中断は、曝露にして可傷性であるような「賦活」である。生物学的ないしは物質的なるものは、「自身‐のために」を「他者‐のために」へと逆転させる構造の一部を成しており、それこそが、贈与すること、他者への責務を負わされることとしての「語ること」、倫理的関係の定義なのである。このような他者‐のための存在が、物質的なものの第一義的な意味であって、それが他のすべての意味を指揮している。それはまたしても倫理の優位性を定めている。

観念論的な対自を、物質主義者的な対自に置き換えるような物質主義は、観念論的で存在論的な哲学の始原に存する暴力的な動きを単に繰り返しているにすぎない。(このことは、現代文学理論における「文化的物質主義」のより新たな諸形式にはらまれたひとつの問題とみなされうるかもしれない。)というのも、主体は肉と血であり、「諸々の規範の交点」あるいは「シニフィアンの効果」には還元不能だからである。そして、レヴィナスによる批判、すなわち同一性への他性の導入がめざすのは、単に「より意識的」になることではない。さもなければ、より自己‐再帰的になり、より知識を有し、よりアイロニカルになることで、他者に対するよりいっそうの暴力が妨げられることになろうが、そうではないのだ。曝露としての「語ること」の剰余、主題化する思考を超えた剰余は、純粋に言語学的なシニフィアンの剰余ではなく、トラウマであり、まさに私のこの皮膚のなかで、私を強迫し、私を尋問する他性なのである。このことは、意識が先行していて、事後的に空間に入り込み、接触と重商主義的な交易の関係に入り込むことを意味しているのではない。そうではなく、

主体性が感受性であり、――他者への曝露であり、他者たちの近さにおける可傷性と有責性であり、他者‐のために身代わりになる‐一者であり、すなわち意味であるからこそ、――そしてまた、事物というものがまさしく他者‐のための身代わりの場所であり、共時化、言語的体系のなかで、語られたこととしてみずからを呈示するに先立って、意味がみずからを呈示する仕方であるからこそ、主体は肉であり血であり、主体は飢え、食べ、皮膚に覆われた内臓であり、かくして主体は自分の口から他人にパンを与えたり、自分の皮膚を与えることができるのである。(*OTB* 77)

『全体性と無限』でのレヴィナスは、身体を、他なるものと係わるが分離されていて（*TI* 168）、ヘーゲル的弁証法や体系や全体性へと吸収されることのないような存在することのひとつの様相とみなして、それについて議論を展開した。『全体性と無限』の終末部で、レヴィナスはエロス的関係を繁殖性ならびに家族に関連づけた。「父性」は、同‐のなかの‐他を表すための隠喩だった。子は完全に新しく異なった創造物であるが、差異を貫いて両親と関係する。『存在するとは別の仕方』では、倫理という極限的な他‐のためにとして、同‐のなかの‐他を意味するのは今や「母性」であり、母なる身体である。母性とは他者に対する可傷性、曝露としての感受性の一形式である。それはまさに

同のなかでの他者の懐胎であり、……自分がやがて孕むであろう者たちによって、自分がかつて孕んだ者たちによって傷つけられた子宮の呻きである。母性において、他者たちに対する責任は意味し、他者たちの身代わりになること、迫害の結果に苦しむのみならず……、迫害者による迫害への責任をも［担っている］。（*OTB* 75）

レヴィナスは再び、あらゆる表象に先立ち、意識への身体の表象にさえも先立つような種類の意味作用を、主体の自由意志や構成的意識に先立つような「直接性」を明示しようと努めている。「感受性」としてのこのような種類の意味作用はまた、距離を崩壊させることのまったくない、他者への「近さ」ないし近接でもあるかもしれない。身体は「ゴルディオスの結び目」であり、それは、意識とその諸表象によって、あるいはまた言語の同時的な体系（「語られたこと」）によって修復されたり、完璧な仕方で構成ないしは制御されたりすることはありえない。デカルトの哲学体系（あるいは「語られたこと」）にとっての

まさに問題は、思考する意識をいかにして身体と関連づけるかだったが、レヴィナスはというと、デカルト哲学の核心に存するこの乖離は、かかる前起源的な「語ること」の「痕跡」を示している、と主張している。魂による身体の賦活は、独我論的に世界を自身のために思考するデカルト的意識に先立つような、他‐のために身代わりになる‐一者もしくは同‐のなかの‐他にほかならない。

肉体と血が意味するのは、意識に抵抗することによってでは決してない。「他‐のために身代わりになる‐一者それ自身として、身体的主体性が有するこのような他性は、まさに与えるものであるがゆえに、意味を与えるような前起源的な意味することである。それが前起源的であるのは、かかる他性が起源よりも更に起源にあるからではなく」、その隔時性が、回復不能な前‐存在論的な過去と係わっているからであり、――ここにいう過去は、権威的な父性的ロゴスにもとづいて回収されたり、産み出されたりすることがありえず、どちらかというとむしろ、母性――あらゆる関係の母胎――から発出するのである（*OTB* 78）。

換言するならば、デカルトのいう自己‐完結的自我に代わって、レヴィナスのいう自我は分裂し、自分自身から追放され、圧縮され、炸裂してはいるが、依然として特異なものであり続ける。この自我は今や、不可避の責任を負いつつ他者へとまさに指名されることを通じて、「自己自身へと再帰する」ものと定義されるだろう、それは「みずからの皮膚のなかで動揺し」、傷つき易く、曝露され――それゆえにまた、贈与することができる。「母性」こそ、こうした「他者‐のために」を特徴づけるものなのだが、それは意味作用としての感受性であり、かかる感受性は、「母性的連関のなかで」、物質的な意味で「食べ物を与え、服を着せ、住まわせることであり、そうした連関のなかで物質は初めてその物質性をもって出現するのである」（77）。母性はかくして、「母胎」、倫理的なものの直接性、「物質的なもの」の意味そのものとなろう。母性および意味作用をめぐるこれらの省察を通じて、レヴィナスは現代のフェミニズム理論家たちによる考察の多くを予見していた。たとえば、ジュリア・クリステヴァが「セミオティック」を母性的なものと、「サンボリック」〔象徴的〕なものを父性的ロゴスと同一化したことなどを〔「セミオティック」と「サンボリック」は、「語ること」と「語られたこと」の別のヴァージョンであろう(11)〕。

このような「近さ」「強迫」「トラウマ」「可傷性」、そして、主体が傷を負うことは、自己自身を反省する意識によってよりもはるかに徹底的な仕方で、「エゴの素朴な自発性に審問する」(92)。というのも、自己自身を見つめるエゴの究極的な自己‐反省においてさえ、エゴは依然として逃避を続け、自己自身を審問することはないからだ。このようにより徹底的なレヴィナス的審問とは、あらゆる自己‐意識に先立つ告発であり、強迫であり、要請である。〈私〉とは、レヴィナスが使ういくつかの隠喩を用いるなら、「裸にされ、曝露され、感化され、消尽され、脱臼させられ、解き放たれ、追放され、空っぽにされ、迫害された人質」なのである。

語ることはかくして、裸にすることを更に裸にすること、裸出のまさに意味することの記号を与える記号、あらゆる対話や問いと答えの交換に先立つ曝露と化す。レヴィナスは『存在するとは別の仕方で』のなかで、「言語と主体性についてのトラウマ理論」を呈示している、と言っても差し支えないだろう。感受性が、他者‐のためにという意味作用の意味・方位と化すのは、「高揚した気分や「美文」〔文学〕においてではなく、たとえば、パンを味わっている口からそのパンをもぎ取って、それを他者に与えることにおいてである。これは享受における核崩壊〔*dénucléation*〕であり、そこではエゴの核心が崩壊してしまうのである」(64)。「受動性」、曝露、可傷性、そして感受性というこの様相のもとに、レヴィナスは、あらゆる偽装と策略を超えた誠実さ、率直さ、正直さを想定している(15)。このような主体の剥奪は、脱構築という偽装よりもむしろ誠実さの「没‐利害」(dis-interestedness)〔内存在性の利害からの超脱〕のなかで、他者へと主体を開いていく。戯れはそれ自体では「自由」でないと、レヴィナスは記している。それはまた己が「利害・関心」を有してもいる(6)。遊戯は依然として存在(すること)の利己主義的な構造を共有しており、それは「没利害」――内‐存在性‐からの超脱(dis-inter-*esse*)――存在性(存在すること)の瓦解ではないのだ。ゲームや戯れはいずれも「喜劇的な仮面」を、自己観照と自己表出を暗に含んでいる。これとは対照的に、「存在するとは別の仕方で」とその「痕跡」たる「語ること」を通じて、主体を他者に臣従させる痕跡としての顔を通じて、レヴィナスは、何らかの純粋な無償の没利害を、いかなる防御もなき、他者への究極的な曝露と傷つき易さを、他者の身代わりや人質と化すほどの有責性を引き出そうと努めている。こうした完全なる「内‐存在性‐からの超脱」は、レヴィナスにとっては脱構築の対義語であり、それは、パロディー的な戯れと対立する予言的理性の一種であり、「無関心ならざること」(nonindifference)対デリダの「差異」(différance)なのである。

ここでは意味は、バルトのいう「テクストの快楽」であるよりもむしろ、「自分自身を掌握することなき主体における純然たる欠損、負債の増大」(55)としての苦痛である。裸にされた主体における語ることは、苦しむことと意味作用の双方であるような純粋で無償の贈与であろう。記号の純粋な贈与としての意味作用は、一種の証言であり、「このように記号を贈与すること、自己自身を表出することについての記号を贈与すること」(15)なのである。レヴィナスとデリダに共通するのは、隔時性、不均衡、無秩序を通じて、体系と同時性が打破されることに起因する「無償の贈り物」(gratuity)という観念である。しかしながら、レヴィナスにとって、これは自己自身を贈ることであり、自己自身を引き渡すことであって、そこにはいかなる「会計学」も「簿記」も存在しない。すなわち、要請と責務と責任のあいだには、いかなる均衡も存在していないのである。（レヴィナスの解釈においては、聖書の登場人物であるヨブはこのことを理解しなかった。）他者への関係は、それがいかなる返礼や相互補償や恩恵をも含まないという点で「無償のもの」である。無－意味の狂気〔愚行〕なるものが存在するとして、それは戯れのなかにではなく、他－のために身代わりになる－一者の「無－意味」のうちに、無償で与えることの苦痛のうちにある。「理性の限界に存する狂気〔愚行〕」（50）なのである。

留保なき曝露と無限の責任としての意味作用の無償性が意味するのは、曝露という受動性は今度は自分自身を曝露するということである。「語ること」は究極的には、「弁解や逃避やアリバイなしに」みずからの開けを開き続けることであり、「いかなる語られたことも語ることもなく、自分自身を引き渡すこと。語ることを語りつつもそれを主題化せず、いま一度語ることを曝露し……、自分自身を曝露することで自分自身を使い尽くすこと。自分自身を記号たらしめることで、記号を送りつつも、記号としてのまさにその形象に安住しないこと」。かかる「言語の極度の緊張」、語られたことなき語ること、記号を贈与することについての記号は、「「こんにちは」と同じくらい単純であるが、まさにこの事実のゆえに、曇りのない承認であり、負債を認めることである」（143）。この意味では、レヴィナス独自の反復を重ねるレトリカルな文体は、それ自身の語られたことのなかで、語ることの「痕跡」を上演していると言うこともできるだろう。――さながらレヴィナスは、自分の考えを絶えず再曝露し、反復しながら、それなりの仕方でこの不断の繰り返しを要請する徹底的な曝露として、開けそれ自体を開き続けることとして「語ること」を上演しているかのようなのだ。

しかしながら、鍵を握るのは、語ることをこのように語ることが、無限退行なのか、それとも無限の冒険なのかという問いである。一方では、純粋な「内容なき語ること」というこの観念は、あらゆる意味を誕生させるものとしてショーレムが練り上げた「意味なき」語や、更にはベンヤミンのいう「純粋言語」に類似している。——というのも、それは、何らかの特定の内容もしくは情報によって意味の本質を定義することの拒絶であるからだ。ただしレヴィナスにとっては、語ることは、「あらゆる神秘主義の外部に」位置するものであり、「語られたこと」における現前と不在の戯れ、あるいはまた、象徴のなかで示されるものとは異質である(100)。語ることは、ロゴスないし「語られたこと」のなかでは「通約不能」で「集約不能」である。語ることはすでにして過去である。しかも、それは「痕跡」のように、それ自身現在となることなしに現在を擾乱するところの過去なのである。

ある意味で、レヴィナスのいう「語ること」は、象徴の全体性を批判するためにアレゴリーの破片や廃墟を援用した後期ベンヤミンの姿勢と、より多くの共通点を有している。ベンヤミンにとっての問題は、粗野なマルクス主義も超越論的神学も援用することなく、いかにして物質的世界を救済へと開いていくか、ということだった。われわれがこれまで見てきたように、レヴィナスは、存在(すること)にとっての他者の他性を通じて、物質主義と神学両方の基盤となるものを批判する。レヴィナスが主張するところでは、正義の探究に先駆けて、また、理論的・観照的意識に先行して、主体への呼びかけと主体の剥奪があり、それが利己主義《エゴイズム》とナルシシズムを崩壊させるのだ。条件に先立つこれらのものがない場合、正義を求めてのどんな格闘もそれ自体が別種の圧制と化してしまう。こうした他性の意味作用と具体化は(それは意味作用それ自体を開き続けることである)、釈義の巧みさが繰り広げるこれとは別の動きにおいて頂点に達するのではなく、卓越した倫理的行いのなかで頂点に達する。すなわち、他者へのこの徹底的な曝露において、「みずから記号となることで記号を送る」ことのなかで。ほかならぬこの自己の曝露は、テクストの断片化や読解不能性に導くものではないし、それはまた、撒種された諸記号の終わりなき戯れにも、神話や象徴にも、更には、他者とのあらゆる関係を除去された純粋言語にも導くことはない。意味作用は最終的には、まさに他者の身代わりになるほどの「他者への曝露」を意味する。ここには明らかにドストエフスキーとトルストイからの影響が認められる。実際のところ、この作家たちは、ロシアに生まれ育ちロシア的教養をもつレヴィナスに甚大なる影響を与えた。レヴィナスが最も好み、最も頻繁に引用するのはドストエフスキーの『カラマーゾフの兄弟』から取られた次の一節である。「われわれ各人が、誰もを前にして、誰もに対して罪を負うているが、この私の他の誰よりも罪深い」。だが、レヴィナスは、霊魂の神秘的な融合や、主体と他者との結合といったものをまったく呈示することはない。身代わりとは、召喚され、傷つき、他者のための人質と化した自己の特異性と「分離」を維持するような「近さ」なのである。

　言うまでもないが、他者のために謂れなく〔無償で〕苦しむという観念は、イザヤという苦しむ僕から使徒パウロが唱えた神学にいたる聖書的な響きを強く有している。パウロはというと、イエスの死を、人類の罪の身代わりとなり人類の代わりに苦しむものとみなしているが、しかし、レヴィナスはパウロのこの考えと対立する。レヴィナスは、「魔術的な救済をもたらすもの」としての苦しみの観念一切に反対しているのだから。それだけではない。他者のためのこの私の身代わり（唯一無二で、責任を有した「私」という第一人称の身代わり）は、私のために彼ないし彼女が身代わりになるという、他者に対する相互的な要請を成すことは決してないのだ。主体の責任が別の人間によって担われることは不可能だし、いかなる他なる人間（あるいは神ですら）も、私のための身代わりとして行為することはできず、私を私がかかえる責任と責務の重荷から解放することもできない。それは一方通行なのだ。「他者は彼にとっての他者たちのために自分を犠牲にしなければならないと言うことは、なんと、人間の犠牲を勧める説教を垂れることと同じだろう！……だが、人質であるのはこの私であって、他の誰でもないのだ」（*OTB* 126）。「自己とは、下に‐投げ出されたもの（*sub-jectum*）である。自己は宇宙の重量を課せられ、あらゆるものに対して責任を負っている」（116）。

レヴィナスの図式では、身代わりもまた、「犠牲になろうとする意志」（55）のなかで、ひとが自由に選択する行為ではない。身代わりはむしろ、自律的な意識における自由選択の領域に先立っている。「存在の裏面」として、それは「自分をすっかり空にすること」である。それは「強迫」のごときものであろうが、ここにいう強迫は心理学的な意味での強迫ではなく、その者の意志に反して何かによって摑まれることである（77–78）。他者への「近さ」であるような「語ること」のこうした「裏面」ないし「場」は、空間的なものではない。それはデリダのいう「非場所」（nonsite）のレヴィナスにおける対応物で、この「非場所」は存在論や認識作用や回収可能な歴史的時間の外で思考されている。それは「存在（すること）を超えた〈善〉」によって摑まれ、自分の意志にかかわらず選ばれ、他者へと方向付けられてあることなのだ。この意味で、レヴィナスとデリダの両者がかかる非場所を引き出す限りでは、彼らの企投は「ユートピア的」である。――「非‐場所」（*u-topos*）というユートピアの語源からしてそうである。

しかしレヴィナスにとっては、外見上はかくもユートピア的に思われるこうした極限状況は、それにもかかわらず、歴史に先立つものであり、世界にとっての可能性の条件であり、それはちょうど、身体が感受性と意味作用の前提であるのと同じである。「まさに人質であるというこの条件によって、世界には憐れみや同情や赦しや近さがありうる。――たとえごくわずかであっても、たとえそれが単なる「お先にどうぞ」でしかないとしても」（117）。こうした関係は、「他者たちの過失と不運に対する私の責任という、異常であると同時に日常的な出来事」のなかに見出されるのだが、この出来事は、意識的で自律的な主体における自由や決定、戯れや転覆といった領域に先立つものなのだ（10）。

あらゆる基盤や哲学的諸原理に先立つものとして、かかる近さは「無‐起源的」〔無‐秩序的〕関係であり、「責任という無起源」であり、無限者が残した「痕跡」にほかならない（26）。この「責任という無起源」、この「記憶を絶する過去」は、「存在（すること）を超えた〈善〉」と交叉し、かかる〈善〉は、「私が選ぶ前に私を選んでしまって」いて、日常生活のなかで上演される。他者に対する責任として、この〈善〉は、私を他者の隣人たらしめる命令であり、そのようなものとして、「この〈善〉は存在とも虚無とも異なっている」。意志ないしは自由を超えて、それは「私に反した」もの、それも誰か他の者のためにそうなるのであって、これこそが「意味作用の最たるもの」（11）なのである。

これらのこと一切は、認識論的に確固とした基礎をレヴィナス倫理学に残すことはまったくない。「倫理的状況は、倫理学の基盤にもとづいて理解可能なものではないのだ」（120）。レヴィナスはいかなる一連の「戒め」も与えることがなく、その代わりに、主体を、責任へ、他者へと召喚する。――この世界のなかで、この身体のなかで、われわれの言語を通じて。「顔の超越は、世界の外部で上演されるのではない。それは他者を至福のなかで観照することではない。……超越は他者のヴィジョンではなく、始原の寄贈なのである」（*TI* 172, 174）。

受動性――肺としての主体

自己のこのような寄贈、犠牲、あるいは廃位は、レヴィナスが頻繁に「受動性」の特徴とみなすもののひとつの側面であるが、「受動性」というこの語は、現代西欧の大多数の読者にとってはまったく厄介な語である。『存在するとは別の仕方で』では、この「受動性」は、意志することや享受すること、利己主義的な自己に対する「トラウマ」の一部となっている。彼がこのきわめて時代遅れな語彙を採用したのは、たぶん西欧読者のエゴにショックを与えるためだった。彼の著述のなかで、「受動性」という語は、「存在とは他なるもの」への接近が一種の「自制……精神の息切れ」を要請しているということを意味している。なぜなら、本質（essence）としての存在（すること）こそ、自己の原理〔始原〕であり、利己主義と同じものであり——自己‐拡張にしてあらゆるものを満たすことなのだから（*OTB* 5）。レヴィナスは決して神秘主義者ではないし、また、彼はユダヤ神秘主義の典拠から着想を得ることもないのだが、にもかかわらず、ここには、拡張を通じてよりもむしろ、神の自己‐収縮——ツィムツム——を通じて神は世界を創造したというカバラの考えとの興味深い類似が認められる。デリダはいかにもこのひとらしく、ツィムツムを神における二重の否定性と解釈している（"Violence" 67–68, 74）。詩人のエドモン・ジャベスにとっては、ツィムツムという空虚な空間ないし否定性は、ポストモダンの作家を悩ませている言語の深淵および歴史の苦痛と同一化されるにいたる。しかし、レヴィナスにとって、主体の空虚化や主体の収縮は、主体を、深淵の否定性にではなく、倫理的関係の肯定性へと開いていくものなのだ。受動性という用語は、開かれ、空洞化され、トラウマを負わされ、傷つき、廃位を余儀なくされ、他者へと臣従せる主体を描出するために用いられている。主体の受動性は、自分自身の作者ではなく、「創造された」ものであるという主体の条件なのである。[12]

同じことは、レヴィナスが用いる次のような印象的な隠喩にもあてはまる。すなわち、「主体はその実質の根底において肺であると言ってもよいかもしれない。——こうしたことはすべて、存在（すること）のなかに足場をもつよりも前に苦しみ、自分自身を供与するような主体性」（*OTB* 180）、曝露され、傷つき易い「主体性」を意味している。その他多くの現代文学理論では、主体ないし自己は廃位を余儀なくされ、もはや自己制御する統一的な意味の中心ではない。あるいはそれは、伝統的なヒューマニズムを攻撃する過程で「退去させられた」ものである。かくして、能動的な力は、「言説的実践」（フーコー）、差異の戯れ（デリダ）、無意識（ラカン）、諸コードの相互作用、「転覆のための戦略」等々のなかに位置付け直される。レヴィナスが再び示そうと努めているのは、これらの用語の文脈が政治学であれ心理学であれ社会学であれ言語学であれ、いかにしてそれらが、倫理的な動きをその根底において倫理的な運動を覆い隠し、相争う利己主義同士の戦争に依然として加担しているのか、ということである。これらの用語は「別の仕方で存在すること」を捉えることはできるかもしれないが、「存在（すること）とは他なるもの」を捉えることはない。

レヴィナスはまた、受動性は、ハイデガーやソシュールやラカン等々におけるような、「それが話す」あるいは「言語が話す」ではない、と主張している。レヴィナスは、主体が非人称的諸構造によって条件づけられるその仕方について、現代の「人間諸科学」が語ることとすべてを辛辣に批判している。『存在するとは別の仕方で』がめざすことのひとつは、他者の顔にもとづいて、「人文諸科学」による記述を批判することにある。というのも、「人間諸科学」におけるこれらの記述はむしろ、

> 人間的なものに関するおよそありえない無関心へと導くのだが、人間的なものは、神の死、人間の終焉、世界の瓦解についての不断の言説のうちにいまだ隠蔽されるにはいたっていない。……ただ、人間的なものは、座礁の前にその船を見捨てるネズミのように、大破局に先立った難破状態のなかで、撒種された言語のすでに無意味と化した記号をとおして、われわれに届けられているのである。（*OTB* 59）

もし人間諸科学が適切なモデルでないのであれば、精神分析学、社会学、政治学によってわれわれに教示された「猜疑の解釈学」はどうであろうか。これもまた十分ではない。なぜなら、猜疑のこれらの形式は「知識」の領域に、われわれが話しかける相手について、われわれが知ることのできるものの領域に属しているからだ。彼や彼女が理性的動物もしくはある種の個体としてあることに先立つような、隣人としての他者との関係は、かかる知識によって理解されるものではないだろう。そうではなく、隣人としての他者は、「虐げられた隣人であり、その者のために、私は人質として責任を負うている」、――そして、この私以外の誰もその隣人の身代わりになることはできないのだ。それゆえ、存在論、認識論、言語学に対するレヴィナスの批判は、代替不能で唯一無二の者たる主体性を擁護することである。「例外なき責任のなかで、私は主権を奪われた者として自分を措定する。逆説的にも、疎外された者（*alienus*）――異邦人にして他者――としての資格でのみ、人間は疎外されるものなのである」（*OTB* 59）。ランボーの有名な苦痛に満ちた嘆き、「私はひとりの他者である」（*Je est un autre*）は、きわめて多くの現代フランス思想および文学のうちに登場してきたが、レヴィナスにとってそれは暗鬱な亡霊などではなく、倫理的な逆転であり、善性の源泉にほかならず、人格的他者と特異な自己の守護者なのである。

しかし、「受動性」と「政治（学）」のあいだにはいかなる関係がありうるのだろうか。『全体性と無限』ならびに『存在するとは別の仕方で』のいずれにおいても、自己と他者との非対称的関係は、レヴィナスが「第三者」「他者の他者」と称するものを包含してもいる。この第三の人間は、自己と隣人の対を超えた政治的で社会的な世界を表している。第三者をとおして、「人類の全体」が、顔という貧窮から外を見、懇請し、命令するのである。こうしてレヴィナスが構成してきた倫理のなかの倫理は、定言命法や、論理的必然性や、抽象的で普遍的な道徳法ではない。ただ、「語られたこと」の領域に、存在と体系の領域に

「移し入れられた」場合にのみ、他者‐のための身代わりの受動性は、現実の〔能動的な〕法、正義の法となる。というのも、語られたこと、共時化、主題、政治、国家と非人称性の領域においては、他者は、正義の体系のなかで、すべての他者たちと同等・平等の者たりうるからだ。他者はそれ以外の誰かにとっての他者であるから、それは単に私自身にとっての他者ではなく、「第三者」にとっての他者でもある。私は、国家、政治、存在（すること）の領域のなかでも正義を求めなければならない。ただし、語ることの倫理学は、語られたこの政治学につねに先行するのだが。

『存在するとは別の仕方で』のまさしく最終ページで、レヴィナスは実現不可能なユートピア主義という告発に対して自分の立場を擁護している。彼が主張するところでは、身代わりならびに存在することの断絶のなかで、このように自我を捨て去り、このように場所を失うことは、世界が「暴力によって撃退されないために」必要とされる。「……まさにそのことが大地を覆うひと握りの人間には必要なのだ」。

> われわれの手がごくわずかな残虐さを拒絶するためには、狡猾さなき雄々しさの弛緩が必要とされる。いかなる受動性よりも受動的な受動性、エゴから対格の私への分裂、己が灰から能作を甦らせることなく、他者のためにかかる私が焼尽しうること、これらをめぐって本書で示唆された……ことの意味がそこにある。（185）

レヴィナスが「受動性」や回復を超越した過去について書く場合、彼は静寂や断念、あるいはまた政治的無関心へと隠遁しているのではない。この用語は、存在論的な伝統から、思考および言語を引き離すための梃子として、存在（すること）の利己主義、己が自己同一性のうちへの存続することの存続――自己‐断定から脱出するための梃子として用いられているのだが、それはちょうど『存在するとは別の仕方で』の巻頭に掲げられた題辞のひとつのなかで、パスカルが警告しているように、かかる自己‐断定こそ世界のなかの暴力の原因にほかならない。すなわち、「「そこは私が日向ぼっこをする場所だ」。この言葉は、いかにして全地上における簒奪が始まるかを示している」。

重要なのは、主体の受動性におけるこの「トラウマ」が肯定的な「霊感」としての意味と一致しており、この「存在の別の面」が無限者の「痕跡」の発見と一致しているということである。換言するならば、抑制と撤回を通じて、存在（すること）とは他なるものへこのように接近することは、呼吸のごとき「振動」の運動、控言と断言、回収と放逐、哲学と非哲学、霊魂と身体、言語と表象ならびに発語を超えたものとのあいだの運動である。だからこそレヴィナスは、主体について「肺」という譬えを用いて、他と同とのあいだのこの振動が、呼吸過程におけるリズミカルな吸気と呼気のごときものであることを表そうとした。更に彼は、「霊感・息を吹き込むこと」はまさしくこうした「呼吸」であり、霊魂あるいは私のなかに存在する外部性の力によって賦活される身体の比喩《トロープ》（「息を吹き込むこと」）である、と付け加えている。

こうした徹底的批判の根底で、彼は「奇妙な肯定」（*OTB* 121）、どんな同意にも先行する肯定性、そのような「諾」を見出す。他のすべての言葉を可能とするまさに曝露への諾を。それは「いかなる素朴な自発性よりも古きもの」であり、そうした「諾」こそ、否定性と意識にまつわる語彙を可能ならしめるのである。それは、善悪について自由な選択の領域に対してさえ先立つ〈善〉への関与であるような、他者への曝露なのである。

現前には還元できない時間、すなわち絶対に表象・再現前不能な過去があった。人質であるという責任のなかで認知可能な選びをもって、〈善〉のほうが主体を選んだのではなかったか。そして、主体はかかる責任を運命づけられ、それから主体は逃避することはできない。……哲学者は、他者のための責任によって限界づけられた意味だけを、この選びに与えうるにすぎない。自由に対する責任の先行性は、〈善〉の〈善性〉を表すのだろう。すなわち、私が選びうる立場にありうるより以前に、まずは〈善〉のほうが私を選ぶことの必然性を。……それは、あらゆる受容性に先立つ受動性であり、それは超越的である。それは表象・再現前可能な一切の先行性に先立つ先行性であり、記憶を絶したものである。〈善〉は存在（すること）以前のものなのである。(122)

哲学者はただこのような方法でしか選びを描くことができないけれども、〈善〉によるこの選びを同じく描くところの哲学とは他なる諸々の言説が存在する。次章で見るように、全人類に対する正義を要請する他者との関係としての言説は、「説教、勧告、予言的な言葉」（*TI* 213）となる。予言的と言ったが、正義を求める叫びという聖書の古典的な伝統がここでは踏まえられている。すなわち、「正義を求めて叫び声をあげる彼の困窮に耳を傾けることは、あるイメージを表象することではなく、自分自身を有責者として措定することである。……その超越を通じて私を支配する〈他者〉はそれゆえ、異邦人、寡婦、孤児であって、私はこの者に責務を負うている」（215）。この地点で、レヴィナス自身の文体が誇張的な仕方で予言的なものとなる。「発語は、等質的で抽象的な媒質のなかで制定されるのではない。そうではなく、助け、与えることが必要不可欠であるような世界のなかで、発語は制定されるのだ」（216）。他者とのこの関係についてのレヴィナス自身のこのような「表示」ないし呈示はまた、かかる関係を産み出すことでもある。彼の哲学はまさにこうした関係を請い求めるものであり、彼の著述は呼びかけ、それも予言的な呼びかけと化し、証言、啓示、霊感と化すのである。

祈念すること、呼びかけること、つねに逃れ去るものに懇願すること。歓待すること、問いへと召喚すると同時に問いへと召喚されること、正義に先立ってみずからを正当化すること、選ばれた有責者であること——これが形而上学であり、これが哲学である。そして、これが〈ユダヤ性〉なのである。

第9章　ギリシャ的ユダヤ人／ユダヤ的ギリシャ人

――聖書の教えをかたちづくるのは、ユダヤ民族の過去ではなくて、この歴史にもたらされた審判である。

（レヴィナス『困難な自由』一六三頁）

――私の隣人の物質的な必要性は、私にとっての精神的な必要性である。

（ラビ・イスラエル・サランテル）

――私は、自分が用いた語彙で、ユダヤ教がその精神の形而上学を展開してきたのかどうかは知らない。けれども私は、ユダヤ教がこれまで行為を選びとってきたこと、また、神の言葉はただ〈律法〉としてのみ伝達されるということは知っている。ここにいう行為は、世界的ないしは魔術的な方法で〈全体〉を攻撃するのではなく、特殊なもののなかに存している。この行為は場所や歴史をめぐる諸問題を削除するものではないし、それは時間のなかに存している。歴史は、永遠の生という免状を得るために、永遠に続く試練のことではない。そうではなく、歴史とは、精神の営みがそこで措定されるところの境位にほかならない。

（レヴィナス『困難な自由』一三七頁）

――訊問の苦痛を通じて維持される証言のみが、完全なる確実性を供給する。
（ローゼンツヴァイク『救済の星』九七頁）

――私が信じるのは、証言者がその話をするためには死をも辞さないような話だけである。
（パスカル）

最近の内容豊かなインタヴューのなかで、デリダは次のように述べている。自分がレヴィナスに魅了されたのは、レヴィナスが、「現象学に取り組むと同時に、「他者」という問題を現象学に対して提起した哲学者であるからだ。その段階においては、ユダヤ的次元は、決定的な準拠というよりは、表からは分からない準拠にとどまっていた」（Kearney, *Dialogues* 107）。レヴィナス思想における「ユダヤ人」と「ギリシャ人」との関係は、『全体性と無限』をめぐるデリダの論文のもうひとつの主要な関心事であって、この論文の末尾は、分裂し二重化した同一性について考察している。

われわれはユダヤ人なのか。それともわれわれはギリシャ人なのか。われわれはユダヤ人とギリシャ人との差異のなかで生きているのだが、この差異こそが、おそらく歴史と呼ばれるものの統一性なのだろう。われわれは差異のなかで生きると同時に差異によって生きている、すなわち、欺瞞のなかで生き、欺瞞によって生きているということだが、この欺瞞についてレヴィナスは思慮深くも、次のように述べている。「〔欺瞞は〕、人間がたまたま有する下劣な欠点というだけでなく、哲学者と予言者双方と結びついた世界の根本的分裂でもある」（*TT* 24）。……そして、このような命題における繋辞「～である」の合法性、その意味は、現代の作家のなかでも最もヘーゲル主義的な作家〔ジェイムズ・ジョイス〕の言葉におそらくは由来する。すなわち、「ユ

ダヤ的ギリシャ人はギリシャ的ユダヤ人と同じである。両極が出会うのだ」。(“Violence” 153)

ギリシャ人/ユダヤ人の抗争/統合は、同じ年(一九六四年)に、エドモン・ジャベスをめぐる論文のなかでデリダが記した、ラビ/詩人の抗争と同型である。ここで、彼はこの抗争を、「他律性」対「自律性」、詩人の自由対ラビの〈律法〉への服従の対立と同一視している。こうした二分法は二年後に、有名な「解釈をめぐる二つの解釈」となった。それはデリダが「構造・署名・戯れ」(Structure, Sign, and Play)という論文の最後で示したもので、文学理論家たちはそれを絶えず引用している。それによると、ひとつの解釈は郷愁をもって起源を探し求め、いまひとつの解釈は自由な戯れを肯定している。しかし、ほとんどの文学批評家は、この二つの解釈は、たとえ和解不能であっても、同時に生きられるもので、いずれか一方を選択する可能性は皆無であるというデリダの結語を無視してきた。同様に、デリダはジャベス論の最後でも、ラビと詩人は、そしてまた、解釈をめぐる二つの解釈はこれからもつねに存在するだろう、と書いている。

デリダ自身の思考の位置づけに関してはこう言っている。

私は、ギリシャ人とユダヤ人との繫辞的綜合を通じて思考することを本質的に重要なことだとみなしてはいるが、その一方で、自分自身の思考は逆説的ながら、ギリシャ的でもユダヤ的でもないと考えている。ギリシャ哲学の伝統の周縁部で自分が表明しようと試みている数々の問いかけは、その「他者」としてユダヤ人という範型を、すなわち、他者―としての―ユダヤ人という範型を有している、と私はしばしば感じている。

デリダの企ては、「[彼が]青年時代に影響を受けたユダヤ的なものと、フランスの学校教育のなかで学ばれたギリシャの哲学的遺産の両方を超越した非‐場所」(107)を見出すことにある。ローゼンツヴァイクやレヴィナスと同様、デリダも、そこを起点として哲学を審問できるような「非‐場所あるいは非‐哲学的な場所」を探究しているのだが、それは、そこを起点として、「このような哲学が自分自身とは他なるものとして出現する[ことが可能となる]ような」場所なのである。レヴィナスとデリダが齟齬を来す主要な点のひとつは、われわれが前章で見たように、こうした非場所は「哲学的言語によっては定義することも位置付けることも不可能である」(108)というデリダの主張にある。もっとも、デリダは『全体性と無限』をめぐる論考のなかで、王に近づくために、ギリシャ人に変装することも、ギリシャ語を話す振りをすることもなしに、いかにして「ギリシャ人の父殺し」は実行されるにいたるのか、と問うてもいた。

私の考えでは、レヴィナス哲学は「非ユダヤ人たちに宛てられた手紙」の一種で、この手紙のなかで、レヴィナスは「主体を服従させ」、自己、意識、存在(すること)についての哲学を審判にかけている。この審判は、西欧哲学に対する予言者による起訴といったものである。ちょうどデリダ自身、「レヴィナスによって審問された哲学的概念のすべてが広場《アゴラ》へと引き出され、倫理‐政治的言語でみずからを正当化するべく召喚されている」("Violence" 97)と述べているように。けれども、この審判は正確には親殺しではない。審判は、正義の法廷に召喚することであって、殺人ではない。それに、レヴィナスは判事として哲学に死を宣言しているのでもない。予言者たちの告発が、破壊するためのものではなく、人々のなかに生き残るものを刷新し純化するためのものであるのとまったく同様に。レヴィナスの哲学においては、主体は、「迫害された者に平安がない」(*OTB* 75)のと同様に、他者の他性によって捕らわれ、問いただされるのだが、このような主体性の構造はそれ自体、聖書に登場する予言者たちが、逃れることのできない呼びかけに意に反して捕らえられ、遂には殉教にいたるその仕方と類似している。

　要約すると、レヴィナスが努めているのは、暴力——同一性、全体性、歴史の暴力——と戦うこと、それも、それ以上の暴力を用いることなく戦うことである。彼は暴力の行使者に対して、この者たちと同じ言語を用いながら話しかけ、それによって、哲学を純化し、自分自身の用語で説明するよう哲学に促そうとしている。デリダはこうしたことが可能であるとは考えないし、彼はまた、言語と哲学のなかに、平和と非暴力の究極の可能性——たとえそれがユートピア的なものであったとしても——存在するのかどうかという点でもレヴィナスと意見を異にしている。おそらくこれは、レヴィナスがデリダとは異なって、依然として「ギリシャ語」すなわち哲学的言語を語り、更にまた「ユダヤ的英知をギリシャ語に翻訳」しようと努めてもいる理由のひとつなのだろう。あるインタヴューでレヴィナスは、「［今から二千年前に、ヘブライ語聖書をギリシャ語に翻訳した七〇人のユダヤ人長老をめぐるユダヤ教の伝承に言及しながら］七〇人の仕事はまだ終了していない」(Malka, *Lire* 106) と述べている。「われわれは、ギリシャ人たちが知らずにいた原理の数々をギリシャ語で表明するという偉大な課題を有している。ユダヤ的特異性はその哲学を待望しているのである」(Malka 81)。

　ユダヤ教思想と西欧哲学との関係というこの問題は、レヴィナスの全著作のなかで中心的な位置を占めている。レヴィナスは、哲学的著作とユダヤ教関連の著作の両方で、アブラハムとユリシーズの姿をしばしば対比させている。アブラハムは、彼の生まれ故郷から出発し、何も知らない土地に向かわなければならない ("Trail" 37)。他方、ユリシーズは「故郷に帰還」するが、レヴィナスにとってはそれは西欧哲学の辿る針路の象徴である。その針路とはすなわち、自己の同一性、その同性、その利己性《エゴイズム》であって、それは結局のところ庇護され、追放されることも、外部へと召喚されることも、破壊されることもないのである。[1] 私はこれまでにも、これらの用語がレヴィナスの仕事のなかで最近のヨーロッパ史におけるユダヤ人の姿を暗示しているその仕方の一部を示唆してきたが、今は、ユダヤ教ならびにそれと哲学との関係をレヴィナスがどのように理解していたかをより仔細に論じなければならない。なかでも最も重要な絆のひとつは、『存在するとは別の仕方で』の後半部であり、そこでは、レヴィナスの哲学と神学一般との関係がより明確なものとされている。この部分を検証したあとで、私は、レヴィナスの明らかにユダヤ教を論じた著述に立ち返り、これらの著述がレヴィナスの哲学をいかに産み出し、いかにそれに霊感を与えたのか、また、彼の哲学によっていかに霊感を与えられたのかを検証することにしたい。

「われここに」

哲学的には複雑な背景をもっているとはいえ、レヴィナスがこれまでに、主体性ないし有責性を描出するために用いてきた、トラウマ、傷、強迫、追放、剥奪といった措辞にはまったく困惑させられる。『存在するとは別の仕方で』での主体をめぐる叙述は、*me voici*〔われここに〕というフランス語の表現のうちで頂点に達する。「〈私〉という語は、あらゆる事象とあらゆる人に応答するわれここにを表している」(*OTB* 114)。そして、それはまったく無償の犠牲である。ヘブライ語聖書に通じた者たちは、これらの言葉が、聖書のなかで頻繁に繰り返されるヒネニであることを認めるだろう。それは、旧約聖書の登場人物たちが神に呼びかけられたときに発する応答の言葉である、と。たとえば、アブラハムは『創世記』二二・一で、彼の息子イサクを犠牲に捧げるよう呼びかけられたとき、この言葉を用いているし、ヤコブも、夢のなかで神に呼びかけられたときに、同様の返事をする（『創世記』三一・一一、四六・二）。モーセもまた燃える柴に接して同じように応答し（『出エジプト記』三・四）、そしてイザヤも、「われここに。われを遣わし給え」（『イザヤ書』六・八）と述べている、等々。

レヴィナスは「われここに」を「他者に憑かれたわれ」として描いているが、それは霊感と強迫がまとうひとつの形姿である。「瞑想の秩序からすれば、それは単に狂った何か」（*OTB* 113）であり、「ひと握りの狂気、すでにして精神病であるもの」（142）なのだ。ただし、それはコギトの彼方にある「理性」ないし「知性」である。レヴィナスは、デカルトの唱えた理性的なコギト（それは近代哲学の礎となった）である「われ思う」を、聖書における「われここに」の主体性と倫理に転換もしくは移行させている。レヴィナスはこうした主体性の「病」を、聖書のテクスト『雅歌』から「私は愛に病んでいる」（『雅歌』六・八）という言葉を引用することで描いている。言い換えれば、他者に対する責務の深部に宿るこうした狂気あるいは病が「愛」——もっともレヴィナスはこの語を用いることを極力避けようとしているのだが——なのである。彼は、他者のために責務を負うたわれという自分の想念が、排他的で相互的な関係にある二つの自己のロマンティックな融合や、あるいはまた、何らかの自由意志から、相手の純粋に主観的な魅力から生まれた愛と混同されるのを望んではいない。「われここに」は、第一哲学としての倫理の最も深遠なる水準であるような別の種類の愛の謂である。すなわち、「哲学とは、愛に仕える愛の英知である」（161）。哲学という語の語源——「英知への愛」（*philo-sophy*）——がここでは、「愛の英知」に転倒されている。

レヴィナスの哲学的著述のなかでは明確に言及されていないとはいえ、この「われここに」ならびに、それと愛、主体性、倫理との連関もまたローゼンツヴァイクのうちにひとつの源泉を有している。とりわけ、「啓示あるいは魂の不断に刷新される誕生」と題された『救済の星』第二部第二巻のうちに。ショーレムは、『星』のこの章を、「宗教的な問いについての、ユダヤ教の「決定的な言明」のひとつと呼ぶことのできるもの」（"Rosenzweig" 36–37）と形容している。『星』のこの部分で、ローゼンツヴァイクは「啓示」を、何らかの特定の内容あるいは教義にまつわる用語によっては定義しておらず、この立場は、ショーレムによる「意味なき語」という観念と両立するものだ。ローゼンツヴァイクが『星』の続く第三部でユダヤ教の律法、典礼、更には儀式を改めて肯定し、メシアニズムのもつ黙示録的でカタストロフィックな局面を軽視するにいたって、ショーレムはローゼンツヴァイクに異議を唱える。

　ローゼンツヴァイクが啓示について述べた章もまた、「愛は死と同じくらい強い」という『雅歌』（八・六）の引用から始まっている。指摘するまでもなく、『雅歌』とは、二人の恋人が互いの愛を追い求める様を描出した情熱的で官能的な詩であり、ラビならびに教父の伝承はこの詩を、神とイスラエル、あるいはまたイエスと教会との関係をアレゴリー的に表したものと解釈してきた。しかるに、ローゼンツヴァイクにとっては、『雅歌』は、啓示を「字義どおりに」描出した書である。『雅歌』は、啓示、すなわち神と人類とのわれと汝のアレゴリーないしアナロジー（類比）ではなく、啓示に直接焦点を合わせた書で、そこでは、「内在と超越のあいだの区別が言語のなかで消失してしまう」。というのも、かかる愛の啓示は、現世的であると同時に霊的なものであるからだ（*Star* 199）。

　思い起こせば、ローゼンツヴァイクにとって、〈私〉は、隠匿から出来《しゅったい》して啓示のなかで個人的自己へと向き直る神によって、沈黙し、孤立した自閉から、神話的で審美的で異教的な世界から引き出されるのだが、今やかかる啓示は、ほかならぬ「死と同じくらい強い愛」として定義される（156）。アダムに対する「汝はどこにいるのだ」（『創世記』三・九）という神の問いかけは、「汝」の探究であるが、——こうした宛名は一種の不確定な対象指示語にほかならず、それは、他者が、自由に神と向き合う「〈私〉」として構成される可能性を開いている。「〈私〉が〈汝〉の居場所を調べることで〈汝〉の実在を断定する瞬間に、〈私〉は自分を発見する」（*Star* 175）のである。

だが神は、この最初の問いかけに対して、アダムからいかなる応答も受けることがない。応答する代わりに、アダムは身を隠し、イヴと蛇を非難する。アダムは反抗的で自閉的なままである。ただ、神がアブラハムに対して、呼格で、直接の宛名で呼びかけるとき、不確定な「汝」ではなく、彼の固有名を用いて「アブラハム」と呼びかける場合（『創世記』二二・一）、――すなわち彼の非概念的な特殊性と個別性のすべてを維持しつつ、また、彼の特異性への愛をもって呼びかける場合――にのみ、「そのとき彼は答える。全面的に開かれ、すべてを曝け出し、すべてを受け入れる覚悟をし、全身これ魂と化して、「われここに」と。ここに〈私〉が、個人的人間たる私がいる。いまだ全面的に受動的で、いまだ単に開かれ、空虚なだけで、内容もなく、本性もなく、純然たる受け入れの覚悟、純然たる服従、すべてこれ耳のようなものとして」（*Star* 176）。

ローゼンツヴァイクにとっては、このような開けの運動、自閉せる自己の鍵をこのように開けることが、啓示のまさに核心を成している。ローゼンツヴァイクは、この受容的な「われここに」と啓示の瞬間とを、ユダヤ教の律法に関連づける、要請としての愛を礎とするような律法に。ローゼンツヴァイクはこの関連を次のように解き明かす。すなわち、聞きなさいというこの召喚はそれ自体であらゆる命令の序言となるのだが、このことは特に、数ある命令のなかでも、ローゼンツヴァイクにとって命令の本質を成すとともに最も高貴であるような命令、「あなたの心、霊魂、力のすべてを傾けて神を愛する」という命令にあてはまるのだ、と。だが、愛される者にその返礼として愛することを迫り、命じることができるのは、ひとり愛する者だけである。かかる要請は、「私を愛せ！」という愛それ自体の声であり切迫にほかならないような「命法」である。そして、こうした命法の現在形の直接性は、つねに事後的に、あるいは過去形でしか存在しないような、いかなる「愛の宣告」とも異なる。未来を観照する場合には、こうした命法は「命令でも指令でさえもない律法となる。……［だが、］命令が知っているのは〔未来ではなく〕その瞬間だけである」（176–77）。啓示という偉大な「今日」だけと言ってもよいが、それは神が「私は」と一人称で語るところのものなのだ。

救済は、自分の隣人を愛せよという命令と関連しているが、すでに神の寵愛を受けた魂だけがそれを命令として受け取ることができる。つまり、この命令は、カントにおけるような、人間の自律的意志の産物なのではないのだ。隣人への愛とはそれ自体が、人間的人格に向けられた神の愛に対する応答である。「ひとが神の意志に向き直るよりもその前に、神がまず人間と向かい合わねばならなかったのだ」（215）。言い換えれば、神は自分が今定めることを、――愛をもって人類と向かい合いつつ――すでにその前に実行してしまっているがために、同じく、「神に対する愛もまた、自分の隣人に対する愛のなかで表現されるのである」（214）。かくして、将来世界が救済されることは、ユダヤ教の律法の制定と結びつく。というのも、「万物を秩序づけるとともに、「外的な」万物、すなわちこの世界の生命全体を包含するような多様性と強度によって、……ユダヤ教の律法は、この世界と来るべき世界を区別不能なものたらしめる」（405）からだ。それは、この世界と来るべき世界とのあいだを架橋する試みである。ローゼンツヴァイク論のなかで、レヴィナスは書いている。

神の愛への応答のなかで何が産出され、啓示がどのように延長されるのかを書き留めておくのはとても興味をそそる。神の自己への愛はソレ自体デ愛せよという命令である。ローゼンツヴァイクは、……カントが考えたのとは逆に、ひとは愛を命じることができると考えている。ひとは愛を命じることができるが、愛を命じるのは愛である。そして、愛はその愛の現在のうちで命じるから、その結果、愛せよという命令は、愛を命じるまさしくその愛の繰り返しと更新のなかで際限なく繰り返され、更新される。

それゆえ、啓示と命令がそこで不可分であるようなユダヤ教は、〈律法〉のくびきを表すものでは決してなく、正確には愛を表している。ユダヤ教は諸々の命令から編み合わされたものであるという事実は、かかる更新を、人間に対する神の愛のあらゆる瞬間において証し立てている。……ユダヤ教のなかで戒律（ミツヴァ）が果たす顕著な役割は、道徳的な形式主義を表しているのではなく、永遠に更新され続ける神的愛の愛する現前を表している。……二つの典型的なユダヤ的観念がこれまでに登場してきた。ひとつは、愛という関係に本質的な、命令の観念である。……もうひとつは、人間が救済するのであって、神が救済するのではないという観念である。たとえ、救済が神に由来するものであったとしても、救済はこのような媒介たる人間を絶対的に必要とするのだ。（"Entre" 129）

このように、神は自分とは他なるもの、すなわち、神がその者に対して自分自身を啓示するところの者を創造したのだが、同様に、その者に対して愛を向けることを命じられた隣人は、人間が自分とは他なるものへ、世界へと向き直ることなのである。ここで思い出すべきは、このように「向き直ること」は、「顔」を意味するヘブライ語（パナー、パニーム）の語根の第一義的な意味であり、それは「顔」というレヴィナスの想念のなかで本質的であるということだ。だから、隣人を愛せよという命令をめぐるローゼンツヴァイクの解釈もまた、レヴィナスにおける他者との関係にとっての主要な源泉となっている。ローゼンツヴァイクにとって、隣人は、「代理表象的なもの」として最も近き者であった。「隣人は、彼自身が原因で愛されているのではない。……偶然にも彼がちょうどそこに立っていたという理由から、偶然にも彼が私に最も近い距離にいるという理由から、隣人は愛されているにすぎない。隣人とは他者である」(*Star* 218)。このような者として、隣人は、近くにあるというこの場所ないし「位置」を潜在的に占めうるすべての人間と事物——言い換えるなら、万物、世界全体を代理表象するのである。

レヴィナスの哲学的な著述では、同様の型ないし「配置」が出現するものの、しかし、聖書の直接的な釈義やユダヤ教的思考への言及なしにそれは引き出されている。たとえ彼が選び、創造、われここにのような用語を用いているとしても。つまり、主体は選ばれ(「選民」)、ナルシスティックな自閉から外に出るように召喚されるのだが、召喚するのは神学における伝統的な神ではなく、他者の「顔の啓示」、人間的他者であって、この者をとおして、存在とは他なるものが「過ぎ越し」、その痕跡を刻む〔追跡される〕のである。ここでこのようにして選ばれた「主体」は、ユダヤ人に限らず、すべての人間を表している。『存在とは別の仕方で』の最終ページでは、あらゆる民族のその個人もが「実質的には選民である」と主張している。それゆえ、どの個人も「自分の順番がくると、あるいは自分の順番を待つことなく、エゴという概念を捨て、……責任をもって「われ」と、すなわち「われ他者たちのために」と応答し、自分の場所をその根底から失うよう召喚されている」(*OTB* 185) のである。

この書物を締め括る箇所で、レヴィナスが書くところでは、エゴと哲学のかかる崩壊のなかに、「背後世界に住まうある種の神の死後」生起した他者への転回と「寡婦、孤児、異邦人」への気遣いのなかに、かくしてひとは、いかなる現在にも組み込まれないものの痕跡、彼もしくはレヴィナスが彼性と呼んだものによって示唆される「発音不能な刻印」を発見するのである。ある意味では、レヴィナスは『星』の辿った進路を逆行している。『星』においては、「光輝くかんばせ」(157, 164) としての神の直接的で切迫した愛が、愛された人間の魂を、神と隣人愛の両方に対して開き、この魂を覚醒させる。それに対して、レヴィナスにおいては、他者の直接的で切迫した顔がエゴをこじ開けて覚醒させ、どんな啓示をも逃れ去る彼性の「彼」を追跡するのだ。だが、レヴィナスが繰り返し主張するように、顔は、すでに過ぎ去った神のイメージ〔象り〕ではない。つまり、「神を象った者であることは、神のイコンたることを意味しているのではなくて、神の痕跡のうちに自分自身を見出すことである」(“Trace” 46)。ユダヤ－キリスト教的精神性を有した神は、「人称的な位格［彼性］それ自体のうちで、その不在の無限性を余すところなく維持している。『出エジプト記』三三章に書かれているように、神は、その痕跡を通じて以外の仕方では御身を現すことはない。神のほうに赴くことは、記号ならざる痕跡を辿ることではない。神のほうへ赴くことは、痕跡のなかにあるような〈他者〉たちへと赴くことなのだ[2]」(“Trail” 46)。

要約すると、存在論的不在は、倫理的な現前を表しているのである。レヴィナス後期の哲学的著述のなかでは、このように「他者へと赴くこと」が、対格の「証人」ないし「第一人称」の言語としての「われここに」と化している。他者に対する拒絶不能な責任と犠牲へ向けて、主体は（アブラハムが選ばれ、召喚され、廃位されたように）選ばれ、召喚され、廃位されることは、この主体が「唯一無二」の者であることを意味しているのだが、それは、このエゴが特殊な属性を有しているからでも、それが神の寵愛を受けているからでもなく、拒絶不能な仕方でそれが指名されるがゆえなのだ。「概念を伴わず、同一性のなかで不同であるような自己は第一人称で自分自身を意味し、語ることの次元をあらわにする」(*OTB* 115)。第一人称のこの〈私〉は「普遍的なもののなかのひとつの特殊例、すなわちエゴという概念に属するひとつのエゴとしてあるのではなく、第一人称の私をとおして語られ、その類において唯一無二の私としてある」(139)。

とすれば、『存在するとは別の仕方で』というまさにこのテクストのなかで語る〈私〉とはいったい誰なのかということが問われなければならない。レヴィナスは第一人称で自分の哲学を書いているのではない。彼は文法的な三人称を使っているが、それはおそらく「ギリシャ語」で話す必要性があるからであり、また、語ることは語られることへと不可避的に裏切られるからであろう。彼が文法的な三人称を用いるのはおそらく、「われここに」における対格的な第一人称が、あらゆる意味の中心となり、この意味を産出するような主体ではなく、他者のために空にされるような主体であるからでもある。にもかかわらず、レヴィナスの文体に見られる反復、呼格と対格を経由したその論議は、「他者の痕跡」のなかで、レヴィナスが哲学を典礼として定義したそのやり方で、かかる主体を「典礼的なもの」たらしめてもいる。

だが、それにしても、彼の著述のなかで語りかけるこの〈私〉はユダヤ人なのだろうか。それともギリシャ人なのだろうか。あるいは、一度に双方であるのだろうか。あるいは、あるときはユダヤ人で、あるときはギリシャ人なのだろうか。レヴィナス哲学における鍵概念はすべてユダヤ教関連の書物のなかに見出される。だから、彼の哲学的著述がどの程度彼のユダヤ教関連の著述に「影響を受けた」か、逆に、ユダヤ教関連の書物がどの程度哲学的著作に「影響を受けた」かを問うことは、おそらく誤った問いであろう。哲学的著述とユダヤ教関連の著述は、一方から他方への「翻訳」であり、あるいはまた――デリダから借用することが可能な用語で――「二重の読会」である。タルムード、聖書、そして現代のユダヤ教がかかえる諸問題に接近するに際して、レヴィナスはみずからを哲学者とみなす。と同時に、著しく倫理的なものとしての哲学や、予言的理性についての彼の考え方はきわめてユダヤ的である。

ユダヤ教関連の著作のなかで、レヴィナスが、倫理的な懇請をユダヤ教のまさに本質として定義しているのは驚くことではない。ユダヤ教は、世界の良心、正義、証人、殉教として描かれる。

あたかもユダヤ人の運命が、貫通不能な存在の外殻に生じた亀裂であり、不眠への覚醒であるかのようだ。そこでは、かかる存在によって作り出された政治的必要性によって、非人間的なものが隠匿され隠蔽されることはもはやない。……〔この運命は〕人間的理性の予言的な契機であり、……絶えず修復される自然的で歴史的なもの、それゆえ、いつも忘却された〈啓示〉の断絶である。(*ADV* 18)

あるいはまた、『困難な自由』のなかで彼は、ユダヤ教思想の根本的音信は次の点に存していると述べている。

人間同士の倫理的関係にあらゆる経験の意味を取り戻させ、……人間の個人的責任——そこで彼は代替不能な者として自分が選ばれたと感じる——に訴え、人間が人間として遇されるような人間的社会を実現することに。正しい社会を実現することはソレ自体ガ、神の同伴者へと人間が上昇することであり、……このことそれ自体が人生の意味である。それも、現実的なものの意味は倫理的なものの機能のうちにあるとまで言えるほどに。つまり、宇宙は神聖なものなのだ。ただし、それが神聖だとされるのは、倫理的な意味においてである。倫理とは、神的なもののための光学的器具である。……〈神的なもの〉は、ある人物のその隣人に対する関係のなかでしか姿を現すことがない。ユダヤ人にとって、受肉は可能でもないし必然的でもない。(*DL* 187)。

レヴィナスはユダヤ教のために哲学を棄却してはいないし、その反対でもない。彼の見解によると、現代の西欧ユダヤ人は、西欧の伝統のあらゆる資源を携えてユダヤ教に接近しなければならない、そしてユダヤ教を判断し、ユダヤ教に問いを投げかけねばならない。すなわち、「大学の言語、すなわち哲学と文献学によってユダヤ教をもう一度語ること」（*DL* 75）。同化およびホロコーストのなかでのヨーロッパ文化の崩壊後であってもなお、こうした哲学と西欧文化もまた裁きと審判に付されねばならない。

なぜレヴィナスは哲学用語を使用し続けるのかというデリダの問いに対して、ここで別の仕方で答えることができるかもしれない。レヴィナスはユダヤ人であり、二つの解釈双方を一度に生きるユダヤ人にしてギリシャ人である。彼は予言的な仕方で哲学をユダヤ主義へと召喚し、ユダヤ教を哲学へと召喚する。こうしたことが彼に可能なのは、彼の呼びかけが究極的には、第一義的で還元不能な、他者に対する間‐人間的関係に由来しているからであり、彼の見解によればこうした間‐人間的関係は、ギリシャとユダヤの双方を基礎付けているのだ。だが、別の次元からすると、ユダヤ教は哲学の「他者」であり、哲学はユダヤ教の「他者」である。呼びかけないし召喚とは、理性のある形式からその「いまひとつの形式」への呼びかけである。彼は聖なるものと世俗的なものの双方を問いただし、改めてそれらを定義し直す。ローゼンツヴァイクと同様、レヴィナスもまた、伝統的な意味での哲学も神学も書きはしなかった。それに彼は、単純な仕方で、一般に流布した仕方でギリシャ人であったりユダヤ人であったりするのでもない。デリダと同様に、レヴィナスの仕事もまた、分類不可能な混成物であり、時として不協和音を奏でる二重性を帯びているのだ。

事実、レヴィナスは間‐人間的な関係、つまり他者に対する関係を、二重なるものの形姿、すなわち「界面」（interface）をもって描いている。「それゆえ、間‐人間的なものはひとつの界面であり、二重の基軸であるのだが、そこでは、現象学的知解可能性からして「世界に属する」ものが、倫理的有責性からして「世界に属」さないものと併置される。存在論的展望においてではなく、この倫理的展望において、神は思考されねばならない……他性の神として」（Kearney, “Dialogue” 20）。聖書の思考はこれまでも、間‐人間的なものをめぐる私の倫理的読解に影響を与えてきたが、他方、ギリシャ思想は、言語を通じてのこの読解の哲学的表現を大いに決定付けてきた。……哲学はその発想において、ギリシャ的であると同時に非‐ギリシャ的でありうる。これら二つの異なった発想の源泉は、現代哲学のなかに存する二つの異なった傾向として共存していく。そして、間‐人間的関係のなかで、意味の根源——意味あるものの根源(*der Ursprung der Sinnhaften*)——、それも二重の根源を突き止めることが私自身の使命なのである。(21)

こうした二重の読会および二重の帰属が生まれた原因は複雑である。レヴィナスの思想は多くの点で独特なものだが、ユダヤ教の理性的かつ倫理的な性格を強調する点では、彼の思想は、偉大な新カント主義者、ヘルマン・コーエンによって顕著な仕方で表明された、近代ユダヤ哲学の主要潮流に連なっている。ナータン・ローテンシュトライヒが記しているように、倫理学は、カントの批判が挑むことのなかった領域であり続けたのだ。そしてまた、

ユダヤ教の倫理的解釈は、ユダヤ教の倫理的教えは宗教的帰依を別にしても意味深く、拘束力をもつ、というより徹底した更なる解釈を可能にする。かくして、倫理的解釈は歴史的には、ユダヤ教の宗教的態度とその世俗的変換との境界線上に位置付けられうる。(*Philosophy* 3–4)

証人とホロコースト

ヘルマン・コーエンと同様、レヴィナスも、カントの遺産をきわめて真摯に受け止めていたが、レヴィ

ナスはまた、独仏哲学の他の新たな声と論戦しなければならなかった。「ギリシャ語への翻訳」では、彼は現代現象学の言語、ハイデガーやフッサールの言語を用いていた。更に、一九一八年に他界したコーエンや、一九二九年に病のために逝去したローゼンツヴァイクとは異なり、レヴィナスは、ナチズムの台頭、そして第二次世界大戦中のドイツ哲学と文化の崩壊を目撃した。コーエンはかつて、ユダヤ教の予言的メッセージは、近代ドイツ文化の精神と協調していると考えていた。彼の考えでは、近代の国民‐国家（nation-state）は、広大な世界連邦、つまり究極の普遍主義とあらゆる民族の究極的な結合へと向かう道程の一歩であった。コーエンの見地に立てば、ユダヤ民族の追放および彼らが国家をもたないことは、「諸国民の〔希望の〕光」として彼らに与えられたメシア的使命を遂行するために必要不可欠だった。ユダヤ人たちは、地域的共同体ならびに土地から引き離され、それゆえ、かのメシア的な未来への合図となり、この未来を具現するような民族の範例だったのである。

指摘するまでもなく、これらの想定に疑義を突きつけたのがホロコーストである。今や、いったいいかにしてドイツ文化が予言的なユダヤ教と両立できるというのか。ユダヤ人の破壊をもたらしたのがほかでもない、ドイツ文化であり、国家をもたないというユダヤ民族の傷つき易さであるというのに、いったいいかにして、国家をもたないことはユダヤ人にとっての祝福でありえるのか。第二次世界大戦のあいだ、レヴィナスは捕虜収容所に捕らえられ、在ロシアの親族の多くを失ったのだが、この大戦が彼の思考に新たな転回を強いた。『実存から実存者へ』（*Existence and Existents*）は、レヴィナスが捕囚の日々に取り組み戦争直後に出版した著作であるが、この著作のなかで彼は、「かの［ハイデガー的な］哲学の思潮風土から離脱しなければならないという深い必要性」(19) について記していた。彼は哲学的批判を通じて、単に現象学言語をそれ本来の姿へと立ち戻らせただけではなく、この言語を「ヘブライ語」に翻訳してもいるが、それはこれらの現象学的言語がそれまで忘却ないし抑圧してきたことをこの言語に思い出させるためだった。しかしながら、たとえこうした企投においてでさえ、そこには、ギリシャ語とヘブライ語との何らかの「両立可能性」ないし両者の関係性を求める強固な展望が残されている。ただし、相互的な兄弟関係ではなく、倫理的指令ないし要請として。われわれは前章で、他者に対する責務を正しく表すために、「普遍」や「理性」というまさにこの概念をレヴィナスがいかにして定義し直したかを見てきた。

　だが、彼がその哲学的著述のなかで用いる言語は、尋常ならざる負荷を課せられたものとなる。「われここに」という対格での証言を行うことは、「主題化された語られたこと」あるいは「表象・再現前の真実」であるようないかなる内容にも先立つ証言である。「それは、言語が諸々の語へと散り散りになり……、出血を続ける傷口のように曝露された語ることの開けを語られたことのなかに隠蔽するのに先立つ、言語の意味である」(*OTB* 151)。「他者に向けて、それ自身について証言を行うこと」(119) は、「記号の贈与について証言する記号」であり、あらゆるコミュニケーションの条件であるような究極の曝露なのである。もっと強い表現を用いるなら、「意味作用とは証言ないし殉教の謂である。それは光に先立つ知性なのである」(77–78)。傷のイメージが描出するのは、他者による強迫が自己が自己を審問して、自我中心性《エゴイズム》が徹底的に裸にされ、粉砕されるその仕方であって、その結果、自己は今や「異邦人のように、わが家においてさえ迫害され、みずからの同一性について異議を唱えられる。……自己は絶え間なく、みずから己をその都度改めて空にしていく……、ちょうど血友病患者の出血のように」(92)。私は、この声の背後に存する声のうちに、出血を続ける傷口というイメージのうちに、ホロコーストの生き残りの「証言」を聞かずにはいられない。たとえこの出来事への明確な言及がなされていないとしても。レヴィナスは自己を「粉砕された、追いつめられた、迫害された、大量出血する」ものとして描出する、そして、これらの記述の背後には、宿無しで流浪し、迫害され、出血するユダヤ人のイメージがある。——ちょうど、語られたことの背後に存する語ることが、みずからの痕跡だけを残していくように。

レヴィナスのなかで、ホロコーストの証言が哲学の「根拠」に組み入れられたと言うこともできるだろう。私はまた、レヴィナスの論議の「力」は、レヴィナス自身——哲学者としてのレヴィナスであると同様に第一人称としてのレヴィナス——の「顔」の懇請にその源泉があるのだと主張したい。それはレヴィナス自身の「われここに」なのだが、この「われここに」は、単に今世紀の恐怖と災厄の証言となっているだけではなく、読者に向けた彼の予言的な懇請であり命令でもあるのだ。同時に、証言をめぐるこうしたレトリックは、間接的なものである、というのも彼は、その哲学作品のなかでは、自分の個人的経験にも、特定の歴史的事実にも明示的には訴えることがないからだ。彼にとって、これらの出来事がもつ最も重大な意味は、ひとつの民族ないし集団にとってそれらが有する特殊性に存しているのではない。たとえば『実存から実存者へ』の序文のなかで、レヴィナスは次のように書いている。「戦前に始められたこれらの研究は、捕虜の境涯時にも継続され、大半の部分はそこで書かれた。ここで、捕虜収容所が喚起されるのは、深遠さの保証としてでも、大目に見てもらう権利を期待してのことでもない。それは、一九四〇年から一九四五年にかけて大きな衝撃を引き起こしつつ出版された他の哲学的著作をまったく勘案していないことへの弁明として喚起されているのである」。後者の指摘はとりわけ一九四三年に出版されたサルトルの『存在と無』を暗に仄めかしている。

こうした婉曲な物言いはまた、生き残りの言葉が不可避的に有する側面でもある。生き残りとはまさに「別の」側から来た者で、描出不可能なものを描出し、言いえないことを言おうと試みる者であり、また、みずからの傷つき易さと曝露を語ることで、不可能なもののために話しかけ、思考不能なものを語る者なのだから。レヴィナスのいう意味での証言とは、「告白」、つまり自己自身についての証言ではなく、他者のための宣誓なのである。そして、ホロコーストとは、たとえその「主題化ないし表象・再現前」が拷問の苦しみであり、最終的には不可能であるにもかかわらず、ひとがそれについて証言し、耐え、そして「語る」ことを強いられるような異常な出来事でもある。ホロコーストは、無限の栄光というレヴィナスの示した観念の一種の「ネガ」とほぼ同じものであり、その裏面であり、他者を凌駕する同一者の主張によってまさに引き起こされた否定的過剰なのである。

そういう次第で、レヴィナスは、これらの傷をわれわれが戦慄を覚えながら凝視する何らかの聖痕《スティグマ》たらしめるようなイコンや「偶像を造ることはない」だろう。その代わりに課せられた責務は、こうしたイメージや主題——語られたことから——語ることへと遡行することであって、それこそが、レヴィナスによって定義された哲学のまさに使命なのである。こうした運動のなかで、これらのトラウマは、言語と倫理学の基盤となり、これらを保証するものと化す。否定的なものが、こうした傷によってこじ開けられる他者－のためにのなかで、肯定的なものと化すのだ。「ヘブライ語」が「ギリシャ語」を想起させ、召喚し、基礎付けるのだが、その際、ヘブライ語がその特殊性を失うことも、ヘブライ語がギリシャ的理性の「普遍性」のうちに止揚される（ヘーゲルの用語を使うなら）こともない。そうではなく、すべての人間への予言的呼びかけを通じて、他者への倫理的関係の証人となることで、「ヘブライ語」は「ギリシャ語」を基礎づけるのだ。

もちろん、流浪、宿無し、空虚さといった主題群は、疎外（alienation）をめぐる近代文学においては、きわめて馴染み深いテーマである。だが、疎外が単に「同一性」という用語をもとに思考されうるものであるのに対して、レヴィナスの主眼はまさに、われわれを同一性のなかにとどめさせないことにある。たとえこの同一性が「裏切られた同一性」であっても、このことに変わりはない。そのような同一性であっても、それは、私がそこで唯一無二で、代替不能であるような責任のなかで、別の者へと、この者のために開かれるよりもむしろ、自分自身の傷をナルシスティックに凝視することの別形でしかないのだから。「私は他者を通じて存在し、他者のために存在する。しかし、これは疎外ではない。そうではなく、私は霊感を吹き込まれるのだ。この霊感・吸気がプシケーなのである」（*OTB* 114）。

（レヴィナスの好む言い回しを用いるならば）このように意味作用を殉教と考えることは、「あたかも」ユダヤ教における「キドゥシュ・ハ－シェム」――「神の名の神聖化」――という考えの、いわば世俗的で哲学的な対応物であるかのようだ。ここにいう「神の名の神聖化」について、ユダヤ教の伝承は、信仰ゆえに殺害されたユダヤ人各々の死にその由来を求めている。あたかもレヴィナスは、何よりも他者への憎悪と不寛容を表現するできごとであったホロコーストのなかで殺害された者たちの死を神聖化し、それを贖おうと企てているかのようだ。あるいはまた、あたかもレヴィナスは、迫害者たちが責任を逃れ、彼らの関与を忘れ、否認することを不可能ならしめているかのようだ(3)。あたかも彼は、加害者をして、被害者の皮膚を識別させるとともに、この皮膚のなかに住みつかせているかのようだ。いや、それだけではない。というのも彼は、身代わりという彼の考えを、「迫害された者に、迫害者に対して応答する義務を負わせる」（*OTB* 111）極限的有責性にまで拡大させているからだ。迫害それ自体が有するまさにこの非道さが、暴力というよりはむしろ償いであるような連帯の基礎へと転じられるかのようである。

このことがなぜ、ほとんど「語ることの不可能な」立場と化すのかは明らかである。それはまたキリスト教の強い影響を、ユダヤ教の伝承を超え出ていく動きを示してもいる。アンドリューース・ヴェイルヴィシャスは、他者のために苦しむという、これらドストエフスキー的でトルストイ的な主題のなかには、レヴィナスのロシア的な背景があること、そして彼の最も円熟期の哲学でさえも、ユダヤ思想と同様スラヴ的な思想と関連があることを、きわめて的確に指摘している（*From the Other* 146–55）。ただし、古典的なユダヤ教の律法では、ひとは能動的に殉教を求めるとは想定されてはいない。自分自身が殺されることを許容しなければならない唯一の例とは、その者が、姦淫、偶像崇拝、あるいは殺人を犯したために、死という刑罰を与えられた場合である。このような場合、ひとにはこれら三つの罪のどれかを犯すよりも死を選ぶことが要請される。他の場合、たとえば自己擁護のためにといった場合については、タルムードでは次のようになっている。「もしある者が、汝を殺すために立ち上がるならば、汝立ち上がり、まずその者を殺すべし」。ひとは必ずしもつねに自分の生を他者のために捧げるのではないのである。

別の似たような例が、タルムードのなかの、『レヴィ記』二五・三六の意味をめぐる有名な議論にも見出される。それは、「あなたの貧しくなった同胞」を援助するために、金を貸すときには利息をとってはならず、「あなたの神を畏れ、同胞があなたとともに生きられるようにしなさい」との指令であるが、ラビは「同胞があなたとともに生きられるようにしなさい」という言葉の意味はいったい何であるのかと尋ねる。

ベン＝パトゥラ（Ben-Patura）はこう説明した。二人の男が砂漠を旅しているが、そのうちひとりは水が入った水差しをひとつもっている。もし彼らのうちひとりがこの水差しの水を飲んだら、彼は（ひとりで）街まで戻ることができるだろう。しかし、二人でこの水を飲んでしまったら、二人とも死んでしまうだろう。ベン＝パトゥラは、「同胞があなたとともに生きられる〔居れる〕ようにしなさい」との言葉どおり、彼らは二人でこの水を飲み、そして死ぬべきであると教示した。ラビ・アキバならば、「同胞があなたとともに生きられるようにしなさい」と彼に語っただろう。あなた自身の生は、あなたの仲間の生より前に位置している〔重要な〕のだから。(4) (*Sifra, Behar* 5: 3, cf. *B. Metzia* 62 a)

同じラビ・アキヴァはまた、トーラーの基礎となる原理は「あなた自身と同じようにあなたの隣人を愛せよ」であると提言してもいる。

しかし、ロバート・ギッブズが記しているように、レヴィナスの作品はまた、キリスト教的な思想家に対して、そのキリスト論の書き換えを要請するものでもあろう。その理由はこうである。

私のなかにいる他者とは、他なる人間であって、神という絶対的な〈あなた〉ではないのではないか。……受肉の真理とは、われわれが肉体を与えられ、剥き出しの皮膚に傷を負うということではないのか。受肉の真理とは、われわれが虐げられ、他者のために罪を贖っているということであって、何か神的なものが、われわれのために罪を贖っているということではないのではないか。私は贖い、他者のために苦しむ。それは「あなたは、あるいは〈彼〉でさえ私のために贖っている」ということではない。……しかしそうなると、われわれはもはや、この他者がユダヤ人であるかギリシャ人であるかなどと心配する必要がないだろう。("Substitution" 14)

あるいはまた、これは、「ギリシャ的なもの」のいまひとつの形式である「キリスト教的英知」へとユダヤ教的英知を「翻訳」することであると言えるかもしれない。しかし、このことが産み出しかねないのは、風変わりで不安定な混成物であり、いかなる「正統的な神学」でも決してない。

ホロコースト――神よりもトーラーを愛すること

レヴィナスが、ホロコーストについて、そしてまた、ユダヤ教徒とキリスト教徒の苦難に対する態度の相違について、直截かつ辛辣に著した論考のひとつに、『困難な自由』に収められた「神よりもトーラーを愛する」がある。論考の題名は、ミドラッシュ（Lam Rab. Intro. ch. 2; also Yer. Hagigah 1: 7）から取られたもので、このミドラッシュは、神が「たとえあなたが私を見捨てようとも、私のトーラーは遵守するように」と言ったとしている。レヴィナスは、このミドラッシュをある虚構作品を論評する際に援用している。それは、イスラエルの雑誌に匿名で発表され、パリのシオニスト定期刊行物にその翻訳が掲載されたもので、この作品は「在テルノポリのヨセル・ベン・ヨセル・ラコヴェルが神に語る」（Yossel ben Yossel Rakover of Tarnopol Speaks to God）と題されている。物語は、家族を失い、ワルシャワのゲットーで恐怖に耐えたあるユダヤ人を描いたものであり、その抵抗の最後の数時間に書かれたものと想定されている。レヴィナスは書いている。「疑いなくこれは文学的な虚構である。しかし、この虚構のなかで、生き残ったわれわれ各人の人生が、眩暈がするほどくっきりと映し出されている(5)」。

われわれはこのことをすべて列挙しようとは思わない。たとえ、世界が何も学ばず、一切を忘れてしまった場合であっても。われわれは、数々の〈受難〉のなかの〈受難〉とも言うべきものをこれ見よがしに曝し、こうした非人間的な行為の作者もしくは生産者であるという何らかの取るに足らない虚栄心を引き出すことを峻拒する。こうした非人間的な行為は、未来永劫変わらず、止むことなく響きわたるのだ。こうした行為について

述べられた思考だけに、耳を傾けるようにしようではないか。（"To Love the Torah" 217）

神が世界からすでに撤退し、その顔を隠してしまったかに思われる闇のなかで、ヨセルただ独りであるようなこの闇のなかでこそ、「神の責任すべてが自分の双肩に掛っていると感じる」ことになるだが、まさしく、「真の一神教には無神論の瞬間が必要不可欠なのだ」。このような「成人の神は、幼児の天国が空っぽであるという空虚さを通じてその姿を現す」（218）。この瞬間、個人的人格でしかないものは完全に傷つき易い存在で、いかなる制度によっても護られず、外面的なものに依拠することもなく、神の現前を確信することさえないのである。レヴィナスの数々の哲学的著述に書かれているように、まさしくこうした「可傷性」それ自体が、自己の基盤と化すのだ。このような完全なる可傷性と孤独のなかで、「個人は、そのひと自身の良心において、言い換えるなら、必然的に苦しみのなかでのみ勝利することができる」。ここにいう苦しみは、神秘的な罪の贖いの苦しみではなく、特殊ユダヤ教的な様相を有している。すなわち、「混乱状態にある世界、換言するならば、善が勝利を収めることのない世界のなかでの犠牲者の立場は、苦しむことである」（218）。

「善が勝利を収めることのない世界」というこの文句は、その数々の哲学的著述のなかで「善くあること」をあれほど熱心に訴え——他者に引き渡された者として、善さとして主体性を定義しようと試みたこの思想家のテクストのなかに記されているだけにますます痛切に響く。善が勝利を収めることのない、この計り知れぬほど暗く不道徳な世界についての戦中の個人的証言が、レヴィナスを促して、「存在（すること）を超えた〈善〉」を探究させ、この世界を裁き、修復できるような「どこか余所」を見つけるよう試みさせることができたのだろうか。そうは言わないまでも、少なくとも、これら殺された人々の死に対して、何らかの意味を、「神の名の神聖化」のごときものを与えることができたのだろうか。

ユダヤ人にとっても哲学者にとっても、この「どこか余所」ないし「外部」が、まさしく善に対する責任となるのだが、それはひとが自身で引き受けねばならず、いかなる選択もないまま緊縛されているような責任である。「苦難は神を啓示するが、ここにいう神は、一切の有益な現出を放棄しつつ、そうすることで、全面的に責任を負うた人間のまったき成熟に訴えかける」。みずからの顔を隠す神〈諸存在の背後にいる〈存在〉〉は、ひとがそれを頼りにできるような「外部」ではない。そうではなく、「正義を義人に委ね、勝利を彼らにもたらすこともない」遠く隔たった神は、「内部から到来し」、強烈な内密性のうちにあるのだが、「この内密さは、良心にとっては、具体的にも、歴史的にも、そしてなお不可解な部分をはらみつつも、ユダヤ人であるという自尊心と一致する。……勝利を収めることなく、正義のために苦しむ義人の苦しみは、ユダヤ教として生きられる。イスラエルは、歴史的にも肉体的にも、再び宗教的カテゴリーと化すのだ」(218)。

ここで重要なのは、レヴィナスにとってユダヤ人とは決して抽象的なアレゴリーでもなければ、一般的な意味での「他者」ないし「他性」の象徴でもないという点である。むしろ、ローゼンツヴァイクの哲学の場合と同じように、生きられた経験のすべてを伴った肉体的で歴史的なイスラエルはそれ自体がひとつの「カテゴリー」であり、知的実在のひとつの独立した構造なのである。レヴィナスの見解によると、ローゼンツヴァイクの『星』が成し遂げた業績のなかでもきわめて重要な点は、その命題が真であったり偽であったりしうる教えとしてユダヤ教を定義するのを止めたことにある。それに代えて、ローゼンツヴァイクは、「ユダヤ的実存それ自体が存在(すること)に生じるひとつの本質的できごとである。ユダヤ的実存は存在(すること)のひとつのカテゴリーである[強調レヴィナス]」(“Entre” 122)と主張している。

レヴィナスがユダヤ人を、アレゴリー、譬喩、隠喩、表徴とみなすことを拒絶したその態度は、ユダヤ的実存を「ひとつのカテゴリー」として捉え、単に信仰や情動やドグマに係わることとして捉えないという考え方に起因している。このようなものとして、ユダヤ的実存ならびにユダヤ的テクストは、その身体性と歴史のすべてを伴うものとして、「哲学的」に理解されうるし、また、されなければならない。そして、この哲学的な接近は、ユダヤ教に「特殊なもの」を否認したり打破したりするのではなく、それを確証する。ヘーゲル的ならざる「具体的普遍性」ならびにユダヤとギリシャ人との暫定的協定を見出そうというレヴィナスの企投については、ローゼンツヴァイクがレヴィナスを助けている。ひとつのカテゴリーとしてのイスラエルは、肉体をもつひとつの民族、歴史のなかにあるひとつの民族の特殊性すべてを伴ったものとして肯定されるが、そうした歴史をめぐるこの民族の経験と証言はそれ自体が当の歴史に下される審判と化すのだ。こうしたカテゴリーは「外部」をかたちづくるが、それは「内部」であり、直接的で接近可能なものでもある。

レヴィナスによる、ヨセル・ラコヴェルの物語の分析に従うならば、ユダヤ民族がトーラーの道徳的な原理を推進していく限り、神聖なるものは保持される。ユダヤ民族への迫害それ自体、みずからの最も卑劣な本能に屈してしまった世界のはらむ愚鈍さや残酷さに対する、ユダヤ人の抵抗を立証しているのである。ヨセルは物語のなかで次のように書いている。「今や私はあなたが私の神だということを知る。というのもあなたは、その行動が好戦性という点で神の不在の最も恐るべき表現であるような者たちの神となるにはどうすればよいかを知らないからだ」。世界に緊縛されることと世界からの解放を交互に繰り返すものというユダヤ教のイメージや、歴史のなかに生きると同時に歴史を超越して生きる者というユダヤ人のイメージは、レヴィナスがその哲学的著述のなかで示した、語ること／語られたことのあいだの振動という考え方と対応しており、言うまでもなく、ここにもまたローゼンツヴァイクの影響が認められる。そうした交替を可能にするのが推移であり、隔時性である。あるいはまた、彼が別の場所で書いているように、「ユダヤ教とはその時代との一致のなかでの不一致であり、語の根底的な意味でのアナクロニズムなのである」(*DL* 237)。アナクロニズムは、歴史の審判がまとうひとつの相貌であり、あるいは歴史のメシア的または倫理的な反転であろう。レヴィナスにとってユダヤ教は、若くて変化に敏感であると同時に、年老いていてあらゆるものごとに堪え忍ぶ。そして終始一貫、贖いなき世界の非人称的な権力と力の戦争と定義された歴史に繋縛されると同時にそこから離脱しうる。

このようなレヴィナスの洞察を経由すると、ミドラッシュやラビ的解釈に見られる一見奇妙で恣意的なアナクロニズムの多くが、実り豊かなものとして理解されるようになる。アナクロニズムは、歴史の混沌と暴力を避けるためにテクストの世界に「隠棲した」ラビたちの珍妙で素朴な信心とみなされるのではなく、むしろ、歴史のなかでの救済的行為の可能性となるのだ。あるいはまた、レヴィナスが書いているように「われわれにとって聖書の世界は、表徴から成る世界ではなく、顔から成る世界なのである。この顔たちは全面的にそこにあり、われわれと係わりを有している」。聖書の「表徴的な」読解が、その登場人物たちの人生と行為を別世界に向かうものとして要約するのに対して、「顔」が徴しづけるのは、行為からの撤退ではなく、責任への倫理的呼びかけとしての超越の過ぎ越しである。聖書が要請するのは「内面的な省察ではなく、世界の不純さの只中での」、歴史のなかでの「行為」なのである(*DL* 170)。

しかしながら、ここにいう行為は、自分自身において、また自分自身のために苦しむことの自己再帰的な「受難」ではない。行為が意味するのは、内面性および自己再帰的意識からの脱出なのだ。だから、レヴィナスにとっては、神との親密さならびに神の内在性は、「受肉せる神の愛に包まれた感傷的な合一として」ユダヤ人にもたらされるのではなく、「教示、つまりトーラーという媒介を通じての、精神と精神との関係」としてもたらされるのであって、「われわれのあいだで生きる神をわれわれに保証するのは、神のうちで受肉されることなき言説にほかならない」（"To Love the Torah" 219）のだ。かかる言説がトーラーなのであり、それについてヨセルは、レヴィナスの論考の題名となったミドラッシュを引用しながらこう言っている。「私は神を愛している。しかし私はそれ以上に神のトーラーを愛している。……そして、たとえ私が神に蹂躙され、失意の底に突き落とされたとしても、それでもなお、私はトーラーの数々の戒律を守り続けるだろう」。

不合理な仕方で苦しむことなしに、聖なるものを前にした「畏れと戦き」、盲目的信仰は人間と神を結合する。「霊的なものは、整合的実質として現前するのではなく、むしろ、その不在をとおして現前する。神は、受肉をとおしてではなく、むしろ〈律法〉をとおして現実的なものとなる」（219）。いかなる受肉でもなく、トーラーないし「教え」が人間性と神のあいだを媒介する言説であるのとまったく同様に、哲学的著述においては、他者は最初の「教え」であり、有責性への呼びかけとして描出されている。

神が自分を隠すのは、「人間に対して——超人間的な仕方で——すべてを要求するため」で、この要求は翻って言うなら人間に対する偉大な贈り物であり人間の尊厳なのだが、こうして彼ないし彼女は「いつも債務者としてではなく債権者としてその神に応答し、その神に打ち克とうとしうる」者と化す（219）。かかる債権者は、債務者に信頼の念を堅持しているものの、この債務者に彼の借財を免れさせることはない。このようなものが成人の信頼というものであり、神が実際に行ったことにもかかわらず人類が神を愛するということなのだろう。つまるところ、それは困難な信頼であり、「困難な自由」であり、危険極まりない構えである。なぜなら、「宗教的な生」は、いわば神のヴェールが剝がされることをも必ずや要請するからで、ひいては、「正義と力が再び一緒になることが必要なのである。諸々の地上的な制度は、このことを保証しなければならない」。「しかし、覆い隠された神を知った者だけが、神のヴェールが剝がされることを要求できる」。そしてかかる関係の緊張のなかで、人類と神のあいだに同等性のひとつの様相が確立され、「十全で峻厳なヒューマニズムは難儀な礼拝を余儀なくされる」。それゆえ、「神よりもトーラーを愛すること、それはまさに人格神への接近を意味しており、ひとはこの神に対して反乱を起こしたり――あるいはまた、この神のために死ぬことができる」(220)。

聖書の『ヨブ記』と同様、この論考も、告発を通じた肯定であり、冒瀆すれすれの敬神であり、告発者、糾弾者、そして証人としてのイスラエルによる神の審判を行うものである。イスラエルは、審判の不在とその遅滞のなかで、神よりもトーラーを愛そうとするだろう。背徳に委ねられた世界のなかで、イスラエルは倫理的な命令を保ち続けるのだ(6)。その哲学的著作においてと同様、レヴィナスは神ないし正義の不在を倫理的肯定性へと転換しようと試みる。かかる不在と、それが産出する倫理とのあいだの緊張が、レヴィナス思想における「ユートピア的ないしはメシア的」構造を理解する鍵となる。歴史への審判および歴史の内部での責任ある行動は、容赦なく残酷な歴史の潮流に身を任せることに対する拒絶を必然化する。歴史自身によってなされる自己意識的批判の契機だけでは、歴史上の残虐な出来事と戦うには十分ではない。「〈永遠なるもの〉にも足を踏み入れ」ねばならないのだ。レヴィナスの見解では、ユダヤ教の今日的危機は、「歴史によって審判される代わりに、歴史を審判する自由」(*DL* 249) を、ユダヤ教が実質的に失ってしまっていることにある。この自由は、必然的関与の只中での距離、間隔、忍耐からしか生まれることがない。

ローゼンツヴァイクと同様、レヴィナスも、こうした関与の只中での離脱、歴史を審判するこの能力を、最後の審判についての何らかの教義をとおしてではなく、ユダヤ人の生活の具体的諸形式をとおして実現されるものとみなしている。生活の仕方としての学習、トーラーの学習を定めたユダヤ教の律法や戒めは、「人間の冒険を貫くあらゆる状況がそこで裁かれるような啓示の内容の永遠の再開であり、その刷新である」。そして、これがレヴィナスにとっては啓示の本質なのである。歴史的現象ならびに未来の現象すべてを理解するために「必要なカテゴリー」は「すでに一神教の意のままになっている。それは科学および歴史に対する英知の永遠の先行性」（*DL* 238）であり、虚偽の予言ならびに虚偽で時期尚早のメシアニズムを見破る忍耐強い英知なのである。

倫理的肯定性としての曖昧な啓示

レヴィナスの哲学的著作――それは神学者でもなければどの宗派にも属さない一般読者に向けて書かれている――のなかでは、ユダヤ人の生活と律法の具体的形式については言及されていない。ここでもまた、歴史の審判、終末論の展望、そして有責性への召喚は、いかなる教義に由来するのでもなく、一種の「証言」に由来する。他者に対する責任における「対格」、そこでの「われここに」というまさに声は、無限が有限を「過ぎ越す」ための肯定的な方途なのである。とはいえ、証人はこの無限についての何らかの「証拠」ないし表象の証人となるのではない。「このような筋立てを宗教的と呼びたい誘惑にかられる」とレヴィナスは書いている。しかし、「それは確実性、不確実性という用語で説明されるものでもなければ、いかなる実定的神学に拠るものでもない」（*OTB* 147）。他者‐のためにの真摯さとして、「〈無限者〉はかくして、ただ主体性を通じてのみ、他者への接近という人間的冒険のなかでのみ、他者の身代わりになることをとおしてのみ、他者のために・代わりに贖うことによってのみ、栄光を得る」(148)。

「語られたこと」は、言語の教義的な内容を保証するものではない。これまでわれわれが繰り返し見てきたように、レヴィナスの鍵となる主張のひとつは、言語は単に道具的なものでも認識に係わるものでもなく、私を私が話しかける別の者と関係づけ、有責性への呼びかけとして他者の顔から意味する、というものだ。「語ること」は、言語の予言的威信、「小のなかの大」としての「霊感」とレヴィナスが呼ぶものと一致している。「霊感は、言語はそれが語るより以上のことを語ることができるというまさにこの事態の証左となろう。倫理的な真理を語るときには、言語は予言であるが、それは、個人的天才や熱狂的憑依にもとづく何らかの型としての予言ではなく、「人間的発語を担う最初の意図を凌駕するというこの発語の能力」としての予言であり——精神のまさに精神性なのである(*ADV* 141)。このような「他性」ないし他なる感覚(「〈他〉によって〈同〉を引き裂くこと」[138, n. 11])としての霊感はまた、意識・良心の倫理的彼方であり、「神学用語では」、それは「啓示」と呼ばれるだろう。

ここで重要な点は、レヴィナスにとって(同様にローゼンツヴァイクにとっても)、「啓示」としての語ることは、いかなる「体系的内容」をも伴っていないということだ。語ることとの内容は、他者の近く聴取者が覚醒することとしての「意味の意味」である。レヴィナスは、〈無 - 限者〉の外部性が内 - 部と化すその仕方を表現しようと努めているのだが、ただし、何らかの秘匿的ないし心理学的な意味での仕方ではまったくない。彼は「われここに」という言葉を、「私自身の声を用いて私に命令する」ような語ることの「声」と定義するのだが、そこでは、「命令はその命令を受ける当の本人の口によって言明される」(*OTB* 147)。換言するなら、「われここに」と語る声そのものが、まさにこの語ることによって、「〈無限者〉の無限性」あるいは〈無限者〉の「栄光」を産み出すのであって、まさにそのような仕方で、〈無限者〉は有限なものを「過ぎ越す」のである。そして、『全体性と無限』においてと同様、レヴィナスはここで、主体と他者、有限と無限のように、分離され離接的な諸項を融合させたり、完全に切り離したりすることなく、それらのあいだの関係を維持しようと試みている。これは、あらかじめ無神論を要請する一神教という彼の考えのいわば哲学的対応物（ないしその「翻訳」）であるが、かかる一神教は、神と人類のあいだの絶対的分離を要請する、それも、神がその「現前」を取り消すにいたるまで、義人が歴史のなかで正義のために「勝利を収めることなく」苦しむほどに、要請するのである。

ローゼンツヴァイクにおいてと同様、自己と他者、ないしは有限と無限を架橋する関係は、存在論の相関関係や、意味するもの／意味されるものの同時性といった、最終的にはいずれの場合にも、一方が他方を抹消するにいたるものによって定義することはできない。だからこそ、レヴィナスは、過ぎ越す（*passes*）、自分を過ぎ越す（*passes itself*［*se passer*］）、痕跡（*trace*）といった用語を使うのである。換言するならば、「超越」（transcendence）は、視界に「現れる」ことはないし、文学的な啓示のなかで聴取されることもない。他者に対する曝露としての「語ること」はそれ自体が霊感であり、超越の過ぎ越しないしその「生起」である。「語ること」は他者への関係であるにもかかわらず、それは対話相手の「あなた」から到来する声ではなく、それゆえレヴィナスは、無限の彼性、「三人称」とそれを呼ぶのである。「あなた」ではなく「彼」――それは人格的関係の「なかに」あるとともに、この関係から「撤退して」もいる。

超越の過ぎ越しならびにその「生起」のこの「第三の方途」は、――あれかこれかの論理の外部で――無限と有限、内部と外部、自律性と他律性とのあいだに異なった関係を打ち立てる。更にまた、レヴィナスはここで、他律性と自律性、そしておそらくはユダヤ人とギリシャ人を調和させようと試みている。証人である他者へと委ねられた記号ならびに有責性を受け入れることが、「いかなる命令を聴取することにも先立つ服従」、表象、語られたこと、意識などに先立つこの服従を成している。服従それ自体のなかにアナクロニィックにも命令を見つけるこの可能性、自分の外部から命令を受け取るこの可能性、他律性の自律性へのこの反転は、〈無限者〉がみずからを過ぎ越すまさにその方途である」(*OTB* 148)。

この意味では、隣人への命令は、「私の応答それ自体のなかに」見出される。それは、ひとを支配することができず、私自身の語ることのなかで聴取されるような非現象的な命令である。「権威は、眼差しが偶像のようにそれを見分けたり、また、ロゴスのようなものとしてそれを引き受けることのできる、そのようなどこかにあるのではない」。あらゆる直観と象徴化の外部で、「それは私に刻みつけられた「さまよう原因」の純粋な痕跡である」(150)。語ることの領域として、意味作用として、かかる運動は隔時的で曖昧であり、アナーキーでアナクロニックである。しかし、それゆえかかる運動はまた霊感の可能性、「まったく知らぬ間に私に囁かれたことの作者である」可能性でもあり、「……他者に対する責任のなかで、われわれは霊感の曖昧さの核心にいるのだ」(148–49)。

したがって、この曖昧性が最終的に何を意味するのか、ということについてはいかなる「証明」もありえないし、この曖昧性が無限なるものの栄光の痕跡であるのを理論的に「論証する」ためのいかなる方法もない。この他性が超越であってニヒリズムではなく、諸力の匿名の戯れと対立した神の呼び声であることの論理的確実性ないし論理的必然性はまったくありえない。リオタールないしはデリダの立場はまさにここで可能となる。すなわち、ゲームでの戦略上重要な動きをめぐる狡猾な遊び、冷淡な笑いとして。喜劇は神聖で、極悪非道で、残酷なまでに無関心なのだろうか。それは、ベンヤミンが示したように、唯物論の人形を巧みに操るせむしの小人神学とのまやかしのチェス・ゲームなのだろうか。あるいはまた、神と悪魔のあいだで演じられる気まぐれなゲームが理由で義人が苦しむという『ヨブ記』のページを開いたような、一見すると非情な賭のことなのだろうか。レヴィナスの見取り図においては、超越者はただ自分自身を阻止することによってのみ自分自身を「示す」。すなわち、「その声は、ある者がそのメッセージに耳を傾けようとするや否や沈黙と化さざるをえない。その主張は嘲笑と拒絶に曝されることが必要であり、この主張を証示する「われここに」のうちにさえ、病める主体性の叫びないし踏み外しがあるのではないかと疑われるほどである。しかし、それは他者に対して責任を負うた主体性の叫びないし踏み外しなのだ！」（*OTB* 156）。

妨害、尋問に曝されること、嘲笑、そして論駁は、「〈無限者〉への異議提起」と化す。そしてこの異議提起が、「あらゆるものを、私に義務として降りかかる」ものたらしめ、私のこの責任において何の援助もないことを私に確信させるのである。もちろん、ここには戦後の実存主義哲学の影響が認められる。たとえばサルトルの示した図式によると、かかる究極的な有責性は神の死に由来する。私は「自由の刑に処せられている」。しかしながら、ここにいう自由は、私を見つめ、私と対抗する他者とのサド－マゾ的な相克に捲き込まれた「私自身のための［*pour soi*］の自由」である。それとは対照的に、レヴィナスにおいては、存在論における神の死は、他者－のための有責性として帰結する。その他者の眼差しや顔は、私を私自身から引き出して、存在（すること）を超えた〈善〉へと引き寄せるのである。これが、「いかなる神も信じない人間のなかで、この人間について語る神の謎であり」、「啓示とその明滅する光のまさしく中心点」（154）である。「われここに」という証言が最高潮に達するのは、

「神の名のもとに、われここに」としてだが、その際、神の現前との直接的な係わりが生じることはない。「われここに」、まさしくそれだけなのだ！　神が言葉のなかに初めて組み入れられた文のなかでは、依然として

神という語は不在のままである。それは「私は神を信じています」という言明では断じてない。神の証言を行うことは、あたかも栄光が主題のなかに宿ったり、存在（すること）の本質に転換するかのように、この途方もない語を発することでは決してない。まさにこの意味作用について他者に与えられた記号として、「われここに」は、神の名前のなかで私を意味付ける。私を見る者たちに仕える者として。その際私は、私自身の声ないしは私の身振りのかたち——語ることそのもの——以外の何ものともみずからを同定することはない。（149）

これらの言葉は、一年に一度の聖日ヨム・キプールに、古代礼拝堂のなかの最も聖なる区域で、高僧によって発音される場合以外は、最も神聖な神の名前を発音することを禁じた、ユダヤ教の周知の伝統の影響を受けている。別の重要な論考「タルムードの諸説に即した神の名」のなかで、レヴィナスは「神の名」を、神智学の文脈に従ってではなく、神聖な命令および指令という文脈に従って分析している。この分析は、命名の言語学をめぐるショーレムとベンヤミンの省察とは、興味深い対照を成している。レヴィナスの指摘では、祈りや朗誦で神の名を単に発音することは、ユダヤ教にとっては、神との親密さを形成することも、これら名前の背後に本質を探し求めるような知識を形成するのでもない（*ADV* 144）。それに加えて、「神という〈名〉の意味」をめぐる省察は「名づけられた〈一者〉とのまったく別様の関係である」（145）。

哲学的著述のなかでと同様、レヴィナスはここでも、知ることに先立つ関係があって、この関係は命令に対する応答、実践にして責務なのだが、そのようなものとして知ることのまさに条件となっている、と強調している。神学用語では、神へのこうした関係は、神に対するアプリオリな同意にして忠誠であり、神への最も偉大な近さである。これらの註解は、ショーレムはカバラの神智学的思弁を過度に強調し、神聖な命令との関係にして神との結合への探求としてのカバラの実践を無視しているというイデルの批判と軌を一にしている。レヴィナスが述べるところでは、タルムードにとって、神の名を読み、書き、学ぶことはすべて、ミツヴァ、すなわち「神の〈名〉のもとで」テクストそれ自身から生じる命令のひとつの帰結として実行される。知ることとしての省察は、タルムードにとっては、実践としての省察と不可分である。「神の数々の戒律を省察することによって神を省察することはたしかに、哲学的な神の主題化とは異質な命令という知的行為である」が、それにもかかわらず、それは哲学と関連している（145）。

タルムード註解のなかで、レヴィナスが指摘しているように、ラビたちは神に言及する際、単に「ハ－シェム」としか言わないことがしばしばある。「ハ－シェム」は翻訳すると「〈名前〉」である。「〈名前〉」それ自体は総称的な名であり、これ以外の名前はその特称である。タルムードはまた、英語で神を指すために用いる *God* という語や、あるいはまた、ドイツ語で神を指すために用いる *Gott* という語を使うことはない。その代わりにタルムードは、「ハ・コデシュ・バルフ－フ」（「神聖なるお方、そのあらんことを祝福されよ」）［The Holy One Blessed Be He］という成句を用い、かくして神聖さという属性によって、神に言及するのである、神聖さは分離を指示する。「ハ－シェム」という措辞はそれゆえきわめて注目すべきものである。すなわち、それは「何であるかよりもむしろ、存在（すること）のひとつの様相もしくは存在することの彼方（an *au-delà*）なのである。同様に、「〈宇宙の支配者〉」あるいは「〈天の父〉」のように、タルムードで神を指すために用いられた他の名前はすべて、何よりも「関係を表しているのであって、名前は本質を表しているのではない」（*ADV* 148）。レヴィナスの主張では、カバラではこれとは対照的に、名前は接近不可能で主題化不能な神が現出する客観的な領域を構成している。みずからの次元と秩序を思考へと供するような数々の名と文字の世界が構成されるのだが、それに対して、「タルムードでは、神の名は、それらを援用する者の状況との係わりでひとつの意味を獲得する」(150, n. 6)。

彼は自分の主眼を、ひとつの顕著な例を挙げながら解説している。それは、聖四文字、すなわち最も神聖なる神の〈名〉を消し去ること(普通それは禁じられた行いである)が、宗教的儀式の一部としての責務になるという例である。こうした状況は、「ソター」、すなわち「姦通の嫌疑をかけられた女性」の状況である(『民数記』五・一一―二九)。聖書に定められた、女への尋問の儀式のなかでは、祭司がこの最も神聖なる神の〈名〉〔聖四文字《テトラグラム》〕を巻き物に書き、それを「苦い水」のなかで洗い落とし、そのあとで女はこの水を飲まなければならない。儀式は、彼女が有罪か無罪かを試す試練の一部である。もし彼女が無罪であるならば、彼女は自分の夫と和解し、祝福される。レヴィナスが註解するところでは、ここでタルムードは注目に値する新しい考えを肯定している。すなわち、「〈名〉を洗い落とすことは、ひととひととの和解と同義であって」、この考えは範例的肯定である。彼に特徴的な文体だが、レヴィナスは続く断定を疑問文として組み立てて次のように問うている。「一切の主題化に対する神の〈名〉の超越性とは洗い落とすことと同義ではないのか。そしてこの洗い落とすことは、他の人間に係わることをこの私に余儀なくさせるまさに命令と同じものではないのか」(*ADV* 153)。

霊感、啓示、釈義

だが、更に進んで、前述したような「存在するとは別の仕方で」と、「啓示」というユダヤ的観念との関係は何であろうか。そして、このような「彼方」と、世俗的文学ならびにその解釈との関係とは何であろうか。実際レヴィナスは、彼方を意味するフランス語(*au-delà*)を選んで、一九八二年に刊行したユダヤ教論集に「聖句の彼方」(*L'au-delà du verset*) という題を付けている。この論集の全編を通じて、ユダヤ教解釈学における聖句の「彼方」は、哲学的著述における、存在(すること)「を超えて/とは他なる」ものの彼方(*au-delà*) と関連づけられている。

ローゼンツヴァイクにとってと同様、レヴィナスにとっても、「〈啓示〉と呼ばれるこの——形而上学的——事実それ自体が……、あらゆる啓示のなかでも最初で最も重要な啓示内容なのである」(*ADV* 158)。啓示についてのこの問いは、多様な啓示宗教の内容に関する護教論や論証法のいかなる組み合わせでもなく、その核心的論点はレヴィナスの哲学的著作のなかで呈示されたものと同じであって、——いかにして全体性を破壊しつつも理性を維持するかが問題なのである。もっとも、ここにいう理性は、倫理学としての実践的理性であり、哲学の端緒にほかならないような別種の理性であり、それは同時に、(たとえその説話的な諸相についても) 啓示が第一義的に有する規範的で命令的な性格を示している。ローゼンツヴァイクならびにレヴィナスの多くに浸透したヘーゲル哲学の否定は、〈同〉のうちへの〈他〉の侵入としての啓示の定義を説明する一助となるだろう。啓示とは、「全体性の閉鎖的秩序、世界ならびにそれと相関的な自足性の閉鎖的秩序に生じる断絶と開けの可能性である。この断絶は、外部から到来する運動に拠るものではあるが、それは逆説にも、この理性的な自己-充足を疎外することはない」(176)。啓示で問題となるのは「『モーセ五書』や『予言書』など聖書の具体的な内容の由来を尋ねることではない。啓示で問題となるのは、隷属を排する他律の可能性、聞く者を疎外することなき理性的な耳、そうした服従の可能性、聖書の倫理的範型のうちに理解の超越を承認し……還元不能な超越を開くことの可能性を表明することである」(177)。レヴィナスはここで再び、哲学をユダヤ教化し、ユダヤ教を哲学化している。言語のこうした規範的側面についてのレヴィナスの理解は当然のこととして、聖書ならびにラビのテクストの文献研究にとっての批判的付加物となるだろう。こうした題材を対象にした現代の文学研究は、聖書のなかで、法的ならざるいわゆる説話の部分と、「法的」ないし規範的な部分を切り離して論じる傾向があり、数多の歴史主義者、形式主義者《フォルマリスト》、ポスト構造主義者たちの理論はしばしば、ユダヤ教の古典的テクストを取り扱う際、言語の規範的かつ倫理的な意味を無視してしまっている。レヴィナスが力説するように、神という語は説話であるのと同じく戒律であり、この命法こそまさに「言語の始源」（174）なのである。スピーチ・アクト理論を提唱した、イギリスのJ・L・オースティンの用語を改めて援用するなら、言語とは「遂行的」である。ただし、それは規範的ないし予言的な仕方で遂行的なのである。予言的なものとして遂行的である、と言ってもよい。

レヴィナスの哲学的著述は、このようなものとしての言語は予言的であるとの考えを表明している。というのも、こうした言語は、「それが内包するより以上のものを内包し」、思考ないし情報を伝える手段として用いられる際に意図されていたものとは「他なる」意味を担うことができるからである。レヴィナスのユダヤ教関連の著述では、こうした考えが更に拡充されている。「言語には」それに本来備わる「予言的な威厳があり、つねに言語はそれが語るより以上の意味を有することが可能である。……そこでは、人間の言葉はすでにして聖典なのである」（*ADV* 7）。『申命記』四・一五では、「主がホレブで火のなかから語られた日、あなたたちは何の形も見なかった」ことがユダヤ人に想起させられているが、それをめぐるレヴィナスの解釈のなかでも、同様のことが示されている。ラビたちはこの聖句の意味を解釈して、いかなる媒介者も存在せず、シナイ山の麓にいるイスラエルの民はみな「予言者」であるとした。レヴィナスが註解するところでは、この考えが暗示しているのは、「原理的に霊感へと開かれた人間精神、そのような人間性は予言的なものでありうる」ということであり、「……主体性は、聴従、すなわち服従できるというまさにその可能性によって、内在性の破壊にほかならないのではないか」（174）。タルムードの有名な言葉だが、ラビ・イシュマエルは「トーラーは人間の言葉で語りかける」と主張している。レヴィナスの註解によると、この言辞はある水準では、聖書のあらゆる言説の背後に形而上的な意味を求める必要はないということを表しているのだが、そのより深い思念はというと、「神という〈語〉は、諸存在を創造した言語、人々のなかで使用される言語のなかに保持されうる」というものだった。その〈語〉は「〈有限なもの〉のうちへの〈無限なもの〉の驚嘆すべき凝縮」（7）なのである。このように「小に住みつく大」はまた、聖典を謎めいたものたらしめ、釈義を必然的で無尽のものたらしめるような剰余、過剰でもある。

「予言的」「霊感を吹き込まれた」「より多く」が言語の内部で可能なのは、言語が自己閉鎖的で自律的な統一体ではなく、他性、間－人間的関係、社会性の場にほかならないからである。これまでわれわれが繰り返し見てきたように、レヴィナスのいう哲学的「超越性」はプラトン的イデア性ではなく、有限な人間的他者を過ぎ越していくところの〈他者〉である。同じように、人間の言語も、聖なるテクストが羊皮紙に実際に書きつけられるよりも以前に、すでにこの言語の内部に「聖典」を有しているのだが、こうした考えは、レヴィナスの哲学的著述における、語ることと語られたこととの関係としての「言語に先立つ言語」に類似している。それは「文字以前の文学」であり、「霊感を吹き込まれたものとしての言語の本質」であって、かかる言語はみずから「「存在論的な」秩序を設定し、これを指揮する」（8）のである。「文字以前の筆記《エクリチュール》」はまた、デリダが、その著作『グラマトロジーについて』の第一部に付けた題名で、この題名を付けることで彼は、「書物」ならびに言語的意味についての西欧的概念性を超えゆく運動を可能ならしめようとしたのだった。とはいえ、ローゼンツヴァイクを引き継ぐレヴィナスにとっては、書物を超えるこの動きは他者へと向かう動きと同じもので、それこそが「宗教」であった。更にレヴィナスが主張するところでは、書物と人間とのこの「宗教的」関係はこれまで突きつめて考え抜かれたことはなかったが、「言語そのもの」や「思考」や「技術的活動」と同じくらい本質的で還元不能なひとつの様態もしくは哲学的カテゴリーを成している。たとえそれが世俗的文学に属するものであっても、意味はまさに書物を介してわれわれに到来するという事実が、「書物の聖書的本質を証示している」(137)。その意味で、世俗的国民文学のテクストについての解釈は、かかる「聖書的霊感」によって確証され、また、ある意味ではつねにそれへと方向づけられている。

以上のことはすべて、ほかならぬ釈義――「聖句を超えた」あらゆる読解――の活動はどれも、すべての言語に本来備わっている精神性に由来しているということ、そしてまた、あらゆる言語のうちで神という〈語〉は聴取されるということ、たとえ消音されつつであるとしても、あらゆる言語のうちで予言的な呼び声は響いているということを含意している。カバラの言語理論をめぐる論文の末尾で、ショーレムはかつて、神聖なる語のこれらの響きを聴取する能力はただ詩人にのみ限定され、命令としてこれらの響きが有する規範的性格は解読不能なものと化すと暗示した。ショーレムやベンヤミンと同様、レヴィナスも、手段として用いられる言語を超えた言語の側面を再び探し求め、そこに、この彼方によって徴しづけられるとともにそれを徴しづけるような他性を見出している。ただし、他者に対する倫理的関係であるこうした言語の「彼方」が意味しているのは、「書くことないし筆記はつねに規範的な性質を有し、倫理そのものであり、私に命令を下し、私を他者に捧げるところの神という語であり、聖なるテクストと化す以前の神聖なる筆記である」(9)。レヴィナスのこの考えもまた、世界の創造よりも「先に存在していた」ものとしてのトーラーの本性をめぐるラビの定義に類似しており、また、おそらくはこの定義を「翻訳」している。羊皮紙とインクによって物質的に具現されるより以前に、トーラーは、ラビが言うように、「黒い火の上で燃えている白い火であるような」文字によってすでに書かれていたのだ。

このように「先在する」トーラーの本性は、カバラの伝統のなかでは、多くの思弁の主題となってきた。あるカバラ主義者は、「書かれたトーラーは白い火のインクで書かれ、口伝のトーラー〔ラビの解釈〕は黒い火のインクで色づけられている」と記していた。モーシェ・イデルの記すところによると、ショーレムはこの言述について、真の「書かれたトーラー」は、黒いインクで書かれた文字に対する真っ白な背景と同じであると解釈した。逆説的にも、黒い文字が「口伝のトーラー」を形成するのだが、かくして、われわれが通常の意味で考えるテクストと解釈とのあいだの関係は逆転され、マラルメの詩においてのように、空白の空虚さに形而上的な卓越性が与えられる（Idel, "Infinities of Torah" 145）。レヴィナスの場合、こうした空隙ないし彼方は、詩的なものでは決してなく、語ることという倫理的命令にほかならない。

レヴィナスが主張したいのは、（「語ること」のような）「文字以前の文学」は、歴史、理念性、内面性の伝統的秩序には内包できないということだ。「文字以前の文学」とは「言語の宗教的本質」にほかならず、予言が聖典を振動させるような場所である。ただ、あらゆる文学がかかる場所を待望し、記念し、祝福し、冒瀆している。言い換えるなら、こうした予言的な語ることは、聖書（Book）とそうでない書物（book）の両方において可能なのである。小文字のbで始まる、聖書ならざるこれらの書物――シェイクスピア、モリエール、ダンテ、セルバンテス、ゲーテ、プーシキンなどの作品――は、それゆえ、文化的な産物、またはその国を代表する国民文学といった意義を超えて、「まさしく人間性を研究する人間学のなかで顕著な役割を果たすのである」（ADV 8）。これらの作品が明示的意味を「超えて」意味し、釈義を促す限りで、――いかにそれらが困難で難解なものであろうとも――「精神の営み」に参与しているのである。

レヴィナスがその哲学的営為のなかで明らかにしているように、霊感はわれわれの理解力に対して、他者‐のための‐一者を表すのだが、何らかの「主題化された」具体的内容としてでは決してなく、あくまで倫理としてそれを表す。そうであるなら、倫理は、こうした「彼方」としての他なる声の反響であろうし、顔と他者の近さゆえの聴取者の覚醒としての「音信の音信」である。「神学的」用語では、このような開けが「啓示」と呼ばれるだろう。「啓示」は存在（すること）の擾乱であり、彼方である。「〈書物のなかの書物〉」というあり方をもつ聖書に吹き込まれた霊感、もしくはその「超越的」意味はまさしく、それが倫理的なものの上記の意味を具現する仕方、倫理的なものの音信が絶えず発せられる仕方に由来すると言ってよいだろう（*ADV* 138）。「霊感は……」、すでにして予言的ロゴスであるような「理性それ自体の行使である」（141）。

こうした立場がもたらす重大な結果はというと、「神聖な」筆記であれ、「世俗的な」筆記であれ、そこでは、予言的契機と釈義的契機が分かち難く結びついている、ということだ。というのも、いずれの筆記も「彼方」ないし、存在とは別の仕方を引き出すからである。「語られたこと」としての書物は、語ることの痕跡と呼びかけを保持している。だから、もし霊感が、存在（すること）や「語られたこと」、言語やテクストへの他者の侵入という一方の極であるとすれば、釈義はその対極に位置している。釈義はテクストを他者の声へと開く。レヴィナスの用語を使うなら、釈義はまた、テクストの「倫理的な」自己‐曝露であり、このことは、レヴィナスの哲学的著述のなかで、主体性が、トラウマを負わされ、破砕され、傷つき易く、曝露され、他者へと開かれたものとして定義されるその仕方に類似している。

こうした考え方は、何が「テクストそのもの」の「内部」あるいは「外部」であると言われうるのかをめぐる、文学理論のなかでの今日の論争と興味深い関連を有している。テクスト（その他者と－係わる－テクスト）の自己曝露たる釈義のレヴィナス的範型は、テクストとは「意味が完全にその内部に盛り込まれている自閉せる容器」であるとする考え、あるいはまた、テクストとはそこに読者が恣意的に自分の勝手な考えを投影する白紙の石板のようなものであるとする考え、更には、テクストとは本質的にイデオロギー間の論戦を反映した文化的な産物であるとする考えのいずれをも否定するだろう。解釈をめぐるレヴィナスの考えは、言語はすでに他者に開かれているとの彼の考えにもとづいており、また、哲学的著作のなかで示された、可傷性、曝露としての主体性という考えと類似している。「語られたこと」ないし書物は、その章句や文字のなかに「他なる声、第二の音響性」を保ち続ける。それこそまさに、「みずからを開き、「釈義へとみずからを曝露し、釈義を請い求める様態にほかならないのだが、そこでは、文字のなかに固定された意味が、それを隠し、封印する織物《テクスチャー》をすでにして引き裂いているのである」（*ADV* 136–37）。釈義はかくして、テクストがその「超越的」ないしは霊感を吹き込まれた意味を引き受ける場所であるが、それはちょうど、人間の他者が、存在とは他なるものの過ぎ越す場であるのと同じである。そして、聖書のこのような釈義的読解は、「来世という神話から解放された彼方がまとう本来の姿」と化す。この意味では、ほかならぬ超越と神という観念は、聖典の解釈からわれわれに到来するのだが、これは近代人にとって困難でも破天荒でもない考えである（141）。

観念論に対するレヴィナスの強烈な批判は、これらの用語（啓示、主体性、超越など）を、精神に関する抽象的な考え方として定義することへの恒常的な拒絶を意味している。ローゼンツヴァイクの場合と同じように、これらの用語は、各々が各々と結ばれた関係的な用語である。「存在（すること）ないし本質」とは他なる何かに自分を基礎づけようと企てるいかなる理論も――それが脱構築であれ記号論であれプラグマティズムであれ——その用語を関係的に定義する傾向にある。なぜなら、ここには、そこに依拠するべき究極的固体、「存在論的基盤」など存在しないからだ。われわれがこれまでずっと見てきたように、レヴィナスにおいては、関係とは倫理的な「他者への結びつき」であり、他律性であり、困難な自由である。言語はというと、このような関係を担い、制定する。つまり言語は、霊感を吹き込まれたものであると同時に世俗的なものであり、人間的であると同時に「神聖」であり、物質的であると同時に精神的なものなのである。論理的には矛盾であり、存在論的には不可能であるものが、他者に無関心ならざることに象った実践的理性としては可能的なものとなる。

同じように、「存在（すること）を超えた神」、「主題化された本質」としてではなく、関係として定義された神もまた「構成される」だろう。あるいはまた、「神」は人間的応答と行動との関係のなかにあることになるだろう。これは、「主は言われる、あなたがたはわが証人である」という『イザヤ書』四三・一〇をめぐる周知のミドラッシュが有するひとつの意味であろう。ミドラッシュによると、これが意味しているのは、「もしあなたたちが私の証人であるなら、私は神である。しかし、もしあなたたちが私の証人でないならば、私は神ではない」（*Sifre*, Deut. 346; *Pesikta* 102b; *Yalkut Shimoni* 455）ということだ。存在論なき関係とは、何らかの本質のなかでの相互同定を欠いた関係である。むしろそれは、諸項の完全な分離を架橋すると同時にそれを維持するような関係である。

レヴィナスにとっては、隔たりを横断するこの非存在論的関係は、ユダヤ一神教の哲学的対応物（あるいは「翻訳」）である。神は完全に分離され、超越的であるが、それでもなお人間と係わっているのだが、ただし、受肉をとおしてではなく、教え、命令、律法をとおして係わる。（このように、レヴィナス的なレトリック形式は、ケネス・バークのそれとはまったく異なると言ってよいだろう。バークにとっては

「同定および融即」こそが、象徴表現ならびにレトリックにもとづく説得の主要な局面であり、――かくして、レヴィナスよりもはるかにキリスト教的なバークの図式の基礎となるような別種の神学が徴しづけられることになる。）「存在（すること）の断絶」としての隔たりないし分離は、神、世界、人間のあいだの関係を改めて定義する。「人間性とはまた、神が存在（すること）のなかに侵入することであり、神へ向けての存在（すること）からの脱出である。人間性とは存在（すること）の断絶であって、そこでは、争いや強奪の代わりに贈与が、両手一杯の贈与が生起する。」（*ADV* 172）。

ラビ的解釈学と文学批評のいずれにあっても、作家、テクスト、解釈者は、相互に定義し合う相互関係のなかにある。孤立したテクスト－それ自体－内もしくは「言語的イコン」としてのテクストはまったく存在しえない。レヴィナス－ローゼンツヴァイクの展望は、純粋なテクストという考えを、その読者からも作者からも孤立したものと位置付けているが、それはまた、神と世界と人間が関係をもたず、互いに分離され、それぞれが自律的であるような〈全体〉の原始的配置を伴っている。そして、宇宙は自－存的で、無関心である。作者〔創造者〕は隠匿されており、芸術における悲劇的英雄は沈黙したままである。そして、作者〔創造者〕は隠匿されており、芸術における悲劇的英雄は沈黙したままである。たとえばニュー・クリティシズムにおけるように、そしてまた、実際、構造主義のような自律的形式主義のいずれにおいてもそうなのだが、文学批評の必然的帰結は、その作者からも読者からも、世界からも独立したテクストであることになろう。ここで『星』の三つの主要な部分の各々で述べられている、ローゼンツヴァイクの芸術についての分析の一端を簡単に説明しておこう。『星』の第一部で、ローゼンツヴァイクは、あらゆる芸術を、神話という異教的世界に関連付けている。「今日においてなお、あらゆる芸術は、神話的世界の法則に従っている。芸術作品がもたねばならないもの、それは自己完結性であり、自分の彼方にあるすべてのものに対する無関心であり、より高尚な律法からの独立性であり、卑近な義務からの自由であって、……これは神話世界に特有のものである」(38)。加えて、芸術作品は一種の無言の発話、「語りえないものについての発語、最初の発語なき相互理解、現実の発語の下もしくは傍らでつねに不可欠なこの理解……」を創造する。「見るもののなかで目覚めた生は、見られたものを生へと目覚めさせることはなく、それはただちに見るものの内部に立ち戻る」(81)。芸術によって育まれる自己は、「完全に孤独で、孤立した自己である。芸術はいかなる場合であっても、自己たちという真の複数性を創造することはできない」。芸術は前述したような目覚めの可能性を産み出すとはいえ、芸術において、「自己」が「魂」と化すことはありえない。そのためには、啓示および別の種類の言語が必要である(81)。芸術は、啓示のための方法を準備しはするが、「芸術それ自体は、語りえないものについての言語、言語が存在しない限りでの言語、始源の宇宙の言語でしかない」(147)。この中立的な「話しえないものの発語」は、たとえば、ハイデガーやブランショ、バタイユ、デリダ等々のモダニズム美学のある種の形式にきわめて類似している。

『星』の第二部では、啓示は、自-閉した神、人間、世界に風穴を開け、それらの各々を他のものへと、他のもののために向き直らせる。言語は、外と内の両方に由来する懸け橋である。ここで、「芸術とは〈発語されたもの〉であって、発語そのものではない」(191)。ここにもまた、レヴィナスのいう「語ることと語られたこと」の源泉があるように思われる。

第三部において、ローゼンツヴァイクは、芸術と現世的〔時間的〕形式を同一視しているが、この形式は、キリスト教が救済の祭礼を祝うことを助けるものであって、ユダヤ教の祭礼、閉じた円環であるようなユダヤ教の儀式的時間とそれは対照的である(370)。芸術とはまた、矛盾や苦難を克服するであろう救済の手段として、キリスト教徒の魂の内部に宿る十字架にも匹敵する存在である(376)。最終的に、ローゼンツヴァイクは『星』の結論として次のように書いている。「異教は、永遠なる神々のうちで、永遠が終末を迎えるまで、生き延びることだろう。異教における永遠なる神々とは国家と芸術であり、国家は現実主義者たちの偶像であり、芸術は個人主義者たちの偶像である」(421)。

要約すると、レヴィナス－ローゼンツヴァイクが共に示した図式のなかでは、啓示とは、各人の各人に対する開けであり、「〜と」は「〜のために」と化し、芸術は、倫理、愛、命令であるような聖典と化す。解釈は、他者－のために、読者－のための－テクストとなる。しかし、ここでは読者もまた、恣意的で、孤立した異教の英雄的自己ではなく、読者自身が今度は、責任と命令のなかで空っぽにされ、テクストと著者によって呼びかけられ、テクストと著者へと束縛される。「読者」は、テクストに権能をふるい、テクストを支配することに専心する、恣意的で故意の誤読者ではない。

霊感、啓示、釈義、予言のあいだの相関関係をめぐるレヴィナス自身の記述では、「予言」は、啓示を語る者の言葉のなかにだけ存在するのではなく、この啓示を聴取する者のなかにも実在するのである。「あたかも啓示が、聴取者によって解釈されるべき記号の体系であり、その意味では、啓示がすでに聴取者に引き渡されているかのように」(*ADV* 175)。これは、「トーラーは決して天国にあるのではない」(『ババ・メツィア』五九b)というタルムードの有名な言辞が有する意味のひとつであろう。実際、ヘブライ語で「伝統」(tradition)を意味する「マソラー」(*masorah*)という語は、「委ねる、引き渡す、明け渡す」を意味する「マサール」(*massar*)という語根に由来する。(7) 人類と同じように、神の側にも、他者へと繋縛され引き渡される譲渡や委任が存在するのである。かくして、人類は崇高な情報を受け身のまま受容するだけでなく、「同時に、この言語が語られるその相手であり、また、その者のために〈啓示〉が存在するところのものである。人類とは、超越の通過する場であろう。……おそらく、主体性や理性のあり方全部が、このような状況の光に照らして修正されるにちがいない」(*ADV* 175)。

ローゼンツヴァイクにおいてと同じように、「〜その者に対して」は「〜その者のために」と化す。要約すると、まさに「啓示の構造は釈義への呼びかけ」であり、そのような啓示は単に瞞着ではなく、「知性への誘い」として聴取される超越である(160, 162)。レヴィナスはここで、ヘブライ語で書かれた神聖なテクストと「ヘブライ語の統語法の多義性」のなかに存する奇妙な両義性に註解を加えて、「数々の語が等位関係や従属関係を示すのではなく、直接的に共存している」(161)と言っている。このように、たとえテクストの字義通どおの意味、あるいはテクスト本来の意図をたしかめる場合でさえ、探査や調査が必要なのである。ヘブライ語の「ドラッシュ」(*drash*)という言葉は、「ミドラッシュ」(*midrash*)の語根となっている語だが、正確には、「調査または探査すること」を意味する。どの語も、まったく予期されていなかった世界を開示する。レヴィナスの適切な表現に従うならば、ラビたちはこの文字群をあたかも、それらが「〈霊魂〉の折りたたまれた翼であるかのように、そしてこの〈霊魂〉の飛翔が視野に収めうる地平であるかのように」読解するのである。テクストは「まるで、ヴァイオリンの胴である木の部分に張られた弦のような」伝統の増幅をもとに更に拡張されていく。謎ならびに両義性は、新たなる深遠さ、意味の刷新のための口実・先触れ《プレテクスト》となる。つまり、啓示という「神秘」は、「明晰さを忌避する神秘のことではなく、この明晰さをいや増す強度へと導くところの神秘である」(162)。

釈義とは「すでにして〈啓示〉ならびに聖典への読者の参画であり、読者を一種の筆耕たらしめる」。繰り返しになるが、こうした立場が主張しているのは、読者が恣意的にテクストを構成するとか、あらかじめ教義として方向付けられている内容が、啓示を基礎づけているということではない。レヴィナスが主張せんと試みているのは、啓示は「外部」と「内部」に同時に由来するものであり、この啓示を受ける者の内部にも宿るということである。ちょうど、彼が自分の哲学的作品のなかで、〈他者〉（*Autre*）と人間的「他人」（*autrui*）が交叉ないし交錯するように。このように啓示がそれを受け取る者の内部に宿ることは、存在論的な同一化とは異なるもので、それは、神と人間を他者‐のためにという関係のなかで結びつける一方で、両者のあいだの距離を存続させる。

更に付け加えるならば、言語の深層が「顔」という社会性であり、匿名的ならざる関係性であるのとまったく同様に、テクストにおける語られなかったこともまた諸人格によって要請されるものであるに相違ない。釈義への呼びかけは、各々の個人だけがもたらしうる特殊な意味作用への呼びかけである。それはあたかも、「人格のまさに多様性が、絶対的真理」――知性をとおして探求される教義的ならざる真理――「の充溢のための条件である」（*ADV* 163）かのようだ。ローゼンツヴァイクにおいてと同様、啓示は、私のなかの唯一者に訴えるのだ。

われわれがこれまでレヴィナスの哲学的著述のなかで見てきたように、このような「人格的」自己は、実体的同一性を有する自己のことではなく、かかる同一性の破砕にほかならず、まさにこの破砕が、外部より到来する音信を可能にするのだ。

人格の多様性――この多様性こそ人格的なものの意味にほかならないのではないか――が「絶対的真理」の充溢のための条件であるかのように、各々の人格が、その唯一性によって、真理の唯一無二の側面が啓示されるのを保証するかのように、かかる真理のいくつかの面は、人類の誰かひとりが欠如しているなら決して啓示されないかのように、全体は生起する。

真理の「全体性」とは、数々の人格や歴史を超えた理念性ではなく、多様性を否認するような「全体性」でもない。この多様性はまた匿名的な集団性を意味しているのでもない。逆に、人格のこの還元不能な多様性は、まさしく真理の意味には不可欠なのだ。「多様な意味、それはすなわち多様な人間がいるということだ」(ADV 163)。これは、「トーラーには六〇万人の顔が向けられている」というユダヤ神秘主義の周知の言明についてのレヴィナス流の解釈であろう。

意味の多様性、全体性の破壊、差異の必然性、同一性の条件としての差異は、ポスト構造主義に共通する主題群である。だが、レヴィナスは、主体性は脱構築するものの、人格は保護する。ほとんどのポスト構造主義理論における真理の根底的異種混淆性は、人格的なものではなく、どんな形式の統一性や整合性にも猛然と反発する。レヴィナスは単に人格を保護しただけではなく、断絶を貫く連続性を維持してもいる。ちょうど彼が、神と人類、有限と無限のあいだの絶対的差異を貫くような関係を維持したのと同様に。ユダヤ教解釈学をめぐる彼の考えでは、釈義の必然性ならびに真理の多様性としての啓示の曖昧さもまた、時間を貫く〈世界〉の統一性の源である。世代を超えたラビと解釈者たちの対話(それは分離を貫く関係で、この関係は存在論を伴ってはいないが、歴史と言語を介した関係である)は、まさしくこうした真理の複数性を成している。音信は各々の伝令ないし読者に依存しており、世代を貫くこうした複数性をとおして、註解のなかで、そしてこの註解に加えられる註解のなかで、今日にいたるまで拡張を遂げてきたのだ。

レヴィナスが指摘するところでは、口伝の律法という様式でさえ――口伝は後に書き記されるのだが――、問いと答え、論戦、対話、議論のなかで具体化される師と弟子のあいだの口頭の教授や議論との関係を保持している。――それらはすべて読者に対して開かれたままである。「それゆえ、啓示された語を聴取するという宗教的行為は、その問題性を大胆にも曝け出したものたらんとする論議と同一視される」

（ADV 167）。啓示はかくして、知恵の源泉ないし解放の方途というだけでなく、「この生を涵養するもの、知の楽しみにほかならない」（168）。霊感を受けた語のこうした運命は、語られぬことの豊かさを、語られたことへともたらし、この語られたことの刷新を可能にする。この意味では、イスラエルは、〈連続的啓示〉としての聖書の民であり、——読むことが「最も高貴な典礼」と化すのである（136）。

言い換えるなら、テクストの「二次的音響」、つまり、霊感を吹き込まれた語ることは、純粋思想といった何かエーテルのごとき接近不能な領野の謂ではない。霊感を吹き込まれた語ることは、これを聴取し、理解し、そして解釈する人々の人生を通じて存続しているのである。次章では、タルムードのテクストをめぐるレヴィナス自身の解釈のひとつを取り上げ、彼の読解が、啓示と解釈のあいだのこうした現勢化し、この現在進行中の〈解釈の〉生のなかに彼が場を占めるその仕方を詳細に検討したい。

歴史の回帰

現在進行中のこの生はテクストを歴史のなかに嵌め込む。歴史、および、彼もしくは彼女の唯一無二の歴史のなかに存する各人格は、啓示にとって不可欠な部分である。だが、この種の歴史は、神秘的な神智学（神の生）でもなければ、〈精神〉の戦争ないし弁証法が展開されるヘーゲル的舞台でもないし、匿名的破壊や権力闘争の場でもない。この歴史は別の種類の連続性、これまで生き長らえてきた諸世代と彼らによる註解を介した連続性である。この非パルメニデス的統一性の様式は、レヴィナスが『全体性と無限』の最後で呈示した繁殖性をめぐる省察と類似している。繁殖性とは、目下進行中の諸世代を貫く、断絶を介した連続性のことなのだから。こうした考えはまた、ローゼンツヴァイクが、『星』の第三部で強調したような、ユダヤ民族の生きた共同体の首尾一貫性を反映してもいる。ユダヤ民族は、彼らの目下進行している生物学的な諸世代を貫いて、「永遠の生」をすでに所有しているというのだ。キリスト教徒が「新しく生まれ変わら」ねばならないのに対して、ユダヤ教徒〔ユダヤ人〕は単にその出自にもとづいてユダヤ教徒なのであって、何らかの教義を奉じるがゆえにユダヤ教徒なのではない（397）。ローゼンツヴァイクは次のように書いている。「共通の血筋にもとづく共同体だけが今日でもなお、自分の血管のなかに、永遠性の保証を感じ取る。このような共同体にとって、時間とは、その力を挫き飼い慣らすべき敵、打ち負かすことができたりできなかったりする――もっとも共同体はそれを打ち負かすことを望むものだが！――敵ではないのだ。そうではなく、時間は共同体の子供であり、子供のまた子供なのである」（*Star* 298–99）。ユダヤ人たちは、他のすべての民族とは異なって、自分の根《ルーツ》を大地や土壌、国土に張るのではなく、自分の「血」のなかに張るのである。「血」とはすなわち、彼ら独自の生物学的な系譜もしくは「民族性」の謂である。「われわれは、われわれ自身に根ざしている。われわれは大地に根ざしておらず、それゆえ、永遠の放浪者ではあるが、われわれは自身の身体と血に深く根ざしているのだ。そして、われわれがわれわれ自身のうちに、われわれ以外に何ものでもなくわれわれ自身のうちに根を張ることが、永遠性をもたらすのである」（305）。ローゼンツヴァイクは、このようなユダヤ人特有の永遠性を、世界史のなかで国民や国家が、戦争や革命によって勝ち取ってきた永遠性の対極に置く（334–35）。

レヴィナスとローゼンツヴァイクの両名にとって、ユダヤ人は、近代的な断片化がまとうひとつの形姿としての抽象的でアレゴリカルな「他者」ではなく、断絶を横断して結びつく能力を保持している。レヴィナスの主張によると、イスラエルは、諸国民のなかに四散しているにもかかわらず、歴史的時間を横断する神秘的でかつ強力な統一性を有しているのだが、これこそ「疑いなくイスラエルならびにイスラエルと啓示との関係の独自性なのである」（*ADV* 158）。啓示としての断絶とは、倫理的な紐帯の謂であり、イスラエルが有する現実性は、それが単なる哲学的アレゴリーではなく、現存する集団であることに存している。レヴィナスの主張では、ひとつの共同体としてのイスラエルのこの「生きた現実性」こそ、たとえ迫害や試練や背信や優柔不断の只中にあっても、みずからを聖書に基礎づけ、更には、それがいかなる仕方であっても、啓示が「神話」へ変貌することを阻止する。イスラエルが啓示と関係を結ぶことによって、世俗的歴史のなかでのイスラエルの苦しみは、聖書から始まる「聖史」のなかの一章となる。ホロコースト、諸国民による断罪は「イスラエルの受難」の一部と化す。それと同様、これらのできごとは改めて聖書へとそしてまた、解釈を通じての啓示へと遡及させられる（159）。

　ここでもまた、ローゼンツヴァイクと同様、レヴィナスも、ユダヤ人の経験のなかで歴史それ自体の観念や価値が定義し直されると主張している。テクストを解釈するまさにその行為が、神の非存在論的な超越性を「構成」するのとまったく同様に、イスラエルの歴史のなかでのこれらの解釈の現在進行中の歴史もまた、この超越性を「構成」している。すなわち、エジプト脱出からアウシュヴィッツにいたるイスラエルの歴史は、「人類と〈絶対者〉との遭遇の歴史であるだけではなく、信仰の歴史でもある。——しかし、イスラエルの歴史は、あえて言うなら、まさしく神の実在を構成しているのだ」。こうした主張は、論理的で理論的な三段論法や「証明」に由来するものではなく、それはあたかも、「神の実存の意味、神に適用された「存在（すること）、実在」という動詞の意味が、この聖史の外では接近されず理解されえないかのようだ。こうした意味は、深さと高さ、犠牲と疑義、信頼否認といった聖史の矛盾を介したものであって、それゆえ、イスラエルの歴史は「神曲」もしくは「神聖なる存在論」そのものであるかのようなのだ」（*ADV* 20）。

こうした言明での物言いで決定的なのは、「〜である」ではなく「あたかも〜かのように」である。歴史は、現存する「神の存在論的な生」の謂ではない。「歴史」は、何か自律的で非人称的な権能として物化されているのではなく、関係の場であって、そこでは、他者のために行われる人間の行為それ自体が、神に近づくことと同義なのだ。歴史は回帰するが、それは、理解の最終的な根拠としてではなく、ヘーゲル的〈絶対者〉としてでもなく、マルクス主義によるヘーゲルの唯物論的転倒としてでも、フーコーのいうような権力／知の闘争としてでもない。歴史は神秘的な意味で「聖なるもの」なのではなく、他者のための人間的行為として神聖化されている。『困難な自由』所収のポール・クローデルの業績批判のなかで、レヴィナスは、「表徴的に」、つまり、ヘブライ語聖書を予型論的に解釈するキリスト教的伝統のなかで理解されるべきではないものとして「聖史」を定義している。この種の歴史は、何らかの命題の「予徴」であるのではなく、「現実の生における人間の自由を表したもの」（*DL* 153）である。歴史とは、われわれが、すでに予定され、固定された「役割」をそこで神から受け取る舞台ではなく、われわれが人格的動作主として、行為のための命令をそこで受け取るような世界である。こうした文脈のなかで、レヴィナスは能動的に行動する主体の有益さを肯定し、「受動性」は美徳ではないと主張する。

レヴィナスは、神智学としての歴史という神秘的な想念に反対する。とはいえ、人間の倫理的な歴史を、「存在（すること）とは他なるものが過ぎ越す場であるような社会性」とみなす彼の考えは、カバラのテクストにおけるレトリックの部分的解明に役立つような、ある種の「神の生」を示唆している。思い起こせば、この論点は、カバラ主義者たちが自分たちの使う比喩や譬喩をどの程度隠喩的なものと解しているかと係わっている。「あたかも〜のように」は決定的な語で、この「あたかも〜のように」はまったき差異である。なぜなら、それは、神、人間、世界のあいだの差異を維持するからだが、そうしつつも、これら三項を「他者‐のために」として関係付ける。レヴィナスの議論のほとんどすべての決定的な点において、「別の仕方で」という意味の可能性ないしは構築は、「あたかも〜のように」にもとづいている。「あたかも〜のように」は、懐疑論における問いかけや言語の多義的本性がそうであるように、意味の開けであり、哲学思想それ自体の内部での「啓示」のひとつの様相である。レヴィナスにおける「あたかも〜のように」は、ベンヤミンが、存在論なしに意味と関係の星座＝布置を構築しようと試みたことに通じている。つまり、「あたかも〜のように」は、ユートピアを垣間見る能力もしくは歴史を修復する能力なのである。レヴィナスにおける鍵構造を成すものとしての「あたかも〜のように」は、レヴィナスの思想を、ベンヤミン的な意味で、「アレゴリー的なもの」たらしめる。「あたかも〜のように」は、その対象を破壊し、裸に剝き、断片化し、意味と表象、真理とその内在的現出の滑らかな連続性に割り込んで、それを破壊するようなアレゴリー的解釈における「別の意味」と同じである。「あたかも〜のように」は、懸隔を、真理と表象の非一致を、歴史による自然の中断という意味での時間の隔時性を指し示している。あるいはまた、レヴィナスの場合には、歴史と記憶における集約する意識をも超えた、記憶を絶した過去を指し示している。

こうした「あたかも〜であるように」は、全体性を破壊するものとしての〈無限性〉というレヴィナスの中心的な観念に関連付けられる。思考に「挿入された」無限という観念は、有限性の形式的もしくは抽象的な否定ではなく、それは「私のなかの〈無限〉を意味している。……あたかも……Infinite における in がちょうど、否・非（*non*）と内（*within*）の両方を意味するものであるかのように」（"God and Philosophy" 160）。（レヴィナスは脚註で次のように補足説明している。「否定」の誕生はそれゆえ、ヘーゲルが提案したように、主体性のなかにあるのではなく、〈無限性〉の観念のなかにある、と。）このように Infinite における in は、曝露もしくは開けを意味しており、それをレヴィナスは、『存在するとは別の仕方で』のなかで、意味作用の倫理的本質として定義している。

それゆえ、「あたかもイスラエルの歴史が……「神聖な存在論」そのものであるかのように」という文言は、神の近さが、まさしく社会の社会性のなかに存していることを意味している（ADV 20）。だが、こうした歴史はそれ自体が「反 - 歴史」であり、「他なる歴史」である。そしてこの歴史は、ユダヤ人によって目覚めとして生きられるような歴史であり、「侵入不能な存在することの外殻に生じた裂け目」「いわゆる歴史的・政治的必要性と呼ばれるような暴力の拒絶」である。こうした社会的結びつきは、「自然的なものと歴史的なものとの不断の断絶」によって産み出されると同時に、この「不断の断絶」を産み出す。それは「始原的不一致……、純粋な事物の力に対する抵抗」であって、エジプトにおける隷属状態からの解放がその範例である（18）。啓示は断絶であると同時に関係であり、個人的であると同時に政治的・公共的である。あるいはまた、哲学用語を使って言い表すなら、ヘーゲル的な世界史ならびにハイデガー的な存在（すること）の断絶は、倫理的形而上学にして予言的でメシア的政治として、啓示のなかで頂点に達するのである。

律法の回帰

ローゼンツヴァイクにおいてと同様、ユダヤ教的な生活、その典礼と律法は、ヘーゲル的世界史の匿名の流動と戦争のなかに埋没し、そこに解消されることへのまさに抵抗によって定義される。ローゼンツヴァイクにとって、律法は救済の未来を啓示の現在に結びつけ、この世界の生活を、来るべき世界のイメージに即して秩序づけ方位づける。

ユダヤ教的感覚は、この世界を未完のものとみなす一方で、この世界に課せられたものと想定された律法はというと、それを完成され変更不能なものとみなしている。その結果、この世界は来るべき世界へと変容されることが可能なのである。それゆえ、たとえこの律法が、現代のユートピア主義のいくつかのようにきわめて近代的な外観を呈しているとしても、それはキリスト教における律法の欠如と著しい対照を成している。キリスト教における律法の欠如ということには驚きを覚えるかもしれないし、キリスト教はそれをむしろ欲してさえいるのだが、このことは依然として、政治家に転じたキリスト教徒と、ユートピア主義者に転じたユダヤ教徒を弁別していて、後者には覚醒する力を、前者には何かを達成するための準備を授けている。ユダヤ教徒はつねに、重要なのは何らかの方法でその律法的教義を変化させることだと思っているが、遅かれ早かれ、律法が「そのなかに一切のものごと」を有していることが明らかになるだろう。……この世界から来るべき世界への移行という観念、待望され続ける〈今日〉としての生の上に宙吊りにされたメシア的時代の観念、こうした観念はここで、〈律法〉という毎日の対象と合体し、それと化すのである……。(*Star* 406)

ローゼンツヴァイクが衷心で抱いている反ヘーゲル的な考え方のもうひとつは、ユダヤ教の歴史が、現世的な歴史とその拡張主義をものともしないというものだ。「権能は歴史の基礎となる概念である。なぜなら、キリスト教において、啓示は言葉を通じて拡張していったからだ」。それはキリスト教の指令だったのであり、最も世俗的なものも含めてキリスト教以外の拡張主義的衝動は、「無意識のうちに、キリスト教のこの拡張主義的な動きの召使いになっていたのだ」。ローゼンツヴァイクはユダヤ民族を、歴史という数々の惨事の元型的生き残りとみなしている。ユダヤ民族は予言的な「残滓」であり、それはつねに切り離され、外部にあり、孤独なものであり続け、自分自身を維持するのに「減法と収縮、つねに新しい残滓の形成による」のである。たとえ外面的に同化を余儀なくされているとしても、ユダヤ教は、たえず非ユダヤ教的要素からわが身を引き剝がして、内面的には自分をこの要素から切り離された状態に置こうとする（*Star* 404）。

レヴィナスにとってもまた、前述したように、歴史の流れから分離することは、かつてヘーゲルが主張したのとはちがって、〈精神〉の生における疎外ないしは反定立の契機ではない。そうではなく、ユダヤ教の律法は肯定的なものであり、この律法は、断絶の契機を、自然の直接性からの分離、神話ならびに歴史の暴力的匿名性への抵抗を具体化している。ユダヤ教の儀式においては、「ヌミノーゼ的なもの、偶像的なものはまったく存在しない。儀式とは、自然のなかで、自然との関係で取られた隔たりであり、それゆえおそらくは、〈至高者〉への関係――あるいはこう言ってよければ〈至高者〉への崇敬――であるような、〈至高者〉への待望にほかならない。そして、この崇敬は、彼方や神へ［*à-Dieu*］というまさにこの概念をここで産出するところの彼方への崇敬なのである」（*ADV* 173）。

このような立場は、どこか魔術的な意味で有効なものとしてユダヤ教の律法の意味を捉えるいかなる立場にも論争を挑むものであろう。レヴィナスにとって、ユダヤ教の律法および儀式が、彼方（*au-delà*）を現勢化し、それを生じさせることには、存在論的意味ではなく、倫理的意味がある。哲学的著述においてと同様、「彼方」がここで意味しているのは、「現在、自然、内在性に組み込まれることのない」隔たりであり、それはいかなる神智学ないしは神秘的意味とも異なっている。それに、距離は――分離としての神聖さの原理なのである。実際、「分離」は、神聖さを意味する「ケドゥシャ」（*kedusha*）というヘブライ語の語根となる意味である。ユダヤ教の律法は、使徒パウロが言うような「律法のくびきではないし……、ある種の隷属状態の聖痕《スティグマ》として嫌悪されるのでもない。……［むしろそれは］ユダヤ教の統一性を実現するもので、宗教的な次元では、いかなる教義の統一性ともまったく別物である。……律法はユダヤ民族の統一性を産み出すところの実践であるのだ」(170)。レヴィナスが主張するところでは、もし律法が完全に遵守されていない場合であっても、このことに変わりはない。これらの命令に従うことは、これらの実践を確立することに専心した知的弁証法の妨げとなることでもない。ハラハーの動機をめぐる連続的議論は「思考のすべて」を捲き込むもので、議論は最初の問題を超えて進んでいく。法的決定は最後の結論ではないのである。

　レヴィナスの理解によれば、これらの律法と儀式は、まさしく日常的な物質的生活と精神的生活とのあいだの懸け橋である。予言者のなかでも最も偉大なモーセが、最も直接的に「対面」して神を見たとき(『出エジプト記』三三・一一・二三)、モーセが見たのはいかなる像でもなく、ただ神の「背面」だけだった。ラビはこの「背面」を、首すじにかけられる聖句箱の紐を結んだときの結び目に係わるものと解釈している。(ユダヤ教信者の全男性にとって、日毎の祈りのあいだじゅう、テフィリン——聖句箱——を身につけることは、宗教的な義務である。)レヴィナスが書くところでは、聖句箱を身につけた神という尋常ならざるイメージは、決して荒削りな神人同形説と同じものではなく、この神のイメージが指し示しているのはむしろ、啓示の規範的性質であり、——それはつねに日常的儀式の振る舞いに結びつけられている。こうした結びつきは、ラビによる無情な律法主義を反映したものではない。むしろ、こうした日常的な振る舞いは、ある者の自然的本性への直接的吸収ならびに、ある者の欲望の盲目的自発性を「停止させる」ものと考えられている。この行為は、他の人間とのあいだの倫理的関係を準備する。他者と対面するなかで、責務のなかで、神は再び歓待されることになるのである（*ADV* 174–75）。

精神的生活はそれゆえ、「美しい魂の内面性」ではなく、「外面性」、すなわち他者への開けである。「トーラーならびに、それが生活上の物質的行為に、その自然な目的とは別に付与する典礼的意味は……、イスラエルの倫理の最も確実な防禦であり、最も忠実な記憶である」（*ADV* 23）。レヴィナスの主張に従うならば、ユダヤ教の精神性のうちには、いかなる主導権からも隔絶して、受動的に帰属しているという感情や、責任ある者として聖史に抗い難く参与してしまっていることの自覚もまた存在している、あたかも、ユダヤ教の命令を忘れてしまった場合にも、捕まえられて放してもらえないかのように。論理的かつ形式的には、このように「捕まえられること」は服従である、しかし、それはまたユダヤ教における「困難な自由」の謂でもあり、そして、「ここにおいてこそ、神は神である。――神が神であるのは論理的定式によってではない。しかも、人格についての聖書的存在論はここにおいてこそ、観念論的主体の主体性に背馳するものなのだ」（24）。またしても、具体的な他律性が自律性を保証しているのである。

レヴィナスは「語ること」を身体の身体性にまつわる用語で、傷つき易さ、自己‐曝露、まさに自分の口にくわえたパンを与えることとして定義しているが、それとまったく同様に彼は、ユダヤ教の律法が生活の物質的局面を重視することを、（キリスト主義者が批判するように）精神が抱く壮大な想念に対する無知、あるいはまた、「われわれの物質的本性に呈された賛辞」として解釈してはいない。「逆に、われわれの物質的本性は、存在（すること）におけるわれわれの連帯のまさに成就である。この物質的本性は何かを予示しているのではまったくない。経済的生活は、被造物が精神へと姿を変える、あるいはもっと暗示的な用語で説明するならば、肉体が動詞へと開かれていく存在論的な場なのである」（*DL* 159）。こうした物質性は、キリスト教的もしくはヘーゲル的な意味での「精神の受肉」のことではなく、他者との物質的関係、他者‐のために活動することを、この世界での正義として意味しているのだ。

ローゼンツヴァイクと同じように、レヴィナスもまた、ユダヤ教の律法をアレゴリー化しているのでも、それを歴史化しているのでもない。律法の「字義どおりの」あるいは「肉的」意味は、「精神化され」尽くさない。ユダヤ教の律法が成就する「内‐存在‐からの超脱」あるいは「没‐利害」はまさしく、根こぎを、ナショナリズムの暴力における場所の物質的局所性への愛着の根絶を意味している。「すべての言葉は根絶である。すべての理性的制度も根絶である。真の社会の構成も根絶である」(165)。ここでもまた、根絶は自己自身とその内面性からの自己の根絶を意味しており、このことは「異教《パガニズム》」〔土俗信仰〕とは対照的である。「異教」はナルシスティックな自己閉鎖の根づきとして定義されるのだから。「異教」はまた局所的な場所に閉じこもることでもあるのだから。

レヴィナスの議論はここでまた、異教的世界は自己閉鎖的で無言であり、それは啓示による開けに先立つ世界であるというローゼンツヴァイクの考えを参照している。だが、レヴィナスの議論はまた、ハイデガーを強く意識したものであり、そのことは特に、レヴィナスが「森」に「砂漠」を対置している点から窺える。――森が表しているのは「内面性」「定着性」「そこに存在すること」であり、森では、木々がみずからを涵養するために地中へと根を張る。言うまでもないことだが、ハイデガーはその哲学を記すに際して、黒い森に隠遁しただけでなく、後期の作品集に「杣道」(*Holzwegs*)という題名を付けてもいる。このことに対して、レヴィナスは、「森の平和に騙されてはならない」(165)と警告している。そこには、「人類以前の人類」の異教〔土俗信仰〕が見出されるのである。このような「場所」への愛着ならびに「場所」の神秘化は、ハイデガーが「技術」に対して示した懸念のすべてに比して、それよりもはるかに危険である。というのも、定着を何より重要視することは、実際のところ、人間を「土着のもの」と「異邦人」に二分することでしかないからである。ゆえに「他者」という異邦人は、形而上学的には、堕落し、異常な者とされるのである。

レヴィナスにとって「真正な霊が、みずからを普遍的に成就するために、テクストのなかに降下するのは、何ひとつ固定されたもののない砂漠の乾燥した太陽のもとでであって、森のなかでではない。言うまでもないが、砂漠はシナイ啓示という聖書的場であり、律法と聖典の到来であった。聖典は、「文字に従属した霊ではない。……霊は、文字のなかにあって自由であり、その根と鎖でつながれている」(165)。砂漠のかかる「空虚さ」が表しているのは、普遍性への潜在的可能性である。すなわち、この空虚さは、あらゆるものが入り込むことのできる空っぽの空間なのである。ジャベスについてのデリダの論文では、砂漠の空虚さならびに、その不断に変動する砂粒は、テクストの不断に変動する意味の譬えで、そこでひとは永遠にさまようのだ。このように言語のなかで古代から、そして永遠にさまよい続けること、永遠に問いかけ続けることの苦悩は、ジャベスにとっては、ポストモダンの作家とユダヤ人双方の条件と化す。しかしながら、デリダやジャベスのいう砂漠では、与えられた聖書はいかなる律法も有することなく、答えなき問いがあるばかりで、これらの問いは「太古の言葉の苦しみ」にほかならない。ここでもまた、レヴィナスは、ポスト構造主義者たちが強調する限りなき多義化や意味の彷徨や二律背反的転覆から論を転換させている。すなわち、「定住的生存をすることのできないノマディズム〔遊牧性・流浪性〕に回帰することが問題ではない」のだ。レヴィナスが指摘するところでは、ユダヤ教は、それ独自の仕方で場所への愛着を抱いている。ただし、それは唯一無二の聖地だけへの愛着であり、聖地とはある一定の条件が満たされたときにのみ定住できる土地、聖書が言うように「不正な者を吐き出す」土地なのである。(彼はこの点について、『創世記』に由来する物語についてラビたちが与えた註解のいくつかを用いながら、分かり易く説明している。『創世記』で、アブラハムは一本の木を植えるが、その木は、ヘブライ語で「タマル」（*tamar*）と呼ばれる。ラビたちはこの語を、人間の生活の三大必要要素である「食物、飲料、宿」を意味するヘブライ語の頭字語と解釈した。あるいはまた、レヴィナスの用語を使うなら、それは「人間が人間に提供するものであり、地球がそのために存在しているところのものであり、ある人に仕えることを目的として人間がその主人と化すところのもの」（258）なのである。）

「語ることの」の「非場所」ないし砂漠は、外への——他者への曝露としての開けである。こうした開示は自己を虚ろにすることであり、自己からの出血なのだが、その一方でレヴィナスは、「実存的な疎外」、神秘的な深淵への自己溶解、神性との融合など、あらゆる意味での「他界性」と、かかる開けをはっきり区別している。「語ること」のなかには、「神秘的なもの」は一切存在しない。「語ること」は、倫理であり、また他者への責任であるような、他者への曝露、他者への究極の開けなのである。語ることは、「秘密の、あるいは隠匿された」言語ではないし、発語や自己の最も深遠なる「内部」でもない。語ることは完全に反転させることである。「他者へと曝露された自我の開けは、内面性を解体させ、それを反転させる。こうした外‐向性（extra-version）に与えられる名前が真摯さなのである」（“God and Philosophy” 169）。無論、このことは負債と責務の過剰と化す。「われここに」は、他者たちに仕える自己であるが、そこでは「私は、私自身の声や私の所作のかたち——語ることそれ自体以外の何ものとも自己同一化するべきものをもたない」（*OTB* 149）。語られたことにまつわる用語を使うなら、「われここに」は「何も語らぬこと」として、しかし、記号を与えることについての記号として、「こんにちは」のように単純なものとして現れるのだが、「それ自体で承認の純粋な透明性であり、負債の認知であり」、それは証言と霊感を担うことである（143）。かかる文脈において、神（*God*）という語は異常な語である。それは「無のうちに消滅することなく、みずからを撤回し……論理的規則に正確に従うことのない、比類なき語られたこと」（151）なのである。

このように、外部への反転によって主体性を定義し直すことは、レヴィナスを、伝統的「解釈学」とは対照的な記号論、脱構築、多くのポスト構造主義理論と同列に置く。伝統的な「解釈学」が試みているのは、自己やテクストの内部に侵入し、そうすることで、覆いを剝がされるべき何らかの隠れた本質を見出すこと、これである。これに対して記号論や脱構築等々においては、テクストをあちこちひっくり返して調べ上げ、テクストの縫合線や表面によってテクストを打ち砕くことで、他性が要請されており、「内部／外部」というカテゴリーそれ自体が疑義に付される。デリダやフーコーといった思想家にとっては、こうした外向性のうちには「語ることの真摯さ」はまったく存在しない。

要約すると、レヴィナスはその哲学的著作のなかで、「歴史」を、ヘーゲル的な包括的観念論の領域と結びつけ、この観念論の領域を、痕跡、無限、繁殖性、語ること、受動性、「あらゆる歴史と記憶を超えた」回収不能な過去の時間といった観念によって打ち砕く。『全体性と無限』および『存在するとは別の仕方で』のなかで、レヴィナスの力点は、〈精神〉の抑止、息止、可傷性、可感性に、そしてまた、存在論の利己主義《エゴイズム》からの主体の離脱に置かれている。しかし、レヴィナスのユダヤ教論考のなかでは、かかる「受動性」の強調は、能動性への召喚に取って代わられる。能動性と言ったが、それはとりわけ、ユダヤ教の律法によって聖別され、規律づけられた行動であり、歴史との係わりを改めて価値付け、倫理的審判という彼方をこの歴史にもたらすところの行動である。かくして、歴史それ自体が精神的生活のための舞台と化す。聖書、タルムード、ユダヤ教の律法はレヴィナスに、歴史への肯定的参入のための範例をもたらす。存在論、全体性、観念論の諸体系を通じて哲学的思考は暴力へと転落するのだが、このような暴力を回避できるような歴史内存在のための範例を、である。レヴィナスの指摘によると、聖書は、プラトンの『国家』のように、理想的都市の抽象的建築をもって始まることはない。その代わり、聖書は、戦争、隷属、犠牲、犯罪、嫉妬、憎悪、殺人といった「残酷なまでにリアルな状況のなかで人間を」捉え、これらの状況の克服をめざして、これらの状況の核心にみずからを定位する。「律法の必要性を認識すること、それは、己が条件を魔法のように否認することで、人類が自分を一挙に救済することなどありえないとの認識を得ることである」(*DL* 328)。

ただレヴィナスは、ユダヤ教の律法を、自分の哲学的著作のなかで用いられた鍵語を使用して描いてもいる。すなわち、ユダヤ教の律法は、「顔」としての人間的人格のあいだの関係を定めるのだが、この関係は「内-存在-性-からの-超脱」を成就させしめるような関係であり、エゴの帝国主義的な本質、ないしはその存在（すること）の破滅なのである。経済生活や社会生活をめぐる万事を広範かつ詳細に取り扱ったハラハーの議論のなかで、レヴィナスは、「存在（すること）」の一般的暴力と戦争の私利私欲にもとづく戦略から、「没利害」への行動の変容を看取している。ユダヤ教の律法は、それが裁定を下すところの物質的、商業的、経済的なやり取りすべてを、「私利私欲にもとづく行動から正義の秩序へと」高める。かくして、「普遍的な戦争の只中で何か新たなものが産出されるのだ」(*DL* 159)。もちろん、ここでレヴィナスの思想は、デリダからバルト、クリステヴァ、フーコーにいたるポスト構造主義の他の書き手たちのほとんど全員のうちに見出される「律法」への極端な嫌悪とは正反対の方向へと向かっていく。デリダたちはというと、律法を支配、排除、抑圧と結びつけているのだから。先にわれわれは、律法に対するこうした嫌悪の源泉が、カントやヘーゲルのプロテスタント的律法不要論にあることを指摘した。ローゼンツヴァイクとレヴィナスは、ショーレム、ベンヤミン、ブーバーとは異なり、律法に対するこのよう

な敵意に満ちた態度を受け入れようとはしない。(8)

レヴィナスとショーレム——神秘主義、神話、律法

われわれとしてはここで、啓示、解釈、律法に対するレヴィナスの立場とショーレムのそれとの相似と差異を明らかにし、要約しておきたい。ショーレム、ベンヤミン、レヴィナスにとって、言語の最も深い水準は、道具性およびコミュニケーションを超えたもので、そこでコミュニケーションの実質的内容が消滅してしまう水準である。だが、レヴィナスは、存在（すること）とは他なるものへの開けとしての、証言と霊感としてのこの語ることとの領域が、「すべての神秘主義の外側にある」（*OTB* 115）ことを強く主張している。こうしたレヴィナスの考えと、ベンヤミンのいう「純粋言語」またはショーレムのいう「言語の深淵」——それは究極的かつ無限な「意味なき語」である——とのあいだの決定的な相違はというと、レヴィナスが、開けとしてのこうした内容の欠如を、人称的な対格、避け難く召喚され、崩壊を余儀なくされる自己を証言すること——「われここに」——と一致させていることとであろう。

ショーレムはというと、啓示の神秘的な意味を、「究極的な意味なき語」から、言語のなかの深淵から、不可知で無起源的なものから流出したものとして描いている。しかも彼は、このような無起源的な領域を、豊穣な無定形と創造的生命力の舞台として高度にロマン主義的な意味で捉えていた。にもかかわらず、タルムード、律法、倫理の伝統がそれを硬直させ、石化させてしまったというのだ。ショーレムのこの論とは対照的に、レヴィナスにとっては、無起源は「責任の無起源」——無償の根拠なき自己犠牲のなかで証言することとしての語ること——を意味している。別の言い方をするなら、ショーレムのいう無起源が生

命力を付与する自由、反ハラハー主義を表しているのに対して、レヴィナスにおける無起源は、すべての「起源《アルケー》」ないし存在論的起源に先立つもの――召喚され、選ばれ、人質となり、自由／非自由の彼方にあるような主体性を表している。レヴィナスはハラハーのなかに、こうした召喚をまさに具体化し、保護するものを見出している。

ショーレムにとって、倫理的な肯定性とは、シオニズムやパレスティナの再建、更にはユダヤ教史の新たな編纂をとおしての政治のなかに見出されるのであって、このことを彼は注意深く神秘的メシア主義から区別している。ショーレム自身警告していたことだが、神秘的で黙示録的なメシアニズムのもつ、無起源的領域を政治と混同することは、単に破滅的な暴力につながるだけであろう。レヴィナスの主張するところでは、語ることという予言的で倫理的な証言がなければ、すべての政治が暴力に転化してしまうのである。倫理的肯定性をこのように他者への関係の連帯性とみなすこの見地はおそらく、神学と唯物論のあいだを揺れ動きつつ――あたかもこうした二元論がベンヤミン自身の「語ること」と「語られたこと」であるかのように――、マルクス主義のなかに見出そうと努めたものでもあろう。

多様な「他者たち」――神秘主義の地下的伝統における「他者」や、哲学ないしは反歴史における「他者」――をあらわにしつつも、ショーレムとレヴィナスは、理性や理性的探求を放棄してはいない。彼らが――フロイトと同様に――見出したのは、伝統的な理性が「他なる理性」によって浸透され、「他なる理性」を尊重するその仕方である。ショーレムにとってと同様、レヴィナス、ベンヤミン、フロイトや同世代の他のユダヤ人たちにとって、ドイツの大学教育は、その反ユダヤ主義、官僚性、尊大さにもかかわらず、真理を求めるための厳格で献身的な探求の倫理を伝えるものだった。アーネスト・ウォールワークがわれわれに改めて思い出させてくれたように、フロイトは、精神分析を「科学的世界観」と同一視した

ときに、*Wissenschaft* という語を用いたのだが、

この語は、英語の science という語よりもはるかに豊かな意味を担っている。……*Wissenschaft* という語が示しているのは「現世的」合理主義であって、そのなかには、倫理学や法学のような合理的学科と同様、歴史学や臨床的精神療法のような人文学における解釈的学科をも含んでいる。フロイトが彼自身の展望について語っているように、*Wissenschaft* は、細心の注意を払って吟味された情報の「知性的な徹底精査」を内包している。ただし、これらの情報は、豊富な源泉から収集されはするものの、そのほとんどは、夢想や空想のように、端から疑わしいものなのだが。(Wallwork and Wallwork, "Psychoanalysis" 164–65)

指摘するまでもなく、*Wissenschaft* という語はまた、近代「ユダヤ教科学」(*Wissenschaft des Judentums*) の考案者たちが、彼らの企てを描くために用いた語でもあった。

更に、レヴィナスがユダヤ教的精神性に特徴的な主知主義、「理性へのその傲慢ならざる自負……、責任あるものの威厳」(*DL* 29) と呼ぶもののなかにも、ユダヤ教的構成要素が存在している。ユダヤ人にとって、知解が啓示に応用されねばならないその仕方は、トーラーという概念を、「あらゆる本質的な知識を包含する」ところまで拡大する。「人間の実存は、——その存在論的劣勢にもかかわらず、そしてまた、この実存の苦しみ、危機、不穏さのゆえに——、そこで神聖な語が知解と出会い、神秘的力と仮想されたものの残滓を喪失するところの真の場所である」(30)。

レヴィナスにとって、無起源、曖昧さ、正反両立性《アンビヴァレンス》、振動、懐疑論は、理性を脅かすものではなく、理性の背後にある理性への、まさに「第一」哲学への、「思考主体による意味の主題化に先立つ理性への

……、起源に先立つ理性への……、無起源的理性」（*OTB* 166）への呼びかけである。「理性とは他者 - のための - 一者なのだ！……非人称的ロゴスとして知解可能性には、近さとしての知解可能性が対置される」（167）。しかしながら、レヴィナスはまた、「内容なき啓示」、無限なものの曖昧さと無起源、「顔の剝き出し」、霊感の氾濫に伴う危険性を察知してもいる。つまり、超越性が「イデオロギー」ないしは「聖なる錯乱」へと歪曲されかねないのだ（152）。レヴィナスが警告するところでは、この「イデオロギー」か「聖なる錯乱」かという二者択一のいずれの項も阻止されねばならない。前者は言語学、社会学、心理学によって、後者は哲学によって。ショーレムと同様、レヴィナスもまた、聖なるものへの直接的接近や神秘的直観を主張せんとする同時代のいかなる企てに対しても警戒を怠っていない。文献学的批評や註解は真に必要不可欠である。しかし、そこで立ち止まってはならない。超越の運動ないしその「過ぎ越し」（passing）は、「予言から文献学へ赴き、超越的文献学から予言的意味作用へと向かう」（152）。予言的意味作用としての理性は、倫理的な他者 - のためにであり、正義である。ショーレムは山にかかるこの「歴史という霧の壁」をとおして「真理の神秘的全体」を垣間見ようと望んでいるが、レヴィナスがかかる「全体」を追求することはない。文献学、科学的学識、政治学、神秘学、美学はすべて、倫理的アプリオリとして、「の手前」であると同時に「彼方」であるものとしての語ることのうちで基礎付けられねばならない。

レヴィナスは、ショーレムの挙げる詩人たちよりはむしろ哲学者たちのなかに、「創造の神聖なる言葉の反響」を見出している。というのも、レヴィナスにとって、ラビや哲学者は、語られたことを脱神話化し、神学における神話や情念や象徴や「～学」の魔法を解くという共通の任務を分かち合っているからだ。ちょうど一神教が異教の神々を脱神秘化するのと同様に、哲学の任務は、偽装や、「哲学がその始源にもつ詭弁」を減じさせることにある。精神分析ないしマルクス主義のような現代の多様な「猜疑の解釈学」のいずれにも先立つ脱神秘化なのである（151）。たしかに、「語ること」という倫理的命法はそれ自体で、レヴィナスが主張しているように、哲学はイデオロギーであるとの近代的批判のまさに基盤となる。なぜなら、この批判は「イデオロギーとは別のところからその力を引き出しているからだ。それは倫理的反抗の叫びのなかで、責任があることの証言のなかで始まる。それは予言のなかで始まるのだ」（"God and Philosophy" 171–72）。政治への方向転換は、ある意味では、他者に責任を負い、支配の抑圧的力を転覆する力として他性に訴えたいという衝動を表明していると言えるかもしれない。ただ、レヴィナスの立場からすると、無限者の過ぎ越しと責務たる語ることの倫理としての、他者の「顔」の優先性なしには、政治的な解放は、新たな監獄を建設することに堕してしまう、と主張することになろう。

このような反神秘的かつ反神話的な緊張は、レヴィナスがユダヤ教について書いたほとんどすべての著述に現れているが、なかでも顕著なのが『困難な自由』である。そこでは、ユダヤ教は「成人の宗教」であり、それがめざしているのは、「神の神聖さという語がもつヌミノーゼ的な意味とは切り離されたものとして、この神聖さを理解すること」（*DL* 28）であって、――それは脱神秘宗教であり、偶像破壊の宗教であり、魔術を解くところの宗教である。詩的錯乱の聖なる熱狂あるいは常軌を逸した熱狂を前にしての「恐れと戦き」は、暴力がまとう数々の形式と同じものとみなされる。というのも、これらの形式は、倫理的な関係のなかで自己を維持し、自己を他者に結びつけることなしに、分離された自己を空にし、それを打ち壊すからである（その例として、キルケゴールにおける、「目的論的なものによる倫理的なものの一時中断」がある）。レヴィナスの哲学的著作においてと同様、理性や言語は霊的な秩序を担っている。「熱狂とは結局のところ神による憑依である。ユダヤ人は憑依されることではなく責任ある者たることを望む。ユダヤ人たちの神は正義の〈主〉なのである」(78)。しかしながら、ショーレムは、レヴィナスの採るこの立場に対して、ヘルマン・コーエンに対して論難したのと同じ反論をしている。すなわち、この種の合理主義は、神話や神秘主義にあまりにも敵対的で、依然として理性という啓蒙主義的な理想とあまりにも密に結びつけられている、と。実際ショーレムは、レヴィナスについて、「彼は自分が考えているよりもずっとリトアニアのユダヤ人である」と語ったといわれている(Malka 52, n. 1)。これは、レヴィナスの出自たる、リトアニアのユダヤ教文化の高度に知性的な性格への言及である。リトアニアは強固にタルムードの学習を培い、ムサール(*mussar*)運動の倫理的節制を誕生させたところで、それはハシディズムへの抵抗の要塞であった。

思い起こせば、ショーレムは、ユダヤ神秘主義において、神話はこの一神教の核心にまで深く浸透し、それを甦らせると主張している。これに対してレヴィナスは、「ユダヤ教は神話なしに人類に呼びかける」(*DL* 70)と主張している。というのも、レヴィナスは神話を、〈存在〉における同一化と融即に、すなわち、これまで彼が暴力的なものと批判してきた存在論や全体性の伝統全体と結びつけて考えているからだ。「神話は、たとえそれがどんなに至高のものであろうとも、魂のうちにこの厄介な要素——すなわち魔術や妖術のもつ不純な要素や、聖なるものと戦争のこの酩酊状態——をもたらすのであり、この酩酊状態は文明化されたもののなかにまで獣性を宿らせる」(71)。いわゆる精神的高揚のなかでのこれらの不純さの残滓は残酷さへといたるのだ。真正なる霊性は、超自然的なものや、更には自分自身の「救済」とは一切関係をもっていない。かかる「救済」は自己愛のいまひとつの形式にすぎないのだから(69)。そのようなものではなく、霊性は、他者への倫理的関係、最も具体的な種類の関係によって定められるのだ。「聖なるものに愛着を抱くことは、人間生活におけるパンや肉の——異論の余地なき——価値を宣言するよりも無限に唯物論的なことである」(19)。このような主張は、リトアニアのムサール運動の創始者であるラビ・イスラエル・サランテル（一八一〇—一八八三）の有名な言葉、「私の隣人の物質的必要性は、私にとっての精神的必要性である」から影響を受けている[9]。

レヴィナスの哲学的著作のなかでは、存在（する）とは他なるものは、不在と化すほどの超越性のなかでその極みに達する。ここでもまた、レヴィナスは、聖なるものをヌミノーゼとみなす考え方を破壊することは、無神論の危険に曝されることだが、この危険は、人類を「〈超越者〉という精神的想念にまで高められる」(30) ために冒されねばならない、ということを認めている。神的なものへの存在論的「融即」の恍惚を払い除けることは、分離を維持することを意味しており、――それもまた、レヴィナスによる主体の哲学的構築における本質的主題である。偶像破壊としての一神教はまた、「聖なるもの」からのこのような分離を必要とする。そして、この分離は「懐疑と孤独と反抗の年齢に達していない者には不可能である」。そうだとすると、一神教は西洋哲学とその小道を共有していることになろう。というのも、「西欧的精神、哲学とは究極的には、冒すべきではあるが、克服するべき無神論の危険性を受け入れる人類の可能性ではないのか」(31) との問いが成立するからだ。

これはまた、ローゼンツヴァイクの辿った哲学的小道でもあった。その際彼は、ロゴスと存在の同一性を破壊し、分離された無神論的自己を孤立させたまま維持し、そのうえで、同一性のいかなる崩壊によってでもなく、神と隣人への応答としての啓示の呼びかけ、「われここに」を通じてこの孤立を克服し、神、世界、人間のあいだの関係を〈救済の星〉として、分離を横断する統一性として配置し直すのである。

だが、ショーレムの考えでは、ローゼンツヴァイクのいうユダヤ教は「奇妙にも教会を想起させるような側面を有している。……［が、その一方で］『黙示録』は疑いもなく無起源的な要素を有していて、ユダヤ教の会堂に新風を吹き込むのである。それは、救出されざる世界のなかで、どんな歴史的秩序もが有する破滅的な潜在能力を承認させる」(*Mess Idea* 324)。ローゼンツヴァイクの犯した過ちは、こうした解放的で破壊的な力を抑制し、その力を「無害なもの」たらしめた点にある。この論点はまたしても、ショーレム自身の歴史哲学や言語哲学、更には、伝統的なユダヤ教の律法の「凝固」、ある特定の命令の言葉もしくは個人的で主観的な直観と同義であるような啓示に対するショーレムの反論と係わっている。ショーレムがかつて主張したところでは、言語的現象としての啓示が意味しているのは、〈絶対的な語〉を「翻訳」しようと奮闘を続けてきた、ユダヤ教についての変化し続ける人間的で歴史的な解釈である。しかし、〈絶対的な語〉の〈語〉は、意味の終わりなき多様性を産出する。というのも、それは〈絶対的なもの〉、神のいかなる「命令する現前」のなかによりもむしろ、言語のまさに深淵への開けであるような純粋言語のなかに定位されているからである。

加えて、ショーレムにとっては、反歴史は、「アナーキズムという新鮮な微風」、神話、非合理的なものを含み込んだ弁証法的現象で、彼はそれらすべてをカバラのうちに見出したと考えたのだった。「カタストロフィー」は、ショーレムの修史のなかでは、解釈の本質的なカテゴリーとなる。ショーレムの理解に従うならば、スペインからのユダヤ人の駆逐というカタストロフィーこそ、ルーリアのカバラを発展させた原動力だった。彼の考えでは、「カタストロフィー」は、ルーリアの創造理論の中心的な譬喩でさえあった。

要約すると、ショーレムにとって、ユダヤ教の閉鎖的な会堂から吹き渡る神秘主義という「アナーキーな風」は、ユダヤ教の耐久力と創造的活力の隠された源泉なのである。それに対して、レヴィナスにとっては、ユダヤ教の律法と儀式的実践が、ユダヤ教の活力の源であり、ユダヤ教を維持させる力であり、それは、ユダヤ教の使命が世界のなかで具体化されることにほかならなかった。レヴィナスは、ユダヤ教の儀礼法を、他者のための「正義に導くような厳正なる規律」として擁護しているが、そうすることで、この律法はひとを神の近くへといたらしめるのだ（*DL* 35）。ハラハーの任務とは、哲学や一神教の任務と同様に、暴力や非合理的な諸力を数多くの禁忌に服させることによって、世界を脱神秘化することである。素朴で自発的な、あるいはまた自然なエゴとは、恣意的で支配的で暴力的な存在であって、他者の顔を知るためには、ひとは「自分自身の本性に対して厳格な規律を課す」（34）必要があるのだ。

　このように、ユダヤ教律法の規律を肯定することは、レヴィナスが認知的意識の哲学を非難し審判に付したのと同様の挙措である。――かかる意識は自己自身（*soi-même*）を「絶対者の〈王国〉への入り口」たらしめるのだから。レヴィナスの哲学においてと同様、他者との関係は、自己を疑義に付し、占有し、支配し、侵蝕し、侵害できるという自己の権利に異議を唱えるのだが、他者とのこの関係は、私が神と関係するその仕方である（31）。超越とは倫理的関係であり、他の人格との関係を介しての神との接触である。「倫理（学）とは、神のヴィジョンから必然的に導かれる帰結ではなく、このヴィジョンそのものである」。神についての知は、熱狂的な「ヴィジョン」や、何らかの「本質」についての哲学的認識のなかに見出されるのではない。ユダヤ教史上卓越した合理的哲学者であるマイモニデスに即して、レヴィナスは、神の「属性」を知ることは、神の「やり方もしくは行動」を知ることと同じである、と書いている。つまり、「「神は慈悲深い」は、「神のように慈悲深くあれ」を表しているのだ。神の諸属性は、直説法のうちでではなく、命令法のうちで与えられる。神についての知は、命令として、戒律《ミツヴァ》としてわれわれに到来する。神を知るということは、何をすることが必要不可欠かを知ることである」（33）。

　それゆえ、レヴィナスはまた、「［儀式的な律法が］秘蹟の価値をもつことは一時たりともない。どんな内在的な力も、儀式的身振りには与えられていない」(34)と主張することで、ショーレムがユダヤ教律法の神秘的‐神話的根拠を暗黙のうちに肯定していることに厳しく反対している。[10]レヴィナスの主張では、どんな場合であっても、超自然的ないしは神秘的儀式は悪を払拭することはできない。すなわち、悪とは「ひとがひとに対して行う攻撃である。誰も、たとえ神であっても犠牲者の代わりになることはできない」(37)。万能の赦しを語る神学は、非人間的なものであり、このように、人間の努力や良心や律法を強調することは、身代わりの犠牲を通じての恩寵ないし救済というキリスト教神学とは対照的なものとして、改めて伝統的なユダヤ教の立場を肯定することである。魂が神に近づくのは、儀式ならびに律法が、自己‐鍛錬、自己‐放棄、自己‐教育を通じて神を人間に連れ戻すからである。「神の偉大さとは、その日常の規則正しさのなかに存在する」のだが、レヴィナスにとって、このように骨の折れる努力は、「戦士がもつよりも偉大な」勇気と冷静さを必要とする(34)。

総じて、ショーレム、ベンヤミン、レヴィナス、ローゼンツヴァイクといったユダヤ人思想家全員にとって、ユダヤ教の伝統と直接的かつ「即座に」結び直すような関係は存在しなかったし、過去の権威者たちによって主張されてきた、ユダヤ教の「具体的表出」のすべての単純な受容もまったく存在しなかった。啓蒙と解放によって開示された裂け目を否定することは不可能であろう。しかしながら、もし伝統それ自体の内部に何らかの開けを位置付けうるとするなら、ひとはおそらく伝統と再び結びつき、伝統に新しい活力を与え、伝統を再‐創造できるだろう。各人がユダヤ教の伝統の内部に見出した開けは、遡って、端緒となる裂け目を開いた西欧文化の遺産についての審判を具現することになる。ショーレム、ベンヤミン、レヴィナス、ローゼンツヴァイクは各々、彼らがそれぞれまったく異なる仕方で見出した開けの本性を描いたのだった。

倫理学対美学

われらが近代の「極限的予言者」であるニーチェ、フーコー、ハイデガー、デリダがみな、モダニズムならびにポスト啓蒙主義の危険からの最終的脱出路として、いかにして倫理学的なものよりもむしろ美学的なものに向き直ったのか――かつてアラン・メギルはそれを見事に描き出した。カントが実践理性、美学理性、理論的理性をばらばらに分裂させて、美学的領野と倫理的領域相互の「自律性」を主張して以来、美学の原理それ自体は、失われた超越性に取って代わる啓蒙主義以降のひとつの「理性ないし根拠」と化した。このようなカント哲学の遺産は、ベンヤミンとショーレムの交友の初期段階で、彼らそれぞれの哲学のなかで重要な役割を果たしていた。というのも、二人とも、カント的理性の限られた領域に取って代わるものを見つけようと奮闘していたからである。ショーレムにとって、歴史という霧の壁がぴったり張り付いた「山脈」の周囲に引き返す小道は、文献学や批評的学識という曲がりくねった困難な進路を辿ることを意味していた。「真理の神秘的全体性」への直接的な接近などというものは存在しないのだ。にもかかわらず、ショーレムは、ある種の直接性の喪失をもうひとつの喪失と置き換えた。すなわち彼は、逆説的にも表現不能なものを表現し、普遍的なものと特殊なものを結合し、疎外を克服するものという、ドイツロマン派が「象徴」に与えた定義を受け入れたのである[11]。ロマン派にとって、芸術は象徴がそこで完成され、芸術が宗教に取って代わる領域なのである。

レヴィナスとローゼンツヴァイクは、神話と美学に向かうこうした運動に対して異議を唱えた。その代わり、彼らにとっては、倫理的なものこそ、あらゆる関係（美学的ないしは政治的な関係）を、他者‐のためにとして、直接的で近接的なものとして基礎づけるもので、世界における行為の基盤なのだった。レヴィナスにとっては、たとえ神学といえども——政治学、「芸術」、「文学」の「イデオロギー」をも含むあらゆる「観念―学《イデオロギー》」と同様——、不可避的に「語ること」を「語られたこと」に売り渡し、裏切ってしまう。ブランショのような作家と親密な交友関係を保っていたにもかかわらず、レヴィナスは、芸術の機能、なかでも造形的視覚芸術についてつねに寡黙で、その一方で、存在とは他なるものに訴えてきた。ローゼンツヴァイクの用語を使うなら、レヴィナスは芸術を、語ることを語られたことの形式のなかで危険にも「凍結させてしまい」、偶像崇拝へと強く傾斜した造型的形式とみなしていた。（これは聖書が、神の像を造ることを禁じていることの一種の哲学的な翻訳である。）存在（すること）ならびに存在論を超えての運動が、神学と「美しきものの偶像崇拝」のなかで停止され、芸術作品が〈善〉に取って代わることがありうる限りで、レヴィナスはそこに危険を見ている（*OTB* 199, fn. 21）。〔〈善〉以外の〕どこか他のところに権威を求めることは、——たとえロゴスや「象徴」のなかでであれ、偶像を設けることと同じことなのである。

　だが、もし哲学が「愛の英知」であり、語ることが、記号の意味作用について与えられた記号——それは近さ、曝露、他者の身代わりとしてある——であるなら、哲学はまた、「抒情性の譬喩を描くことにもなるだろう。すなわち、恋人に対して愛を語ることで愛することであり——愛の歌であり、詩と芸術の可能性である」（199, fn.10）。そうだとすれば、詩と芸術は、語ることの倫理から流出しうることになろう。ただし、詩と芸術が倫理を定義したり、それを生じさせたりすることはない。霊感の可能性は、「詩的な語られたことならびに、それが際限なく要求する解釈のなかであらわにされる。それは一種の空中浮揚を行ってみずからの条件を銘記しつつ、予言的な語られたことのなかで示されるのである」（170）。

もし、霊感——詩的であると同時に予言的な——が、同一者の他者への連続的開けであり、それが語ることの倫理であるなら、その場合、霊感はまた、語られたことの連続的釈義とも一致するだろう。不断の解釈のなかで、語られたことに風穴が開けられ、語られたことが中断されるのである。レヴィナスの描いた図式においては、書くことは、語られたことの領域に属している。「書物はそれ固有の運命を有している。書物は、書物によっては包摂されない世界に属している。とはいえ、書かれ印刷されることによって、序文を冠されあらかじめ語られることによって、書物はこの世界を承認する。書物同士は中断し合い、他の書物に訴え、最後には、語られたこととは異なる語ることのうちで解釈し合う」(171)。

このことは、聖なる書物と世俗的書物の両方にあてはまる。ただ、中心的な問いはというと、これらの中断と解釈の由来する場所がどこかということである。——すなわち、言語の源泉である非人間的な深淵としての語ることに由来するのか、それとも、倫理的な命令にして、メシア的破壊であるような顔と一致する、存在するとは別の仕方でに由来するのか、という点である。レヴィナスは、ポスト構造主義者たちが呈示した他性や意味の多義性についての見解をある程度は共有している。けれども、レヴィナスが主張するところでは、意味の多様性は、いかなる権威ももたない主観主義を含意してはいない。主体は決して自由にならず、他者に対して責務をつねに負うているのだ。同様に、ラビ的解釈における複数性や個別性も恣意的なものではなく、聖なるテクストをめぐるユダヤ教の釈義の歴史的連続性は、数々の解釈を固定し、それを評価するうえでの一種の基準と化すのである。「霊感」は、テクストに直接由来するものではなく、伝統によって媒介されているのだが、このことは、啓示にとって歴史が必要不可欠だということを意味している。聖典の解釈において、純粋に主観的な空想と真正なる独創性との区別を容易ならしめるのは、「主体が読解の歴史的連続性と必然的に係わっているということであり、それが無視することのできない註解の伝承なのである」(ADV 164)。レヴィナスが主張しているように、いかなる「刷新」も、〈口伝律法〉への準拠を避けたり、免れたりすることはできない。ただし、非教条主義的な啓示というレヴィナスの考えに鑑みるなら、解釈ならびに律法の伝統への準拠は、「困難な自由」または他律的自律性がまとういまひとつの形式であろう。

レヴィナス自身によるタルムード読解は、以上のような解釈学を具現しようと試みたもので、彼は、予言的テクストの読解それ自体が予言的であると主張している。だが、レヴィナスがわれわれに思い起こさせているように、予言的な言葉はすでに他者に対する命令であり、それは個人的であると同様に公共的〈政治的〉なものでもある正義への切迫した要求と一致している。このように正義を要求することは、「〈精神〉の精神性や神の近さの等価な事態ではないのか」(ADV 18)、とレヴィナスは問うている。それは神話やマキアヴェッリ的国家の恐怖《テロル》を軽蔑することであるが、それだけでなく、「隣人への接近や、「孤児、寡婦、異邦人」に対する気遣いよりも優先されるものは何もないのを」知ることでもある。「……〈精神〉の冒険が展開していくのは、現世で、人間たちのあいだでなのである」(172)。

それでは、メシア的な破壊とこうした予言的読解とのあいだの関係はいったいどのようなものなのだろうか。メシア的希望が遠い未来に置かれている限り、この希望とラビ的律法との諍いが引き起こされることはまったくない、とショーレムは主張している。しかしながら、直接的行動によって〈終末〉をもたらそうとする欲望が生じたときには、こうした諍いが惹起される。最後にわれわれは、メシアニズムをめぐるタルムードのレヴィナスによる読解に立ち返り、彼の解釈学が実際どのようなものであったかを検証し、言語、知識、歴史の意味についてのレヴィナスとショーレムとの相違が、ユダヤ教におけるメシアの観念についての解釈全体を変化させるその仕方を見てみたい。

第10章　タルムード的メシアニズム

——ユダヤ人であること、それは、パリサイびとや彼らの師たちの知性を信じることである。タルムードの知力を通じて、聖書の信仰に達することである。

（レヴィナス『困難な自由』一六四頁）

——ヘーゲルが望んでいたのは、匿名の歴史によって民族を審判することだった。ローゼンツヴァイクの功績は、これでは役割が逆で、民族のほうが匿名の歴史に審判を下すのだと、われわれに思い出させてくれたことにある。今日、ユダヤ人たらんとすることは、モーセや予言者たちを信じるに先立って、歴史を審判するこの権利を強調することである。すなわち、みずからを無条件に措定する意識の構えを強調し、永遠の民族の一員となることである。もっとも、最終的には、モーセや予言者たちなしでは、たぶんこうした意識は存在しえないだろうが。

（レヴィナス「フランツ・ローゼンツヴァイク」二二〇頁）

レヴィナスの初のユダヤ教論集『困難な自由』が出版されたのは、『全体性と無限』が出版された二年後、一九六三年のことであった。『困難な自由』には、メシアならびにメシアの治世の本性をテーマにした彼の初期のタルムード講義も二編収められている。メシアニズムは、ベンヤミンとショーレム双方にとっての主要な関心事であったが、それをめぐるレヴィナスの二つのタルムード読解の詳細な読解を通じて、われわれは、ベンヤミン、ショーレム、レヴィナスという三人の思想家たちの、言語、歴史、自我、理性、神話、暴力、芸術、解釈学の本性の考え方の相違点を浮き彫りにし、最終的には、現代の神学的および文学的な思想との若干のつながりを考察することになろう。

『困難な自由』に収められているタルムード読解は、メシアニズムをめぐる『サンヘドリン』末尾の思索に焦点を合わせている。この箇所についての錯綜した分析のなかで、レヴィナスの関心を占めた中心的な問題はというと、それはまたしても、歴史とそれを「超えた」領野との関係に係わるものだった。第一に、メシアニズムは、歴史の完全な終焉、あらゆる政治の彼方にあるような純粋な精神性、十分に解放された人間性を意味しているのか、それとも、正しい政治と経済と道徳をめざして歴史の内部で継続される闘いを意味しているのか。第二に、メシアの治世を実現する力は、人間の闘いや努力を通じてもたらされるのか、それとも、政治的暴力からの救済は、ある客観的原理、「彼方」からしかもたらされえないのか。そして第三に、歴史とは否定的で堕落せるものなのか。それとも、歴史は肯定的な意味を有しているのか。

『困難な自由』に所収されたこれら二つのタルムード講義は長大かつ複雑なもので、フランス語圏ユダヤ知識人会議でレヴィナスが行った最初の二つの講演から成り立っている。フランス語圏ユダヤ知識人会議は、世界ユダヤ人会議の支援を受けて、一九五七年以来年一回催されてきたが、そこでは、毎年前もって決められたテーマ――大抵はその時々の焦眉の問題――をめぐって演者たちが発表を行うことになっている。こうした舞台と聴衆が、レヴィナスによる一連のタルムード註解すべてにとってのフォーラムとなった。タルムード的メシアニズムを扱ったこれら二つの読解は、一九六〇年と六一年の第三回、第四回大会で発表されたが、それは、第二回会議でのローゼンツヴァイクをめぐる講演「二つの世界のあいだで」で浮上した諸問題について、更に詳しく説明することを目的としていた。私は、前章で「二つの世界のあいだで」の多くの箇所を引用してきたが、そのなかで格別な論点となっていたのは、ユダヤ人は歴史の「外部」に存在するという、ローゼンツヴァイクの立場であった。(1) メシアニズムをめぐるこれら二つの註解を子細に検証する前に、われわれはとしてまず、このテクストを解釈する際にレヴィナスが採った特殊な方法について論じることにしたい。

レヴィナスのタルムード講義――解釈の方法論

最初のタルムード読解集『タルムード四読解』(一九六八)への序言のなかで、レヴィナスは自分は幼少の頃よりヘブライ語と聖書を教えられてきたものの、タルムードの勉強を始めたのは非常に遅く、それも「純粋な哲学的研究の余白において」(*QLT* 22)であったと述懐している。タルムード講話を始めるにあたってレヴィナスは、「タルムードの精神的で知的な偉大さ」を前にした謙譲の気持ちを述べるとともに、自分にはこの分野の「専門知識」が欠けていると告白するのが常であった。レヴィナスが主張するところでは、タルムード解釈を一種の趣味のようなものと捉えてはならず、タルムードを修得するためには全人生をかける必要がある。「タルムードはつねに、われわれの不器用な分析よりも精神的に無限に複雑で精妙な世界についての問いかけである」(25)。

アネッテ・アロノヴィッツが、レヴィナスの合計九つの読解を翻訳した際に、その序で指摘しているように、タルムードを擁護してのこうした抗弁は、「テクストが有する教える力」、テクストの無限の意味、そして「他なるもの」としてのテクストの位格にとっての「必然的前提」(xxvi)を表現することをも意図している。こうした他性は、レヴィナスの哲学的著作において「他者」が有する他性に類似している。たしかにレヴィナスの註解は、現下の関心事にタルムードのテクストを関連づけてはいるが、それらはまた、現在を裁くことができるというタルムードのテクストの権威を維持してもいる。ここにいう審判は、歴史や力の政治の「彼方」を表しており、ローゼンツヴァイク的テーマに準拠している。

レヴィナスは、タルムードに対する興味の目覚めを、終戦後のパリで出会った比類なき師のお陰としている。それはモルデカイ・シュシャーニという名の謎めいた人物で、タルムード読解のなかで、そしてまた、自分の人生や哲学について質問されたインタヴューのなかで、レヴィナスはこの師に何度となく言及している。シュシャーニは、同じ時期(一九四六—四七年)、エリ・ヴィーゼルの師でもあり、ヴィーゼルの『われわれの時代の伝説』や、『一世代後』所収の頌徳文「わが師の死」のなかで印象深く描かれている。ヴィーゼルとレヴィナスは共に、シュシャーニのことを、神秘的ですばらしい人物として描写している。見たところ、定住する家をもたず、浮浪者のようななりをして、何の知らせもなく現れては消え、世界じゅうの様々な国に住んだことがあり、決して自分の個人史を誰にも打ち明けることがなかった、と。シュシャーニは突然パリを発ち、何年ものあいだ姿を見せることがなかった。そして、一九六八年にウルグアイのモンテヴィデオで亡くなった。一九六八年はちょうど『タルムード四読解』が出版された年である。レヴィナスはシュシャーニについて次のように記している。

シュシャーニはわれわれに何が真の方法たりうるかを示した。われわれに対して、彼はタルムードへの純粋に教義的なアプローチも、神学的なアプローチさえも永遠に不可能なものたらしめた。われわれの試みは、自由へのこうした探求を証明しなければならない。たとえ、この自由が制御された自由であるとしても。もしこの自由がなければ、タルムードのページに刻み込まれた、知性の至上の行使それ自体、くだくだしい祈り、信心深い呟きに堕してしまうことだろう……。(*QLT* 22)

レヴィナスにとっては、知性的な探求へのこの権利はタルムードに本質的なもので、それゆえタルムードは哲学と関連づけられる。たしかにレヴィナスは、タルムードがギリシャ的ないし西欧的意味で哲学そのものではないことを、そしてまた、タルムードが哲学的言説とは区別された特殊な様式を有することを認めていたが(*ADV* 143)、それにもかかわらず、彼の主張によれば、タルムードは「哲学的な内容」を有しており、「哲学を培うような経験の卓越した源泉」(*QLT* 13)である。哲学的なものが非哲学的なものにこのように依拠していることは、これまでわれわれがレヴィナスの仕事全般を通じて注目してきたテーマである。レヴィナスはまた、タルムードの註解をアガダーの部分に限定しているが、その理由について、法的なことについて書かれた部分〔ハラハー〕の込み入った事情を分析するだけの専門的知識が自分には欠如しているからと説明している。「ハラハーは強靱な精神力を要求します。それは万人に賦与された力ではありません。私には、それにふさわしい精神力があると言い張るだけの自信がありません」(22, 70)。

そうではあるが、レヴィナスの読みは宗教的実践とも異なっている。というのも彼は、タルムードの思想は単に「敬虔な」ものたらんとしているのではなく、それは「知的闘いであり、様々な問題――時には最も厄介な問題――への大胆な開け」(13)であると主張しているのだから。口頭での議論や論戦の記録にしてその法典化として、タルムードは「対話的で論争的な営みであって、そこでは、それぞれの語りのなかから、多重的な意味――多重的とは恣意的ということではない――が生起する」。タルムードに登場するラビたちは大胆不敵で、厳格ではあるが創意に富んでおり、彼らの「超批判的精神」は同様の大胆さを読者の側にも要請している。だから、これらのテクストの法典化は、「執筆者たちの篤信によっても、読者大衆の軽信性によっても」（14）説明されえないものとなる。

しかし、レヴィナスが関心を抱いているのは、タルムードのテクストを、「民族誌的ないしは考古学的な骨董品」とみなすことでも、「説教ないし弁明の目的で」それらを用いることのいずれに対してでもない（もっとも、どんな言説においても、弁明は不可欠な位置を占めているのだが）。そうではなく、レヴィナスが求めているのは、「ある哲学的な選択を際立たせ、……多様な意味を貫くような思考を救い出すことである」（*ADV* 144）。このような目的に到達するためには、「神学的言語」のところで立ち止まることはできない。「私が努めているのは、それ自体で理性に訴えるような様々な意味を、これらの神学的言語から救い出すことである」（*QLT* 33）。レヴィナスが更に付言するところでは、理性や合理主義ということで、〈自然〉、〈至高存在〉、「労働者階級のユダヤ人」といった概念で神を置き換えることではない。言い換えるならば、理性に訴える意味は、自己閉鎖的な論理的合理主義を表しているのではなく、レヴィナスの哲学的著作のなかで定義された、他者－のためにであるような理性なのである。要するに、現代思想が自由で非教義的な釈義に提供してきた選択肢――歴史主義、社会学、文献学、形式主義的分析といった選択肢――は、レヴィナスにとっては満足のいくものではないのだ。これらの選択肢の代わりに、レヴィナスは、これらのテクストを「教え」として読み、単に古代神話の遺物としては読まないことをめざしている。こうした意味では、レヴィナスは、テクストはわれわれを薫陶する力を有しているというラビたち自身の想定に立ち戻っていると言えるだろうが、ただしレヴィナスは、いかなる教義の権威とも無縁のままで、こうした立場を採ることになったのだ。「教師としての他者」という考え方は、彼の仕事全体を貫く根本的な前提である。

もっとも、タルムードを読解する際にレヴィナスが用いる措辞や方法は、彼が哲学的著述で見せる措辞や方法とはまったく異なっている。哲学的著述のなかでは、レヴィナスは哲学の措辞および慣習を援用し、ギリシャ〔哲学〕を批判するために「ギリシャ語」を話す。だが、タルムードの読解に際しては、彼は意図的に自分の読解を、タルムードがもつ独自の慣習ならびに前提に依拠させている。ただし、彼の哲学的「ギリシャ語」がちょうどヘブライ語の強い訛りを伴っているのと同様に、彼のヘブライ語もまたギリシャ語の雰囲気を漂わせている。(バフチンの用語を使って、レヴィナスは対話的混成語を話していると言ってもほぼまちがいないだろう。)こうした言語を、レヴィナスは「翻訳」と呼んでいるが、その際、読解の狙いは「文献学に限定されてはならないし、「貴重だが過ぎ去った過去」と係わる敬虔さにも、崇敬という宗教的行為に限定されてもならない」(*QLT* 23)。そうではなく、読解は問題と真理を探求するもので、それはまた、これらのテクストがもつ様々な意味を現代の言語に「翻訳」しもする。「翻訳」とは、ユダヤ教徒は別の典拠に曝された西欧ユダヤ人に理解可能な諸問題のかたちでの解釈であり、「普遍化と内面化」(15) のひとつの様相である。

ユダヤ的英知のギリシャ語への翻訳がめざすものは、彼自身が試みた聖書のドイツ語訳についてのローゼンツヴァイクの考えや、その他翻訳一般の問題についての彼の省察の一部と類似している。炯眼にもアネッテ・アロノヴィッツは、ローゼンツヴァイクがルドルフ・エーレンベルクに宛てた手紙の一節を、彼女が翻訳したレヴィナスのタルムード講義に寄せた序文の題辞として掲げている。

精神の真のゴールは翻訳することです。ある事物が翻訳されたときに初めて、それは真に声に出せるものとなり、もはや抹消されるべきものではなくなるのです。七〇人訳聖書に翻訳されて初めて、啓示は世界のなかで存在することができるようになるのですし、ホメーロスも、ラテン語を話さない限り、実在の人物ではありません。同様のことは人々のあいだで行われる翻訳にもあてはまります。(In Glatzer, *Rosenzweig* 62–63)

この意味では、ユダヤ的英知をギリシャ語に翻訳することは、ギリシャ人にとってと同様に、ユダヤ人にとっても必要不可欠であることになろう。――そして、かかる翻訳は世界のなかでユダヤ教が継続的に解釈され続け、それが生き続けていくことをめざしている。ヘブライ語とギリシャ語のあいだのこうした関係はまた、語ることと語られたことの関係をめぐるレヴィナスの考え、あるいはまた、懐疑論と哲学のあいだの振動に類似していると言ってよいだろう。語られたこと、すなわち、概念化、抽象化、主題化の領域(ギリシャ語)は、正しい国家や市民の政治的生活には欠かせない領域であるが、しかしそれは、語ることの優越――すなわち倫理的関係という他者への究極の曝露と責務(ヘブライ語)――にもとづかねばならない。同様に、懐疑論はつねに影のごときものへと回帰し、哲学を中断させ、哲学にその限界を思い出させる。二言語間の関係としての「翻訳」は、語ることと語られたことの、あるいはまた、ユダヤ人とギリシャ人のあいだの、同と他のあいだの振動の一部を成していると言ってよいだろう。ローゼンツヴァイクは次のようにも書いている。

翻訳者はみずから疎遠な声の代弁者となり、空間または時間の亀裂を横断しながら、この声を伝える。もし、この疎遠な声が伝達すべきものを有しているなら、言語は、そのかつてのあり方とはまったく異なったものとなるだろう。こうしたことが、良心的な翻訳の基盤となる。……あたかも、言語それ自体のなかにひとりの天才が出現したかのごとく、言語は必ずや翻訳者によって若返ることだろう。(In Glatzer 253)

原本となる言語の「全精神的遺産」は新しい言語へといたり、それを刷新することになろう。そうした意味では、「ギリシャ語」は、「ヘブライ語」というギリシャ語が無視してきた「先行」言語によって刷新され変形されると言ってよいだろう。

ローゼンツヴァイクの主張によれば、ある言語がそれとは別の言語によって新たにされるという現象は、「あらゆる言語の本質的単一性」を前提としている。翻訳は、「すべての人々のあいだに伝達をあらしめようという、この単一性から発する命令」(254)に基礎付けられている。言い換えるなら、翻訳は、関係としての言語、人々の懸け橋となる言語の本質をまさに反映しており、それは、素朴な語りかけや、話に耳を傾けることや、更には他人を理解することといった毎日のできごとのなかに見出されうるだろう。翻訳は発語の本質であり懸け橋であるというこの考えは、ヘブライ語をギリシャ語に翻訳しようとするレヴィナスの企ての鍵を握っている。ローゼンツヴァイクにおいてと同様、「翻訳」は神学と哲学、他律性と自律性のあいだの「橋」を形成することを助けるもので、この「橋」において、「諸国民にとっての光」という予言的目標、ユダヤ教の音信の普遍化が実現される。この点については、タルムード読解で呈示されたレヴィナスの註解をひとつ引用しておけば十分だろう。

私は著名な師から次のことを聞き知ることができました。タルムードのなかでイスラエルへの言及があるたびに、イスラエルのことをひとつの特殊な民族集団と、それも、どうやら比類ない運命を真に満たしてしまったと思われる集団と解するのは、たしかにそのひとの勝手です。しかし、このような仕方で解釈するならば、タルムードの章句のなかで言明された考えの普遍的な性格を減じることになりかねません。そして、イスラエルという語は、〈律法〉をすでに受け入れ、その結果、十全なる責任と自‐覚にいたった人間的本性を意味しているということを忘却しかねません。アブラハム、イサク、ヤコブの末裔――それはすなわち、もはや幼児的ならざる人間的本性のことなのです。(*DSS* 18)

(ここで言及されているタルムードの師とはシュシャーニである。レヴィナスは他の箇所で、イスラエルの意味を読み解く術を自分に教えてくれたのはシュシャーニである、と書いている(*ADV* 152)。「私の師が教示してくれたところでは、タルムードのなかのイスラエルという概念は、一切の特殊主義から切り離されねばならない。ただし、選びの特殊主義だけは別であるが。それに、ここにいう選びは義務の過剰を意味しているのであって、それによって『アモス書』三・二の表現は確証される」。)

もちろん、タルムード読解の聴衆はほとんどが、宗教人ならざるユダヤ知識人層であり、このシンポジウムの目的はというと、現代西欧の諸問題を提起するために、ユダヤ思想をまさに「ギリシャ語」に「翻訳」することである。ベンヤミンやショーレムにおいてと同様、より深い意味での翻訳とは、啓蒙主義以降の同化ユダヤ人たちが、より深い社会学的・哲学的な諸問題を論じるための「文学用語」である。更に重要なのは、こうした翻訳がどの程度まで進むと完全に成功したものと言えるのか、その際、成功の基準となるのはいったい何であるのかを問うことである。ローゼンツヴァイクの楽観論は果たして正当なものだろうか。レヴィナスにおけるヘブライ語からギリシャ語への翻訳は、ベンヤミンが行った神学から唯物論への翻訳と同じように、最終的には、不可能な試みにすぎないのではないか。別種の「語ることの、語られたことのなかでの裏切り」であるような翻訳は、どの程度まで、それ自身の取り消しを必要としているのだろうか。

　ロバート・ギッブズの記しているところでは、レヴィナスは「ギリシャ的英知とギリシャ的言語」を区別し、後者を、文学的言語能力ではなく、「普遍的で概念的で非‐隠喩的な」哲学的・学問的様式と解していた。ギリシャ的言語は「……大学の言語であり、……西欧の共通語である」("'Greek' in the 'Hebrew'" 120)。これとは対照的に、聖書ないしはタルムードといった伝統的なユダヤ教の書物のなかの「ヘブライ語」が表しているのは、基本的には「社会的で口語的で実践的で、そして何よりも、つねに倫理的な」(121) 思考の様相である。タルムードをギリシャ語に翻訳する際に、レヴィナスが意図する「普遍主義」は、「ギリシャ」の概念的普遍主義とは別物である。この普遍主義は、全体性と支配の政治学と同一であり、他者を同一者に帰着させ、個人的で倫理的な関係を否定するのだから。「ヘブライ語」は、ギッブズが「第二の政治学、第二の普遍性」(123) と称したものを表している。(ギッブズのここでの区別は、第8章ですでに論じたカイム・ペレルマンが、レトリカルな「概念間の分離」と呼んだものに相当する。用語Ⅰ「普遍的な」は、「第一の理性」と「第二の理性」という二つの用語に分離されて、用語Ⅰを評価するための基準として今使用されている用語Ⅱと共存する。) レヴィナスが斥けるのは、普遍主義そのものではなくて、

> 単に、個人を蹂躙する普遍性だけである。……それに代わるのは、レヴィナスにとって真正なメシアニズムであるような普遍主義で、この普遍主義は他者に対する私の唯一無二の責任に結びつけられている。「ヘブライ的な」普遍性は特殊主義と分かち難く結びつけられている。……責務は普遍的なもので、私が出会うひとは誰

であれ、その人物に私は結びつけられているのだが、それはこの私であって他の誰でもなく、唯一無二で、代替不能な者としての私である。(124)

本章で私が扱おうとしているタルムード読解は、倫理的責務とメシアニズム思想とのこうした結合を検討している。言うまでもないが、責務ならびに他者への関係というこの想念は、レヴィナスの全哲学的著述に浸透し、哲学を可能ならしめるような「理性に先立つ理性」である。ギッブズの論じるところでは、この理性に先立つ理性に訴えかけることができ、この理性をして全体に向けて話しかけ、呼びかけうるものたらしめた哲学的「言語」、それは「ギリシャ語」の天分であった。ギリシャ語とは、純粋さ、明晰さ、厳格さ、脱神話化の言語であり、この言語が技術的なものとしてではなく実践的なものとして受け止められる限りでのみ、それは「普遍的な」言説である。更に、「「ギリシャ語」で筆記を」、すなわち自身の哲学的著述を「大いに正当化するために、レヴィナスは肯定的な「ギリシャ語」を再‐発見しなければならなかった」。それゆえ、ある意味では、彼自身の「ギリシャ語で書かれた」哲学的著述は、「ヘブライ語」の思考様式の「翻訳」と化し、彼が「ヘブライ語で行った」タルムード註解は、「ギリシャ語」への「翻訳」と化すのだ(128–29)。そしてこの「翻訳」は、前章で指摘したように、「ギリシャ人たち」が一瞥することはあっても、きちんと耳を傾けてはこなかった一種の予言的訴えであり、英知と倫理の訴えなのである。

ギッブズの指摘は鋭く重要ではあるが、彼が「英知」と「言語または文体」とのあいだに、あるいはまた、「概念的な内容」と「非技巧的な様式」とのあいだに設けたこの区別は、レヴィナスの作品全体をとおしてつねに維持されるわけではない。それに、レヴィナスはこうした区別を特に念入りに考え抜いているのではないし、非常に厳密に考え抜いているのでもない。このことは、初期作品での「顔」と言語の関係や、後期作品での語られたことと語ることとの区分など、レヴィナスによって入念に設定された他の諸観念の例と比較するなら、とりわけ明らかであろう。言語とは諸記号の形式的体系であるより前に、他者に対する関係の最たるものであるというレヴィナスの考えをここで受け入れるならば、それでは、「ギリシャ語」の使用は果たして、単に「実践的で非技巧的な意味で」のみ解釈されうるのだろうか。もうひとつ付け加えておくと、レヴィナスの哲学的文体は、たとえ「ギリシャ語で書かれた」作品においてでさえ、純粋で非隠喩的で概念的で抽象的な言語では決してないということである。そうではなく、彼の哲学的文体は喚起的な様相を伴う高度にレトリカルな文体であり、哲学的批判の鍵を握るすべての点でギリシャの言語から溢れ出し、この言語に進入するような「証言」の言語であって、——例を挙げるなら、そこでは「無限」が全体性を打ち砕き、倫理が存在論を破壊し、語ることが語られたことを無効化し、顔がエゴを分裂させるのである。

ギッブズは、「普遍化」と「ギリシャ語への翻訳」というレヴィナスの企てに伴うもうひとつの問題を指摘している。レヴィナスがしばしば論じているように、仮に哲学が、哲学以前の「前‐哲学的」な数々の経験にもとづいているのであれば、これらの経験は、ヘブライ語とギリシャ語の両者にとって等しく有効であることになりはしないか。仮に翻訳が完成しうるとするなら、「ヘブライ語」もまたその独自性を失い、ギリシャ語の「普遍的表現」の明晰さとその呼びかけに従属するのではないだろうか。さもなければ、核心的内容が翻訳不可能なものとして存在することになろう。そこで、こんな疑問が湧くかもしれない。すなわち、「普遍的なものを展開するものとしての倫理的ユダヤ教は、ユダヤ教における唯一無二のものをギリシャ的概念へと単に還元することでしかないのだろうか」(139)。

もし、以上のような反論が支持されるなら、それは、ショーレムが、ユダヤ教を合理的に理解しようとする哲学者たちに抗して述べた見解と類似したものとなろう。だが、ショーレムは神秘的伝統を前面に押し出すために、そしてまた、ユダヤ教の「本質」を定義しようとするどんな試みも凌駕するようなユダヤ教の歴史的発展の優位を説くためにそうしたのだった。それに対して、レヴィナスにとっての前‐哲学的なものは、倫理としての「理性に先立つ理性」であり、それは神秘的経験や象徴的理解としてあるのではない。こうした「理性的」アプローチは、これらのテクストのうちに「神の生」をめぐる何らかの神智学的情報を見出そうとすることに対してレヴィナスに警戒心を抱かせている。タルムード文献のなかで「神の生」のようなものへの秘教的な言及があったとしても、レヴィナスの関心を引くのは、それらの言及が「人間の生と結びつき、人間の生のためにある」場合、それらが「人間の道徳的な経験」である場合だけである。レヴィナスが主張するところでは、このことこそ、タルムードのテクストのなかでこれらの言明がなされる際の文脈にほかならない。「マイモニデスの時代以来、われわれは、ユダヤ教のなかで神について言われたことはすべて、人間の実践［強調レヴィナス］を通じて意味するということを知っている」。たとえ、神の内的本質がいかなるものであれ、神は、すでに「諸価値をまとったものとして」人間の意識ならびにユダヤ民族の経験に対して現れるのだが、このこともまた疑いなく神の本質の一部を成している（*QLT* 33）。

レヴィナスの主張によると、タルムードのなかでは、宗教的な経験は道徳的な経験に先立つものではない。哲学的には「神」という語は「最も不分明な想念」であるが、「タルムードのテクストが描いている人間の倫理的諸状況」を起点として、それを哲学的に解明することができるだろう。神智学は、「神の「心理」ならびに神の「行動」に精通しているという自惚れ」に端を発しており、それゆえ哲学とは言えないだろう。「神智学はまさに哲学の否定なのである」(71)。レヴィナスは、自律的象徴の体系としての神秘的な神智学という想念(それはショーレムの愛好していたものだが)に、そしてまた、倫理的領域とは無関係で、すべての人間的関係から切り離された一種の非人称的領域としての神の生をめぐる叙述に反駁を加えている。(イデルは、ショーレムがカバラを、その実践的運用と切り離し、神聖な命令に関連づけていると非難したが、この批判はしかしながら、レヴィナスの哲学的理性主義をユダヤ神秘主義と改めて結合するものともなるだろう。)タルムードのテクストが神秘主義者や神学者や素朴な信者に対して有する宗教的な重要性を斥けようという意図は自分にはないとしながらも、レヴィナスは付言している。「この意味は単に哲学的言語に翻訳可能であるだけでなく、この意味それ自体が哲学的な諸問題と係わっているとの考えから、われわれは出発している。タルムード学者の思想は、哲学の要請に応えるにも十分なほど徹底した省察に起源を有している。これこそ、われわれの探求が目標である理性的な意味なのである」(*DL* 95)。

アネッテ・アロノヴィッツは、レヴィナスにおけるギリシャ語とヘブライ語、哲学とユダヤ教との関係について別の見通しを抱いている。彼女の指摘に従うならば、ギリシャ人とユダヤ人をめぐるレヴィナスの考察は、後年の哲学修養に根ざすものであるのと同様、幼少期にヘブライ語聖書とロシアの古典を学んだ経験に根ざしてもいた。しかし、ヨーロッパ西欧とユダヤ的価値との一致をめぐるレヴィナス初期の「啓蒙的」想定を問いただすよう彼を仕向けたのは、ホロコーストという破壊的な経験であった。

レヴィナスにとって、ユダヤ的なものと「ギリシャ的」源泉との関係を再考することは、普遍性、ひとつの人類というヴィジョンを含まずにはおれなかっただろう。それはあらゆるものが対等に結びつけられ、あらゆるものが責任を有して参与するような同盟の理想である。ただ、ここでの相違は、このひとつの人類が実在するためには、精神性の西欧的源泉、西欧的英知ではもはや十分ではないということだろう。真の人間の共同体が出現するために、誰にも理解され、また活用されねばならないのは、人間存在をめぐるユダヤ的英知であり、ユダヤ的ヴィジョンである。(“Intro” xiii)

どの論考も……次のような疑問を呈示している。人間存在についてのラビたちの教えのうち、ここ以外のどこにも見出されず、全世界にあてはまらないものとはいったい何なのか。(xv)

こうした物言いから連想されるのは、ローゼンツヴァイクについてのレヴィナス自身の叙述である。ローゼンツヴァイクの人生ならびに作品を「われわれにとってかくも身近なもの」たらしめているのは、それが「普遍性と人間性から出発するところのユダヤ教をめざしている」(“Entre” 122) ということだ。自然、運命、人類の救済に関するローゼンツヴァイクの問いかけの数々は「普遍的な本性を有していたし、答えはユダヤ教的である」(“Une Pensée” 209)。

更に言うならば、「ギリシャ語」と「ヘブライ語」は、特定の哲学的な内容を表現ないし表象するための文体上の様相であるだけではなく、読解ならびに註解の様相でもある。ギッブズは、伝統的なユダヤ教の原典を読む際にレヴィナスの採る方法は、これらのテクストに用いられてきた解釈学を真似た方法ではなく、それ自体「哲学的でギリシャ的な方法」であると述べているが、これに対してアロノヴィッツは、ラビのテクストを註解する際に展開した解釈学とは、「タルムード全体をとおして伝えられたユダヤ教の伝統の特殊な内容とレヴィナスが感じていたものの生きた具現でもある」(xxi) と主張している。これらの読解におけるレヴィナスの解釈学が明らかにしているのは、「ラビの原典をどのように読むかを学ぶことはすでに、これらの原典が命じているものを学ぶことである。この順番は逆にもできる。つまり、これらの原典が何を命じているかを学ぶことは、こうした教えを引き出すための適切なアプローチを教えてくれる」(2)(xxvii)ということだ。レヴィナスによる「翻訳」は、文体だけの問題ではなく、それ自体が解釈学であり、しかもこの解釈学は、翻訳されているものの内容を具現し、またそれを制定するのだ。内容は絶えず表現に働きかける。言語は空っぽの容器ではなく、すでに別の者への関係であり、解釈学である。

実際、レヴィナスの哲学的な文章に親しんだ者で、タルムード読解の調子、文体、言葉遣いの違いに衝撃を受けない者はいないだろう。彼の哲学の概念的諸主題や数々の鍵語(「顔」「他者-のための-一者」「言語と暴力」等々)を造作なくそこに見分けられる。けれども、タルムード読解では、これらの概念や鍵語は、古典的なラビのテクスト註解の流儀に即して、タルムードの章句を一行一行精読することを通じて出来《しゅったい》するのであって、このラビ的註解の流儀はというと、テクストを一語ずつ原子論的に取り上げるとともに、直接的な文脈をより広範な全体と関連づけることで拡大していくものなのだ。レヴィナスは、師シュシャーニの助力を得ることで会得したと思われるものについて繰り返し物語る。すなわち、聖書ならびにユダヤ的英知の特殊性を理解するためには、タルムードを理解することから、タルムード的解釈と言説の様相を理解することから始めねばならない。言い換えるなら、ユダヤ的英知とユダヤ教の解釈学は切り離せないのである。たとえ、そのタルムード講義が紙上に印刷されたものであるにせよ、レヴィナスは口伝による説明に伴う抑揚や型にはまらぬ表現を維持しようとする。そして、哲学概論で用いられる類のレトリックの形式へと思想を変形させることがないよう努めている。タルムードそれ自体の文体と同様、これらの語りは、論文として完全に書き直されたわけではなく、シンポジウムがもつ対話的な諸特徴を保っている。これらの語りでは、先立つ講演者や、聴衆に交じる人物たちや、講演に付随するいろいろなできごとへの言及が削除されることなく残されているのである。

アロノヴィッツはまた次のような鋭い指摘もしている。レヴィナスの哲学的書物が非常に生真面目であるのに対して、タルムード読解はしばしばフモールを含んでいる。それはある種の「主観性」を指し示すところのユーモアであり、それで意図されているのは、題材の「客観的権威」とこうした題材を伝える人間の主観性とのあいだの関係を前面に押し出すことである。「それは主体性の前面への突然の突進であり、しばしばアイロニーのかたちを取って、それはテクストとその解釈者のあいだの関係をあらわにすると同時に、両者のあいだの距離、両者の異質性をもあらわにする」(xv)。このように、近代と古代を意図的に並列させることで、両者のあいだの分裂と接続に、そしてまた、ほかならぬ解釈の過程に注意が喚起させられる。自分はどのようにテクストを解釈しているのか、テクストにどのように「請願している」のか、解釈の格闘のなかでは自分はいかにテクストに意味を「押しつけ」かねないか、このような攻撃的読解に対してテクスト自身が悲鳴をあげているのか否かといった問題にこそ、レヴィナスは不断に自己反省的に言及している。更に指摘しておくと、ヘーゲル、フッサール、ハイデガーのテクストについて彼が叙述する場合には、こうした個人的自己反省や躊躇やユーモアは見出されない。

アロノヴィッツの主張では、このように自分自身の主観へと意図的に注意を向けさせることで、レヴィナスは、「テクストはそれ自身で意味することはなく、この意味を明示するために解釈者の独特な人格を必要としている」(xvi)ということを示そうとしているのであって、それはまたテクストの「無限性」、新たな意味を明かしうるというテクストの無尽蔵の能力のもうひとつの側面である。だが、これらの意味は、各々唯一無二の者としてテクストを解釈することになる人格の複数性に依存している。(3)

言うまでもないが、こうした考えは、形式的な意味作用の抽象的な過程――それがいかなる種類のものであれ――であるに先立って、言語は何よりも間‐人格的なもの、証言の行為、他者との協同であるというレヴィナスの見地と一致している。ただ、ここにいう解釈者の個性とは、レヴィナスの後期哲学作品に書かれているような、失血し出血し傷ついて虚ろにされた主体性とは異なる。それはあたかも、タルムードのテクストが師となって、解釈者‐門弟の主体性に、新たな種類の純粋で陽気で独立した主体性を授けるかのようだ。哲学的著述のなかでは、この分離されて陽気な「無神論的」こそが最初に裂開され、傷を負わされ、虚ろにされ、他者によって審判に付され、倫理的責務のなかでまさに義務を負わされること――贖い、犠牲、母性、口にくわえたパンを与えること等々――を通じて今度は再構築されるのだ。タルムード読解においては、門弟たる解釈者は、テクストの世界とその教えに義務を負う者として、「困難な自由」に、骨の折れる自由に到達するのだが、このような自由こそ自己を再構築し、タルムードの教えへの同意を、テクストの様々な意味と格闘し、これらの意味のために格闘する責任と一致させ、このテクストを世界へと連れ戻してそれと結びつける。――「困難な自由」とはこのように他律性のなかの自律性なのである。

アナクロニズムと歴史主義

要約すると、レヴィナスは、自分の哲学的著述のなかで提示してきたモデルと類似する、倫理的哲学のある具体的様相をタルムードのなかに見出している。他者、超越、無限性が、倫理的呼びかけと責務として、人間的なものを横断／通過するのである。このような具体性は方法に関するいまひとつの必然的帰結を有している。つまり、「タルムードの簡潔な表現、暗示、比喩の数々を理解することができるのは、外から見て時代錯誤と映るかもしれないとの憂慮を抱くことなく、実存をめぐる具体的な問題や状況を起点としてそれらに接近する場合だけである」との帰結である。この「アナクロニックな」接近は、優れた思想はすべての経験の意味を先取りすることを禁じられており〔強調レヴィナス〕(*DL* 95)、また、ある種の言葉や思想はある時期が来なければ口に出されても思考されてもならないと公言する歴史主義的方法の信奉者たちに衝撃を与えるだろう。

レヴィナスの想定では、ラビたちは「思想の絶対性」のなかに位置づけられた優れた思想家であり、彼らなりのやり方ですでに、最も深淵な問題に考察を加えている。哲学とのこうした係わり、タルムードのテクスト読解を、「現代的」諸問題の観点からして正当なものたらしめる。しかし、私の考えでは、この釈義的方法の「アナクロニズム」と、レヴィナス自身の哲学的著述――そこでは「哲学」なるものそれ自体が格別な意味を得る――にいう隔時性の概念とのあいだにはもっと密接な関係がある。レヴィナスの哲学的著述では、哲学は、語ることと語られたことのあいだの振動、存在と存在とは他なるものとのあいだの振動として定義されているのだが――、存在とは他なるものは、時間の共時性や、過去と現在のあいだのいかなる相互連関や因果関係のなかにも捕らわれることがない。存在するとは別の仕方での「秩序」は、分裂した隔時性に由来し、それゆえ、アナクロニックなものとして「聴取」される。話を広げるなら、哲学的テクストとタルムードのテクスト双方での、こうした「他性」をめぐる省察それ自体が一種の「アナクロニック」な読解を要請しているとも言えるだろう。

更にレヴィナスが主張するところでは、こうした「アナクロニックな」アプローチが存在しない場合、主として数々のタルムードのテクストで形成されたユダヤ教は、「ユダヤ教史についての民話や挿話に還元されてしまうだろう。かかるユダヤ教はそれ自身の歴史を正当化することもないだろうし、継続されるに値するものでもないだろう」(*DL* 96)。このような立場は、一九世紀を通じて実践されたタルムードについての学術研究の主要な方法すなわち、「科学的」歴史主義、文献学、形式批評、テクスト校訂、民族学、民話学、言語学といった手段を援用するところの方法とは異なっている。レヴィナスが「弁証論的《アポロジェティック》」アプローチをしていると批判する向きもあろうが、彼にとっては、あらゆる思想が、最も深い哲学的水準では弁証論的なものなのである。つまり、あらゆる思想は、他者‐のための思想であり、それは自分自身とその歴史に正当化するとともに、審判に付されねばならないのだ。

レヴィナスの見解に従うなら、ユダヤ教研究における一九世紀の歴史科学学派は、「その時代の科学主義を無邪気なまでに信奉していた」。「宗教を精神的なものにすることは、その時代の科学的諸成果に照らして数々の宗教的経験を判断することにではなく、この宗教的経験を、意識と言語の白日のもとに位置づけられた知性同士の、心性同士の関係として理解することに存している」(*DL* 19)。レヴィナスは、自分は歴史主義的な方法が有する価値や、歴史主義が切り拓いた展望の重要性に異議を唱えているのではないと公言している。そうではあるが、仮に歴史主義の枠内にとどまることに満足し続けるなら、ユダヤ教を生きたものたらしめている真理の数々は、「単なる偶発事、取るに足らない地域史へと変貌するだろう」。たとえこれらの真理が、現在では忘れ去られた地域史の情勢や確執によって決定づけられるとしても、ラビの言は、「思想の絶対性のなかに位置づけられた知的な構造とその範型を確立する」(96)。レヴィナスは、自分が賢人たちの知に信頼を寄せていること自体が信仰なのかもしれないと認めている。だが、別の種類の信仰がかくも厚かましく公の場で口にされていることに鑑みるに、こうした信仰を隠す必要性はないのではないか、と付け加えてもいる。

ローゼンツヴァイクやベンヤミンのアナクロニズムと同様、レヴィナスのアナクロニズムも、歴史を、歴史の暴力の「外部」にある領域から倫理的に審判するために仕えている。レヴィナスは、歴史主義的方法という問題を、過去の二つの側面を区別することで更に論じている。すなわち、第一は神話的な次元に属しており、実際、批判的歴史編纂を通じてしか理解可能にならない過去である。第二は、比較的最近の時代に属し、前者より直接的に、今日の事件や現代と結合する過去である。後者は「生きた伝統」であり、それゆえ、「近代的と呼ばれうるような可能な過去」（*QLT* 17）であるが、レヴィナスは聖書を第一のタイプの過去に属するもの、タルムードを第二のタイプの過去に属するものとみなし、近代人にとって、信仰以外に、聖書に直接的に接近する方途は、聖書の説話を「神話」と解することを経由せざるをえない、と主張している。神話と事実を区別するためには、歴史学的方法を必ず用いる必要がある。かくして、批判的歴史は脱神話化の過程として正当化され、それは、レヴィナスの哲学全般で倫理学のために企てられている「聖なるもの」の脱神話化と完全に軌を一にしている。

クローデルについての論考のなかで、レヴィナスは、聖書を即興的に「アレゴリカルに」または「象徴的に」読解しても、その真正な解釈に辿り着くことはない、と主張している。聖書は、そうした即興的な読解ではなく、「厳格な研究」と優れた師を必要とする「緻密に表現された絶対的思想」なのである（*DL* 155）。こうした理想を具体化したのがパリサイびとたちなのだが、このタルムード・ユダヤ教の創始者たちは頻繁に中傷の対象となっている。パリサイびとたちは、字義どおりの意味を無盲目的に偶像崇拝していたのではない、彼らは、『ヨハネの福音書』にいう〈ロゴス〉でのように「肉と化した語」の威信ではなく、「語である限りで語の威信を堅持した」者たちである。彼らがその威信を堅持した語は、「岩にも羊皮紙にも書き付けることの」できる語で、このようにしてのみ、「知性のなかで精神的関係を支持し」、道徳的な行いや愛の跳躍（élan of love）を解き放つ（156）。これが、「岩〔石板〕に刻まれた自由」であり、自由または律法的他律性のなかでの自由——困難な自由——として刻みつけられた律法の筆記なのである。これは、『ピルケー・アヴォット』六・二のミシュナーで「岩に書かれた自由」をめぐって語られたラビの有名な言葉遊びを暗示しているのだが、そこからレヴィナスは『困難な自由』という書物全体の題辞を採っている。『ピルケー・アヴォット』六・二の文脈はトーラーの研究と係わっている。「更に「石板は神の作であった。その筆記は神の筆記で、〈石板〉に刻まれていた」（『出エジプト記』三二・一六）と言われている。しかし、彫り刻まれた《ハルート》と読んではならない。自由《ヘルート》と読まなければならない。というのも、トーラーの研究に従事する者以外に、自由な人間は存在しないのだから」。

かくして、タルムードの本質を成すこのパリサイ的な理性主義とその連続的学習は、「ユダヤ教の近代史」に属するものとなる。というのも、こうした伝統は「ユダヤ教の近代史」との対話に直接的に入ることを可能にするからだ。この対話的伝統の連続性はひとつには、タルムードが、特に聖書に接近する際に見せる自覚を伴う批判的で理性的な精神を通じて成就される。ここに「ユダヤ教の独創性があることは疑いない。すなわち、まさにタルムードのテクストの伝達と註解、註解についての註解を通じて、中断されうことなき伝統が実在するのである」（*QLT* 18）。

もちろん、こうした伝統がどの程度まで中断されざるものなのかは、近代ユダヤ教に課せられた唯一の問題である。ベンヤミンとショーレムは、彼らがカフカについて書いた論考のなかで、「伝統の病弊」「真理の失われた一貫性」について省察を加えている。彼らは、啓蒙ならびにモダニズムによってユダヤ教の伝統が破壊されてしまったことを痛苦な思いで感じ取っていた。それはちょうど、ベンヤミンが描いているように、カフカの作品に登場する様々な助手たちが「祈りの家を失ってしまった寺男であったり、……

聖書を紛失してしまった生徒たちであったりする」のと同様である。重要なのは、啓示は、神聖な語がその背後に消滅してしまうような省察の無限系列と化すのかどうか、そしてまた、註解、歴史、聖書釈義といったものは究極的には、カフカの作品に見られる「寓話」にも似た「寓話」——それは「教義の足元にひれ伏して」いるように見えながら、真理を伝達するという重荷を背負い、同時にこの教義を鉤爪で手荒く擦らざるをえない——なのかどうかを知ることである。

レヴィナス、ベンヤミン、ショーレムは各々、ユダヤ教のこうした崩壊とともに生きる方途を見出し、ある註解の様相、これらの崩壊の内部からと同時にこれらの崩壊に向けて語りかけるような過去とのある関係を見出そうと格闘した。この意味では、歴史主義に対するレヴィナスの「アナクロニック」な批判は、ショーレムやベンヤミンが別様に企てた過去の構築と類似している。レヴィナスによる「ギリシャ語への翻訳」は、「ヘブライ〔語〕的」英知の生きた伝達の連続性を維持しようと企てるような註解を創出するが、今度はまた、このヘブライ〔語〕的英知が現在を裁き、「ギリシャ〔語〕的なもの」を破壊することになる。あるいはまた、一方から見ると破壊と思われるものが、他方から見ると連続性と見えるのかもしれないが、——これは啓示の点滅する光というレヴィナスの比喩を思わせる。この光は、「語られたこと」としては曖昧だが、語ることとしては、他者への倫理的繫縛なのである。レヴィナスのアガダーは、カフカのそれとは異なって、ハラハーに反旗を翻すことはない。レヴィナスは、歴史の騒々しい進行を生き抜くためのユダヤ的方途についてのローゼンツヴァイクの見地に従っている。すなわち、外面的には、自分がそこに投げ込まれた数々の文化から数々の要素を摂取してそれを同化しながらも（「ギリシャ語への翻訳」）、内面的には、それらの要素から非ユダヤ教的なものを剝奪し、そうすることで、生きたユダヤ教の核と残滓を救済しようとしてきたのだ。

レヴィナスにとってと同様、ベンヤミンにとっても、歴史学的な方法は、逃げ口上にすぎず、わが身を自衛するために過去から距離を置くための方法であった。――ともすれば反感を招きかねないベンヤミンの言い回しによれば、「歴史学の売春宿では、娼婦が〝昔々〟と叫んでいる」のである。ベンヤミンは、メシアニズムと唯物論《マテリアリズム》を混淆させることによって、あの身の毛のよだつような「歴史の天使」と同様、過去の救済的な構築を求めたのだが、ここにいう過去は均質で空虚な時間から成っているのでは決してない。「歴史主義は過去についての「永遠のイメージ」を付与し、歴史的唯物論は唯一無二の経験に過去を供給している」（*Illum* 262）。弁証法的イメージの閃光、現在とそれに先立つ時期のあいだで形成される星座＝布置は、歴史の連続性を裁き、それを爆破するという革命的潜在能力を有している。「ただ、救済された人間たちだけがその過去を完全なかたちで受け取ることができる」（254）。だが、こうした救済は唯物論革命を必要としている。

ショーレムにとって、「弁証法」「破局」「神話」は、単線的に進行していくユダヤ民族の過去の物語とは相反するものだった。しかし、「ユダヤ教科学」の文献学的‐歴史学的方法の厳密さは、――ショーレム自身はそれに激しい批判を浴びせたにもかかわらず――、彼が現代ユダヤ教のなかで回復させようとした神秘的テクストにはらまれた爆発的な力をせき止めるほど一種の堰、ある種の「トーラーのための防御柵」となったかに思える。レヴィナスとはちがって、ショーレムは、タルムードのテクストと係わることで、ユダヤ教の過去と直接対話するようないかなるつながりも持たなかったし、ユダヤ教を支える秘められた生命、あるいはまた、近代世界との係わりならびに、その結果生じた神の声の沈黙によってユダヤ教が蒙った数々の破壊を貫いて連続しうるような潜在力を、タルムードのテクストのうちに見出すこともなかった。

レヴィナスにとっては、古典的なタルムードのテクストとの生きた直接的関係こそまさに、近代ユダヤ教が繁栄するために必要としていることであり、現行のユダヤ教にとって、これらのテクストへの純粋に「歴史学的」なアプローチは本質的に無意味である。ショーレムとはちがって、レヴィナスはシオニズムのまさに本質と機能をタルムードの伝承の学習とその連続性に結びつけている。レヴィナスの主張するところでは、タルムードの理解は、イスラエルの政治的独立の企てのように、ユダヤ人が近代世界のなかでその自覚をもち続けるために必要不可欠であり、――シオニストとディアスポラのユダヤ人の両方に（イスラエル国内に生きている者同様にイスラエル国外に生きている者にとっても）必要不可欠である。更に付け加えるならば、「タルムード的英知の近代的形式」は、「開化した人類」の知識人層にも開かれた存在でなければならない。このことをレヴィナスはエルサレム・ヘブライ大学の最も高度な任務とみなしているが、それはどこの大学でも取り組めるようなアカデミックで煩雑な文献学的テクスト研究ではなく、「タルムードの英知の近代性への翻訳であり、タルムードをわれわれの時代がかかえる諸問題に直面させること」である。こうした任務こそ「エルサレムに由来するトーラー」にふさわしく――、また、シオニズムそれ自体の最も高貴な本質である。「シオニズムは、あらゆる場所で、西欧的ユダヤ人が、ユダヤ人とギリシャ人が生きることを可能にする」（*QLT* 24）。

　要約すると、タルムード講義のなかでレヴィナスが行ったことは、ショーレムやその他の論者が、パリサイびとの硬直化した律法遵守主義にすぎないと長年非難してきたものを擁護することであった。レヴィナスは、カバラという秘儀的な冊子のうちにではなく、タルムードおよびタルムードの註解のうちに「生ける源泉」を見出した。ラビたちの哲学的で倫理的な理性主義こそまさしく、ユダヤ人が歴史を審問に付し、歴史を変形させ、歴史を救済することを可能にしたものなのである。そして、このことは、レヴィナスが『困難な自由』のなかで註解を加えたタルムードの抜粋がまさにその論点としていることである。分量的な都合もあるので、私はここで、重要な場面のいくつかを要約するにとどめ、その思想の論理的な道筋を辿りながら説明を加えていきたい。だから、タルムードの原典がもつ緊張感やドラマ性や余談やアイロニーや親愛表現はそのほとんどすべてを犠牲にせざるをえないだろう。

タルムード的メシアニズム

タルムードの『サンヘドリン』九九aにはこうある。

ラビ・ヒヤ・ベン・アバはラビ・ヨハナンの名において言った。すべての予言者たちはメシアの治世だけを顧慮して［すべての善きことを］予言した。しかし、来るべき世界については、「ああ、神たるあなた――あなたを待望する者たちのために働く神たるあなた――以外には誰もそれを見なかった」［『イザヤ書』六四・三］。この点については反対の意見がある。シュムエルの意見だが、それによると、「この世界とメシアの治世とのあいだには、「諸国民のくびき」――暴力と政治的抑圧の終焉という相違しかない」。

ラビ・ヒヤ・ベン・アバはまたラビ・ヨハナンの名において言った。すべての予言者たちは悔い改めた罪人たちのためにのみ予言した。しかし、申し分なく正しい者［一度も罪を犯さなかった者］たちについては、「ああ、神たるあなた――あなたを待望する者たちのために働く神たるあなた――以外には誰もそれを見なかった」。今やラビ・ヒヤ・ベン・アバはラビ・アバフと意見を異にしている。ラビ・アバフはこう言ったのだから。「悔い改めた罪人たちが占める場所には、申し分なく正しい者たちさえ到達することができない。なぜなら、「平安あれ、平安あれ、遠くの者にも、近くの者にも」〔『イザヤ書』五七・一九〕と言われているからだ。最初に「遠くの者」で、次に「近くの者」なのである」、と。では、「遠く」ということで何が意味されているのか。もともと遠くにいた者である。では、「近く」ということで何が意味されているのか。もともと〔そして今も〕近くにいた者である。しかし、ラビ・ヨハナンはこう解釈する。「遠くの者」とは罪から遠く離れている〔そうであった〕者である。「近くにいる者」とは罪に近かったが、今はそこから遠く離れた者である。

ラビ・ヒヤ、ベン・アバはまたラビ・ヨハナンの名において言った。すべての予言者たちは、自分の娘を学者と結婚させた者、学者のために事業を行う者、学者に自分の財産で貢献する者たちのためにのみ予言した。しかし、学者自身については、「ああ、神たるあなた以外には誰もそれを見なかった、云々」。「誰も見なかった」は何を指しているのか。ラビ・イェホシュア・ベン・レヴィは、創造の六日目以来葡萄の房のなか〔熟成のために〕秘蔵されていた葡萄酒のことである、と言った。レシュ・ラキシュは、それはかつて誰も見たことのないエデンのことである、と言った。あなたは反論するかもしれない、アダムはどこで生きたのか、と。園でである。あなたはまた反論するかもしれない。園とエデンは同じひとつのものである。それゆえ聖典はこう教えている。「一本の川がエデンから出て、園に水をもたらしている」、と。

『サンヘドリン』九七b—九八aにはこうある。

ラヴは言った。「〔救済のために〕あらかじめ定められた日はすべて過ぎ去った。〔今や〕事態は改悛と善行にのみ懸かっている」、と。しかしシュムエルは、「今喪に服している者は、これまでに十分に死別を経験してきた」と主張した。この点についてタナイームによって論議がなされた。ラビ・エリエゼルは、「もしイスラエルが改悛するなら、イスラエルは救済されるだろうが、イスラエルが改悛しないなら、イスラエルは救済されないだろう」、と言った。ラビ・イェホシュアは彼に言った。「何と言われた。もしイスラエルが改悛しないなら、イスラエルは救済されないだろうとは！ だが、神聖なるものとして称えられるべきお方は、イスラエルの上にひとりの王を戴かせ、この王の法はハマンの法と同じくらい厳格で、それによってイスラエルはやがて改悛し、それによって正しき道に連れ戻されるだろう」。別の［バライタ〔補遺〕］はこう教えていた。ラビ・エリエゼルは、「もしイスラエルが改悛するなら、イスラエルは救済されるだろう、「戻れ、背ける子供たちよ、そうすれば、私はあなたがたの背きを癒すだろう」［『エレミヤ書』三・二二］と書かれているのだから、と言った。ラビ・イェホシュアは彼に言った。「しかし、「あなたがたはただで売られたのだから」あなたがたはお金なしで救済されるだろう」［『イザヤ書』五二・三］と書かれているのではないか」、と。「あなたがたはただで売られた」とあるが、「ただで」とは「偶像崇拝のために」という意味である。「あなたがたはお金なしで救済されるだろう」とは「改悛も善行もしないで」という意味である。ラビ・エリエゼルはラビ・イェホシュアに反論した。「しかし、「私のもとに帰れ、私もあなたのもとに帰るだろう」［『マラキ書』三・七］と書かれているではないか」、と。ラビ、イェホシュアが再び言った。「しかし、こう書かれていなかっただろうか。「なぜなら私はあなたの夫であるからだ。私は町からひとり、氏族から二人あなたがたを取り上げ、あなたがたをシオンに連れていくだろう」［『エレミヤ書』三・一四］、と」。ラビ・エリエゼルは、「しかし、「帰って落ち着いていれば、あなたがたは救われるだろう」［『イザヤ書』三〇・一五］と書かれていなかっただろうか」と反論した。するとまた、ラビ・イェホシュアが反論した。「しかし、「イスラエルの救済主、イスラエルの聖は、ひとに侮られるもの、民に忌み嫌われるもの、長たちに仕えるものに向かって、諸々の王は見て立ち、諸々の君は見て崇拝するべしと言った」［『イザヤ書』四九・七］と書かれていないだろうか」。するとラビ・エリエゼルが反論した。「「主曰く、イスラエルよもしあなたが帰るなら、もしあなたが私のもとに帰るなら」[『エレミヤ書』四・一]と書かれていないだろうか」。ラビ・イェホシュアは答えた。「他の箇所にはこう書かれていないだろうか。「かの亜麻布を着て、川の水の上にいたひとが、天に向かって、その右手と左手を挙げ、永遠に生ける者を指して誓い、それは、ひと時ふた時と半時である。聖なる民を打ち砕く力が消え去るときに、これらの事はみな成就するだろうと言われるのを聞いた」[『ダニエル書』一二・七]、と」。これを聞いて、ラビ・エリエゼルは黙ったままだった。

『サンヘドリン』九八b―九九aにはこうある。

ラビ・ギダルはラヴの名において、「ユダヤの民はメシアの時代を[こころゆくまで]味わうだろう」と言った。ラビ・ヨセフが異を唱えて、「ヒリクとビリクのいずれが味わうかは自明ではないだろうか」と言った。これは、イスラエルにとってメシアなどまったく存在しないだろうと主張したラビ・ヒレルに反対した発言である。なぜなら、イスラエルはヘゼキア王の治世下ですでにメシアを味わったからである。ラヴは、「世界はダヴィデのためにのみ創造された」と言った。シュムエルは「モーセのためである」と言った。するとラビ・ヨハナンは「メシアを慮ってである」と言った。その御方[メシア]の名前は何であるか。ラビ・シラの学派では、その御方の名前はシロである。なぜなら、「シロの来るときまで」[『創世記』四九・一〇]と書かれているからだ。ラビ・ヤナイの学派では、その御方の名前はイノンである。なぜなら、「彼の名は永遠に、日のあらん限り持ち堪えるだろう。彼の名はイノンである」[『詩篇』七二・一七]と書かれているではないか。ラビ・ハニナの学派では、その御方の名はハニナであると主張されている。「私はあなたに憐《ハニナ》れみを与えない」〔『エレミヤ書』一六・一三〕と書かれているとおり。他の者たちは、その御方の名はヘゼキアの王メナヘムであると言う。「なぜなら、私の魂を慰める者《メナヘム》が私から遠く離れたからである」〔『哀歌』一・一六〕と書かれているからだ。ラビたちは言った。その御方の名は「ライ病の学者」である、「まことに彼はわれわれの病を負い、われわれの悲しみを担った。しかるに私は思った。彼は打たれ、神に叩かれ、苦しめられたのだ」〔『イザヤ書』五三・四〕と書かれているように。

ラビ・ナフマンは言った。「もしその御方〔メシア〕が〔今日〕生者のうちにあるなら、それは私自身のごとき者であろう。「その首領は彼自身の氏族から出、監督は彼の氏族の只中から出るだろう」〔『エレミヤ書』三〇・二一〕と書かれているとおり」、と。ラヴは言った。「もしその御方が生者のなかにいるなら、その御方はわれらが聖なる師〔ラビ・イェフダ・ハ・ナシ〕であり、その御方が死者のなかにいるなら、その御方は最も愛されたダニエルである。ラヴ・イェフダはラヴの名において言った。「祝福されるべき聖なる御方は、われわれのためにもうひとりのダヴィデをお立てになるだろう。「しかし彼らは、彼らの神たる主と、私が彼らのなかに立てるであろう彼らの王ダヴィデに仕えるべし」〔『エレミヤ書』三〇・九〕と書かれているとおり」。ここでは「私が立てた」ではなく「私が立てるであろう」と言われている。ラビ・パパはアベィに言った。「これはミネア人がラビ・アブーに言ったことを思い出させる。「メシアはいつ来給うのでしょう」。するとラビは、「闇があなたの民を蔽うときに」と答えた。「あなたは私を呪っているのか」とミネアびとは叫んだ。ラビ・アブーはこう答えた。「ともかくこんな聖句がある。「見よ！　闇は大地を蔽い、大いなる闇は民を蔽う。しかし、あなたがたの上で主は輝き、主の栄光があなたがたの上に現れるだろう」〔『イザヤ書』六〇・二〕(4)。

この註解には重要な導入的脚註が付されていて、そこでレヴィナスは、メシアニズムをめぐるこれらのテクストに対する自分の読解を、「ユダヤ教におけるメシアの観念の理解へ向けて」という論考のなかで呈示されたショーレムの読解と区別している。レヴィナスは、『エラノス年報』（*Eranos Jahrbuch*）に一九五九年に掲載されたこの論考の第一版を参照しているが、その一年後にレヴィナスは『サンヘドリン』篇からメシアニズムをめぐるこれらの箇所を抜き出してその初の読解を公表したのだった。ショーレムのこの論考はというと、のちに英訳されて、論集『ユダヤ教におけるメシアの観念』（*The Messianic Idea in Judaism*）の第一章として収められることになる。この論考のなかで、ショーレムは、主として民衆的で黙示録的メシアニズムとラビの合理主義的メシアニズムのあいだに区別を設けている。歴史学と、「検討されているテクストの体系的意味についての瞠目するべき直観」とがショーレムにおいて共存していることを称えつつも、レヴィナスはこう記している。「しかしながら、このメシアニズムの合理主義的性質を肯定するとしても、ショーレムが時にわれわれに信じさせたがっているのとはちがって、すべてがすでに語られたわけではない。これでは、合理主義があたかも驚異の否定でしかないことになってしまう。……ラビのメシアニズムの肯定的意味をこそ、私は以下の註解のなかで示したいと思う」（*DL* 83）。

レヴィナスはまず最初に、奇跡のように出現し、暴力と不正に終止符を打つ人物としてのメシアという民衆的概念は、タルムードのテクストに見られる観念の複雑さにまったく見合っていないと警告を発している。その代わり、タルムードは、メシアの本性とその正体についていくつもの選択肢と複数の未解決な展望を含んでいる。論争の第一幕では、「〈未来の世界〉」［オラム・ハ－バ（olam ha-ba）または「〈来るべき世界〉」］と「メシアの治世」とのあいだに区別があるかどうかを問うている。別言するなら、メシアの治世は二つの世界——この世界と〈未来の世界〉——との転換点であり懸け橋であるのが、それとも、それ自体が歴史の終焉なのかを問うている。

ラビ・ヒヤとラビ・ヨハナンによって採られた立場は、メシアの治世は、解放され救済された人類のために予言者の約束が果たされることを意味するというものだ。すなわち、救済は政治的・社会的語彙を用いるなら、政治的暴力と社会的不正の終焉なのだ。しかし、もしそうなら、「〈未来の世界〉」の意味はどうなるのか。タルムードは論議の文脈として『イザヤ書』六四・三の一節を引用して、それを「ああ、神たるあなた——あなたを待望する者たちのために働く神たるあなた——以外にも誰もそれを見なかった」と「自由に」翻訳し、代名詞のそれについては、この代名詞は「〈未来の世界〉」を示唆していると解釈している。レヴィナスが註解を加えるところでは、歪曲的と思えるこの翻訳は実際には、新しい展望を開き、テクストの有するいまひとつの次元に通路を創り出す。「〈未来の世界〉」は「あなた〔神〕を待望する者たち」のためのもので、これをレヴィナスは、個人的で親密な秩序（*DL* 86）、人間の歴史や運命の集団的成就とは無関係な秩序でのできごとを表すものとみなそうとしている。この秩序は、ユダヤ教の客観的制度、シナゴーグ、公的秩序、社会的正義の機構等々とは切り離された神と個人との直接的関係を意味している。それは「誰も見たことがないし予言したこともない」個人的秩序なのである。

しかし、シュムエルはまったく異なる意見を唱えている。「諸国民へのイスラエルの従属を除くと、現在時とメシアの治世のあいだには何の相違もない」というのである。この見地からすると、政治的権力が最も真摯に受け止められ、メシアニズムは本質的には政治的暴力の終焉を意味することになろう。それは、政治が人類の道徳的企てともはや矛盾しないような時代である。このことはそれ自体で、メシアの治世であり、歴史のゴールにしてその結論であろう。

しかし、レヴィナスは更に問いかける。政治的暴力の終焉は社会的暴力の終焉をも意味しうるのだろうか。なぜなら、ある補遺《パライタ》のなかでシュムエルは、「貧者が地上から消えることはない」という『申命記』

一五・一一の有名な一節を引用してもいる。レヴィナスにとっては、ラビ・ヨハナンとシュムエルとの相違の意味はというと、ラビ・ヨハナンにとっては、メシアの治世はすべての政治的矛盾と経済的不平等を解決し、そうすることで、発意にもとづく、あるいはまた「疎外されざる」能動的生活――芸術的なものにせよ哲学的なものにせよ共同体的なものにせよ――を創始する。これは政治的生活を超えた生活であろう。なぜなら、政治は無力化されるからだ。しかし、「貧者が地上から消えることはない」という言葉を引くことで、シュムエルは逆に、精神的生活は他者との経済的連帯と不可分であると言わんとしている。他者にこのように物質的に何かを与えることは、ある意味では、精神的生活の始原的運動で、最大の歓喜と純粋さの源泉であって、メシア的完遂もそれを抹消することはない。政治と倫理との関係というこの論点がレヴィナスの哲学的著述の核であるのは言うまでもない。

政治的生活それとも道徳的生活？
――人間的行為それとも非人間的行為を経由した救済？

明らかに貧者は、富者がメシア的成就にいたるために存在しているのではない、とレヴィナスは論を続けているが、シュムエルによって引用された、貧者をめぐる聖句は更に徹底した解釈を要請している。すなわち、この聖句が意味しているのは、「他者とはつねに貧者である」ということである。「他者が貧者である限りで、貧困が他者を定義するのであり、他者との関係はつねに供与と贈り物であって、決して「手ぶら」での接近ではない」（*DL* 88）。（言うまでもないが、これは「他者」というレヴィナス哲学の大いなる主題であるが、それは哲学者レヴィナスとユダヤ人レヴィナスが一致する典型的な例であろう。）このように理解されるなら、つねに「貧者」であるような他者への関係が意味しているのは、精神的生とは本質的に道徳的生であり、経済の領域に位置するということである。シュムエルは、メシア的生はこのような道徳的難局や葛藤と不可分であると考えた。これとは対照的に、ラビ・ヨハナンは、メシアニズムを、純粋に精神的な生、現実的で経済的な重荷から解放された生であるとし、この生は、貧者としてではなく友人として出現する他者とのあいだの直接的な関係と同義であると考えた。「友人」としての他者は、受肉されざる調和的精神という理想、ヘーゲル観念論にいう「絶対的精神」に類似した精神を体現している(87)。ここではまた、ブーバーの「われ‐汝」の関係が無言のうちに暗示されている。それに対して、シュムエルは「反ヘーゲル主義者」であろう。彼にとっては、精神的生は決して完成されることなき永遠の闘争なのだから。

一見すると、シュムエルのこうしたものの見方が、レヴィナスがその哲学的著作のなかで呈示する立場と一致しているように思える（あるいはまた、一致しているものとして改めて解釈されうる）し、また、暗黙のうちに彼はシュムエルの見地を肯定しているように思える。しかし、レヴィナスは続けて、ラビ・ヨハナンとシュムエルの対立はラビ同士の論争一般に典型的であると述べる。彼らは、思想がいわば永遠にそのあいだを揺れ動き続けるような二つの立場を反映している。精神が意味しているのは、人間の条件に伴うあらゆる制限から解放されたほとんど神的な生だろうか、それとも、ほかならぬ人間の条件、その限界ならびにそのドラマが精神的生を表しているのだろうか。これら二つの考え方がユダヤ教思想から出来《しゅったい》する。なぜなら、これら二つの考え方は人間そのものを表明しているからだ(90)。（ある意味では、ベンヤミンによるメシアニズムと唯物論の結合は、この議論における二つの立場を結びつけたものと言えるだろう。）

タルムードの議論は、メシアの治世における享楽は人間の個人的功績にどの程度依存しているかという問いをもって継続される。ラビ・ヨハナンにとっては、メシア時代の享楽は個人の功績に即してもたらされねばならない。彼の見解に従うなら、政治的問題と社会的問題は同時に解決されるのであり、この解決には、人間の道徳的な力、自由、そして道徳的行為が必要である。一方、シュムエルの展望では、メシアの治世の到来は、個々人の道徳的完成に全面的に依存しているのではない。ラビ・ヨハナンよりも悲観的な彼の見解に従うなら、政治的暴力とは、人間的自由と善の完成とのあいだに存する抗うことのできない障害であり、メシア的なできごとによって克服されるべきはこの暴力なのである。レヴィナスの理解によれば、シュムエルがここで言わんとしているのは、個人の道徳性とはまったく異質な何かが存在しており、メシアを到来させるためには、この何かを抑えつけねばならないということである。

　言い換えるなら、メシアニズムは、非合理的な何らかの要素、人間性に拠らず「外部」から到来するもの、あるいはまた、あらゆる政治的矛盾の所産を必要としている。この「外部」は、レヴィナスにとっては興味をそそるカテゴリーである（ちょうど彼の哲学的著作にいう「外部性」のように）。ここでは、〈善〉の行為か、それとも、道徳から切り離された政治的革命かでなければならないのである。

　タルムードのテクストが次に話題にするのは、義人ならば将来満喫することができるとされている「誰も見たことのない」未知の「〈来るべき世界〉」の正体についてラビ・ヨハナンが行う説明である。ラビ・ヨハナンの弁に従うなら、それは「創造の六日目以来葡萄の房のなかに秘蔵されていた葡萄酒」である。レヴィナスは、純粋で混じりけのない葡萄酒というこの謎めいたこの比喩を、解釈という行為そのものの隠喩と解釈している。この葡萄酒を満喫すること、それは、数多の解釈を生じさせ、一語一語が多義的で、歴史的な隔たりも介在する、そうした古代のテクストの解読を試みる際の様々な困難はおそらく克服可能であるという「約束」なのである。〈未来の世界〉とはすなわち、各々の語の根源的で究極的な意味が回復される可能性のことなのだろう。「葡萄の房のなかに秘蔵されていた葡萄酒」という比喩は、「聖典の始原的意味を約束するのだが、この始原的意味は、それを変化させる註解や歴史のすべてを超えたものである」。この比喩はまた、あらゆる人間的言語を新たに理解できるという約束を含意してもいる。「それ〔葡萄酒の比喩〕は新しいロゴス、ひいては、もうひとつの人間性を告げている。この比喩こそ、世界史の悲劇的な結び目を解くものである」(*DL* 93)。

だが特徴的なのは、こうした〈未来の世界〉が義人に対してもつ意味をめぐって、別の意見が存在することである。ラビ・レヴィは、「誰も見たことがない」ものとは「エデン」のことだろうと主張する。よく知られているように、アダムはエデンの園に住んでいたのだが、この「園」と「エデン」は必ずしも同じ場所とはいえない、とラビ・レヴィは主張するのである。論拠を問われ、彼は『創世記』(二・一〇)の「園を潤すためにエデンからひとつの川が流れていた」という部分を引用する。果たしてラビ・レヴィの導く結論とは、「それゆえ、エデンと園は分かれている！」というものだった。レヴィナスの註解によると、たしかにラビ・レヴィの論議はうわべだけのものに思われるものの、〈未来の世界〉は、失楽園への帰還と単純に等置できるものではないと教えている。失楽園それ自体が、「誰も見たことのない」源泉によって潤されたのである。この源泉は「最後に」見出されるであろうものだから、楽園がすなわち起源なのではないのだ。レヴィナスは、ラビ・レヴィのこの立場を、歴史と未来の積極的肯定を含意したものと理解している。この見地に立てば、歴史とは、不動の永遠性からの堕落の謂ではない。こうした解釈は、『全体性と無限』の末尾で展開されたレヴィナスの議論に類似している。そこでレヴィナスは、予測不能な繁殖性を時間における肯定性として哲学的に位置付けているのだから。ここでもまた、レヴィナスは、タルムードのテクストを読み解いて、たとえ未来の瞬間が完全に新たなものであるにせよ、「それが出現するためには歴史と時間が必要である」（*DL* 94）と解している。こうした繁殖性は、アダムとイヴの楽園における場合よりもはるかに偉大な完成を導き、楽園におけるよりもはるかに大きな幸福をもたらすであろう。

メシアの条件――歴史の終焉とはいつなのか

かくして、シュムエルとラヴは、メシアの到来する時とその条件について論じることになる。ラヴの主張するところでは、あらゆる期限がすでに失効しており、救済はただ改悛と善行にのみ依存している。一方シュムエルはというと、「今喪に服している者は、これまでに十分に死別を経験してきた」と主張する。レヴィナスがいくぶんアイロニカルな調子で註解するところでは、歴史の終焉という観念にいたるためには、ヘーゲルの『精神現象学』を待望する必要などなかったのである。それ以前にもラヴは、解放のためのあらゆる客観的条件はすでに整えられていると考えていた。「歴史」はすでに終わった。そして、あらゆるものは熟している。ただ、人間の善行だけが欠如したままである。その含意はこうである。今や「各人の務め」〔強調レヴィナス〕とみなされた道徳的行為は歴史とかけ離れたものではなく、わざわざ迂回して政治という醜悪な必要性を経由する必要はないのである。「善行は実効性をもつ。メシアとは――この実効性のことである」（*DL* 97）。だがシュムエルにとっては、政治的な現実性こそが決定的である。個々人の〔善行への〕努力とは一線を画すようなメシアニズムだけが、政治が道徳的な生に及ぼす破壊的な影響を挫くことができるのだろう。メシア的救済が個々人の努力の結果生じることはありえない。

それでは「今喪に服している者は、これまでに十分に死別を経験してきた」と言うとき、シュムエルのこの主張はいったい何を意味しているのだろうか。タルムードそれ自体のなかで展開された註解は、この「喪に服している者」の正体について、神、イスラエル、メシアという三つの意見を提供している。レヴィナスの読解では、これら三つの選択肢はひとつの哲学的な意味を明かしている。第一に、「喪に服している神」が意味しているのは、「別の言語［「ギリシャ語」への翻訳］である。すなわち、歴史を指揮する客観的な意志が喪に服しているのである。神は今喪に服しており、これまでに十分に死別を経験してきた。ものごとの客観的秩序が未来永劫にわたって減退し続けること」、無秩序状態に依拠し続けることは「ありえないのだ［強調レヴィナス］」。言い換えるなら、メシアの治世は、個人の努力を待ち望む必要などない。むしろ、個々人のこの努力それ自体のほうが、ものごとの合理的な配列に従っており、歴史の主たる進路に依拠しているのだ。神はすでに十分に「喪に服してきた」。神はこれまで十分に人間の不完全さに苦しんできた。すなわち、何が起ころうとも、「歴史を導いていく意志」それ自体が、歴史における数々の矛盾や誤りを解消することになるのだ（*DL* 97–98）。（これは一種のヘーゲル的な選択である。）更に言うならば、歴史に不可欠なこの客観的整序は同時に宗教にとっても必要である。この要請は単に合理主義的なだけの要請ではない。

タルムードの第二の解釈では、苦しむ者は、神や歴史ではなく、イスラエルであるとされる。そして、イスラエル自身の改悛の一部を成すこの苦しみが未来の救済をもたらすことになるのだ。ここでもまた、人間の道徳的な努力と救済の客観性のあいだの相違が存在する。レヴィナスはここで、幾千年ものあいだ耐え忍ばれてきたイスラエルの苦しみ、更には、この道徳的な生において威厳と地位を与えられた殉教者の罪なき苦しみをも念頭に置いている。

タルムードが呈示した第三の選択肢は、喪に服している者とメシアそのひとを同一視している。レヴィナスは、ラビ・イェホシュア・ベン・レヴィが予言者エリヤと遭遇した際に、エリヤにいつメシアが到来するのか尋ねたという有名な話を引用している。質問はメシアそのひとにまで及んだと言われている。ラビ・イェホシュアが「メシアはどこに見出せるか」と尋ねたのに対して、エリヤは「ローマの門のところです。ちょうど、今苦しんでいる者たちのあいだに、乞食たちのあいだに、全身包帯をしている者たちのあいだに」と答えた。まさにここで描出されているとおり、ラビ・イェホシュアは、メシアを数多の傷を負った者として描いている。ラビ・イェホシュアがメシアに「あなたはいつ到来するのか」と尋ねると、メシアは「今日だ！」と答える。エリアに向き直って、ラビ・イェホシュアは、メシアのこの答えはまちがっていないかと尋ね、この今日という語彙が『詩篇』九五の「今日、あなたが私の声に従うならば」という一節に由来していることを思い起こさせている。レヴィナスの註解によると、この話が示唆しているのは、メシアが苦しんでいるということ、しかしメシアの苦しみだけでは救済はもたらされないということである。すなわち、歴史が己の針路を辿り終え、時が満ち、メシア到来の条件が整ったとしても、一切は人類に懸かっているのである。人類のために苦しむメシアの苦痛、更には人類自身の苦痛、それらすべてをもってしても、人類を救済するのには十分ではないのである。

レヴィナスは続いて、ラヴとシュムエルのあいだの重大な相違を解明する。「彼らは根本的な二者択一を証示している。すなわち、道徳性、言い換えれば、みずからの意図と行為の主人であるような人間の努力がやがて世界を救済するのか、それとも、将来世界を救済するためには、道徳性やあらゆる個人の善い意志の彼方にあるような、客観的なできごとが必要とされるのか」(*DL* 100)。救いは人間に、道徳的条件に依存しているのか、それとも、解放は結局のところ無条件で、あらゆる人間的努力を凌駕した余計なものを必要としているのか（103）。

倫理的な他性であるようなこの余計なものというこの想念、そこでは、エゴと全体性が破壊され、超越性ないし無限性がそこを過ぎ越すのだが、この想念はレヴィナスの哲学的著述では馴染み深いものである。その必然的帰結はというと、他者に対する呼びかけないし責務であり、また、一切の自由な意識に対するこの責任の優位である。このテクストにレヴィナスが施した註解に従うなら、ラビたちの議論は結果として、自由と道徳をめぐる二つの哲学的立場を代表するものとなる。道徳が永遠に要求し続けることのひとつは、自由な人格同士の全面的相互性、ひいては、対等なパートナーとしての神との関係なのだろうか。それとも、「自由は、それとの関係で自分自身を自由として措定するような存在への先行的関与を前提としているのではないか」（105）。神と人類は婚約者同士のように、自由に互いの結びつきを決められると同時に、それをつねに解消できるというのだろうか。それとも、神と人類は、婚姻におけるように互いにすでに絆によって結びつけられているのだろうか。ひとはそのパートナーのように神を受け入れたり拒んだりできるのだろうか。それとも、総じて自由は先行的同意／責務を前提としているのだろうか。

ここでは、ラビ・エリエゼルとラビ・イェホシュアが各自の立場を根拠付けるために援用した証拠となるテクスト同士の確執をめぐって、レヴィナスが行った分析を十分に論じるだけの余裕がない。ただ、この論戦が終わりに近づいたときにラビ・エリエゼルによって引用された予言的聖句は、議論のなかでも最も興味深いもののひとつであろうが、この聖句は、救済は人間の道徳的な主導権に依存しているというラビ・エリエゼルの主張を支持している。すなわち、「「もし、あなたが私のもとに戻ってくるならば、私もあなたのもとに戻りましょう」と神は言われた」という聖句である。レヴィナスが註解するところでは、「もし」という語は、絶対的な道徳は絶対的な自由を要求するものであること、「したがって、それは不道徳の可能性」(*DL* 106)をも含意している。言い換えるなら、もし人類が神のもとに戻らなかった場合、未来永劫いかなる救済も存在しないことになろう。メシアは決して到来することがないだろうし、世界は邪悪な者に委ねられるだろう。道徳が絶対的な自由を要請することには、「不道徳な世界の可能性、すなわち、道徳の終焉が含まれている。したがって、不道徳な世界は、道徳のための諸条件のなかに包含されたものとして見出されるのである」(107)。レヴィナスの主張するところでは、まさにこれがために、ラビ・エリエゼルは遂にラビ・イェホシュアの最後の議論、『ダニエル書』一二・七からの引用で沈黙に追い込まれたのだった。人類が救済にふさわしい存在であろうとなかろうと、ある決められた時に、無条件に解放があることを語った一節である。ラビ・エリエゼルが沈黙を余儀なくされたのは、

ここで道徳を要請することはその結果として、道徳それ自体の名において、人間たちが神を、すなわち、悪の敗北の絶対的確実性を否定するにいたるからである。神なしにはいかなる道徳性も存在しない。神なしには、道徳は不道徳から身を護ることができない。神はここで、その最も純粋な本質において、その受肉を描くどんなイメージからもかけ離れたものとして、まさに人間的道徳性の冒険を通じて、その姿を現す。神はここでは善の勝利の原理そのものである。もし、あなたがたがこのことを信じないなら、つまり、どんなことをしてでも[強調レヴィナス]メシアは到来するということを信じないなら、あなたたちは神を信じていないのである。

だが、ラビ・エリエゼルは沈黙せざるをえなかったとはいえ、自分の主張を断念したわけではなかった。ラビ・エリエゼルの主張は、ラヴとシュムエルとの議論のなかで再び登場する。「そしてそれ〔ラビ・エリエゼルの主張〕はなおも生き続けている。ユダヤ教は、あらゆる理性——無神論の理性も含めて——が

有する鋭敏なる意識のもとで、己の神を崇拝する」(107)。

世界史とその破壊

「正確には、誰が将来メシアの治世を享受するのだろうか」という問いが提起される次節でのレヴィナスの解釈の枠組みを提供しているのも、やはりヘーゲル哲学のいくつかの論点であった。この問いに対して、ラビ・ギダルは「イスラエル」と答えた。しかし、ラビ・ヨセフは、そこには「ヒリクやビリク」も含まれるのか、言い換えるなら、「トムやディックやハリーなど全員」が〔ここにいうイスラエルに〕含まれるのかと疑義を呈しながら、ラビ・ギダルの答えに反論した。ここで基礎となっている問いは、メシアの治世を享受するために、ひとはともかくそれに「ふさわしい」人間でなければならないのかという問いである。もしそうなら、メシアニズムは、数々の客観的できごとが世界全体を解き放ち、そのとき生きているだけで十分に幸せだと誰もが思うような歴史の終焉とは別物であろう。

「ヒリクやビリク」という名前が示しているのは誰かという点については、タルムードの註解のなかに、前述したのとは別の解釈がある。ヒリクとビリクは、堕落した街ソドム出身の二人の執政官を意味するかもしれないという解釈である。しかし、もしそうだとしたら、メシアの治世はソドムを裁くために案出されたものなのだろうか。あるいはまた、レヴィナスが述べているように、「ソドム」の執政官たちとはおそらく、自分たちが執政官である限り、「自分の行為を普遍性の徴しのもとに置く」(*DL* 111)者である。彼らは政治的生活と国家を知る人々である。歴史の終焉を説く理論家たち(ヘーゲル主義者等々)によれば、普遍性の徴しのもとに行動する人々は、彼らが生きるその時代においては義とされる。というのも、

「あらゆる政治は——その意図の普遍性のゆえに——道徳と同義であり、普遍的な意図はすべて歴史の終焉へと方向づけられている」(112) からだ。かくして、ラビ・ヨセフによる反論は、「普遍性」と一致した行動は、ひとにメシアの治世にふさわしい者という資格を与えるものではないということ、しかも、メシア時代は、〈律法〉ないし人間の理想のうちで生まれた普遍性と全面的に対応しているのではないということを教えてくれる。またしても、ここでは、レヴィナスが他の作品で批判した、ヘーゲル、カント、マルクスなどドイツの哲学的伝統のことが暗に念頭に置かれている。

こうした批判は、メシアニズムは世界史の時間を爆破し、過去のあらゆる瞬間をして救済を容れうるものたらしめるというベンヤミンの考えに通じている。ヒリクとビリクは彼らの歴史的状況に即して裁かれているのではない。「彼らはいついかなるときでも、絶対的審判を受けるに足るだけ成熟している。いかなる歴史の相対主義をもってしても人間を赦すことはできないのだ! 悪は普遍的形式をまというるし、メシア的希望のまさにその意味とはおそらく、悪はそれ自身で普遍的形式をまとい、みずから国家となるが、ある至高の意志がこうした悪の勝利を妨げる、ということになろう」(112)。普遍性を装う閉鎖的で抑圧的な全体性としての国家に向けられたこの種の批判は、『全体性と無限』以来、われわれに馴染み深い批判である。

かくしてタルムードでは、ラビ・ヒレル(ここに登場するヒレルは同じ名の有名な賢者とは別人である)によるラディカルな言明について議論することになる。「もはやイスラエルのためのメシアは存在しない。——メシアとはヘゼキヤ王のことであった」との言明について。この陰鬱な意見は賢者たちの大部分によって斥けられたものの、しかしそれは論争の重要なひとつの極であり続ける。レヴィナスにとって、ラビ・ヒレルの言明は、メシアがヘゼキヤ王という歴史上の人物としてすでに到来したということを意味しているだけではなく、メシアニズムという観念それ自体が廃れており、メシアを経由したものよりもより高度な解放の様態——神自身による解放——が存在するということをも意味している。言い換えるなら、道徳秩序が定義からして途絶えることもなく、飽くことなく、つねに進行するものであるなら、その場合、道徳性にとっての「結論」は不道徳なものである。時間を固定することなどできないし、歴史の閉鎖ないし結末をいつか達成することもできない。「神による解放は、無限の進歩へと開かれた、生ける道徳の至高性と軌を一にしている」(114)。レヴィナスの哲学的著作のなかでと同様、無限性が全体性を打ち砕くのである。

だが、もしテクストが、こうした救済の対象としてのイスラエルにだけ言及するなら、それは視野の狭いナショナリズムであるとの非難に曝されることになろう。レヴィナスはここで、自分の解釈は「すばらしい先生シュシャーニ」に負うているとしつつ、この論争についてのいまひとつの説明を携えて介入する。「それは「イスラエル」という語に、民族的な意味だけを与えることは決してしないことである。……イスラエルという概念はたしかに選民を指している。しかし、それは開かれた選民、ある種の特性によって定義される選民であって、具体的には、これらの特性はユダヤ民族に振り当てられている」。われわれが読んでいるタルムードの箇所では、こうした特性は、「神自身によって救済されるほどの卓越性」とみなされている。このように解釈することは、タルムードのテクストに関する展望を拡大し、新しい展望を切り拓くことになろう。そして「イスラエルの特殊救済主義に付与された厳密な意味での民族主義的性格からわれわれは一挙に解放されなければならない。特殊救済主義は存在する。ただし、これには民族主義的意味はまったくない」(114)。

民族主義へのこのような戒めは、われわれをまたしても、ユダヤ人/ギリシャ人の論点、ユダヤ教と哲学の関係、非ギリシャ的な普遍性というレヴィナス的概念に立ち戻らせるのだが、とりわけこの概念は、ヘーゲルにおけるような国民－国家（nation-state）と混同されることがあってはならない。ヘーゲルの体系のなかでのユダヤ人の運命とは、それよりも高度なキリスト教の弁証法的統一性によって止揚されるような頑固な特殊性をもつことにほかならなかった。それに対してレヴィナスは、イスラエル固有の歴史をそれ自体で道徳的闘いの場所であるものとして正当化している。タルムードのこの箇所全体についてのレヴィナスの註解が狙いを定めているのは、歴史のなかにありながら、歴史に審判を下すこととこのような道徳的闘いとの関係である。

先に見てきたように、レヴィナスにとっては、タルムードの「ギリシャ語」への翻訳は、ユダヤ教の律法にいう具体的な宗教儀式や命令の数々や祭祀の放擲を意味しているのではない。啓蒙主義的理性にとっては、これらのものは「普遍的で倫理的で合理的な内容」とはほとんど無関係だった。しかるにレヴィナスは、この啓蒙主義的理性に代わるものとして、理性それ自体を定義し直した。あるいはまた、それを「ヘブライ（語）化」したのである。「タルムードの英知の「ギリシャ語への」翻訳」（*QLT* 24）は、ユダヤ教の特殊救済主義の否定ではない。この翻訳は、変更を施された「普遍性」の概念を援用する。すなわち、本来的に他者という特殊な者と結びつけられ、この他者に対して責務を負うような「普遍性」の概念を。この意味では、「具体的普遍性」としてのイスラエルは、「諸国民を照らす光」、つまり、人間の「顔」を照らす光というその使命を果たしている。――顔とはそれ自体、無限者が有限者を過ぎ越すところの場なのである。

ただし、これらの哲学的読解のなかでレヴィナスはタルムードをいわば「アレゴリー化」しているのではないかとの疑念も生じるかもしれない。あるいはまた、彼の哲学的著述についても、同じ問いが投じられるかもしれない。つまり、「彼方」ないし「存在するとは別の仕方で」と、他なる‐語り《アレ‐ゴレーシス》における他‐性、「他を‐語ること」とのあいだの差異はいかなるものなのか、という問いである。この問いには、観念論哲学に向けられたレヴィナスの強い批判を思い起こしながら答える必要があるだろう。レヴィナスのいう「他者‐のために」とは、倫理的かつ物質的な「他者‐のために身代わりとなる‐一者」で、それは主体性とエゴを脱構築するのだが、（彼が『存在するとは別の仕方で』の最終ページに書いているように）あらゆる人間がこの「他者‐のために身代わりになる‐一者」へと選ばれ、召喚され、選抜された者なのである。イスラエルの「普遍的な特殊性」というレヴィナスの考えを、われわれはこうした文脈のなかでよりよく理解できるだろう。イスラエルの特殊性は、他者‐のためにというこの構造によってその普遍性と結びつけられるのだが、この「〜の代わりになること」は、ある存在論的領野が他の存在論的領野にアレゴリー的に置換されたり（たとえば、字義どおりの意味に精神的意味、理念的形相、〈絶対者〉等に置換されること）、前者が後者によって否定されることであるよりもむしろ、倫理的な開けなのである。倫理的な開けは、同一性や全体性、あるいはまた、同一性や全体性を保証する弁証法的否定とは別の仕方である。こうした開けを具現することはまた、あらゆる他者のための倫理的関係もまた具現される可能性を開くことにもなる。倫理的な開けは、他のより高次でより抽象的な普遍性の体系に止揚されるべき静的な特殊性として、この意味を「代理表象する」のではない。

　ショーレムは、レヴィナスとは対照的に、「具体的な普遍性」を、「象徴」についてのよりロマン主義的な神話のうちに見出しているが、この「象徴」は、精神や歴史への鍵として、ある種のほとんどヘーゲル的な弁証法的理性と結びついている。だからこそ、ショーレムの図式のなかでは、神秘的象徴は、ユダヤ神秘主義がラビたちの「無味乾燥な律法主義」にもたらした生命力、活力を与えるかかる力と化すのである。レヴィナスにとっては、「第二の普遍性」ないし「具体的普遍性」とは、それが他者への呼びかけにして他者への物質的責任である限りでのみ、具体的かつ普遍的なもので、――これこそ全人類に対する道徳的可能性であり責務であり、ちょうどこのタルムード読解が主張しようとしているように、メシアニズムの本質的な意味なのである。『タルムード四読解』への序文はまた、タルムードにおける文字と霊との関係をめぐるいくぶん冗長な議論が収められている。そこでレヴィナスが頼みにするのは、「象徴」というほとんど解釈学的とも言える観念だが、それはどこか不分明な印象を与える。彼のテクストに伴う諸問題はここでは、「ギリシャ語への翻訳」の限界と関連している。というのも、彼は「象徴」という概念は採用しているものの、この象徴という概念を、特殊「ヘブライ（語）的に」用いようと試みているだけで、別の論考では、象徴的解釈を公然と非難しているからである。他者への責務という用語で倫理的に普遍性を定義し直すことでのみ、レヴィナスは普遍性という語彙を使うことができたのだが、それと同じことをレヴィナスはテクストにおける象徴についてここで試みている。もっとも、それは普遍性の場合ほどには成功していないのだが。レヴィナスが失いたくないと願ったのは、「字義どおりの」意味の確固とした具体性とその特殊性であり、また、かかる意味の指導的優先性であったのだが、――私が思うに、これは、他の人格の還元不能な他性という倫理的観念の対応物であり、と同時に、「〔文字を〕精神化する」解釈のすべてに対する防禦物でもある。因みに、この種の解釈は、石板に刻まれた自由ではなく、〈律法の石板〉を割り破壊するところの自由を探索し続けてきたのだった(5)。

レヴィナスにおける「普遍性」の観念は、聖書的・予言的「普遍救済説」に根ざしている一方で、ユダヤ人の民族意識と特殊救済主義を骨抜きにして近代ユダヤ人のアイデンティティーを追求した、ヨーロッパのユダヤ人啓蒙思想家たちの語彙をも共有している。だが、ローゼンツヴァイクと同じように、レヴィナスも「啓蒙主義以降の、そして同化主義以降」のユダヤ人であって、レヴィナスのユダヤ的普遍主義がめざしているのは、ユダヤ人が完全にヨーロッパ文化に同化でき、そしてヨーロッパ文化から受け入れられるように、ユダヤ的特殊性を解消させることではないし、また、——ショーレムもこうした動向には嫌悪感を示していたが——、ヨーロッパの国民国家が、ユダヤ人を国民として受け入れることを正当化することでもない。ローゼンツヴァイクと同様、レヴィナスも、イスラエルの生活、儀式、律法について、歴史を審判に付し、内在的で普遍的な歴史を破壊するものとしてそれを解している。自分たちの特殊な生活（燃える「〈救済の星〉」の核にある火）に忠誠を尽くし、そうした生活に閉じこもることによって、イスラエルの特殊性は、全人類への予言的で「普遍的な」呼びかけと化し、また、元来が暴力的な政治的民族主義や、同一性と普遍性を優先的に定める権利をこれらの民族主義が要求することへの批判と化すのである。

それでは、レヴィナスはどのようにして、ユダヤ人の民族的家郷を求めるシオニストたちの夢の正当性を確証するにいたったのだろうか。彼の見地では、この家郷の果たす役割は、正確には「普遍的な家郷」である。「シオニズムはいたるところで、西欧ユダヤ人、ユダヤ人とギリシャ人を可能にする」。この意味では、彼の見解はショーレムのそれに近い。シオニズムがユダヤ人たちに与えた政治的・文化的自律性は、ゲットーに閉じ込められ、無防備で絶滅に曝されるユダヤ人であるか、それとも、西欧文化への完全な同化というまったく逆の理由から、ユダヤ人としては姿を現すことなきユダヤ人であるかのどちらかを選択しなければならないという破壊的二者択一からの脱出口をもたらしたのである。

誰がメシアなのか

『サンヘドリン』から取られたタルムードの抜粋ではまた、イスラエルという政治的存在が将来どのようなかたちを取るのかという問いも考察されている。そこでは、古代のイスラエル人たちと予言者サムエルとのあいだで交わされた議論が引用されている。人々が王の存在をやかましく願うのに対して、サムエルは、この人々が、他の諸国民と同じような政治的存在を望むことを非難している。サムエルはイスラエルの王は「神」であり続けると主張する。つまり、各人は政治的媒介を経ることなく神との直接的な関係を享受できるというのだ。レヴィナスの註解によれば、この主張が意味しているのは、政治的なメシアニズムとはまったく別物であるような選択肢であり、ユダヤ教にとってこれとは異なるもうひとつの根本的可能性を表明している。たとえ、最終的には神がサムエルに人々の望みに応じるよう命じるにせよ、予言者サムエルとラビ・ヒレル（メシアはもはや存在しないと言った人物）は別の理想を代表しており、この理想は、「メシアニズムの観念は人類の歴史の意味を汲み尽くすとの考えをイスラエルのすべての賢者が受け入れていたわけではない」（*DL* 116）ということを示している点で重要である。

メシアの正確な正体という点についてはまだ疑問が残る。次の節で賢人たちは、メシアにふさわしいと思われる様々な名、シロ、イノン、メナヘムを提案する。これらはラビ学院の院長たちの名前であるが、弟子たちが彼らの名前を挙げたのである。レヴィナスはここに驚くべき含意を見出す。弟子と師の関係——厳密に知的な関係——はメシア的経験の一局面を表すもので、この関係によって、予言的テクストにおける数々の偉大な約束が確証されるのである。シロ、イノンという名前を支持する聖書の証明本文は、平和、正義、憐れみを表している。メナヘムが表すのは「慰める者」であるが、それは教えの秩序の外で告知される。このことは、個人と集団のあいだのメシア的関係を「ひとつの時代として定義するのだが、そこでは、個人は、彼が人類と国家に属することで獲得するものを超えた個人的承認を得ることになる。個人はその権利においてではなく、彼の人格において、その厳密な意味での個体性において承認されるのだ。ある実在の一般性のなかに諸人格が消え去ることはない」(*DL* 119)。真理はその個人的な調子を保ち続ける。そして、神による救いは直接的なものである。

私的なメシアニズムと政治的なメシアニズムのあいだで行われる論争は、メシアの名前についての次の驚嘆すべき箇所でも継続されている。すなわち、「メシアの名前は「ライ病の学者」である」、あるいはまた、「もしメシアが生者のなかにいるなら、彼はわれわれの聖なる師であろう。もしメシアが死者のなかにいるなら、彼はダニエルだったことになろう」という箇所である。レヴィナスの解釈では、これらの言明は、「歴史の終末でみずから姿を表すメシアという神秘的想念」への超越を表しており、このことは「メシアニズムを人間たちの個人的使命として抱くことを目標としていた」(*DL* 120)。メシアは「ライ病を病んだ者」なのか、それとも「ダニエル」なのかという選択が明らかにしているのは、メシアはもはやわれわれとの関係で思い描かれる存在ではなく、メシア自身の本質において思い描かれる存在であるということだ。メシアとは、ライ病患者のように苦痛に喘ぐ存在であり、ネブカドネザル王によって不当にも苦しめられた、ダニエルのような存在なのである。だが、苦痛それ自体は、いかなる意味においても、救済を導く力にはまったくならない。苦痛とは単に「忠節と意識・良心への徹宵の留意の徴し」でしかない。タルムードの『バーバ・メツィア』篇八四bがわれわれに教えているように、「いずれの時代もひとりのメシアを有している」のである。

だが、ラビ・ナフマンの次の驚くべき言明からどのような教えが導かれるのか。「もしメシアが生者のうちにあるなら、それは私自身のごとき存在であろう。「その首領は彼自身の氏族から出、監督は彼の氏族の只中から出るだろう」（『エレミヤ書』三〇・二一）とあるように」。マハルシャとして知られるラビの註解者は、この証明本文はナフマンがダヴィデの真の子孫であることを示すものだという説明を試みている。ダヴィデは政治における統率者であり、その王族の家系から、メシアが生まれると予言されていた。このように解釈するならば、このテクストは、将来イスラエルに政治的な主権が戻される時代に言及しており、レヴィナスによると、それは次のことを意味していた。

> メシアとは、イスラエルの主権を決して疎外することのない仕方で統治する王子の謂である。メシアとは政体の絶対的な内部性の別称である。さて私が私に命令を下すものよりも更に根底的な内部性など存在するだろうか。非疎外の最たるもの――それが自己性である。メシアはもはや外部から命令を下すことの決してない王なのである。（*DL* 122）

別の見方をするならば、「メシアとは私である。私であること、それはメシアであることと同じである」というラビ・ナフマンの言葉から、レヴィナスは驚くべき結論を導き出している。「メシアとは私である」という言葉は、「苦痛に喘ぐ義人、他者の苦しみをすでにわが身に引き受けている義人」を指している。「他者の苦しみを背負う責任」から逃れられないことが「自己性それ自体を定義している。各人がメシアなのである」（122）。言い換えるなら、「メシアとは私である」は、レヴィナスの哲学的著述にいう「われここに」に類似しており、『存在するとは別の仕方で』の重要な主題が示しているように、エゴ（ないし

「自己性」は、人質に取られ、負傷し、他者にその身を引き渡され、他者のために責任を負い、他者のために、その代わりに苦しんでいる。世界の苦しみをわが身に引き受けるなかで、自己に与えられる役割とは、

召喚の声が響くまでは、応答の声を発する地点に踏み止まることであり――このことこそ自己［私］であることだ。……ただ、こうした苦痛を引き受けたあとでしか、ひとは「私」と自分を名指しできない。メシアニズム――それは存在（すること）におけるこうした絶頂、自己の、〈われ〉のねじれではないだろうか。そして具体的には、各人はあたかも自分がメシアであるかのごとく振る舞わねばならないということである。（122）

この意味では、メシアニズムは、歴史に終焉をもたらす人物の到来をめぐる何らかの信憑性を意味しているのではまったくない。そうではなく、メシアニズムが意味しているのは、「あらゆる苦痛に耐え忍ぶ私の力であろう。メシアニズムとは、私がこの力と自分の普遍的責任を認知するその瞬間の謂なのである」（123）。

歴史、歴史主義、哲学

タルムードのテクストでは最後に、ダヴィデ王とメシアの関係が考察されている。そこでは、ラビが次のように尋ねる。「ダヴィデがやがてメシア的未来を支配するだろうと主張する予言があるが、ここで言及されているのは、旧来の古いダヴィデ王だろうか、それとも、まったく新しいダヴィデ王なのだろう

か」。ある註解では、古代イスラエル国のダヴィデ王は将来、新しいダヴィデ王の「副王」ないしは「副メシア」になるのだと説明することで、この問題を解決しようとする。

レヴィナスは、メシア的な歴史と、近代の歴史学的方法のなかで具体化された歴史についての考え方との関係を考察することで、この奇妙なテクストを分析していく。後者にとって、タルムードが歴史上の人物を自由に操ること、その騒々しいアナクロニズムは、神経を逆撫でにするものだった。たとえば、タルムードやミドラッシュでは、偉大な武人のダヴィデは、トーラーを学ぶラビに変身しており、彼は儀礼的律法の細部にいたるまで関心を寄せている。レヴィナスの見地では、これら二人のダヴィデは、次のようなラビ的歴史理解を体現している。そこでは、

歴史上のダヴィデは、二番目のダヴィデ、自分自身の複製にすぎず、ダヴィデが担うべき意味は時代を超えて現実のダヴィデを律している。古代のダヴィデは、「私が彼らのために任命したそのひとたる」別のダヴィデ、真のダヴィデ、新しいダヴィデ、この非歴史的な存在の副王にすぎない。この超歴史的な現象のなかで二重化されることのない歴史的人物など存在しはしない。歴史上のできごとはすべて、みずからを超越して、その字義どおりの意味を導くような隠喩的意味を獲得する。隠喩的意味が、数多のできごとや観念における、局所的で字義どおりの意味を司る。だから、この意味では、人間の歴史とは精神的なものの営みなのである。(*DL* 124)

歴史をめぐるこうした考え方のなかに、レヴィナスはラビ的釈義を理解する手掛かりを見出している。ラビたちは露骨なまでに時代錯誤的で、頑として教条主義的で、更には単純に世間知らずで、恣意的かつ

意図的であるわけではない。鍵となるのはむしろ、時間ならびに歴史のまさに意味についてのラビたちの考えである。歴史の「精神性」とはまさしく、字義どおりのものが隠喩的なもの――「彼方」であるような隠喩的なもの――に導かれるその仕方である。ここにはまたしても、ベンヤミンのいうテクストの「後生」という考えとの類似が認められる。その基礎となる論点はまたしても、歴史そのものについての数々の定義であり、歴史と歴史の「彼方」にあるもの、歴史と審判、政治と倫理のあいだの緊張なのである。

だが、以上のような考えと、聖書の「アレゴリカル」な読解に対するレヴィナスの反論とはどのように関係しているのか。この「隠喩的」あるいは二重化された意味は、アレゴリカルな読解のもうひとつの様相ではないのか。私の考えでは、この混乱の原因は、レヴィナスによる「ギリシャ語の」語彙の用い方にある。「隠喩的なもの」というレヴィナスの概念がここで実際に意味しているのは、歴史における／歴史に対する審判であり、別世界の象徴的な意味などではない。かかる審判は、内在的で普遍的な歴史の外部にあるものによって可能になる。だが、レヴィナスのいう「彼方」は、これまでわれわれがしばしば指摘してきたように、何か永遠で、別世界にあるような「彼方」ではない。歴史上の登場人物のアナクロニックな二重化は、全体性ならびに世界史との隔時的断絶のいまひとつの局面を表している。「アナクロニック」であるのは、それが歴史を、前方へだけでなく、後方へも（ベンヤミンが歴史について思い描いていたように）読解するからであり、このような後方への読解こそ、歴史への倫理的審判であり、この歴史を判事だけに委ねることなどあってはならないのである。

レヴィナスは註解の最後のほうで、メシアニズムと普遍主義という主題をもう一度取り上げているが、この主題は、メシアの治世の到来に伴う「ほの暗さもしくは闇」について論じたタルムードの議論と関連づけられている。使用される証明本文のひとつは、『イザヤ書』六〇・二の「見よ！　闇は地を覆い、大いなる闇は民を蔽う。しかし、あなたがたの上で主は輝き、主の栄光があなたの上に現れるだろう」という有名な一節である。

これはどのような様相の普遍性なのか、とレヴィナスは問うている。いかにも彼らしいことだが、レヴィナスは証明本文の前後関係を探っている。前後関係は次のようになっている。まず、ラビ・アブーが、異教徒（ヘブライ語ではミン〔ミネア人〕というが――キリスト教徒である可能性もある）の「メシアはいつ来給うのでしょう」という質問に答えようとした。ラビ・アブーは、「闇があなたの民を蔽ときにと答えた。これに対して、異教徒の分離論者は「あなた私を呪っているのか」と逆襲した。その答えとして、ラビ・アブーは『イザヤ書』六〇・二の聖句を引用するにとどめた。一見したところ、この聖句は、ある民族を蔽う闇が他の民族にとっての光のために必要不可欠であることを意味しているように思われる――それは決して「普遍的な」見方ではないのだ。けれども、『イザヤ書』の続く聖句では、すべての「国民と王たちが」この光のなかを歩むであろうことを言明しており、この言明は、全人類がこうした政治的未来のなかを引き続き前進していくことを含意している。レヴィナスは、ラビ・アブーは「非カトリック的な」メシア的普遍主義を描出するためにここで『イザヤ書』を引用したのではないかと推測している。かかるメシア的普遍主義においては、「メシア的秩序は、近代国家における法のように普遍的なものではなく、その帰結として政治的発展をもたらすのでもない」（*DL* 127）。政治的秩序における普遍性へ向けての伝統的な進行は、「多様な信念――首尾一貫した言説の多様性――を比較して、これらすべての言説を包摂する首尾一貫した言説、まさに普遍的秩序であるものを追求することである」（127–28）。レヴィナスにとって、これは哲学の端緒を築くことでもある。すなわち、特殊な首尾一貫した言説に幽閉され続けていた者が、自分の特殊性を超克せんがために、自分の言説とは異なる言説の内的首尾一貫性を気遣い始めるとき、この言説は普遍性へ向けて開かれ、――それが真に哲学を開始させるのである。

無論、レヴィナスはいくつかの特定の哲学を念頭に置いているが、彼はこの哲学を哲学全体、もしくは彼が西欧哲学全体の本質的身振りとみなすものと同一視している。レヴィナスはここでまたローゼンツヴァイクを継承している。すなわち、ヘーゲルが西欧哲学の典型的な哲学者であり、イオニアからイエーナにいたる哲学の伝統の頂点に位置しているというのだ。それゆえ、レヴィナスはここで、西欧哲学の論理と運命はある政治的条件のなかで認知されている、と主張している。真理が十全に表出される地点と、普遍的な国家が構築される地点は一致するのである。個々の衝突や戦闘、戦争と外傷といった火花の数々は、弁証法的に吸収されて、理性の、絶対的真理の普遍的な光のなかでひとつの火花と化す。ちょうど歴史の終焉が複数の歴史すべてを包含するように。

しかしながらレヴィナスは、このタルムード講義全体のなかでも、いや実際には、彼のすべてのタルムード読解のなかでも最も印象的な箇所のひとつで、哲学的な世界史とユダヤ民族の歴史（私の考えでは、それはまた彼の個人史でもある）の苦悩を暗黙のうちに対比している。

ちょっと想像してみてください、政治的生が、他者に対する各人の弁証法的な調停ではなく、暴力と不条理の地獄のような循環として現れる瞬間を。ちょっと想像してみてください。政治がその実現を標榜するような道徳的目標があるが、それがまさに実現される過程で政治がそれを修正し制限する様を、――そしてまた、これらの道徳的目標が、それらを支持すると称する背徳性のなかで溺死していく様を。別の言い方をするならば、あなたがたが政治へのセンスや政治の偉大さの意識を喪失してしまい、政治的な世界のナンセンスと無価値だけが最初に確信されたと想像してみましょう。あなたがたは諸国民から切り離された民族であり、……そして、離散《ディアスポラ》に耐えうる民族であり、外部で、ただひとり見捨てられた存在として自分を維持しうると想像してみましょう。その場合には、あなたがたは普遍性というものについて、これまでとはまったく異なる見解を抱くようになるでしょう。（*DL* 128–29）

このような場合、光とは（ここで『イザヤ書』の一節に立ち戻るなら）「大いなる闇が民を蔽う」ときに生まれるものだろう。すなわち、暴力的な政治の教えが沈黙し、この教えの威信が失われる時である。「「他者たち」の光の政治的誘惑が克服されるとき、私の責任はまったく代替不能なものとなる。そのとき真の光が輝き出ることができる。そのとき、真の普遍性――非カトリック的な――が確証される。森羅万象に奉仕するものとしての普遍性が。これがメシアニズムと呼ばれるものである」（129）。これは、認知ないし言説のなかで万象を理解・包摂することに対立したものとしての、万象に奉仕するところの普遍性なのである。

ここに示した一節は、レヴィナスの全著作のなかでも最も感動的で啓示に富んだ一節であるように私には思われる。それはローゼンツヴァイクのヴィジョンであると同時に、ホロコーストを刻印された人間のヴィジョンでもあり、それはヴァルター・ベンヤミンが抱いた悲しい歴史の天使に類似している。この天使もまた「暴力の地獄のような循環」を、足下で瓦礫が瓦礫に積み重ねられている様を眺めること以外にはできない。――この天使はまさに楽園から吹きつける嵐に翼を掴まれ、それと同時に、進歩という暴力の嵐にもとらえられているのだから。ベンヤミンの比喩が醸し出す哀感《パトス》は、政治と政治的革命が「メシアに向かう正門を開ける」能力を有しているかどうかについて、最後のベンヤミンがどれほど深く苦悩していたかを表している。ショーレムと同様に、ベンヤミンは同時代のシオニズム思想のなかでの政治と宗教の混同を嘆いていた。ショーレムの見地では、イスラエルという政治的国家は、黙示録的メシアニズムと同一のものとはみなされてはならない。レヴィナスは、メシアニズムに関するこのタルムード最後の考え方が「危険なもの」でもあることも自覚している。普遍的言説の欠如は、各人がただ彼もしくは彼女独自の真理を売り込むだけで、妥協を潔しとしないという危険を伴っているのだ。だが、この危険性にもかかわらず、こうした思考はおそらく、幼稚な主観主義をはるかに超える動きであろう。というのも、この思考は真理と道徳性が政治化することの危険性を知悉しているからである。「ユダヤ的普遍主義……が意味しているのは、何よりもまず、イスラエルは政治を尺度として道徳性を測るのではなく、――この普遍主義こそメシアニズムそのものであるということだ」(*DL* 129)。

近代メシアニズムの可能性

レヴィナスはタルムード読解を、現代政治にとって最も決定的な問いかけで締め括っている。すなわち、ユダヤ人たちは解放されたあともなお、メシアニズムを待望することが可能なのだろうか。中世のゲットーから解き放たれ、現代の政治的国家のなかで諸々の権利を与えられ、世俗的な歴史のなかで行動する力を与えられたときに、「われわれはなおも、歴史は意味をもたず、いかなる合理性も示していないと考えることができるのだろうか」(*DL* 129)。タルムードの時代から中世にいたるまでに、ユダヤ人の蒙った歴史的な体験ゆえに、ラビ的思想家たちはしばしば、世俗の政治的な世界を、恣意的で非合理的な世界とみなした。タルムードにおける外見上の歴史的混乱とアナクロニズムは「歴史的できごとを無視したことから生まれたのではなく、これらのできごとを深刻に受け止めることを拒絶してきたことの証」であり、この拒絶は歴史における暴力と犯罪の地獄の循環を緩和するための試みに伴う事態だった。だが、解放以来、「われわれはもはや、これほど徹底的に理性と歴史を峻別することができなくなった。おそらく、一八世紀以来、理性が歴史のなかに浸透してしまったからである」。言い換えるなら、近代のユダヤ人にとって、政治的生の意味や真実を否定することは、そう簡単なことではありえない。解放は、ユダヤ人を諸国民の仲間入りをするよう歓待すること、あるいはまた、ユダヤ教の内部での司法改革にすぎないものではなかった。「ユダヤ教そのものにとって、解放はひとつの開けであった。ただしこの開けは、ユダヤ人がつねにそれに対して責任を感じている人類への開けではなく、その歴史を真摯に受け止めるこの人類の政治的な諸形式への開けであった」(130)。

そうなると、問うべきは、近代の政治的生活のなかでのこの新たな態度とそれへの参画が、最も強い意味でのメシアニズムを損なうのかどうかということである。みずから偽善者になることも、歴史の不条理に対するメシア的な感受性を失うこともなしに、いったいどのようにして、予言的な諸価値と、われわれを取り巻く世俗世界の諸価値を和解させることができるのか。レヴィナスの業績のほとんどすべてがこの問いに駆り立てられると言えるだろう。これらのタルムード註解はまた、レヴィナス自身の宗教論のなかで彼が「理性」を擁護していることや、彼が啓蒙主義者たちの合理主義を完全に非難することを拒む理由を解き明かす一助となるだろう。敵視されているのは、ヘーゲルの「理性」であって、カントのそれではない。歴史や政治に参加することは必要ではあるが、しかし、純化された理性、メシア的理性——倫理的形而上学を携えて参加しなければならないのだ。

この地点で、レヴィナスは再びシオニズムに立ち戻る。

もしイスラエル国という解決策が、すでにして不可逆的な世界史と、必然的に特殊救済主義的なメシアニズムとの再度の統一を体現するものでないならば、選び（おそらく最終的にはこれが主体の主体性にほかならない）の意識と不可分なメシアニズム的な感受性は取り返しのつかない仕方で失われてしまうだろう（*DL* 130）。

シオニズムという「特殊救済主義的普遍主義」はヘーゲルのいう「具体的普遍性」とは別物である、とレヴィナスは再び警告している。シオニズムは、歴史を認識し、この歴史と協力して作業を行うものにほかならないが、こうした共同作業は、「退却」という運動から始まる。ユダヤ人の同化の舞台であるような歴史からの「撤退」という運動から。（この「退却」というイメージは、「ユダヤ人による、ユダヤ人自身の歴史のうちへのユートピア的退却」という、シオニズムについてのショーレムの美しい叙述を彷彿させる。）イスラエルの歴史にとってシオニズムが有する重要性とはまさに、歴史の核心そのものにおいて、こうした特殊救済主義的普遍主義が保持されることである、とレヴィナスは主張している。ひとは自分が歴史の外部におり、それにもかかわらず、偽善的にもこの歴史から恩恵を受けていると信じることはできない。ただ、迫害の時代においてのみ、犠牲者には歴史の「外部」に存在することが許される。イスラエルという国家におけるイスラエル人たちのユダヤ教は、歴史のなかに生きるという危険と危うさを覚悟しなければならないのだ。

結論　書物に先立って、書物を超えて

――私は形而上学者たちがどこまで正しいのか知らないし、おそらくどこかに、格別に魅力的な形而上学の体系や断片が存在しているのだろう。しかし私は、普通、形而上学者たちは、人々が苦しんでいるところのものから単に最小限の刺激しか受けないということは、しかと知っている。

（マックス・ホルクハイマー）

――哲学者についてはその三つのカテゴリーが存在する。第一のグループは諸事物の鼓動を聴き、第二のグループは人間存在の鼓動だけを聴き、第三のグループは概念の鼓動だけを聴く。しかし、第四のグループである哲学教授は文学の心臓音だけを聴く。

（ゲオルク・ジンメル）

――われわれの人生は、それが単なる書物以上のものであることの生きた証である。……単なる書物は、アレゴリー的釈義の技法の犠牲になってしまうだろう。旧約のユダヤ人たちがキリストと同じくこの世から消えてしまったとしても、彼らは［今］民族の観念を明示し、シオンは世界の中心という観念を明示するだろう。ちょうどキリストが人間の観念を明示しているのと同様に。しかし、ユダヤ人に対する大変な憎悪のなかで証示された、ユダヤ民族の頑健で否認しようのない生命力は、このような「理念化」に抵抗している。キリストがひとつの理念以上のものなのかどうか――キリスト教徒は誰もそれを知ることができない。しかし、イスラエルがひとつの理念以上のものであること、それをキリスト教徒は知っているし、目撃している。なぜなら、われわれは生きているからだ。われわれは、ひとつの理念が永遠であるかもしれないのと同じ仕方で永遠なのではない。もしわれわれが永遠であるなら、永遠は十全なる実在としてある。それゆえ、キリスト教徒にとって、われわれは真に疑いの余地なき者なのである。

（ローゼンツヴァイク『救済の星』四一四―一五頁）

啓示とメシア的知見

真理は観照によって到達されるのではなく、ひとのまさに生活を通じての検証のなかで到達されるという、ローゼンツヴァイクの真理概念について、レヴィナスはこう書いていた。「人間的真理とは、時間の終わりをめぐる神的真理について、生活によってもたらされた証言である［強調レヴィナス］。ローゼンツヴァイクはこのような真理理論を「メシア的知見」と呼んだ」（"Entre deux mondes" 132）。この「メシア的知見」という言い方はレヴィナス、ローゼンツヴァイク、ベンヤミン、ショーレムをひとつにつないでくれる。なぜなら、彼らのあいだには様々な相違があるにもかかわらず、彼らはそれぞれ、近代の世俗的思想――観念論、唯物論、マルクス主義、モダニズム、歴史主義、ナショナリズム、文献学、現象学、構造主義、ポスト構造主義――の挑戦を前にして、この「メシアニズム」と向き合い、それを作り直したからである。

ある意味では、彼ら各々の生活は、その人物が探求している真理について証言をもたらしてもいる。ローゼンツヴァイクは大学を去る決心をし、後年には、進行性麻痺と近づいてくる死と勇敢にも闘った。ベンヤミンは追放者として生き、命がけでナチスから逃走し、最期の時まで草稿を持ち歩いた。ショーレムはヨーロッパを離れ、パレスティナに移住し、学術研究の新しい分野を開拓した。レヴィナスはホロコーストのあとまで生き延び、全イスラエル同盟のパリ東方師範学校の校長となり、フランスのいくつかの大学で哲学を教えた。これらの思想家全員のなかには、一種の「メシアニズム」が存在している。思考をその他者へと引き寄せ、内在的歴史の暴力と残虐に打ち克つ何らかの中断力へと引き寄せることとして。それが政治革命を通じてであれ、シオニズムを通じてであれ、神秘主義的解釈を通じてであれ、哲学的批判を通じてであれ、倫理学を通じてであれ、別の仕方で存在するための何らかの方途が模索されているのだ。

ローゼンツヴァイクにとっては、存在のひとつのカテゴリーもしくは「現実的なものに対する究極的感覚」としての「宗教」はすでにして、戦争と暴力で充満したヘーゲル的世界史にとっての他者であるようなあの終末論的時間である。ステファヌ・モーゼスが言っているように、「歴史の外なるこの歴史、生成なきこの時間性、戦争や革命なきこの社会性が、ローゼンツヴァイクにとっては、ユダヤ民族のそれであるような理想的空間を定義している」(“Hegel pris au mot” 334)。ショーレムとベンヤミンもまた、反歴史を引き出しているが、反歴史なるものの内容を作っているもの、その生を産み出しているものについては意見を異にしていた。彼らは共に、まさにカタストロフと破壊の力のうちに、救済の歴史的可能性を見ていた。ショーレムは、ローゼンツヴァイクのいうハラハー的で典礼的な共同体の「秩序立った家」を貶価し、その代わりに、ユダヤ教思想におけるアナーキー的で黙示録的な体質の高揚を検討した。彼の仕事のなかでは、カタストロフと破裂は梃子の支点であって、それにもとづいて、修正的歴史が構築され、「生命なき」合理主義的「ユダヤ教科学」のイデオロギーならびに、ユダヤ教史の進化的で前進的な展開についてのその説話が暴露されねばならないのである。

　ショーレム、ベンヤミン、ローゼンツヴァイク、レヴィナスは、批判に際して各々異なる小道を歩みはしたが、反ヘーゲル主義——理性と歴史との同一化への反対——という点では共通していた。ショーレムと同様、レヴィナスとローゼンツヴァイクもまた、解放以後のユダヤ人の生活の世俗化がユダヤ人の「歴史への回帰」を意味しており、この「回帰」は非常に真摯に受け止められるべきであることを認めていた。またしてもモーゼスは、慧眼にも、ローゼンツヴァイクにとってユダヤ民族は全面的にあらゆる歴史の「外部」に存在していた、と言うのは妥当ではないと言っている。「ユダヤ民族の非歴史性は相対的である。それは世界史のなかでの、というよりもむしろ、西洋が世界史について作り上げた意識のなかでのひとつの不在の場所を指し示している」("Hegel" 334)。ユダヤ民族の「メタ歴史的」召命と精神的本質についてのローゼンツヴァイクによる定義はそれゆえ、「政治的実践の理論——まさにユダヤ人の彼ら自身の歴史への非参画についての理論——としてではなく、ひとつの規制的理念として、「すべての政治に課せられた制限」という理念として理解されるべきだろう」(337–38)。

　このような分析は、レヴィナスのいう「メシアニズム」もしくは「ユートピア主義」にも適切にあてはめることができる。ただし、もしユートピア主義という語は不適切かもしれない。なぜならレヴィナスは、ユートピア主義なるものが正しい世界を創出する努力を拒む孤独な魂の欲望と夢を意味するのであれば、それは「虚しく」「危険」であると主張しているからだ。「それは、魂とは不死への要請ではなく、殺人の不可能性であり——したがって精神は正しき社会への配慮であるのを忘れることである」(*DL* 139)。「存在を超えた〈善〉」「他者－のための－一者としての主体性」「顔」「無限性と外部性」「語ることと語らざること」は、彼の思想のなかでは、「規制的」理念として機能している。歴史、全体性、内面性、政治は否定されているのではなく、ある種の「外部」から批判されている。歴史と存在の内なる分裂としてのユダヤ的生存はまた、隔たりと時間の合間、隔時性、アナクロニズム、審判と倫理的証言としての他者の時空間を開け広げる。「戦争や革命なき社会性」としての、このような開けの空間は人類全体にとっての可能性であり、だから、『存在するとは別の仕方で』の最後で、レヴィナスは、すべての民族が選ばれた「われここに」へと呼び出されていることを読者たちに思い起こさせている。

ローゼンツヴァイクとレヴィナスも、ヘーゲルがユダヤ人と弁証法の単に「否定的」契機とを同一視したことを否定している。そこでは、ユダヤ人は、〈律法〉の仮借なく、また、ありえないような厳格さに服した「不幸な意識」の何らかの表象でしかないのだ。「外部」としてのユダヤ的生存や意識・良心や律法、他者性や隔時性は、関係としての断絶の肯定的な表現である。他者としての、また、他者によって命じられるユダヤ人は超越の肯定性を描いている。レヴィナスのいうアブラハムは、ヘーゲルやキルケゴールのいうアブラハムとはちがって、『創世記』二二での決然とした、しかし苦悩に満ちた姿によって要約されることはない。つまり、刃物を手に取り、神の命で息子のイサクを犠牲に捧げる準備のできたアブラハムではないのである。レヴィナスのいうアブラハムは、異邦人をみずからの幕屋に迎え入れ、過剰な歓待性を発揮して異邦人たちに尽くす、『創世記』一八の姿をまとっている。アブラハムのまったく見知らぬ者たちである彼らは、三人の異邦人という人間の姿をまとって現れた「天使」である。『創世記』一八・三に言うように、アブラハムは彼らを迎えるに際して、異邦人たちのことを、神の数々の名のひとつを口にして、「アドナイ」(わが主)と呼ぶ。レヴィナスの註解によると、このように、他者の迎接はまさに神を迎接し、神と親密になることであり、このアブラハムは覚醒した人類の先駆者なのである(*ADV*

153)。

他者‐としての‐ユダヤ人というヘーゲルの否定的規定は、しかしながら、デリダやジャベスのうちにそのポスト構造主義的対応物を有している。そこでは、ユダヤ人は、さまよえる「痕跡」もしくは苦悩の流浪、更には「差異と他者性」一般のアレゴリーと化し、その場合、「差異と他者性」は「筆記」と意味の条件と同一視されている。同時に「内部」でもあるような「外部」のまさに可能性は、レヴィナスにおける無限性と全体性との関係を批判するに際して、デリダが問いただしたものである。デリダは、非暴力的な社会性が可能であるとは考えなかった。分裂的時間におけるデリダ的瞬間は遅延と差異であるが、この分裂的隔時性は「終末論的」諸概念を一掃し、また、それが言語のなかに場をもつ限りでは、すでにして暴力ならびに西洋形而上学の罠のような諸体系に服している。デリダの『弔鐘』では、ヘーゲルというデリダの省察の主題たる皇帝の「鷲」は、ユダヤ的反歴史とではなく、ジュネと併置されている。そして文学は、そこで「哲学」が異議を唱えられるような場と化すのである。

デリダにとっては、詩人は〈律法〉の「割れた〈石板〉」を、意味の解体を表している。そして、この解体はユダヤ的他律を覆すとともに、書物の外なる「筆記」へ向けて動いていく。詩人（もっと話を広げると哲学者‐詩人もしくは批評家）には、「〈律法〉の〈石板〉を破壊し」、言語にとっての「他者」、テクストの戯れを引き出す必要がある。こうして詩的自律性は、哲学を疑問に付すような他者性を解き放つ。しかし、レヴィナスにとっては、破壊の行為は、認知と存在の利己主義的領域との断絶である。これは、他者、それも異質なものとしての他者との関係に由来するトラウマで、このトラウマが「困難な自由」を成すのだが、かかる自由は石板を砕くことなく、まさに石に〈律法〉を刻みつける。「ハルート［刻まれた］と読むのではなくヘルート［自由］と読むべきである。なぜなら、トーラーの学習に専念した者を除いて自由な人物は存在しない」。まさにこのような「他による同の覚醒」は最終的には「啓示」であり、超越への開けである。レヴィナスをめぐる論考「暴力と形而上学」のなかで書いているように、デリダにとっては、開けは差異の内なる意味の戯れであり、差異が歴史や意味や、更には神自身を作り出すのである。レヴィナスにおいてと同様、差異の開けは何らかの心理学的ないし解釈学的「内面性」に導くのではまったくないが、デリダにおいては、この開けは「〈無限者〉の栄光」としての存在とは他なるものへと導くこともない。デリダの動きは水平的である。差異は隠蔽であり、もし同一性のためのいかなる堅固な土台も存在しえないなら、「真摯さ」もまたありえない。――どうして不誠実や狡猾さ以外の何かがありえるというのか。ジャベスについてデリダが書いているように、神自身でさえ狡猾である。デリダにとっては、カバラ的ツィムツムないし神の自己収縮は、神の狡猾さと同様、「神の内なる問題」である[1]。

　更にデリダは、われわれは「ラビ」にしてかつ「詩人」であり、自由にしてかつ不自由であり、いつも哲学とその他者とのあいだにある。われわれは双方の解釈を同時に生きている。レヴィナスにとっては、ユダヤ教と哲学は、互いに審問し合うところの対である。が、デリダにとっては、このような対は「文学」と哲学のそれである。デリダとレヴィナスは共に、哲学にとっての他者に呼びかけることで、哲学を中断する。ただし彼らは、こうした審問を根源的に生み出す「呼びかけ」ならびに、それが要請する応答を定義する仕方については相異なっている。

　そこでレヴィナスは問いかける。今はデリダの考えをも念頭に置きながら。すなわち、啓示は何らかの受け身の知見とは別物であり、それ以上のものではないだろうか。まさにそれは「この目覚めを思考することではなかろうか。……理性の合理性を、更には問いの可能性を問いただすことではなかろうか」。「消火不能な炎の、燃え尽きることなき燃焼のように、〈同〉の平安と優位が不断に審問されること」としての啓示である。「……ユダヤ教的啓示の戒めはその値段のつけられない責務においてまさにこのようなあり方をしているのではなかろうか」（*ADV* 180）。ただし、これは超越が「語られたこと」のなかで描かれる仕方である、「それにしても、このような超越は、応答へと転じることで何かを失うことなく、応答へと転じることができるのだろうか。問いはまた審問することでもあるのだが、それこそ彼方から命じる声の特徴なのではなかろうか」（181）。

要するに、レヴィナスにおける断絶は倫理であり、倫理は語ることとの彼方である。それは哲学に先立つとともに哲学を超えた、書物に先立つとともに書物を超えた他者‐のためにであり、それは日々の生活のなかで、肉と血のなかで具現される。レヴィナスの結論は、哲学と自由を否定することではなく、それらをその「他者」へと縛りつけることであった。レヴィナスにとっては、哲学は究極的には非哲学的なもの、存在を超えた神に仕えるものだった。にもかかわらず、レヴィナスは哲学者であり続ける。なぜなら、真理は哲学のうちにもその拒絶のうちにも見出されず、「概念と概念の拒絶」（*OTB* 126）とのあいだの交替もしくは振動のうちに見出されるからだ。曖昧さとしてのこのような振動は他者の開けであり、それは時間のなかにあり、また、肉体として生のなかにある。

ローゼンツヴァイクもまた『星』を「生に向けて」という言葉で締め括っているが、ローゼンツヴァイクにおける書物と生〔生活〕ならびに「哲学の終焉」との結合は、哲学の内から外、外から内への振動としての真理というレヴィナス自身の考え方に重大な影響を与えた。レヴィナスが注意を促しているところでは、ローゼンツヴァイクにとって、『星』を書くことは「彼と生との関係の本質的な契機〔強調レヴィナス〕」であり、書物は生の扉を開くのだった。生は書物を超えて広がるが、書物を潜り抜けることを前提としている」。「新しい思考」のなかでローゼンツヴァイクが書いていたように、書物にとって、哲学にとってその正当化は「日々の生活のなかで果たされる」("Entre" 124)。鍵を握るのは、ローゼンツヴァイクが、書物を、哲学における数々の全体性を超える動きを実行するその仕方である。「存在の一般経済のなかで、絶対的に還元不能で異質的な諸要素が産み出されるその仕方——統一されえないものの統一——が生と時間である」(127)。

このように、ここには本当に破壊がある。哲学という石板の破壊が。しかし、それはまた新たな星座＝布置のなかでこれらの断片が配置し直されることでもある。これは書物のあとで生まれる統一であって、すべてを視野に収める哲学者の眼差しによっても、論理学の形式的カテゴリーによっても、テクスト性のいかなる戯れや言説的実践によってもそれに到達することはできない——まさしく「テクストの外」なのである。レヴィナスはローゼンツヴァイクのうちに、哲学の終焉は美学や政治学ではないという核心的な認知を見出している。それは美しきものの偶像崇拝や歴史の匿名の流れのなかへのどうしようもない没入ではなく、「宗教」なのである。とはいえ、これは素朴で前近代的で前哲学的な宗教ではない。ローゼンツヴァイクにとっては——そしてまた彼に従うレヴィナスにとっても——、宗教は教義への信仰もしくは社会的制度として第一義的に理解されるのではなく、始原的な「存在論的」水準として、「存在するものは存在するまさにその仕方［強調レヴィナス］」(125) として理解される。だからこそ、ローゼンツヴァイクにおける「宗教」の概念は、レヴィナスが付言しているように、世俗主義者たちがそれと闘うところの異説ではないし、それはまた、無思慮な敬虔さ、隠遁主義、更には何らかの聖職者的想念とも無関係である。『星』が可能にしたのは、宗教的真理の存在論であり、宗教的真理は、タレース以来の西洋哲学の全体と同じくらい哲学的に至高のものだった。そして、これはまたレヴィナスの企図でもあった。ローゼンツヴァイクのなかでは、「神学的経験は伝達不能な神秘的経験でも、啓示の「内容」に依拠することでもない。それは数々の宗教的共同体の客観的実在であり、まさにそれらの存在を明言するところの意味の全体性であり、歴史と同じくらい古い宗教的実在である」（"Une pensée" 211）。

ユダヤ人の生活は、時間のなかの〈終わり〉を具現するような集団的で社会的な実践を通じて、「永遠のもの」となる。永遠と言ったが、それは抽象的で観念論的な意味での永遠ではなく、時間の各瞬間における歴史の裁きとしての永遠である。レヴィナスは、アブラハムの家からのハガルの追放の物語（『創世記』二一）をめぐるミドラッシュ的解釈を改めて語っている。砂漠をさまよいながら、ハガルは最後には水を切らし、自分の子供の死が迫るなか絶望へと陥っていく。神はその子供の叫びを聴き、ハガルの目を覚まさせ、彼女に井戸のありかを教える。ミドラッシュによると、天使たちはこの行為に抗議した。なぜなら、イシュマエルの子孫はやがてイスラエルの不倶戴天の敵となるからだ。神はこの抗議に答える。「明日のことは構わないではないか。私は各々を彼が生きているその時において判断する。今日のところはイシュマエルに過ちはない」、と。レヴィナスはこう註解を加えている。

このように、イスラエルの永遠は〈歴史〉からの自存性のうちに存している。そしてまた、どの瞬間にも裁きを受けるに足るだけ成熟した者として人間を認知する能力のうちに。この場合、〈歴史〉の終末がわれわれに、そのいわゆる最後の意味として明け渡すところのものを待つ必要はないのである。そしてイスラエルは、受肉したイスラエルを超えて、〈歴史〉の単に権威主義的な宣告を拒むすべての者たちを含んでいる。

（"Une pensée" 221）

漸進的歴史の線形的な流れから抜き出された「どの瞬間」――そこで人間は「裁きを受けるに足るだけ

成熟している」――も、、ベンヤミンが「死在時」と呼んだものでもある。それは「できごとのメシア的停止であり、別の仕方で言うなら、抑圧された過去のために闘う革命的機会」（*Illum* 263）である。ベンヤミン版の「史的唯物論」は各々の瞬間を、「そこを通ってメシアが入ってくるかもしれない狭き門」たらしめたのだが、そこでは、「救出された人類がその過去の充溢を授かることになる。……人類が生きたどの瞬間も日々の緊急の引用と化し、その日が〈最後の審判の日〉なのである」（254）。

砕けた石板を修復する

ローゼンツヴァイクとレヴィナスは最後にはわれわれを書物の彼方へと連れていく。哲学の砕けた断片と〈律法〉の砕けた〈石板〉は再びかたちを成す。他者は、神話、美学、政治の領域から引き出されて、倫理、宗教、生活へと引き入れられる。唯一無二の自己はこじ開けられ、隣人へと呼び出される。断絶は人間的関係、メシア的希望と化す。そうであるなら、『モーセ五書』の最後の書を締め括る言葉についてのラビの註解をもって、私がこの書物を締め括るのは適切な選択であろう。

イスラエルにはもう二度とモーセのような予言者は現れなかった。主が顔と顔を合わせて彼を選び出されたのは、彼をエジプトの国に遣わして、ファラオとそのすべての家臣および全土に対してあらゆる徴しと驚異を行わせるためであり、また、モーセが全イスラエルの眼の前で、あらゆる力と畏敬の念に満ちたあらゆる力量を示すためであった。（『申命記』三四・一〇）

ラシ〈ラビ・シュロモ・イツハック（一〇四〇―一一〇五）〉はフランス中世のユダヤ人釈義者で、あらゆるユダヤ人註解者のなかでも最も偉大な人物として認められている。彼の註解はユダヤ教を学ぶ子供たち全員が最初に学ぶものであるが、それは最も進んだ学者によっても研究され続ける。ラシが何度も繰り返していることだが、彼はテクストの明瞭な意味（ペシャト）を説明することだけを意図しているのであって、その説教的意味やアレゴリー的意味や神秘的意味を説明しているのではない。しかし、『申命記』の末尾についての註解のなかでは、われわれは尋常ならざるミドラッシュに言及しているラシを見出す。ラシは『申命記』のテクストの最後の言葉、「全イスラエルの眼の前で」を引用して、こう書く。「『申命記』九・一七で「私は二枚の〈石板〉をあなたたちの眼の前で砕いた」と言われているように、彼の心は、彼らの眼の前で〈石板〉を砕くよう彼に促した」、と。続いて、『申命記』をめぐるラシの最後の言葉が来るのだが、それを彼はタルムード（『安息日』篇八七）のミドラッシュから取っている。「祝福されるべき〈聖なる一者〉の意見はモーセの意見と一致していた。『出エジプト記』三四で「あなたが砕いたもの」［アシェル・シバルタ］と言われているように。――それらを砕いたがゆえに［イシャル・コカハ・シエーシバルタ］、あなたの力が堅固とならんことを」。

　ラシは暗黙のうちに最後の聖句が何に言及しているかを問うている。モーセが全イスラエルの眼の前で示した大きな力と畏敬の念に満ちた大きな力量とはいったい何なのか。その「証拠」は二五節前の『申命記』九・一七の聖句にある。そこでモーセは、できごとを改めて数え上げながら、「私はあなたがたの眼の前でそれらを砕いた」と言っている。「あなたがたの眼の前で」［レ・エイネッヘム］はここでは『申命記』三四・一〇の聖句の最後の言葉「全イスラエルの眼の前で」［レ・エイネイ・コル・イスラエル］に呼応している。では、神がこのことに同意した証拠は何なのか。『出エジプト記』三四・一で神はこう言った。「前と同じ石板を二枚切りなさい。私は、あなたが砕いた、前の板に書かれていた言葉を、その板に記そう」と。ここから抜き出されたのは、「あなたが砕いたもの」――ヘブライ語ではアシェル・シバルタ――という言葉である。ラシが引いているミドラッシュのうち、古のラビ・レシュ・ラキッシュはアシェル（目的格の関係代名詞に相当）というヘブライ語と戯れながら、この語を構成する文字のひとつアレフをヨッドに換えて、アシェルをイシャルに変形している。イシャル・コハクという慣用的表現に含まれた語で、この表現は大雑把に言うと「おめでとう、上首尾だ！」を意味している。「モーセが全イスラエルの眼の前で示したもの」というモーセ五書最後の言葉は今や、石板の破壊への言及として読解される。――怒りと、カタストロフと、すべての業への脅しの時であり、〈黄金の子牛〉をモーセが見て、全イスラエルの眼の前で、神の言葉を破壊したその時である。

タルムードはまた、モーセが自分で行った主要な行為はわずか三つしかないが、石板の破壊はそのひとつであると説明してもいる。これは人間の決定であって、神はそれに同意したのだ。アシェルとイシャルをめぐる驚くべき言葉遊びを行った古の賢人、レシュ・ラキッシュも、タルムードの別の箇所では、「時にはトーラーの廃棄がトーラーの基礎付けである」（『メナホット』九六a・b）と言っている。

それにしても、この潜在的なカタストロフと断絶の意味は何なのか。破壊もしくは完了としての書物の「終焉」は何を意味しているのか。デリダとジャベスのなかでは、破砕の瞬間それ自体が「〈律法〉」と化す。そして、深淵ならびに否定性との戯れが継続されるのだ。ジャベスはこう書いている。

ヘブライ民族は、律法の石板を破壊することをモーセに強いたとき、読解における決定的な教えをモーセに与えた。なぜなら、彼らは根拠なしにはある語を、神という語を受け入れることはできなかったからだ。書物が人間的なものとなるためには、モーセが書物を破壊することが必要だった。……ヘブライ民族の側では、書物を受け入れることができるようになる前に、この身振りが不可欠だった。これはまさにわれわれ自身が行っていることでもある。書物を読むとき、われわれはこの書物を破壊して、それを別の書物たらしめようとする。書物はつねに、破壊されたある書物から生まれる。そして、語もまた、破壊されたある語から生まれる……。(Auster, "Interview" 23)

深淵の極限的な〈名〉としての「神」。追放と彷徨と分離と異邦性の表徴としての「ユダヤ人」。この条件は作家の条件でもある。書物の不可能性としての、そしてまた、書物を構築するすべての可能性の場所もしくは非‐場所としての「書物」。すべての名の抹消としての〈名〉を口に出しえないこととしての「名」、〈不可視のもの〉の、黙した神の〈名〉[2]。(*Le soupçon* 85)

ベンヤミンとショーレムにとっては、このような破砕は神の狡猾さもしくは神の不在を意味してもいる。しかし、メシア的希望は残る。神秘的他者性の「彼岸」に、カタストロフそれ自体の空虚もしくは力のなかに、あるいはまた、民族的家郷の物質的再構築のうちに、あるいはまた、革命的社会のうちに。

しかしながら、ラビの註解のなかでは、神はなおもモーセを祝福し、モーセに神の書き物を手渡しはしたが、人間に対して権威を譲渡するためにのみ「撤退した」ことになっている。こうして、神の書き物は慣習的関係の一部と化すのだ。レヴィナスとローゼンツヴァイクは、まさに破砕が行われるこの瞬間のうちに、こうした関係のなかで課せられる倫理的命法を見出す。育成するべきひとつの共同体が存在する。そして、生き延びるだけではなく、〈第二の〔二枚の〕石板〉を再構築して、新たにそれらを授かる必要があるのだ。

ここには、現代の文学批評にとっての何らかのモデルがあるのだろうか。聖書を成すすべての書物のなかでも最も辛辣な書物——すべての書物を締め括るいまひとつの書物たる『伝道の書』——をめぐるいまひとつのミドラッシュがひとつの回答をもたらしてくれる。『伝道の書』の最終章には「賢者の言葉は釘としてある」(一二・一一)との言葉が含まれている。ヘブライ語では、釘に相当する語はダルバンで、その複数形はダルバノートである。キは「〜のように」もしくは「〜として」を意味する。ヘブライ語の文法では、接頭辞は語に付着されるから、この聖句は「ディヴレイ・ハハミーム・カ−ダルバノート」と読まれる。ミドラッシュは「カ−ダルバノート」という語を破壊して、二つの新しい合成物に転じる。すなわち、カドゥールとバノートに。ヘブライ語では、カドゥールは「ボール」を意味し、「バノート」は「少女たち」を意味する。この仕方で読み直すと、「釘として」という言葉は今や「少女たちのボール」を意味することになる。

ミドラッシュは更に続く。「手で投げられたボールが落下することがないように、それと同様の仕方で、モーセはシナイでトーラーを授かり、それをヨシュアに伝え、ヨシュアは長老たちに、長老たちは予言者たちに、予言者たちは大法廷の人々にそれを伝えた」。ここで「伝達」「配布」を意味するものとして用いられたマサールという語は「手渡す」(3)という意味でもある。言い換えるなら、神の撤退ならびに言葉の委譲は、少女たちの遊びのなかでのボールのトスに似ている。文学的解釈はミドラッシュにおけるこうしたイメージから何かを引き出せるのだろうか。必ずしもつねに無関心な言語ゲームや言説の荒々しい戦争や権力を求めての闘いであるわけではなく、著者−テクスト−読者の倫理的もしくは慣習的関係であるような伝統、伝達、解釈だろうか。遺贈の行為、寛大さ、慈愛に満ちた戯れ、ただし、人間の顔に、傷つき易い少女に無関心たりえない戯れだろうか。歴史と戦争の暴力を裁きにかけるような命法だろうか。

こう書いている途中、私は、第二次世界大戦のカタストロフィックな暴力の只中で書かれたある記録をめぐる新聞記事と出会った。『アンネ・フランクの日記』である。この記事が書いているところでは、この日記が隠されていた家と隠れ家には一年に五〇万人の人々が訪れる。アンネ・フランクはひとりの少女にすぎない――、少女たちによってあちこちトスされる球技（カドゥール・バノート）としての解釈と伝達というミドラッシュ的イメージに登場する少女のうちのひとりのような。彼女の遺言は、苦悩に満ちた希望のあらゆるイメージを伴いながらも、なおも人々の本質的善性を信じるもので、それは「メシア的知見」のまとういまひとつの形式であり、自分を殺害する者たちに対する我慢強い判断である。そして、一冊の書物は著者の死にもかかわらず生へと開かれていくのである。

訳者あとがき

本書は、Susan A. Handelman : *Fragments of Redemption. Jewish Thought and Literary Theory in Benjamin, Scholem, and Levinas*, Indiana University Press, 1991, 414 pp. の全訳である。原題を直訳すると、『救済の断片――ベンヤミン、ショーレム、レヴィナスにおけるユダヤ思想と文学理論』となるが、邦題は『救済の解釈学――ベンヤミン、ショーレム、レヴィナス』とした。

ハンデルマンに関しては、前作 *The Slayers of Moses*, 1982の邦訳が『誰がモーセを殺したか』（山形和美訳）という題で一九八七年に法政大学出版局からすでに出版されており、そこに付された「訳者あとがき」と一部重複してしまうが、著者の経歴等をまず簡単に紹介しておきたい。生年は不詳。一九七一年にマサチューセッツのスミス・カレッジの英文科を卒業（優等賞）、翌七二年にはミドルバリー・カレッジ、七三年にはイタリア・フィレンツェのダンテ語学センターで学び、一九七七年にはニューヨーク州立大学バッファロー校で大学院修士課程を修了、二年後の一七七九年には同大学院で博士号を取得した。

博士号を取得したその年にメリーランド大学英文科専任助教授に就任し、一九八四年に同大学準教授に昇格した。一九九一年に同大学教授となり二〇〇〇年まで勤務した後、二〇〇〇年からイスラエルはバール・イラン大学人文学部英文科の教授に就任し、現在に至っている。一九九三年から九四年にかけて、イスラエルのヘブライ大学ユダヤ研究学院客員教授を務めてもいる。

女史自身の記載によると、研究分野は「文芸批評とユダヤ研究。文学と哲学、宗教、心理学、教育学との関係」、研究企画は「古典的ユダヤ思想におけるタルムード博士の思想とポストモダン文化理論」となっている。一九七八年に「フロイトのミドラッシュ——解釈の流浪」（Freud's Midrash. The Exile of Interpretation）を『ニューヨーク文学フォーラム』（*New York Literary Forum*）に発表して以来、数多くの論考を発表しているが、著書という点では寡作で、本書と前掲の *The Slayers of Moses* があるだけで、他には、『精神分析と宗教』（*Psychiatry and Humanities*, vol.11, *Psychanalysis and Religion*, Johns Hopkins U.P., 1990）、『母たちのトーラー』（*Torah of the Mothers*, Urim Press, 2000）の編者を務めている。

以下、蛇足となることを覚悟のうえで、前作をも勘案しつつ（引用に際して若干の変更を施した場合もあるが、略号SMに邦訳の頁数を付記した）、ハンデルマンの問題意識について簡単に私見を述べさせていただきたい。それを導く道標として、一九七二年にラカンが「リチュラテール」のなかで、「文学」「文字」（lettre）を、海と陸の境界地帯である「沿岸地帯」（littoral）になぞらえていることを紹介しておきたい。そのつど異なる形をまとって、相異なるものを結びつけては切り離す「沿岸地帯」。そもそもハンデルマンがベンヤミン、ショーレム、レヴィナスという「三人の人物を選んだのは、彼らがいずれも、私〔ハンデルマン〕と同様に、ユダヤ的世界と近代世界を仲介することに従事したユダヤ人だから」（xxii-xxiii）であり、また、地理的な意味でも、研究分野という意味でも、「彼らはいずれも複数の境界線上で生き、書いた」（xxxi）からである。これは、ベンヤミンにおいて「引用可能性」が「単なる「文学」技法」ではなく「政治的で革命的行為」（258）であったように、「言語」が、「文学」がわれわれの「行為」全体とつながっているという意味でもある。ここにまずハンデルマンの信念のようなものがあると言ってよいだろう。

「自然数」は神の賜物と考えるしかない、と言った数学者がいると聞くが、「言語」についても同じことが言えるかもしれない。「言語」をどのように定義するかにもよるが、人間の「言語」は人間の生成と変化の過程のなかで生まれ、それ自体もまた不断に変化し続けているひとつの「媒体」としての性格を有している。そして、「命名」や「表出」や「伝達」がこの「媒体」——時に「手段」「道具」ともみなされる——の主要な機能と考えられている。しかし、その一方で「言語」(ダヴァルにせよロゴスにせよ)は、『創世記』でも『ヨハネによる福音書』でも、人間をも含む森羅万象の、宇宙全体の創造を司るものともみなされてきた。「トーラーは世界の創造よりも先に存在していた」(519)。

しかも、ユダヤ‐キリスト教的「創造」のみならず、ギリシャ的「造化」における「形相」も一種の「言語的格子」とみなすことができる。遺伝子情報のような設計図を思い浮かべればよいだろうが、「言語」はそれ自体が被造物であるとともに創造の原理でもあり、これが「言語の超越性」ないし「言語の神聖性」である。ハンデルマンなら「言語の宗教性」と呼ぶだろうが、ベンヤミン、ショーレム、レヴィナスはそれぞれ、「純粋言語」、「啓示の虚無」「究極的な意味なき語」、「語られたことなき語ること」として、この次元を各々の理論の中核に位置づけていた。それはまた「翻訳」が彼らの思想的営為そのものであるという意味でもある。ギリシャ人が知らなかった原理をギリシャ語に翻訳すること(レヴィナス)……。

この点で特に興味深いのは、ベンヤミンの「言語一般と人間の言語について」が、ソシュールの『一般言語学講義』の出版と同じ年(一九一六年)に書かれたというハンデルマンの指摘であろう。共時的で示差的な記号体系の水平性・横断性が理論化されると同時に、「言語における「何かそれ以上のもの」「何か他のもの」(133)を示す垂直の次元があらわにされたのである。その際、分析哲学のなかでも問題になる「固有名」が二つの次元の交点に位置づけらていること、また、「言語の宗教性」がベンヤミンにあってはマラルメのような詩人から受け継がれていること、これも実に興味深い現象であろう。

「ヘブライ語では、「天使」（マラッハ）という語は文字どおり「使者・伝令」を意味している」（300）とあるが、天使だけではない、予言者だけもはない、神人とその使徒だけでもない、プラトンの『イオン』に言うように、「解釈する」（ヘルメーネウエイン）、「解釈するひと」（ヘルメーネウス）も「神々の使者」を意味しており（ハイデガー「言葉をめぐる対話」参照）、ハンデルマンは、「批評」「批評家」をこのような媒介的存在の新たな化身とみなしている。実際、「西洋世界で言語と解釈に関して書かれた最も影響力の大きな論考の多くは（…）アウグスティヌスからダンテ、ルター、スピノザ等々に至るまで見られるように、はっきりと神学的なもの」であった〔前作第四章〕。ただ、これが本書のいまひとつの探求課題なのだが、ドイツロマン主義に代表される「モダニズム」によって、「創造主と被造物といった宗教的カテゴリーが、主体と客体、われとわれならざるもの、人間的意識と自然の関係として、世俗的世界観へと解釈し直される」（184）と、われわれはこの世俗性の前提に欺かれて、「批評」の本質的宗教性を失念してしまう。「批評というものは、つねにある意味では、何らかの宗教的戦いを行ってきた。それにもかかわらず、われわれは、近代の解釈学の宗教的な根がいかに深いものであるかをほとんど理解していない」（SM 5）。この視点はきわめて重要である。その重要性をいくら強調しても強調しすぎということはないだろう。

ただし、「批評」の宗教性はヘブライズムとヘレニズムの二元性に即したものではなかった。まず、ユダヤ教の聖典を「旧約」（予徴）と呼び、そのユダヤ教を「成就」したと自負するキリスト教によってユダヤ教（釈義）は抑圧され、しかも「キリスト教がユダヤ教との結びつきを断ち切って、ローマ帝国内にひろがっていくにつれて、それはギリシャ哲学と手を結ぶようになった」（SM 6）。ここに「ギリシャ－キリスト教的解釈学」なるものが成立し、それは今日にいたるまで「批評」の主要潮流を成し続けてきた。

フランスのプロテスタント哲学者ポール・リクール（一九一三―）などその典型的な存在であろう〔前作第一章参照〕。ところが、「無限で無際限な絶対的なものを、人間の終わりなき努力の到達不能ではあるが必然的な目標とみなす」(186)、そのような「モダニズム」の志向が、むしろ野蛮と大破局を生み出すとき、あたかも忘れられた根源が回帰するかのようにユダヤ教解釈学が「生きた化石」として甦ったのである（モダニティーと時間の関係については272–273を参照）。

言葉が神人として「受肉」したことが、キリスト教解釈学の端緒に位置しているとすれば、ロマン主義的な人間主体――無限遠点をめざす有限性――のポストモダン的解体が、ユダヤ教解釈学の回帰を促したのはある意味では必然的な事態であった。「大文字の〈言語〉が神の座を奪ったのである」(62)。これまで、ユダヤ教解釈学が地下水脈にとどまってきた理由として、ハンデルマンは、キリスト教会がそれを受け入れなかったことに加えて、ヘブライ語の原資料を分析できるひとが稀少であったこと、モダニズム期はユダヤ人にとっては「同化」の時期で、ユダヤ人たちがヨーロッパの知的生活全般に対して積極的な貢献をしなかったことを挙げている。

フロイトにせよカフカにせよ、「父」との確執がその思想の中心に位置づけられるのもそのためで、ベンヤミンとショーレムもそれをある意味では反復している。もうひとつ、本書で取り上げられた思想家たちにとって、更にローゼンツヴァイクにとっても、ドイツロマン主義がきわめて重要な思潮であったことも忘れてはなるまい。ご存知のように、ベンヤミンは『ドイツロマン主義における芸術批評の概念』の著者であったし、ショーレムも、ローゼンツヴァイクも、そしてレヴィナスもとりわけ後期シェリングの啓示と神話の哲学を重要視していた。

もちろん、ユダヤ教解釈学とはいっても、そこには多様な潮流が存在している。ハロルド・ブルームはカバラ的解釈学を踏まえているし、レヴィナスはカバラよりもタルムードの解釈学を重視している。彼はまた非人称的なものの支配にも反対している。ハンデルマンが前作で取り上げているように、アレキサンドリアのフィロンのようにヘレニズム化された寓意的解釈学者もいる。ベンヤミンのように、いずれかの伝承のうちに位置づけることの困難な思想家もいる。本書それ自体がこのような多様性を証示していると言ってよいだろう。本書第二部でのレヴィナス論は、現在の日本の読者からすると既知の情報に多くの紙数を割いていて冗長の感は否めないかもしれないが、この論考が、「アメリカ人の読者にとってレヴィナスの作品は馴染みがない」(317)時代に、しかも、レヴィナスのタルムード読解がほとんど紹介されていない時代に書かれたものであることを忘れてはならないし、それでいてなお、レトリックを蔑視するレヴィナスの「高度にレトリカルな文体」(571)の詳細な分析、さらには、ポール・ド・マン、カイム・ペレルマン、ラビ・ジョゼフ・B・ソロヴェイチェクとの比較という、現在までほとんどなされたことのない作業に彼女が着手していることは高く評価されねばならない。特にペレルマンとの対比は、それを読者自身が引き継ぐことで、今後豊かな成果が生み出されるだろう(『説得の論理学』理想社参照)。また、ローゼンツヴァイクとの連関をめぐる考察のなかにも、いろいろ教えられる点がある。それにしても、ローゼンツヴァイクに関心をもつ若手研究者が増えつつあるのは喜ばしい事態である。本書の翻訳を進めているあいだにも、佐藤貴史君の好論文「フランツ・ローゼンツヴァイクの観念論批判——「全体性の観念」をめぐって——」(『聖学院大学総合研究所紀要』二八号、二〇〇四年二月)を落手した。

もちろん問題点がないわけではない。「ハイデガー、ブランショ、バタイユ、デリダ」(525)、「デリダやフーコー」(531)といった度重なる併置には抵抗を覚えないわけにはいかないし、ローゼンツヴァイクに倣って「日常生活」(627)を重視するのは分かるが、分析の途中に数々の悲惨な事件への言及がいささか安易に挿入されているのも、逆に思考停止に陥っているような印象を与える。また、前作でデリダを取り上げたのに続いて本書でレヴィナスを論じ、そのレヴィナスにとっては「ポスト構造主義的歴史の「転覆性」あるいは「他性」は、政治における力の闘争、戦略、策謀といった政治の内在的領域から離れるものではないだろう」（358）といった主張を書き記すハンデルマン自身の立場についても、ユダヤ教解釈学の回帰それ自体の不可避的「イデオロギー性」をどう解釈するかという点についても、どこか「中立的」な印象を与えるだけに、「ないものねだり」としてそれを問い質したくも思う。そうした点もまたこの労作の魅力を成しているのかもしれないが……。最近は教育学関連の論考が多いようだが、本書で幾度もその言葉が引かれているアドルノについてはどう考えているのだろうか。スピノザについては。

ハンデルマン自身参照しているように、本書に類似した主題を論じた書物として、ステファヌ・モーゼスの『歴史の天使』（拙訳法政大学出版局、二〇〇三年）があるので、ぜひとも本書と併せ読まれたい。最後に、本書をつうじて初めて知ったローゼンツヴァイク――「旧約」聖書の独訳者――の言葉を改めて引用しておきたい。「精神の真のゴールは翻訳することです。ある事物が翻訳されるときに初めて、それは真に声に出せるものとなり、もはや抹消されるべきものではなくなるのです。七〇人聖書に翻訳されて初めて、啓示は世界のなかで存在できるようになるのですし、ホメーロスも、ラテン語を話さない限り、実在の人物ではありません。同様のことは人々のあいだで行われる翻訳にもあてはまります。」（566）

翻訳の作業について記しておくと、第一部と結論を合田が、第二部と原註を田中が担当したが、お互いに担当箇所の訳稿を作って検討したのち、合田が全体を訳し直し、更にそれを両名で検討するという手順で作業を進めた。訳文についての最終的責任は合田にある。朝日カルチャーセンターの受講生として合田の「ベンヤミンとその近傍」という拙い講義を聴講にきていた田中に、本書の翻訳を持ちかけてからすでに三年の歳月が流れた。田中は東京大学大学院に学ぶ気鋭のパウル・ツェラーン研究家であるとともに、金子兜太門下の俳人としても活躍している。それにしても難攻不落の大著である、合田のみならず、きっと田中も、途中で作業を放棄したい思いに何度もかられたと推測するが、やっとここまで辿り着くことができた。感慨無量である。この三年間、われわれを信用していただき、優しい励ましを何度も頂戴した法政大学出版局編集部の藤田信行さんにも深謝申し上げたい。

二〇〇四年一〇月三一日　　合田正人

人名索引

（ベンヤミン，ショーレム，レヴィナス，ローゼンツヴァイクは挙げない.）

ア　行

アースレフ，ハンス（Hans Aarsleff）歴史学者　127, 128, 129, 131, 132, 133
アーノルド，マシュー　62
アインシュタイン，アルバート　19
アキバ（R. Akiba）紀元前七世紀のタルムード博士　432, 501
アダム　114, 122, 123, 127, 128, 129, 130, 145, 150, 231, 246, 398, 486, 487, 588, 597, 598
アドルノ，Th. W.　iv, 4, 64, 65, 72, 80, 92, 162, 163, 167, 189, 219, 244, 253, 263, 272, 278, 283, 289, 327
アハド・ハアーム（Ahad Ha'am, 1856–1927）ロシア出身のユダヤ教思想家　212
アブー（R. Abbahu）三世紀から四世紀にかけて活躍したタルムード博士　591, 615, 616
アブラハム　101, 175, 354, 366, 483, 484, 487, 491, 543, 570, 626, 631
アブラフィア（Abulafia, 1240–1291？）スペインのカバラ学者　108, 171, 187
アラゴン，ルイ　205, 207
アリストテレス　336, 433, 443
アロノヴィッツ，アネッテ（Annette Aronowitz）フランクリン・マーシャル大学哲学科教授でレヴィナスの著作の英訳者　xiii, xviii, 563, 567, 575, 576, 578
イーグルトン，テリー（Terry Eagleton, 1943–）イギリスの文明批評家でオクスフォード大学教授　133, 430
イヴ　123, 598
イェイツ，W. B.　242
イエス　175, 199, 358, 469, 486
イェニングズ，ミヒャエル（Michael Jennings）プリンストン大学教授でベンヤミン研究家　22, 40, 46, 73, 139, 259, 285, 287
イェホシュア・ベン・レヴィ　（R. Yehosua ben Levi）三世紀に活躍したタルムード学者　588, 589, 590, 599, 600, 601, 602
イェルシャルミ，ヨセフ・ハイーム　（Josef Haim Yerushalmi）ユダヤ史家　265, 268, 291, 292
イサク　484, 570, 626
イザヤ　469, 485, 525, 587, 588, 589, 591, 592, 615, 616, 618
イシュマエル（R. Ishmael）二世紀に活躍したタルムード学者　520, 631
イデル（Moshe Idel）ヘブライ大学教授，ユダヤ教思想家　82, 108, 109, 136, 166, 170, 171, 173, 180, 187, 196, 197, 198, 202, 203, 216, 249, 279, 280, 281, 295, 516, 522, 575
イリガライ，リュス（Luce Irigaray, 1930–）フランスのフェミニズム思想家　318
ヴァール，ジャン（Jean Wahl, 1888–1974）フランスの哲学者　458

ヴィーゼル，エリー（Elie Wiesel，1928-）ルーマニア出身のユダヤ系作家　564
ヴィトゲンシュタイン，ルートヴィヒ　26,27,348
ヴェイルヴィシャス，アンドリュース（Andrius Valevicius）シェルブルック大学哲学科教授　387,500
ウェルチュ，ローベルト（Robert Weltsch，1891-1983）ドイツにおけるシオニズム運動の中心的存在で『ユダヤ展望』の編集者　86,87
ウォーリン，リチャード（Richard Wolin，1952-）ニューヨーク市立大学大学院の歴史学・比較文学教授　285
ウォールファース，アーヴィング（Irving Wohlfarth）　23,124,125,214,244,290
ウォールワーク，アーネスト（Ernest Wallwork）宗教学者でシラクサ大学教授　548
エイブラムズ（M. H. Abramus，1912-）アメリカの文芸批評家　184
エーレンベルク，ルドルフ（Rudolf Ehrenberg）ドイツの哲学者でローゼンツヴァイクの協力者　567
エックハルト，マイスター　389
エリエゼル（R. Eliezer）　22,180,186,588,589,590,601,602
エリヤ　597
オースティン（John Langshaw Austin，1911-1960）オクスフォードの言語学者でスピーチ・アクト理論の提唱者　429,519
オットー，ルドルフ（Rudolf Otto，1869-1937）ドイツのプロテスタント神学者　106,388

カ　行

カーライル，トーマス　130
カッシーラー，エルンスト　143
カフカ，フランツ　10,16,20,21,22,23,24,32,37,42,46,69,71,72,74,76,77,78,79,80,84,85,86,87,89,90,91,92,93,94,95,96,97,98,99,123,164,230,253,266,274,289,293,306,307,308,309,353,366,583,584
カルドゾ，アブラハム・ミゲル（Abraham Miguel Cardozo，1630-1706）スペインの予言者，医師　101
カロ，ヨセフ（Yosef Caro，1488-1575）スペインのユダヤ人哲学者，タルムード博士　100,107
カント，イマヌエル　36,37,69,112,174,175,176,186,188,189,212,243,275,276,322,327,488,495
キアニー，リチャード（Richard Kearney，1954-）アイルランド出身の哲学者でレヴィナス，リクールの研究家　365
ギッブズ，ロバート（Robert Gibbs）ロンドン大学哲学科教授でレヴィナス研究家　xiv,502,571,572,573,576
キュヴィエ，ジョルジュ　130
キルケゴール，セーレン　27,99,239,331,551,626
クラウス，カール（Karl Kraus，1874-1936）オーストリアの詩人，批評家　19,27,

28, 29, 42, 256, 257, 268, 299, 300, 301, 383
グリーン，アンドレ（Andre Green）フランスの精神医学者　116
クリステヴァ，ジュリア（Julia Kristeva，1941-）ブルガリア出身のユダヤ系哲学者　176, 323, 350, 440, 465, 546
クレー，パウル　298, 299, 300, 301, 413
グレーツ，ハインリッヒ（Heinrich Graetz，1817-1891）ポーランド生まれのユダヤ史家　180
クロイツァー，フリードリヒ（Friedrich Creuzer，1771-1858）ドイツの古代学者　222, 224
クローデル，ポール（Paul Claudel，1868-1955）フランスの作家，外交官　535, 582
ゲイ，ピーター（Peter Gay，1923-）ドイツ生まれの歴史家でイェール大学教授　19, 20, 74
ゲーテ，J. W. v.　65, 182, 190, 191, 223, 250, 286, 289, 522
コーエン，アーサー　32
コーエン，ヘルマン（Hermann Cohen，1842-1918）ドイツの哲学者でユダヤ教思想家　13, 80, 212, 277, 288, 295, 396, 495, 496, 551
コーエン，リチャード（Richard Cohen）アメリカのレヴィナス研究家でノースキャロライナ大学教授　xiv, 330, 377, 379
ゴールドマン，スティーヴン（Steven Goldman）科学史家　200, 201, 202, 249
コールリッジ，S. T.　59, 130, 194
コーンゴールド，スタンリー（Stanley Corngold）プリンストン大学ドイツ文学科教授　73, 287

サ　行

サアディア（Saadia，885-942）ユダヤ教思想家　212
サムエル　608
サランテル（R.Israel Salanter）一九世紀リトアニアのユダヤ教指導者　479, 553
サルトル，ジャン＝ポール　319, 344, 498, 514
シェイクスピア，ウィリアム　522
ジェイコブズ，キャロル（Carol Jacobs）イェール大学比較文学科教授でベンヤミン研究家　55, 67, 74, 114, 152
ジェイムソン，フレドリック（Fredric Jameson，1934-）アメリカのデューク大学教授，マルクス主義文芸批評家　42, 62, 133, 221, 251, 252
シェプス，ハンス（Hans Joachim Schoeps，1909-1980）ドイツのユダヤ系宗教学者　87, 99, 155
シェリング，F. W. J.　166, 167, 184, 189, 194, 396
ジャニク，アラン　26
ジャベス，エドモン（Edmond Jabès，1912-1991）フランスの作家，詩人　169, 176, 344, 386, 452, 472, 481, 543, 626, 628, 634
シュヴァイド，エリエゼル（Eliezer Schweid）ヘブライ大学哲学科教授　22, 180, 186

タ　行

ナ　行

ハ　行

マ　行

ヤ　行

ラ　行

ラサール，フェルディナント（Ferdinand Lassalle，1825–1864）ドイツの政治家　19
ラシ（Raschi，1040–1105）南フランスで活躍した聖書とタルムードの註解者　632，633
ラビンバッハ，アンソン（Anson　Rabinbach）プリンストン大学歴史学科教授　21，146，285
ラブレー，フランソワ　418
ランダウアー，グスタフ（Gustav Landauer，1870–1919）ドイツのアナーキスト　30，166
ランボー，アルチュール　160，369，474
リオタール，ジャン＝フランソワ（Jean-François Lyotard，1924–1998）フランスの哲学者　318，348，349，350，429，435，513
リヒナー，マックス（Max　Rychner，1897–1965）スイスの文芸批評家　38，40，243，244
リンギス，アルフォンソ（Alphonso Lingis）アメリカの哲学者でペン州立大学教授　425
ルーリア，イサック（Isaac Luria，1534–1572）パレスティナのカバラ学者　167，168，170，172，173，279，280，281，294，554
ルカーチ，ジョルジ　7，30，32，190，267
レヴィ＝ブリュール，リュシアン（Lucien Lévy-Bruhl，1857–1939）フランスの哲学者，民俗学者　143
レヴィ，ミカエル（MIchael Lövy）　30
ロイヒリン，ヨハネス（Johannes Reuchlin，1455–1522）ルネサンス期ドイツの人文学者　199
ロース，アドルフ（Adolf loos，1870–1933）ウィーンの建築家　27
ローズ，マーガレット（Margaret　Rose）ケンタッキー・ウェスリアン・カレッジ哲学・宗教学科教授　416
ローゼン，チャールズ（Charles Rosen，1927–）ベンヤミン研究家　46，53，63，65，66，67，219，247，248，249
ローゼンストック，オイゲン（Eugen Rosenstock，1888–1978）ドイツのキリスト教神学者　396
ローティー，リチャード　430
ローテンシュトライヒ，ナータン（Nathan Rotenstreich，1913–1993）ヘブライ大学哲学科教授　174，187，495
ロック，ジョン　128，131，133
ロブ＝グリエ，アラン（Alain Robbe-Grillet，1922–）　現代フランスの小説家　318

原　註

序　文

1．ベンヤミンによる「文化批判」の大作，パサージュ論の企画〔アーケイズ・プロジェクト〕（the Arcades project）は，ごく最近再編されたものであり，ショーレムの目にふれることはなかった．私は本書でこの作品を詳細に扱う予定はない．この大作の優れた徹底的な読解としては，スーザン・バック＝モースの『見ることの弁証法——ヴァルター・ベンヤミンとアーケイズ・プロジェクト』（Susan Buck-Morss, *The Dialectics of Seeing*: *Walter Benjamin and the Arcades Project*）を参照．

序　論　ある友情の物語

1．ベンヤミンの一団を率いて山を案内した女性の手による当時の移動の記録が残されている．リサ・フィトコの『ピレネー山脈の道のり』（Lisa Fittko, *Mein Weg über die Pyrenäen*, Munich and Vienna: Carl Hanser Verlag 1985）であり，そのうち一部は「ヴァルター・ベンヤミンの最後の日々」（The Last Days of Walter Benjamin, *Orim* 1, 1986: 48–59）として翻訳されている．

2．ベンヤミンの著作の一般的な学術版は，ロルフ・ティーデマン（Rolf Tiedemann）編纂の「全集」である．「全集」編纂は1972年に開始され，近年追加されたアルカデス・プロジェクト（the Arcades project）を含め６巻に及んでいる．

3．歴史学者のデイヴィッド・ビアールは『ゲルショム・ショーレム——カバラと反歴史』（*Gershcom Scholem: Kabbalah and Counter-History*』）で先駆的な仕事を行った．そこでは，近代ユダヤ思想家，歴史哲学者，神学者であり，文献学者のみならず書誌学者，ユダヤ神秘主義の歴史学者でもあるショーレムが分析されている．しかし，ショーレムの弟子の幾人かは，この分析に異を唱えている．例えば，参考文献に挙げたジョウジフ・ダン（Joseph Dan）の著作を参照．エリエゼル・シュヴァイドやモーシェ・イデルといった他の哲学者は，ショーレムの宗教，歴史，神学，歴史学の基本的前提の批判を行っている．ショーレムが「ユダヤ教科学」を批判しているエセーは，『ユダヤ教におけるメシア的見解』（*The Messianic Idea in Judaism*, pp. 304–13）に収録されている．

4．私がここで使用しているのはゲイリー・スミス（Gary Smith）社から1989年に出版されたレイ・ハーフレイ（Leigh Hafrey）とリチャード・ジーバ

ース（Richard Sieburth）翻訳の選集『ベンヤミン――哲学，美学，歴史』（*Benjamin: Philosoiphy, Aesthetics, History*）である．括弧内の文字や数字は，この選集に収められた断片や様々な紙片の束を整理するためにロルフ・ティーデマンが用いたシステムに従っている．

5．デイヴィッド・ビアールは，ベンヤミンの言語理論とショーレムの係わりについて，きわめて優れた批評を行っている．他の批評とは反対にビアールは，ベンヤミンの「神秘的言語理論」に影響を与えたのはショーレムではないし逆もまた然りであると問題提起している．だが，ビアールが論じているのは歴史学者の立場からであって現代文学理論の視点からではない．

ベンヤミン，ショーレムと言語哲学に係わる問題については，ミヒャエル・イェニングズがドイツ文学および批評の専門家の立場から『弁証法的イメージ』（*Dialectical Image*）というベンヤミンをめぐる著作のなかで論じている．イェニングズは，ベンヤミン初期の「神秘的」言語理論はショーレムの言語理論に先立ち，「言語の起源をめぐる18世紀の議論が20世紀に継続されたもの」であり，「ドイツロマン派の言語をめぐる思索」に端を発していると論じている（94–95）．

6．この時代の歴史は，ヤーコプ・カッツ（Jacob Katz）やミヒャエル・マイヤー（Michael Meyer），イェフダ・ラインハルツ（Jehuda Reinhalz）やイシュマール・ショルシュ（Ismar Schorsch），マーシャ・ローツェンブリット（Marsha Rozenblit），パウラ・ハイマン（Paula Hyman）らによって適切に論じられている．

7．この驚くべき引用の残りの部分は次のようなものである．

「(絶望とは，書くことによって和らげるには不可能なものであったし，それは生活と書くことの両方に適さないものであったのだから．首を吊る直前に己の希望を書き留めようとする人間に限って言えば，書くことはおそらく，彼の全人生を長らえさせることに役立ったのだろう)．かくしてもたらされたのは，あらゆる点で不可能であるような文学である．それはドイツ人の揺りかごからドイツ人の赤ん坊を盗み出し，将来その子が綱の上で踊ることができるように大急ぎでいくつかの芸を仕込ませるようなジプシーの文学である．(しかし，それはドイツ人の子供でさえなかった．それはどうでもいい存在だった．人々は単に誰かが踊っていると話し合っているにすぎなかったのだ)」(289)．

8．ベンヤミンをめぐる数多くの論議はイェニングズの『弁証法的イメージ』第1章に要約されている．

第1章　言語と救済

1．この時代をめぐる，もうひとつの優れた論述と分析として，カール・ショルスクの『ウィーンの世紀末』（Carl Schorske, *Fin-de-Siècle Vienna*）がある．

2. ショーレムがベンヤミンに1931年8月1日に宛てた尋常ならざる手紙を参照（*SF* 169–74）.

3. 彼とアドルノのあいだで方法論をめぐって特に熱心に交わされた手紙を参照（*Aesthetics and Politics*, pp. 110–41）.

4. ショーレムの『危機に瀕するユダヤ人とユダヤ教』（*On Jews and Judaism in Crisis*）に収められた「マルティン・ブーバーのユダヤ教をめぐる思考」（Martin Buber's Idea of Judaism）という有名な試論を参照．ビアールはその著作の，「神学，歴史，言語」という章で，ベンヤミンとショーレムに注釈を加え，ユダヤ教神学のもつ現代的論点を詳しく説明している．だが，イェニングズが取り上げるのは，これら論点の背後にある厖大な数にのぼる非ユダヤ的なドイツ文学や言語学史である．リチャード・ウォーリンがベンヤミンを論じた著作の第1章では，ドイツ青年運動を取り巻く時代の雰囲気とこの運動に対するベンヤミンの絶望が適切に要約されている．

5. ハーマンの言語および宗教論に対する現代の評価については，スティーヴン・ダニングの『人々の舌』（Stephen Dunning, *The Tongues of Men*, Missoula, Mont: Scholars P, 1979）および，テレンス・ジャーマンの『ハーマンの言語と宗教』（Terence German, *Hamann on Language and Religion*, Oxford: Oxford UP, 1981）を参照．フンボルトの言語論『言語』（*On Language*）はハンス・アースレフによって紹介され出版された．

6. ステファヌ・モーゼスの論考「ヴァルター・ベンヤミンとフランツ・ローゼンツヴァイク」は双方の思想家の関係を明快に論じている．モーゼスはベンヤミンの作品のなかで，ローゼンツヴァイクに言及している部分を調べ，ベンヤミンがどのような思想をローゼンツヴァイクから吸収したかを論じる（とりわけローゼンツヴァイクのメタ倫理的自己やギリシャ悲劇の沈黙の英雄）と同時に，ベンヤミンの思想のなかでローゼンツヴァイクを先取りした要素についても論じている．

7. ローゼンが記すところでは，ベンヤミンはその神秘学の理論のなかに，これまでとはまったく異なる新しい要素を持ち込んだ．「言語の象徴的側面はその表象が構成されるまでは知覚されることがない」．表象をこのように強調する点で，ベンヤミンはハイデガーとは区別される．ベンヤミンはハイデガーを厳しく批判することを意図していた（"Ruins" 158）．このことの説明としては「ドイツ悲劇の根源」の序文をめぐって以下に展開される私の議論を参照されたい．

リチャード・ウォーリンは，イェニングズ，ビアール，ド・マン，ジェイコブズといった批評家たちが見出した正反両立性やニヒリズムをほとんど刻印されることのない，ベンヤミンのきわめて高度な神学的見解を明らかにすることを試みている．ウォーリンが示すところでは，ベンヤミンの言語理論は，ショーレムと交わした議論，とりわけカバリストのアブラフィアをめぐる会話から

影響を受けている．その一方でウォーリンは，1980年にショーレムが彼に宛てた手紙のなかで，ショーレムがベンヤミンの言語哲学の重要な源泉はハーマンであると書いていたと脚註に記している．もっともウォーリンは，言語は感情表現であってコミュニケーション伝達的ではないというハーマン自身の思想がカバラの典拠から影響を受けたものであると指摘しているのだが（Wolin, *Benjamin* 37–43; n. 35）．いずれにしても，ウォーリンの解釈は，他のほとんどの解釈者と同様に，ショーレム独自の言語哲学がどれほどそのカバラ解釈に影響を与えているかを問うことなしに，ショーレム経由でカバラの典拠を理解している．

ビアールとシュヴァイドはこれに対して，ショーレムによるカバラの呈示の仕方には，ショーレム独自のアナーキーな傾向が浸透していることがしばしばであると，もっともな説明をしている．だが，彼らはカバラをむしろ，ショーレムの政治学の役割すなわちあらゆる面でヨーロッパ的ユダヤ教文化を根底的に否定するものとしてのシオニズムのほうに結びつけている．ビアールは，ショーレムにおける歴史の弁証法的哲学こそ，「ユダヤ教科学」の極度に合理主義的な護教論と彼がみなしたものを，ショーレムが拒絶する方法であるということに焦点を絞って論じている．

8. ビアールの著作（pp. 72–73）を参照．そこでは，こうした決定に及ぼしたベンヤミンの重要性ならびに，ショーレムの提案したカバラ言語理論の話題が論じられている．あとの箇所（pp. 103–108）でも同様の事柄が論じられているが，そこでビアールは，ベンヤミンの言語哲学はショーレムにとって最も重要な源泉のひとつであると論じている．ベンヤミンの「言語学の理論は，ショーレムがその原因をカバラに求めたものと驚くべき類似を示している」．この類似は特にベンヤミンの1916年の論考「言語について」において著しい（103）．

9. グラッツァー（Glatzer）編のローゼンツヴァイク選集に収められた論考「翻訳の機能」（The Function of Translation, pp. 252–61）を参照．ブーバー，ローゼンツヴァイクの翻訳を取り巻く歴史的および哲学的背景については，マーティン・ジェイの論考「翻訳の政治学」（Martin Jay, “Politics of Translation”）およびエドワード・グリーンシュタインの「近代の聖書翻訳理論」（Edward Greenstein, “Theories of Modern Bible Translation”）を参照．

10. 翻訳の歴史および哲学の威容に満ちた概観を辿るには，ジョージ・スタイナーの『バベル以後——言語と翻訳の側面』（George Steiner, *After Babel: Aspects of Language and Translation*）〔邦訳法政大学出版局〕を参照．またポスト構造主義者の翻訳の言語についての見解は，ヨゼフ・グラハムの『翻訳における差異』（Joseph Graham, *Difference in Translation*）を参照．グラハムの本には，ベンヤミンの翻訳論を広範に論じたデリダの論考も収められている．

11. 「神としての語」（God-terms）の説明としては，バークの『モチーフの

レトリック』(*A Rhetoric of Motives*, pp. 298–301) を参照．マシュー・アーノルドは，信条や教義は今やすべて疑義に付されており，伝統は消え去ってしまったと書いている．

> 今日のわれわれの宗教の最も強固な部分はその無意識の詩学である．人類は，われわれに与えられた人生を解釈するために，われわれを慰め，われわれを支えていくために，詩学へと回帰していく必要があるのをよりいっそう発見するとになろう．詩学なしではわれわれの科学は不完全なものとして現れるだろう．更に哲学も詩学に取って代わられることになるだろう．「世界で知られており思考されているなかで最上のもの」をわれわれに教示するものこそ文学評論にほかならない．

マシュー・アーノルドはハザード・アダムズ (Hazard Adams) 編集の『プラトン以降の批評理論』(Hazard Adams, ed., *Critical Theory since Plato*, New York: Harcourt Brace, 1971) に収められた「詩学研究」(The Study of Poetry) に以上のように書いている (p. 596)．

12. 新歴史主義の文献あるいは新歴史主義についての文献は今や広範に及んでいる．だが，私はここで専門家たちの様々な方法論的主張や問題意識について詳細な理論的議論を行うつもりはない．この問題群を全体的に概観したものとしては，H. アラン・ヴィアサーによる『新歴史主義』(H. Aram Veeser, *The New Historicism*) が適切である．ルイス・モントローゼ (Louis Montrose) の論考をめぐる脚註のなかで，新歴史主義の主要な著作すべてが説得力十分に要約されている．

13. 神的啓示とこの啓示をめぐる註解の歴史的伝統については，ショーレム『メシア思想』(*Messianic Idea*) 所収の有名な論考「ユダヤ教における宗教的カテゴリーとしての啓示と伝統」(Revelation and Tradition as Religious Categories in Judaism, pp. 282–303) と比較検討されたい．

14. もうひとつの脱構築的読解は，J. ヒリス・ミラーの『読解の倫理学』(J. Hillis Miller, *The Ethics of Reading*) の最終章で展開されている．ベンヤミンの「純粋言語」は，「決定不能性もしくは読解不能性」の形式である．すなわち，「テクストに潜在する事物や事象や法や力を，宗教的または形而上的統一体のごときもの，超越的精神たる〈絶対的なもの〉とみなそうとするほとんど抗い難い誘惑が存在している．しかし，「根拠」という意味では，そうしなければならない理由などない．というよりもむしろ事態は逆であって，われわれが言語の法則——存在論的法則ならざるもの——とは異なる何かに直面していると考えてしまうことに理由などない．それにもかかわらず，存在論的に考えようとする誘惑にもまたほとんど抗えない」．こうした型の読解不能性とは「言語学的な読解と存在論的な読解とを明確に区別することの不可能性の謂である．言語学的必要性あるいは命令でしかないものも，かくして必ずや超越的なものとして誤読されてしまう」(122)．

15. ド・マンをめぐる議論は彼の死から数年経った1987年に浮上した．ベルギーの新聞『夜』（*Le Soir*）に1940年から42年にかけて，ド・マンが協力寄稿していた記事が発見されたのである．ヴェルナー・ハーマッヒャーほか編の『戦時のジャーナリズム，1939–1943年』（Werner Hamacher et al. ed., *Wartime Journalism, 1939–1943*, Lincoln: U of Nebraska P, 1988）に収録されたこれらの論考のオルトヴィン・デ・グレフ（Ortwin de Graef）による英訳を参照．同様に，同じ編者よる『返答——ド・マンの戦時中のジャーナリズムについて』（*Responses: On Paul DeMan's Wartime Journalism*）（1989）も参照．この問題についてのより突っ込んだ議論は，『批評的探究』（*Critical Inquiry*）の第14号（1988春），第15号（1989夏）の二つの特集号を参照のこと．

16. カフカのユダヤ性について優れた見地を示したものとして，アーネスト・パウエルによるカフカの伝記『理性の悪夢』（Ernst Pawell, *The Nightmare of Reason*）を参照．

17. シュワルツシルドは付け加えている．「カントの『判断力批判』は芸術のための新しい基盤を築いた．ロマン主義や絶対主義的観念論がどのように芸術を理解しようとも，カントの第三「批判」は芸術を次のように分析する．すなわち，芸術とは理想の実現（さもなければ，理論的不可能性）であり，人間的で合理的で倫理的な価値の近似的具現であり，無限という概念への賛美であり，「崇高」の判断に付されたときこの概念にいかにも見合わない人間の苦悩なのである」（"Aesthetics" 5）．

18. シュヴァルツシルドは，終末論の教義を次のようにカントの専門用語に置き換え説明している．

> 〔終末論の教義は〕アプリオリに綜合的な陳述——すなわち，経験的に事実であることを立証されることは不可能であるものの，まず第一に論理的，分析的には真実であるような判断——を行う．それらはまた，規制的なものとして，アポステリオリに，綜合的に経験的に真実で，論理的に可能であるようなその他の陳述をも行う．言い換えれば，われわれは「超越的なもの」あるいは「可能世界」の理論化に取り組んでいる．それゆえ，メシアの時代ないしは来世の人生についての陳述は，論理的に自己撞着したものでもなければ道徳的に反生産的なものでもない．加えてこの陳述は，経験的に機能を果たすことが可能で，道徳的にも賛同できるような現－世的で倫理的な命令を生み出す．（"On Eschatology" 187–88）

また，シュワルツシルドによる，ラヴ・ハンター（Rav Hunter）とレヴィナスをめぐる論考も参照．彼はそこで，哲学者ヘルマン・コーエンがこうした議論全体に与えた影響を論じている．

19. ベンヤミンがカフカについて書いた作品や，ベンヤミンとショーレムがカフカについて論じた内容の文学史的記録については，ゲイリー・スミス編『ヴァルター・ベンヤミンについて』（Gary Smith ed., *On Walter Benjamin*）

に収録されたハンス・マイヤーの卓越した論考「ヴァルター・ベンヤミンとフランツ・カフカ——星座＝布置についての報告」（Hans Mayer, “Walter Benjamin and Franz Kafka: Report on a Constellation”）を参照．マイヤーの考えでは，ベンヤミンがカフカにおける遅れや延期というモチーフに寄せていた関心は，ベンヤミンの取り組んでいた「ショーレムとブレヒトのあいだでのありうべき選択の遅れ，遅延」いう問題と関係があると論じている（196）．

20．ビアールの『ショーレム』（p. 129）から引用．ベンヤミンとショーレム往復書簡のうち初期の1933年2月28日付（*Corr* 28）の手紙のなかで，ベンヤミンはまた，ショーレムの「絶対的に具体的なものは，決して実現しないのではないか」という言葉を引用してもいる．ベンヤミンはショーレムのこの言葉を，啓示の定義として「高く評価していた」．ショーレムはこの手紙に関する脚註のなかで次のように書いている．「私が実際少しだけ手を入れて，これをエラノス講義に組み入れたのは，30年ものちのことである」．これがショーレムの有名な「ユダヤ教の宗教的カテゴリーとしての啓示と伝承」（Revelation and Tradition as Religious Categories in Judaism）である．そこには次のような一節がある．「神学者はこれまで神という語を「絶対的に具体的なもの」と記述してきた．しかし，絶対的に具体的なものとは同時に実現不能なものである．それは実行にいたらしめることが絶対的にできないものである」（*Mess Idea* 296）．ショーレムとシェプスとのあいだで交わされた議論を分かり易く示したものとしては，ビアール（pp. 127–31）を参照．

21．エリエゼル・シュヴァイドはショーレムの思想について論じた論考のなかでこう述べている．「シナイ山の啓示の神話にもとづくハラハーは，ショーレムの図式「天国からのトーラー」という思想の中心部分であるにもかかわらず，彼はそれを手段としての枠組み，外的な枠組みとしかみなしていなかった．ハラハーを，それ独自の明確な本質／存在によって宗教的な体験を包み込むような生の内容であるとは考えなかったのである」（40）．それどころかショーレムは，ユダヤ哲学を，ユダヤ教信仰の諸々の危機を問題にする場合に実に有効な方法であるようなユダヤ神秘主義と対立するものとも考えなかった．かくしてショーレムは，体系的な知，合理性，更に神聖な知恵のもとに確立された自然の命令を理解することをとおして，神の意志を読み解きそれを支持しようとする試みを，暗黙のうちに貶めている（41）．シュヴァイドのショーレム批判が意図しているのはまた，ユダヤ哲学と「ハラハー的」言説を擁護することである．だが，シュヴァイドはこうした擁護を言語哲学の問題をとおして行っているのではない．このほか現代哲学の立場からハラハーを擁護しているものとしては，デイヴィッド・ハートマン（David Hartmann）やラビ・ヨゼフ・ソルヴェイチク（R. Joseph Soleveichik）の作品を参照．

22．ローゼンツヴァイクが〈律法〉の意味について最も卓越した解説を展開している作品のひとつ「建設者たち」（The Builders）なる文字論のなかで論

じられている，文字の全面的交換を参照．また『救済の星』(*The Star of Redemption*) 第2部も参照 (pp. 156–85)．この本で，啓示と戒律が，旧約聖書の『雅歌』に典型的な表現，愛するものと愛されるものの係わりという点から論じられている．

23．ビアールはまた，ローゼンツヴァイクが1922年にルドルフ・ハロー (Rudolf Hallo) に宛てた手紙を引用して，ローゼンツヴァイクの「手紙」(431, Qtd. in Biale, p. 196, n. 79) では，ショーレムはニヒリストであると書かれていると説明している．

24．エリエゼル・シュヴァイドも同様の議論を提出している．「カバラ学者たちは，その聖書翻訳の技法をハラハーの領域に応用することはない．ハラハー的思考は非神秘的活動である．ハラハーの領域では神秘的創造性が姿を現すのは，神的戒律（ミツヴォット）の基礎となる根拠を明らかにする過程においてである」(32)．ショーレムとは対照的に，シュヴァイドは，神秘主義が伝統的に果たしてきた役割は，「規範的ユダヤ教」を二次的に補佐することであり，それは宗教的エリートにおいて顕著であったと論じている．ショーレムが主張したのとはちがって，神秘主義はユダヤ教の生命力の秘密の源泉ではなかった．事実，シュヴァイドの考えでは，神秘主義がその二次的な役割から逸脱したまさにそのとき，大破局がその結果として起こったのである (78)．

第2章　深淵の上に宙吊りにされて

1．アースレフの指摘によると，ブレアルは1832年生まれのフランスのユダヤ人である．ブレアルは1852年のクーデターの結果，エコール・ノルマルを追放された数人のユダヤ人のうちのひとりであった (321 n. 7)．ブレアルのドイツ文献学に対する攻撃は，この文献学のまとう人種的な要素を論難しようとする欲望に結びついていた，とアースレフは考えている．比較言語学にありがちなロマン主義的言い回しは，様々な言語の形式はその言語を話す民族の精神的ないしは文化的な本性を表現していると力説している．そうすることで，これらの形式の様々な水準や長所を「評価すること」が可能となった．それに対して，言語は「自然的で有機的」なものではないし，人々の生活や精神と密着したものでもなく，むしろ人為的で慣習的なもので，人間の普遍的な心的機能のひとつであると主張することによって，相異なる言語の形式のあいだに有害な区別を施すことは不可能となったのだ (306–307)．

2．言語学の歴史についての，現代文学理論の研究者たちの誤読を，アースレフは批判している (p. 366 n. 9)．アースレフは，たとえばフレドリック・ジェイムソンの『言語の牢獄』(Fredric Jamesun, *The Prison-House of Language*)〔邦訳法政大学出版局〕は，ロック以来の伝統を理解していないと指摘している．

3．ローゼンの「廃墟」（“Ruins”, p. 169）に引用された，『文学ノート』（*Literary Notebooks*, 1797–1801）の断片1989番．

4．13世紀のスペインのカバリストであるナフマニデスは，トーラー註解へのその有名な序文のなかで，創造のすべての秘密は神からモーセに教示されたと述べている．モーセに伝えられたことのすべては「トーラーのなかに明白に，あるいはまた，単語，文字数，文字の形態を通じての暗示として書かれている」．ナフマニデスは続けて次のように論じている．「われわれは更に別の神秘的伝統も有している．それによると，トーラー全体は，幸いなるかな，聖なるお方の名から成り立っており，この単語を構成する文字それ自体，別の方法で分割されて，相異なる聖なる名へと分かたれていく．……こうした原則は，聖なる名前の組み合わせや数価を別にするなら，トーラーの全体に同様にあてはまる．

たった一文字でも欠けたトーラーの巻物はその資格を失うという律法が存在するのもそのためである．このような仕方でナフマニデスは，世界の創造よりも前にトーラーが存在していたという謎めいたタルムードの言葉を説明している．タルムード（*Yer* Shek. 13b）の説明によれば，このようにあらかじめ存在していたトーラーは「白い火の背景の上に書かれた黒い火の文字」である．ナフマニデスは更に続けて，このことは，筆記が語の断絶なしに連続していることを意味している，と指摘する．だからこそ，筆記は聖なる名によって読まれうるものと化すのだが，それはまた，トーラーやその戒律の内容を明らかにしようとするわれわれの通常の読解をも可能にする．モーセは，トーラーがそこで聖なる名として読まれるような翻訳を，神から口伝えで受け取った．かくてゾハールもまた次のようにも言っている．「トーラーは神聖で神秘的な比類ない名前である」（*Zohar*, Ⅲ 36a; Ⅱ 87b; Ⅲ 80b, 176 a. qtd. in “Linguistic Theory” 75–79）．

カバラの言語理論についての注目に値する新しい説明としては（それはショーレムと異なりドイツロマン主義の伝統に拠るものではない），現代イスラエルのタルムード学者でカラリストでもあるアディン・シュタインザルツの『持続的発語』（Adin Steinsaltz, *The Sustaining Utterance*）を参照．

5．ショーレムの歴史学研究『サバタイ・ツヴィ』（*Sabbatai Sebi*）ならびに，『メシア思想』（pp. 78–141）に収められたエセー「罪を通じての救済」（Redemption through Sin）を参照．

6．これらすべての基盤になるのは，ベンヤミンが「〈神の名〉」の意味をどう理解していたかということについてのショーレムの読解であり，また，「〈神の名〉」は「名前がもちうる伝達的で社会的な機能についての合理的理解とはまったく関係がない」（79）というショーレムの一貫した主張である．神の名によって織り上げられたテクスト／織物としてトーラーを思い描くことの意味は，

トーラーが神秘的な結合を表しているということだが，かかる結合の目的はというと，ある一定の意味を運んだり，何かを「意味する」ことではなく，神の名のうちに集中されるとともに，幾種類かの秘密の署名としてあらゆる被造物に伴っている創造力それ自体に表現の機会を与えることにある．……神という語は無限の豊かさを包含していて，この豊かさは神によって伝達されねばならない．しかるに，こうした伝達（コミュニケーション）――そこにカバラ的〈啓示〉の概念の中核があるのだが――は理解不能である．それが目的としているのは容易に理解可能な伝達ではない．数え切れないほどの媒質（メディア）を潜り抜けたあとで初めて，元々は〈存在〉それ自体の表現であるような音信（メッセージ）は，伝達でもあるものと化すのである．(*JJC* 268)

第3章　ドイツ観念論の遺産

1．1978年のショーレム80歳の誕生日に寄せた，ユルゲン・ハーバマスの演説「偽装されたトーラー」("The Torah in Disguise," in *Philosophical-Political Profiles*）での見事な註解を参照．

2．デリダによるジャベス論『筆記と差異』(*Writing and Difference*)〔邦訳法政大学出版局『エクリチュールと差異』〕を参照．

3．私はこれまでにも『誰がモーセを殺したか』(*The Slayers of Moses*, 1982）のなかで，関係的形而上学と静的形而上学との相違ならびに，ラビ的哲学思想の様相とその他の哲学思想の様相との相違を明らかにしようと試みている．

4．偉大なユダヤ哲学者にして新カント派のリーダー（マールブルク学派）であるヘルマン・コーエンは，その最高傑作の題名が示すように，『ユダヤ教を源泉とした理性の宗教』(*Religion of Reasen out of the Sources of Judaism*）を明らかにしようと試みた．ショーレムとベンヤミンは，コーエンを偉大ではあるがつまらない思想家とみなしていたが（*SR* 58–60)，そのコーエンはローゼンツヴァイクとレヴィナスには重要な影響を及ぼしたに相違ない．彼らはコーエンの思想の倫理的含蓄，なかでも，コーエンの仕事のなかで他者の良心が果たす役割，異邦人は人類概念を媒介する概念であるとのコーエンの見地に強く印象づけられたのだ（Rotenstreich, *Jews and German* 61)．

5．たとえば1827年のヘーゲルの宗教哲学講義，特に「崇高の哲学もしくはユダヤ教」(The Religion of Sublimity, or Jewish Religion, 357–74）を参照．ヘーゲルは，ユダヤの神が単なる「国民の（national）神」でしかない限り，ユダヤ教は限定的なものであると考えていた．更にヘーゲルは，ユダヤ教は，普遍的な思想を通じて神を理解することはできず，「いまだに神の発展を念頭に置くことがない」とし，ユダヤ教が神の律法を絶対的な権威とみなして固執することは「卑屈な良心」や「頑迷固陋な狂信主義」の表れであると考えてい

た（371–73）．

ドイツ哲学が取り組み続けてきた課題とユダヤ哲学がどう関連しているかということについて，優れた解説を行っているものとしては，エミール・ファッケンハイム（Emil Fackenheim）の『ユダヤ教と近代哲学の出会い』（*Encounters between Judaism and Modern Philosophy*）を参照．ファッケンハイムは，ローゼンツヴァイクを彷彿させる仕方で次のように説明している．それによると，カントは「ユダヤ教は自律的および他律的な道徳のいずれの領域にも属していない」と考えていたため，啓示的な道徳性こそ，ユダヤ教の真正なる本性であるということを理解できなかった．「……ユダヤ教の啓示的道徳性の源泉およびその生はまさに，無関係なものとして雲散霧消することの決してない神の，命令を下す〈現存〉と，受け取ったものに自由に応答できる人間の応答との同席なのである」（44）．鍵を握るのはこのまさに同時的な「同席」である．

付け加えるとすれば，「命令を下す〈現存〉」とは，ベンヤミンとショーレムの両者が無視したことだった．ベンヤミン，ショーレムの言語論のなかでは，命令法，または修辞的方法，人間のあいだの伝達の関係性，あるいはまた神，人類，隣人の三者のあいだの関係性が論じられることはほとんどない．あとで見るように，これらの問題は，ローゼンツヴァイクに続いて，まさにレヴィナスが強調しようとした問題である．

6．デイヴィッド・マイルズはドイツ観念論における三組み図式に相当しているのは，古代ギリシャ哲学に代表される個人の意識と共同体の一体化であると指摘している．彼が説明するところでは，こうした一体化は近代の「抒情的」時代に入るとばらばらに解体してしまったものの，将来，より高次元の段階で意識は再び統一されるだろう．こうしたことすべての前提となっているのが，「全体性」あるいは「存在の有機的統一」というロマン主義的な考え方である（“Portrait”）．

7．ベンヤミンとシュレーゲルの関係については，マーカス・バロックの『ロマン主義とマルクス主義』（Marcus Bullock, *Romanticism and Marxism*）を特に参照されたい．イェニングズはまた，ハイデガーは「そのヘルダーリン論のなかで，ベンヤミンの考え方を破廉恥にも利用している」（*Dialectical* 124）と指摘してもいる．

8．ロマン主義の定義やその意味付けをめぐって交わされる学術的な論争が終わることはない．エイブラムズ（Abrams）もまたこの論戦に捲き込まれていた．ここで私がエイブラムズを引用したのは，彼がロマン主義の理論と神学のあいだのいくつかの重要な関係に注目しているからである．だが，ひと口にロマン主義といってもその評価は様々である．一例として，ジェローム・マクガンによる『ロマン主義のイデオロギー』（Jerome McGann, *The Romantic Ideology*）を参照．この本でマクガンは，エイブラムズや多くのロマン主義の研究者は，「ロマン主義それ自体による自己表象に無批判なまま沈潜してしま

ったため，ロマン主義イデオロギー」(1) の支配下に置かれてしまったと，エイブラムズやロマン主義研究の多くを批判している．マクガンはエイブラムズのプロテスタント的な方法についても非難している．マクガンによると，エイブラムズはロマン主義を理解するに際して，それを脱政治化し，その緊張関係や矛盾の数々を覆い隠そうとしているのである．

ハンス・アースレフも『ロックからソシュールへ』(*From Locke to Saussure*) のなかでエイブラムズを取り上げている．ここでアースレフはエイブラムズとは逆に，18世紀の言語理論においては，言葉の価値が詩的な実践を築き上げてきたとする．このほか，『ロマン主義をめぐる現代のパースペクティヴ』(*Contemporary Perspectives on Romanticism*) と題された『南大西洋誌』(*South Atlantic Review*, 88, 1989) の特集号ならびに，『ロマン主義再考——ロマン主義史における批判的読解』(*Rethinking Romanticism: Critical Readings in Romantic History*, Blackwell, 1989) を参照．これらの文献には，新進気鋭のロマン主義批評家たちによる論考が収められていて，それらはポスト構造主義の文学理論の立場からロマン主義を考察している．

9．ヘーゲルのこの見地は明らかに新プラトン主義的な要素や秘教的な要素を含んでいるが，加えて，カバラから隠れた影響を受けてもいる．ただそれは，キリスト教的カバラならびにブルーノやヤコブ・ベーメといった思想家を介して伝えられたカバラである．エイブラムズの論議によると，歴史の聖書的範型は敬虔主義者や神秘思想家たちによって個人の生の内なるドラマへと転換させられたのだが，ロマン主義の作家たちは聖書のパラダイムを改めてプシュケーの内なるドラマに転換させた．曰く，「啓示によって黙示録を信仰することは，〔ロマン主義時代には〕革命によって黙示録を信仰することに取って代わられ，このことが次に，想像力と知覚にもとづく黙示録への信仰を誕生させたのだ」(334)．

10．マイルズは，失われた始原的統一ないし具体的「全体性」というロマン主義の神話の背後にあるのは，プラトン的想念であると書いている．「この想念は，世界が初めて創造されたとき，世界は神秘的秩序にもとづく「全体性」であったとしている．……事実マルクス主義の思想家ルカーチにとって，「全体性」という概念は，哲学的に表現するならば——ヘーゲル，ヘルダーリン，そしてシェリングにおいて顕著なように——，究極の結合ないしは神秘的な「ヘン・カイ・パン」(一と全体) の存在を信じるロマン主義的な信念に由来するものなのだ」(28)．直接的で有機的な存在に対する郷愁は，プラトンやアリストテレスに始まり，「シラーやヘーゲル，T. S. エリオットのいう「感覚の分裂」，ハイデガーのいう〈存在〉を経て，南部新批評における土地均分論にいたるまで」(35, n. 22) 大問題となっている．

11．象徴の「透明性」ないし「半透明性」というショーレムの考え方は，コールリッジの定義とよく似ている．コールリッジは，象徴を，アレゴリーを超

えるものにまで高めるのに貢献した代表的人物のひとりである．アングス・フレッチャーの『アレゴリー——象徴的様相の理論』(Angus Fletcher, *Allegory : The Theory of a Symbolic Mode*, pp. 14–20）を参照．

12．言い換えれば，神智学的カバラ教義に対立する脱自恍惚の状態においては，ショーレムが定義するところの象徴主義ないし象徴的敬虔は存在しない (Idel, *Kabbalah* 201)．アブラフィアは脱自恍惚的カバラの中心的な人物であり，イデルによると，アブラフィアは「言語論的－アレゴリー的」なカバラをめざすところの神智学的－象徴学的な方法を斥けた．だが，イデルは自分自身の著述のなかでは従来の伝統的なアレゴリー概念を受け入れているように思われる．イデルが書くところでは，神智学的カバラとは別のタイプに属するカバラのなかに探し求められた合一的経験は，象徴的ならざる言語によって捉えられ，記述される．というのも，これら経験においては，肉体的なものは完全に超越されねばならなかったからである．物質的領域は，天上の領域へと直接「上昇」しようとする試みを阻害するものでしかない．同様に，テクストの字義どおりの，または「肉体的」意味は否定的に受け止められていた．そして，「アブラフィアの解釈は最終的には，神の名と解される分断された文字に焦点を合わせたテクスト破壊的釈義において頂点に達する」(208)．こうした手法は，神智学的カバラ教義とはまったく対照的である．というのも，神智学的カバラ教義では，文字や物質的なものは精神世界と共通の構造を有しており，それはセフィロートによって伝達されていたからである．この場合には，語や文が，解釈の基本的単位であった．しかし，脱自恍惚的カバラの教義では，テクストの秘教的意味は，単語を，それを構成する各々の文字へと細分し原子化することで導出された．しかも，アブラフィアにとっては，このことは予言的経験や脱自恍惚の経験において頂点に達するのだった．

シュヴァイドはまた，カバリストたちは，数多くの象徴について豊かな「辞書」を築き上げてきたにもかかわらず，これら象徴を「著しくアレゴリー的に」(126) 用いていると論じている．カバリストたちはきわめて機械的に，そして恣意的な方法で，テクストの十全な意味を解釈しているが，その際必要となるのは，象徴とそれよりも高度な精神的意味とを媒介するところの概念のネットワークである．だが，こうした媒介的ネットワークは，「解釈を施されていないテクストそれ自体のうちにも，その解明のうちにも見出されず」，「思想の解釈的様相を確立した学術的伝統」(127) のなかに見出される．

シュヴァイドの設けた〔象徴とアレゴリーとの〕以上のような区別は，ロマン主義の詩人や芸術家や哲学者とは異なって，カバラ学者が既存の聖典にその註解として彼らの象徴を付着させたという点をわれわれに思い起こさせるがゆえに重要である．カバラ学者たちは，ロマン派の詩人や哲学者たちのようには，完全に自律的で自己－包括的，自己－発生的な象徴体系を打ち立てることができなかったのだ．

13．それゆえ，ゴールドマンは，キリスト教に較べユダヤ教は，象徴というものをはるかに複雑精緻に考えているものの，科学的進歩に対してはキリスト教の場合よりもずっと関心が薄いと論じている．同様のことはイスラム教にもあてはまる．イスラム教の偶像を否定する立場こそが，12世紀まで隆盛を極めたイスラム科学のその後の発展を妨げたのである．このことはまた，全般的傾向として，世界を部分的で理想化されたモデルとして捉えようとはしない，中国の老荘思想にもあてはまる（19–20）．更に私はここで，以上のような存在化能力の欠如，あるいは象徴に対する関心の希薄さもまた，おそらくはユダヤ的アイロニーが発達した一因であるだろうということを付け加えておきたい．つまり，現実を自分たちで構築することについて究極の真剣さが欠如しているのであり，それは偶像排除的懐疑主義に付随した事態なのである．

14．象徴主義のかかえる問題とは，意識と崇高な対象とのあいだの溝にいかに橋を渡すかという認識論的問題である．「こうした問題は，降神術的な業（theurgic）の場合はいささか異なってくる．すなわち，その構造がすでに知られている対象を，どのように変えていくのかということが問題になるのである」．降神術的な業という観点からアプローチする場合，人間が力の源泉であり，認識論と行動との関係は逆転されねばならない．「この場合，象徴的過程は観照ではなく行動に寄与している」（Idel, *Kabbalah* 176）．ユダヤ教の場合，人間は，世界を修復するのみならず，神的栄光それ自体も修復することのできる特別な力と責任を与えられた存在である．以上のように，思想よりも行動を優先し，全宇宙に対する責任を強調することが意味しているのは，「外的現実は現下のその堕落した状態から救出されねばならないが，外的現実を変えることはいかなる信仰的思弁にも外的現実を変えることができない」（179）ということである．

15．ショーレムのもうひとつの中心的主張によると，カバラとは本質的に，グノーシス思想がユダヤ教のなかに入り込んだものなのだが，イデルはこの主張に対して強く異議を唱えている．最近の研究では，グノーシス思想のほうが古代ユダヤ教の影響を受けたのではないかと言われている．たしかにグノーシス思想とユダヤ教のあいだにはいくつかの構造上の類似点が存在するが，イデルはグノーシス思想は「神智学の一種」であると考える．「かかる神智学は，儀礼主義的な――場合によっては降神術的な――背景と訣別するが，こうした背景はある時まではグノーシス思想を支え，動かしてきたものであって，同じような背景をもつもののひとつにユダヤ教が挙げられる」．このように思弁が実践と分離されることで，グノーシスのある意味では均衡を欠いた秘教的思想が生まれ，この思想は最終的には一般大衆から切り離されてしまった．「風変わりな神智学は，大抵の場合，特権階級に世襲される財産であった」（*Kabbalah* 262），とイデルは書いている．以上のような分析はまた，ショーレムの作品がなぜ，ユダヤ教の高度に思弁的で神智学的で解釈学的なイメージになお

も惹きつけられながらも，ユダヤ教の律法や実践とはまったく縁のない，今日の大勢の作家や批評家たちにとって魅力をもっているのかということを説明するうえでの手掛かりにもなるだろう．

第4章　アレゴリーと救済

1．こうした考え方は，マルクス主義の一般的な考え方から見ればきわめて奇妙なものであった．というのもベンヤミンは，物質的な「基底」と文化的な「上部構造」とのあいだの「媒介」に関して十分な理論付けを行っていなかったのである．イェニングズは弁証法的イメージの「星座＝布置」を通じて，基底と上部構造のあいだに生まれた絆は，置換，圧縮，転移といったフロイト的夢のメカニズムに似たものであったと指摘している（32）．

2．この点についてビアールは，ショーレムの歴史研究それ自体，彼のアナーキーな神学の産物であったと論じている．カバリストたちはアナーキストではなく伝統的ユダヤ教の律法の信奉者であるのだが，それにもかかわらず，ショーレムは，カバリストたちが示す啓示の理解のなかには，潜在的なアナーキズムが見出せると主張する．このため，ショーレムの世俗的歴史研究において，カバリストたちがある種の先駆的存在とみなされている．すべてのユダヤ教の伝統と同様に，カバラは啓示への註解というかたちをとっているが，この場合，現代の歴史研究が行う世俗的註解は，神学の一種の片割れと化す（*Scholem* 102）．ビアールや他の論者が指摘したように，ショーレム〔の歴史研究〕は明らかに彼が有するカバラ思想の典拠と酷似しており，ショーレム自身の言語論的かつ「神学的な論述とカバラに帰属せしめた論考とは，偶然の一致とは呼べないほど著しい一致を示している」（101）．

3．スティーヴン・シュワルツシルドによる，ユダヤ教美学についての卓越した論考を参照．ここでシュワルツシルドは，神の「像」（イメージ）と表象を作ることに対する第二の戒め（『出エジプト記』20. 4,『申命記』4. 16–18, 5–8）と，ユダヤ教美術・美学の歴史とを関係づけている．とはいえ，ユダヤ教の律法によると，「霊の不在」を物理的に表現することは許容されている．それは，シュワルツシルドが「削ぎ落とされた鼻の神学」と呼ぶものへと発展していくのだが，可視的なものが実際には霊的な対象を表しているものではないことを強調するために，鼻を裂くのである．同じような「不完全性」の原則は，モダニストの芸術を構成する重要な要素であり，この芸術の「ユダヤ性」を示している，とシュワルツシルドは論じている（“Aesthetics” 3–4）．

4．クロイツァーとベンヤミンの関係についての詳細，ベンヤミンの業績全般を通じてのアレゴリー，象徴，神話の関係についてはメニングハウスの論考を参照．メニングハウスによると，

　ベンヤミンが初期言語論で抽象的に紹介したこと（名前と語，象徴とアレ

ゴリーという言語学的具体的要素と抽象的要素）と，相異なる極（たとえば『親和力』における神話と象徴主義に対する，哀悼劇をめぐる書物での反－神話的アレゴリー）の分析へと分割されていくその後の文学論とは，最終的には，パサージュ論というひとつ高次の段階で改めて統一される．この作品は，技術的な物質世界における神秘的象徴と……ボードレールの詩における反－神話的なアレゴリーの両方を扱っている．……ベンヤミンの意図は，神話の単なる破壊のなかではなく，神話の和解的救済のなかで実現されたのである（314）．

5．1921年に発表されたゲーテの『親和力』をめぐる論考のなかで，ベンヤミンは評論がもつ二つの側面，「批評」（critique）と「註解」（commentary）について論じている．「批評は芸術作品の真理内実（truth content）を，註解はその事象内実（material content）を求める」．真理内実は事象内実と密接に結びついており，その作品が重要であればあるほど，この結びつきはいっそう内的で外からは目立たないものとなる．真理内実は事象内実のうちに「秘匿」されているが，時間が経つにつれ，両者は分離していく．「作品のなかでリアルなものは，生の進行とともに作品が徐々に死んでいくにつれて，より明瞭なものとして観察者にその姿を現すだろう」．ここにもまた，生の哲学はまったく存在しないし，――有機的な生の起源へと直接接近することもできない．真理内実へと直接接近することは不可能だが，他方，「人目をひく奇異なもの――つまり事象内実――の解釈のほうが徐々に，後世のどの批評家にとってもその前提条件となる」（*GS* I: 125）．

事象内実を分析する註解とは，単に伝統的な文献学であるだけではない．ベンヤミンは，彼に特徴的な才気溢れる比喩を用いながら，成長していく作品，すなわち，歴史的時間を潜り抜けてきた作品を「炎をあげて燃える薪の山」に譬えている．「その前に立つ註解者は化学者のようであり，批評家は錬金術師に似ている．化学者にとっては木と灰だけがその分析の対象であり続けるのに対して，錬金術師にとっては炎そのものが謎を，生けるものの謎を秘めている．かくして批評家は真理を尋ねるのだが，真理の生きた炎は，かつて在ったものが重苦しくも破産し，経験が軽き灰と化すなかで，それを超えて燃え続けている」（*GS* I: 126）．このような比喩を解釈することは，翻訳論で論じられていた粉々になった器の像を解釈することと同じように，困難な作業である．というのも，ベンヤミン自身の作品という「炎をあげて燃える薪の山」もまた存在しているからであり，「かつて在ったものが重苦しくも破損するなかで，それを超えて，この作品の生ける炎が燃え続けているのである」．火は破壊的であり，物質を灰へと変えてしまう．伝統的な言語批評はこれらの残存物，灰や廃墟を考察してきた．価値のない物質を黄金に変えようと試みる錬金術師と同じように，批評はこうした炎を，変形の別の形式であると理解するのである．炎が示しているのは，真理と破壊的な黙示の両方なのか，それとも，その一方だ

けなのか．救済的な自己犠牲と否定的な死の願いの両方なのか，それとも，その一方だけなのか．それは，ベンヤミンの神学や彼の物質主義とニヒリズムの双方を示しているのか，あるいはそのいずれかひとつを示しているのか．

6．ド・マンがベンヤミンのアレゴリー理論に信頼を寄せていたことに関しては，このほかに，『理論への抵抗』（*The Resistance to Theory*）所収の「読解と歴史」（Reading and History）を参照．そこでド・マンは，ヤウス（Jauss）における読解の現象学を批判している．

7．本書の第二部で，私は，レヴィナスによる存在論，表象，意味作用批判と，デリダによるそれを比較して，それを「予言的理性」と「パロディー的な戯れ」との相違として呈示するつもりだが，そこでも，こうした脱構築のもつ喜劇的でアイロニカルな傾向を論じる予定である．

8．ショーレムとともに，エルンスト・レヴィ（Ernest Lewy）（言語学者であり，ベンヤミンが，フンボルトの言語理論を大学で共に学んだ仲間のひとり）を訪問する際に，「ユダヤ教と言語の結びつきについて長い議論が展開された」．それは，カール・クラウスについての議論にまで発展した．ショーレムは次のように書いている．「私はもう長いこと，クラウスの文体は，中世ユダヤ人の手によるヘブライ語の散文や詩から派生したものであると考えてきた．それらは偉大なハラハー学者たちと「モザイク様式」の言語である．クラウスの文体は，聖なるテクストの言葉の断片が，万華鏡のようなものの周りを旋回しているかのごとき詩的韻文であるだけでなく，ジャーナリスティックで活写的で論争を焚きつけずにはおかない散文，官能的で冒瀆的な散文でもあるのだ」（*SF* 107）．

第5章　記憶は救済の秘密である

1．ミドラッシュについての歴史研究や解釈を更に知りたい場合は，拙論「岩の断片——現代文学理論とラビ的テクストの研究」（Fragments of the Rock: Contemporary Literary Theory and the Study of Rabbinic Texts）を参照．

2．ロースキーズは，ホロコーストの生き残りが現在ホロコーストの災厄にいかに応答することができるかという問題について個人的に深い関心をもったことから本書を書くにいたった経緯を描いている．「退路が断たれ，廃墟からの再建が二度とない場合，いったいどのような追悼が有効だというのだろうか．おそらく答えは問いそれ自身のなかにある．最も神聖なもの，最も意味の含蓄に富んだものによって，ホロコーストという力によってそれを粉々に破壊することによって，悲嘆に暮れる生き残りたちは彼らの敵の行動に近づき，そうすることで遂に永遠の破壊にいたるのだが，それは永遠に器を破壊し続けると同時に，いくつかの神聖な断片をも残しておくような破壊である……．たとえ徒労であったとしても，神の名を呼ぶことによって，私は意味に到達してきた…

…．古代のテクストを暴力に曝すことによって，私は自分の先祖が創世以来行ってきたことを繰り返してきただけだった．冒瀆と殺人の記憶はつねに，最も偉大な神聖さにその矛先を向けることになる」(*Against* 8–9)．ロースキーズの方法は，ベンヤミンのいう衝撃の瞬間での弁証法的イメージの星座＝布置に相当する．

3．聖書における出エジプトの物語が英国の清教徒革命に及ぼした影響について議論しているものとしては，マイケル・ウォルザーの『出エジプト記と革命』(Michael Walzer, *Exodus and Revolution*）を参照．また中世や宗教改革に際しての千年至福説や政治運動，近現代の全体主義とメシアニズムの係わりについては，ノーマン・コーンの『至福千年（ミレニアム）の追跡』(Norman Cohn, *The Pursuit of the Millennium*）を参照．

4．ショーレムは，サバタイ・ツヴィについて書いた作品の導入部のなかで，ルーリア主義理論ならびにルーリア主義とユダヤ教史との関係について説得力のある説明を行っている．ルーリア主義の思想はただ，サバタイ主義者たちによって異端的反律法主義に変えられた．ショーレムの『メシア思想』に収められた「罪を通じての救済」の議論やルーリアについての章，更には『主要潮流』(*Major Trends*）に収められた「サバタイ主義と神秘主義的異端」(Sabbatianism and Mystical Heresy）を参照．

5．ポール・メンデス＝フロール（Paul Mendes-Flohr）は，ベンヤミンやフランクフルト学派における真理のこの否定的定義を，神の像を禁じて神を完全に他なるものと定義するユダヤ教の命令と関係づけている．フランクフルト学派の主要な一員であるホルクハイマーも同じ見解を示していた（"To Brush History" 633–36)．

6．ニーチェの歴史哲学とベンヤミンの関係ならびに，双方ともに伝統的な学究生活を嫌悪した事情については，スミス編『ヴァルター・ベンヤミンについて』に収められたアーヴィング・ウォールファースの「怨恨は家で始まる」("Resentment Begins at Home"）を参照．

7．私は『モーセを殺した者たち』のなかで，ブルームの文学理論がショーレムならびにカバラとどのように関係しているのかを論じた．

8．ショーレムの詩の全体については，1933年9月19日に，ショーレムがベンヤミンに宛てた手紙を参照（*Corr* 79–80)．ショーレムはこの遺言を1966年になってようやく東ドイツのベンヤミンの記録保管所で発見した．ベンヤミンは真剣に自殺を考えていた折，この遺言を作成した．ベンヤミンは遺言のなかで彼に自室にあるすべての草稿をショーレムに譲り渡し，ヘブライ大学図書館に保管してくれるようにと書き，ショーレムに彼の著作の版権を譲った（*SF* 187–88)．

9．ショーレムはある著書のなかで，真夜中ずっと寺院の崩壊を嘆く「ティクーン・ハゾット」という宗教的儀式について，若干のカバラ的解釈を加えて

いる．『ゾーハル』が伝えるところでは，「真夜中に神は義人と喜びを分かち合うために楽園へと入られる．楽園のすべての木は蕾が開いて花が咲く．風が北から吹きつけてくる．北の強国から火花が飛散してくる．それは神の火，審判の力を示す火であり，神の力によって生まれた大天使ガブリエルの翼の下を直撃した．ガブリエルの呻き声は，深夜眠っていたすべての雄鶏の目を覚まさせた……．かくして敬虔なる者の時が到来したのである……」．そして真夜中に，神御自身はこの破壊について思い起こし突如嘆き始めたが，それは，世界全体を揺るがさんばかりであり，天使たちの歌う頌歌も鳴り止んだのだった（*KS* 148）．

10．ベンヤミンによれば，「想起」（Remembrance）とは歴史をめぐるユダヤ神学的概念の精髄を集めたものである（*GS* I, 3: 1252）．ベンヤミンが「物語作者」のなかで書いていることだが，「記憶（Memory）は，数世代にもわたるできごとを貫くような一連の伝承を創る」（*Illum* 98）．すなわち記憶が未来を創るのである．

ベンヤミンは更に，カフカの「隣村」という物語についてブレヒトと議論した際に，記憶がもつ力について力説した．「人生を真に測定するのは想起である．過去を振り返りながら，想起は稲妻の速さで人生を横断する．読者は数ページ前に遡るだけで，隣村から御者が出発した地点へと戻ったことになる．その人生が書くことへと変えられた者は，年老いた者たちと同様に，この叙述を過去のほうからしか読もうとはしない．このようにしてしか，彼は自分自身と出会わないし，――現在からの飛翔のなかで――彼の人生を理解することはできないのである」（*Refl* 209–10）．

第6章　善の断絶

1．レヴィナスの伝記的資料のうち，最も優れているものの一冊は，フランソワ・ポワリエの『エマニュエル・レヴィナス』（François Poirié, *Emmanuel Levinas: Qui êtes-vous ?*）である．また，フィリップ・ネモとのインタヴュー集の英訳『倫理と無限』ならびに，レヴィナスのタルムード読解のアネッテ・アロノヴィッツによる翻訳に付された優れた解説を参照．

2．アンドレ・シュラキ（Andre Chouraqui）の研究『全イスラエル同盟と現代ユダヤ人の復活』（*L'Alliance Israélite Univeselle et la renaissance juive contemporaine*）を参照．

3．レヴィナスに関する最も網羅的な書誌は，ロジェ・ビュルグヒュラーヴ（Roger Burggraeve）によって編集された『エマニュエル・レヴィナス――第一次文献と第二次文献（1925–1985）』（*Emmanuel Levinas: Une bibliographie primaire et secondaire（1925–1985）*）であり，「形而上学と神の哲学センター」（Leuven, Belgium, 1986）から出版された．そこには，レヴィナス自身が書い

た400本の論考が収録されているほか，過去50年間に書かれたレヴィナスに関する論文や著作が800本ほどリストアップされている．レヴィナスを記念した最近の論集には，『エマニュエル・レヴィナス論集』（*Textes pour Emmanuel Levinas*, 1982）があり，ブランショ，ジャベス，リオタール，リクールらに加えて，デリダの二番目のレヴィナス論が収録されている．初めて英語でレヴィナス論を書いたのは，イーディス・ウィショグロッド（Edith Wyschogrod）で，彼女はフッサール，ハイデガーならびに哲学の諸問題の文脈から，『全体性と無限』にいたるまでのレヴィナスの作品を見事に解釈している．

4. レヴィナスがブランショの思想をどう評価していたかは，『モーリス・ブランショについて』（*Sur Maurice Blanchot*, Paris; Fata Morgana, 1975）を参照．レヴィナスに対するブランショの評価については，ブランショの『無限の対話』（*L'entretien infini*, Paris: Gallimard, 1969）を参照．

5. レヴィナスの文体では，繰り返しが無限の思考を反映しているという私の考察は，アネッテ・アロノヴィッツの考察に負うものである．

6. 言語は倫理的な絆であるというレヴィナスの考えに一致するような，聖書の文学的解釈については，ハロルド・フィッシュの『目的詩』（Harold Fisch, *Poetry with a Purpose*）を参照．

7. サロモン・マルカとの別のインタヴューのなかで，レヴィナスは，「これまで私が純粋かつ直接受け継いできた」のは，ローゼンツヴァイクの『星』のなかに展開されている，全体性という観念に対する批判であると答えている（Malka 105）．新カント派を代表する人物でマールブルク学派の創始者であるヘルマン・コーエンは，ローゼンツヴァイクに影響を与えたのと同様に，レヴィナスにも影響を与えた．レヴィナスとコーエンとの関係をめぐる解説としては，レヴィナスを論じたロバート・ギッブズの近刊書を参照のこと．僭越ながら彼は，この関係をめぐる明晰な議論を私と共有している．この点については，「唯一の他者――ヘルマン・コーエンとエマニュエル・レヴィナス」（"The Unique Other: Hermann Cohen and Emmanuel Levinas"）（1988年12月ユダヤ学協会での講演，未公刊），「思考の限界――ローゼンツヴァイク，シェリング，コーエン」（"The Limits of Thought: Rosenzweig, Schelling and Cohen"）（『哲学研究論集 *Zeitschrift für philosophische Forschung*』に発表予定）を参照．なお，イーディス・ウィショグロッドの優れた論文「倫理的自己――エマニュエル・レヴィナスとヘルマン・コーエン」（"The Moral Self: Emmanuel Levinas and Hermann Cohen"）も参照されたい．

8. ローゼンツヴァイクの示した「メタ」という概念をめぐる優れた論文に，ナータン・ローテンシュトライヒの「ローゼンツヴァイクのメタ倫理学の概念」（"Rosenzweig's Notion of Metaethics," in Mendes-Flohr, *The Philosophy of Franz Rosenzweig*）がある．

9. レヴィナス『タルムード四読解』のなかでも特に「誘惑の誘惑」を参照．

レヴィナスはローゼンツヴァイク的な観点から哲学の誘惑を定義しており，それをユダヤ的知の様式ならびに啓示の概念と対比している．

10．これらの問題を更に検討したものに，K. バインズほか編の選集『哲学以降――終焉ないしは変遷』（K. Baynes et al. ed., *After Philosophy: End or Transformation*）がある．

11．たとえばミラーの『読解の倫理学』（Miller, *The Ethics of Reading*），ブースの『われわれの同行』（Booth, *The Company We Keep*），トビン・シーバーの『批評の倫理学』（Tobin Sieber, *The Ethics of Criticism*）を参照．

12．一例として，新歴史主義の代表的人物のひとり，ルイス・モントローゼ（Louis Montrose）の論述を参照．

> 教師であり学者であるわれわれの最も重要な務めは……，われわれが引き受けている（そしてその恩恵に与っている）神話を疑義に付すことで［ある］．歴史的現在において，文学批評が，学術的にも社会的にも重要な位置を占めているのを明らかにすることは，文学を――「数々の偉大な作品，観念，精神」とベネットが呼んだように――歴史を横断する大邸宅だと解釈することではなく，言語ならびに社会的な実践という不定形で議論の余地の多い野原と解釈することである．われわれは，ルネサンスのテクストを読むという方法を選択することで，生徒や自分自身に，われわれの歴史の意味を理解させわれわれがどのようなイデオロギー的立場を採っているのかということを理解させる．かくして，われわれは自分を支えるだけでなく束縛しもする知や力の支配体制に対する異議提起という，限定的であるがそれゆえに明白でもある可能性を同時に証明しているのである．（“Professing the Renaissance” 30–31）

新歴史主義者たちが，「テクスト的諸機能」の非人称性に対して，修辞学および論理学の観点から行う批評については，リチャード・レヴィンの「吟遊詩人の詩学と政治学」（Richard Levin, “The Poetics and Politics of Bardicide”）を参照．

13．この論点については，エイブラハム・カプランの優れた論文「ユダヤ教における神との議論」（Abraham Kaplan, “The Jewish Argument with God,” *Commentary*, October 1980: 43–47）を参照．

14．歴史の破壊が引き起こされる際にユダヤ教とキリスト教は各々の役割を果たしているという考えは，ローゼンツヴァイクの最も知られていると同時に最も議論の余地が多い考えである．それは『星』の第３部で詳細に論じられている．ローゼンツヴァイクにとっては，各々の共同体における集合的「われわれ」は，〈永遠性〉が〈時間〉へと到来する相異なる仕方を表しており，この「永遠の道」は「永遠の生」と対照的なものとされている．『星』第３部では，各宗教の典礼の構造ならびに，各々の宗教の「宗教的時間」が歴史的時間と係わる際の数々の仕方についての広範な現象学的分析されている．レヴィナスが

書いているように，この〈永遠性〉が時間のなかで呈する集合的で原始共同的な性質こそ，ローゼンツヴァイクの思考を「主体性という神秘および幻覚症状」（“Une pensée” 217）に陥らせることを防ぎ，その一方で，個人の特異性を保護しているのだと説明している．この点について私は先の章でも更に扱う予定である．ローゼンツヴァイクとレヴィナスにおける間主観性の分析により詳しく論及しているものに，リチャード・コーエンの「エマニュエル・レヴィナスとフランツ・ローゼンツヴァイクの思想における無－関心－ならざること」（Non-in-difference in the Thought of Emmanuel Levinas and Franz Rosenzweig）がある．

15.『星』第3部第1巻「世界の諸民族――メシア的政治学」（“The Peoples of the World: Messianic Politics”）を参照．

第7章　痕跡，顔，他者の言葉

1. この点については，レヴィナスの『時間と他者』参照．

2. こうした問題を，現代マルクス主義の観点から研究したものとしては，フレドリック・ジェイムソンの『政治的無意識』（*The Political Unconscious*）の結論「ユートピアとイデオロギーの弁証法」（“The Dialectic of Utopia and Ideology”）を参照．

3. 現代フランス・フェミニズムの立場からレヴィナスを集中的に読解したものとしては，カトリーヌ・シャリエの『女性的なものの諸形姿』（Catherine Chalier, *Figures du féminin*）を参照．

4.「顔」という比喩のもつ意味については，マイモニデス『迷える人々への導き』（*The Guide for the Perplexed*）第1部37節の議論を参照．聖書解釈のなかでマイモニデスは「顔」（パニーム）について，「人間の現在ならびに実存」「いかなる姿も見ることなしに声を聴くこと」としている．すなわち，このようにしてしか神の真の実存は理解されることがなく，それは他者に対する「配慮ないしは心遣い」を意味している．これらの意味はすべてレヴィナスによっても取り上げられている．

5. 多くの文学理論家たちは，ド・マンを親ファシストであった初期の論述から解放しようとして，ド・マン後期の脱構築の展開を，あらゆるファシスト的暴力を遮断する懐疑主義の純化した形式とみなそうとしている．このことからは「ひとに何をすることも許さないような鋭い刃先をした良心というものが存在する」という老オムニウム侯爵の警告が想起される．

6. ローゼンツヴァイクによる『創世記』第1章の綿密な読解（*The Star* 151–55）を参照．

第8章　パロディーの戯れ，予言的理性，倫理的レトリック

1．フッサールやハイデガーの現象学とレヴィナスの言語哲学との関係を分かりやすく説明しているものとして，アドリアーン・ペパーザックの論文「志向性から責任へ」（"From Intentionality to Responsibility" in Dallery and Scott, *The Question of the Other*）を参照．

2．デリダがレヴィナスについて行った複雑精緻な分析を，私はここで論じる余裕はない．それに，この問題はロバート・ベルナスコーニ（Robert Bernasconi）が評論「デリダにおけるレヴィナスの痕跡」（"The Trace of Levinas in Derrida"），「脱構築と倫理学の可能性」（"Deconstruction and the Possibility of Ethics"）でこれまでにも十分に論じている．私はベルナスコーニの導いた結論と同意見である．「デリダが，語ることという倫理的な声に耳を傾けていないのではないかという問いがなお残っている．レヴィナスがわれわれに紹介してきた言葉のあらゆる可能性を正当に扱うことにデリダは失敗しているのではないか，そしてそれゆえ，デリダは最終的には，レヴィナスの言語を支配する必然性を記述することに失敗しているのではないか」（"The Trace of Levinas" 40）．

3．デイヴィッド・ホイの「フーコー――モダンそれともポストモダン？」（David Hoy, "Foucault: Modern or Postmodern?," in *After Foucault*）を参照．ホイはここで，ポストモダニズムのもつ「快活さ」およびそのパロディーや贋作の魅力と，モダニズムの退屈な生真面目さとを対比している．（私はまた，私のワープロのスペルチェック機能が，デリダ／Derridaという名前が現れるたびに，あざ笑う／derideという語を示すことを指摘せずにはいられない．）

4．たとえばレヴィナスの論考「マルティン・ブーバーと認識の理論」（"Martin Buber and the Theory of Knowledge" in *Noms propres*）を参照．英訳は『マルティン・ブーバーの哲学』（*The Philosophy of Martin Buber*）に収められている．

5．レヴィナスとペレルマンの著作から，私はラビ的解釈の文学的アプローチにおける重要な次元を見出した．それは私が『モーセを殺した者たち』では見過ごしていた倫理や司法の次元である．

6．私にペレルマンの著作を紹介し，その解釈に際して助力を惜しまなかったのは，同僚のジーン・ファーネストック（Jeanne Fahnestock）である．『新しいレトリック』は，長大で内容も複雑な書物であるため，ここではごく簡単に触れるにとどめる．この本の中心となるのは，様々な論争テクニック，修辞学的戦略，比喩についての広範な哲学的分析や技術的分析である．ペレルマンはまた，ひとを騙すために用いられる修辞の問題，彼の考える「普遍的聴衆」（universal audience）」（7節）に対するプロパガンダや策略の問題について，

単刀直入に論じている．また，「発話者の解釈であるような聴衆」（4節）について，「発話者が聴衆に順応すること」（5節）についても論じている．もし，聴衆が矛盾した方法によってしか説得されえない場合，発話者には聴衆を説得する義務はない．クインティリアヌス（Quintilian）が言ったように，修辞学は *scientia bien dicendi*〔上手く話すための学〕である．上手く話すということはまた，倫理的に善いことを話すことを意味している（25）．ペレルマンの「普遍的聴衆」という概念の優れた分析としては，アレン・スカルトの「ペレルマンの普遍的聴衆」（Allen Scult, "Perelman's Universal Audience" p. 176）を参照．

7．たとえば，しばしば引用されるド・マンの論考「記号学と修辞学」（"Semiology and Rhetoric" in J. Harari ed., *Textual Strategies*）やデリダの「白い隠喩——哲学テクストにおける隠喩」（"White Metaphor: Metaphor in the Text of Philosophy" in *Margins of Philosophy*）を参照．

8．この見解を私はジャンヌ・ファーネストックに負うている．

9．ペレルマンは実際「ヘーゲルのリアリズム」（Hegelian realism）について書いている．彼によると，ヘーゲルのいう現実は合理的であり，合理的なものが現実であるとの主張は，ある種の語用論（プラグマティズム）の論拠と同じである．語用論の論拠は，「行動や事実を，望ましい結果もしくは望ましくない結果という観点から評価すること……，ものごとをその現在ある姿，またはその未来の結果という観点から評価することを許容している」（266-67）．こうした類の考えは歴史主義者の思考にもしばしば見出される．「ヘーゲルのリアリズムは……歴史に最後の審判という役割を授けることで歴史を聖別する．このような先入観によって，現実性はすでにこれまでに産み出され発展し生き残ってきた価値や理想を保証するものとなり，結果として現実性は現在の成功，未来の成功を約束する合理性や客観性を証明するものとして表現される」（268）．

10．最も優れたポストモダニズムの解説者のひとりイハブ・ハッサンは，『ポストモダン的転回』（Ihab Hassan, *The Postmodern Turn*）のなかでもっと多くの対と分類を示している．特に pp. 91-92を参照．

11．このほかに，フェミニズムの優れた論客であるリュス・イリガライは，レヴィナスが『全体性と無限』で展開した初期のエロス論を論じている．「愛撫の繁殖性」（Luce Irigaray, "The Fecundity of Caress," in Cohen ed., *Face to Face*）を参照．

12．このことは，〈全体〉（神—人間—世界）がばらばらに破砕されたその諸断片のあいだに生まれる関係性を，ローゼンツヴァイクが創造，啓示，救済へと変形させたことと深い関係がある．「創造」において，自己－存続する異教世界は神へと開かれ，啓示のなかで神が人間に開かれ，救済という行為を通じて人間は神へと開かれるのだ．

第9章　ギリシャ的ユダヤ人／ユダヤ的ギリシャ人

1. レヴィナス『タルムード四読解』に収められた読解のなかでも特に「誘惑の誘惑」(“The Temptation of Temptation”) を参照. ここでレヴィナスは, 哲学の誘惑をローゼンツヴァイク的な観点から定義しており, それをユダヤ的な知の様式と対比している.「誘惑の誘惑」は完全なる実験, あらゆる可能性の探査, ユリシーズあるいはドン・ジュアンのようにすべてを感じ, 試し, 知ることを意味している. すべてを知り, 試すということが再び全体性の主題となる. だが, レヴィナスが付言しているように, こうした「全体」はあらゆるものを, 善と同様に悪をも包含している. この覚醒させられた悪が, あらゆるものを覆し破壊するよう脅かす. だが, 欲望すると同時に誘惑されている自己は, みずからは傷つけられぬまま, 完全な姿で破壊を免れ, また, あらゆる追跡からわが身を守ることが可能だと考えられている. ユリシーズの長い航海の場合と同様に, 最終的には安全なまま家に帰ることができると考えられているのである.

これこそまさしく知の誘惑である. というのも「知識」が意味するのは, 自分自身をある意味では「善と悪の彼方」に保つこと, 悪に染まることなく悪を探査することができると考えること, そして, みずからは試されることなく, 自分自身が努力を誓うこともなければ, 選択を余儀なくされることもなく, 自分を制限することもなく, 世界を試せると考えることなのだ. こうした「誘惑の誘惑」と哲学は同一であるとレヴィナスは考えている.

> 哲学とは, あらゆる行為を, この行為についてもつことの可能な知識へと従属させることであると定義できます. 知識とはまさしく, 距離を保ち, 純粋な行為に生来伴う狭隘さを克服し, かくして行為のもつ危険な寛大さを矯正せよという容赦ない要求です. 知識を優先させることは, 誘惑の誘惑と同義なのです. (*QLT* 76)

信仰の純粋な素朴さは, (哲学に) 取って代わる選択肢としては十分ではない, また, 自発的で素朴な参加か理論的な探求のいずれかを選ぶというディレンマは避けるとともに, 美しく寛大ではあるが子供じみた無辜な行為と, 理論的・観照的諸問題とその複合から切り離された純粋な実践としての行為との双方を超えた「第三の方途」を見出さねばならない. レヴィナスによれば, ユダヤ人たちがシナイ山で啓示を授かった仕方についてタルムードで論じられている箇所には, 知識や啓示をめぐるユダヤ人の典型的な考えが示されており, これが哲学に取って代わるものなのである. ユダヤ人たちはトーラーをまさに受け取ろうとするその瞬間に次のように言明する.「われわれは行います. そしてわれわれは理解します〔聞きます〕.「ナ・アシュ・ヴェ－ニシュマー」というこの言明は「私は知ります〔聞きます〕. そして私は行います」という順序

を逆にしている．レヴィナスはこうした受容の様式が，「存在とは別の仕方」を知る様式であると解釈する．それは，参加／不参加，あるいは理論／実践という対立が「もはや意味をもたない」ような別の秩序である．それはむしろ，これらの概念に「先立つ」もの，あるいはこれらの概念を秩序付けるものなのだ（*QLT* 78–79）．レヴィナスは更に付け加えている．西欧思想の観点から見れば，啓示とは，理性が発見することができないもの，それゆえに騙されるおそれのある盲信の領域と定義されるものからのみ成り立つ．にもかかわらず，啓示は，「誘惑の誘惑」という哲学の秩序よりもはるかに古き秩序である．ここでレヴィナスがめざしているのは，存在することと知ること――知ることないし知識それ自体が哲学にとっては重要なのだが――とのあいだの別様の関係性を呈示することである．

2．レヴィナスの『哲学論文集』（*Collected Philosophical Papers*）に収められた1973年の論考「神と哲学」（“God and Philosophy”）を参照．レヴィナスはこの論考のなかで，哲学と宗教の関係を明らかにしようとしている．そして宗教という概念について，それは神学を凌駕しているだけではなく，「宗教的体験」ないしは信仰や信仰の喪失のいずれにももとづいていないと論じている．この論考の主要な問いは，存在論でも信仰でもないような合理的言説のなかに神を表現することは可能かという問いである．西欧哲学と西欧の精神性は，存在の現出として定義される真理の観念と共通しているが，レヴィナスはこの両者のあいだの諸結合を跡付けるとともに，これらとは別の認識，「異なる認識の仕方」を措定しているが，そこでは，意識は，啓蒙や実効性ではなく，良心や不眠症と同じものとされる．このような異なる認識の仕方は，そこで神が主題化されたり教義の対象となったりすることのない宗教的言説のなかに映し出される．

神とは，「まったき他者」でもなければ「最初の他者」でもない．神とは，「別の仕方でとはまた他なるものであり，他者の他者性に先立つ他者性を備えた他者なのである．それは他者との倫理的な結びつきに先立ち，いかなる隣人とも異なり，ほとんど不在といってもよいほど超越的で，ある（*there is*）の騒めきと取り違えかねないほどに超越的である」（165–66）．聖書の神は，このような「存在の彼方」を意味するとレヴィナスは論じている．それは，真理が明示ないしは曝露であるような存在の哲学の彼方にあるのだ（159）．

「宗教の誕生」はいかなる「宗教的体験」，感情，声にも先立っている．それは，他者の惨めさや裸出性が無言のままに訴える，その静寂からこだまする音である．こうした嘆きに耳を傾け理解することこそ批評であり「存在の擾乱」（disturbance）にほかならない．それゆえに，主体性は「私はちりあくたにすぎない」（『創世記』18．27）というアブラハムを模範とする有責性のなかで，ソドムの悪人のためにとりなしを行う際に「われわれは何者なのか」（『出エジプト記』16．7）と問いかけるモーセを範とする有責性のなかで焼き尽くされ

ていく．

3．レヴィナスの『タルムード四読解』に収められた「他者に向かって」（“Towards the Other”）というタルムード講義を参照．この講話のなかでは赦しの本質が解釈されている．別の論考のなかで，レヴィナスは，ユダヤ教のために，いわゆる「神の名の神聖化」［キドゥシュ・ハ－シェム］のために命を落とした義人の審判と死は，死よりも強力な生を形成していると論じている．それは神聖なるものの永遠性を具体的に体験することであり，「神という語の意味論に属する」（*ADV* 20）ことである．ラビがいうように，イスラエルが追放されたとき，神もまたイスラエルとともに追放の状態に陥ったのである．

4．これらの問題とレヴィナスとの関係については，アブナー・ワイス（Abner Weiss）の議論（Fox, *Modern Jewish Ethics*, pp. 139–52）を参照．また，ユダヤ人の受難に対する応答の類型学（typology）については，デイヴィッド・ロースキーズの『黙示録に抗して』（David Roskies, *Against the Apocalypse*）を参照．

5．この論文は，リチャード・シュガーマン（Richard Sugarman）とヘレン・スティーヴンソン）（Helen Stephenson）によって訳出された．私が使用しているのも同訳である．

6．「ユダヤ教における神との議論」での文学と哲学を研究した優れた論文に，エイブラハム・カプランによる同名の論文（1980）がある．

7．トーラーの伝達や解釈をめぐるユダヤ教の見解については，ラビ文献学者ジョゼ・フォール（José Faur）の優れた著作を参照のこと．トーラーの伝達と解釈についてのユダヤ教的想念，この想念と釈義の司法的，ミドラッシュ的様相，更には現代の記号理論との関係については，『銀色の点のある金色の鳩たち』（*Golden Doves with Silver Dots*）という著書のなかで論じられている．

8．カントの倫理理論とローゼンツヴァイクとの係わりについて入念に論じたものに，ポール・メンデス＝フロールの「ローゼンツヴァイクとカント――儀式と宗教の二つの局面」Paul Mendes-Flohr, “Rosenzweig and Kant: Two Views of Ritual and Religion”）がある．

9．ラビ・サランテルの思想を分かり易く紹介し，概説しているイマニュエル・エトケスの「ラビ・イスラエル・サランテルと彼のムサールの心理学」（Immanuel Etkes, “Rabbi Israel Salanter and His Psychology of Mussar”）を参照．

10．特にショーレムの論考「カバリストの儀式における伝統と新しい創造」（“Tradition and New Creation in the Ritual of the Kabbalists,” in *On the Kabbalah and Its Symbolism*, 118–57）を参照．

11．この本の第1部の概説で，ショーレムはヘーゲルの示した宗教の三つの段階を呈示している．そこでは，神話によって人間と神が無邪気に，直接的に係わり合っている段階が，疎外，疑義といった第二の段階に取って代わられる．

このように神から距離が置かれるようになるのは，宗教的な神話と現実（律法と聖職者の宗教）との相違が原因である．こうした相違は第三の段階で調停される――それは神秘主義者の段階である．神秘主義は，意識的に古い神話を蘇生させることによってこうした疎外を克服するのだ．

第10章　タルムード的メシアニズム

1．私がこの章を執筆している時点で，『困難な自由』に収められた二つのメシアニズムをめぐる講義はまだ英訳されていなかった．これらの英訳は，この稿の完成後に出版された．にもかかわらず私は，みずからの論述の明晰さを保つために原文より長々と引用し，それにいくつかの註解を加える決心をした．イーディス・ウィショグロッドは，レヴィナスをめぐる著作の第７章で，これら二つの講義を詳細に論じている．また，アネッテ・アロノヴィッツによる『タルムード四読解』や『聖なるものから聖潔なるものへ』の翻訳および案内も参照されたい．私は『タルムード四読解』『聖なるものから聖潔なるものへ』のなかのタルムード講義はすべて，アロノヴィッツの翻訳で引用している．『困難な自由』と『聖句の彼方へ』の翻訳は私自身が行った．アロノヴィッツはさらに1946年にレヴィナスが全イスラエル同盟の付属機関で，教師養成を目的にした東方イスラエル師範学校の校長になった際，タルムードの講義を担当するようになったと指摘している．

2．彼女は次のように付け加えている．「思い返すに解釈学は，「神」という語が，テクストのなかに現れたとおりの文脈にもとづいて，すなわち人間同士の相互作用にもとづいて理解されることを要求していた．しかし，解釈学はまた，神の現前がどのように日常生活や人々の交わす言葉のやり取りのなかで垣間見られるかというその仕方をも意味している．いずれの場合も，意味を伝えているのは，具体化された真理――行動のなかの真理である．いずれの場合も，解釈学は，単なる抽象的知識に対する闘争を意味しており，具体的で特殊なものを通じて，行動を通じて，現実に踏み込もうとの欲求を意味している．もう一度繰り返して言うなら，解釈学は，それが理解しようと努めている伝承のまさに内容を象徴しているのだ」(xxiii)．

3．この問題については，『聖句の彼方』に収められた論文「ユダヤ教の伝承における啓示」(“La Révélation dans la tradition juive”)，「聖典のユダヤ的読解について」(“De la lecture juive des Ecritures”）を参照．

4．この翻訳は，I．エプスタイン編『バビロニア・タルムード』の英訳を用いている．ただし私はそこに若干の修正を加えた．

5．ベンヤミンと同じようにレヴィナスも，歴史的意味をまるごと保護しようと考えている．レヴィナスが主張するところでは，まさにラビの註解をとおして，象徴それ自体が，数多くの具体的な歴史的意味によって豊かなものにな

っていくのだ．タルムード的思考の光が，これらの意味の象徴的な力を「再び呼び覚ます」．のみならず，霊もまた文字から呼び覚まされる．「象徴」とは，「実在であり，しばしば具体的な形式であり，人々であって」，こうした象徴には，「象徴自身がその表出に貢献してきたような意味が与えられる」．具体的な対象とそれらの対象の解明──それこそが註解である──とのあいだを行き来する往復運動は「絶えることがない」．レヴィナスの意見では，タルムードを「科学的」歴史的方法で理解しようとすることには，まさしくこうした連続的弁証法〔弁証論〕が欠けている．このような科学的・歴史的理解は，「象徴の起源に執着するという危険を冒している．だが，象徴はといえば，とうの昔に，それらが誕生していたときに有していた意味の彼方へと赴いてしまっているのだ」．このような理解の仕方は，象徴をその出所である逸話や局地的なできごとのなかへと制限して囲い込んでしまうことで，象徴を貧弱なものにしてしまう．何よりも，「己が歴史から解き放たれた具体的な事物と結びついたこれらの意味の諸可能性」こそ「思考の範例的方法」を構成している（*QLT* 21）．こうした考え方はどこかベンヤミンの考えと似通っている．それによると，歴史上の瞬間は，歴史主義的連続性の外にあって炸裂するが，その一方で己が具体性を維持しているのである．

しかしながら，レヴィナスにとっては，ラビ的解釈はいずれの世代にあっても，こうした無尽蔵の豊かさのなかから再び開始されるものの，この解釈が恣意的なものに終わることはない．ラビ的解釈は，「これらの対象－記号の明確な輪郭によってその可能性へと開かれていく」．更に言えば，タルムードとこれらの「記号」は，「人生そのものの経験」からのみ理解可能なのだ．具体的実在であるこの「記号」は，「現に生きられている生の文脈に即して」意味をもつようになる．「記号」ということで，レヴィナスは，聖句や事物や人物や境遇や儀式等々の意味に解している．それにもかかわらず，記号は「完璧な記号」として機能する．なぜなら，「時の経過がこれらの記号の可視的組織に変化をもたらすにもかかわらず，これらの記号は，同じ意味を，これらの同じ意味の新たな側面を啓示するという特権を維持しているからである」．この意味で，これら記号は解釈学的意味において「代替不能」で「神聖なもの」なのである．

『聖句の彼方』のなかの別の論考でレヴィナスは，タルムードとは，キリスト教や科学や歴史や哲学とは異なった独自の聖書の読解様式であると論じている．こうした解釈の様式はしばしば，字義どおりの解釈にすぎないとの誤解に曝されてきたが，この解釈の様式は「実際にはおそらく，全体の文脈のなかで各々個別のテクストを維持することに存している」．言うまでもないが，ローゼンツヴァイクの場合と同様に，この「全体」という概念が意味するのはヘーゲル的全体ではない．それは統一された存在論的同一性ではなく，互いに独立した諸関係の星座＝布置である．聖句との逐語的関係と思われるものは，実際

のところ，この聖句を他の数々の聖句との調和のなかで鳴り響かせようとする努力を「表象している」．そしてこの様式は，「より精神的で内面的な」聖句と，より粗野で物質的な聖句とのあいだの接触を保ち続ける．その結果，精神的で内面的な聖句からはそれらの真理が引き出され，過酷な現実は寛大な精神性と関係付けられることになる．

結　論　書物に先立って，書物を超えて

1．リチャード・コーエンが記しているところでは，デリダの差異理論における意味の戯れという考えは，超越性と内在性の両方を破壊する（“Privilege of Reason and Play” 245）．コーエンの見解によれば，理性／戯れという対立はあまりに単純すぎる．コーエンは，戯れと理性のあいだの対立ではなく，それらを結びつける絆を承認することこそ哲学の危機に対する答えである．理性の特権が意味しているのは，現前の形而上的な特権ではない．「そのような特権は当然のことながら戯れによって破壊されてしまうのだが，そうではなく，理性の特権とは，応答責任（*responsibility*）という特権的な要請なのである」．理性は単に合理的なものというだけでなく，応答責任のひとつの形式であって，「もし理性が理性的なものであり続けるならば，戯れは理性に不可欠なものとして付随する．理性はユーモアのセンスを有しており」，戯れはかかる理性に敏感に反応するのである（251）．

2．ジャベスの立場を鋭く論じたものとしては，ベレル・ラングの論考「ホロコーストを書くこと──ジャベスと歴史の計測」（Berel Lang, “Writing-the-Holocaust: Jabès and the Measure of History”）およびペーター・コールの「エドモン・ジャベスと亡命の理由」（Peter Cole, “Edmond Jabès and the Excuses of Exile”）を参照．

3．ジョゼ・フォールは，こうした文脈において，ユダヤ教の法律用語であるマサールが暗示するものを論じている．マサールという語は，ある文書の法的な位置付けを意味するために用いられる．この文書は文書の法的所有者により法廷に譲り渡されたものである．法廷はそのあとで，この文書の作者の意図とは関係なしにこの文書を解釈する権利を人々に与えるのだ（*Golden Doves* 88, 109, 123–24）．

参考文献

Aarsleff, Hans, ed. *From Locke to Saussure: Essays on the Study of Language and Intellectual History.* Minneapolis: U of Minnesota P, 1982.

Abrams, M. H. *Natural Supernaturalism: Tradition and Revolution in Romantic Literature.* New York: W. W. Norton, 1971.

Adorno, Theodor. *Minima Moralia: Reflections from a Damaged Life.* 1951; London: Verso, 1971.

______. *Prisms.* Trans. Samuel and Shierry Weber. 1967; Cambridge: MIT P, 1981.

Aesthetics and Politics: Theodor Adorno, Walter Benjamin, Ernst Bloch, Bertolt Brecht, Georg Lukacs. London: Verso NLB, 1977.

Alter, Robert. *Defenses of the Imagination.* Philadelphia: Jewish Publication Society, 1977.

Arendt, Hannah. Introduction. *Illuminations.* By Water Benjamin. Trans. Harry Zohn. 1955; New York: Schocken, 1969. 1–55.

Aronowicz, Annette. "Translator's Introduction." *Nine Talmudic Readings by Emmanuel Levinas.* Bloomington: Indiana UP, 1990. ix–xxix.

Auster, Paul. "An Interview with Edmond Jabès." *The Sin of the Book: Edmond Jabès.* Ed. Eric Gould. Lincoln: U of Nebraska P, 1985. 3–25.

Austin, J. L. *How to Do Things with Words.* Ed. J. O. Urmson and Marina Sbisa. 2nd ed. Cambridge: Harvard UP, 1975.

Baeck, Leo. *The Essence of Judaism.* Trans. Irving Howe and Victor Grubweiser. 2nd ed. New York: Schocken, 1961.

Bahti, Timothy. "History as Rhetorical Enactment: Walter Benjamin's Theses 'On the Concept of History.' " *Diacritics* 9.3 (1979): 2–17.

Bakhtin, M. M. *The Dialogic Imagination.* Ed. Michael Holquist. Trans. Caryl Emerson. Austin: U of Texas P, 1981.

______. *Rabelais and His World.* Trans. Helene Iswolsky. Bloomington: Indiana UP, 1984.

Baynes, Kenneth, James Bohman, and Thomas McCarthy, eds. *After Philosophy: End or Transformation.* Cambridge: MIT Press, 1987.

Benjamin, Walter. *Briefe.* Ed. Gershom Scholem and Theodor Adorno. 2 vols. Frankfurt: Suhrkamp, 1966.

______. *Charles Baudelaire: A Lyric Poet in the Era of High Capitalism.* Trans. Harry Zohn. London: NLB, 1973.

______. "Doctrine of the Similar." Trans. Knut Tarnowski. *New German Critique* 17 (1979): 65–69.

______. *Gesammelte Schriften.* Ed. Rolf Tiedemann and Hermann Schweppenhauser. 7 vols. Frankfurt: Suhrkamp Verlag, 1972–89.

______. *Illuminations.* Ed. Hannah Arendt. 1955; New York: Schocken, 1969.

______. *Moscow Diary.* Cambridge: Harvard UP, 1986.

______. "N [Re the Theory of Knowledge, Theory of Progress]." Trans. Leigh Hafrey and Richard Sieburth. *Benjamin: Philosophy, History, Aesthetics.* Ed. Gary Smith. Chicago: U of Chicago P, 1989. 43–83.

______. *One-Way Street and Other Writings.* Trans. Edmund Jephcott and Kingsley Shorter. London: NLB, 1979.

______. *The Origin of German Tragic Drama.* Trans. John Osborne. 1963; London: NLB, 1977.

———. "Program of the Coming Philosophy." Trans. Mark Ritter. *Philosophical Forum* 15.1–2 (1983): 41–51.

———. *Reflections: Essays, Aphorisms, Autobiographical Writings.* Ed. Peter Demetz. Trans. Edmund Jephcott. New York: Harcourt Brace, 1978.

———. *Understanding Brecht.* Trans. Anna Bostock. London: NLB, 1973.

Bernasconi, Robert. "Deconstruction and the Possibility of Ethics." *Deconstruction and Philosophy.* Ed. John Sallis. Chicago: U of Chicago P, 1987. 122–39.

———. "Levinas Face to Face—with Hegel." *Journal of the British Society for Phenomenology* 13 (1982): 267–76.

———. "The Trace of Levinas in Derrida." *Derrida and Difference.* Ed. D. Wood and R. Bernasconi. Coventry, England: Parousia P, U of Warwick, 1986. 17–44.

Biale, David. "Gershom Scholem's Ten Unhistorical Aphorisms on Kabbalah: Text and Commentary." *Modern Judaism* 5 (1985): 67–93.

———. *Gershom Scholem: Kabbalah and Counter-History.* Cambridge: Harvard UP, 1979.

———. Rev. of *Walter Benjamin: The Story of a Friendship,* by Gershom Scholem. *Association for Jewish Studies Newsletter* 34 (1983): 19–20.

Bialik, Hayim Nachman. *Halachah and Aggadah.* Trans. Sir Leon Simon. London: Press Printers, 1944.

———. *Halakah and Aggadah. Modern Jewish Thought: A Source Reader.* Ed. Nahman Glatzer. 1917; New York: Schocken, 1977. 55–64.

Blanchot, Maurice. "Être Juif." *L'entretien infini.* Paris: Gallimard. 181–91.

———. "Our Clandestine Companion." *Face to Face with Levinas.* Ed. Richard A. Cohen. Albany: State U of New York P, 1986. 41–52.

Bloom, Harold. *Agon: Towards a Theory of Revisionism.* New York: Oxford UP, 1982.

———. "The Masks of the Normative." *Orim: A Jewish Journal at Yale* 1 (1985): 9–25.

———. "A Speculation upon American Jewish Culture." *Judaism* 31 (1982): 266–73.

Booth, Wayne C. *The Company We Keep: An Ethics of Fiction.* Berkeley: U of California P, 1988.

Brewster, Philip, and Carl Howard. "Language and Critique: Jürgen Habermas on Walter Benjamin." *New German Critique* 17 (1979): 15–29. Special Issue on Benjamin.

Bruns, Gerald. "Midrash and Allegory." *The Literary Guide to the Bible.* Ed. Robert Alter and Frank Kermode. Cambridge: Harvard UP, 1987. 625–46.

———. *Modern Poetry and the Idea of Language: A Critical and Historical Study.* New Haven: Yale UP, 1974.

Buck-Morss, Susan. *The Dialectics of Seeing: Walter Benjamin and the Arcades Project.* Cambridge: MIT P, 1989.

———. *The Origin of Negative Dialectics: Theodor Adorno, Walter Benjamin, and the Frankfort Institute.* New York: Free P, 1977.

Bullock, Marcus. *Romanticism and Marxism: The Philosophical Development of Literary Theory and Literary History in Walter Benjamin and Friedrich Schlegel.* New York: Peter Lang, 1987.

Burggraeve, Robert. *Emmanuel Levinas: Une bibliographie primaire et secondaire (1925–1985).* Leuven, Belgium: Center for Metaphysics and Philosophy of God, 1986.

Burke, Kenneth. *A Rhetoric of Motives.* 1950; Berkeley: U of California P, 1969.

Calinescu, Matei. *Faces of Modernity: Avant-Garde, Decadence, Kitsch.* Bloomington: Indiana UP, 1977.

Campbell, Colin. "The Tyranny of the Yale Critics." *New York Times Magazine* Feb. 1986: 20–48.
Chalier, Catherine. *Figures du féminin: Lecture d' Emmanuel Levinas.* Paris: La Nuit Surveillée, 1982.
Chouraqui, Andre. *L'Alliance Israélite Universelle et la renaissance juive contemporaine.* Paris, 1965.
Ciaramelli, Fabio. "Le rôle du Judaisme dans l'oeuvre de Levinas." *Revue Philosophique de Louvain* 81.52 (1983): 580–600.
Cohen, Arthur. "A Short, Rich and Tortured Life." Rev. of *Walter Benjamin: The Story of a Friendship,* by Benjamin Scholem. *New York Times Book Review* 16 May 1982: 12, 32–35.
Cohen, Arthur, and Paul Mendes-Flohr, eds. *Contemporary Jewish Religious Thought.* New York: Scribner, 1987.
Cohen, Gershon. "German Jewry as a Mirror of Modernity." *Leo Baeck Institute Yearbook* 20 (1975): 9–22.
Cohen, Richard A. "The Face of Truth in Rosenzweig, Levinas, and Jewish Mysticism." *Phenomenology of the Truth Proper to Religion.* Ed. Daniel Guerrière, Albany: State U of New York P, 1990.
———. "Levinas, Rosenzweig, and the Phenomenologies of Husserl and Heidegger." *Philosophy Today* 32.2 (1988): 165–78.
———. "Non-in-difference in the Thought of Emmanuel Levinas and Franz Rosenzweig." Forthcoming in *Graduate Faculty Philosophy Journal.*
———. "The Privilege of Reason and Play: Levinas and Derrida." *Tijdschrift voor Filosofie* 45.2 (1983): 242–55.
———. "Rosenzweig's Critique of Nietzsche in *The Star of Redemption.*" Forthcoming in *Nietzsche-Studien* 19 (1989).
Cohen, Richard A., ed. *Face to Face with Levinas.* Albany: State U of New York P, 1986.
Cohn, Norman. *The Pursuit of the Millennium: Revolutionary Messianism in Medieval and Reformation England and Its Bearing on Modern Totalitarian Movements.* New York: Harper & Row, 1957.
Cole, Peter. "Edmond Jabès and the Excuses of Exile." *Tikkun* 5.4 (1990): 39–42.
Corngold, Stanley, and Michael Jennings. "Walter Benjamin/Gershom Scholem." *Interpretation* 12 (1984): 357–66.
Cowan, Bainard. "Walter Benjamin's Theory of Allegory." *New German Critique* 22 (1981): 109–22.
Dallery, Arleen, and Charles E. Scott, eds. *The Question of the Other: Essays in Contemporary Continental Philosophy.* Albany: State U of New York P, 1989.
Dan, Joseph. *Gershom Scholem and the Mystical Dimensions of Jewish History.* New York: New York UP, 1987.
———. *Gershom Scholem: Between History and Historiosophy.* Trans. Roberta Bell-Kligler. Binah: Jewish Civilization University Series. Jerusalem: International Center for University Teaching of Jewish Civilization, n.d. *Jerusalem Studies in Jewish Thought* 3 (1983–84).
De Beauvoir, Simone. *The Second Sex.* Trans. H. M. Parshley. 1949; New York: Vintage, 1974.
DeMan, Paul. *Allegories of Reading: Figural Language in Rousseau, Nietzsche, Rilke, and Proust.* Minneapolis: U of Minnesota P, 1979.
———. *The Resistance to Theory.* Minneapolis: U of Minnesota P, 1986.
———. *Blindness and Insight: Essays in the Rhetoric of Contemporary Criticism.* 2nd ed. Minneapolis: U of Minnesota P, 1983.
———. "Semiology and Rhetoric." *Textual Strategies: Perspectives in Post-Structuralist Criticism.* Ed. Josué Harari. Ithaca: Cornell UP, 1979. 121–40.

Demetz, Peter. Introduction. *Reflections.* By Walter Benjamin. New York: Harcourt Brace, 1978. vii–xliii.
Derrida, Jacques. "Edmond Jabès and the Question of the Book." *Writing and Difference.* Trans. Alan Bass. Chicago: U of Chicago P, 1978. 64–78.
______. "En ce moment même dans cet ouvrage me voici." *Textes pour Emmanuel Levinas.* Ed. François Laruelle. Paris: Editions Jean-Michel Place, 1980. 21–60.
______. *Glas.* Trans. J. P. Leavey and R. A. Rand. 1974; Lincoln: U of Nebraska P, 1986.
______. *Margins of Philosophy.* Trans. Alan Bass. 1972; Chicago: U of Chicago P, 1982.
______. "Violence and Metaphysics: An Essay on the Thought of Emmanuel Levinas." *Writing and Difference.* Trans. Alan Bass. Chicago: U of Chicago P, 79–153.
______. *Of Grammatology.* Trans. Gayatri Spivak. 1967; Baltimore: Johns Hopkins UP, 1976.
Descombes, Vincent. *Modern French Philosophy.* Trans. J.-M. Scott-Fox and J.-M. Harding. 1979; Cambridge: Cambridge UP, 1980.
Durfee, Harold. "Emmanuel Levinas' Philosophy of Language." *Explanation: New Directions in Philosophy.* Ed. B. Blose, H. A. Durfee, and D. F. T. Rodier. The Hague: Martinus Nijhoff, 1973. 89–120.
______. "War, Politics, and Radical Pluralism." *Philosophy and Phenomenological Research* 35 (1975): 549–58.
Eagleton, Terry, ed. *Walter Benjamin, or Towards a Revolutionary Criticism.* London: NLB, 1981.
Epstein, I., ed. *The Babylonian Talmud.* London: Soncino, 1938.
Etkes, Immanuel. "Rabbi Israel Salanter and His Psychology of Mussar." *Jewish Spirituality from the Sixteenth-Century Revival to the Present.* Ed. Arthur Green. New York: Crossroad, 1987. 206–44.
Fackenheim, Emil. *Encounters between Judaism and Modern Philosophy: A Preface to Future Jewish Thought.* 1973; New York: Schocken, 1980.
Faur, José. *Golden Doves with Silver Dots: Semiotics and Textuality in Rabbinic Tradition.* Bloomington: Indiana UP, 1986.
Fisch, Harold. *Poetry with a Purpose: Biblical Poetics and Interpretation.* Bloomington: Indiana UP, 1988.
Fittko, Lisa. "The Last Days of Walter Benjamin." *Orim: A Jewish Journal at Yale* 1 (1986): 48–59.
Fletcher, Angus. *Allegory: The Theory of a Symbolic Mode.* Ithaca: Cornell UP, 1964.
Foss, Sonja K., Robert Foss, and Robert Trapp. *Contemporary Perspectives on Rhetoric.* Prospect Heights, Ill.: Waveland Press, 1985.
Foucault, Michel. "Nietzsche, Genealogy, History." *Language, Counter-Memory, Practice: Selected Essays and Interviews.* Ed. Donald F. Bouchard. Trans. Donald F. Bouchard and Sherry Simon. Ithaca: Cornell UP, 1977. 139–64.
______. *The Order of Things: An Archaeology of the Human Sciences.* 1966; New York: Vintage, 1973.
Fox, Marvin, ed. *Modern Jewish Ethics: Theory and Practice.* Columbus: Ohio State UP, 1975.
Frank, Joseph. "The Voices of Mikhail Bakhtin." *New York Review of Books* 23 Oct. 1986: 56–60.
Frisby, David. *Fragments of Modernity: Theories of Modernity in the Work of Simmel, Kracauer and Benjamin.* Cambridge: MIT Press, 1986.
Gay, Peter. *Freud, Jews and Other Germans: Masters and Victims in Modernist Culture.* New York: Oxford UP, 1978.

Gibbs, Robert. " 'Greek' in the 'Hebrew' Writings of Emmanual Levinas." *Papers from the Academy for Jewish Philosophy Conference 1987.* Philadelphia: Academy for Jewish Philosophy, 1987. 119–43.
———. "A Jewish Context for the Social Ethics of Marx and Levinas." *Autonomy and Judaism: Papers from the Academy for Jewish Philosophy Conference 1989.* Philadelphia: Academy for Jewish Philosophy, 1987. 89–114.
———. "The Limits of Thought: Rosenzweig, Schelling, and Cohen." *Zeitschrift für philosophische Forschung* (1990). Forthcoming.
———. "Substitution: Marcel and Levinas." Unpublished lecture.
———. "The Unique Other: Hermann Cohen and Emmanuel Levinas." Unpublished lecture delivered 20 December 1988 at the Association for Jewish Studies.
Glatzer, Nahum. *Franz Rosenzweig: His Life and Thought.* 1953; New York: Schocken, 1961.
Goldman, Steven Louis. "On the Interpretation of Symbols and the Christian Origins of Modern Science." *Journal of Religion* 62.1 (1982): 1–20.
Gould, Eric, ed. *The Sin of the Book: Essays on the Writings of Edmond Jabès.* Lincoln: U of Nebraska P, 1985.
Graham, Joseph, ed. *Difference in Translation.* Ithaca: Cornell UP, 1985.
Green, Kenneth Hart. "The Notion of Truth in Franz Rosenzweig's *The Star of Redemption*: A Philosophical Inquiry." *Modern Judaism* 7 (1987): 297–323.
Greenstein, Edward. "Theories of Modern Bible Translation." *Prooftexts* 3 (1983): 9–40.
Grunfeld, Fredric V. *Prophets without Honor: A Background to Freud, Kafka, Einstein and Their World.* New York: Holt Rinehart, 1979.
Habermas, Jürgen. "Consciousness-Raising or Redemptive Criticism—The Contemporaneity of Walter Benjamin." *New German Critique* 17 (1979): 30–59.
———. "Modernity versus Postmodernity." *New German Critique* 22 (1981): 3–14.
———. *Philosophical-Political Profiles.* Trans. Frederick Lawrence. 1971; Cambridge: MIT Press, 1983.
Handelman, Susan A. " 'Everything Is in It': Rabbinic Interpretation and Modern Literary Criticism." *Judaism* 35 (1986): 429–40.
———. "Fragments of the Rock: Contemporary Literary Theory and the Study of Rabbinic Texts." *Prooftexts* 5 (1985): 75–95.
———. "Parodic Play and Prophetic Reason: Two Interpretations of Interpretation." *Poetics Today* 9:2 (1988): 396–423.
———. *The Slayers of Moses: The Emergence of Rabbinic Interpretation in Modern Literary Theory.* Albany: State U of New York P, 1982.
———. "Torments of an Ancient Word: Edmond Jabès and the Rabbinic Tradition." *The Sin of the Book: Essays on the Writing of Edmond Jabès.* Ed. Eric Gould. Lincoln: U of Nebraska P, 1983. 55–91.
Harari, Josúe, ed. *Textual Strategies: Perspectives in Post-Structuralist Criticism.* Ithaca: Cornell UP, 1979.
Hartman, David. *The Living Covenant: The Innovative Spirit in Traditional Judaism.* New York: Free P, 1985.
Hartman, Geoffrey. *Criticism in the Wilderness: The Study of Literature Today.* New Haven: Yale UP, 1980.
Hartman, Geoffrey, and Sanford Budick, eds. *Midrash and Literature.* New Haven: Yale UP, 1986.
Hassan, Ihab. *The Postmodern Turn: Essays in Postmodern Theory and Culture.* 1987 ed. Columbus: Ohio State UP.
Hegel, G. W. F. *Lectures on the Philosophy of Religion: One Volume Edition. The Lectures of 1827.* Ed. Peter Hodgson. Berkeley: U of California P, 1988.

______. *The Phenomenology of Mind.* Trans. J. B. Baillie. London: Macmillan, 1910. New York: Harper & Row, 1967.
Heinemann, F. H. "Jewish Contributions to German Philosophy." *Leo Baeck Institute Yearbook* 9 (1964): 161–77.
Hertzberg, Arthur. "Gershom Scholem as Zionist and Believer." *Modern Judaism* 5 (1985): 3–19.
Howe, Irving, and Eliezer Greenberg, eds. *A Treasury of Yiddish Stories.* 1953; New York: Schocken, 1973.
Hoy, David. "Foucault: Modern or Postmodern?" *After Foucault: Humanistic Knowledge, Postmodern Challenges.* Ed. Jonathan Arac. New Brunswick: Rutgers UP, 1988.
Humboldt, Wilhelm von. *On Language: The Diversity of Human Language-Structure and Its Influence on the Mental Development of Mankind.* Trans. Peter Heath. 1836: Cambridge: Cambridge UP, 1988.
Idel, Moshe. "Infinities of Torah in Kabbalah." *Midrash and Literature.* Ed. Geoffrey Hartman and Sanford Budick. New Haven: Yale UP, 1986. 141–57.
______. *Kabbalah: New Perspectives.* New Haven: Yale UP, 1988.
Jabès, Edmond. .*(El, Ou Le Dernier Livre*) Paris: Gallimard, 1973.
______. *The Book of Questions.* Trans. Rosemarie Waldrop. 7 vols. Middletown: Wesleyan UP, 1976–84.
______. "The Key." *Midrash and Literature.* Ed. Geoffrey Hartman and Sanford Budick. New Haven: Yale UP, 1986. 349–62.
______. *Le Livre des ressemblances.* Paris: Gallimard, 1976.
______. *Le Livre des questions.* Paris: Gallimard, 1963.
______. *Le Retour au livre.* 3 vols. Paris: Gallimard, 1965, 1965–72.
______. *Le Soupçon, le désert.* Paris: Gallimard, 1978.
Jacobs, Carol. "The Monstrosity of Translation." *Modern Language Notes* 90 (1975): 765–66.
Jameson, Fredric. *Marxism and Form: Twentieth Century Dialectical Theories of Literature.* Princeton: Princeton UP, 1971.
______. *The Political Unconscious: Narrative as a Socially Symbolic Act.* Ithaca: Cornell UP, 1981.
Janik, Allan, and Stephen Toulmin. *Wittgenstein's Vienna.* New York: Simon & Schuster, 1973.
Jay, Martin. *The Dialectical Imagination: A History of the Frankfurt School and the Institute for Social Research, 1923–1950.* Boston: Little, Brown, 1973.
______. "The Frankfurt School and the Genesis of Critical Theory." *The Unknown Dimension: European Marxism since Lenin.* Ed. Dick Howard and Karl Klare. New York: Basic Books, 1972. 224–27.
______. "The Politics of Translation: Siegfried Kracauer and Walter Benjamin on the Buber-Rosenzweig Bible." *Leo Baeck Institute Yearbook* 21 (1976): 3–24.
Jennings, Michael. *Dialectical Images: Walter Benjamin's Theory of Literary Criticism.* Ithaca: Cornell UP, 1987.
Kafka, Franz. *Briefe, 1902–1924.* Ed. Max Brod. New York: Schocken, 1958.
______. *Letter to His Father.* Trans. Ernst Kaiser and Eithne Wilkins. 1919; New York: Schocken, 1953.
______. *Letters to Friends, Family, and Editors.* Trans. Richard and Clara Winston. 1958; New York: Schocken, 1977.
Kant, Immanuel. *Philosophical Writings.* Ed. Ernst Behler. The German Library vol. 13. New York: Continuum, 1986.
Kaplan, Abraham. "The Jewish Argument with God." *Commentary* Oct. 1980: 43–47.

Katz, Jacob. *Out of the Ghetto: The Social Background of Jewish Emancipation, 1770–1870.* 1973; New York: Schocken, 1978.
Kearney, Richard. "Dialogue with Emmanuel Levinas." *Face to Face with Levinas.* Ed. Richard A. Cohen. Albany: State U of New York P, 1986. 13–25.
———. "Emmanuel Levinas: On the Revelation of the Other." Diss. McGill U, 1976.
———. "Jacques Derrida." *Dialogues with Contemporary Continental Thinkers: The Phenomenological Heritage.* Manchester: Manchester UP, 1984. 105–26.
Klein, Dennis. "Assimilation and Dissimilation: Peter Gay's *Freud, Jews and Other Germans: Masters and Victims in Modernist Culture.*" *New German Critique* 19 (1979): 151–67.
Lacoue-Labarthe, Philippe, and Jean-Luc Nancy. *The Literary Absolute: A Theory of Literature in German Romanticism.* Trans. Philip Barnard and Cheryl Lester. 1978; Albany: State U of New York P, 1988.
Lang, Berel. "Writing-the-Holocaust: Jabès and the Measure of History." *The Sin of the Book: Edmond Jabès.* Ed. Eric Gould. Lincoln: U of Nebraska P, 1985. 191–206.
Laruelle, François, ed. *Textes pour Emmanuel Levinas.* Paris: Éditions Jean-Michel Place, 1980.
Levin, Richard. "The Poetics and Politics of Bardicide." *PMLA* 105.3 (1990): 491–504.
Levinas, Emmanuel. *Collected Philosophical Papers.* Trans. Alphonso Lingis. Dordrecht: Martinus Nijhoff, 1987.
———. "The Contemporary Criticism of the Idea of Value and the Prospects for Humanism." *Value and Values in Evolution.* Ed. Edward Maziarz. New York: Gordon & Breach, 1979. 178–88.
———. *Difficile liberté: Essais sur le judaisme.* Paris: Éditions Albin Michel, 1963.
———. *Du sacré au saint: Cinq nouvelles lectures talmudiques.* Paris: Éditions de Minuit, 1977.
———. "Entre deux mondes (biographie spirituelle de Franz Rosenzweig)." *La conscience juive: Données et débats (textes des trois premieres Colloques d'Intellectuels Juifs de Langue Française).* Ed. Amado Lévy-Valensi and Jean Halperin. Paris: Presses Universitaires de France, 1963. 121–49.
———. *Ethics and Infinity: Conversations with Philippe Nemo.* Trans. Richard A. Cohen. Pittsburgh: Duquesne UP, 1985.
———. *Existence and Existents.* Trans. Alphonso Lingis. 1947; The Hague: Martinus Nijhoff, 1978.
———. "Franz Rosenzweig." Trans. Richard A. Cohen. *Midstream* 29.9 (1983): 33–40.
———. "Franz Rosenzweig: une pensée juive moderne." *Revue de theologie et de philosophie* 98 (1965): 208–21.
———. "God and Philosophy." *Collected Philosophical Papers.* Trans. Alphonso Lingis. Dordrecht: Martinus Nijhoff, 1987.
———. "Ideology and Idealism." *Modern Jewish Ethics.* Ed. Marvin Fox. Columbus: Ohio State UP, 1975. 121–38.
———. "Judaism and the Feminine Element." Trans. Edith Wyschogrod. *Judaism* 18 (1969): 30–38.
———. *L'au-delà du verset: Lectures et discours talmudiques.* Paris: Éditions de Minuit, 1982.
———. "Martin Buber and the Theory of Knowledge." *The Philosophy of Martin Buber.* Ed. Paul Schilpp and Maurice Friedman. La Salle, Ill.: Open Court Pub., 1967. 133–50.

______. *Nine Talmudic Readings by Emmanuel Levinas.* Trans. Annette Aronowicz. Bloomington: Indiana UP, 1990.
______. "On the Trail of the Other." Trans. Daniel Hoy. *Philosophy Today* 10 (1966): 34–36.
______. *Otherwise Than Being, or Beyond Essence.* Trans. Alphonso Lingis. 1974; The Hague: Martinus Nijhoff, 1981.
______. *Quatre lectures talmudiques.* Paris: Éditions de Minuit, 1968.
______. "Signature." Ed. and Trans. Adriaan Peperzak. *Research in Phenomenology* 8 (1978): 175–89.
______. Préface. *Système et Révelation: La philosophie de Franz Rosenzweig.* By Stéphane Mosès. Paris, 1987. 1–16.
______. *The Theory of Intuition in Husserl's Phenomenology.* Trans. Andre Orianne. Evanston: Northwestern UP, 1973.
______. *Time and the Other: And Additional Esays.* Trans. Richard A. Cohen. Pittsburgh: Duquesne UP, 1987.
______. "To Love the Torah More Than God." Trans. Richard Sugarman and Helen Stephenson. *Judaism* 28 (1979): 217–22.
______. *Totality and Infinity: An Essay on Exteriority.* Trans. Alphonso Lingis. 1961; Pittsburgh: Duquesne UP, 1969.
______. "Transcendance et hauteur." *Bulletin de la Societé française de Philosophie* 56 (1962): 89–101.
Levinas, Emmanuel, and Richard Kearney. "Dialogue with Emmanuel Levinas." *Face to Face with Levinas.* Ed. Richard A. Cohen. Albany: State U of New York P, 1986. 13–34.
Lewis, Philip. "The Post-Structuralist Condition." *Diacritics* 12 (1982): 2–24.
Lingis, Alphonso. *Libido: The French Existentialist Theories.* Bloomington: Indiana UP, 1985.
Lowy, Michael. "Jewish Messianism and Libertarian Utopia in Central Europe (1900–1933)." *New German Critique* 20 (1980): 105–16.
Lyotard, Jean-François. *The Postmodern Condition: A Report on Knowledge.* Trans. Geoff Bennington and Brian Massum. 1979; Minneapolis: U of Minnesota P, 1984.
Maimonides, Moses. *The Guide for the Perplexed.* Trans. M. Friedlander. 2nd ed. New York: Dover, 1956.
Malka, Solomon. *Lire Levinas.* Paris: Éditions du Cerf, 1984.
McBride, James. "Marooned in the Realm of the Profane: Walter Benjamin's Synthesis of Kabbalah and Communism." *Journal of the American Academy of Religion* 57 (1989): 241–66.
McGann, Jerome. *The Romantic Ideology: A Critical Investigation.* Chicago: U of Chicago P, 1983.
Megill, Allan. *Prophets of Extremity: Nietzsche, Heidegger, Foucault, Derrida.* Berkeley: U of California P, 1985.
Mendes-Flohr, Paul. "Rosenzweig and Kant: Two Views of Ritual and Religion." *Mystics, Philosophers, and Politicians: Essays in Jewish Intellectual History in Honor of Alexander Altmann.* Ed. Jehuda Reinharz and Daniel Swetchinski. Durham: Duke UP, 1982. 315–42.
______. "The Study of the Jewish-Intellectual: Some Methodological Proposals." *Essays in Modern Jewish History.* Ed. Frances Malino. Cranbury, N.J.: Associated University Presses, 1981.
______. "The Study of the Modern Jewish Intellectual: Some Methodological Proposals." *Essays in Modern Jewish History.* Ed. Frances Malino. Cranbury, N.J.: Associated University Presses, 1982. 142–72.
______. "The Throes of Assimilation: Self-Hatred and the Jewish Revolutionary." *European Judaism* 12 (1978): 34–39.

———. " 'To Brush History against the Grain': The Eschatology of the Frankfurt School and Ernst Bloch." *Journal of the American Academy of Religion* 51 (1983): 631–50.

Mendes-Flohr, Paul, ed. *The Philosophy of Franz Rosenzweig.* Hanover: UP of New England, 1988.

Menninghaus, Winfried. "Walter Benjamin's Theory of Myth." *On Walter Benjamin: Critical Essays and Recollections.* Ed. Gary Smith. Cambridge: MIT Press, 1988. 292–325.

Meyer, Michael. *The Origins of the Modern Jew: Jewish Identity and European Culture in Germany, 1749–1824.* Detroit: Wayne State UP, 1967.

Miles, David. "Portrait of the Marxist as a Young Hegelian: Lukacs' *Theory of the Novel.*" PMLA (1979): 22–35.

Miller, J. Hillis. *The Ethics of Reading: Kant, DeMan, Eliot, Trollope, James, and Benjamin.* New York: Columbia UP, 1987.

———. "Presidential Address, 1986: 'The Triumph of Theory, the Resistance to Reading, and the Question of the Material Base.' " *PMLA* 102 (1987): 281–91.

Modern Judaism 5.1 (1985). Gershom Scholem Memorial Issue.

Montrose, Louis A. "Professing the Renaissance: The Poetics and Politics of Culture." *The New Historicism.* Ed. H. Aram Veeser. New York: Routledge, 1989. 15–36.

Mosès, Stéphane. *Système et Révelation: La philosophie de Franz Rosenzweig.* Paris: Éditions du Seil, 1982.

———. "Hegel pris au mot: La critique d'histoire chez Franz Rosenzweig." *Revue de metaphysique et de morale* 31 (1985): 328–40.

———. "Walter Benjamin and Franz Rosenzweig." *The Philosophical Forum* 15.1–2 (1983): 188–205.

Nägele, Rainer. "Benjamin's Ground." *Studies in Twentieth Century Literature* 11.1 (1986): 5–24. Special Issue on Walter Benjamin.

Nietzsche, Friedrich. *The Use and Abuse of History.* Trans. Adrian Collins. Indianapolis: Bobbs-Merril, 1957.

Pawell, Ernst. *The Nightmare of Reason: A Life of Franz Kafka.* New York: Farrar Straus, 1984.

Peperzak, Adriaan. "From Intentionality to Responsibility: On Levinas' Philosophy of Language." *The Question of the Other: Essays in Contemporary Continental Philosophy.* Ed. Arleen Dallery and Charles Scott. Albany: State U of New York P, 1989, 3–22.

Perelman, Chaim. "The New Rhetoric: A Theory of Practical Reasoning." *The Rhetoric of Western Thought.* Ed. J. Golden. Dubuque: Kendall Hunt, 1976. 298–317.

Perelman, Chaim, and Olbrechts-Tyteca, L. *The New Rhetoric: A Treatise on Argumentation.* Trans. J. Wilkinson and P. Weaver. 1958; Notre Dame: U of Notre Dame P, 1969.

Pöggeler, Otto. "Between Enlightenment and Romanticism: Rosenzweig and Hegel." *The Philosophy of Franz Rosenzweig.* Ed. Paul Mendes-Flohr. Hanover: UP of New England, 1988. 107–23.

Poirié, François. *Emmanuel Levinas: Qui êtes vous?* Lyons: La Manufacture, 1987.

Ponet, James. "Faces: A Meditation." *Orim: A Jewish Journal at Yale* 1 (1985): 58–76.

Rabinbach, Anson. "Between Enlightenment and Apocalypse: Benjamin, Bloch and Modern German Jewish Messianism." *New German Critique* 34 (1985): 78–125.

———. "Critique and Commentary/Alchemy and Chemistry: Some Remarks on

Walter Benjamin and This Special Issue." *New German Critique* 17 (1979): 3–14.
______. "Introductions to Walter Benjamin's Doctrine of the Similar." *New German Critique* 17 (1979): 60–69.
Rajchman, John, and Cornel West, eds. *Post-Analytic Philosophy*. New York: Columbia, UP, 1985.
Raschke, Carl, ed. *Deconstruction and Theology*. New York: Crossroad, 1982.
Reinharz, Jehuda. *Fatherland or Promised Land: The Dilemma of the German Jews, 1893–1914*. Ann Arbor: U of Michigan P, 1975.
______, ed. *Mystics, Philosophers, and Politicians: Essays in Jewish Intellectual History in Honor of Alexander Altmann*. Durham: Duke UP, 1982.
Reinharz, Jehuda, and Walter Schatzberg, eds. *The Jewish Response to German Culture: From the Enlightenment to the Second World War*. Hanover: UP of New England, 1985.
Roberts, Julian. *Walter Benjamin*. London: Macmillan, 1982.
Rose, Margaret. *Parody/Meta-Fiction: An Analysis of Parody as a Critical Mirror to the Writing and Reception of Fiction*. London: Croom Helm, 1979.
Rosen, Charles. "The Ruins of Walter Benjamin." *On Walter Benjamin: Critical Essays and Recollections*. Ed. Gary Smith. Cambridge: MIT P, 1988. 129–75.
Rosenzweig, Franz. "The New Thinking." *Franz Rosenzweig: His Life and Thought*. Ed. Nahum Glatzer. 2nd ed. New York: Schocken, 1961. 179–213.
______. *On Jewish Learning*. Ed. Nahum Glatzer. 1955; New York: Schocken, 1965.
______. *The Star of Redemption*. 2nd ed., 1930. Trans. William Hallo. New York: Holt Rinehart, 1970. Notre Dame: Notre Dame UP, 1985.
Roskies, David. *Against the Apocalypse: Responses to Catastrophe in Modern Jewish Culture*. Cambridge: Harvard UP, 1984.
______, ed. *The Literature of Destruction: Jewish Responses to Catastrophe*. Philadelphia: Jewish Publication Society, 1988.
Rotenstreich, Nathan. *Jewish Philosophy in Modern Times: From Mendelssohn to Rosenzweig*. New York: Holt Rinehart, 1968.
______. *Jews and German Philosophy: The Polemics of Emancipation*. New York: Schocken, 1984.
______. "Symbolism and Transcendence: On Some Philosophical Aspects of Gershom Scholem's Opus." *Review of Metaphysics* 31 (1977): 604–14.
Rozenblit, Marsha. *The Jews of Vienna, 1867–1914: Assimilation and Identity*. Albany: State U of New York P, 1983.
Scholem, Gershom. *Devarim Be-Go*. 2 vols. Tel Aviv: Am Oved, 1976.
______. "Franz Rosenzweig and His Book *The Star of Redemption*." *The Philosophy of Franz Rosenzweig*. Ed. Paul Mendes-Flohr. Hanover: UP of New England, 1988. 20–41.
______. *From Berlin to Jerusalem: Memories of My Youth*. Trans. Harry Zohn. 1977; New York: Schocken, 1980.
______. *Jewish Gnosticism, Merkabah Mysticism, and Talmudic Tradition*. 2nd ed. New York: Jewish Theological Seminary, 1965.
______. *Kabbalah*. Jerusalem: Keter, 1974. New York: NAL, 1978.
______. *Major Trends in Jewish Mysticism*. 1946; New York: Schocken, 1961.
______. *The Messianic Idea in Judaism and Other Essays on Jewish Spirituality*. New York: Schocken, 1971.
______. "The Name of God and the Linguistic Theory of the Kabbalah." *Diogenes* 79 (1972): 59–80.
______. "The Name of God and the Linguistic Theory of the Kabbalah." *Diogenes* 80 (1972): 165–94.

______. *On Jews and Judaism in Crisis: Selected Essays.* Ed. Werner J. Dannhauser. New York: Schocken, 1976.
______. *On the Kabbalah and Its Symbolism.* Trans. Ralph Mannheim. 1960; New York: Schocken, 1974.
______. *Origins of the Kabbalah.* Ed. R. J. Werblowsky. Trans. Allan Arkush. Berlin: Walter De Gruyter & Co., 1962. Philadelphia: Jewish Publication Society and Princeton UP, 1987.
______. "Reflections on the Possibility of Jewish Mysticism in Our Times." *Ariel* 26 (1970): 43–52.
______. *Sabbatai Sevi: The Mystical Messiah, 1626–1676.* Bollingen Series 93. 1957; Princeton: Princeton UP, 1973.
______. *Walter Benjamin: The Story of a Friendship.* Trans. Harry Zohn. 1975; Philadelphia: Jewish Publication Society, 1981.
Scholem, Gershom, ed. *The Correspondence of Walter Benjamin and Gershom Scholem, 1932–1940.* Trans. Gary Smith and Andre Lefevere. 1980; New York: Schocken, 1989.
Scholes, Robert. *Textual Power: Literary Theory and the Teaching of English.* New Haven: Yale UP, 1985.
Schorske, Carl E. *Fin-de-Siècle Vienna: Politics and Culture.* 1961; New York: Vintage, 1981.
Schwarzschild, Steven. "Aesthetics." *Contemporary Jewish Religious Thought.* Ed. Arthur Cohen and Paul Mendes-Flohr. New York: Scribner's, 1987. 1–6.
______. "An Introduction to the Thought of R. Isaac Hutner." *Modern Judaism* 5 (1985): 235–77.
______. "On Jewish Eschatology." *The Human Condition in the Jewish and Christian Traditions.* Ed. Frederick Greenspahn. Hoboken: Ktav, 1986. 171–211.
Schweid, Eliezer. *Judaism and Mysticism According to Gershom Scholem: A Critical Analysis and Programmatic Discussion.* Trans. David Weiner. Jerusalem: Magnes P, 1983. Atlanta: Scholars P, 1985.
Scult, Allen. "Perelman's Universal Audience: One Perspective." *Central States Speech Journal* 27 (1976): 176–80.
Siebers, Tobin. *The Ethics of Criticism.* Ithaca: Cornell UP, 1986.
Simpson, David, ed. *German Aesthetic and Literary Criticism: Kant, Fichte, Schelling, Schopenhauer.* Cambridge: Cambridge UP, 1984.
Smith, Gary. "The Images of Philosophy: Editor's Introduction." *Philosophical Forum* 15.1–2 (1983): i–ix.
Smith, Gary, ed. *Benjamin: Philosophy, Aesthetics, History.* Chicago: U of Chicago P, 1989.
______. *On Walter Benjamin: Critical Essays and Recollections.* Cambridge: MIT P, 1988.
Smith, Joseph, and Susan A. Handelman, eds. *Psychoanalysis and Religion.* Psychiatry and the Humanities 11. Baltimore: Johns Hopkins UP, 1990.
Soloveitchik, Rabbi Joseph B. *The Halakhic Mind: An Essay on Jewish Tradition and Modern Thought.* 1944; New York: Free P, 1986.
Steiner, George. *After Babel: Aspects of Language and Translation.* New York: Oxford UP, 1975.
______. "Heidegger, Again." *Salmagundi* 82–83 (1989): 31–55.
Steinsaltz, Adin. *The Sustaining Utterance: Discourses on Chassidic Thought.* Northvale, N.J.: Jason Aronson, 1989.
Sugarman, Richard, and Helen Stephenson, trans. "To Love the Torah More Than God." *Judaism* 28 (1979): 217–22.
Szondi, Peter. "Hope in the Past: On Walter Benjamin." *Critical Inquiry* 4 (1978): 491–505.
Taylor, Mark C. *Altarity.* Chicago: U of Chicago P, 1987.

Todorov, Tzvetan. *Theories of the Symbol.* Trans. Catherine Porter. Paris: Éditions du Seuil, 1977. Ithaca: Cornell UP, 1982.
Valevicius, Andrius. *From the Other to the Totally Other: The Religious Philosophy of Emmanuel Levinas.* New York: Peter Lang, 1988.
Veeser, H. Aram, ed. *The New Historicism.* New York: Routledge, 1989.
Vickers, Brian. *In Defense of Rhetoric.* Oxford: Clarendon Press, 1988.
Wallwork, Ernest, and Shere Anne Wallwork. "Psychoanalysis and Religion: Current Status of a Historical Antagonism." *Psychoanalysis and Religion.* Ed. Joseph M. Smith and Susan A. Handelman. Baltimore: Johns Hopkins UP, 1990. 160–73.
Walzer, Michael. *Exodus and Revolution.* New York: Basic Books, 1985.
Weaver, Richard. *The Ethics of Rhetoric.* Davis, Calif.: Hermagoras Press, 1985.
______. "Language Is Sermonic." *Contemporary Theories of Rhetoric.* Ed. R. Johanneson. New York: Harper & Row, 1971. 163–83.
White, Hayden. *Metahistory: The Historical Imagination in Nineteenth Century Europe.* Baltimore: Johns Hopkins UP, 1973.
Wiesel, Elie. *Legends of Our Time.* New York: Avon, 1968.
______. *One Generation After.* New York: Random House, 1970.
Wohlfarth, Irving. "Et Cetera? The Historian as Chiffonier." *New German Critique* 39 (1986): 143–68.
______. "History, Literature and the Text: The Case of Walter Benjamin." *Modern Language Notes* 96 (1981): 1002–14.
______. "No-Man's Land: On Walter Benjamin's 'Destructive Character.'" *Diacritics* 8 (1978): 47–65.
______. "On Some Jewish Motifs in Walter Benjamin." Unpublished translation by the author of "Quelques motifs juifs dans l'oeuvre de Walter Benjamin." *Walter Benjamin et Paris.* Ed. Heinz Wismann. Paris: Éditions du Cerf, 1986.
______. "On The Messianic Structure of Walter Benjamin's Last Reflections." *Glyph 3.* Baltimore: Johns Hopkins UP, 1978: 148–212.
______. "Re-fusing Theology." *New German Critique* 39 (1986): 142–68. Second Special Issue on Walter Benjamin.
______. "Walter Benjamin's Image of Interpretation." *New German Critique* 17 (1979): 70–97.
Wolin, Richard. "An Aesthetic of Redemption: Benjamin's Path to Trauerspiel." *Telos* 43 (1980): 61–90.
______. "From Messianism to Materialism: The Later Aesthetics of Walter Benjamin." *New German Critique* 22 (1981): 81–108.
______. *Walter Benjamin: An Aesthetic of Redemption.* New York: Columbia UP, 1982.
Wyschogrod, Edith. "Doing before Hearing: On The Primacy of Touch." *Textes pour Emmanuel Levinas.* Ed. François Laruelle. Paris: Éditions Jean-Michel Place, 1980. 179–202.
______. *Emmanuel Levinas: The Problem of Ethical Metaphysics.* The Hague: Martinus Nijhoff, 1974.
______. "The Moral Self: Emmanuel Levinas and Hermann Cohen." *Da'at* 4 (1980): 35–58.
Yerushalmi, Yosef Haim. *Zakhor: Jewish History and Jewish Memory.* Seattle: U of Washington P, 1982.

《叢書・ウニベルシタス　812》
救済の解釈学
――ベンヤミン，ショーレム，レヴィナス

2005年2月10日　　初版第1刷発行

スーザン・A．ハンデルマン
合田正人／田中亜美　訳
発行所　財団法人　法政大学出版局
〒102-0073　東京都千代田区九段北3-2-7
電話03(5214)5540／振替00160-6-95814
製版，印刷　三和印刷／鈴木製本所

Printed in Japan

ISBN4-588-00812-9

著者

スーザン・A. ハンデルマン
(Susan A. Handelman)
1977年ニューヨーク州立大学バッファロー校大学院修士課程修了．79年同大でPh. D.を取得．同年メリーランド大学英文学科助教授，82年より大学院担当，84年に同大学準教授となり2000年まで勤務，同年からイスラエルのバール・イラン大学英文科教授に就任し現在にいたる．また93年から94年にかけてイスラエルのヘブライ大学ユダヤ研究学院客員教授も務めた．専攻分野は文学理論および文学批評とユダヤ研究，とくに文学と哲学,宗教および心理学,教育学との関係をテーマに執筆活動を行っている．訳書に『誰がモーセを殺したか——現代文学理論におけるラビ的解釈の出現』(法政大学出版局) がある．

訳者

合田正人（ごうだ まさと）
1957年生まれ．一橋大学社会学部卒業，東京都立大学大学院博士課程中退．現在，明治大学文学部教授，主な著訳書：『レヴィナスを読む——〈異常な日常〉の思想』(NHKブックス)，『レヴィナス——存在の革命へ向けて』(ちくま学芸文庫)，『ジャンケレヴィッチ』(みすず書房)，『フランスを知る』(編著，法政大学出版局)．レヴィナス『全体性と無限』(国文社)，レヴィナス『諸国民の時に』『われわれのあいだで』,デリダ『ユリシーズ　グラモフォン』,モーゼス『歴史の天使』,『ベルクソン講義録　全四巻』(以上，法政大学出版局)，ジャンケレヴィッチ『最初と最後のページ』，グットマン『ユダヤ哲学』(以上，みすず書房)，ほか．

田中亜美（たなか あみ）
1970年生まれ．東京大学大学院人文社会系研究科博士課程在学中．論文：「声から唄へ——ツェラーンとふたつの絞首の木」(『詩・言語』第56号，東京大学大学院ドイツ語ドイツ文学研究会)．「匿れたる神，曝されゆく神——ツェラーンとキリスト教「聖体」のモチーフについて」(『ツェラーン研究』第5号，日本ツェラーン協会) ほか．

叢書・ウニベルシタス

No.	書名	著者／訳者		(頁)
1	芸術はなぜ必要か	E.フィッシャー／河野徹訳	品切	302
2	空と夢〈運動の想像力にかんする試論〉	G.バシュラール／宇佐見英治訳		442
3	グロテスクなもの	W.カイザー／竹内豊治訳		312
4	塹壕の思想	T.E.ヒューム／長谷川鉱平訳	品切	316
5	言葉の秘密	E.ユンガー／菅谷規矩雄訳		176
6	論理哲学論考	L.ヴィトゲンシュタイン／藤本, 坂井訳		350
7	アナキズムの哲学	H.リード／大沢正道訳		318
8	ソクラテスの死	R.グアルディーニ／山村直資訳		366
9	詩学の根本概念	E.シュタイガー／高橋英夫訳		334
10	科学の科学〈科学技術時代の社会〉	M.ゴールドスミス, A.マカイ編／是永純弘訳	品切	346
11	科学の射程	C.F.ヴァイツゼカー／野田, 金子訳	品切	274
12	ガリレオをめぐって	オルテガ・イ・ガセット／マタイス, 佐々木訳		290
13	幻影と現実〈詩の源泉の研究〉	C.コードウェル／長谷川鉱平訳	品切	410
14	聖と俗〈宗教的なるものの本質について〉	M.エリアーデ／風間敏夫訳		286
15	美と弁証法	G.ルカッチ／良知, 池田, 小箕訳	品切	372
16	モラルと犯罪	K.クラウス／小松太郎訳		218
17	ハーバート・リード自伝	北條文緒訳		468
18	マルクスとヘーゲル	J.イッポリット／宇津木, 田口訳	品切	258
19	プリズム〈文化批判と社会〉	Th.W.アドルノ／竹内, 山村, 板倉訳	品切	246
20	メランコリア	R.カスナー／塚越敏訳		388
21	キリスト教の苦悶	M.de ウナムーノ／神吉, 佐々木訳		202
22	アインシュタイン ゾンマーフェルト 往復書簡	A.ヘルマン編／小林, 坂口訳	品切	194
23 24	群衆と権力（上・下）	E.カネッティ／岩田行一訳		440 356
25	問いと反問〈芸術論集〉	W.ヴォリンガー／土肥美夫訳		272
26	感覚の分析	E.マッハ／須藤, 廣松訳		386
27 28	批判的モデル集（I・II）	Th.W.アドルノ／大久保健治訳	〈品切〉 〈品切〉	I 232 II 272
29	欲望の現象学	R.ジラール／古田幸男訳		370
30	芸術の内面への旅	E.ヘラー／河原, 杉浦, 渡辺訳	品切	284
31	言語起源論	ヘルダー／大阪大学ドイツ近代文学研究会訳		270
32	宗教の自然史	D.ヒューム／福鎌, 斎藤訳		144
33	プロメテウス〈ギリシア人の解した人間存在〉	K.ケレーニイ／辻村誠三訳	品切	268
34	人格とアナーキー	E.ムーニエ／山崎, 佐藤訳		292
35	哲学の根本問題	E.ブロッホ／竹内豊治訳		194
36	自然と美学〈形体・美・芸術〉	R.カイヨワ／山口三夫訳	品切	112
37 38	歴史論（I・II）	G.マン／加藤, 宮野訳	I・品切 II・品切	274 202
39	マルクスの自然概念	A.シュミット／元浜清海訳	品切	316
40	書物の本〈西欧の書物と文化の歴史. 書物の美学〉	H.プレッサー／轡田収訳		448
41 42	現代への序説（上・下）	H.ルフェーヴル／宗, 古田監訳	品切	上・220 下・296
43	約束の地を見つめて	E.フォール／古田幸男訳	品切	320
44	スペクタクルと社会	J.デュビニョー／渡辺淳訳	品切	188
45	芸術と神話	E.グラッシ／榎本久彦訳		266
46	古きものと新しきもの	M.ロベール／城山, 島, 円子訳		318
47	国家の起源	R.H.ローウィ／古賀英三郎訳	品切	204
48	人間と死	E.モラン／古田幸男訳		448
49	プルーストとシーニュ（増補版）	G.ドゥルーズ／宇波彰訳		252
50	文明の滴定〈科学技術と中国の社会〉	J.ニーダム／橋本敬造訳	品切	452
51	プスタの民	I.ジュラ／加藤二郎訳		382

叢書・ウニベルシタス

				(頁)
52 53	社会学的思考の流れ（I・II）	R.アロン／北川, 平野, 他訳		I・350 II・392
54	ベルクソンの哲学	G.ドゥルーズ／宇波彰訳		142
55	第三帝国の言語LTI〈ある言語学者のノート〉	V.クレムペラー／羽田, 藤平, 赤井, 中村訳		442
56	古代の芸術と祭祀	J.E.ハリスン／星野徹訳		222
57	ブルジョワ精神の起源	B.グレトゥイゼン／野沢協訳		394
58	カントと物自体	E.アディッケス／赤松常弘訳		300
59	哲学的素描	S.K.ランガー／塚本, 星野訳		250
60	レーモン・ルーセル	M.フーコー／豊崎光一訳		268
61	宗教とエロス	W.シューバルト／石川, 平田, 山本訳	品切	398
62	ドイツ悲劇の根源	W.ベンヤミン／川村, 三城訳		316
63	鍛えられた心〈強制収容所における心理と行動〉	B.ベテルハイム／丸山修吉訳	品切	340
64	失われた範列〈人間の自然性〉	E.モラン／古田幸男訳		308
65	キリスト教の起源	K.カウツキー／栗原佑訳		534
66	ブーバーとの対話	W.クラフト／板倉敏之訳		206
67	プロデメの変貌〈フランスのコミューン〉	E.モラン／宇波彰訳		450
68	モンテスキューとルソー	E.デュルケーム／小関, 川喜多訳	品切	312
69	芸術と文明	K.クラーク／河野徹訳		680
70	自然宗教に関する対話	D.ヒューム／福鎌, 斎藤訳	品切	196
上・71 下・72	キリスト教の中の無神論（上・下）	E.ブロッホ／竹内, 高尾訳		上・234 下・304
73	ルカーチとハイデガー	L.ゴルドマン／川俣晃自訳	品切	308
74	断　想　1942—1948	E.カネッティ／岩田行一訳		286
75 76	文明化の過程（上・下）	N.エリアス／吉田, 中村, 波田, 他訳		上・466 下・504
77	ロマンスとリアリズム	C.コードウェル／玉井, 深井, 山本訳		238
78	歴史と構造	A.シュミット／花崎皋平訳		192
79 80	エクリチュールと差異（上・下）	J.デリダ／若桑, 野村, 阪上, 三好, 他訳		上・378 下・296
81	時間と空間	E.マッハ／野家啓一編訳		258
82	マルクス主義と人格の理論	L.セーヴ／大津真作訳		708
83	ジャン=ジャック・ルソー	B.グレトゥイゼン／小池健男訳		394
84	ヨーロッパ精神の危機	P.アザール／野沢協訳		772
85	カフカ〈マイナー文学のために〉	G.ドゥルーズ, F.ガタリ／宇波, 岩田訳		210
86	群衆の心理	H.ブロッホ／入野田, 小崎, 小岸訳		580
87	ミニマ・モラリア	Th.W.アドルノ／三光長治訳		430
88 89	夢と人間社会（上・下）	R.カイヨワ, 他／三好郁郎, 他訳		上・374 下・340
90	自由の構造	C.ベイ／横越英一訳	品切	744
91	1848年〈二月革命の精神史〉	J.カスー／野沢協, 他訳		326
92	自然の統一	C.F.ヴァイツゼカー／斎藤, 河井訳	品切	560
93	現代戯曲の理論	P.ションディ／市村, 丸山訳	品切	250
94	百科全書の起源	F.ヴェントゥーリ／大津真作訳	品切	324
95	推測と反駁〈科学的知識の発展〉	K.R.ポパー／藤本, 石垣, 森訳		816
96	中世の共産主義	K.カウツキー／栗原佑訳	品切	400
97	批評の解剖	N.フライ／海老根, 中村, 出淵, 山内訳		580
98	あるユダヤ人の肖像	A.メンミ／菊地, 白井訳		396
99	分類の未開形態	E.デュルケーム／小関藤一郎訳		232
100	永遠に女性的なるもの	H.ド・リュバック／山崎庸一郎訳	品切	360
101	ギリシア神話の本質	G.S.カーク／吉田, 辻村, 松田訳		390
102	精神分析における象徴界	G.ロゾラート／佐々木孝次訳		508
103	物の体系〈記号の消費〉	J.ボードリヤール／宇波彰訳		280

叢書・ウニベルシタス

				(頁)
104	言語芸術作品〔第2版〕	W.カイザー／柴田斎訳	品切	688
105	同時代人の肖像	F.ブライ／池内紀訳		212
106	レオナルド・ダ・ヴィンチ〔第2版〕	K.クラーク／丸山, 大河内訳		344
107	宮廷社会	N.エリアス／波田, 中埜, 吉田訳		480
108	生産の鏡	J.ボードリヤール／宇波, 今村訳		184
109	祭祀からロマンスへ	J.L.ウェストン／丸小哲雄訳		290
110	マルクスの欲求理論	A.ヘラー／良知, 小箕訳	品切	198
111	大革命前夜のフランス	A.ソブール／山崎耕一訳	品切	422
112	知覚の現象学	メルロ=ポンティ／中島盛夫訳		904
113	旅路の果てに〈アルペイオスの流れ〉	R.カイヨワ／金井裕訳		222
114	孤独の迷宮〈メキシコの文化と歴史〉	O.パス／高山, 熊谷訳		320
115	暴力と聖なるもの	R.ジラール／古田幸男訳		618
116	歴史をどう書くか	P.ヴェーヌ／大津真作訳		604
117	記号の経済学批判	J.ボードリヤール／今村, 宇波, 桜井訳		304
118	フランス紀行〈1787, 1788&1789〉	A.ヤング／宮崎洋訳		432
119	供　犠	M.モース, H.ユベール／小関藤一郎訳		296
120	差異の目録〈歴史を変えるフーコー〉	P.ヴェーヌ／大津真作訳	品切	198
121	宗教とは何か	G.メンシング／田中, 下宮訳		442
122	ドストエフスキー	R.ジラール／鈴木晶訳	品切	200
123	さまざまな場所〈死の影の都市をめぐる〉	J.アメリー／池内紀訳		210
124	生　成〈概念をこえる試み〉	M.セール／及川馥訳		272
125	アルバン・ベルク	Th.W.アドルノ／平野嘉彦訳		320
126	映画　あるいは想像上の人間	E.モラン／渡辺淳訳	品切	320
127	人間論〈時間・責任・価値〉	R.インガルデン／武井, 赤松訳		294
128	カント〈その生涯と思想〉	A.グリガ／西牟田, 浜田訳		464
129	同一性の寓話〈詩的神話学の研究〉	N.フライ／駒沢大学フライ研究会訳		496
130	空間の心理学	A.モル, E.ロメル／渡辺淳訳		326
131	飼いならされた人間と野性的人間	S.モスコヴィッシ／古田幸男訳		336
132	方　法　1.　自然の自然	E.モラン／大津真作訳	品切	658
133	石器時代の経済学	M.サーリンズ／山内昶訳		464
134	世の初めから隠されていること	R.ジラール／小池健男訳		760
135	群衆の時代	S.モスコヴィッシ／古田幸男訳	品切	664
136	シミュラークルとシミュレーション	J.ボードリヤール／竹原あき子訳		234
137	恐怖の権力〈アブジェクシオン〉試論	J.クリステヴァ／枝川昌雄訳		420
138	ボードレールとフロイト	L.ベルサーニ／山縣直子訳		240
139	悪しき造物主	E.M.シオラン／金井裕訳		228
140	終末論と弁証法〈マルクスの社会・政治思想〉	S.アヴィネリ／中村恒矩訳	品切	392
141	経済人類学の現在	F.プイヨン編／山内昶訳		236
142	視覚の瞬間	K.クラーク／北條文緒訳		304
143	罪と罰の彼岸	J.アメリー／池内紀訳		210
144	時間・空間・物質	B.K.ライドレー／中島龍三訳	品切	226
145	離脱の試み〈日常生活への抵抗〉	S.コーエン, N.テイラー／石黒毅訳		321
146	人間怪物論〈人間脱走の哲学の素描〉	U.ホルストマン／加藤二郎訳		206
147	カントの批判哲学	G.ドゥルーズ／中島盛夫訳		160
148	自然と社会のエコロジー	S.モスコヴィッシ／久米, 原訳		440
149	壮大への渇仰	L.クローネンバーガー／岸, 倉田訳		368
150	奇蹟論・迷信論・自殺論	D.ヒューム／福鎌, 斎藤訳		200
151	クルティウス-ジッド往復書簡	ディークマン編／円子千代訳		376
152	離脱の寓話	M.セール／及川馥訳		178

				(頁)
153	エクスタシーの人類学	I.M.ルイス／平沼孝之訳		352
154	ヘンリー・ムア	J.ラッセル／福田真一訳		340
155	誘惑の戦略	J.ボードリヤール／宇波彰訳		260
156	ユダヤ神秘主義	G.ショーレム／山下,石丸,他訳		644
157	蜂の寓話〈私悪すなわち公益〉	B.マンデヴィル／泉谷治訳	品切	412
158	アーリア神話	L.ポリアコフ／アーリア主義研究会訳	品切	544
159	ロベスピエールの影	P.ガスカール／佐藤和生訳		440
160	元型の空間	E.ゾラ／丸小哲雄訳		336
161	神秘主義の探究〈方法論的考察〉	E.スタール／宮元啓一,他訳		362
162	放浪のユダヤ人〈ロート・エッセイ集〉	J.ロート／平田,吉田訳		344
163	ルフー，あるいは取壊し	J.アメリー／神崎巌訳		250
164	大世界劇場〈宮廷祝宴の時代〉	R.アレヴィン,K.ゼルツレ／円子修平訳	品切	200
165	情念の政治経済学	A.ハーシュマン／佐々木,旦訳		192
166	メモワール〈1940-44〉	レミ／築島謙三訳		520
167	ギリシア人は神話を信じたか	P.ヴェーヌ／大津真作訳	品切	340
168	ミメーシスの文学と人類学	R.ジラール／浅野敏夫訳	品切	410
169	カバラとその象徴的表現	G.ショーレム／岡部,小岸訳		340
170	身代りの山羊	R.ジラール／織田,富永訳	品切	384
171	人間〈その本性および世界における位置〉	A.ゲーレン／平野具男訳		608
172	コミュニケーション〈ヘルメスI〉	M.セール／豊田,青木訳		358
173	道　化〈つまずきの現象学〉	G.v.バルレーヴェン／片岡啓治訳	品切	260
174	いま，ここで〈アウシュヴィッツとヒロシマ以後の哲学的考察〉	G.ピヒト／斎藤,浅野,大野,河井訳		600
175 176 177	真理と方法〔全三冊〕	H.-G.ガダマー／轡田,麻生,三島,他訳		I・350 II・ III・
178	時間と他者	E.レヴィナス／原田佳彦訳		140
179	構成の詩学	B.ウスペンスキイ／川崎,大石訳	品切	282
180	サン=シモン主義の歴史	S.シャルレティ／沢崎,小杉訳		528
181	歴史と文芸批評	G.デルフォ,A.ロッシュ／川中子弘訳		472
182	ミケランジェロ	H.ヒバード／中山,小野訳	品切	578
183	観念と物質〈思考・経済・社会〉	M.ゴドリエ／山内昶訳		340
184	四つ裂きの刑	E.M.シオラン／金井裕訳		234
185	キッチュの心理学	A.モル／万沢正美訳		344
186	領野の漂流	J.ヴィヤール／山下俊一訳		226
187	イデオロギーと想像力	G.C.カバト／小箕俊介訳		300
188	国家の起源と伝承〈古代インド社会史論〉	R.=ターパル／山崎,成澤訳		322
189	ベルナール師匠の秘密	P.ガスカール／佐藤和生訳		374
190	神の存在論的証明	D.ヘンリッヒ／本間,須田,座小田,他訳		456
191	アンチ・エコノミクス	J.アタリ,M.ギヨーム／斎藤,安孫子訳		322
192	クローチェ政治哲学論集	B.クローチェ／上村忠男編訳		188
193	フィヒテの根源的洞察	D.ヘンリッヒ／座小田,小松訳		184
194	哲学の起源	オルテガ・イ・ガセット／佐々木孝訳	品切	224
195	ニュートン力学の形成	ベー・エム・ゲッセン／秋間実,他訳		312
196	遊びの遊び	J.デュビニョー／渡辺淳訳	品切	160
197	技術時代の魂の危機	A.ゲーレン／平野具男訳	品切	222
198	儀礼としての相互行為	E.ゴッフマン／浅野敏夫訳		376
199	他者の記号学〈アメリカ大陸の征服〉	T.トドロフ／及川,大谷,菊地訳		370
200	カント政治哲学の講義	H.アーレント著,R.ベイナー編／浜田監訳		302
201	人類学と文化記号論	M.サーリンズ／山内昶訳	品切	354
202	ロンドン散策	F.トリスタン／小杉,浜本訳		484

				（頁）
203	秩序と無秩序	J.-P.デュピュイ／古田幸男訳		324
204	象徴の理論	T.トドロフ／及川馥,他訳	品切	536
205	資本とその分身	M.ギヨーム／斉藤日出治訳		240
206	干　渉〈ヘルメスII〉	M.セール／豊田彰訳		276
207	自らに手をくだし〈自死について〉	J.アメリー／大河内了義訳	品切	222
208	フランス人とイギリス人	R.フェイバー／北條,大島訳		304
209	カーニバル〈その歴史的・文化的考察〉	J.カロ・バロッハ／佐々木孝訳	品切	622
210	フッサール現象学	A.F.アグィーレ／川島,工藤,林訳		232
211	文明の試練	J.M.カディヒィ／塚本,秋山,寺西,島訳		538
212	内なる光景	J.ポミエ／角山,池部訳		526
213	人間の原型と現代の文化	A.ゲーレン／池井望訳		422
214	ギリシアの光と神々	K.ケレーニイ／円子修平訳	品切	178
215	初めに愛があった〈精神分析と信仰〉	J.クリステヴァ／枝川昌雄訳		146
216	バロックとロココ	W.v.ニーベルシュッツ／竹内章訳		164
217	誰がモーセを殺したか	S.A.ハンデルマン／山形和美訳		514
218	メランコリーと社会	W.レペニース／岩田,小竹訳		380
219	意味の論理学	G.ドゥルーズ／岡田,宇波訳		460
220	新しい文化のために	P.ニザン／木内孝訳		352
221	現代心理論集	P.ブールジェ／平岡,伊藤訳		362
222	パラジット〈寄食者の論理〉	M.セール／及川,米山訳		466
223	虐殺された鳩〈暴力と国家〉	H.ラボリ／川中子弘訳		240
224	具象空間の認識論〈反・解釈学〉	F.ダゴニェ／金森修訳		300
225	正常と病理	G.カンギレム／滝沢武久訳		320
226	フランス革命論	J.G.フィヒテ／桝田啓三郎訳		396
227	クロード・レヴィ=ストロース	O.パス／鼓,木村訳		160
228	バロックの生活	P.ラーンシュタイン／波田節夫訳	品切	520
229	うわさ〈もっとも古いメディア〉増補版	J.-N.カプフェレ／古田幸男訳		394
230	後期資本制社会システム	C.オッフェ／寿福真美編訳	品切	358
231	ガリレオ研究	A.コイレ／菅谷曉訳		482
232	アメリカ	J.ボードリヤール／田中正人訳	品切	220
233	意識ある科学	E.モラン／村上光彦訳		400
234	分子革命〈欲望社会のミクロ分析〉	F.ガタリ／杉村昌昭訳		340
235	火,そして霧の中の信号—ゾラ	M.セール／寺田光徳訳		568
236	煉獄の誕生	J.ル・ゴッフ／渡辺,内田訳		698
237	サハラの夏	E.フロマンタン／川端康夫訳		336
238	パリの悪魔	P.ガスカール／佐藤和夫訳		256
239 240	自然の人間的歴史（上・下）	S.モスコヴィッシ／大津真作訳	品切	上・494 下・390
241	ドン・キホーテ頌	P.アザール／円子千代訳	品切	348
242	ユートピアへの勇気	G.ピヒト／河井徳治訳	品切	202
243	現代社会とストレス〔原書改訂版〕	H.セリエ／杉,田多井,藤井,竹宮訳		482
244	知識人の終焉	J.-F.リオタール／原田佳彦,他訳		140
245	オマージュの試み	E.M.シオラン／金井裕訳		154
246	科学の時代における理性	H.-G.ガダマー／本間,座小田訳		158
247	イタリア人の太古の知恵	G.ヴィーコ／上村忠男訳		190
248	ヨーロッパを考える	E.モラン／林　勝一訳		238
249	労働の現象学	J.-L.プチ／今村,松島訳		388
250	ポール・ニザン	Y.イシャグプール／川俣晃自訳		356
251	政治的判断力	R.ベイナー／浜田義文監訳	品切	310
252	知覚の本性〈初期論文集〉	メルロ=ポンティ／加賀野井秀一訳		158

				(頁)
253	言語の牢獄	F.ジェームソン／川口喬一訳		292
254	失望と参画の現象学	A.O.ハーシュマン／佐々木, 杉田訳		204
255	はかない幸福—ルソー	T.トドロフ／及川馥訳	品切	162
256	大学制度の社会史	H.W.プラール／山本尤訳		408
257 258	ドイツ文学の社会史 (上・下)	J.ベルク,他／山本, 三島, 保坂, 鈴木訳		上・766 下・648
259	アランとルソー〈教育哲学試論〉	A.カルネック／安斎, 並木訳		304
260	都市・階級・権力	M.カステル／石川淳志監訳	品切	296
261	古代ギリシア人	M.I.フィンレー／山形和美訳	品切	296
262	象徴表現と解釈	T.トドロフ／小林, 及川訳		244
263	声の回復〈回想の試み〉	L.マラン／梶野吉郎訳		246
264	反射概念の形成	G.カンギレム／金森修訳		304
265	芸術の手相	G.ピコン／末永照和訳		294
266	エチュード〈初期認識論集〉	G.バシュラール／及川馥訳		166
267	邪な人々の昔の道	R.ジラール／小池健男訳		270
268	〈誠実〉と〈ほんもの〉	L.トリリング／野島秀勝訳	品切	264
269	文の抗争	J.-F.リオタール／陸井四郎, 他訳		410
270	フランス革命と芸術	J.スタロバンスキー／井上尭裕訳	品切	286
271	野生人とコンピューター	J.-M.ドムナック／古田幸男訳		228
272	人間と自然界	K.トマス／山内昶, 他訳		618
273	資本論をどう読むか	J.ビデ／今村仁司, 他訳		450
274	中世の旅	N.オーラー／藤代幸一訳		488
275	変化の言語〈治療コミュニケーションの原理〉	P.ワツラウィック／築島謙三訳		212
276	精神の売春としての政治	T.クンナス／木戸, 佐々木訳		258
277	スウィフト政治・宗教論集	J.スウィフト／中野, 海保訳		490
278	現実とその分身	C.ロセ／金井裕訳		168
279	中世の高利貸	J.ル・ゴッフ／渡辺香根夫訳		170
280	カルデロンの芸術	M.コメレル／岡部仁訳		270
281	他者の言語〈デリダの日本講演〉	J.デリダ／高橋允昭編訳		406
282	ショーペンハウアー	R.ザフランスキー／山本尤訳		646
283	フロイトと人間の魂	B.ベテルハイム／藤瀬恭子訳		174
284	熱　狂〈カントの歴史批判〉	J.-F.リオタール／中島盛夫訳		210
285	カール・カウツキー 1854-1938	G.P.スティーンソン／時永, 河野訳		496
286	形而上学と神の思想	W.パネンベルク／座小田, 諸岡訳	品切	186
287	ドイツ零年	E.モラン／古田幸男訳		364
288	物の地獄〈ルネ・ジラールと経済の論理〉	デュムシェル, デュピュイ／織田, 富永訳		320
289	ヴィーコ自叙伝	G.ヴィーコ／福鎌忠恕訳	品切	448
290	写真論〈その社会的効用〉	P.ブルデュー／山縣熙, 山縣直子訳		438
291	戦争と平和	S.ボク／大沢正道訳		224
292	意味と意味の発展	R.A.ウォルドロン／築島謙三訳		294
293	生態平和とアナーキー	U.リンゼ／内田, 杉村訳		270
294	小説の精神	M.クンデラ／金井, 浅野訳		208
295	フィヒテ-シェリング往復書簡	W.シュルツ解説／座小田, 後藤訳		220
296	出来事と危機の社会学	E.モラン／浜名, 福井訳		622
297	宮廷風恋愛の技術	A.カペルラヌス／野島秀勝訳	品切	334
298	野蛮〈科学主義の独裁と文化の危機〉	M.アンリ／山形, 望月訳		292
299	宿命の戦略	J.ボードリヤール／竹原あき子訳		260
300	ヨーロッパの日記	G.R.ホッケ／石丸, 柴田, 信岡訳		1330
301	記号と夢想〈演劇と祝祭についての考察〉	A.シモン／岩瀬孝監修, 佐藤, 伊藤, 他訳		388
302	手と精神	J.ブラン／中村文郎訳		284

				(頁)
303	平等原理と社会主義	L.シュタイン／石川, 石塚, 柴田訳		676
304	死にゆく者の孤独	N.エリアス／中居実訳		150
305	知識人の黄昏	W.シヴェルブシュ／初見基訳		240
306	トマス・ペイン〈社会思想家の生涯〉	A.J.エイヤー／大熊昭信訳		378
307	われらのヨーロッパ	F.ヘール／杉浦健之訳		614
308	機械状無意識〈スキゾ-分析〉	F.ガタリ／高岡幸一訳		426
309	聖なる真理の破壊	H.ブルーム／山形和美訳		400
310	諸科学の機能と人間の意義	E.パーチ／上村忠男監訳		552
311	翻　訳〈ヘルメスIII〉	M.セール／豊田, 輪田訳		404
312	分　布〈ヘルメスIV〉	M.セール／豊田彰訳		440
313	外国人	J.クリステヴァ／池田和子訳		284
314	マルクス	M.アンリ／杉山, 水野訳	品切	612
315	過去からの警告	E.シャルガフ／山本, 内藤訳		308
316	面・表面・界面〈一般表層論〉	F.ダゴニェ／金森, 今野訳		338
317	アメリカのサムライ	F.G.ノートヘルファー／飛鳥井雅道訳		512
318	社会主義か野蛮か	C.カストリアディス／江口幹訳		490
319	遍　歴〈法, 形式, 出来事〉	J.-F.リオタール／小野康男訳		200
320	世界としての夢	D.ウスラー／谷　徹訳		566
321	スピノザと表現の問題	G.ドゥルーズ／工藤, 小柴, 小谷訳		460
322	裸体とはじらいの文化史	H.P.デュル／藤代, 三谷訳		572
323	五　感〈混合体の哲学〉	M.セール／米山親能訳		582
324	惑星軌道論	G.W.F.ヘーゲル／村上恭一訳		250
325	ナチズムと私の生活〈仙台からの告発〉	K.レーヴィット／秋間実訳		334
326	ベンヤミン-ショーレム往復書簡	G.ショーレム編／山本尤訳		440
327	イマヌエル・カント	O.ヘッフェ／薮木栄夫訳		374
328	北西航路〈ヘルメスV〉	M.セール／青木研二訳		260
329	聖杯と剣	R.アイスラー／野島秀勝訳		486
330	ユダヤ人国家	Th.ヘルツル／佐藤康彦訳		206
331	十七世紀イギリスの宗教と政治	C.ヒル／小野功生訳		586
332	方　法　2．生命の生命	E.モラン／大津真作訳		838
333	ヴォルテール	A.J.エイヤー／中川, 吉岡訳		268
334	哲学の自食症候群	J.ブーヴレス／大平具彦訳		266
335	人間学批判	レペニース, ノルテ／小竹澄栄訳		214
336	自伝のかたち	W.C.スペンジマン／船倉正憲訳		384
337	ポストモダニズムの政治学	L.ハッチオン／川口喬一訳		332
338	アインシュタインと科学革命	L.S.フォイヤー／村上, 成定, 大谷訳		474
339	ニーチェ	G.ピヒト／青木隆嘉訳		562
340	科学史・科学哲学研究	G.カンギレム／金森修監訳		674
341	貨幣の暴力	アグリエッタ, オルレアン／井上, 斉藤訳		506
342	象徴としての円	M.ルルカー／竹内章訳	品切	186
343	ベルリンからエルサレムへ	G.ショーレム／岡部仁訳		226
344	批評の批評	T.トドロフ／及川, 小林訳		298
345	ソシュール講義録注解	F.de　ソシュール／前田英樹・訳注		204
346	歴史とデカダンス	P.ショーニュー／大谷尚文訳		552
347	続・いま, ここで	G.ピヒト／斎藤, 大野, 福島, 浅野訳		580
348	バフチン以後	D.ロッジ／伊藤誓訳		410
349	再生の女神セドナ	H.P.デュル／原研二訳		622
350	宗教と魔術の衰退	K.トマス／荒木正純訳		1412
351	神の思想と人間の自由	W.パネンベルク／座小田, 諸岡訳		186

				(頁)
352	倫理・政治的ディスクール	O.ヘッフェ／青木隆嘉訳		312
353	モーツァルト	N.エリアス／青木隆嘉訳		198
354	参加と距離化	N.エリアス／波田, 道籏訳		276
355	二十世紀からの脱出	E.モラン／秋枝茂夫訳		384
356	無限の二重化	W.メニングハウス／伊藤秀一訳	品切	350
357	フッサール現象学の直観理論	E.レヴィナス／佐藤, 桑野訳		506
358	始まりの現象	E.W.サイード／山形, 小林訳		684
359	サテュリコン	H.P.デュル／原研二訳		258
360	芸術と疎外	H.リード／増渕正史訳	品切	262
361	科学的理性批判	K.ヒュプナー／神野, 中才, 熊谷訳		476
362	科学と懐疑論	J.ワトキンス／中才敏郎訳		354
363	生きものの迷路	A.モール, E.ロメル／古田幸男訳		240
364	意味と力	G.バランディエ／小関藤一郎訳		406
365	十八世紀の文人科学者たち	W.レペニース／小川さくえ訳		182
366	結晶と煙のあいだ	H.アトラン／阪上脩訳		376
367	生への闘争〈闘争本能・性・意識〉	W.J.オング／高柳, 橋爪訳		326
368	レンブラントとイタリア・ルネサンス	K.クラーク／尾崎, 芳野訳		334
369	権力の批判	A.ホネット／河上倫逸監訳		476
370	失われた美学〈マルクスとアヴァンギャルド〉	M.A.ローズ／長田, 池田, 長野, 長田訳		332
371	ディオニュソス	M.ドゥティエンヌ／及川, 吉岡訳		164
372	メディアの理論	F.イングリス／伊藤, 磯山訳		380
373	生き残ること	B.ベテルハイム／高尾利数訳		646
374	バイオエシックス	F.ダゴニェ／金森, 松浦訳		316
375 376	エディプスの謎（上・下）	N.ビショッフ／藤代, 井本, 他訳		上・450 下・464
377	重大な疑問〈懐疑的省察録〉	E.シャルガフ／山形, 小野, 他訳		404
378	中世の食生活〈断食と宴〉	B.A.ヘニッシュ／藤原保明訳	品切	538
379	ポストモダン・シーン	A.クローカー, D.クック／大熊昭信訳		534
380	夢の時〈野生と文明の境界〉	H.P.デュル／岡部, 原, 須永, 荻野訳		674
381	理性よ，さらば	P.ファイヤアーベント／植木哲也訳		454
382	極限に面して	T.トドロフ／宇京頼三訳		376
383	自然の社会化	K.エーダー／寿福真美監訳		474
384	ある反時代的考察	K.レーヴィット／中村啓, 永沼更始郎訳		526
385	図書館炎上	W.シヴェルブシュ／福本義憲訳		274
386	騎士の時代	F.v.ラウマー／柳井尚子訳	品切	506
387	モンテスキュー〈その生涯と思想〉	J.スタロバンスキー／古賀英三郎, 高橋誠訳		312
388	理解の鋳型〈東西の思想経験〉	J.ニーダム／井上英明訳		510
389	風景画家レンブラント	E.ラルセン／大谷, 尾崎訳		208
390	精神分析の系譜	M.アンリ／山形頼洋, 他訳		546
391	金《かね》と魔術	H.C.ビンスヴァンガー／清水健次訳		218
392	自然誌の終焉	W.レペニース／山村直資訳		346
393	批判的解釈学	J.B.トンプソン／山本, 小川訳	品切	376
394	人間にはいくつの真理が必要か	R.ザフランスキー／山本, 藤井訳		232
395	現代芸術の出発	Y.イシャグプール／川俣晃自訳		170
396	青春　ジュール・ヴェルヌ論	M.セール／豊田彰訳		398
397	偉大な世紀のモラル	P.ベニシュー／朝倉, 羽賀訳		428
398	諸国民の時に	E.レヴィナス／合田正人訳		348
399 400	バベルの後に（上・下）	G.スタイナー／亀山健吉訳		上・482 下・
401	チュービンゲン哲学入門	E.ブロッホ／花田監修・菅谷, 今井, 三国訳		422

				(頁)
402	歴史のモラル	T.トドロフ／大谷尚文訳		386
403	不可解な秘密	E.シャルガフ／山本, 内藤訳		260
404	ルソーの世界〈あるいは近代の誕生〉	J.-L.ルセルクル／小林浩訳	品切	378
405	死者の贈り物	D.サルナーヴ／菊地, 白井訳		186
406	神もなく韻律もなく	H.P.デュル／青木隆嘉訳		292
407	外部の消失	A.コドレスク／利沢行夫訳		276
408	狂気の社会史〈狂人たちの物語〉	R.ポーター／目羅公和訳	品切	428
409	続・蜂の寓話	B.マンデヴィル／泉谷治訳		436
410	悪口を習う〈近代初期の文化論集〉	S.グリーンブラット／磯山甚一訳		354
411	危険を冒して書く〈異色作家たちのパリ・インタヴュー〉	J.ワイス／浅野敏夫訳		300
412	理論を讃えて	H.-G.ガダマー／本間, 須田訳		194
413	歴史の島々	M.サーリンズ／山本真鳥訳		306
414	ディルタイ〈精神科学の哲学者〉	R.A.マックリール／大野, 田中, 他訳		578
415	われわれのあいだで	E.レヴィナス／合田, 谷口訳		368
416	ヨーロッパ人とアメリカ人	S.ミラー／池田栄一訳		358
417	シンボルとしての樹木	M.ルルカー／林 捷 訳		276
418	秘めごとの文化史	H.P.デュル／藤代, 津山訳		662
419	眼の中の死〈古代ギリシアにおける他者の像〉	J.-P.ヴェルナン／及川, 吉岡訳		144
420	旅の思想史	E.リード／伊藤誓訳		490
421	病のうちなる治療薬	J.スタロバンスキー／小池, 川那部訳		356
422	祖国地球	E.モラン／菊地昌実訳		234
423	寓意と表象・再現	S.J.グリーンブラット編／船倉正憲訳		384
424	イギリスの大学	V.H.H.グリーン／安原, 成定訳	品切	516
425	未来批判 あるいは世界史に対する嫌悪	E.シャルガフ／山本, 伊藤訳		276
426	見えるものと見えざるもの	メルロ=ポンティ／中島盛夫監訳		618
427	女性と戦争	J.B.エルシュテイン／小林, 廣川訳		486
428	カント入門講義	H.バウムガルトナー／有福孝岳監訳		204
429	ソクラテス裁判	I.F.ストーン／永田康昭訳		470
430	忘我の告白	M.ブーバー／田口義弘訳		348
431 432	時代おくれの人間（上・下）	G.アンダース／青木隆嘉訳		上・432 下・546
433	現象学と形而上学	J.-L.マリオン他編／三上, 重永, 檜垣訳		388
434	祝福から暴力へ	M.ブロック／田辺, 秋津訳		426
435	精神分析と横断性	F.ガタリ／杉村, 毬藻訳		462
436	競争社会をこえて	A.コーン／山本, 真水訳		530
437	ダイアローグの思想	M.ホルクウィスト／伊藤誓訳	品切	370
438	社会学とは何か	N.エリアス／徳安彰訳		250
439	E.T.A.ホフマン	R.ザフランスキー／識名章喜訳		636
440	所有の歴史	J.アタリ／山内昶訳		580
441	男性同盟と母権制神話	N.ゾンバルト／田村和彦訳		516
442	ヘーゲル以後の歴史哲学	H.シュネーデルバッハ／古東哲明訳		282
443	同時代人ベンヤミン	H.マイヤー／岡部仁訳		140
444	アステカ帝国滅亡記	G.ボド, T.トドロフ編／大谷, 菊地訳		662
445	迷宮の岐路	C.カストリアディス／宇京頼三訳		404
446	意識と自然	K.K.チョウ／志水, 山本監訳		422
447	政治的正義	O.ヘッフェ／北尾, 平石, 望月訳		598
448	象徴と社会	K.バーク著, ガスフィールド編／森常治訳		580
449	神・死・時間	E.レヴィナス／合田正人訳		360
450	ローマの祭	G.デュメジル／大橋寿美子訳		446

				(頁)
501	音楽のはじめ	C.シュトゥンプ／結城錦一訳		208
502	反ニーチェ	L.フェリー他／遠藤文彦訳		348
503	マルクスの哲学	E.バリバール／杉山吉弘訳		222
504	サルトル，最後の哲学者	A.ルノー／水野浩二訳	品切	296
505	新不平等起源論	A.テスタール／山内昶訳		298
506	敗者の祈禱書	シオラン／金井裕訳		184
507	エリアス・カネッティ	Y.イシャグプール／川俣晃自訳		318
508	第三帝国下の科学	J.オルフ＝ナータン／宇京頼三訳		424
509	正も否も縦横に	H.アトラン／寺田光徳訳		644
510	ユダヤ人とドイツ	E.トラヴェルソ／宇京頼三訳		322
511	政治的風景	M.ヴァルンケ／福本義憲訳		202
512	聖句の彼方	E.レヴィナス／合田正人訳		350
513	古代憧憬と機械信仰	H.ブレーデカンプ／藤代，津山訳		230
514	旅のはじめに	D.トリリング／野島秀勝訳		602
515	ドゥルーズの哲学	M.ハート／田代，井上，浅野，暮沢訳		294
516	民族主義・植民地主義と文学	T.イーグルトン他／増渕，安藤，大友訳		198
517	個人について	P.ヴェーヌ他／大谷尚文訳		194
518	大衆の装飾	S.クラカウアー／船戸，野村訳		350
519 520	シベリアと流刑制度（I・II）	G.ケナン／左近毅訳		I・632 II・642
521	中国とキリスト教	J.ジェルネ／鎌田博夫訳		396
522	実存の発見	E.レヴィナス／佐藤真理人，他訳		480
523	哲学的認識のために	G.-G.グランジェ／植木哲也訳		342
524	ゲーテ時代の生活と日常	P.ラーンシュタイン／上西川原章訳		832
525	ノッツ nOts	M.C.テイラー／浅野敏夫訳		480
526	法の現象学	A.コジェーヴ／今村，堅田訳		768
527	始まりの喪失	B.シュトラウス／青木隆嘉訳		196
528	重　合	ベーネ，ドゥルーズ／江口修訳		170
529	イングランド18世紀の社会	R.ポーター／目羅公和訳		630
530	他者のような自己自身	P.リクール／久米博訳		558
531	鷲と蛇〈シンボルとしての動物〉	M.ルルカー／林捷訳		270
532	マルクス主義と人類学	M.ブロック／山内昶，山内彰訳		256
533	両性具有	M.セール／及川馥訳		218
534	ハイデガー〈ドイツの生んだ巨匠とその時代〉	R.ザフランスキー／山本尤訳		696
535	啓蒙思想の背任	J.-C.ギユボー／菊地，白井訳		218
536	解明　M.セールの世界	M.セール／梶野，竹中訳		334
537	語りは罠	L.マラン／鎌田博夫訳		176
538	歴史のエクリチュール	M.セルトー／佐藤和生訳		542
539	大学とは何か	J.ペリカン／田口孝夫訳		374
540	ローマ　定礎の書	M.セール／高尾謙史訳		472
541	啓示とは何か〈あらゆる啓示批判の試み〉	J.G.フィヒテ／北岡武司訳		252
542	力の場〈思想史と文化批判のあいだ〉	M.ジェイ／今井道夫，他訳		382
543	イメージの哲学	F.ダゴニェ／水野浩二訳		410
544	精神と記号	F.ガタリ／杉村昌昭訳		180
545	時間について	N.エリアス／井本，青木訳		238
546	ルクレティウスのテキストにおける物理学の誕生	M.セール／豊田彰訳		320
547	異端カタリ派の哲学	R.ネッリ／柴田和雄訳		290
548	ドイツ人論	N.エリアス／青木隆嘉訳		576
549	俳　優	J.デュヴィニョー／渡辺淳訳		346

			（頁）
601	ギリシア文学概説	J.ド・ロミイ／細井, 秋山訳	486
602	パロールの奪取	M.セルトー／佐藤和生訳	200
603	68年の思想	L.フェリー他／小野潮訳	348
604	ロマン主義のレトリック	P.ド・マン／山形, 岩坪訳	470
605	探偵小説あるいはモデルニテ	J.デュボア／鈴木智之訳	380
606 607 608	近代の正統性〔全三冊〕	H.ブルーメンベルク／斎藤, 忽那 佐藤, 村井訳	I・328 II・390 III・318
609	危険社会〈新しい近代への道〉	U.ベック／東, 伊藤訳	502
610	エコロジーの道	E.ゴールドスミス／大熊昭信訳	654
611	人間の領域〈迷宮の岐路II〉	C.カストリアディス／米山親能訳	626
612	戸外で朝食を	H.P.デュル／藤代幸一訳	190
613	世界なき人間	G.アンダース／青木隆嘉訳	366
614	唯物論シェイクスピア	F.ジェイムソン／川口喬一訳	402
615	核時代のヘーゲル哲学	H.クロンバッハ／植木哲也訳	380
616	詩におけるルネ・シャール	P.ヴェーヌ／西永良成訳	832
617	近世の形而上学	H.ハイムゼート／北岡武司訳	506
618	フロベールのエジプト	G.フロベール／斎藤昌三訳	344
619	シンボル・技術・言語	E.カッシーラー／篠木, 高野訳	352
620	十七世紀イギリスの民衆と思想	C.ヒル／小野, 圓月, 箭川訳	520
621	ドイツ政治哲学史	H.リュッベ／今井道夫訳	312
622	最終解決〈民族移動とヨーロッパのユダヤ人殺害〉	G.アリー／山本, 三島訳	470
623	中世の人間	J.ル・ゴフ他／鎌田博夫訳	478
624	食べられる言葉	L.マラン／梶野吉郎訳	284
625	ヘーゲル伝〈哲学の英雄時代〉	H.アルトハウス／山本尤訳	690
626	E.モラン自伝	E.モラン／菊地, 高砂訳	368
627	見えないものを見る	M.アンリ／青木研二訳	248
628	マーラー〈音楽観相学〉	Th.W.アドルノ／龍村あや子訳	286
629	共同生活	T.トドロフ／大谷尚文訳	236
630	エロイーズとアベラール	M.F.B.ブロッチェリ／白崎容子訳	304
631	意味を見失った時代〈迷宮の岐路IV〉	C.カストリアディス／江口幹訳	338
632	火と文明化	J.ハウツブロム／大平章訳	356
633	ダーウィン, マルクス, ヴァーグナー	J.バーザン／野島秀勝訳	526
634	地位と羞恥	S.ネッケル／岡原正幸訳	434
635	無垢の誘惑	P.ブリュックネール／小倉, 下澤訳	350
636	ラカンの思想	M.ボルク=ヤコブセン／池田清訳	500
637	羨望の炎〈シェイクスピアと欲望の劇場〉	R.ジラール／小林, 田口訳	698
638	暁のフクロウ〈続・精神の現象学〉	A.カトロッフェロ／寿福真美訳	354
639	アーレント＝マッカーシー往復書簡	C.ブライトマン編／佐藤佐智子訳	710
640	崇高とは何か	M.ドゥギー他／梅木達郎訳	416
641	世界という実験〈問い, 取り出しの諸カテゴリー, 実践〉	E.ブロッホ／小田智敏訳	400
642	悪　あるいは自由のドラマ	R.ザフランスキー／山本尤訳	322
643	世俗の聖典〈ロマンスの構造〉	N.フライ／中村, 真野訳	252
644	歴史と記憶	J.ル・ゴフ／立川孝一訳	400
645	自我の記号論	N.ワイリー／船倉正憲訳	468
646	ニュー・ミメーシス〈シェイクスピアと現実描写〉	A.D.ナトール／山形, 山下訳	430
647	歴史家の歩み〈アリエス　1943-1983〉	Ph.アリエス／成瀬, 伊藤訳	428
648	啓蒙の民主制理論〈カントとのつながりで〉	I.マウス／浜田, 牧野監訳	400
649	仮象小史〈古代からコンピューター時代まで〉	N.ボルツ／山本尤訳	200

番号	書名	著者／訳者	(頁)
650	知の全体史	C.V.ドーレン／石塚浩司訳	766
651	法の力	J.デリダ／堅田研一訳	220
652 653	男たちの妄想（I・II）	K.テーヴェライト／田村和彦訳	I・816 II
654	十七世紀イギリスの文書と革命	C.ヒル／小野，圓月，箭川訳	592
655	パウル・ツェラーンの場所	H.ベッティガー／鈴木美紀訳	176
656	絵画を破壊する	L.マラン／尾形，梶野訳	272
657	グーテンベルク銀河系の終焉	N.ボルツ／識名，足立訳	330
658	批評の地勢図	J.ヒリス・ミラー／森田孟訳	550
659	政治的なものの変貌	M.マフェゾリ／古田幸男訳	290
660	神話の真理	K.ヒュプナー／神野，中才，他訳	736
661	廃墟のなかの大学	B.リーディングズ／青木，斎藤訳	354
662	後期ギリシア科学	G.E.R.ロイド／山野，山口，金山訳	320
663	ベンヤミンの現在	N.ボルツ，W.レイイェン／岡部仁訳	180
664	異教入門〈中心なき周辺を求めて〉	J.-F.リオタール／山縣，小野，他訳	242
665	ル・ゴフ自伝〈歴史家の生活〉	J.ル・ゴフ／鎌田博夫訳	290
666	方　法　3.　認識の認識	E.モラン／大津真作訳	398
667	遊びとしての読書	M.ピカール／及川，内藤訳	478
668	身体の哲学と現象学	M.アンリ／中敬夫訳	404
669	ホモ・エステティクス	L.フェリー／小野康男，他訳	496
670	イスラームにおける女性とジェンダー	L.アハメド／林正雄，他訳	422
671	ロマン派の手紙	K.H.ボーラー／高木葉子訳	382
672	精霊と芸術	M.マール／津山拓也訳	474
673	言葉への情熱	G.スタイナー／伊藤誓訳	612
674	贈与の謎	M.ゴドリエ／山内昶訳	362
675	諸個人の社会	N.エリアス／宇京早苗訳	308
676	労働社会の終焉	D.メーダ／若森章孝，他訳	394
677	概念・時間・言説	A.コジェーヴ／三宅，根田，安川訳	448
678	史的唯物論の再構成	U.ハーバーマス／清水多吉訳	438
679	カオスとシミュレーション	N.ボルツ／山本尤訳	218
680	実質的現象学	M.アンリ／中，野村，吉永訳	268
681	生殖と世代継承	R.フォックス／平野秀秋訳	408
682	反抗する文学	M.エドマンドソン／浅野敏夫訳	406
683	哲学を讃えて	M.セール／米山親能，他訳	312
684	人間・文化・社会	H.シャピロ編／塚本利明，他訳	
685	遍歴時代〈精神の自伝〉	J.アメリー／富重純子訳	206
686	ノーを言う難しさ〈宗教哲学的エッセイ〉	K.ハインリッヒ／小林敏明訳	200
687	シンボルのメッセージ	M.ルルカー／林捷，林田鶴子訳	590
688	神は狂信的か	J.ダニエル／菊地昌実訳	218
689	セルバンテス	J.カナヴァジオ／円子千代訳	502
690	マイスター・エックハルト	B.ヴェルテ／大津留直訳	320
691	マックス・プランクの生涯	J.L.ハイルブロン／村岡晋一訳	300
692	68年－86年　個人の道程	L.フェリー，A.ルノー／小野潮訳	168
693	イダルゴとサムライ	J.ヒル／平山篤子訳	704
694	〈教育〉の社会学理論	B.バーンスティン／久冨善之，他訳	420
695	ベルリンの文化戦争	W.シヴェルブシュ／福本義憲訳	380
696	知識と権力〈クーン，ハイデガー，フーコー〉	J.ラウズ／成定，網谷，阿曽沼訳	410
697	読むことの倫理	J.ヒリス・ミラー／伊藤，大島訳	230
698	ロンドン・スパイ	N.ウォード／渡辺孔二監訳	506
699	イタリア史〈1700－1860〉	S.ウールフ／鈴木邦夫訳	1000

			(頁)
749	王の肖像	L.マラン／渡辺香根夫訳	454
750	ヘルマン・ブロッホの生涯	P.M.リュツェラー／入野田真右訳	572
751	ラブレーの宗教	L.フェーヴル／高橋薫訳	942
752	有限責任会社	J.デリダ／高橋, 増田, 宮﨑訳	352
753	ハイデッガーとデリダ	H.ラパポート／港道隆, 他訳	388
754	未完の菜園	T.トドロフ／内藤雅文訳	414
755	小説の黄金時代	G.スカルペッタ／本多文彦訳	392
756	トリックスター	L.ハイド／伊藤誓訳	
757	ヨーロッパの形成	R.バルトレット／伊藤, 磯山訳	720
758	幾何学の起源	M.セール／豊田彰訳	444
759	犠牲と羨望	J.-P.デュピュイ／米山, 泉谷訳	518
760	歴史と精神分析	M.セルトー／内藤雅文訳	252
761 762 763	コペルニクス的宇宙の生成〔全三冊〕	H.ブルーメンベルク／後藤, 小熊, 座小田訳	I・412 II・ III・
764	自然・人間・科学	E.シャルガフ／山本, 伊藤訳	230
765	歴史の天使	S.モーゼス／合田正人訳	306
766	近代の観察	N.ルーマン／馬場靖雄訳	234
767 768	社会の法（1・2）	N.ルーマン／馬場, 上村, 江口訳	1・430 2・446
769	場所を消費する	J.アーリ／吉原直樹, 大澤善信監訳	450
770	承認をめぐる闘争	A.ホネット／山本, 直江訳	302
771 772	哲学の余白（上・下）	J.デリダ／高橋, 藤本訳	上・ 下・
773	空虚の時代	G.リポヴェツキー／大谷, 佐藤訳	288
774	人間はどこまでグローバル化に耐えられるか	R.ザフランスキー／山本尤訳	134
775	人間の美的教育について	F.v.シラー／小栗孝則訳	196
776	政治的検閲〈19世紀ヨーロッパにおける〉	R.J.ゴールドスティーン／城戸, 村山訳	356
777	シェイクスピアとカーニヴァル	R.ノウルズ／岩崎, 加藤, 小西訳	382
778	文化の場所	H.K.バーバ／本橋哲也, 他訳	
779	貨幣の哲学	E.レヴィナス／合田, 三浦訳	230
780	バンジャマン・コンスタン〈民主主義への情熱〉	T.トドロフ／小野潮訳	244
781	シェイクスピアとエデンの喪失	C.ベルシー／高桑陽子訳	310
782	十八世紀の恐怖	ベールシュトルド, ポレ編／飯野, 田所, 中島訳	456
783	ハイデガーと解釈学的哲学	O.ペゲラー／伊藤徹監訳	418
784	神話とメタファー	N.フライ／高柳俊一訳	578
785	合理性とシニシズム	J.ブーヴレス／岡部, 本郷訳	284
786	生の嘆き〈ショーペンハウアー倫理学入門〉	M.ハウスケラー／峠尚武訳	182
787	フィレンツェのサッカー	H.ブレーデカンプ／原研二訳	222
788	方法としての自己破壊	A.O.ハーシュマン／田中秀夫訳	358
789	ペルー旅行記〈1833-1834〉	F.トリスタン／小杉隆芳訳	482
790	ポール・ド・マン	C.ノリス／時実早苗訳	370
791	シラーの生涯〈その生活と日常と創作〉	P.ラーンシュタイン／上西川原章訳	730
792	古典期アテナイ民衆の宗教	J.D.マイケルソン／箕浦恵了訳	266
793	正義の他者〈実践哲学論集〉	A.ホネット／日暮雅夫, 加藤泰史, 他訳	
794	虚構と想像力	W.イーザー／日中, 木下, 越谷, 市川訳	
795	世界の尺度〈中世における空間の表象〉	P.ズムトール／鎌田博夫訳	
796	作用と反作用〈ある概念の生涯と冒険〉	J.スタロバンスキー／井田尚訳	460
797	巡礼の文化史	N.オーラー／井本, 藤代訳	332
798	政治・哲学・恐怖	D.R.ヴィラ／伊藤, 磯山訳	422
799	アレントとハイデガー	D.R.ヴィラ／青木隆嘉訳	558
800	社会の芸術	N.ルーマン／馬場靖雄訳	760